x :: 3e ANNÉE DU 2e CYCLE DU SECONDAIRE :: enjeux :: MANUEL DE L'ÉLÈVE :: enjeux :: 3e ANNÉE DU 2e CYCLE DU SECONDAIRE :: enjeux

ERPI Éducation ▸ Innovation ▸ Passion

5757, rue Cypihot, Saint-Laurent (Québec) Canada H4S 1R3
TÉLÉPHONE : 514 334-2690 TÉLÉCOPIEUR : 514 334-4720 ▸ erpidlm@erpi.com

Directrice à l'édition
Françoise Genest

Chargés de projet
Lucie Choquette
Maria-Christina Jiménez
Marie Sylvie Legault
Jean-François Vigneault

Réviseurs linguistiques
Sylvain Archambault
Diane Plouffe

Correctrices d'épreuves
Natacha Auclair
Isabelle Rolland
Marie Théorêt
Céline Vangheluwe

Coordonnateur – droits et reproductions
Pierre Richard Bernier

Recherchistes (photos et droits)
Élisabeth Côté
Jocelyne Gervais
Marie-Chantal Masson

Directrice artistique
Hélène Cousineau

Coordonnatrice aux réalisations graphiques
Sylvie Piotte

Conception graphique et édition électronique
Frédérique Bouvier
Benoit Pitre

Couverture
Frédérique Bouvier

Cartographe
Groupe Colpron

L'éditeur tient à remercier Philippe Rekacewicz
pour sa contribution à la cartographie de ce manuel.

Dépôt légal – Bibliothèque et Archives nationales du Québec, 2010
Dépôt légal – Bibliothèque et Archives Canada, 2010

Imprimé au Canada
ISBN 978-2-7613-3013-8

234567890 II 1987654321
11119 BCD OS12

Consultants pédagogiques

Brigitte Audet, enseignante, école Marie-Rivier, commission scolaire des Chênes

Guy Bordeleau, enseignant, école secondaire des Pionniers, commission scolaire du Chemin-du-Roy

Michel Lamarche, enseignant, école secondaire Félix-Leclerc, commission scolaire Marguerite-Bourgeoys

Philippe Lamoureux, enseignant, école secondaire Mont-Royal, commission scolaire Marguerite-Bourgeoys

Marc-Olivier Mailhot, enseignant, collège Marie-Reine, Montréal

Sophie Pineau, école secondaire Mont-Bruno, commission scolaire des Patriotes

Jean-Sébastien Roberge, enseignant, collège du Sacré-Cœur, Sherbrooke

Consultants scientifiques

Sami Aoun, professeur titulaire à l'École de politique appliquée, Université de Sherbrooke

Renaud Bouret, professeur d'économie et de méthodes quantitatives, cégep de l'Outaouais

Jean-François Comeau, biologiste, M. Env.

François Crépeau, professeur, chaire Hans et Tamar Oppenheimer de droit international public, Université McGill

TABLE DES MATIÈRES

TABLE DES MATIÈRES

TABLE DES MATIÈRES

VUE D'ENSEMBLE DU MANUEL

Premières pages du manuel

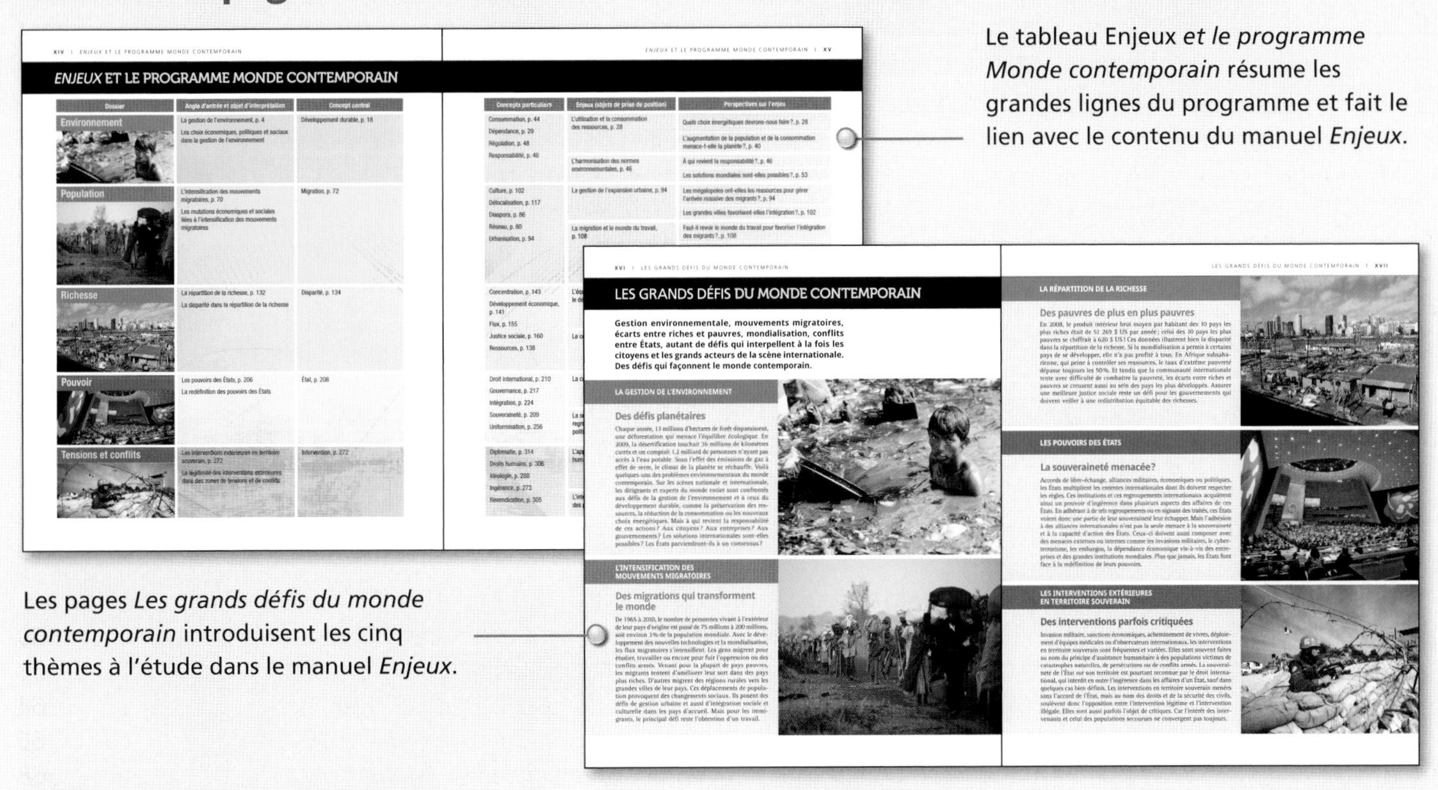

Le tableau Enjeux *et le programme Monde contemporain* résume les grandes lignes du programme et fait le lien avec le contenu du manuel *Enjeux*.

Les pages *Les grands défis du monde contemporain* introduisent les cinq thèmes à l'étude dans le manuel *Enjeux*.

Les pages *Le Québec dans le monde contemporain* expliquent comment les défis planétaires du monde contemporain sont également au cœur du quotidien des Québécois.

La section *La scène internationale* présente les principaux acteurs de la communauté internationale.

VUE D'ENSEMBLE DU MANUEL

Pages d'ouverture d'un dossier

Le **thème** du dossier.

La **photo d'ouverture** du dossier.

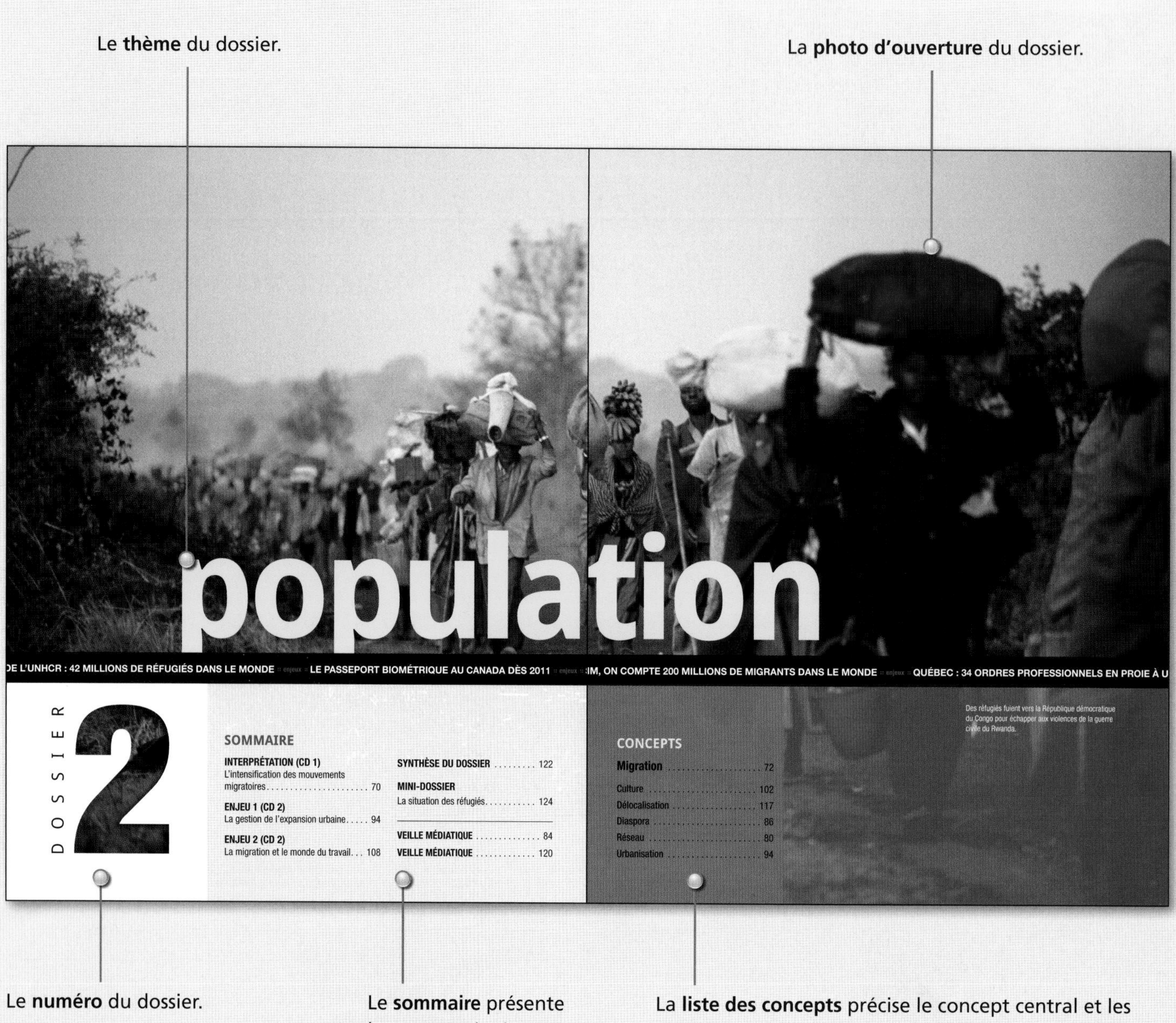

Le **numéro** du dossier.

Le **sommaire** présente le contenu du dossier.

La **liste des concepts** précise le concept central et les concepts particuliers à l'étude tout au long du dossier. Chaque renvoi de page indique à quel endroit dans le dossier le concept est principalement abordé.

Interprétation

Le **titre** de l'Interprétation.

70 | DOSSIER 2 | POPULATION

INTERPRÉTATION

L'intensification des mouvements migratoires

par Bianca Joubert

Des milliers d'ouvriers polonais ou hongrois qui circulent entre la France, la Belgique ou l'Allemagne grâce aux frontières ouvertes de l'Union européenne. Plus de 4500 saisonniers mexicains qui viennent au Québec chaque année travailler dans les champs. Au total : 42 millions de personnes qui fuient les catastrophes climatiques ou la violence et s'entassent pour la plupart dans des camps de réfugiés**. Des centaines de milliers de paysans indiens ou chinois qui quittent leur village pour aller tenter leur chance, souvent en vain, dans une** mégalopole **comme Mumbay ou Chongqing. De plus en plus d'Africains qui risquent chaque année leur vie en mer pour atteindre les rives européennes...**

Si l'immigration existe depuis fort longtemps, ces scènes aujourd'hui courantes démontrent l'intensification des mouvements migratoires à l'échelle mondiale au cours des dernières années. Parfois au péril de leur vie, les populations se déplacent, volontairement ou non, le plus souvent pour améliorer leur sort. Ces mouvements de population façonnent le monde contemporain et entraînent des changements profonds au sein des sociétés, appelées à relever de nouveaux défis d'intégration. Ces défis les amènent à se pencher sur des enjeux très importants tels la gestion de l'expansion urbaine et la migration et le monde du travail.

Un accroissement accéléré des déplacements

Les migrations humaines ont toujours été au cœur de l'histoire et elles ont permis le peuplement diversifié des continents. Ces dernières décennies, elles ont toutefois connu un développement fulgurant. Actuellement, environ 200 millions de personnes se trouvent à l'extérieur du pays où elles sont nées, soit environ 3%

Le **nom** de la journaliste qui a rédigé les textes du dossier.

L'**introduction** de l'Interprétation présente le problème à l'étude et se termine toujours par l'énoncé précis des deux enjeux qui seront abordés dans le dossier.

Enjeux 1 et 2

Le **numéro** de l'enjeu.

94 | DOSSIER 2 | POPULATION

L'apport culturel des réfugiés

Dans la région de l'Estrie, au Québec, près de 50% des nouveaux arrivants sont des réfugiés. Depuis les années 1970, des réfugiés de plus de 80 nationalités – Chiliens, Vietnamiens, Colombiens, ex-Yougoslaves, etc. – contribuent à une mixité culturelle qui enrichit la région. L'Estrie a pu compter au fil des décennies sur l'apport d'immigrés enseignants, professionnels de la santé, ouvriers, investisseurs. La ville de Sherbrooke abrite la deuxième communauté afghane de la province en importance, avec 900 Afghans.

Les enjeux de la migration

Pour trouver des solutions aux problèmes sociaux et économiques qu'engendrent les migrations, les pouvoirs publics n'ont d'autre choix que de mettre les migrations à l'ordre du jour. Les défis liés à l'intensification des mouvements migratoires sont planétaires et donnent lieu à des enjeux majeurs tels que la **gestion de l'expansion urbaine** et **la migration et le monde du travail.**

ENJEU 1

La gestion de l'expansion urbaine

PORTRAIT

Jane **Jacobs** (1916-2006)

Née en Pennsylvanie, aux États-Unis, Jane Jacobs passe la majeure partie de sa vie à Toronto, où elle participe à l'aménagement de la ville et à la création d'espaces urbains conviviaux, qu'elle voit comme des lieux de rassemblement et d'échanges interculturels et sociaux. Au cours de sa carrière, elle révolutionne la conception des villes nord-américaines en valorisant les centres-villes et les quartiers multiethniques et dynamiques. Elle considère les villes comme des communautés économiques, sociales et culturelles et, à ses yeux, l'urbanisme doit traiter tous ces éléments à la fois.

La moitié de la population mondiale vit aujourd'hui dans des villes. Tokyo, au Japon, la ville la plus peuplée du monde, compte plus de 33 millions d'habitants ! La population des villes africaines double tous les 10 ans. Dans le monde, un milliard de personnes habitent un bidonville, soit un citadin sur trois. Qu'ils viennent des régions rurales ou de l'étranger, les migrants du monde entier se déplacent surtout vers les villes.

Cette expansion urbaine ne se fait pas sans conséquences. Les pénuries d'eau, la pollution et les tensions sociales en sont quelques exemples. Les villes sont-elles prêtes à faire face aux impacts de la croissance urbaine que connaît notre planète ? Les mégalopoles ont-elles les ressources pour gérer l'arrivée massive des migrants ? Les grandes villes favorisent-elles l'intégration ?

Les mégalopoles ont-elles les ressources pour gérer l'arrivée massive des migrants ?

Au 20e siècle, la population urbaine a connu une croissance effrénée. En 100 ans, elle est passée de 220 millions à 2,8 milliards d'habitants. On prévoit qu'en 2030 plus de 60% de la population mondiale vivra dans les villes. Cette urbanisation croissante pose des défis de logistique majeurs en matière de logement, d'eau, de gaz ou d'électricité, d'infrastructures routières, de gestion des ordures ou d'évacuation des eaux usées. Des problèmes pressants pour les villes des pays en voie de développement, qui devraient abriter plus de 80% de la population urbaine du monde entier en 2030.

Le dernier paragraphe de tous les textes d'Interprétation ouvre sur les deux enjeux.

Le **titre** de l'enjeu.

108 | DOSSIER 2 | POPULATION

racines étrangères. La ville tient d'ailleurs chaque année le Carnaval des cultures, un événement haut en couleur auquel participent les 180 communautés culturelles qui cohabitent dans la ville allemande. Une diversité culturelle qui se vit aussi à Montréal grâce à de nombreux événements et festivals socioculturels.

Mais au-delà de la diversité culturelle et des rencontres artistiques, les immigrants qui composent près du tiers de la population des grandes villes contribuent également à la vie économique, scientifique, politique et administrative. À l'heure de la mondialisation, les grandes métropoles

ENJEU 2

La migration le monde du

Des infirmières philippines recrutées pa rie de main-d'œuvre. Des médecins mal en Angleterre, que dans tout le Malaw grants gonflent les statistiques de l'e migrants doivent franchir de nombreu condition pourtant essentielle à leur intégration. Les pays occidentaux, quant à eux, ont besoin des travailleurs migrants, mais ils doivent aussi composer avec les pertes d'emplois découlant de la mondialisation. Dans ce contexte, faut-il revoir le monde du travail pour favoriser l'intégration des migrants ? L'immigration est-elle une solution au vieillissement de la population en Occident ? L'immigration est-elle cause de chômage dans les pays d'accueil ?

Faut-il revoir le monde du travail pour favoriser l'intégration des migrants ?

Pas facile d'immigrer et de s'intégrer dans une nouvelle culture et une nouvelle société. La majorité des immigrants éprouvent des difficultés d'adaptation. Mais tout comme les experts de cette question, ils sont unanimes sur un point : le travail est le facteur le plus important pour s'intégrer dans le pays d'accueil.

L'**introduction** explique la nature de l'enjeu et se termine toujours par l'énoncé des perspectives à travers lesquelles cet enjeu sera étudié.

VUE D'ENSEMBLE DU MANUEL

Rubriques des dossiers

On trouve sept blocs de **questions** et d'**activités** dans chaque dossier : trois dans l'Interprétation et deux par enjeu.

Toutes les questions sont associées à la compétence 1 ou 2.

Toutes les activités sont associées à l'une ou l'autre des composantes de la compétence 1 ou 2.

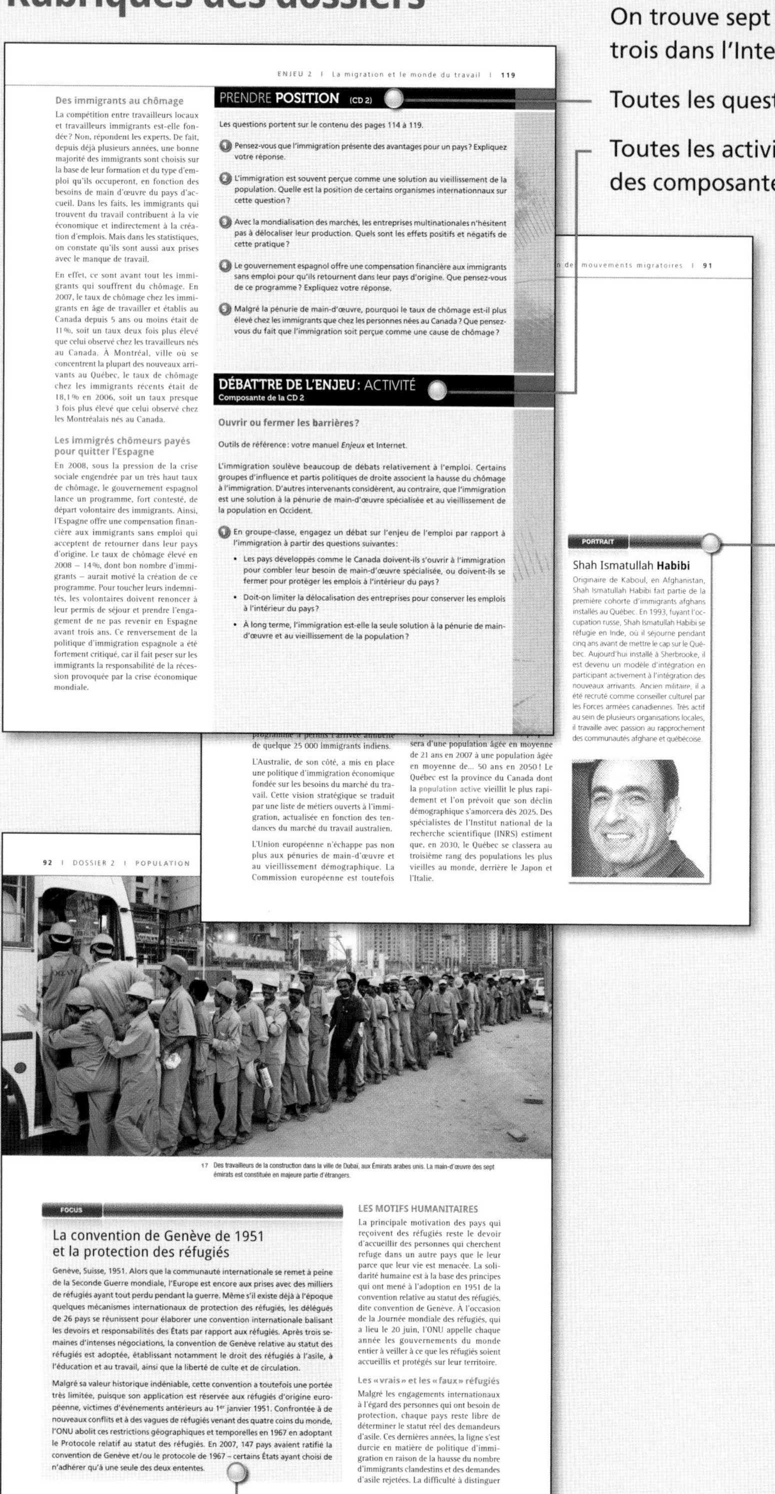

ENJEU 2 | La migration et le monde du travail | 119

Des immigrants au chômage

La compétition entre travailleurs locaux et travailleurs immigrants est-elle fondée ? Non, répondent les experts. De fait, depuis déjà plusieurs années, une bonne majorité des immigrants sont choisis sur la base de leur formation et du type d'emploi qu'ils occuperont, en fonction des besoins de main-d'œuvre du pays d'accueil. Dans les faits, les immigrants qui trouvent du travail contribuent à la vie économique et indirectement à la création d'emplois. Mais dans les statistiques, on constate qu'ils sont aussi aux prises avec le manque de travail.

En effet, ce sont avant tout les immigrants qui souffrent du chômage. En 2007, le taux de chômage chez les immigrants en âge de travailler et établis au Canada depuis 5 ans ou moins était de 11 %, soit un taux deux fois plus élevé que celui observé chez les travailleurs nés au Canada. À Montréal, ville où se concentrent la plupart des nouveaux arrivants au Québec, le taux de chômage chez les immigrants récents était de 18,1 % en 2006, soit un taux presque 3 fois plus élevé que celui observé chez les Montréalais nés au Canada.

Les immigrés chômeurs payés pour quitter l'Espagne

En 2008, sous la pression de la crise sociale engendrée par un très haut taux de chômage, le gouvernement espagnol lance un programme, fort contesté, de départ volontaire des immigrants. Ainsi, l'Espagne offre une compensation financière aux immigrants sans emploi qui acceptent de retourner dans leur pays d'origine. Le taux de chômage élevé en 2008 – 14 %, dont bon nombre d'immigrants – aurait motivé la création de ce programme. Pour toucher leurs indemnités, les volontaires doivent renoncer à leur permis de séjour et prendre l'engagement de ne pas revenir en Espagne avant trois ans. Ce renversement de la politique d'immigration espagnole a été fortement critiqué, car il fait peser sur les immigrants la responsabilité de la récession provoquée par la crise économique mondiale.

PRENDRE POSITION (CD 2)

Les questions portent sur le contenu des pages 114 à 119.

1. Pensez-vous que l'immigration présente des avantages pour un pays ? Expliquez votre réponse.
2. L'immigration est souvent perçue comme une solution au vieillissement de la population. Quelle est la position de certains organismes internationaux sur cette question ?
3. Avec la mondialisation des marchés, les entreprises multinationales n'hésitent pas à délocaliser leur production. Quels sont les effets positifs et négatifs de cette pratique ?
4. Le gouvernement espagnol offre une compensation financière aux immigrants sans emploi pour qu'ils retournent dans leur pays d'origine. Que pensez-vous de ce programme ? Expliquez votre réponse.
5. Malgré la pénurie de main-d'œuvre, pourquoi le taux de chômage est-il plus élevé chez les immigrants que chez les personnes nées au Canada ? Que pensez-vous du fait que l'immigration soit perçue comme une cause de chômage ?

DÉBATTRE DE L'ENJEU : ACTIVITÉ
Composante de la CD 2

Ouvrir ou fermer les barrières ?

Outils de référence : votre manuel *Enjeux* et Internet.

L'immigration soulève beaucoup de débats relativement à l'emploi. Certains groupes d'influence et partis politiques de droite associent la hausse du chômage à l'immigration. D'autres intervenants considèrent, au contraire, que l'immigration est une solution à la pénurie de main-d'œuvre spécialisée et au vieillissement de la population en Occident.

1. En groupe-classe, engagez un débat sur l'enjeu de l'emploi par rapport à l'immigration à partir des questions suivantes :
   - Les pays développés comme le Canada doivent-ils s'ouvrir à l'immigration pour combler leur besoin de main-d'œuvre spécialisée, ou doivent-ils se fermer pour protéger les emplois à l'intérieur du pays ?
   - Doit-on limiter la délocalisation des entreprises pour conserver les emplois à l'intérieur du pays ?
   - À long terme, l'immigration est-elle la seule solution à la pénurie de main-d'œuvre et au vieillissement de la population ?

…mouvements migratoires | 91

de quelque 25 000 immigrants indiens.

L'Australie, de son côté, a mis en place une politique d'immigration économique fondée sur les besoins du marché du travail. Cette vision stratégique se traduit par une liste de métiers ouverts à l'immigration, actualisée en fonction des tendances du marché du travail australien.

L'Union européenne n'échappe pas non plus aux pénuries de main-d'œuvre et au vieillissement démographique. La Commission européenne est toutefois

sera d'une population âgée en moyenne de 21 ans en 2007 à une population âgée en moyenne de… 50 ans en 2050 ! Le Québec est la province du Canada dont la population active vieillit le plus rapidement et l'on prévoit que son déclin démographique s'amorcera dès 2025. Des spécialistes de l'Institut national de la recherche scientifique (INRS) estiment que, en 2030, le Québec se classera au troisième rang des populations les plus vieilles au monde, derrière le Japon et l'Italie.

PORTRAIT

Shah Ismatullah Habibi

Originaire de Kaboul, en Afghanistan, Shah Ismatullah Habibi fait partie de la première cohorte d'immigrants afghans installés au Québec. En 1993, fuyant l'occupation russe, Shah Ismatullah Habibi se réfugie en Inde, où il séjourne pendant cinq ans avant de mettre le cap sur le Québec. Aujourd'hui installé à Sherbrooke, il est devenu un modèle d'intégration en participant activement à l'intégration des nouveaux arrivants. Ancien militaire, il a été recruté comme conseiller culturel par les Forces armées canadiennes. Très actif au sein de plusieurs organisations locales, il travaille avec passion au rapprochement des communautés afghane et québécoise.

92 | DOSSIER 2 | POPULATION

17 Des travailleurs de la construction dans la ville de Dubaï, aux Émirats arabes unis. La main-d'œuvre des sept émirats est constituée en majeure partie d'étrangers.

FOCUS

La convention de Genève de 1951 et la protection des réfugiés

Genève, Suisse, 1951. Alors que la communauté internationale se remet à peine de la Seconde Guerre mondiale, l'Europe est encore aux prises avec des milliers de réfugiés ayant tout perdu pendant la guerre. Même s'il existe déjà à l'époque quelques mécanismes internationaux de protection des réfugiés, les délégués de 26 pays se réunissent pour élaborer une convention internationale balisant les devoirs et responsabilités des États par rapport aux réfugiés. Après trois semaines d'intenses négociations, la convention de Genève relative au statut des réfugiés est adoptée, établissant notamment le droit des réfugiés à l'asile, à l'éducation et au travail, ainsi que la liberté de culte et de circulation.

Malgré sa valeur historique indéniable, cette convention a toutefois une portée très limitée, puisque son application est réservée aux réfugiés d'origine européenne, victimes d'événements antérieurs au 1er janvier 1951. Confrontée à de nouveaux conflits et à des vagues de réfugiés venant des quatre coins du monde, l'ONU abolit ces restrictions géographiques et temporelles en 1967 en adoptant le Protocole relatif au statut des réfugiés. En 2007, 147 pays avaient ratifié la convention de Genève et/ou le protocole de 1967 – certains États ayant choisi de n'adhérer qu'à une seule des deux ententes.

LES MOTIFS HUMANITAIRES

La principale motivation des pays qui reçoivent des réfugiés reste le devoir d'accueillir des personnes qui cherchent refuge dans un autre pays que le leur parce que leur vie est menacée. La solidarité humaine est à la base des principes qui ont mené à l'adoption en 1951 de la convention relative au statut des réfugiés, dite convention de Genève. À l'occasion de la Journée mondiale des réfugiés, qui a lieu le 20 juin, l'ONU appelle chaque année les gouvernements du monde entier à veiller à ce que les réfugiés soient accueillis et protégés sur leur territoire.

Les « vrais » et les « faux » réfugiés

Malgré les engagements internationaux à l'égard des personnes qui ont besoin de protection, chaque pays reste libre de déterminer le statut réel des demandeurs d'asile. Ces dernières années, la ligne s'est durcie en matière de politique d'immigration en raison de la hausse du nombre d'immigrants clandestins et des demandes d'asile rejetées. La difficulté à distinguer

La rubrique **Portrait** présente des personnalités d'ici ou d'ailleurs qui ont contribué ou qui contribuent toujours à façonner le monde contemporain.

La rubrique **Chiffres** présente des données, souvent étonnantes, qui en disent long sur le problème et les enjeux à l'étude.

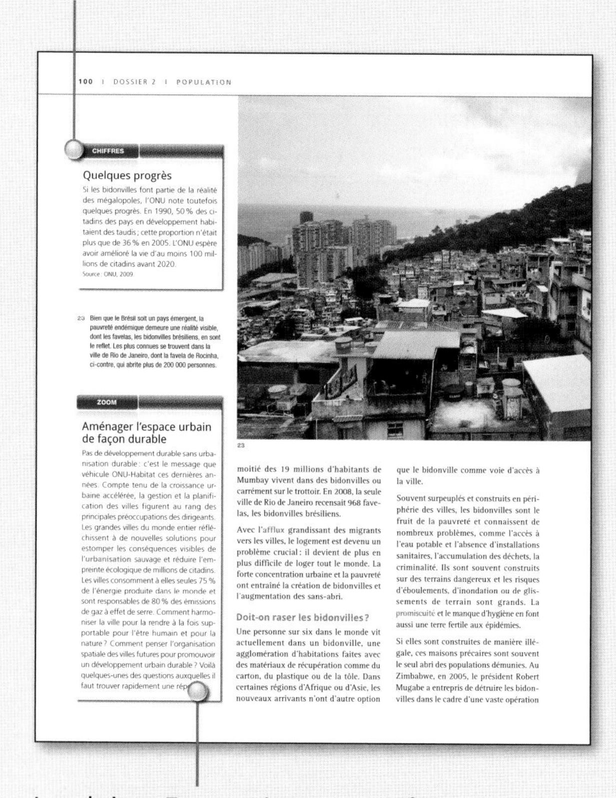

100 | DOSSIER 2 | POPULATION

CHIFFRES

Quelques progrès

Si les bidonvilles font partie de la réalité des mégalopoles, l'ONU note toutefois quelques progrès. En 1990, 50 % des citadins des pays en développement habitaient des taudis ; cette proportion n'était plus que de 36 % en 2005. L'ONU espère avoir amélioré la vie d'au moins 100 millions de citadins avant 2020.

Source : ONU, 2009.

23 Bien que le Brésil soit un pays émergent, la pauvreté endémique demeure une réalité visible, dont les favelas, les bidonvilles brésiliens, en sont le reflet. Les plus connues se trouvent dans la ville de Rio de Janeiro, dont la favela de Rocinha, ci-contre, qui abrite plus de 200 000 personnes.

ZOOM

Aménager l'espace urbain de façon durable

Pas de développement durable sans urbanisation durable : c'est le message que véhicule ONU-Habitat ces dernières années. Compte tenu de la croissance urbaine accélérée, la gestion et la planification des villes figurent au rang des principales préoccupations des dirigeants. Les grandes villes du monde entier réfléchissent à de nouvelles solutions pour estomper les conséquences visibles de l'urbanisation sauvage et réduire l'empreinte écologique de millions de citadins. Les villes consomment à elles seules 75 % de l'énergie produite dans le monde et sont responsables de 80 % des émissions de gaz à effet de serre. Comment harmoniser la ville pour la rendre à la fois supportable pour l'être humain et pour la nature ? Comment penser l'organisation spatiale des villes futures pour promouvoir un développement urbain durable ? Voilà quelques-unes des questions auxquelles il faut trouver rapidement une rép…

moitié des 19 millions d'habitants de Mumbay vivent dans des bidonvilles ou carrément sur le trottoir. En 2008, la seule ville de Rio de Janeiro recensait 968 favelas, les bidonvilles brésiliens.

Avec l'afflux grandissant des migrants vers les villes, le logement est devenu un problème crucial : il devient de plus en plus difficile de loger tout le monde. La forte concentration urbaine et la pauvreté ont entraîné la création de bidonvilles et l'augmentation des sans-abri.

Doit-on raser les bidonvilles ?

Une personne sur six dans le monde vit actuellement dans un bidonville, une agglomération d'habitations faites avec des matériaux de récupération comme du carton, du plastique ou de la tôle. Dans certaines régions d'Afrique ou d'Asie, les nouveaux arrivants n'ont d'autre option que le bidonville comme voie d'accès à la ville.

Souvent surpeuplés et construits en périphérie des villes, les bidonvilles sont le fruit de la pauvreté et connaissent de nombreux problèmes, comme l'accès à l'eau potable et l'absence d'installations sanitaires, l'accumulation des déchets, la criminalité. Ils sont souvent construits sur des terrains dangereux et les risques d'éboulements, d'inondation ou de glissements de terrain sont grands. La promiscuité et le manque d'hygiène en font aussi une terre fertile aux épidémies.

Si elles sont construites de manière illégale, ces maisons précaires sont souvent le seul abri des populations démunies. Au Zimbabwe, en 2005, le président Robert Mugabe a entrepris de détruire les bidonvilles dans le cadre d'une vaste opération

La rubrique **Focus** fait la lumière sur un élément d'information lié au sujet abordé dans le texte.

La rubrique **Zoom** présente une information complémentaire au thème du dossier.

Sections des dossiers

VEILLE MÉDIATIQUE

Dans chaque dossier, deux **Veilles médiatiques** présentent différentes facettes du traitement médiatique lié au thème.

SYNTHÈSE

À la fin de chaque dossier, la **Synthèse** présente un récapitulatif des principaux éléments d'information contenus dans le dossier.

Les questions de l'**Observatoire médias** permettent d'aller plus loin dans l'analyse et la critique du traitement médiatique.

MINI-DOSSIER

Le **Mini-dossier** propose un thème complémentaire au thème principal. Il s'articule autour d'une activité qui permet d'explorer les liens entre ce thème et les cinq grands thèmes du monde contemporain.

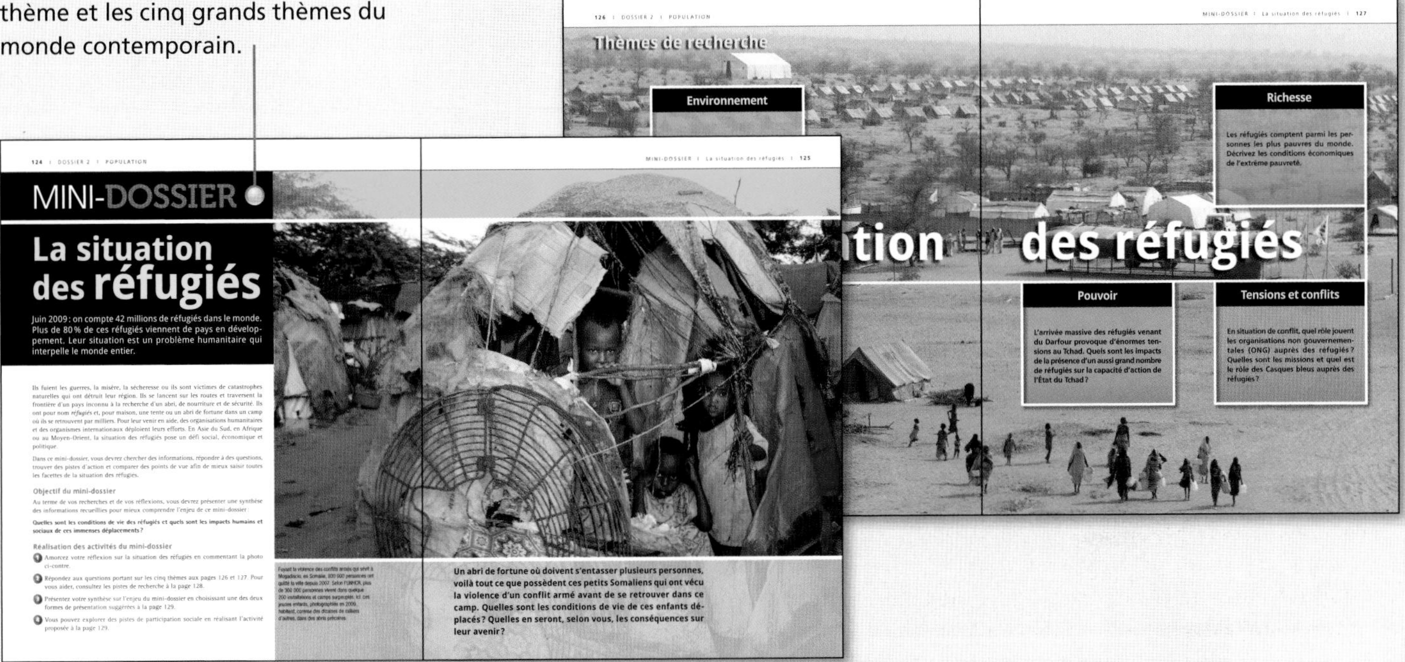

VUE D'ENSEMBLE DU MANUEL

Pages à la fin du manuel

ATLAS

L'atlas propose 32 cartes au total.

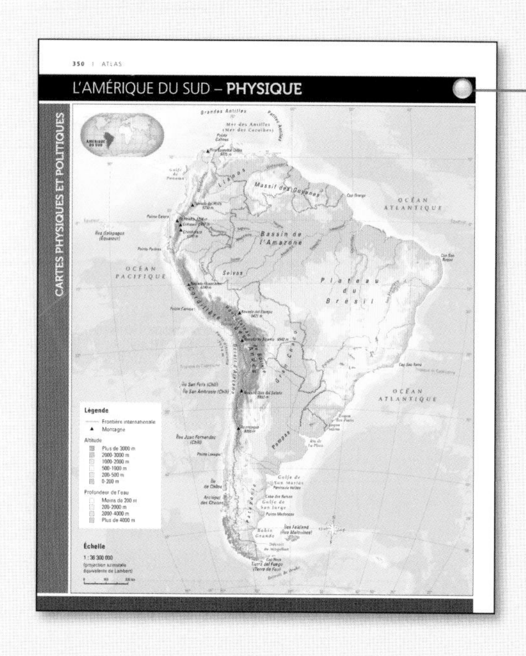

Les 11 **cartes physiques** montrent les particularités géographiques des grandes régions du monde.

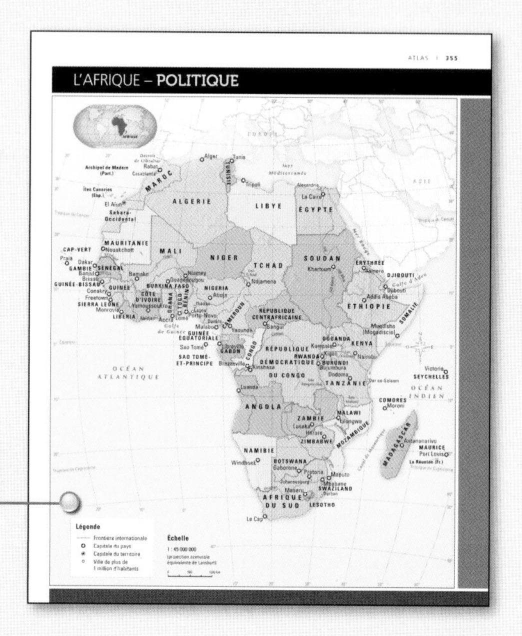

Les 11 **cartes politiques** montrent les frontières des États des grandes régions du monde.

Les 5 **cartes thématiques** illustrent la répartition géographique de données liées à un thème.

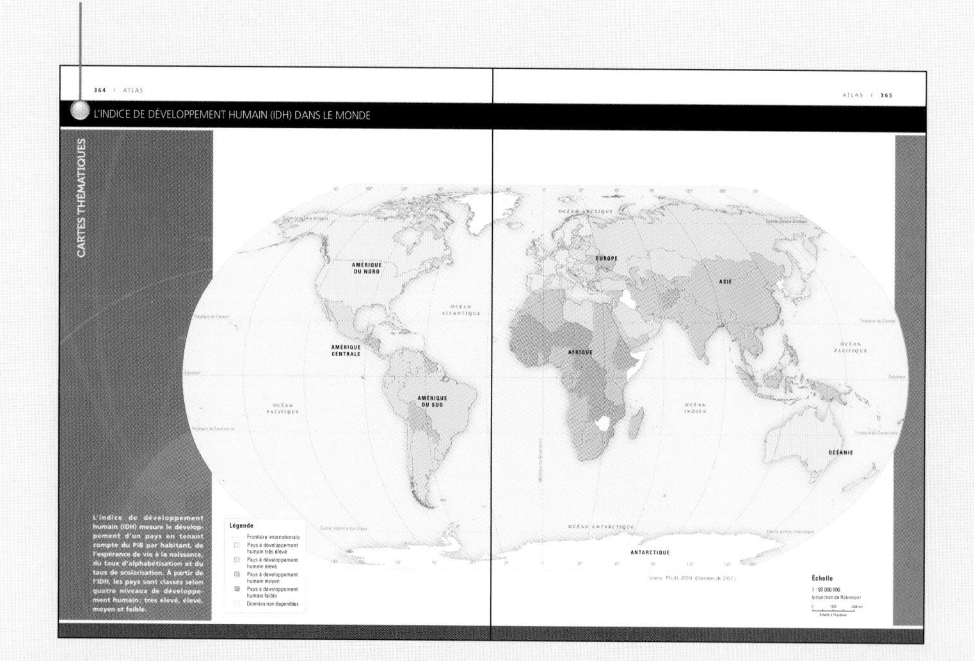

Les 5 **cartes géopolitiques** présentent des regroupements significatifs de pays.

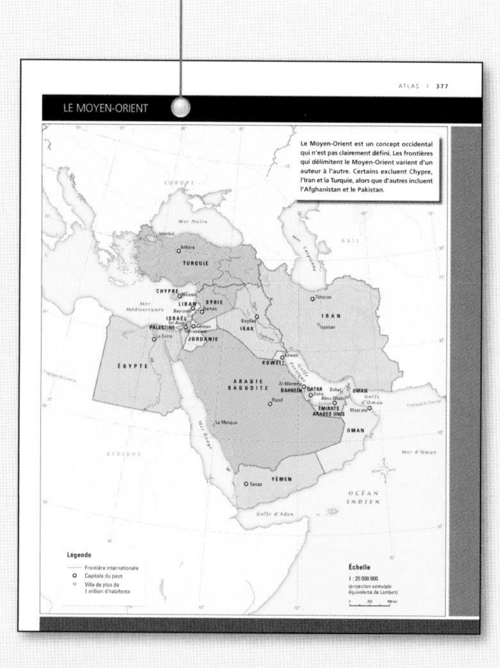

TECHNIQUES ET MÉTHODOLOGIE

La **démarche de recherche** décrit les principales étapes d'une méthode de recherche et de présentation des données.

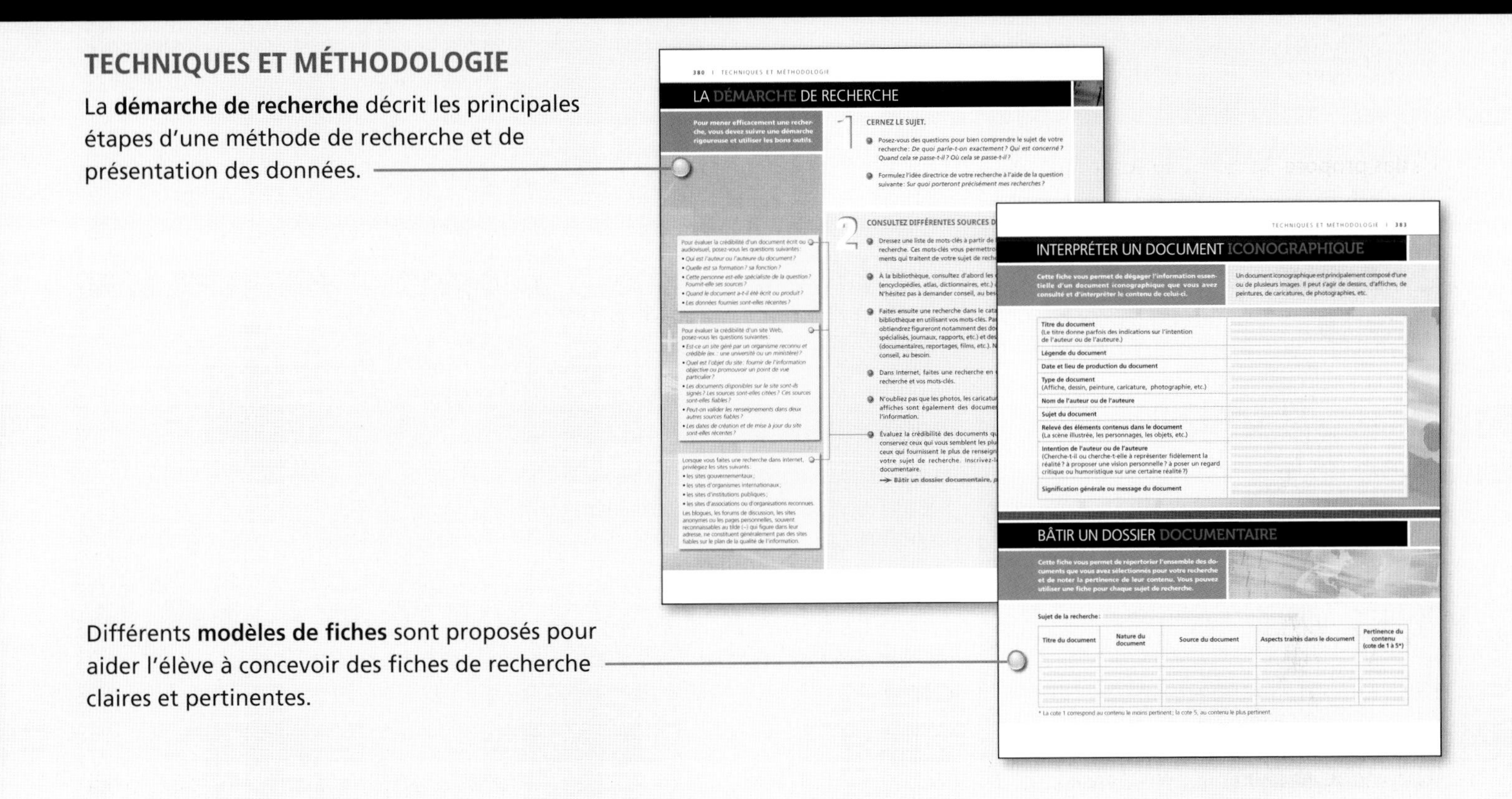

Différents **modèles de fiches** sont proposés pour aider l'élève à concevoir des fiches de recherche claires et pertinentes.

Quelques pages présentent les **principaux éléments** constituant une ligne du temps, une carte et différents tableaux et diagrammes.

La **démarche d'argumentation** décrit les principales étapes de l'élaboration d'arguments pour un texte ou un débat.

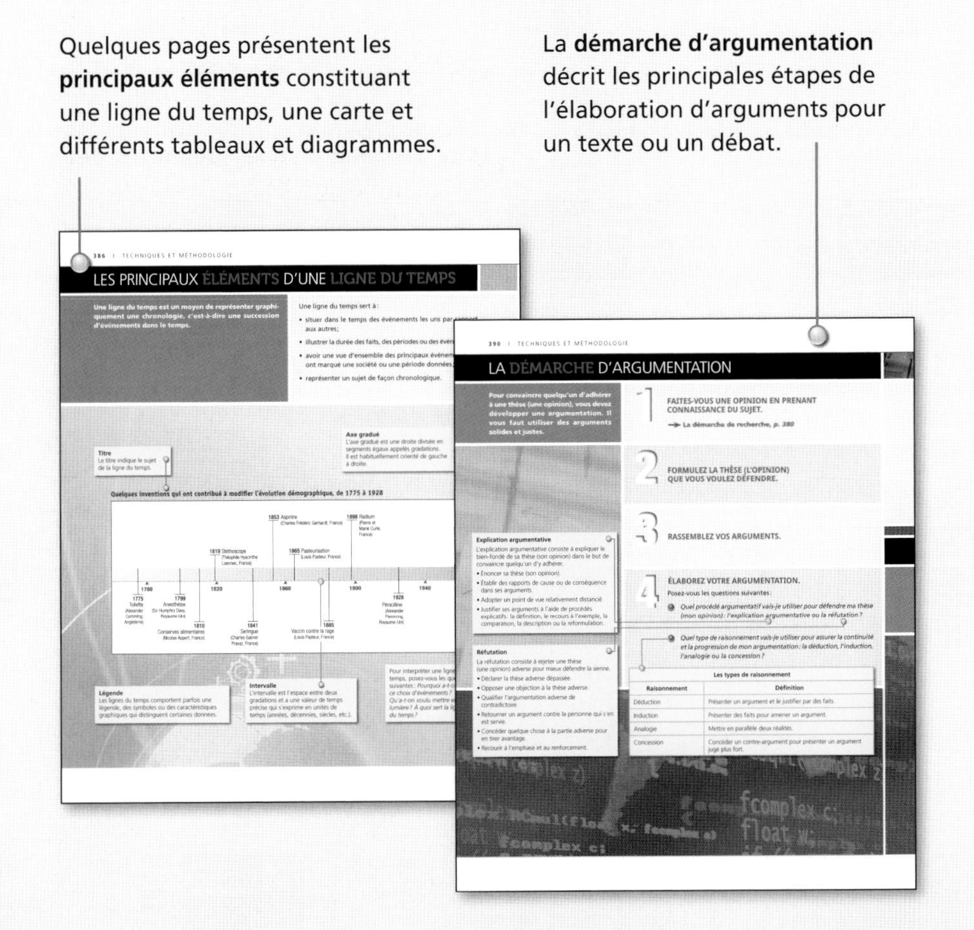

GLOSSAIRE-INDEX

Tous les **mots** ou **expressions** en couleurs dans les dossiers sont définis dans le glossaire-index à la fin du manuel. Il s'agit en général de la première occurrence du mot ou de l'expression dans le manuel.

ENJEUX ET LE PROGRAMME MONDE CONTEMPORAIN

Dossier	Angle d'entrée et objet d'interprétation	Concept central
Environnement	La gestion de l'environnement, p. 4 Les choix économiques, politiques et sociaux dans la gestion de l'environnement	Développement durable, p. 18
Population	L'intensification des mouvements migratoires, p. 70 Les mutations économiques et sociales liées à l'intensification des mouvements migratoires	Migration, p. 72
Richesse	La répartition de la richesse, p. 132 La disparité dans la répartition de la richesse	Disparité, p. 134
Pouvoir	Les pouvoirs des États, p. 206 La redéfinition des pouvoirs des États	État, p. 208
Tensions et conflits	Les interventions extérieures en territoire souverain, p. 272 La légitimité des interventions extérieures dans des zones de tensions et de conflits	Intervention, p. 272

Concepts particuliers	Enjeux (objets de prise de position)	Perspectives sur l'enjeu
Consommation, p. 44 Dépendance, p. 29 Régulation, p. 48 Responsabilité, p. 46	L'utilisation et la consommation des ressources, p. 28	Quels choix énergétiques devrons-nous faire ?, p. 28
		L'augmentation de la population et de la consommation menace-t-elle la planète ?, p. 40
	L'harmonisation des normes environnementales, p. 46	À qui revient la responsabilité ?, p. 46
		Les solutions mondiales sont-elles possibles ?, p. 53
Culture, p. 102 Délocalisation, p. 117 Diaspora, p. 86 Réseau, p. 80 Urbanisation, p. 94	La gestion de l'expansion urbaine, p. 94	Les mégalopoles ont-elles les ressources pour gérer l'arrivée massive des migrants ?, p. 94
		Les grandes villes favorisent-elles l'intégration ?, p. 102
	La migration et le monde du travail, p. 108	Faut-il revoir le monde du travail pour favoriser l'intégration des migrants ?, p. 108
		L'immigration est-elle une solution au vieillissement de la population en Occident ?, p. 114
		L'immigration : cause de chômage ?, p. 116
Concentration, p. 143 Développement économique, p. 141 Flux, p. 155 Justice sociale, p. 160 Ressources, p. 138	L'équilibre entre la justice sociale et le développement économique, p. 160	Les mesures internationales pour réduire la pauvreté sont-elles suffisantes ?, p. 160
		Répartir la richesse nationale pour plus de justice sociale, p. 173
	Le contrôle des ressources, p. 178	Comment les États pauvres peuvent-ils mieux contrôler leurs ressources naturelles ?, p. 178
		Les pays riches devront-ils protéger certaines de leurs ressources techniques de pointe ?, p. 192
Droit international, p. 210 Gouvernance, p. 217 Intégration, p. 224 Souveraineté, p. 209 Uniformisation, p. 256	La capacité d'action des États, p. 230	La dépendance économique limite-t-elle la capacité d'action des États ?, p. 230
		Les États sont-ils vulnérables ?, p. 238
	La souveraineté des États et les regroupements économiques ou politiques, p. 246	Les grandes alliances sont-elles profitables ?, p. 246
		Le modèle européen : prélude à la gouvernance mondiale ?, p. 253
Diplomatie, p. 314 Droits humains, p. 306 Idéologie, p. 288 Ingérence, p. 273 Revendication, p. 305	L'application du principe d'assistance humanitaire, p. 296	Qu'est-ce que l'assistance humanitaire ?, p. 296
		L'aide humanitaire inclut-elle la protection des droits humains ?, p. 306
	L'intérêt des intervenants versus l'intérêt des populations, p. 311	Les interventions faites au nom des droits humains atteignent-elles leur but ?, p. 311

LES GRANDS DÉFIS DU MONDE CONTEMPORAIN

Gestion environnementale, mouvements migratoires, écarts entre riches et pauvres, mondialisation, conflits entre États, autant de défis qui interpellent à la fois les citoyens et les grands acteurs de la scène internationale. Des défis qui façonnent le monde contemporain.

LA GESTION DE L'ENVIRONNEMENT

Des défis planétaires

Chaque année, 13 millions d'hectares de forêt disparaissent, une déforestation qui menace l'équilibre écologique. En 2009, la désertification touchait 36 millions de kilomètres carrés et on comptait 1,2 milliard de personnes n'ayant pas accès à l'eau potable. Sous l'effet des émissions de gaz à effet de serre, le climat de la planète se réchauffe. Voilà quelques-uns des problèmes environnementaux du monde contemporain. Sur les scènes nationale et internationale, les dirigeants et experts du monde entier sont confrontés aux défis de la gestion de l'environnement et à ceux du développement durable, comme la préservation des ressources, la réduction de la consommation ou les nouveaux choix énergétiques. Mais à qui revient la responsabilité de ces actions ? Aux citoyens ? Aux entreprises ? Aux gouvernements ? Les solutions internationales sont-elles possibles ? Les États parviendront-ils à un consensus ?

L'INTENSIFICATION DES MOUVEMENTS MIGRATOIRES

Des migrations qui transforment le monde

De 1965 à 2010, le nombre de personnes vivant à l'extérieur de leur pays d'origine est passé de 75 millions à 200 millions, soit environ 3 % de la population mondiale. Avec le développement des nouvelles technologies et la mondialisation, les flux migratoires s'intensifient. Les gens migrent pour étudier, travailler ou encore pour fuir l'oppression ou des conflits armés. Venant pour la plupart de pays pauvres, les migrants tentent d'améliorer leur sort dans des pays plus riches. D'autres migrent des régions rurales vers les grandes villes de leur pays. Ces déplacements de population provoquent des changements sociaux. Ils posent des défis de gestion urbaine et aussi d'intégration sociale et culturelle dans les pays d'accueil. Mais pour les immigrants, le principal défi reste l'obtention d'un travail.

LA RÉPARTITION DE LA RICHESSE

Des pauvres de plus en plus pauvres

En 2008, le produit intérieur brut moyen par habitant des 10 pays les plus riches était de 51 269 $ US par année ; celui des 10 pays les plus pauvres se chiffrait à 620 $ US ! Ces données illustrent bien la disparité dans la répartition de la richesse. Si la mondialisation a permis à certains pays de se développer, elle n'a pas profité à tous. En Afrique subsaharienne, qui peine à contrôler ses ressources, le taux d'extrême pauvreté dépasse toujours les 50 %. Et tandis que la communauté internationale tente avec difficulté de combattre la pauvreté, les écarts entre riches et pauvres se creusent aussi au sein des pays les plus développés. Assurer une meilleure justice sociale reste un défi pour les gouvernements qui doivent veiller à une redistribution équitable des richesses.

LES POUVOIRS DES ÉTATS

La souveraineté menacée?

Accords de libre-échange, alliances militaires, économiques ou politiques, les États multiplient les ententes internationales dont ils doivent respecter les règles. Ces institutions et ces regroupements internationaux acquièrent ainsi un pouvoir d'ingérence dans plusieurs aspects des affaires de ces États. En adhérant à de tels regroupements ou en signant des traités, ces États voient donc une partie de leur souveraineté leur échapper. Mais l'adhésion à des alliances internationales n'est pas la seule menace à la souveraineté et à la capacité d'action des États. Ceux-ci doivent aussi composer avec des menaces externes ou internes comme les invasions militaires, le cyberterrorisme, les embargos, la dépendance économique vis-à-vis des entreprises et des grandes institutions mondiales. Plus que jamais, les États font face à la redéfinition de leurs pouvoirs.

LES INTERVENTIONS EXTÉRIEURES EN TERRITOIRE SOUVERAIN

Des interventions parfois critiquées

Invasion militaire, sanctions économiques, acheminement de vivres, déploiement d'équipes médicales ou d'observateurs internationaux, les interventions en territoire souverain sont fréquentes et variées. Elles sont souvent faites au nom du principe d'assistance humanitaire à des populations victimes de catastrophes naturelles, de persécutions ou de conflits armés. La souveraineté de l'État sur son territoire est pourtant reconnue par le droit international, qui interdit en outre l'ingérence dans les affaires d'un État, sauf dans quelques cas bien définis. Les interventions en territoire souverain menées sans l'accord de l'État, mais au nom des droits et de la sécurité des civils, soulèvent donc l'opposition entre l'intervention légitime et l'intervention illégale. Elles sont aussi parfois l'objet de critiques. Car l'intérêt des intervenants et celui des populations secourues ne convergent pas toujours.

LE QUÉBEC DANS LE MONDE CONTEMPORAIN

Problèmes environnementaux, défis liés à l'immigration, pauvreté, mondialisation, conflits armés, ces grands défis planétaires du monde contemporain sont aussi au cœur de la vie des Québécois.

LA GESTION DE L'ENVIRONNEMENT

Le recyclage en crise?

La gestion de l'environnement, qui préoccupe la communauté internationale, apporte aussi son lot de défis sur la scène nationale. Un exemple? Le recyclage des déchets. Au Québec, le recyclage, qui a augmenté de façon spectaculaire de 288 % entre 1990 et 2008, est victime des soubresauts de l'économie ! La valeur de certaines matières recyclables a chuté dramatiquement en raison de la crise économique de 2008-2009 : le prix du carton est passé de 140 $ à 20 $ la tonne et celui de l'aluminium, de 2000 $ à 200 $ la tonne. Par conséquent, les centres de recyclage ne réussissent plus à écouler leurs stocks, les entrepôts débordent et des dizaines de milliers de tonnes de matières recyclables demeurent entreposées à l'extérieur.

L'INTENSIFICATION DES MOUVEMENTS MIGRATOIRES

Intégrer les travailleurs immigrants

Aux quatre coins du monde, les migrations s'intensifient. Terres d'immigration, le Québec et le Canada doivent s'adapter à cette réalité qui soulève certains problèmes, comme celui de l'intégration professionnelle des personnes ayant obtenu leur diplôme dans un autre pays. Au Québec, plusieurs ordres professionnels, comme ceux des ingénieurs, des architectes et des médecins, ont déjà pris des mesures pour mieux intégrer ces professionnels immigrants. Le gouvernement a investi des sommes d'argent pour que ces derniers aient accès à des formations d'appoint ou de remise à niveau.

Ci-contre, des nouveaux arrivants au Québec, infirmiers dans leur pays d'origine, suivent une formation de ce type au cégep pour pouvoir pratiquer la profession d'infirmier ou d'infirmière au Québec. En novembre 2009, ils tenaient un kiosque d'information au cégep de Granby–Haute-Yamaska.

LA RÉPARTITION DE LA RICHESSE

Combattre la pauvreté

On trouve des écarts de richesse partout dans le monde, et ce, au sein même des pays riches comme le Canada. Au Québec, par exemple, certaines familles vivent sous le seuil de la pauvreté. Certaines ne reçoivent qu'un maigre revenu basé sur le salaire minimum ou des prestations du programme d'aide sociale du gouvernement, une aide destinée à couvrir les besoins fondamentaux.

Chaque matin, dans 244 écoles primaires, 15 000 enfants reçoivent un repas offert par le Club des petits déjeuners du Québec. Fondée en 1994, cette organisation est aujourd'hui partenaire du Programme alimentaire mondial des Nations unies. Son but : offrir un petit déjeuner nutritif à des enfants qui, issus de familles à faible revenu, risqueraient autrement de commencer leur journée scolaire le ventre vide.

LES POUVOIRS DES ÉTATS

Le bois d'œuvre québécois et canadien au cœur d'un litige

En signant des accords internationaux, les États acceptent de se conformer aux règles qui en découlent, et ce, parfois au détriment de leurs pouvoirs.

Un exemple ? Le bois d'œuvre canadien. Dans les années 1990, le gouvernement américain impose des droits de douane élevés et des quotas au bois canadien, malgré l'abolition des tarifs douaniers prévus par l'Accord de libre-échange nord-américain (ALENA). Il accuse le Canada de subventionner l'industrie forestière, permettant aux producteurs canadiens de vendre leur bois moins cher sur le marché américain. Le Canada fait arbitrer la dispute par l'Organisation mondiale du commerce (OMC). En 2006, une entente intervient : le Canada doit modifier ses pratiques. Les quotas et tarifs douaniers américains ont entraîné la fermeture de nombreuses scieries au Québec. Des milliers de Québécois ont ainsi perdu leur emploi. Ci-contre, une scierie de Saguenay.

LES INTERVENTIONS EXTÉRIEURES EN TERRITOIRE SOUVERAIN

Des Québécois au front

Même si les Québécois et les Canadiens ne subissent pas la guerre sur leur territoire, les soldats de l'armée canadienne, dont de nombreux Québécois, participent, eux, à des interventions armées en territoire souverain. Au début de l'année 2010, 2850 militaires canadiens combattaient les forces talibanes en Afghanistan au sein de la Force internationale d'assistance à la sécurité (FIAS) dirigée par l'OTAN.

Cette action militaire a toutefois un prix humain élevé. Entre 2002 et février 2010, 144 Canadiens ont perdu la vie en Afghanistan : 140 militaires, 2 travailleuses humanitaires, 1 journaliste et 1 diplomate. Août 2009 : les Forces canadiennes rapatrient les corps du caporal Christian Bobbitt, 23 ans, et du sapeur Mathieu Allard, 20 ans, du 2e bataillon du 22e régiment de Valcartier, Québec.

01 Le Conseil de sécurité

La salle du Conseil de sécurité de l'ONU, New York, États-Unis. Réunion du 24 septembre 2009.

La scène internationale

Les grands défis auxquels le monde contemporain doit faire face et les enjeux qui en découlent ont des répercussions dans le monde entier. Ils interpellent non seulement les États et leurs citoyens, mais aussi l'ensemble des membres de la communauté internationale qui doivent conjuguer leurs efforts pour parvenir à des consensus et pour trouver des solutions à des problèmes devenus planétaires.

Mais qui sont ces acteurs de la scène internationale ? Quelles sont les grandes organisations et institutions qui constituent ce que l'on appelle la communauté internationale ? Quelle est leur mission, quel est leur rôle ? Quels États en sont membres ? De quels outils et institutions ces communautés d'États disposent-elles pour élaborer et imposer de nouvelles règles ? Quelles sont les principales alliances dans lesquelles se regroupent les États ? Les fiches de ce dossier font le tour de la scène internationale.

À consulter

L'ORGANISATION DES NATIONS UNIES (ONU)

L'Organisation des Nations unies (ONU)

ANNÉE DE CRÉATION : 1945

NOMBRE D'ÉTATS MEMBRES : 192 (2009)

SIÈGE : New York, États-Unis

BUDGET DE FONCTIONNEMENT : 5,15 milliards $ US (2010-2011)

La Société des Nations (SDN), créée après la Première Guerre mondiale, en 1919, pour mettre fin aux guerres, n'ayant pas rempli son mandat de préserver la paix, 50 États s'entendent à la fin de la Seconde Guerre mondiale pour créer un nouvel organisme : l'Organisation des Nations unies (ONU). Sa mission première sera de maintenir la paix et la sécurité internationale et de développer les échanges et la coopération entre les États membres. Le 10 janvier 1946 a lieu la première Assemblée générale de l'ONU, qui compte alors 51 états.

L'ONU est la plus importante organisation internationale et sa charte fondatrice lui permet de prendre des mesures pour régler de nombreux problèmes, notamment dans les domaines suivants :

- le développement durable ;
- la protection de l'environnement et des réfugiés ;
- les secours en cas de catastrophe ;
- la lutte contre le terrorisme ;
- le désarmement ;
- la promotion de la démocratie ;
- les droits humains ;
- le développement économique et social.

02 **L'Assemblée générale**

La salle du siège social de l'ONU, New York, États-Unis, durant la 64e Assemblée générale du 23 septembre 2009.

Le Secrétariat de l'ONU

ANNÉE DE CRÉATION : 1945

SIÈGE : New York, États-Unis

Relevant du secrétaire général de l'ONU, le Secrétariat des Nations unies s'acquitte de tâches quotidiennes très variées liées aux divers programmes et actions de l'Organisation, comme l'administration des opérations de maintien de la paix ou la médiation dans certains différends internationaux.

Le personnel du Secrétariat compte 40 000 personnes recrutées partout dans le monde. Chacune de ces personnes prête serment de ne recevoir et de ne solliciter aucune directive d'aucune autorité extérieure à celle de l'ONU. Ces fonctionnaires internationaux ont pour mandat, entre autres, l'observation des tendances sociales et économiques dans le monde. Ils procèdent aussi à des études sur les droits humains ou sur d'autres sujets d'intérêt international relevant du mandat de l'ONU.

Outre le siège social, l'ONU a des bureaux dans le monde entier, dont une présence soutenue à Addis-Abeba, Bangkok, Beyrouth, Genève, Nairobi, Santiago et Vienne.

L'Assemblée générale

SIÈGE : New York, États-Unis

C'est dans cette immense salle du siège social de l'ONU, à New York, que se tiennent les rencontres de l'Assemblée générale des Nations unies. Celle-ci est constituée des 192 États membres qui se réunissent pour discuter des problèmes de l'humanité. Chaque État membre y dispose d'une voix. Bien que l'Assemblée n'ait pas le pouvoir d'imposer ses décisions aux États membres, ses recommandations, votées par ces derniers, conduisent à des initiatives et à des programmes qui touchent des centaines de millions de personnes dans le monde.

L'ORGANISATION DES NATIONS UNIES (ONU)

03 Les Casques bleus

Une mission des Casques bleus à Goma, République démocratique du Congo, en septembre 2007.

Les Casques bleus

ANNÉE DE CRÉATION : 1956

BUDGET : environ 7 milliards $ US

Les Casques bleus représentent la force armée de l'ONU. C'est à leur casque d'un bleu « onusien » que ces soldats doivent le nom de leur armée, constituée de militaires et de policiers venant de divers États. Les Casques bleus sont mobilisés pour des missions de maintien de la paix, d'aide humanitaire et pour des interventions militaires autorisées par le Conseil de sécurité de l'ONU. En 2009, 97 223 soldats des Casques bleus, en provenance de 120 pays, ont été répartis dans 15 missions de paix. Depuis 1956, les Casques bleus ont pris part à de nombreuses missions.

Le Conseil de sécurité

Année de création : 1945

Siège : New York, États-Unis

Budget alloué aux missions de paix :
7,75 milliards $ US (2009)

Le Conseil de sécurité se compose de 15 membres, dont 5 membres permanents – la Chine, les États-Unis, la Russie, la France et le Royaume-Uni – et 10 pays membres élus par l'Assemblée générale pour un mandat de 2 ans.

Le Conseil est responsable du maintien de la paix et de la sécurité internationale. Il agit à titre de médiateur dans les conflits internationaux. Il a le pouvoir d'imposer ses décisions aux États membres de l'ONU et peut appliquer des sanctions. Seul le Conseil peut autoriser les opérations de maintien de la paix des Casques bleus de l'ONU ou des interventions militaires armées.

La Cour internationale de justice (CIJ)

Année de création : 1945

Siège : La Haye, Pays-Bas

Budget : 45,7 millions $ US (2008-2009)

La CIJ est l'organe judiciaire de l'ONU. On y compte 15 juges élus par l'Assemblée générale et le Conseil de sécurité pour des mandats de 9 ans. Elle a pour mission de faire appliquer les lois du droit international et de régler les conflits juridiques entre les États. Elle donne également des avis aux différents organes et institutions de l'ONU sur les aspects de droit international. Entre le 22 mai 1947 et le 31 janvier 2010, 146 affaires ont été enregistrées pour être entendues par la CIJ. Cette dernière ne traite pas d'affaires criminelles ni de crimes contre l'humanité, ce rôle étant réservé au Tribunal pénal international.

LES FONDS, PROGRAMMES ET AGENCES DU SYSTÈME DES NATIONS UNIES

Système des Nations unies

On appelle système des Nations unies l'ensemble des fonds comme l'UNICEF, des programmes comme le PNUD et des agences comme l'UNHCR qui sont liés à l'ONU.

Le Haut-commissariat des Nations unies pour les réfugiés (UNHCR)

UNHCR The UN Refugee Agency L'Agence des Nations Unies pour les réfugiés

ANNÉE DE CRÉATION : 1950

SIÈGE : Genève, Suisse

BUDGET : 2,3 milliards $ US (2009)

MISSION : Protéger les droits et le bien-être des réfugiés.

Les guerres, les désastres naturels, les famines poussent des millions d'êtres humains sur les routes, vers d'autres régions ou d'autres pays, pour fuir la violence et la misère. C'est pour assurer leur sécurité et leur venir en aide que le Haut-commissariat des Nations unies pour les réfugiés, qui porte aussi le nom d'Agence des Nations unies pour les réfugiés, a été mis sur pied par l'ONU.

L'Agence fournit une aide matérielle pour répondre aux besoins élémentaires : abris, nourriture, eau potable, installations sanitaires et soins médicaux. Elle supervise également l'acheminement de l'aide humanitaire et gère les camps de réfugiés dans lesquels elle installe des dispensaires et des écoles. Au début de l'année 2010, l'UNHCR intervenait auprès de 34,4 millions de réfugiés, demandeurs d'asile et personnes déplacées réparties dans 118 pays.

04 **L'Organisation mondiale de la santé**

La campagne de vaccination de la population à Port-au-Prince, Haïti, en 2010.

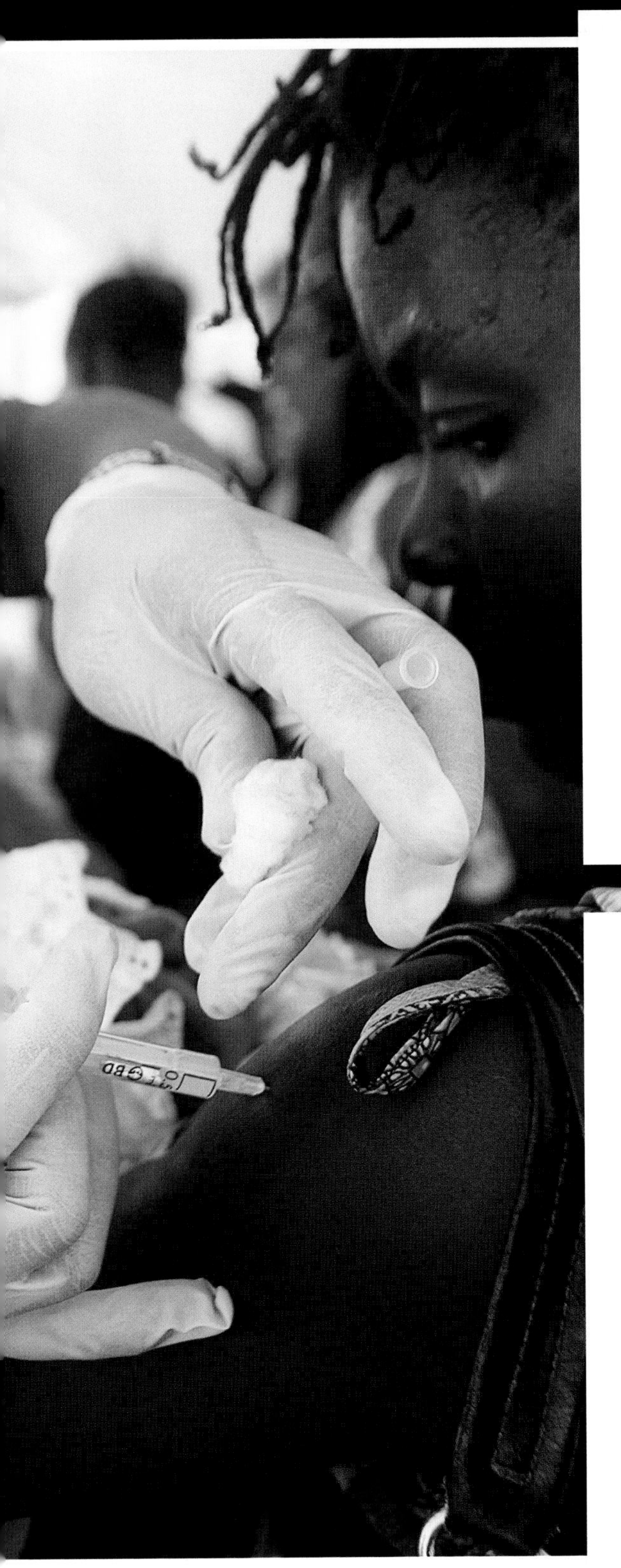

L'Organisation mondiale de la santé (OMS)

Organisation mondiale de la Santé

ANNÉE DE CRÉATION : 1948

NOMBRE D'ÉTATS MEMBRES : 192

SIÈGE : Genève, Suisse

BUDGET : 14 milliards $ US (2008-2013)

MISSIONS :
- Diriger l'action sanitaire mondiale et la recherche en santé.
- Amener les humains au niveau de santé le plus élevé possible.

L'OMS est l'autorité directrice en matière de santé au sein des Nations unies. Elle détermine les grandes orientations internationales pour la recherche médicale et les programmes de santé publique. Elle fixe des objectifs de réduction des risques ou de protection contre certaines maladies. Elle assume un leadership mondial dans des dossiers comme la lutte contre la tuberculose, le SIDA et le paludisme et les programmes de vaccination.

L'OMS voit à l'application du Règlement sanitaire international qui a été négocié avec les États membres pour enrayer les flambées épidémiques. Elle mène aussi des études à l'échelle internationale pour la prévention et le traitement des maladies. En 2010, 8000 personnes travaillaient pour l'OMS dans le monde.

Le Programme des Nations unies pour le développement (PNUD)

PNUD

ANNÉE DE CRÉATION : 1965

PRÉSENCE MONDIALE : 166 pays

SIÈGE : New York, États-Unis

BUDGET : 5 milliards $ US (2008)

MISSION : Aider les pays pauvres à trouver leurs propres solutions pour se développer.

Ce programme d'aide au développement favorise l'implantation et la réalisation de projets locaux et nationaux qui conduisent à une croissance économique durable. Ces interventions visent également divers secteurs, notamment l'émancipation des femmes, la gouvernance démocratique et la protection de l'environnement. En 2008, par exemple, le PNUD a versé 408 millions $ US pour lancer 2729 projets visant à limiter les effets du réchauffement climatique dans plus de 120 pays.

Le PNUD a notamment pour mission d'assurer le suivi des Objectifs du millénaire pour le développement établis par l'ONU pour lutter contre la pauvreté dans le monde.

LES FONDS, PROGRAMMES ET AGENCES DU SYSTÈME DES NATIONS UNIES

05 **L'UNICEF**

Une école dans un camp de réfugiés de la province de Nangarhar, Afghanistan, en 2008.

L'Organisation des Nations unies pour l'éducation, la science et la culture (UNESCO)

ANNÉE DE CRÉATION : 1946

NOMBRE D'ÉTATS MEMBRES : 193 et 7 États membres associés

SIÈGE : Paris, France

BUDGET : 653 millions $ US (2010-2011)

MISSION : Contribuer à la paix, à la lutte contre la pauvreté, au développement humain et au dialogue interculturel par l'éducation, la science, la culture, la communication et l'information.

L'UNESCO, qui compte 50 bureaux répartis dans le monde, a un mandat très large. Gardien du patrimoine naturel et culturel mondial, l'organisme doit assurer la promotion et l'aide au développement de l'éducation pour tous. Son programme prioritaire en Afrique (2008-2013) vise notamment à promouvoir l'alphabétisation et le développement du réseau de l'éducation. Ses moyens sont toutefois limités, compte tenu des immenses besoins en scolarisation. L'UNESCO est également chargée de veiller à la promotion de la diversité culturelle qui, selon certaines de ses propres études, serait menacée par la mondialisation.

Le Fonds des Nations unies pour l'enfance (UNICEF)

unicef

ANNÉE DE CRÉATION : 1946

PRÉSENCE MONDIALE : 190 pays

SIÈGE : New York, États-Unis

BUDGET : 3,08 milliards $ US (2008)

MISSION : Défendre les droits et le bien-être des enfants.

Pour venir en aide aux enfants d'Europe menacés de famine à la fin de la Seconde Guerre mondiale, l'ONU crée un fonds d'aide d'urgence, l'UNICEF, qui, en 1953, intégrera les Nations unies de façon permanente. En 1959, l'ONU adopte la Convention relative aux droits de l'enfant, qui oriente depuis les actions de l'UNICEF. L'organisme est voué à la défense des droits des enfants. Il assure une protection spéciale aux enfants les plus vulnérables, dont les victimes de guerres, de catastrophes, de pauvreté extrême et de toute forme de violence ou d'exploitation, ainsi qu'aux enfants atteints du SIDA ou handicapés.

Outre ses interventions en situation d'urgence, l'UNICEF soutient des programmes visant l'éducation d'enfants pauvres. Pour la seule année 2008, le Fonds a dépensé 1,46 milliard $ US en fournitures scolaires pour permettre à des enfants de pays en développement d'aller à l'école.

L'Organisation internationale du travail (OIT)

ANNÉE DE CRÉATION : 1919

INSTITUTION SPÉCIALISÉE DE L'ONU : 1946

NOMBRE D'ÉTATS MEMBRES : 183

SIÈGE : Genève, Suisse

BUDGET : 635 millions $ US (2008-2009)

L'OIT est l'organisation spécialisée de l'ONU chargée d'élaborer les normes internationales du travail et de veiller à leur application par les pays membres. Seule institution tripartite des Nations unies, elle est formée des représentants des gouvernements, d'organisations d'employeurs et de travailleurs.

L'OIT consacre annuellement, entre autres, plus de 60 millions $ US au Programme international pour l'abolition du travail des enfants (IPEC), qui cible en priorité l'esclavage et l'exploitation des enfants.

LES GRANDS ACTEURS ÉCONOMIQUES

La Banque mondiale

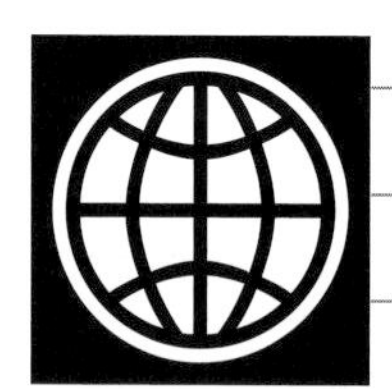

ANNÉE DE CRÉATION : 1944

NOMBRE D'ÉTATS MEMBRES : 186

SIÈGE : Washington, États-Unis

MISSION : Accorder des prêts et de l'aide aux pays en développement afin de réduire la pauvreté et favoriser une croissance économique.

La Banque mondiale se compose de deux institutions : la Banque internationale pour la reconstruction et le développement (BIRD) et l'Association internationale de développement (IDA), dont le capital est détenu par 186 États membres. Ces institutions accordent des prêts assortis de faibles taux d'intérêt, des crédits sans intérêt et des dons aux pays en développement. Ces sommes servent à financer, entre autres, l'éducation, la santé, l'administration publique, les infrastructures et le développement économique et financier. En 2008-2009, la Banque mondiale a consenti près de 47 milliards $ US en prêts aux pays pauvres.

Le Fonds monétaire international (FMI)

ANNÉE DE CRÉATION : 1944

NOMBRE D'ÉTATS MEMBRES : 186

SIÈGE : Washington, États-Unis

MISSION : Veiller à la stabilité du système monétaire international et faciliter l'expansion du commerce mondial.

Le FMI a, entre autres, le mandat de venir en aide aux pays membres qui éprouvent des difficultés à honorer leurs dettes extérieures ou qui manquent de devises étrangères pour payer leurs importations. Le FMI dispose de réserves de devises provenant de ses États membres et est donc en mesure de prêter aux pays qui ont des déséquilibres financiers. Il assortit toutefois ces prêts de conditions qui contraignent les États à revoir certaines de leurs politiques ou leurs dépenses publiques. Cette politique de prêts, consentis notamment aux pays en développement, a valu au FMI de nombreuses critiques. Toutefois, les pays pauvres qui ne parviennent pas à trouver de financement auprès des grandes banques privées ont besoin des sommes consenties par la Banque mondiale et le FMI, qui collaborent étroitement dans ces opérations de financement.

06 **La Banque mondiale**

Le siège social de la Banque mondiale, Washington, États-Unis.

Les alliances économiques

Le tableau *Les grandes alliances économiques internationales* du dossier Richesse, p. 149, passe en revue les alliances suivantes:

ALENA
APEC
ASEAN (ANSEA)
MERCOSUR
UNION AFRICAINE

L'Organisation de coopération et de développement économiques (OCDE)

ANNÉE DE CRÉATION: 1961

NOMBRE D'ÉTATS MEMBRES: 30

SIÈGE: Paris, France

BUDGET: environ 434 millions $ US

L'OCDE regroupe des États industrialisés, dont le Canada, qui poursuivent des objectifs communs, tels que le soutien d'une croissance économique durable, le développement de l'emploi, le maintien de la stabilité financière et la croissance du commerce mondial. Bien que sa convention stipule que ses décisions lient tous ses membres, l'OCDE a surtout un pouvoir de recommandation.

L'OCDE est l'un des plus importants éditeurs du secteur économique et elle mène de nombreuses études statistiques sur ses membres, mais aussi sur de nombreux aspects financiers, économiques et sociaux à l'échelle internationale. Depuis 2007, l'OCDE a ouvert des négociations avec plusieurs pays, dont Israël, l'Afrique du Sud et des pays émergents comme la Chine, la Russie et le Brésil en vue de leur adhésion au sein de l'organisation.

L'Organisation mondiale du commerce (OMC)

ANNÉE DE CRÉATION: 1995

NOMBRE D'ÉTATS MEMBRES: 153

SIÈGE: Genève, Suisse

BUDGET: env. 175 millions $ US

MISSION: Assurer la libéralisation des échanges commerciaux et régler les différends commerciaux entre les pays membres.

En 1947, plusieurs États signent l'Accord général sur les tarifs douaniers et le commerce (GATT), qui donnera naissance à l'OMC en 1995. Cette dernière est l'une des plus puissantes organisations internationales, car elle régit les règles commerciales entre les États. Ces règles sont en fait des accords négociés et signés par les gouvernements des États membres. Les accords concernent les marchandises, les services et la propriété intellectuelle. Ils prennent, entre autres, la forme d'ententes pour la réduction des frais de douane ou des obstacles au commerce international. Les accords fixent également les procédures pour le règlement des litiges commerciaux. L'OMC a donc le pouvoir de rendre des décisions et d'imposer des amendes ou des sanctions en vertu de ces accords.

L'Organisation des pays exportateurs de pétrole (OPEP)

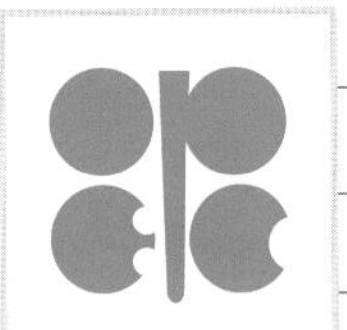

ANNÉE DE CRÉATION: 1960

NOMBRE D'ÉTATS MEMBRES: 12

SIÈGE: Vienne, Autriche

L'OPEP regroupe les gouvernements de 13 pays exportateurs de pétrole et vise à défendre leurs intérêts communs. Elle veille à la régulation de la production de pétrole et influence ainsi le prix de cette ressource sur le marché mondial. Les cinq pays fondateurs sont l'Iran, l'Irak, le Koweït, l'Arabie saoudite et le Venezuela. Les autres membres sont le Qatar, la Libye, les Émirats arabes unis, l'Algérie, le Nigeria, l'Angola et l'Équateur.

LES GRANDES ALLIANCES INTERNATIONALES

L'Organisation du traité de l'Atlantique Nord (OTAN)

NATO OTAN

ANNÉE DE CRÉATION : 1949

NOMBRE D'ÉTATS MEMBRES : 28 (2010)

SIÈGE : Bruxelles, Belgique

BUDGET : environ 2,5 milliards $ US (2007)

L'OTAN est une alliance de 28 pays de l'Amérique du Nord et de l'Europe qui ont signé le traité de l'Atlantique Nord, s'engageant à se porter à la défense les uns des autres en cas d'agression armée. Née pendant la guerre froide entre l'URSS et les États-Unis et leurs alliés respectifs, l'OTAN a, depuis la fin de la guerre froide, réorienté sa mission vers le maintien de la sécurité et la défense de la démocratie dans la zone euro-atlantique. Elle prend part à des opérations militaires, comme celle menée en ex-Yougoslavie, et à des opérations de maintien de la paix. En 2010, 4000 personnes travaillaient au siège social, dont 400 militaires à l'état-major. Le budget et les forces armées de l'OTAN sont constitués des contributions et des délégations militaires fournies par les États membres.

Pays membres

Albanie
Allemagne
Belgique
Bulgarie
Canada
Croatie
Danemark
Espagne
Estonie
États-Unis
France
Grèce
Hongrie
Islande
Italie
Lettonie
Lituanie
Luxembourg
Norvège
Pays-Bas
Pologne
Portugal
République tchèque
Roumanie
Royaume-Uni
Slovaquie
Slovénie
Turquie

07 **L'Union européenne**

La salle du Parlement de l'Union européenne, Strasbourg, France, en 2007.

L'Union européenne (UE)

ANNÉE DE CRÉATION : 1993 (marché unique)

NOMBRE D'ÉTATS MEMBRES : 27 (2010)

SIÈGES DU PARLEMENT : Strasbourg, France, et Bruxelles, Belgique

L'Union européenne s'est formée de façon progressive depuis la création de la Communauté économique européenne (CEE) en 1958. Mais c'est en 1993, avec l'entrée en vigueur du traité de Maastricht, signé en 1992, qu'elle prend sa forme actuelle. L'UE comptait alors 12 pays. Aujourd'hui, elle regroupe 27 pays d'Europe et forme la plus grande alliance économique et politique internationale.

L'UE est constituée d'un Parlement, dont les 736 députés sont élus, et de 3 autres institutions : le Conseil européen, le Conseil des ministres de l'Union européenne et la Commission européenne.

L'Union européenne est la seule alliance politique dotée d'un Parlement supranational et la seule à avoir une monnaie commune, l'euro. En 2010, 16 États membres avaient adopté cette monnaie.

Pays membres

Allemagne
Autriche
Belgique
Bulgarie
Chypre
Danemark
Espagne
Estonie
Finlande
France
Grèce
Hongrie
Irlande
Italie
Lettonie
Lituanie
Luxembourg
Malte
Pays-Bas
Pologne
Portugal
République tchèque
Roumanie
Royaume-Uni
Slovaquie
Slovénie
Suède

Le Commonwealth

ANNÉE DE CRÉATION : 1931

NOMBRE D'ÉTATS MEMBRES : 54

SIÈGE : Londres, Angleterre

Ancien regroupement des colonies britanniques, incluant le Canada, dont Élisabeth II, reine d'Angleterre, est toujours la chef, le Commonwealth est aujourd'hui un regroupement d'États dont certains n'ont jamais été des colonies britanniques. Ses 54 États membres s'entraident et travaillent ensemble pour la défense de la démocratie et le développement. Les États du Commonwealth tiennent aussi régulièrement des rencontres où sont abordés les grands enjeux politiques, sociaux et économiques de la scène internationale, tels que les problèmes environnementaux.

L'Organisation internationale de la Francophonie (OIF)

ANNÉE DE CRÉATION : 1970

NOMBRE D'ÉTATS MEMBRES : 56 et 14 observateurs

SIÈGE : Paris, France

L'OIF regroupe l'ensemble des pays francophones et encadre leurs relations politiques et de coopération. Sa mission est de promouvoir la langue française et la diversité culturelle. Elle œuvre également pour la promotion de l'éducation, de l'enseignement supérieur et de la recherche en langue française. Elle poursuit des missions de promotion pour la paix, la démocratie, les droits de la personne et la coopération pour le développement durable.

Les Sommets de la Francophonie, dont celui d'octobre 2008 qui s'est déroulé dans la ville de Québec, réunissent des chefs d'État et des représentants de toute la Francophonie pour débattre des enjeux internationaux. En 2009, on comptait plus de 200 millions de francophones dans le monde.

LES ORGANISATIONS NON GOUVERNEMENTALES (ONG)

Médecins sans frontières (MSF)

ANNÉE DE CRÉATION : 1971

PRÉSENCE MONDIALE : environ 60 pays

SIÈGE : Genève, Suisse

Médecins sans frontières fournit de l'assistance médicale d'urgence ou prolongée aux populations sinistrées lors de catastrophes naturelles, d'épidémies ou de famines ainsi qu'à celles qui vivent dans des zones de conflits armés où les infrastructures médicales sont inexistantes, détruites ou insuffisantes.

MSF tire son financement essentiellement de dons privés et vise une neutralité politique ou religieuse en ne prenant jamais position dans les conflits où elle mène des opérations. En 1999, MSF a remporté le prix Nobel de la paix.

Pour la seule année 2008, MSF a donné plus de 8,8 millions de consultations médicales, hospitalisé plus de 312 000 patients, traité 1,18 million de cas de malaria, pratiqué 101 858 accouchements, procédé à plus de 47 000 chirurgies, soigné plus de 48 000 blessés et administré plus de 2 millions de vaccins contre diverses maladies.

Oxfam International

ANNÉE DE CRÉATION : 1995

PRÉSENCE MONDIALE : 14 organisations membres dans plus de 100 pays

SIÈGE : Oxford, Angleterre

Oxfam International tire son nom d'une organisation humanitaire britannique, l'Oxford Committee for Relief Famine, créée en 1942 pour faire parvenir de la nourriture aux femmes et aux enfants grecs victimes du blocus nazi.

Oxfam International et ses 14 organisations membres, dont Oxfam Québec, travaillent à réduire la pauvreté et l'injustice en développant avec les ONG locales des projets à long terme, comme la construction de puits d'eau, d'écoles, de dispensaires et d'infrastructures, ou encore des projets agricoles et des micro-industries. Elle intervient dans les situations d'urgence (désastres, conflits, famines, etc.) et fait également des représentations auprès des décideurs pour défendre la lutte contre la pauvreté et l'injustice.

08 **La Croix-Rouge**

Des membres de la Croix-Rouge œuvrant à Haïti en 2010.

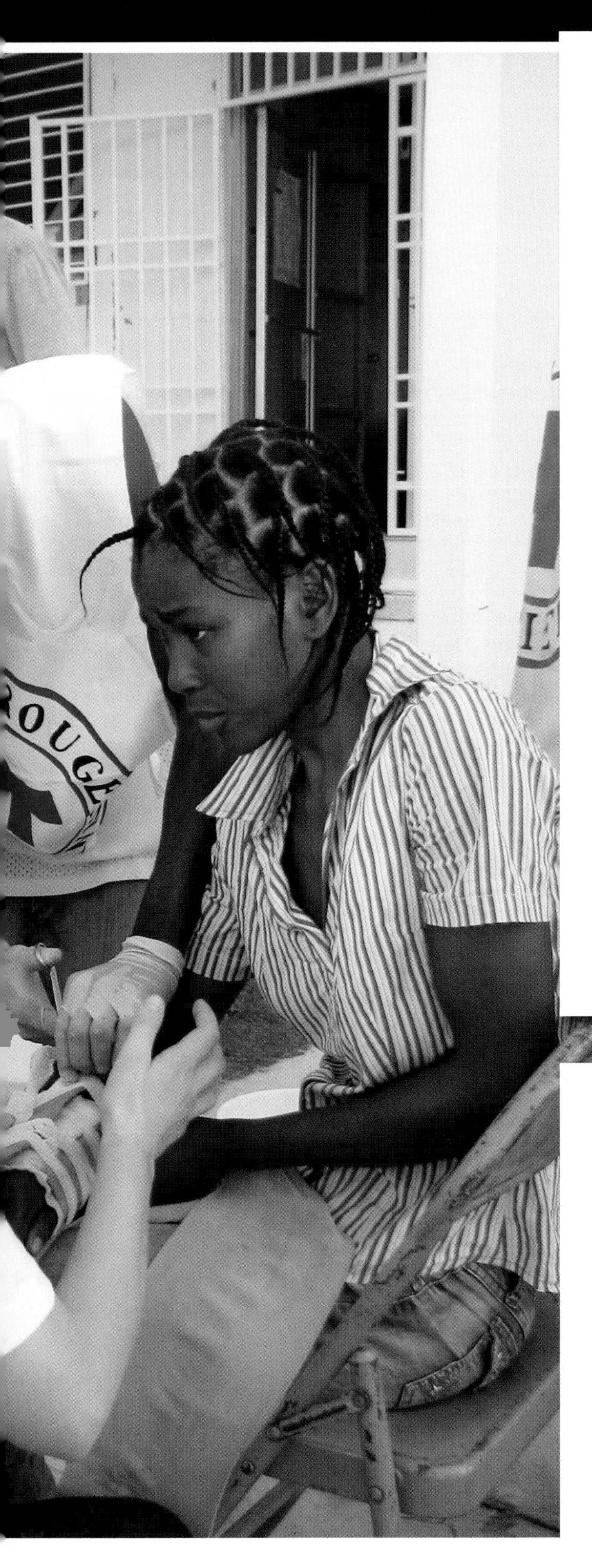

Le Comité international de la Croix-Rouge (CICR)

CICR

ANNÉE DE CRÉATION : 1863

PRÉSENCE MONDIALE : 12 000 employés et collaborateurs dans 80 pays

SIÈGE : Genève, Suisse

Organisation neutre et indépendante, le Comité international de la Croix-Rouge (CICR) a le mandat humanitaire de protéger la vie et la dignité des victimes de conflits armés et d'autres situations de violence et de leur porter assistance.

Fondé en 1863 à Genève, le CICR n'a rien d'une ONG ordinaire. De fait, elle est considérée comme une organisation intergouvernementale, car son mandat est reconnu en droit international. Un mandat qui découle des conventions de Genève de 1949. En vertu de ces ententes ratifiées par tous les États du monde, le CICR a une « personnalité juridique internationale » et jouit à ce titre de privilèges et d'immunités comparables à ceux des organismes des Nations unies.

Ces conventions assignent diverses tâches au CICR : visites de prisonniers de guerre, opérations d'assistance et de transport pour les blessés, regroupement de familles dispersées et autres activités humanitaires nécessaires pendant les conflits armés. Le CICR travaille aussi auprès des personnes déplacées à l'intérieur de leurs frontières et s'emploie à rechercher la trace de personnes portées disparues pendant des conflits.

Le CICR est la plus haute instance du Mouvement international de la Croix-Rouge et du Croissant-Rouge. En cas de conflit, c'est le CICR qui est responsable des activités de secours internationales du Mouvement.

Le Mouvement international de la Croix-Rouge et du Croissant-Rouge

ANNÉE DE CRÉATION : 1863

PRÉSENCE MONDIALE : 97 millions de bénévoles, employés et membres dans 186 pays

C'est un jeune Suisse, Henri Dunant, témoin en 1859 d'une bataille en Italie opposant l'Autriche et l'alliance franco-italienne, où des milliers de blessés étaient sans secours, qui eut l'idée de créer la Croix-Rouge. Le Mouvement international de la Croix-Rouge et du Croissant-Rouge est le plus grand réseau humanitaire du monde. Il inclut 186 sociétés nationales, comme la Société canadienne de la Croix-Rouge ou la Société du Croissant-Rouge algérien.

En zone de conflits armés, la Croix-Rouge et le Croissant-Rouge, sous la coordination du CICR, fournissent des soins médicaux et le transport des blessés militaires ou civils. Le Mouvement vient également en aide aux citoyens du monde entier lors d'incendies et de désastres naturels.

LES ORGANISATIONS NON GOUVERNEMENTALES (ONG)

Reporters sans frontières (RSF)

ANNÉE DE CRÉATION : 1985

PRÉSENCE MONDIALE : 120 correspondants sur 5 continents et des sections nationales dans 10 pays

SIÈGE : Paris, France

Vouée à la promotion de la liberté de presse, l'organisation Reporters sans frontières a pour mission de prendre la défense des journalistes et des collaborateurs des médias emprisonnés ou persécutés pour leur travail et de dénoncer les mauvais traitements et la torture dont ils sont victimes dans plusieurs pays.

RSF veille également à améliorer la sécurité des journalistes, photographes et caméramans qui doivent travailler dans des régions à risques, notamment dans les zones de conflit. L'ONG lutte aussi contre la censure et les lois qui entravent la liberté de la presse. Elle publie chaque année un classement mondial de la liberté de la presse.

En 2009, 76 journalistes ont été tués, 33 enlevés, 573 arrêtés, 1456 menacés ou agressés et 150 ont dû fuir leur pays en raison de leur métier. RSF a recensé 570 médias censurés dans 60 pays, et 151 blogueurs arrêtés pour leurs opinions.

Amnistie internationale

AMNISTIE
INTERNATIONALE

ANNÉE DE CRÉATION : 1961

PRÉSENCE MONDIALE : environ 2,2 millions de membres dans 150 pays et régions et des bureaux dans plus de 80 pays

SIÈGE : Londres, Angleterre

En 1961, deux jeunes Portugais sont emprisonnés pour avoir levé leur verre à la liberté. Cette arrestation arbitraire indigne un avocat britannique, Peter Benenson, qui signe alors un article intitulé « Les prisonniers oubliés ». L'article fait le tour des journaux du monde et lance le mouvement Amnesty International. Dès sa formation, l'ONG décide de se consacrer à la défense des droits et libertés, en accord avec la Déclaration universelle des droits de l'homme.

Depuis, elle s'occupe de dénoncer les arrestations et les détentions abusives, les mauvais traitements aux prisonniers, les abus contre la personne et toutes les formes de manquements aux droits humains. Elle mène des recherches, des enquêtes, des actions et des campagnes de sensibilisation et intervient auprès des autorités pour défendre les droits des opprimés.

Amnesty International possède une section canadienne francophone, Amnistie internationale.

09 **Reporters sans frontières**
Un journaliste photographiant une scène survenue en 1997 à Londonderry, en Irlande du Nord, alors que des bombes incendiaires s'écrasent autour des véhicules de police.

Human Rights Watch

HUMAN RIGHTS WATCH

ANNÉE DE CRÉATION : 1988

PRÉSENCE MONDIALE : 80 pays

SIÈGE : New York, États-Unis

Il y a d'abord eu Helsinki Watch, créée en 1978 pour surveiller et défendre les droits des citoyens dans les pays du bloc soviétique. Puis Asia Watch, Africa Watch et Middle East Watch ont vu le jour, une à une, dans les années 1980. Finalement, en 1988, tous ces « watch committees » ont fusionné pour donner naissance à Human Rights Watch.

Cette ONG a pour mission de protéger les droits humains en attirant l'attention des médias et de la communauté internationale sur les situations où les droits et libertés sont bafoués. Pour cela, elle compte sur 275 collaborateurs (journalistes, spécialistes, avocats et chercheurs), répartis dans le monde, qui enquêtent et publient plus de 100 rapports et documents d'information sur la situation des droits humains dans environ 80 pays. Par ses publications et ses démarches médiatiques, elle fait pression auprès des décideurs pour les encourager à défendre et à respecter les droits humains.

Greenpeace

GREENPEACE

ANNÉE DE CRÉATION : 1971

PRÉSENCE MONDIALE : 2,8 millions de membres et donateurs et des bureaux dans plus de 40 pays

SIÈGE : Amsterdam, Pays-Bas

C'est sur un vieux voilier de pêche en partance de Vancouver, au Canada, qu'a commencé l'histoire de Greenpeace. Un groupe de jeunes environnementalistes voulait alors surveiller et dénoncer les essais nucléaires américains sur l'île d'Amchitka, en Alaska, qui menaçaient une importante réserve d'animaux marins. Le reste appartient à l'histoire.

De coups d'éclat en coups d'éclat médiatiques, Greenpeace est rapidement devenue un des groupes de pression les plus médiatisés et les plus connus de la planète. Sa mission : protéger l'environnement et faire campagne pour changer les comportements du public, des industries et des puissances mondiales afin de lutter contre les changements climatiques et de protéger les espèces animales et le capital naturel de la planète. Greenpeace a des comités nationaux dans divers pays, comme Greenpeace Canada.

DOSSIER 1

SOMMAIRE

E ANNÉE :: enjeux :: ONU : 1 MILLIARD D'ÊTRES HUMAINS PRIVÉS D'EAU POTABLE :: enjeux :: 2009 : 36 597 RELÈVENT LE DÉFI CLIMAT

Cet homme traverse les eaux polluées d'un quartier pauvre de Klong Toey, à Bangkok, en Thaïlande.

CONCEPTS

INTERPRÉTATION

La gestion de l'environnement

par Marianne Boire

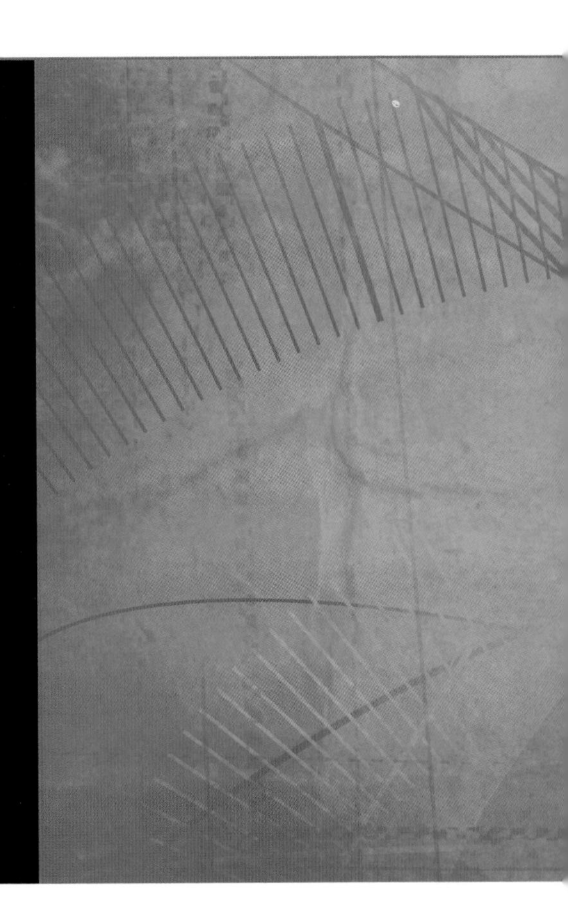

Des millions de tonnes de résidus toxiques qui circulent dans l'air, dans le sol, dans les cours d'eau. Des ressources naturelles irremplaçables, comme le pétrole et les forêts, qui s'épuisent. Des émanations de gaz qui compromettent l'équilibre climatique de la planète. Des dizaines de milliers de tonnes de déchets qui dérivent sur des plateformes au large des océans. Un milliard de personnes privées d'eau par la désertification. Une déforestation qui menace les poumons de la Terre. Autant de problèmes et bien d'autres à réduire ou à résoudre pour protéger la planète et assurer notre propre survie.

Voilà pourquoi la gestion de l'environnement est l'un des plus grands défis du monde contemporain. Un défi que tentent de relever les États et la communauté internationale, mais qui se vit aussi sur la scène locale. Un défi qui exige des changements de comportements individuels et collectifs, mais aussi des choix économiques, sociaux et politiques qui ne font pas toujours l'unanimité. En tête de liste des enjeux de la gestion de l'environnement : l'utilisation et la consommation des ressources de la planète et l'harmonisation des normes environnementales. Face à ces enjeux mondiaux, les solutions planétaires sont-elles possibles ?

Des statistiques alarmantes

Plus que jamais, l'heure est aux bilans. Au rythme où vont les choses, la planète Terre ne pourra continuer à fournir toutes les ressources nécessaires aux besoins d'une population mondiale en pleine croissance et toujours avide de nouveaux biens de consommation. Et les chiffres parlent d'eux-mêmes : en 2009, l'humanité comptait plus de 6,77 milliards de personnes et en 2050, la population mondiale grimpera à 9,1 milliards. Des statistiques plutôt inquiétantes, car à cette croissance démographique exponentielle s'ajoute la hausse spectaculaire de la consommation et de la demande énergétique un peu partout dans le monde.

01

Résultat : l'**empreinte écologique** de l'humanité pèse de plus en plus lourd sur les **écosystèmes** et sur les ressources naturelles comme l'eau et les forêts, sans compter la hausse fulgurante des émissions de gaz à effet de serre (GES). Depuis 1960, les émissions annuelles de ces gaz nocifs ont radicalement augmenté, accélérant du même coup l'**effet de serre** et le réchauffement climatique.

01 Une petite fille traverse le plus grand dépotoir d'Afrique : Olusosun, dans la ville de Lagos, au Nigeria. Au milieu de plus de 410 000 m² de déchets vivent des milliers de personnes dans des abris de fortune. Elles survivent en vendant les déchets qu'elles peuvent récupérer.

02 L'évolution de la population mondiale de 1700 à 2010

Avec la révolution industrielle, à la fin du 18e siècle, la population s'est mise à augmenter plus rapidement. Cette croissance a ralenti dans les années 1980. La population mondiale devrait se stabiliser vers le milieu du 21e siècle selon les projections récentes de l'Organisation des Nations unies (ONU).

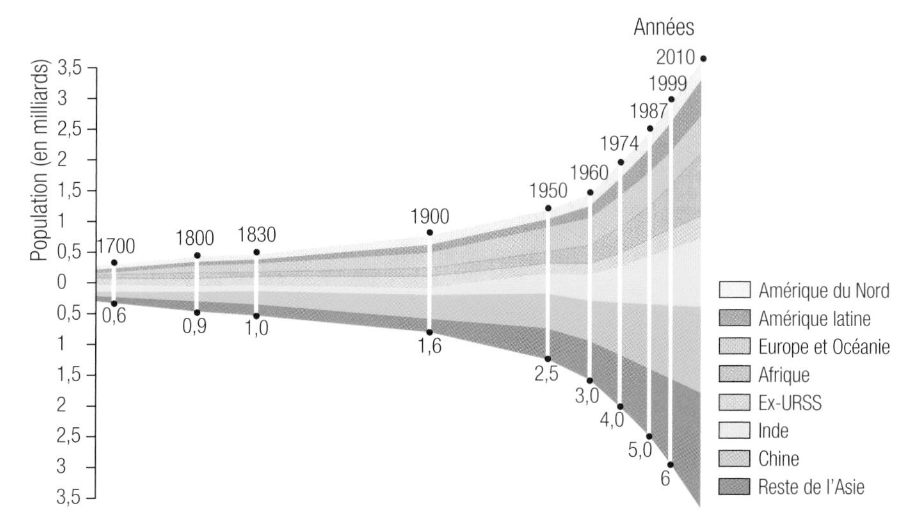

Source : *Le grand atlas du Canada et du monde*, 3e édition, Bruxelles, Noordhoff/De Boeck, 2009, p. 30.

CHIFFRES

L'eau, une pénurie annoncée

Actuellement, 500 millions de personnes vivant dans 31 pays souffrent d'un problème d'approvisionnement en eau, ce que les experts appellent le ***stress hydrique***. L'Organisation des Nations unies (ONU) prévoit qu'en 2050, 1,8 milliard d'humains vivront dans des régions totalement privées d'eau et que 5 milliards auront des problèmes d'accès à l'eau.

Source : *Le Monde diplomatique, L'atlas 2010,* Paris, Armand Colin, 2009.

Une consommation galopante

Et la situation environnementale risque de s'aggraver. Au cours des 20 dernières années, la **mondialisation** a fortement stimulé la croissance économique de **pays émergents** comme la Chine et l'Inde, qui comptent respectivement 1,3 milliard et 1,16 milliard d'habitants et qui deviennent de vastes marchés que reluquent les entreprises du monde entier. Un essor économique spectaculaire, qui se traduit par une hausse tout aussi spectaculaire des émissions de GES. À elle seule, la Chine a augmenté ses émissions de 3800 millions de tonnes entre 1990 et 2007, ce qui en fait aujourd'hui le premier pays pollueur de la planète. À ce rythme, la Chine sera responsable de 15 % des émissions mondiales en 2030. La planète pourra-t-elle supporter longtemps l'essor économique de pays aussi densément peuplés ?

03 L'évolution des émissions mondiales de gaz à effet de serre (en tonnes par habitant)

Les émissions de gaz à effet de serre ont augmenté de moitié entre 1960 et 2005, passant d'un peu plus de 3 tonnes à 4,5 tonnes par habitant.

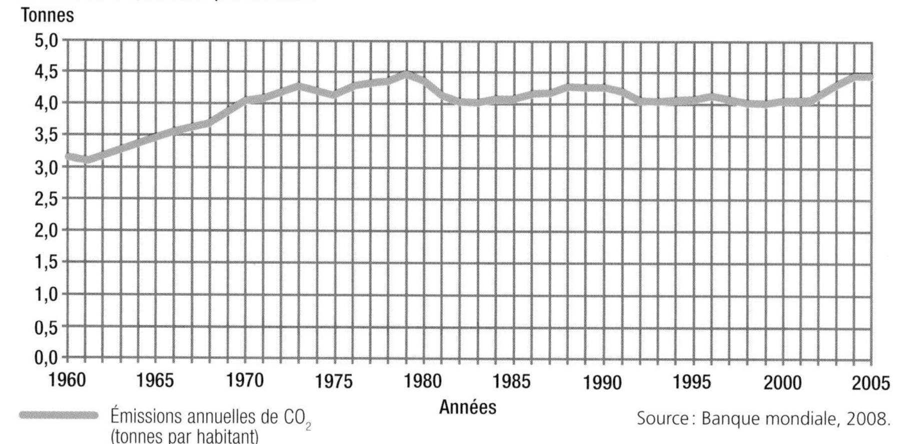

Source : Banque mondiale, 2008.

FOCUS

La taxe carbone

Basée sur le principe du « pollueur-payeur », la taxe sur le carbone est une taxe environnementale que certains États appliquent à des secteurs d'activité spécifiques afin de réduire les émissions de gaz à effet de serre. Davantage utilisée dans les pays européens, en particulier dans les pays scandinaves, la taxe sur le carbone vise à responsabiliser les citoyens et les entreprises quant à leurs émissions de GES. Souvent citée en exemple, la Norvège a mis en place sa taxe sur le carbone dès 1991. En 2007, cette taxe se chiffrait à 55 $ US la tonne pour les entreprises et à près de 1,25 $ US par litre d'essence pour les automobilistes. En octobre 2007, le Québec est devenu la première province canadienne à prendre ce virage en imposant aux entreprises une *taxe verte* de 0,08 $ CA par litre d'essence vendu. La Colombie-Britannique a suivi le pas en 2008 en instaurant elle aussi une taxe carbone, mais trois fois plus élevée que celle du Québec.

La taxe sur le carbone ne fait pas l'unanimité, même au sein des écologistes. Non seulement elle pénaliserait injustement les résidants des régions plus éloignées – plus dépendants de l'automobile – ainsi que les personnes à faible revenu, mais elle ne permettrait pas toujours d'atteindre les résultats escomptés. En 2008, la section norvégienne de Greenpeace déplorait que, malgré l'imposition de cette taxe depuis plus de 15 ans, la Norvège avait tout de même augmenté ses émissions de gaz à effet de serre de 15 %.

Et la croissance de la consommation n'est pas réservée qu'aux pays émergents. Les **pays développés** consomment, eux aussi, de plus en plus de biens, de ressources et d'énergie. À eux seuls, les États-Unis produisaient, en 2007, 20 % des émissions mondiales de CO_2, bien qu'ils ne représentaient que 5 % de la population mondiale.

LA DÉFORESTATION

Autre grande menace pour l'équilibre environnemental de la planète : la déforestation, un fléau qui entraîne la disparition annuelle de 13 millions d'hectares de forêt à l'échelle mondiale, soit pas moins de 36 terrains de football par minute ! Les cas de l'Argentine et d'Haïti sont particulièrement éloquents. En 100 ans, l'Argentine a perdu près de 70 % de son couvert forestier. Pour Haïti, la déforestation est encore plus critique : autrefois reconnu pour sa végétation luxuriante, ce petit pays est

04

aujourd'hui dépouillé de 95 % de son couvert forestier.

LA DÉSERTIFICATION

Dans certaines régions particulièrement vulnérables, comme la région subsaharienne, la déforestation aggrave un autre problème mondial, celui de la désertification. En septembre 2009, la neuvième session des Nations unies sur la lutte contre la désertification dressait d'ailleurs un constat accablant : près de 70 % de la population mondiale pourrait être frappée par la sécheresse si aucune mesure n'est prise pour freiner la progression de la désertification. À l'heure actuelle, ce phénomène touche 36 millions de kilomètres carrés, soit l'équivalent d'environ 4 fois la surface du territoire chinois.

L'EAU, UNE RESSOURCE MENACÉE

Fragilisées par le problème de la désertification et les différentes formes de pollution, les ressources en eau représentent, elles aussi, une sérieuse source d'inquiétude. Dans son troisième rapport mondial sur les ressources en eau, publié

04 Conséquence directe de la désertification, la ville de Beijing est frappée par des tempêtes de sable de plus en plus fréquentes. Elle a déjà reçu plus de 300 000 tonnes de sable provenant du désert de Gobi. Ce désert, qui avance sur Beijing à une vitesse de 3 km par an, n'est plus qu'à 160 km de la capitale chinoise.

en mars 2009, l'Organisation des nations unies pour l'éducation, la science et la culture (UNESCO) est d'ailleurs formelle : une crise planétaire des ressources en eau pointe à l'horizon. Menacées par la pression démographique, les changements climatiques et de mauvaises pratiques agricoles, ces ressources se raréfient et seront insuffisantes à 5 milliards de personnes en 2030 si rien n'est fait pour changer la situation. Le pompage excessif des nappes d'eaux souterraines pour les activités agricoles ou industrielles entraîne la **salinisation** de ces eaux souterraines et de certaines sources d'eau potable. Une menace pour les écosystèmes et la santé humaine.

Le problème des ressources en eau est devenu un défi majeur dans la gestion de l'environnement.

La gestion de l'environnement, à la fois solution et problème

Déforestation, changements climatiques, désertification, pollution de l'air et de l'eau, appauvrissement des sols, espèces animales menacées, tous les acteurs sociaux, scientifiques en tête, sont interpellés par ces urgences et appelés à unir leurs forces et les faire converger

FOCUS

L'eau douce : disparition et contamination

Quand on habite un pays où l'eau potable est si abondante qu'on l'utilise à volonté, on ne peut s'imaginer que cette ressource est en danger. Pourtant, la liste des lacs qui rétrécissent et des cours d'eau qui s'assèchent sur la planète s'allonge chaque année. Les causes ?

- Désertification des sols, causée par la déforestation et les **monocultures**.
- Détournement de cours d'eau et construction de barrages.
- Pluies acides.
- Migrations massives humaines et animales vers les points d'eau de plus en rares.

La situation est d'autant plus préoccupante que les besoins en eau augmentent rapidement : dans 40 ans, nous serons 9,1 milliards à peupler la planète !

L'eau recouvre 70 % de la surface de la Terre. Mais, en consultant le graphique ci-contre, on constate que les réserves d'eau potable sont minces compte tenu de la contamination des réserves d'eau douce et de la croissance des besoins.

Actuellement, 1,2 milliard d'humains n'ont pas accès à l'eau potable. Une vingtaine de pays souffrent de pénurie d'eau. La majorité des sources d'eau souterraines en Afrique du Nord et au Moyen-Orient ne sont plus renouvelables. Celles dans le monde qui le sont encore fournissent souvent une eau non potable. Dans les régions côtières où l'eau souterraine est pompée à l'excès, l'eau de mer s'infiltre dans les nappes souterraines. Elle rend malades les gens qui en boivent, et la salinisation des sols rend les terres impropres à la culture.

L'eau contaminée tue trois millions de personnes par an. Les produits chimiques et les eaux d'égouts rejetés sans traitement dans les rivières et les lacs, les polluants atmosphériques qui s'infiltrent dans le sol avec l'eau de pluie et qui contaminent l'eau souterraine, les résidus miniers et pétroliers, le fumier, les engrais, les pesticides qui pénètrent le sol avec les eaux de ruissellement et, enfin, la mode du tout-à-l'égout (médicaments, peintures) réduisent les réserves d'eau potable.

05 **La répartition de l'eau sur Terre**

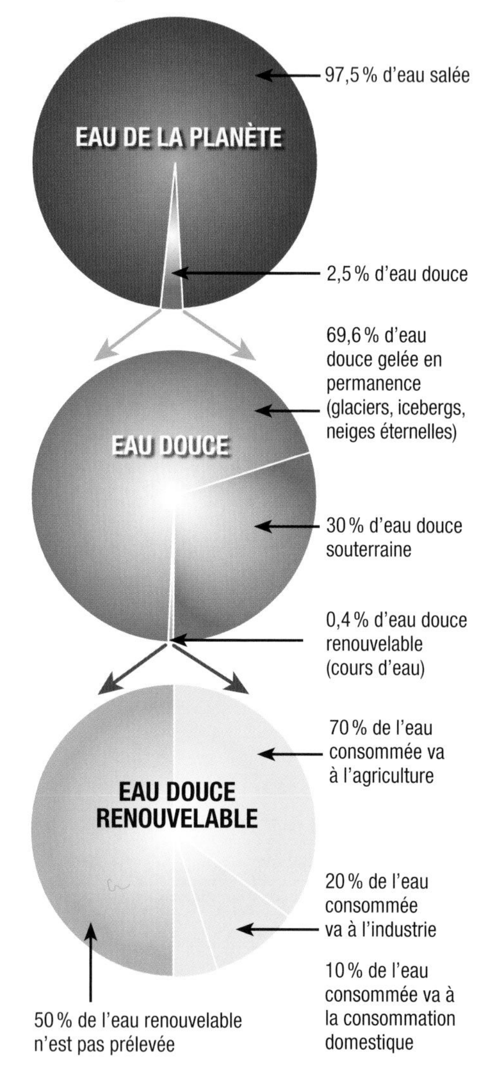

Source : Meena PALANIAPPAN et Peter H. GLEICK, *The World's Water 2008-2009*, chapitre 1 : Peak Water, Pacific Institute.

vers un objectif commun : la gestion de l'environnement.

Gérer l'environnement pour préserver la planète et ses ressources implique des actions individuelles, telles que réduire sa consommation d'énergie, des actions collectives locales et nationales pour protéger les ressources et édicter des règles obligeant les industries et les collectivités à moins polluer, et aussi des actions internationales, comme des ententes entre pays pour que les efforts de chacun soient compatibles avec ceux des autres.

Mais, jusqu'à présent, les **divergences** d'intérêts ont souvent pris le dessus et les **consensus** sont difficiles à obtenir. Quels choix individuels les citoyens des pays développés ou émergents sont-ils prêts à faire pour préserver la planète ? Sur les scènes locale et nationale, les intérêts économiques et politiques font souvent obstacle aux mesures environnementales. Solution à la crise écologique actuelle, la gestion de l'environnement devient elle-même un immense défi parce qu'elle implique des choix économiques, sociaux et politiques qui divergent d'un groupe à l'autre ou d'un pays à l'autre.

L'échec des négociations internationales sur la réduction des gaz à effet de serre illustre bien la complexité de la gestion environnementale. Du Sommet de Rio en 1992 au Sommet de Copenhague en 2009, malgré tous les efforts à l'échelle mondiale, les pays membres des Nations unies n'ont pas encore réussi à conclure un accord définitif sur les principes et la mise en application d'une entente sur les réductions de GES.

06

07

08 **Les usages de l'eau**

La production des différents biens et services que nous utilisons exige une certaine consommation d'eau.

Produit ou service	Consommation d'eau
Un kilogramme de plastique	1 litre à 2 litres
Un litre de boisson gazeuse	9 litres
Puce de 2 grammes pour les téléphones cellulaires	32 litres
Un kilogramme de sucre	300 litres à 400 litres
Un kilogramme de papier	environ 500 litres
Un kilogramme de pommes de terre	590 litres
Industrie touristique, en Méditerranée, en été	850 litres par jour par personne
Un kilogramme de riz	5000 litres

06 Le lac Tchad sera le plus grand réservoir d'eau du monde à disparaître d'ici une vingtaine d'années si le niveau de l'eau continue de baisser. Déjà, ce lac a perdu 90 % de sa superficie, privant ainsi le Cameroun, le Tchad, le Niger et le Nigeria d'une ressource essentielle à la vie : l'eau.

07 L'archipel de Tuvalu sera le premier pays du monde à disparaître d'ici une cinquantaine d'années si le niveau de la mer continue de monter. Déjà, les terres ne sont plus cultivables car, à chaque marée haute, les îles sont submergées par l'eau salée de la mer.

09

Qu'est-ce que la gestion de l'environnement?

La gestion de l'environnement, c'est l'ensemble des mesures mises en place par les **acteurs sociaux**, à différents niveaux, pour assurer la viabilité à long terme des écosystèmes. La gestion de l'environnement peut prendre plusieurs formes: des mesures de réduction des émissions de gaz à effet de serre, des lois pour l'élimination des déversements de produits toxiques dans les cours d'eau ou encore la signature de traités internationaux pour la protection de terres sauvages.

Au Québec, par exemple, les différentes mesures mises en place pour faciliter le recyclage et la récupération des déchets ont permis, en 2008, de récupérer 6,8 millions de tonnes de matières résiduelles, soit l'équivalent de 0,88 tonne par habitant – une hausse de 9 % depuis 2006 et de 288 % depuis 1990.

Autre exemple: de l'autre côté de l'Atlantique, à l'échelle régionale, huit pays riverains de la mer Baltique – incluant notamment le Danemark, la Suède, la Pologne et la Lettonie – se sont entendus, en 2009, sur une stratégie commune pour assainir la mer Baltique, une des mers les plus polluées du monde. En harmonisant leurs normes environnementales et en investissant plus de 10 milliards d'euros d'ici 2013, les pays baltes de l'Union européenne souhaitent redonner une seconde vie à cette mer intérieure asphyxiée par le transport maritime intensif et la prolifération d'algues toxiques.

À l'échelle internationale, même si les négociations sur les mesures de réduction des GES sont les plus médiatisées, les États signent régulièrement des ententes ou des traités portant sur d'autres aspects de la gestion environnementale tels que l'élimination des polluants organiques persistants (Convention de Stockholm,

CHIFFRES

Le poids de nos déchets

Au Québec, entre 1999 et 2009, malgré le succès de la collecte sélective, la quantité d'ordures qui aboutit au dépotoir a augmenté de 12 %, atteignant 810 kg par personne par année. Le gouvernement espère avoir réduit ce poids à 700 kg par personne en 2015, soit une réduction de 14 %.

Source: Ministère du Développement durable, de l'Environnement et des Parcs [en ligne]. (Consulté le 12 janvier 2010.)

09 La ville de Mexico est une des villes les plus polluées du monde. Au Sommet des Nations unies sur le changement climatique qui s'est déroulé à Copenhague, au Danemark, en décembre 2009, le Mexique a annoncé la réduction de ses émissions de gaz à effet de serre de 50 % d'ici à 2050, à la condition d'avoir le soutien technique et financier nécessaire de la communauté internationale.

10 Depuis sa création en 1990 par le gouvernement du Québec, RECYC-QUÉBEC mène des campagnes de sensibilisation à l'importance du recyclage des déchets. Les campagnes ont porté fruit : le taux de recyclage a considérablement augmenté au cours des 19 dernières années. Toutefois, le recyclage n'est pas suffisant pour réduire la production de déchets ; la véritable source du problème reste la consommation.

10

2001) ou la lutte contre la désertification (Convention des Nations unies sur la lutte contre la désertification, Paris, 1994). → *Voir la ligne du temps* Les principaux accords et événements internationaux en environnement entre 1971 et 2009, *p. 54*.

LES BUDGETS VERTS...

C'est dans les années 1970 que la prise de conscience environnementale s'est amorcée. Les groupes écologistes ont alors fait leur apparition tandis que la plupart des pays occidentaux se dotaient d'un ministère de l'Environnement. La France, par exemple, crée le sien en 1971, la même année que le Canada, tandis que celui du Québec voit le jour en 1979.

Cette gestion publique de l'environnement ne se fait pas sans coûts. Les budgets des différents paliers de gouvernements consacrés à la gestion de l'environnement, bien qu'inférieurs à ce que souhaiteraient les écologistes, ne cessent d'augmenter. À titre d'exemple, au Québec, les dépenses du ministère, qui porte aujourd'hui le nom de ministère du Développement durable, de l'Environnement et des Parcs, se chiffraient, en 2009, à plus de 228 millions $, ce qui représente une hausse de plus de 270 % depuis son exercice budgétaire de 1981 (83 millions $). Chaque **législation** ou action entraîne des coûts. En novembre 2009, le ministère s'est engagé à bannir tous les déchets **biodégradables** des sites d'enfouissement d'ici 2020. Facture pour cette seule mesure : 650 millions $!

LE CANADA ACCUSE DU RETARD !

À l'échelle nationale, le budget d'Environnement Canada se chiffrait, en 2009, à plus de 1,06 milliard $. Les écologistes aimeraient toutefois que le gouvernement en fasse beaucoup plus car, la même année, le Canada se classait parmi les pires pays occidentaux en matière de réduction de gaz à effet de serre. Et malgré les pressions internationales, le Canada résistait

PORTRAIT

Al **Gore** (1948-)

Ancien vice-président des États-Unis (1993-2001), Al Gore est né à Washington. Après avoir œuvré sur la scène politique américaine de 1976 à 2001, il se consacre aux problèmes liés au réchauffement de la planète et organise des sommets où spécialistes et scientifiques apportent des solutions potentielles. En 2007, Al Gore est colauréat du prix Nobel de la paix et son documentaire, *Une vérité qui dérange*, remporte deux Oscars. Depuis, Al Gore poursuit sa croisade pour une meilleure compréhension du changement climatique et pour la sauvegarde de la planète.

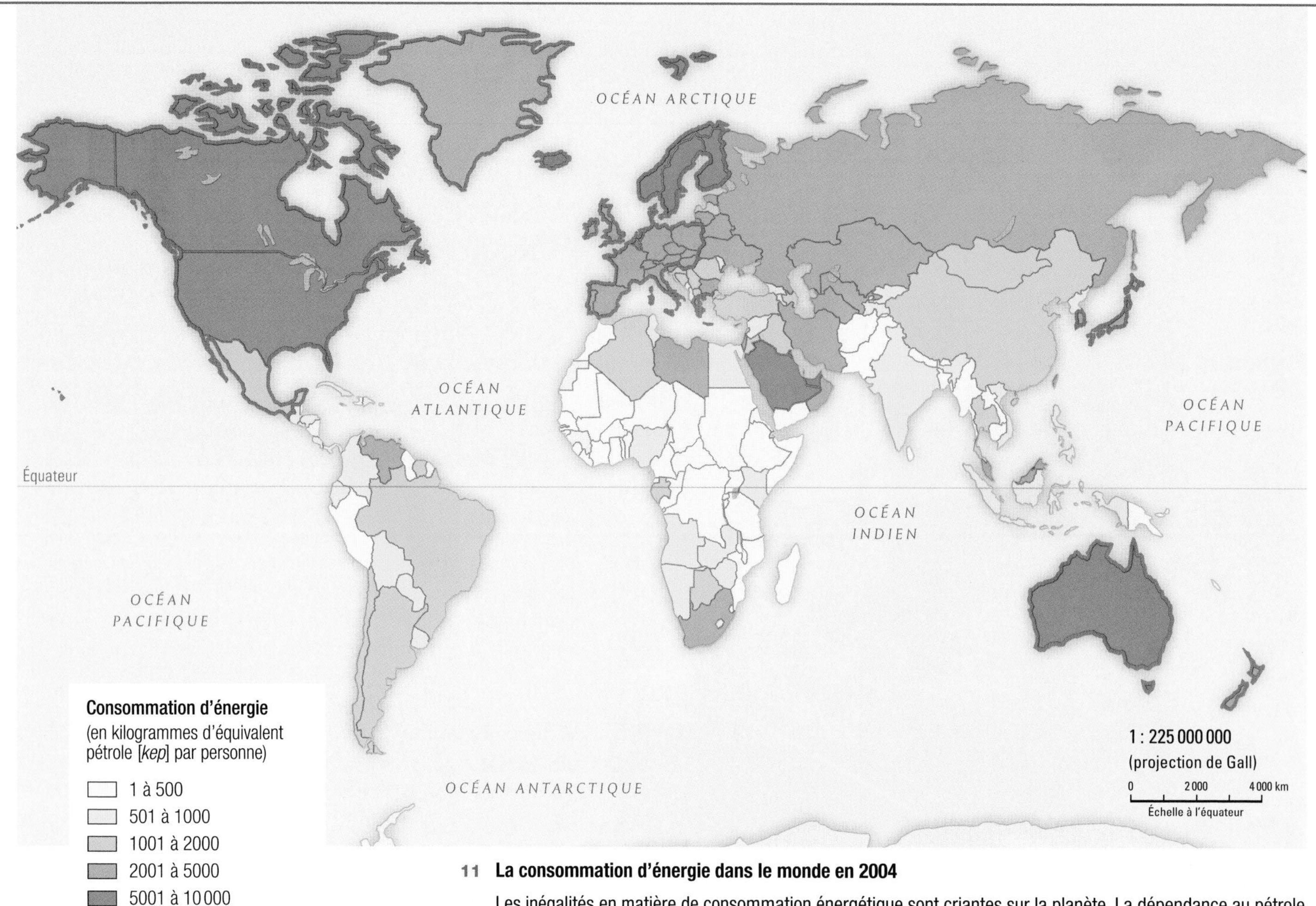

11 La consommation d'énergie dans le monde en 2004

Les inégalités en matière de consommation énergétique sont criantes sur la planète. La dépendance au pétrole des principaux pays consommateurs les rend peu enclins à faire des efforts pour réduire cette consommation.

Source : François BOST et autres, *Images économiques du monde : géopolitique-géoéconomie 2009*, Paris, Armand Colin, 2009.

toujours à rehausser ses objectifs de réduction de GES lors du Sommet de Copenhague en décembre 2009. À titre de comparaison, la même année, les États-Unis investissaient six fois plus par habitant dans les énergies renouvelables que le Canada.

Il faut dire que les États-Unis, un des plus gros pollueurs de la planète, ont quant à eux amorcé en 2009 un virage spectaculaire en matière d'investissements *verts*. Le gouvernement américain a consacré 12 % de son plan de relance économique – soit un montant de 112,3 milliards $ US – à une série de mesures environnementales, notamment en recherche et développement sur l'efficacité énergétique et les énergies renouvelables.

Dans la même foulée, la Chine, qui a longtemps hésité à prendre le **virage vert**, fait maintenant preuve d'une certaine ouverture. Ainsi, 33 % de son plan de **relance économique** de 2009 était consacré à une meilleure gestion environnementale, ce qui représente l'astronomique somme de 216,4 milliards $ US.

Si les dépenses environnementales des États augmentent partout sur la planète, scientifiques et environnementalistes réclament tout de même davantage. Devant l'ampleur de la crise écologique actuelle, il faudra, selon eux, encore beaucoup plus d'investissements pour que s'opère un réel changement.

L'UNION EUROPÉENNE, UN BON ÉCOCITOYEN

Au moment de la signature du **protocole** de Kyoto, des 32 pays qui se sont vu imposer des objectifs chiffrés, 23 étaient membres de l'Union européenne (UE).

Avec un tel fardeau, l'UE aurait pu traîner de la patte. Au contraire, elle est première de classe ! Non seulement ses membres vont respecter le protocole de Kyoto, mais l'UE les pousse à faire davantage.

Les actions

L'UE entend réduire les effets néfastes de la croissance économique sur l'environnement et la santé au moyen d'un trio « 20-20-20 » pour 2020 :

- réduire de 20 % les émissions de gaz à effet de serre (par rapport à 1990) ;
- augmenter de 20 % la part des énergies renouvelables ;
- augmenter de 20 % l'efficacité énergétique.

Aussi, 10 % du carburant dans les transports devra bientôt provenir d'énergies renouvelables. Les constructeurs paieront des amendes si leurs voitures neuves dépassent les limites d'émissions de CO_2 et de particules fines nocives pour les poumons.

Les investissements

Sur un budget de 120 milliards d'euros par an, l'UE en consacre 43 % à la préservation et la gestion des ressources naturelles. Cette caisse commune permet d'aider ses membres en difficulté économique à appliquer des lois **pro-environnement** qu'ils n'auraient pu financer seuls. Chaque pays membre contribue au budget de l'UE selon sa capacité de payer.

Les méthodes

« Produire autrement » coûte cher, car il faut faire de la recherche pour inventer de nouvelles techniques. L'UE s'en charge. Elle fait en sorte que des solutions appuient les législations.

Par exemple, le plomb est dangereux pour le cerveau. → L'UE restreint l'utilisation du plomb dans l'équipement électronique. → Une petite entreprise ne peut payer des chercheurs pour développer de nouvelles techniques. → L'UE finance un projet de recherche sur la soudure et l'assemblage sans plomb. → Les entreprises ont des cours de formation sur ce nouveau procédé.

INTERPRÉTER LE PROBLÈME (CD 1)

Les questions portent sur le contenu des pages 4 à 12.

1. Quelles sont les trois principales causes de l'augmentation des émissions des gaz à effet de serre et de l'élargissement de l'empreinte écologique mondiale ?

2. Quelle relation peut-on établir entre la démographie, la croissance économique et la situation environnementale ? Illustrez votre réponse en prenant l'exemple d'un pays émergent comme la Chine ou l'Inde.

3. Énumérez au moins cinq causes liées au problème de la disparition et de la contamination de l'eau douce.

4. La gestion de l'environnement implique des actions individuelles, des actions collectives locales et nationales ainsi que des actions internationales. À l'aide d'exemples, illustrez chacun de ces types d'actions.

5. Durant quelle décennie a-t-on pris conscience de la crise environnementale ?

6. Quelles actions, en termes de budgets et d'efforts, les gouvernements du Québec et du Canada ont-ils entreprises en matière d'environnement ?

7. Quelles actions les États-Unis ont-ils engagées pour amorcer un virage vert depuis 2009 ?

CERNER LE PROBLÈME : ACTIVITÉ

Composante de la CD 1

Les problèmes environnementaux

Outils de référence : votre manuel *Enjeux*, un atlas thématique et Internet.

1. Choisissez trois problèmes environnementaux parmi les suivants : déforestation, changements climatiques, désertification, pollution de l'air (smog) et pollution de l'eau.

2. Créez une carte mondiale illustrant les trois problèmes environnementaux.

   a) Sur une carte muette, repérez puis identifiez un pays ou une région du monde confronté au premier problème environnemental choisi.

   b) Créez un pictogramme illustrant ce problème, définissez-le dans une légende puis placez-le sur la carte.

   c) Reprendre les points a) et b) pour les deux autres problèmes choisis.

3. Créez un tableau-synthèse pour chaque pays en présentant :

   - une cause ;
   - une conséquence ;
   - une incidence sur la qualité de vie des habitants.

ET LES ENTREPRISES?

La gestion de l'environnement entraîne également des coûts dans le secteur privé. Volontairement ou contraintes par les lois et la pression de l'opinion publique, les entreprises doivent elles aussi payer pour la mise en place de mesures de réduction de la pollution et l'utilisation de techniques plus vertes. À titre d'exemple, les dépenses environnementales des entreprises canadiennes ont presque doublé entre 1998 et 2006, bondissant de 4,7 milliards $ à 8,6 milliards $. Un effort encore trop modeste au dire des écologistes qui considèrent les industries comme les principaux pollueurs.

12 Une vue aérienne de la forêt amazonienne permet de voir une partie de l'ampleur des ravages causés par la coupe des arbres. Depuis les années 1970, c'est 20 % de la forêt amazonienne qui a été détruite (l'équivalent de la superficie de la France), laissant les habitants dans un environnement de désolation.

Des divergences nationales...

Un des plus grands défis de la gestion de l'environnement est celui que pose la divergence des intérêts des différents acteurs concernés. Industriels, financiers, simples citoyens ou gouvernements, tous cherchent à défendre leurs propres intérêts ce qui entraîne souvent des tensions au sein d'un même pays.

LA FORÊT AMAZONIENNE EN PÉRIL?

Le problème de la forêt amazonienne est un bon exemple de ces divergences d'intérêts. Depuis plus de 20 ans, l'exploitation de cette forêt a entraîné des coupes massives menaçant du coup l'équilibre de cet important écosystème. Greenpeace soutient qu'un hectare de cette forêt disparaît chaque seconde. Selon d'autres statistiques moins alarmistes, mais tout de même inquiétantes, ce serait 12 000 km^2 de forêt qui seraient sacrifiés chaque année. D'un côté, les scientifiques et les groupes environnementaux réclament une meilleure protection de la forêt amazonienne, considérée par plusieurs comme le «poumon de la Terre». Mais, de leur côté, les éleveurs locaux et les **lobbys** agricoles réclament le droit de défricher davantage pour augmenter la productivité alimentaire de la région. Quels intérêts doivent primer : le pain quotidien des paysans, la prospérité de l'industrie alimentaire ou la lutte contre le réchauffement climatique?

LE NUCLÉAIRE: UNE SOLUTION AU PROBLÈME INDIEN?

Autre illustration de ces divergences d'intérêts : la situation énergétique de l'Inde. Avec une croissance économique annuelle de 6 %, ce pays émergent est de plus en plus énergivore. Fortement dépendante des **énergies fossiles**, l'Inde, qui cherche à développer de nouvelles sources d'énergie moins polluantes, a conclu en novembre 2009 une entente avec le Canada pour utiliser davantage le secteur nucléaire, une source d'énergie plus propre. Mais la résistance est grande, car

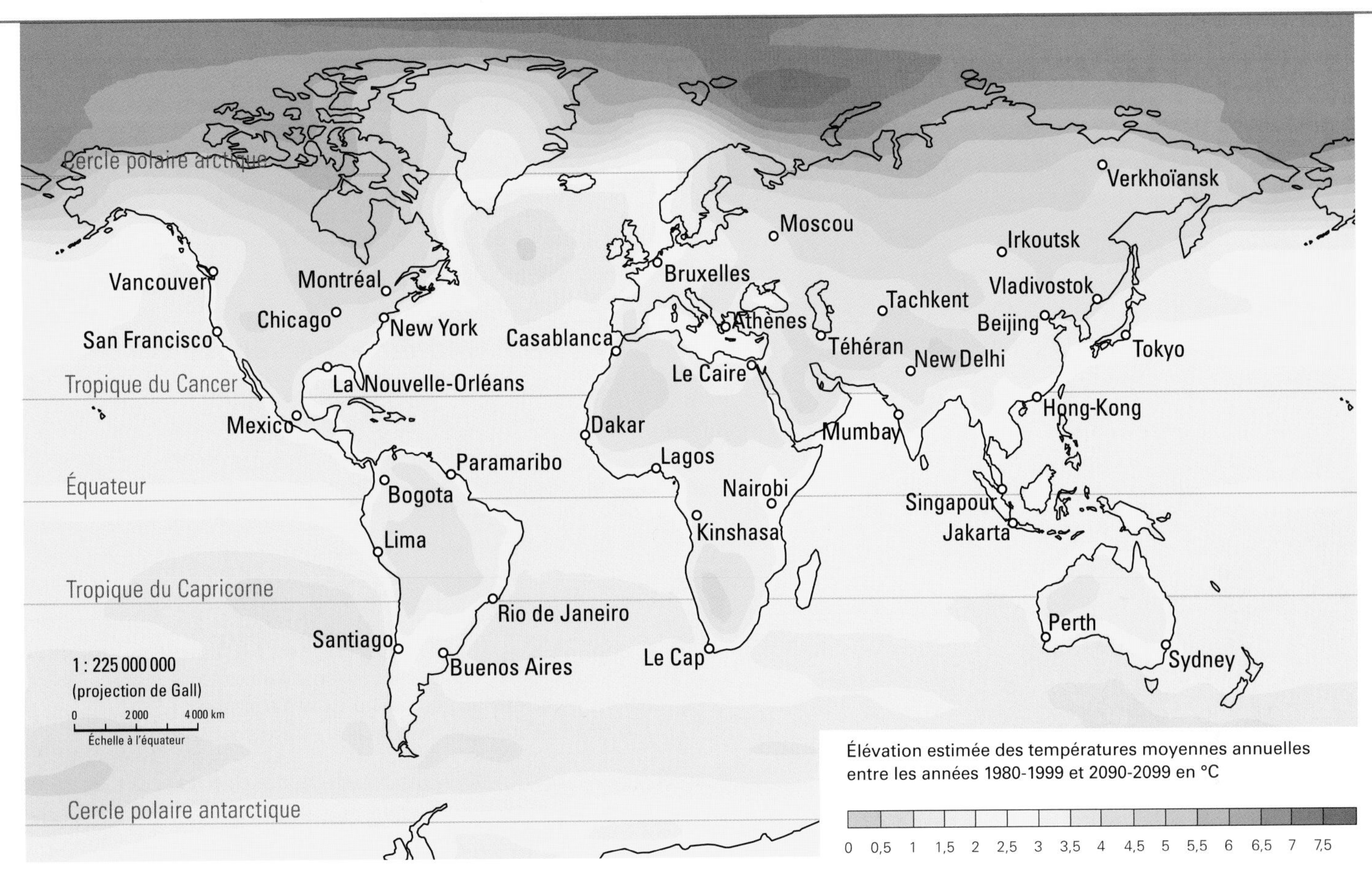

13 Les changements de température attendus jusqu'en 2099

Cette carte montre l'évolution projetée de la température en surface pour la fin du 21e siècle (2090-2099), selon un scénario modéré du GIEC.

Source : GIEC, 2008.

les écologistes indiens s'inquiètent des éventuelles répercussions de l'exploitation des centrales nucléaires sur la santé des populations locales ainsi que sur l'environnement.

... et des divergences internationales

À l'échelle internationale, la divergence des priorités locales s'est cruellement fait sentir depuis l'adoption à Rio, en 1992, de la Convention-cadre des Nations unies sur les changements climatiques, première entente internationale sur les réductions de gaz à effet de serre qui mènera au protocole de Kyoto. ➔ *Voir l'encadré* De Kyoto à Copenhague, *p. 54*. Même si, en théorie, tous les pays signataires sont d'accord pour réduire les émissions de GES en vue de ralentir les changements climatiques, tous ne s'entendent pas sur les moyens à prendre.

En décembre 2009, le semi-échec du Sommet de Copenhague est venu une nouvelle fois confirmer les nombreux points de discorde qui subsistent entre les pays.

L'économie et l'environnement : un combat ?

Malgré l'urgence d'agir, nombreux sont ceux qui craignent que le renforcement des mesures environnementales nuise à la croissance économique. Les gouvernements de certains pays industrialisés, comme le Canada et les États-Unis, s'inquiètent notamment des conséquences économiques de la mise en œuvre des

ZOOM

Le GIEC

Le Groupe d'experts intergouvernemental sur l'évolution du climat (GIEC) a été créé en 1988 par l'Organisation météorologique mondiale et le Programme des Nations unies pour l'environnement (PNUE). Ce groupe compte 2500 scientifiques et fournit, à la communauté internationale, des conseils scientifiques, techniques et socioéconomiques en lien avec les changements climatiques. Son rôle consiste principalement à évaluer les informations scientifiques publiées, à analyser la vulnérabilité des systèmes socioéconomiques et naturels et à examiner les solutions visant à réduire les émissions de gaz à effet de serre et à atténuer les changements climatiques. Le GIEC a reçu, avec Al Gore, le prix Nobel de la paix en 2007.

14 La centrale électrique au charbon de Drax, située au Royaume-Uni, est le 4e émetteur de CO_2 d'Europe. En tant que pays riche, le Royaume-Uni devra réduire ses émissions de gaz à effet de serre de 50 % d'ici 2050, selon le taux établi au Sommet de la Terre tenu à Copenhague en décembre 2009.

PORTRAIT

Raoni **Metuktire**

(v. 1930-)

Né dans la forêt amazonienne, Raoni Metuktire est un chef de la tribu des Kayapos. Vêtu du costume traditionnel, le visage peint et portant le labret (disque inséré dans la lèvre inférieure), il sort de sa forêt pour la première fois vers 1960 dans le but de sensibiliser le public à la nécessité de protéger la forêt amazonienne. En 1989, il reçoit le soutien médiatique du chanteur Sting, ce qui lui permet de diffuser son message partout dans le monde. À force de batailles, il obtient du gouvernement brésilien la création, en 1993, de l'une des plus grandes réserves de forêts tropicales.

ententes internationales sur la réduction des émissions de gaz à effet de serre. C'est ce qui a amené, en 2006, le gouvernement américain à refuser de ratifier le protocole de Kyoto, un geste qui a immédiatement déclenché une onde de choc internationale.

Invoquant une hausse draconienne du taux de chômage et des coûts de l'énergie, le gouvernement canadien s'est rapidement aligné sur la position américaine et a renoncé à mettre en place les mesures qu'il s'était déjà engagé à appliquer en ratifiant le protocole de Kyoto.

De leur côté, les pays émergents et ceux qui sont en développement soutiennent que la gestion de l'environnement est une responsabilité qui revient principalement aux pays riches responsables d'une très large partie des problèmes écologiques, notamment du réchauffement climatique. De plus, ces pays affirment ne pas avoir les moyens de ralentir leur économie ou de défrayer les coûts reliés à la gestion environnementale. Ces dissensions ont profondément divisé la communauté internationale au cours du Sommet de Copenhague en 2009.

LE COÛT DE L'INACTION

Si plusieurs pays plaident que l'action coûte cher, de nombreux experts et institutions soutiennent que la facture de l'inaction sera encore plus lourde.

Le rapport Stern

En 2006, le rapport Stern est venu bouleverser le débat en démontrant, chiffres à l'appui, qu'il en coûterait davantage de ne rien faire que de mettre en place des mesures draconiennes pour stabiliser les émissions de gaz à effet de serre.

Ex-économiste en chef de la Banque mondiale, le Britannique sir Nicholas Stern et son équipe estiment qu'en l'absence de mesures radicales prises d'ici 2016, la facture des conséquences des changements climatiques se chiffrera à 7500 milliards $ US. Quant aux mesures à mettre en place, elles représenteraient environ

1 % du **produit intérieur brut** (PIB) mondial annuel, ce qui entraînerait une facture d'environ 14 milliards $ par année pour un pays comme le Canada. À l'opposé, le **statu quo** entraînerait un recul annuel de 5 % à 20 % du PIB.

La réplique ne s'est pas fait attendre. Le rapport Stern a été rapidement dénoncé par d'autres économistes qui accusent ses auteurs d'avoir exagéré les coûts des conséquences économiques du réchauffement climatique.

Le GIEC et l'OCDE

En 2007, les scientifiques du Groupe d'experts intergouvernemental sur l'évolution du climat – mieux connu sous l'acronyme GIEC – ont adressé aux décideurs politiques les mêmes conclusions que le rapport Stern : si les actions nécessaires pour ralentir l'effet de serre sont coûteuses, soit l'équivalent de 0,12 % du PIB mondial, le coût du statu quo serait encore plus élevé. Selon eux, les conséquences des changements climatiques et les mesures nécessaires pour s'y adapter entraîneraient une facture équivalente à 1 % ou 2 % du PIB des pays industrialisés. Pour les pays en développement, plus vulnérables aux effets des changements climatiques, la facture s'annonce encore plus salée : de 4 % à 8 % du PIB. Dans un rapport de 2008, l'Organisation de coopération et de développement économiques (OCDE) fait un constat similaire : « L'insuffisance des politiques de l'environnement peut être un frein important pour la productivité et la croissance économique. »

FOCUS

Le smog

Le smog est un cocktail nocif pour la santé. Les symptômes vont de l'irritation des yeux, du nez et de la gorge à un affaiblissement de la capacité de respirer et à une aggravation des problèmes cardiaques.

Fusion des mots *fumée* et *brouillard* en anglais, le *smog* est composé de « mauvais » ozone et de particules fines.

L'ozone en haute altitude nous protège des rayons nocifs du soleil, mais celui qui se trouve plus près du sol est dangereux. Ce corps gazeux se forme lorsque deux polluants particuliers sont exposés au soleil : l'oxyde d'azote et les composés organiques volatils. La concentration de smog est donc plus grande les journées ensoleillées, quelle que soit la saison.

Les particules fines en suspension dans l'air proviennent, elles, de sources naturelles (sel marin, pollen, cendres volcaniques, etc.) et de l'activité humaine (combustion d'énergies fossiles, émanations de peintures, etc.). Plus elles sont fines, plus elles pénètrent profondément dans les poumons.

Comme le smog est surtout présent dans les villes, la moitié de la population mondiale y est exposée. En 2025, ce seront les deux tiers de la population. Les coûts économiques du smog sont élevés : hospitalisations, pertes agricoles, dépérissement des forêts, etc.

En 1992, Mexico a été déclarée par l'ONU « ville dont l'atmosphère est la plus polluée ». Les émissions de particules toxiques y sont plus importantes, car la combustion des carburants reste incomplète puisqu'il y a moins d'oxygène en raison de la haute altitude de la ville. Mexico est aussi située dans un cratère, donc entourée de montagnes qui retiennent les polluants.

PORTRAIT

David **Suzuki** (1936-)

Généticien et environnementaliste de renommée internationale, David Suzuki est né à Vancouver. Vulgarisateur scientifique, il devient très tôt animateur d'émissions de télévision et conférencier, tout en poursuivant une carrière d'enseignant à l'Université de la Colombie-Britannique (1969-2001). Cofondateur de la Fondation David Suzuki, dont la mission est de participer à la conception d'un avenir durable pour le Canada, il publie également plus de 40 livres, dont certains proposent des moyens simples pour adopter un comportement plus vert. Au fil de ses réalisations, David Suzuki reçoit de nombreuses récompenses et distinctions notamment de l'UNESCO, de l'ONU et des Premières Nations.

Quelques grandes catastrophes écologiques dans le monde

Année	Catastrophe
1967 ▶	Première grande marée noire. Déversement de plus de 77 000 tonnes de pétrole par le pétrolier *Torrey Canyon* près des côtes britanniques. **Impact:** Des centaines de kilomètres de côtes souillées.
1975 ▶	Révélation publique de la contamination de l'eau de la baie de Minamata (Japon). Rejet de mercure dans la mer par l'usine Chisso depuis les années 1950. **Impact:** Des milliers de personnes atteintes de dommages irréversibles du système nerveux.
1978 ▶	Constatation de la contamination du sol et de l'eau du quartier Love Canal de Niagara Falls (États-Unis), construit sur un ancien dépotoir. 20 000 tonnes de déchets toxiques y avaient été enfouies entre 1947 et 1952. **Impact:** Un taux anormalement élevé de malformations congénitales et de cancer dans la population de Love Canal.
1984 ▶	Intoxication au gaz toxique. Explosion de l'usine de la compagnie Union Carbide à Bhopal (Inde). **Impact:** De 15 000 à 30 000 décès, selon les sources, et des centaines de milliers de personnes affectées.
1986 ▶	Dispersion d'émanations radioactives. Explosion d'un réacteur de la centrale nucléaire de Tchernobyl (ex-URSS). **Impact:** Plus de 135 000 personnes évacuées et 200 000 cas de cancer.
1989 ▶	Grande marée noire. Déversement de 40 000 tonnes de pétrole par le superpétrolier *Exxon Valdez* dans le détroit du Prince William en Alaska (États-Unis). **Impact:** Plus de 250 000 oiseaux et mammifères marins tués.
2002 ▶	Troisième grande marée noire sur les côtes de Galice (Espagne). Déversement de 70 000 tonnes de pétrole par le pétrolier *Prestige*. **Impact:** Près de 2000 kilomètres de côtes espagnoles, françaises et portugaises souillées.

15

Au Canada, le rapport Pembina

Automne 2009. Une nouvelle étude économique, financée par des fonds privés, vient brouiller les cartes. L'Institut Pembina et la Fondation David Suzuki publient un rapport démontrant que la croissance économique canadienne ne serait pas sérieusement ralentie par la mise en place de mesures de réduction de gaz à effet de serre préconisées par le protocole de Kyoto.

Selon cette étude, même en réduisant les GES de 25 % par rapport au niveau de 1990 – l'objectif du protocole de Kyoto et préconisé par les scientifiques du GIEC – le PIB augmenterait de 2,1 % par année, et l'emploi, de 11 % sur une période de 10 ans. La province la plus affectée serait l'Alberta dont l'économie repose sur l'exploitation pétrolière : la croissance de cette province ne serait que de 38 %, comparativement aux 44 % envisagés, en 2009, par le gouvernement canadien. Les conséquences économiques d'un effort national de réduction des GES seraient donc moins catastrophiques que le prétend le gouvernement.

Ce rapport a rapidement été dénoncé par le ministre de l'Environnement canadien qui a jugé inacceptable que la croissance économique des provinces de l'Ouest soit ralentie par les mesures environnementales encouragées par les signataires du rapport.

Les premiers pas vers le développement durable

Déversements pétroliers en pleine mer, intoxications humaines dues à l'ingestion d'aliments contaminés, explosions d'usines chimiques ou de réacteurs nucléaires : depuis plus d'un demi-siècle, une série de

16

15 Dans la nuit du 2 au 3 décembre 1984, à Bhopal, en Inde, une cuve de 40 tonnes d'isocyanate de méthyle, un gaz hautement toxique, explose dans une usine de pesticides. Le bilan est catastrophique : quelque 10 000 morts en 3 jours. Depuis 1984, 15 000 autres personnes seraient mortes des conséquences de l'exposition aux déchets toxiques ; et des centaines de milliers de personnes souffrent de graves problèmes de santé.

16 Novembre 2009. À l'approche du 25e anniversaire de la catastrophe écologique de Bhopal, les manifestations se multiplient. Des survivants réclament la décontamination du site, l'accès à de l'eau propre et des indemnisations. Le site de l'usine n'ayant pas été décontaminé, il est devenu une décharge toxique à ciel ouvert.

catastrophes écologiques ont alerté les populations et éveillé les consciences. Au cours des années 1980, la découverte d'un amincissement de la couche d'ozone, principalement causé par l'utilisation de produits chimiques tels que les chlorofluorocarbures (CFC), secoue l'opinion publique. En quelques années, l'impact de ces désastres, combiné avec une meilleure connaissance du phénomène de l'effet de serre, a provoqué une prise de conscience collective : l'activité industrielle, si elle n'est pas suffisamment réglementée et contrôlée, se développe au détriment de l'intégrité humaine et environnementale.

La Conférence de Stockholm

En 1972, pour la première fois dans l'histoire du monde, des États de tous les continents se rassemblent pour débattre des enjeux importants qui pèsent sur l'environnement. À Stockholm, en Suède, 6000 personnes issues de 113 pays se sont réunies pour créer le Programme des Nations unies pour l'environnement (PNUE). Ce premier *Sommet de la Terre* marque les débuts de la gestion environnementale à l'échelle internationale.

Le rapport Brundtland

1983 : l'Organisation des Nations unies (ONU) franchit une nouvelle étape avec la création de la Commission mondiale sur l'environnement et le développement. Présidé par la Norvégienne Gro Harlem Brundtland, l'organisme est mandaté pour élaborer des propositions permettant de concilier le développement humain avec une meilleure protection de l'environnement. Quatre ans plus tard, le rapport Brundtland propose à la communauté internationale une approche encore méconnue : le développement durable.

ZOOM

Le FEM

Les conventions mondiales pour la protection de l'environnement n'ont plus rien de *mondial* si les trois quarts des pays de la planète n'ont pas les moyens financiers nécessaires pour en appliquer les règles ! C'est donc pour permettre aux pays pauvres d'appliquer ce qu'ils signent que le Fonds pour l'environnement mondial (FEM) a été créé en 1991. Il finance les projets découlant de six conventions internationales. Les projets doivent entraîner des avantages mondiaux pour l'environnement et être liés à l'un de ces enjeux : perte de la **biodiversité**, dégradation des eaux internationales ou des sols, changements climatiques, polluants organiques persistants (comme certains insecticides) et diminution de la couche d'ozone.

Le FEM compte 179 membres : des institutions internationales, des organisations non gouvernementales (ONG) et des partenaires privés. Pour exécuter les projets, le FEM s'appuie sur la Banque mondiale, des agences de l'ONU ainsi que des banques de développement continentales.

Depuis sa création, le FEM a financé 2400 projets dans 165 pays en développement, octroyé 8,6 milliards $ US en subventions et cofinancé avec le privé des projets pour un montant de 36,1 milliards $ US.

VEILLE MÉDIATIQUE

Louis-Gilles Francoeur, pionnier du journalisme environnemental

Chroniqueur au journal *Le Devoir* depuis plus de 30 ans, Louis-Gilles Francoeur est considéré comme la plus grande référence journalistique en matière d'environnement au Québec. Rien ne lui échappe, des changements climatiques à la protection des forêts, en passant par la chasse et la pêche. Son expertise et sa capacité à vulgariser lui permettent de mettre en lumière les problèmes environnementaux et de sensibiliser le public.

Lorsqu'une journaliste du manuel *Enjeux* lui demande s'il se voit comme un journaliste ou un militant, Louis-Gilles Francoeur répond :

« Je suis un journaliste, pas un militant. Comme journaliste, il faut éviter de tomber dans les stratégies des différentes parties impliquées. Mon engagement professionnel est d'éclairer le débat en exposant un maximum de faits et en dégageant les enjeux qui permettent au public de prendre position et d'influencer éventuellement les décideurs. »

Raise Your Voice: la parole aux citoyens

Dans le cadre du Sommet des Nations unies sur le changement climatique (Copenhague, 2009), le gouvernement du Danemark et le site YouTube s'associent pour donner la parole aux citoyens. L'initiative *Raise Your Voice* donne la chance aux internautes de faire entendre leur opinion et de poser des questions aux décideurs et aux experts en environnement, et ce, en téléversant leurs propres vidéos sur le site YouTube.

Plusieurs de ces vidéos sont présentées lors d'un débat télévisé diffusé sur la chaîne d'information internationale CNN. Le *CNN YouTube Debate on Climate Change* réunit des politiciens, des célébrités et des militants.

Raise Your Voice illustre les possibilités immenses qu'offrent Internet et les réseaux sociaux aux citoyens pour se faire entendre. Les blogues, les forums de discussion et les sites de réseautage sont de nouvelles tribunes accessibles à tous.

▲
Greenpeace, une vedette des médias

Le 7 décembre 2009, première journée du Sommet de Copenhague, des militants de Greenpeace déjouent la sécurité entourant le Parlement canadien. Ils suspendent des banderoles sur l'édifice pour protester contre l'inaction du Canada face au réchauffement climatique. Lorsque les militants de l'organisme sont arrêtés, des images de l'événement ont déjà fait le tour de la planète.

Greenpeace est une organisation réputée pour ce genre de coups d'éclat qui lui procurent chaque fois une grande visibilité dans les médias du monde entier. Ses militants cherchent à sensibiliser le public aux enjeux environnementaux et, surtout, à mettre de la pression sur les dirigeants. Nombreux sont les organismes qui, comme Greenpeace, savent utiliser les médias pour diffuser leur message.

L'OBSERVATOIRE **MÉDIAS**

CONSIDÉRER LE **TRAITEMENT MÉDIATIQUE**

Composante de la CD 2

1. Selon vous, pourquoi les reportages sur l'environnement contribuent-ils à sensibiliser la population aux problèmes environnementaux ? Donnez deux exemples de reportages qui vous ont sensibilisé ou sensibilisée.
2. Que vous apprend le commentaire du journaliste Louis-Gilles Francoeur sur le métier et le rôle du journaliste ? Croyez-vous que les journalistes doivent être neutres ou, au contraire, prendre position dans leurs reportages ? Expliquez votre position.
3. Sur un même sujet environnemental, trouvez un éditorial, une caricature, le texte d'un blogue et un reportage. Relevez les différences dans le traitement de l'information (ton, position, type d'informations).

Qu'est-ce que le développement durable?

Dans son rapport, *Notre avenir à tous*, la Commission mondiale sur l'environnement et le développement définit le développement durable dans les termes suivants : «Le développement durable est un développement qui répond aux besoins du présent sans compromettre la capacité des générations futures de répondre aux leurs.» Le rapport insiste notamment sur l'importance de prévoir un mode de développement respectueux de l'environnement : «Le développement durable exige que les effets nuisibles sur l'air, sur l'eau et sur les autres éléments soient réduits au minimum, de façon à préserver l'intégrité du système.»

Pour les auteurs du rapport Brundtland, la notion de développement durable est indissociable d'une solide croissance économique et d'un plus grand partage des richesses entre les pays riches et les pays pauvres.

En 2005, le gouvernement québécois se met lui aussi au développement durable. Le ministère de l'Environnement devient alors le ministère du Développement durable, de l'Environnement et des Parcs (MDDEP). En 2006, la Loi sur le développement durable est adoptée. On y retrouve les grands principes du développement durable :

- maintenir l'intégrité de l'environnement ;
- assurer l'équité sociale ;
- viser l'efficience économique.

L'EXEMPLE FINLANDAIS

Aujourd'hui, aux quatre coins de la planète, le concept de développement durable inspire les autorités et les simples citoyens pour donner naissance à de nouvelles pratiques et à une meilleure gestion de l'environnement. Les pays scandinaves

ZOOM

Action 21 pour des actions au 21e siècle

En 1992, à Rio au Brésil, 172 pays reconnaissent qu'il y a quatre faces à une même médaille : la surconsommation, le développement économique irrationnel, la dégradation de l'environnement, et l'inégalité entre pays riches et pays pauvres. Ils participent alors à la Conférence des Nations unies sur l'environnement et le développement, communément appelée le *Sommet de la Terre*. Ils adoptent un plan directeur prévoyant une longue liste d'actions à mettre en œuvre au 21e siècle, d'où son nom *Action 21*. Le but est de réorienter les pays vers un développement économique et social durable, qui freinera la destruction de l'environnement et qui, surtout, fera reculer la pauvreté.

Le coût annuel prévu d'Action 21 pour les pays pauvres est de 125 milliards $. Leur grand défi restera de trouver ces milliards.

17 Les dimensions du développement durable

La notion de développement durable suppose l'interdépendance des dimensions environnementale, économique et sociale. Mais sa mise en œuvre est problématique en raison des différentes conceptions qui s'opposent à son sujet et des nombreuses questions que cela suscite.

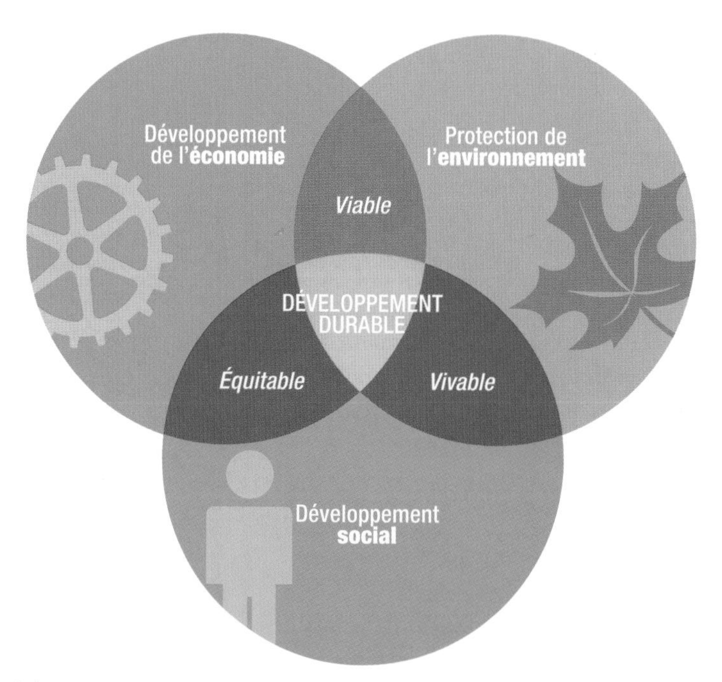

Source : Adapté de Yvette VEYRET et Gérard GRANIER, « Le point sur le développement durable », dans « Développement durable – Quels enjeux géographiques ? », *Documentation photographique,* dossier nº 8053, Paris, 2006, La Documentation française, Secrétariat général du gouvernement.

sont souvent cités comme des modèles en matière de développement durable. À titre d'exemple, la Finlande est reconnue pour sa gestion forestière, basée sur les principes de développement durable. Détenue à 60 % par des particuliers, l'exploitation de la forêt finlandaise est soumise à des lois strictes afin d'en protéger sa biodiversité et sa régénération. Des 240 millions d'euros investis annuellement dans la **sylviculture** et la mise en valeur de la forêt, environ 180 millions proviennent des propriétaires et 60 millions de l'État. L'objectif de ces politiques et de ces investissements est d'assurer la viabilité économique de l'industrie forestière finlandaise, tout en assurant la viabilité à long terme du couvert forestier.

Les choix qu'implique le développement durable

Sur le plan législatif, les gouvernements des différents pays multiplient les lois pour responsabiliser les citoyens et les industries en matière de développement durable. En Allemagne, par exemple, les voitures jugées trop polluantes sont désormais bannies des centres-villes de plusieurs grandes municipalités.

Au Québec, les entreprises sont de plus en plus contraintes par l'État à appliquer les principes du développement durable. Depuis novembre 2009, l'industrie est désormais appelée à intégrer le concept de cycle de vie dans la fabrication des objets qu'elle met sur le marché, car les entreprises sont maintenant responsables de la récupération de leurs produits. Ce concept vise, pour le moment, quelques produits comme les huiles usées, les emballages et les peintures.

La même année aux États-Unis, le gouvernement a déclenché une véritable onde de choc en imposant un décret pour augmenter l'efficacité énergétique des nouveaux véhicules automobiles et resserrer les normes environnementales concernant leur fabrication. Avec l'application de cette nouvelle loi fédérale, les véhicules automobiles américains consommeront 30 % moins d'essence d'ici 2013.

INTERPRÉTER LE PROBLÈME (CD 1)

Les questions portent sur le contenu des pages 16 à 23.

1. Nommez une conséquence sociale et une conséquence économique qu'appréhendent certains pays développés devant le renforcement des mesures environnementales.
2. Les pays émergents et en développement soutiennent qu'ils ne peuvent défrayer les coûts de la gestion environnementale et que ces coûts doivent être assumés par les pays riches. Selon vous, quelles seraient les conséquences du partage des coûts environnementaux pour les pays émergents et en développement ?
3. Selon le rapport Stern de 2006 et les études du GIEC publiées en 2007, l'inaction des pays coûtera encore plus cher que la mise en place de mesures radicales pour réduire les GES. Selon ces rapports, quelle sera l'ampleur de ces pertes économiques à l'échelle mondiale ?
4. Qu'est-ce que le développement durable ?
5. Quels sont les trois grands principes fondamentaux de la Loi sur le développement durable, adoptée au Québec en 2006 ?
6. Donnez quelques exemples de lois et de politiques illustrant le développement durable dans le monde.

ANALYSER LE PROBLÈME : ACTIVITÉ

Composante de la CD 1

L'exploitation et le développement de la forêt amazonienne

Outils de référence : Internet et un atlas.

Un des plus grands défis de la gestion de l'environnement est celui de la divergence des intérêts des différents acteurs concernés.

1. Formez une équipe de quatre personnes et partagez-vous les rôles suivants :
   - un membre d'un regroupement de gens d'affaires œuvrant dans le secteur industriel brésilien ;
   - un membre de la communauté rurale brésilienne ;
   - un membre du gouvernement brésilien ;
   - un membre d'une ONG luttant pour la protection de l'environnement.
2. Trouvez des statistiques ou des faits portant sur la forêt amazonienne (superficie du territoire, quantités de bois coupé, etc.) afin de déterminer les causes de son état actuel.
3. Pour chaque personnage :
   - déterminez ses intérêts ;
   - élaborez son point de vue par rapport à l'exploitation de la forêt amazonienne ;
   - décrivez ses actions.
4. Indiquez les rapports de force potentiels entre les différents acteurs. Par exemple : Qui peut avoir le plus d'influence sur les autres ? Qui a les moyens d'imposer son point de vue ? Qui contrôle qui ?

18 À Los Armasigos, en République dominicaine, des travailleurs s'affairent à laver des bananes dans une ferme qui fait le commerce équitable de ce fruit, en partenariat avec la coopérative Asobanu.

Réduire son empreinte écologique

Le développement durable soulève une question clé: Comment réduire la pression sur les ressources naturelles et limiter les émissions de déchets tout en offrant à la population mondiale un niveau de vie jugé adéquat? Pour résoudre ce problème, il faut des données précises. C'est pourquoi des spécialistes ont mis au point un outil de mesure permettant de calculer l'impact des populations sur leur environnement: l'empreinte écologique.

L'empreinte écologique représente la surface de terre biologiquement nécessaire pour répondre aux besoins d'une population humaine donnée. Elle est généralement mesurée en hectares globaux (hag) – soit 100 m² – et elle comprend l'ensemble des ressources naturelles utilisées par les individus, regroupées dans des catégories telles que les champs cultivés pour l'agriculture, les pâturages pour l'élevage et les ressources de la mer.

La comparaison de l'empreinte écologique entre les différents pays illustre bien le fossé qui sépare le mode de vie des pays industrialisés de celui des pays émergents ou en développement. À titre d'exemple, en 2006, selon les données du Global Footprint Network, l'empreinte écologique moyenne des Canadiens était de 5,8 hag, ce qui signifie que chaque Canadien utilisait les ressources naturelles équivalant à 5,8 hectares de terre

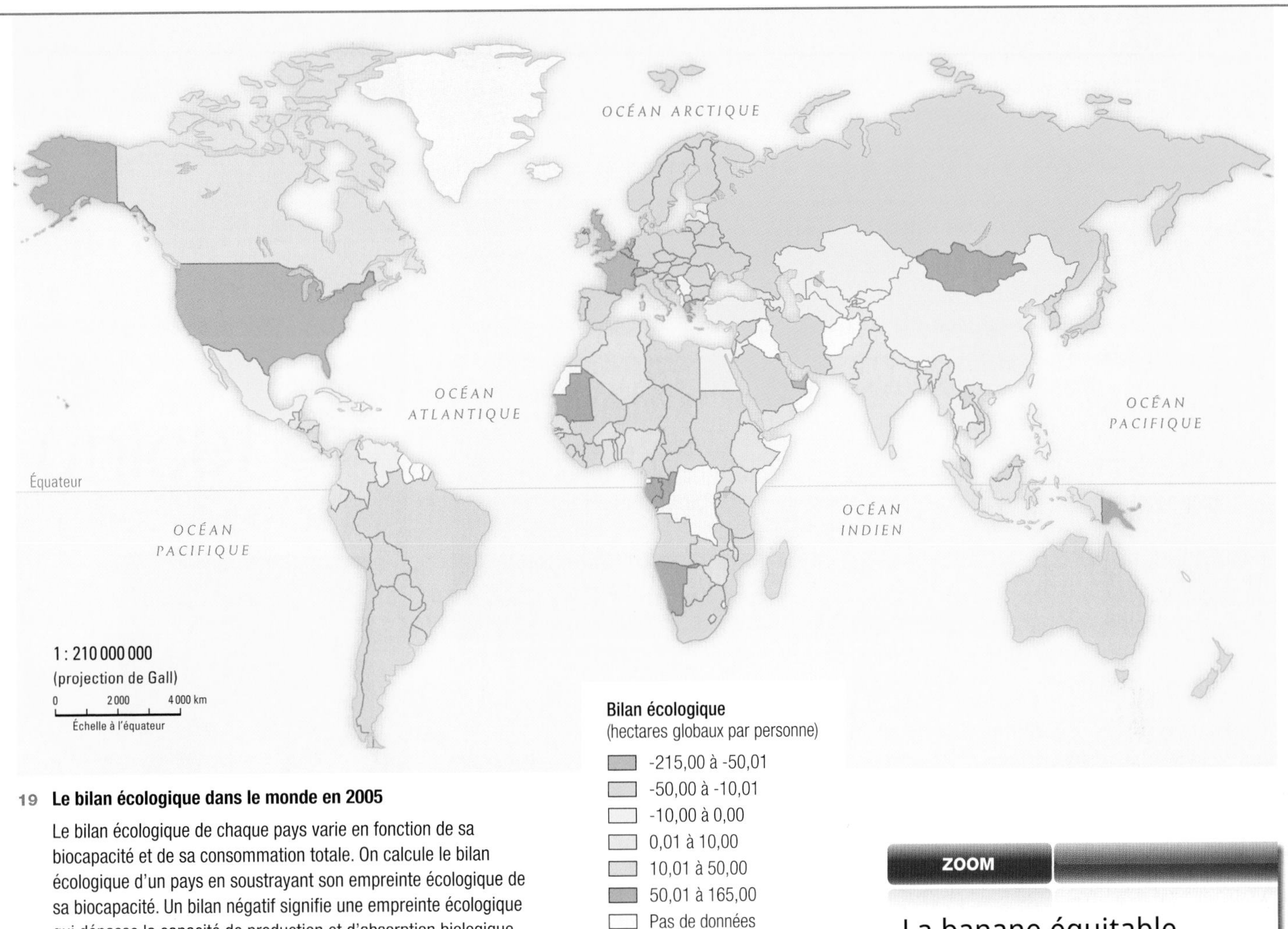

19 Le bilan écologique dans le monde en 2005

Le bilan écologique de chaque pays varie en fonction de sa biocapacité et de sa consommation totale. On calcule le bilan écologique d'un pays en soustrayant son empreinte écologique de sa biocapacité. Un bilan négatif signifie une empreinte écologique qui dépasse la capacité de production et d'absorption biologique.

Source : Redefining Progress, 2005.

20 L'évolution de l'empreinte écologique depuis les années 1970

Selon la tendance actuelle, en 2040, les humains consommeront en une année l'équivalent de ce que la Terre met deux ans à produire.

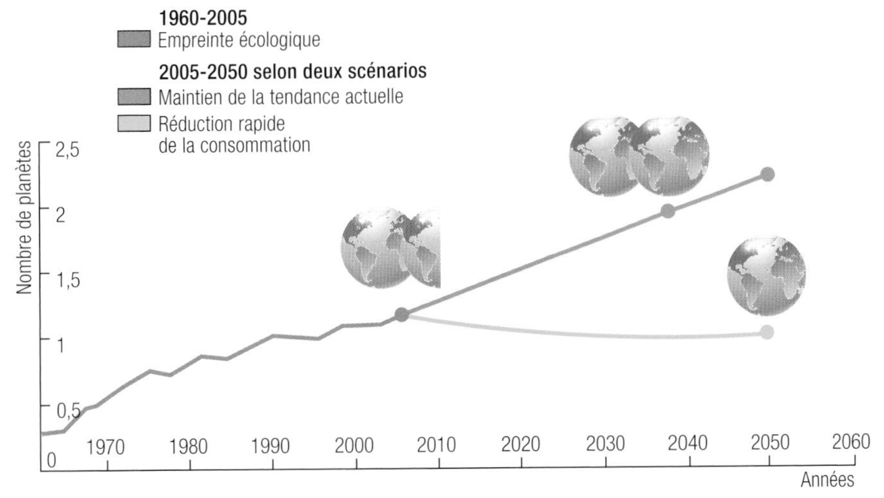

Source : Global Footprint Network, 2009 [en ligne]. (Consulté le 4 mars 2010.)

ZOOM

La banane équitable

Énorme marché sur la scène mondiale, le commerce de la banane s'est longtemps développé au détriment de l'environnement et de la santé humaine. Les dangereux pesticides utilisés en quantité industrielle dans les plantations traditionnelles polluent les écosystèmes et peuvent entraîner de graves maladies chez les travailleurs qui y sont exposés. Aujourd'hui, une entreprise québécoise distribue des bananes équitables provenant de 8500 producteurs issus de 7 pays (République dominicaine, Costa Rica, Équateur, Colombie, Pérou, Ghana et îles Sous-le-Vent). Dans ces plantations, les conditions de travail et les normes environnementales sont radicalement différentes, plus respectueuses de l'intégrité humaine et environnementale. Preuve que cette forme de développement durable rejoint maintenant un nombre croissant de consommateurs : les ventes mondiales de bananes équitables ont augmenté de 20 % entre 1999 et 2009.

INTERPRÉTER LE PROBLÈME (CD 1)

Les questions portent sur le contenu des pages 5 à 25.

1. À l'aide de la carte de la page 25 du manuel, indiquez trois pays dont le bilan écologique est très négatif.
2. Quelle conclusion peut-on tirer en comparant la carte portant sur la consommation d'énergie à la page 12 et celle portant sur le bilan écologique à la page 25 ?
3. En consultant le graphique portant sur l'évolution de la population mondiale à la page 5 et celui portant sur l'évolution de l'empreinte écologique à la page 25, quel lien peut-on faire entre la stabilisation de la population mondiale et l'empreinte écologique mondiale ?
4. En quoi la Conférence de Stockholm et le rapport Brundtland ont-ils été des événements marquants relativement à la gestion de l'environnement ?

ENVISAGER LE PROBLÈME DANS SA GLOBALITÉ : ACTIVITÉ

Composante de la CD 1

La surconsommation locale et internationale

Outils de référence : votre manuel *Enjeux* et Internet.

La surconsommation dans les pays riches, notamment aux États-Unis et au Canada, représente une menace pour plusieurs ressources naturelles. Or, le phénomène s'intensifie encore sous l'effet de la mondialisation qui a stimulé la croissance économique de pays très populeux comme la Chine et l'Inde qui, à leur tour, se tournent vers la consommation.

Le problème de la surconsommation mondiale entraîne donc des problèmes de toutes sortes comme :

- la fragilisation des écosystèmes ;
- la destruction des forêts ;
- l'augmentation des émissions de gaz à effet de serre ;
- la surconsommation de l'eau.

Pour bien comprendre le phénomène dans son ensemble, faites l'exercice du point 1, puis répondez aux questions des points 2 à 4.

1. Dressez la liste :
   - des produits que vous surconsommez à la maison ;
   - des cinq pays qui gaspillent le plus d'eau ;
   - des cinq pays qui consomment le plus d'énergie ;
   - des cinq pays qui ont les plus fortes émissions de dioxyde de carbone (CO_2).
2. D'où devraient provenir les meilleures solutions pour régler ces problèmes? Est-ce à l'échelle locale (par exemple, les actions des citoyens), à l'échelle nationale (par exemple, les lois d'un pays) ou à l'échelle internationale (par exemple, le protocole de Kyoto) ? Justifiez votre réponse.
3. Votre propre consommation a-t-elle un impact sur l'ensemble de la planète ? Si oui, lequel ? Si non, pourquoi ?
4. Quels sont les impacts de la surconsommation à l'échelle mondiale sur votre vie ?

21

cultivable pour assurer sa subsistance. La même année, l'empreinte écologique des Américains était de 9,0 hag, celle des Allemands de 4,0, celle des Marocains de 1,3 et celle des Congolais de 0,7.

À l'échelle mondiale, en 2006, l'empreinte écologique moyenne des êtres humains, toutes nationalités confondues, était de 2,6 hag. Concrètement, cela signifie que l'humanité a utilisé cette année-là les ressources équivalant à celles de 1,3 planète. En d'autres termes, la planète aurait besoin d'une

année et quatre mois pour générer toutes les ressources nécessaires aux besoins de la population mondiale.

Les données sur l'empreinte écologique sont un outil précieux pour démontrer l'impasse dans laquelle l'humanité se dirige si les habitants des pays industrialisés ne modifient pas rapidement leur mode de vie et leurs habitudes de consommation. Les spécialistes sont unanimes : il faut agir sans tarder pour éviter d'épuiser le capital de notre planète en ressources naturelles.

Des enjeux aux allures de défis

Gouvernements, industriels, scientifiques et simples citoyens, tous sont interpellés par les problèmes environnementaux et appelés à faire des actions concrètes. Il en va de l'avenir de notre planète. De la gestion environnementale découlent de nombreux enjeux, tels que **l'utilisation et la consommation des ressources** ainsi que **l'harmonisation des normes environnementales**.

21 La surconsommation est une des causes de l'aggravation des problèmes environnementaux. Si tous les habitants de la Terre adoptaient le mode de vie occidental, une seule planète Terre ne suffirait pas à combler tous leurs besoins. La gestion de l'environnement est un défi d'autant plus grand que la stabilité économique des pays développés dépend de la consommation.

L'utilisation et la consommation des ressources

Avec des milliards d'êtres humains toujours en quête d'un meilleur niveau de vie, l'humanité menace-t-elle la planète d'épuisement ? Une question qui soulève un enjeu crucial de la gestion de l'environnement : l'utilisation et la consommation des ressources de la Terre. Au cœur du problème : nos choix énergétiques, une démographie galopante et une course folle à la consommation.

Quels choix énergétiques devrons-nous faire?

Transporter les personnes et les marchandises, éclairer et chauffer les immeubles, faire tourner les usines... Pour nombre de leurs activités, les humains ont un insatiable besoin d'énergie. Résultat : la consommation énergétique augmente d'année en année, intensifiant du même coup les émissions de gaz à effet de serre dans l'atmosphère. Au banc des accusés : le pétrole et le charbon, deux formes d'énergies polluantes et non renouvelables

22 L'évolution du prix du baril de pétrole de 1861 à 2010

Le prix du baril de pétrole, qui a chuté sous les 30 $ à la fin des années 1980, ne favorisait pas l'exploitation très coûteuse des sables bitumineux. Aujourd'hui, ce type d'exploitation est devenu rentable, mais cette industrie a un autre coût, environnemental celui-là.

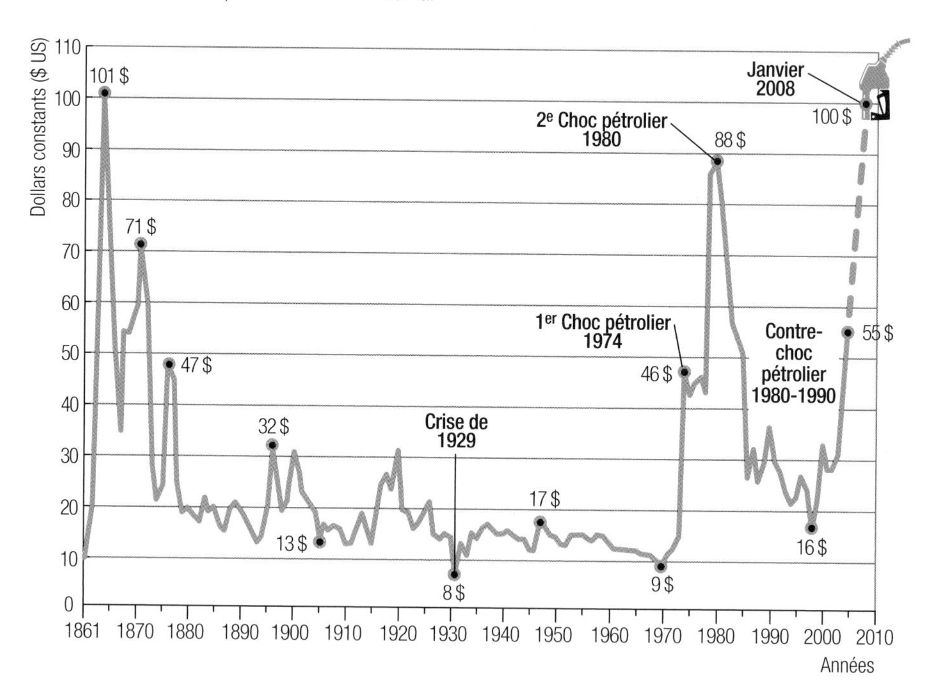

Source : *BP Statistical Review of World Energy*, juin 2006.

ZOOM

L'AIE

L'Agence internationale de l'énergie (AIE) a été créée pendant le choc pétrolier de 1973-1974 afin de coordonner les mesures à prendre en temps de crise des approvisionnements pétroliers. Aujourd'hui, les travaux de l'Agence sont principalement axés sur la sécurité énergétique, le développement économique et la protection de l'environnement. L'AIE compte 28 pays membres auxquels elle propose des conseils en matière de politiques énergétiques et des recommandations sur les bonnes pratiques à adopter.

qui ont dominé le marché de l'énergie pendant des décennies. La menace du réchauffement climatique incite toutefois les décideurs à se tourner vers de nouvelles formes d'approvisionnement énergétique.

Mais la résistance au changement est forte et réelle. Les gouvernements sont soumis à de nombreuses pressions, notamment de la part des lobbys du pétrole et du charbon qui craignent un ralentissement de leur croissance industrielle. À ce titre, le Canada est parfois dénoncé comme un pays qui tarde à investir dans les énergies plus vertes et qui protègerait l'industrie pétrolière des sables bitumineux, la plus polluante des formes d'extraction du pétrole.

Pour assurer une meilleure gestion de l'environnement, il faudra toutefois revoir nos choix énergétiques et mieux comprendre les trois types d'énergies existantes, soit les non renouvelables, les renouvelables et les inépuisables...

Énergies non renouvelables

SOMMES-NOUS DÉPENDANTS DU PÉTROLE ?

Avec une consommation de 85 millions de barils par jour (mbj) en 2008, la très grande majorité des pays du monde demeuraient étroitement dépendants du pétrole. Et selon les prévisions de l'Agence internationale de l'énergie (AIE), publiées dans son rapport de 2009, cette dépendance devrait augmenter dans les prochaines décennies. En effet, pour répondre à une augmentation annuelle moyenne de 1 % des besoins énergétiques, la consommation mondiale de pétrole sera de 105 mbj en 2030 si aucune mesure concrète n'est prise pour encourager les autres formes d'énergies. Et, se basant sur les prévisions du GIEC, l'AIE ajoute qu'un tel scénario entraînerait des dommages irréparables sur l'environnement et une considérable aggravation du réchauffement climatique.

Relativement bon marché, mais surtout facile à exploiter et à transporter, le pétrole s'est imposé comme carburant de base des sociétés industrielles à partir de la Seconde Guerre mondiale. Depuis,

23 Transporté par train, par navire-citerne ou par oléoduc, le pétrole arrive aux raffineries où il est transformé notamment en essence, en mazout ou en butane. Durant le raffinage, les effluents, comme les eaux pluviales, les eaux de ballast des navires-citernes et les eaux d'égout, sont souvent contaminés.

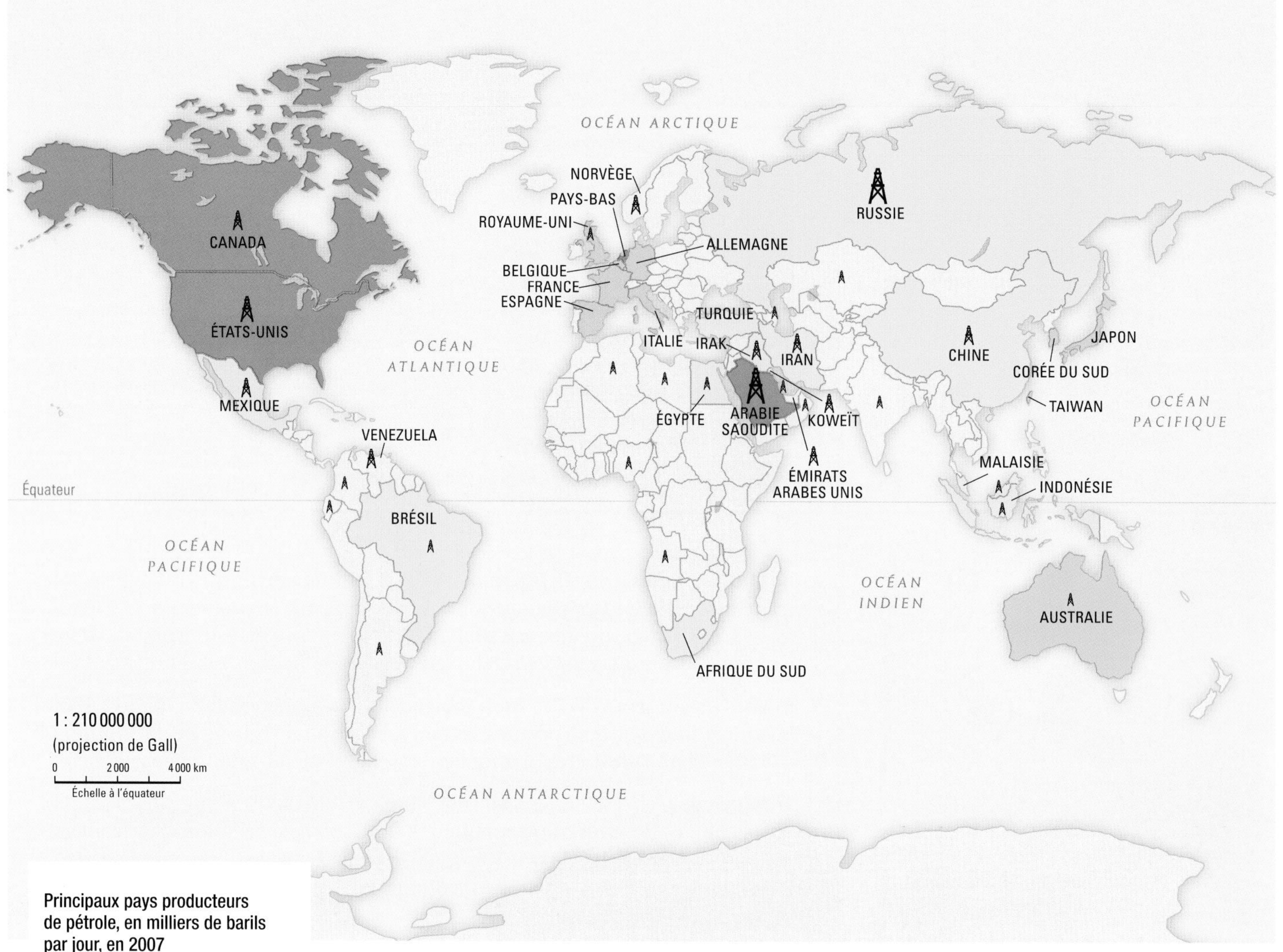

Principaux pays producteurs de pétrole, en milliers de barils par jour, en 2007

- 7500 et plus
- 5000 à 7500
- 2500 à 5000
- Moins de 2500

Principaux pays consommateurs de pétrole, en barils par an par habitant, en 2005

- 20 et plus
- 10 à 20
- Moins de 10*

*Les consommations inférieures à 1 ne sont pas représentées.

24 **Les principaux pays producteurs et consommateurs de pétrole dans le monde**

Au cours des dernières décennies, l'économie du pétrole s'est grandement transformée. Le nombre de pays producteurs a augmenté tandis que la consommation de pétrole a explosé dans les pays qui ont depuis peu gagné les rangs des pays émergents comme le Brésil et la Chine.

Sources : *BP Statistical Review of World Energy*, juin 2008 ; Planète Énergies [en ligne]. (Consulté le 23 avril 2009.)

son utilisation n'a cessé d'augmenter, non seulement dans le domaine des transports, mais aussi en agriculture où le pétrole est à l'origine d'une véritable révolution.

Les pétrodollars

Au fil du temps, la dépendance des pays industrialisés à l'égard du pétrole a toutefois entraîné une série de problèmes géopolitiques avec les pays producteurs de pétrole. Certains analystes soutiennent, à tort ou à raison, que la guerre déclarée contre l'Irak par les États-Unis et leurs alliés en 2003 était avant tout motivée par des intérêts pétroliers, davantage que par la lutte officielle contre la dictature.

Il faut dire que les intérêts financiers reliés à la production du pétrole sont importants et représentent une véritable mine d'or pour les pays producteurs. Entre 1985 et 2007, le pétrole a entraîné des revenus de 6000 milliards $ US pour les pays membres de l'Organisation des pays exportateurs de pétrole (OPEP), et entre 2008 et 2030, ces revenus pourraient atteindre 28 000 milliards $ US.

En 2008, l'économie mondiale était frappée par ce que plusieurs ont appelé le « troisième choc pétrolier », soit une hausse draconienne des prix du pétrole qui a culminé jusqu'à 144 $ US le baril

25

25 Un embouteillage à l'heure de pointe à Beijing (Chine). Par 1000 habitants, on comptait, en 2008, 34 automobiles en Chine, 14 en Inde, 624 au Canada et 818 aux États-Unis.

juillet 2008. Cette crise pétrolière a ramené sur la place publique la question de la dépendance économique des pays industrialisés à l'égard du pétrole.

La fin du pétrole

Dès le milieu des années 1950, certains scientifiques avaient déjà tenté d'alerter les décideurs et l'opinion publique sur l'éventuel épuisement des ressources en pétrole, mais sans succès. Soixante ans plus tard, une évidence commence à s'imposer: le pétrole étant une ressource épuisable, et surtout très polluante, les pays industrialisés doivent diminuer leur dépendance à cette source énergétique et se tourner vers de nouvelles formes d'énergies renouvelables. Mais pour cela, des choix individuels et collectifs devront être faits. Faudra-t-il renoncer à la voiture? diminuer son niveau de vie? moins consommer?

Énergies renouvelables

BIOCARBURANTS: UNE OPTION VIABLE?

En 2007, une crise alimentaire mondiale a grandement affecté les pays en développement. Cette année-là, le prix du riz a pratiquement doublé, celui du maïs a grimpé de 70%, et celui du blé de 90%. Au Mexique tout particulièrement, cette

26 Les réserves de pétrole par région au 1er janvier 2009

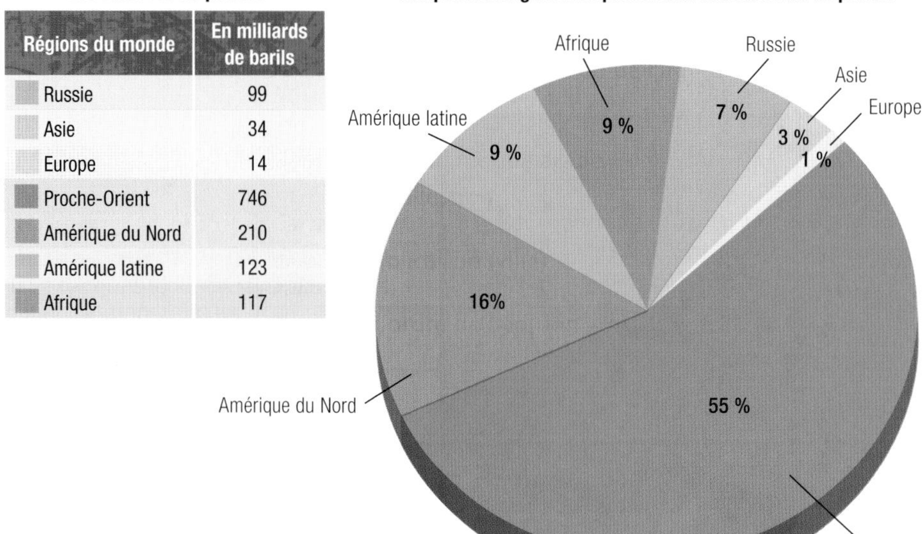

Les réserves de pétrole

Régions du monde	En milliards de barils
Russie	99
Asie	34
Europe	14
Proche-Orient	746
Amérique du Nord	210
Amérique latine	123
Afrique	117

Source : Adapté de *Oil & Gas Journal*, 22 décembre 2008.

CHIFFRES

Le pétrole canadien

En 2010, avec des réserves de 175 milliards de barils de pétrole dans les sables bitumineux de l'Alberta, le Canada se classait au 2e rang des réserves de pétrole mondiales, derrière l'Arabie saoudite dont les réserves s'élevaient alors à 260 milliards de barils.

FOCUS

Vivre sans pétrole : une utopie ?

Pas facile d'imaginer un monde sans pétrole ! Même si cette source d'énergie fossile et non renouvelable est l'une des plus néfastes pour l'environnement, notre société moderne en est totalement dépendante, et pas seulement pour l'essence.

Matières plastiques, peinture, solvants, détergents, engrais, textiles synthétiques, colorants : aussi diversifiés soient-ils, tous ces produits ont pour point commun d'être fabriqués à partir de dérivés du pétrole ou du gaz naturel. C'est pourquoi on les appelle des produits pétrochimiques. Ils se retrouvent dans une panoplie de biens de consommation que nous utilisons tous les jours comme les ordinateurs, les rideaux de douche, les bas de nylon, les équipements de sport et même les couches-culottes !

Au Canada, l'industrie pétrochimique occupe une partie importante de la sphère économique. En 2008, ce secteur industriel a généré des exportations de 2865 millions $ et des importations de 1075 millions $. La même année, 1290 personnes travaillaient dans 19 usines de fabrication de produits pétrochimiques, principalement regroupées en Alberta, en Ontario et au Québec. Chaque jour, ces usines produisent plus de 95 000 m^3 de produits pétrochimiques.

Quand on pense qu'à l'échelle mondiale, l'industrie pétrochimique produit annuellement plus de 260 millions de tonnes de matières plastiques et des quantités astronomiques d'autres produits qui nous sont maintenant devenus essentiels, une question s'impose : Pourrons-nous un jour nous passer du pétrole ?

escalade des prix a entraîné une véritable commotion sociale, qu'on a surnommée « la crise de la tortilla », en référence à la hausse radicale du prix de cette denrée de base des familles mexicaines. En effet, en quelques mois à peine, le prix de cette galette de maïs a bondi de 6 pesos à 14 pesos, soit près de 1,40 $ US le kilo, un prix exorbitant pour beaucoup de Mexicains. Au banc des accusés : l'utilisation des terres agricoles pour la production de **biocarburants**, une pratique jugée inacceptable par plusieurs ONG internationales. Mais comment en est-on arrivé là ?

Pour réduire leur dépendance au pétrole et soutenir leur industrie agricole, au début des années 2000, plusieurs pays ont choisi d'investir massivement dans les biocarburants, tels que l'éthanol fabriqué à base de maïs ou de canne à sucre. Présentés au départ comme une source d'énergie renouvelable et écologique, les biocarburants qu'on appelle aussi les « **agrocarburants** » ont rapidement été dénoncés par les environnementalistes et les scientifiques en raison de leur faible bilan **écoénergétique**. En effet, la culture à grande échelle de la plupart de ces biocarburants nécessite de grandes surfaces agricoles, puisque leur matière première est végétale. Dans le cas du maïs, en 2007, c'est 30 % de la production américaine de maïs qui était destinée à la production d'éthanol, une situation qui a largement contribué à faire grimper le prix de cette céréale. Certains experts s'interrogent: Ne vaudrait-il pas mieux que ces terres fertiles soient consacrées à la production alimentaire? Est-il acceptable que des forêts soient décimées pour être remplacées par des plantations de palmiers ou de maïs? Des questions qui soulèvent beaucoup de controverses.

L'huile de palme... Or noir?

Très prisée sur le marché mondial, l'huile de palme est utilisée comme biocarburant dans plusieurs pays européens. Mais en Indonésie, la culture de l'huile de palme crée de véritables ravages environnementaux. Chaque heure, c'est l'équivalent de 300 terrains de football de jungle qui est brûlé, libérant du même coup des quantités astronomiques de carbone jusque-là séquestré dans les arbres et les tourbières – soit 1,8 milliard de tonnes de GES par année selon les chiffres de Greenpeace. Cette déforestation massive a fait de l'Indonésie le troisième pays émetteur de GES derrière la Chine et les États-Unis.

Des études scientifiques ont aussi démontré que pour réduire les émissions de gaz à effet de serre, l'utilisation de l'huile de palme comme biocarburant ne tient pas du tout la route. En effet, les émissions de GES épargnées par l'utilisation de ce biocarburant sont inférieures à celles émises par sa production et sa distribution. Les chiffres parlent d'eux-mêmes: un hectare de plantation de palmiers produit de 3 à 6 tonnes d'huile de palme par année. En théorie, ce biocarburant permet à des automobilistes européens d'épargner la libération de 9 à 18 tonnes de CO_2 dans l'atmosphère. Le problème, c'est que la production et le transport de l'huile de palme auront généré de 3 à 10 fois plus de GES – ce qui discrédite totalement les vertus environnementales de ce carburant dit *écologique*.

27 Luxuriante, la forêt de Bornéo offre un décor paradisiaque. Cependant, la culture du palmier à huile menace cette forêt tropicale et sa biodiversité exceptionnelle. Déjà certaines zones sont totalement détruites, ruinant ainsi les chances des populations locales de sortir de la pauvreté.

28

ZOOM

Les États-Unis boudent l'hydroélectricité

Les pressions de l'industrie américaine du charbon ne restent pas sans écho. En 2009, malgré les pressions exercées par le Québec et le Canada, le gouvernement américain ne reconnaissait toujours pas l'hydroélectricité comme une forme d'énergie renouvelable, un statut qui aurait permis de développer davantage les exportations québécoises d'hydroélectricité vers les États-Unis.

Le Canada et les biocarburants

Malgré les nombreuses mises en garde des ONG, des spécialistes et des environnementalistes, le gouvernement canadien a tout de même choisi d'encourager la production et l'utilisation de biocarburants en modifiant la Loi canadienne sur la protection de l'environnement au printemps 2008. Appuyée d'une somme de 1,5 milliard $ pour soutenir l'industrie des biocarburants, cette mesure légale force les compagnies pétrolières à inclure dans l'essence 5 % d'éthanol en 2010 et 2 % de **biodiesel** avant 2012. La même année, l'Union européenne choisissait plutôt la voie contraire, en limitant la part des agrocarburants ajoutés à l'essence, privilégiant davantage le recours aux énergies totalement renouvelables : solaire et éolienne.

Biocarburants de deuxième génération

Une deuxième génération de biocarburants pointe à l'horizon et, au dire de certains scientifiques, elle pourrait représenter une avenue écologiquement plus viable. L'utilisation d'algues suscite notamment beaucoup d'enthousiasme, car leur culture ne nécessiterait pas de terres agricoles et serait beaucoup moins néfaste pour l'environnement. Des chercheurs du Kansas se penchent sérieusement sur cette nouvelle approche. Au Québec, la produc-

28 Situé sur le fleuve Chiang jiang en Chine, le barrage des Trois-Gorges, le plus grand générateur d'électricité du monde, a permis de réduire considérablement les émissions de CO_2. Mais il a également entraîné la déportation de millions de personnes, la destruction de l'habitat naturel de centaines d'espèces et la création d'un immense dépotoir flottant dans lequel se déversent les eaux usées des régions avoisinantes.

tion d'éthanol à partir de la biomasse suscite aussi l'intérêt. D'ailleurs, la production a déjà commencé à Westbury.

L'HYDROÉLECTRICITÉ: AVONS-NOUS FAIT LE BON CHOIX?

Souvent citée en exemple comme une source d'énergie propre et renouvelable, faible émettrice de GES, l'hydroélectricité ne représentait en 2009 que 16% de la consommation électrique mondiale. De fait, l'électricité produite au charbon et celle au gaz dominent la production d'électricité dans le monde.

Reconnu pour ses abondantes ressources en eau, le Québec se classe au quatrième rang des plus grands producteurs mondiaux d'hydroélectricité, derrière la Chine, le Brésil et les États-Unis. À l'échelle locale, cette source d'énergie représente pas moins de 97% de l'ensemble de la consommation d'électricité de la province. L'hydroélectricité est aussi l'un des piliers de l'économie québécoise depuis sa nationalisation en 1963. En 2008, les revenus de l'État québécois générés par Hydro-Québec se chiffraient à 2,52 milliards $.

L'hydroélectricité controversée

Malgré sa réputation verte, l'hydroélectricité ne fait pas l'unanimité.

PORTRAIT

Steven **Guilbeault** (1970-)

L'engagement environnemental de Steven Guilbeault remonte à son enfance. Ce natif de La Tuque n'a que six ans lorsqu'il grimpe à un arbre dont il refuse de descendre pour éviter qu'il ne soit coupé par un promoteur. Convaincu de l'urgence de changer les choses, il a été notamment militant de Greenpeace (1997-2007) et cofondateur d'Équiterre (1993). En 2009, il publie un livre dans lequel il trace les grandes lignes d'une économie plus verte et propose des solutions pour lutter contre les changements climatiques. Il est souvent sollicité par les médias à titre d'expert et d'analyste des questions environnementales.

29 Lors de son inauguration en 1998, le projet Le Nordais était l'un des plus grands parcs éoliens du Canada. Divisé en deux emplacements, ce parc compte 133 éoliennes réparties dans les régions de Cap-Chat et de Matane au Québec. Son potentiel de puissance permet de fournir en électricité environ 10 000 foyers de la Gaspésie.

Les écologistes déplorent notamment que la construction de nouvelles centrales hydroélectriques nécessite l'inondation de vastes territoires et modifie le cours naturel des rivières.

Des scientifiques émettent des réserves sur le bilan environnemental de l'hydroélectricité, en mettant en avant les émanations de GES émises par les réservoirs. Selon certaines études, la construction des barrages libérerait notamment d'importantes quantités de méthane, un gaz à effet de serre 21 fois plus puissant que le CO_2, au cours des 10 premières années d'exploitation des centrales.

Malgré ces limites, l'hydroélectricité est tout de même reconnue comme une forme d'électricité beaucoup plus propre que celle qui est produite à partir du charbon. Énergie fossile, non renouvelable et extrêmement polluante, le charbon représentait pourtant en 2007 près de 42 % de toute l'électricité produite dans le monde, comparativement à 15,6 % pour l'hydroélectricité. Aux États-Unis seulement, 48 % de la production totale d'électricité provenait du charbon en 2009.

Alors, eau ou charbon ? Si l'hydroélectricité suscite certaines inquiétudes, il demeure toutefois très clair que le charbon ne représente pas du tout une solution viable à long terme. C'est pourquoi les énergies inépuisables solaire et éolienne suscitent un intérêt grandissant.

Énergies inépuisables
SOLUTIONS D'AVENIR ?

Sans aucune émission de gaz à effet de serre, ni rejet toxique, durant leur utilisation, les énergies éolienne et solaire représentent en théorie des solutions plus vertes. Dans les faits, en 2008, ces sources d'énergie représentaient 1,1 % de la production énergétique mondiale d'électricité. Plus difficiles à stocker et à distribuer que d'autres formes d'énergie plus courantes, ces énergies renouvelables connaissent toutefois un véritable essor dans certains pays qui ont choisi de les privilégier.

CHIFFRES

L'électricité au nucléaire

Avec la hausse de prix du pétrole, l'électricité produite à partir d'énergie nucléaire gagne du terrain, malgré les risques liés aux centrales et aux déchets nucléaires. En 2008, l'électricité à l'énergie nucléaire représentait 20 % de l'électricité produite dans le monde, 30 % au Japon, 54 % en Belgique et 76,9 % en France.

Source : Commissariat à l'énergie atomique, *ELECNUC 2008* [en ligne]. (Consulté le 11 janvier 2010.)

Les éoliennes : que du vent ?

Économique et parfaitement écologique, l'énergie éolienne est mise en avant par les environnementalistes. Très performante du point de vue énergétique dans de bonnes conditions, l'énergie éolienne est toutefois vulnérable à la variation des vents. Comme elle ne peut pas être stockée, son développement se heurte encore à des problèmes techniques. Elle suscite malgré tout un intérêt grandissant aux quatre coins du globe.

Longtemps championne mondiale de l'énergie éolienne, l'Allemagne avait en 2008 une puissance d'énergie éolienne installée totalisant 23 903 mégawatts (MW), soit plus de la moitié de la production d'électricité québécoise. L'Allemagne s'est toutefois fait ravir son titre en 2008 par les États-Unis, qui présentaient alors une puissance éolienne installée de 25 000 MW. En troisième place, avec 12 210 MW de puissance éolienne pour la même année, la Chine a multiplié ses installations éoliennes à un rythme de 145% par année entre 2006 et 2009. À

PRENDRE **POSITION** (CD 2)

Les questions portent sur le contenu des pages 28 à 37.

1. Quels sont les avantages qui font du pétrole le carburant de base des sociétés industrielles ?
2. Pouvons-nous nous passer des revenus du pétrole à l'échelle mondiale sans créer des bouleversements majeurs dans l'économie et dans nos modes de vie ? Justifiez votre réponse.
3. Les biocarburants représentent-ils vraiment une forme de développement durable ? Expliquez votre point de vue.
4. Quel lien peut-on faire entre la production des biocarburants et la crise alimentaire de 2007 ?
5. Expliquez comment la production d'huile de palme a fait de l'Indonésie le troisième pays émetteur de gaz à effet de serre, derrière la Chine et les États-Unis.
6. La production mondiale d'électricité se fait surtout à partir de quelle ressource naturelle : l'eau ou le charbon ? Illustrez votre réponse à l'aide d'un exemple.
7. Le gouvernement du Québec fait face à des choix énergétiques. Traditionnellement, l'État québécois a favorisé le développement hydroélectrique du fait de l'abondance en eau sur le territoire, mais l'énergie éolienne s'impose de plus en plus comme un choix écologique et durable. Selon vous, quel type d'énergie représente la meilleure option pour l'avenir ? Justifiez votre réponse.

EXAMINER DES POINTS DE VUE RELATIFS À L'ENJEU : ACTIVITÉ

Composante de la CD 2

Le vent, source d'avenir au Québec

Outils de référence : votre manuel *Enjeux* et Internet.

Économique et parfaitement écologique, l'énergie éolienne est présentée comme une solution de remplacement à l'hydroélectricité au Québec. Pourtant, trois acteurs ont des points de vue différents sur la question : les écologistes, la société d'État d'électricité et les citoyens vivant en milieu urbain.

1. Déterminez la position de chaque groupe à l'égard de l'énergie éolienne.
2. Dégagez les consensus qui règnent au sein de ces groupes.
3. Déterminez le principal sujet de divergence entre ces groupes.
4. Faites un tableau comparatif de la production éolienne au Québec et en Allemagne.
5. Imaginez la conclusion des écologistes devant ce tableau comparatif.
6. Compte tenu des arguments des citoyens québécois, déterminez la région où des éoliennes devraient être installées.

titre de comparaison, en 2008, le Canada avait une puissance éolienne installée de 2000 MW, soit environ 1 % de la demande électrique canadienne, et se classait 12e producteur au monde en matière d'énergie éolienne.

Avec plus de vent qu'un pays comme l'Allemagne, le Québec est accusé par les groupes écologistes de ne pas miser encore suffisamment sur l'énergie éolienne. Hydro-Québec a tout de même amorcé un virage éolien en 2007 en planifiant un développement de 4000 MW qui aura été complété en 2015 et en lançant des appels d'offres pour la construction de parcs éoliens dans différentes régions du Québec. Tout en saluant cette initiative, certains écologistes réclament que le Québec exploite davantage le potentiel éolien québécois. Plus économique que la production d'hydroélectricité, le développement de la filière éolienne permettrait, selon eux, d'éviter la construction de nouvelles centrales électriques. Malgré ses avantages économiques et environnementaux, le développement de l'énergie éolienne se heurte toutefois à un obstacle de taille : la résistance citoyenne. En effet, des groupes de citoyens s'opposent régulièrement à l'installation dans leur voisinage de nouvelles éoliennes, accusées de défigurer le paysage et de générer trop de bruit.

CHIFFRES

Des télés énergivores

Un téléviseur à écran de 58 po (132 cm) consomme plus d'énergie qu'un gros réfrigérateur domestique. L'État de Californie, où l'on compte plus de 35 millions de ces télés, estime que les économies d'énergie réalisées en obligeant les fabricants à produire des appareils 49 % moins énergivores permettraient de fournir de l'électricité à 846 000 foyers !

Source : California Energy Commission [en ligne]. (Consulté le 26 janvier 2010.)

ZOOM

L'exemple de l'Allemagne

Pionnière en matière d'énergie propre, l'Allemagne a entamé en 1991 une véritable révolution verte en adoptant une loi sur les énergies renouvelables. En imposant aux compagnies d'électricité d'acheter le maximum d'énergies renouvelables disponibles, à un prix élevé et réglementé par l'État, l'Allemagne a encouragé l'essor de ces nouvelles sources énergétiques. Près de 20 ans plus tard, l'industrie des énergies renouvelables représente pas moins de 250 000 emplois et l'Allemagne est devenue la championne européenne en matière d'énergie solaire et éolienne. On y retrouve notamment l'un des plus gros parcs solaires du monde, avec 700 000 panneaux installés en pleine forêt, sur un ancien terrain d'entraînement militaire, ainsi qu'un immense parc d'éoliennes en haute mer, à 45 kilomètres du rivage.

L'énergie solaire : même au froid ?

Autre forme d'énergie renouvelable et sans rejet toxique, l'énergie solaire suscite elle aussi l'enthousiasme de certains. Signe des temps ? Un nombre croissant de pays choisissent de développer cette filière, longtemps négligée en raison de ses coûts de production très élevés, comparativement aux autres formes d'énergie. Longtemps dominé par l'Allemagne, le marché de l'énergie solaire se développe dans différents pays. L'Inde a notamment annoncé en 2009 son intention d'investir 19 milliards $ US au cours des 30 années suivantes pour produire de l'énergie solaire. Objectif : répondre à 8 % des besoins de la consommation électrique de tout le pays, et ce, d'ici 2020.

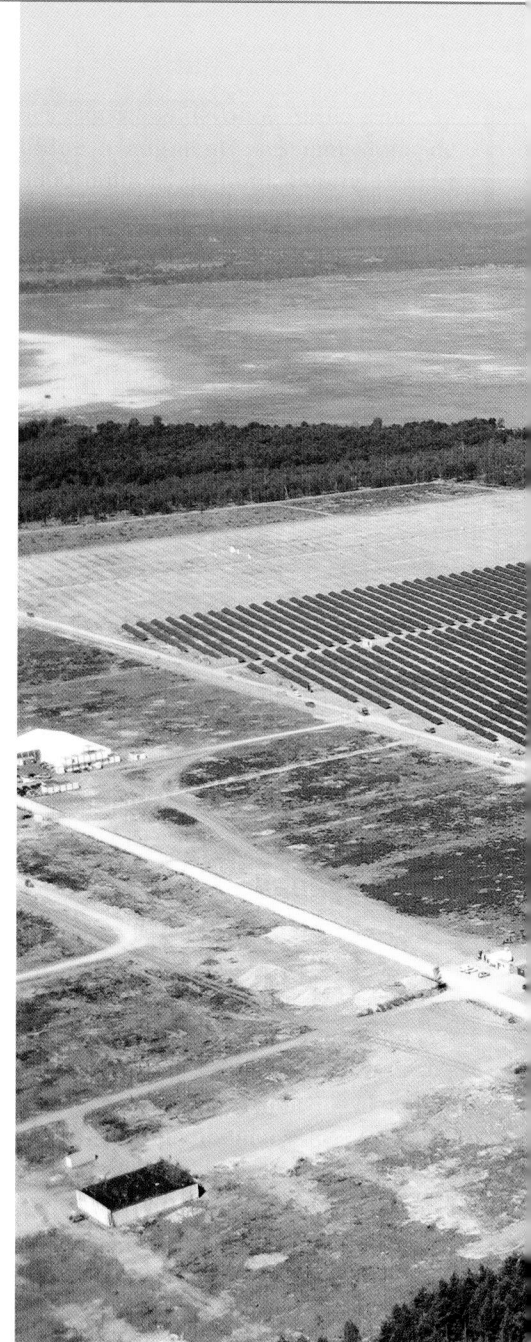

30

Mais l'énergie solaire n'est pas toujours si propre qu'on aimerait le croire. En effet, la fabrication des panneaux solaires, si elle n'est pas faite dans les règles de l'art, peut entraîner la formation d'un produit très toxique pour l'environnement, le tétrachlorure de silicium. Et c'est malheureusement le cas en Chine, l'un des plus grands producteurs d'énergie solaire, où les résidus toxiques ne sont pas correctement recyclés. Polluer

pour produire des énergies vertes : un paradoxe ?

Au Québec, la filière de l'énergie solaire est encore peu développée. Pourtant, avec plus d'heures d'ensoleillement que l'Allemagne, dont le réseau solaire avait en 2008 une capacité de 3830 MW, soit 10 % de la production électrique québécoise, plusieurs soutiennent que le Québec devrait investir davantage dans cette source d'énergie. Son plus proche voisin, l'Ontario, a d'ailleurs choisi de miser sur cette énergie afin de diminuer sa dépendance à l'égard des centrales au charbon. En 2009, le gouvernement ontarien a inauguré un immense parc solaire dans la région d'Ottawa, afin de répondre aux besoins électriques de 7000 foyers. Autre fait intéressant : les Ontariens qui installent des panneaux solaires sur leur maison peuvent vendre leur surplus d'énergie

30 Inauguré en 2009, le parc solaire de Lieberose, en Allemagne, est le deuxième parc du monde en superficie avec ses 162 hectares, soit l'équivalent de 210 terrains de football. Sa production annuelle permet de fournir en électricité quelque 15 000 foyers et de réduire d'environ 35 000 tonnes les émissions de CO_2.

31

sur le réseau provincial de l'Ontario, et ce, à très bon prix. Avec un climat semblable à celui de l'Ontario, le Québec pourrait-il lui aussi développer cette filière énergétique ? Le débat est lancé.

L'augmentation de la population et de la consommation menace-t-elle la planète ?

L'augmentation de la population menace-t-elle la planète ? C'est la dérangeante question que soulèvent plusieurs spécialistes, préoccupés par l'empreinte écologique d'une humanité en pleine croissance, avec toutes ses répercussions sur les ressources naturelles et le climat.

Avec une population mondiale qui gagne chaque semaine 1,5 million d'habitants, la Terre devrait compter 9,1 milliards de personnes en 2050. La planète aura-t-elle les moyens de répondre aux besoins quotidiens de tous ces êtres humains ? Comment tous ces individus se partageront-ils un bassin de ressources naturelles limitées ? Si aujourd'hui 1 milliard de personnes sont privées d'eau potable, qu'en sera-t-il dans 50 ans, quand la population aura explosé et que l'accès à l'eau aura considérablement diminué à plusieurs endroits sur le globe ?

32

LES DANGERS DE LA SURPOPULATION

Au problème de la croissance démographique s'ajoute celui de l'**exode** rural et de l'urbanisation, entraînant de sérieux soucis de gestion environnementale. En 2008, plus de la moitié de la population mondiale vivait en milieu urbain, contre seulement un tiers en 1950. Et cette proportion atteindra sans doute les deux tiers en 2030, selon les estimations des Nations unies.

La concentration de centaines de millions de personnes dans les zones urbaines crée d'importants problèmes environnementaux, d'autant que cette expansion des villes se fait souvent de manière improvisée et désordonnée. Dans plusieurs villes du monde, dont Mexico, Sao Paulo et Mumbay ne sont que quelques exemples, des millions de personnes s'entassent dans des bidonvilles, où les services sanitaires de base sont quasi inexistants, ce qui représente une sérieuse menace pour la santé humaine et pour l'intégrité environnementale. Capitale économique de l'Inde, Mumbay comptait en 2009 près de 16 millions d'habitants dont près de la moitié résidaient dans des bidonvilles, privés d'un accès adéquat à l'eau potable ou aux services sanitaires de base.

Dans plusieurs bidonvilles, l'accumulation de déchets ou la proximité d'immenses dépotoirs entraîne de graves problèmes de santé publique. À Nairobi,

31 Les habitants du quartier de Bandra à Mumbay vivent dans un bidonville dépourvu d'eau potable et de services sanitaires.

32 Chaque jour, des millions de personnes fouillent le dépotoir de Dandora situé à Nairobi, au Kenya, pour trouver des déchets qu'elles mangent, vendent ou réutilisent. Ce dépotoir pollue l'air de 4 millions de personnes vivant dans les bidonvilles environnants.

PRENDRE **POSITION** (CD 2)

Les questions portent sur le contenu des pages 40 à 46.

1. Selon vous, la croissance démographique représente-t-elle une menace pour l'équilibre environnemental ? Pourquoi ?

2. La surpopulation et l'exode rural créent de sérieux problèmes environnementaux. Dans la majorité des cas, les mégalopoles des pays pauvres offrent des conditions sanitaires et sociales déficientes. Illustrez les problèmes et les conditions de vie difficiles dans les bidonvilles de Mumbay et de Nairobi.

3. Selon vous, les pays émergents, en particulier les pays du BRIC (Brésil, Russie, Inde et Chine), sont-ils les principaux responsables du gaspillage des ressources mondiales ? Justifiez votre réponse.

4. Que pensez-vous de la régulation des naissances comme solution aux problèmes environnementaux ?

5. Les pays émergents accèdent de plus en plus à la consommation de masse. L'augmentation de la production qui en découle accroît la consommation des ressources et accentue les problèmes environnementaux. Les pays riches ont-ils le droit de demander aux pays pauvres et émergents de restreindre leur croissance économique ? Expliquez votre position.

DÉBATTRE DE L'ENJEU : ACTIVITÉ

Composante de la CD 2

Les biocarburants, source de faim ?

Outils de référence : votre manuel *Enjeux* et Internet.

Imaginons que le gouvernement du Canada décide d'augmenter la production de biocarburants et de faire passer de 5 % à 20 % la proportion d'éthanol contenu dans l'essence traditionnelle. Approuveriez-vous cette décision ?

1. Rédigez un texte argumentatif d'une page pour présenter et soutenir votre position à propos de la production de biocarburants au Canada. Illustrez votre point de vue à l'aide de statistiques et tenez compte des faits suivants :
   - La production de biocarburants comme l'éthanol a contribué à l'augmentation du prix du riz, du maïs et du blé dans les pays en développement.
   - Cette augmentation des prix a créé une crise alimentaire mondiale.
   - Le Canada dispose de surplus considérables de maïs et de blé.
   - Les émissions de gaz à effet de serre ont augmenté partout sur la planète.

2. Étoffez votre recherche en prenant l'exemple d'autres pays, comme le Brésil, où l'on produit de l'éthanol depuis longtemps.

3. Formez une équipe de trois élèves, comparez vos arguments et débattez de l'enjeu.

au Kenya, 4 millions d'habitants se partagent le dépotoir de Dandora, dont les émanations toxiques empoisonnent l'air des bidonvilles avoisinants. Pire encore, des milliers de personnes envahissent le site chaque jour, à la recherche de déchets qu'ils pourront manger, revendre ou réutiliser. En 2007, une étude du Programme des Nations unies pour l'environnement (PNUE) a d'ailleurs démontré que plus de la moitié des enfants des quartiers voisins de Dandora – l'un des plus grands dépotoirs du continent africain – présentaient des taux d'exposition au plomb dangereusement élevés et souffraient de maladies respiratoires, gastro-intestinales ou dermatologiques.

Les prévisions font frémir : en 2015, en Afrique subsaharienne, 332 millions d'habitants vivront dans des bidonvilles, un nombre qui devrait doubler tous les 15 ans. Pour les Nations unies, il est clair que la croissance démographique et l'urbanisation représentent une très grave menace pour l'équilibre de la planète. Devant ce portrait accablant, une question s'impose.

FAUT-IL LIMITER LA CROISSANCE DE LA POPULATION ?

Particulièrement taboue et absente des négociations internationales, cette question est tout de même soulevée par certains analystes et environnementalistes plus radicaux qui ne voient pas d'issue à la crise environnementale sans une meilleure **régulation des naissances**.

En novembre 2009, le Fonds des Nations unies pour la population (UNFPA) lançait un appel sans équivoque à la communauté internationale : pour lutter contre le réchauffement climatique, il faut favoriser la régulation des naissances. Dans un article publié quelques mois auparavant dans une prestigieuse revue scientifique, *The Lancet*, des chercheurs allaient dans le même sens et soutenaient que, pour réduire les émissions de GES et ralentir les changements climatiques, la planification des naissances est une solution plus simple et cinq fois moins coûteuse que les technologies vertes. La même année, une autre étude scientifique quantifiait le problème autrement : chaque nouvelle naissance entraîne à long terme pas moins de 1500 tonnes de CO_2, ce qui vient immédiatement effacer tous les efforts que les parents de ces nouveaux bébés auraient pu faire pour réduire leurs émissions de GES. Armés de ces statistiques, certains environnementalistes osent dire tout haut ce que certains pensent tout bas : le geste le plus écologique que l'on pourrait faire serait de réduire le nombre de naissances.

Des bébés plus pollueurs que d'autres ?

Ce point de vue ne fait toutefois pas l'unanimité, bien au contraire. Pour plusieurs ONG, les véritables enjeux ne sont pas là, car l'essentiel de la croissance démographique est prévu en Afrique et dans le sous-continent indien, deux régions du monde où l'empreinte écologique par habitant est extrêmement faible par rapport aux pays plus riches. À titre d'exemple, les habitants des pays du G8 (groupe des 8 pays les plus industrialisés) ne représentent que 13 % de la population mondiale, mais ils émettent 45 % des émissions totales de GES. Les nouveaux bébés des pays riches ont donc toutes les chances de devenir de plus grands pollueurs que les bébés des pays en développement. Malgré ces nuances, plusieurs spécialistes continuent à soutenir qu'un ralentissement de la croissance démographique est un passage obligé pour éviter le pire.

Généralement reconnue comme un droit fondamental, la liberté d'avoir des enfants devrait-elle être malgré tout limitée pour assurer la survie de la planète ?

L'exemple chinois

En 1980, inquiet des conséquences économiques d'une trop forte croissance démographique du pays, le gouvernement chinois a décrété la loi de l'enfant unique, soumettant les parents qui osent braver cette nouvelle loi à de sévères sanctions. Cette législation a entraîné de

33 La durée de vie des déchets

Une des conséquences environnementales de la surconsommation est l'accumulation des déchets.

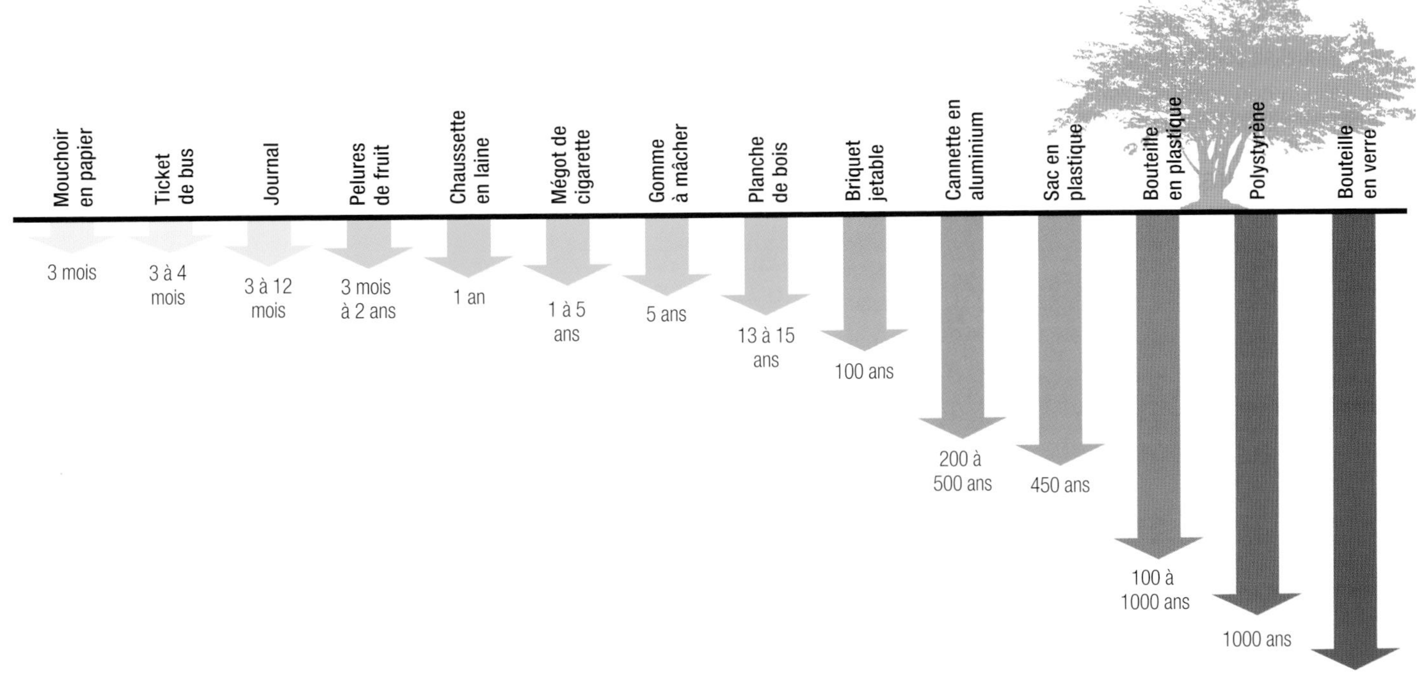

Source : Trousse pédagogique sur le recyclage, Comité de solidarité Tiers-Monde de Trois-Rivières [en ligne]. (Consulté le 19 février 2010.)

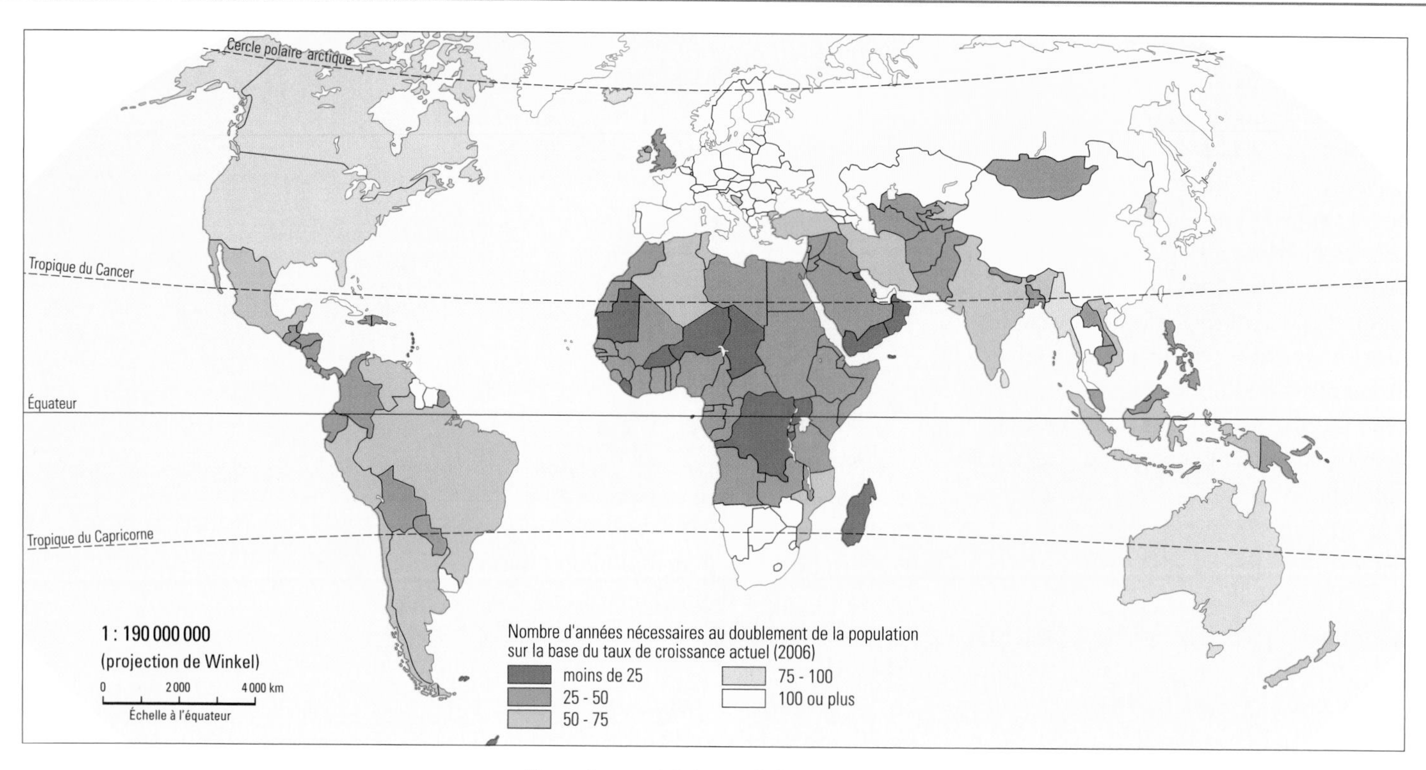

34 L'accroissement de la population
Source : *Le grand atlas du Canada et du monde*, 3e édition, Bruxelles, Noordhoff/De Boeck, 2009, p. 30.

graves conséquences, dont les plus dramatiques sont l'abandon et l'**infanticide** de milliers de fillettes, surtout dans les régions rurales où, par tradition, on privilégie la naissance d'un garçon à celle d'une fille. Trente ans plus tard, les autorités chinoises estiment que cette loi a permis d'éviter 400 millions de naissances et que cette mesure était essentielle. Malgré tout, cette politique a privé des millions de Chinois de leur droit fondamental d'avoir plus d'un enfant et provoqué un déséquilibre démographique entre les filles et les garçons, qui entraîne des problèmes sociaux. Pour ces raisons et plusieurs autres, de nombreux observateurs internationaux estiment que la limitation des naissances n'est pas une solution aux problèmes environnementaux.

LA SURCONSOMMATION : MOTEUR ÉCONOMIQUE OU MENACE POUR L'ENVIRONNEMENT ?

Si la croissance démographique suscite l'inquiétude, de nombreux analystes remettent davantage en question le modèle de développement économique des pays riches et la consommation galopante de leurs habitants.

Les statistiques donnent le vertige :

- En 2006, les êtres humains ont consommé quotidiennement des ressources équivalant à 112 fois le volume de l'Empire State Building.
- Entre 1996 et 2006, la consommation mondiale a augmenté de 28 %.
- Pour renouveler toutes les ressources utilisées chaque année par l'humanité, la Terre aurait besoin d'une année et quatre mois, ce qui veut dire que notre niveau de consommation dépasse de 40 % les capacités naturelles de la planète.

Devant ce portrait accablant, plusieurs spécialistes jettent le blâme sur notre système économique qui dépend étroitement du niveau de consommation des individus et incite ces deniers à dépenser toujours plus. Si les consommateurs achètent massivement, l'économie va bien. Mais à l'inverse, le taux de croissance économique ralentit quand les citoyens restreignent leurs achats.

En janvier 2010, les spécialistes du Worldwatch Institute, un organisme scientifique et environnemental établi aux États-Unis, lançaient un signal d'alarme lors de la publication annuelle de leur *État du monde*: il faut impérativement changer notre mode de vie basé sur la consommation, sans quoi nous risquons d'épuiser les ressources naturelles. Entre autres solutions proposées, les auteurs suggèrent de faire de la consommation excessive un interdit social. Même si tous n'adhèrent pas à cette vision aussi radicale, les environnementalistes sont nombreux à plaider pour une *décroissance* de la consommation.

Selon les estimations du Global Footprint Network, si tous les êtres humains adoptaient aujourd'hui un mode de vie semblable à celui d'un Nord-Américain moyen, il nous faudrait non pas une, mais cinq planètes pour répondre à tous les besoins !

Or, ce scénario devient peu à peu une réalité, car cette course à la consommation n'est plus le fait unique des pays riches, mais aussi celui des pays émergents comme la Chine, l'Inde et le Brésil. Ces pays, qui totalisent près de 3 milliards de personnes dont une proportion grandissante accède de plus en plus à la consommation de masse, deviennent eux aussi de vastes marchés et à leur tour une menace pour la planète.

En 2007, 20 % de la population consommaient 80 % des ressources mondiales. Si cette inégalité est généralement considérée comme inacceptable, est-il envisageable que des centaines de millions de personnes, ou même des

PORTRAIT

Vandana **Shiva** (1952-)

Physicienne, épistémologue, écologiste, écrivaine et docteure en philosophie des sciences, Vandana Shiva est née en Inde. Elle s'implique dans les mouvements écologistes dès les années 1970, d'abord dans le mouvement Chipko, qui vise à protéger les arbres dans la région himalayenne. En 1982, elle met sur pied la Research Foundation for Science, Technology and Ecology, un institut de recherche avec lequel elle veut promouvoir l'acquisition du savoir et des ressources dans les pays pauvres. Elle consacre toute son énergie à donner du pouvoir aux populations locales, en particulier aux femmes.

35 Population, niveau de vie et émissions de GES à l'échelle mondiale (base 1960 = 100)

Les émissions annuelles mondiales de gaz à effet de serre ont triplé en l'espace d'une cinquantaine d'années (*voir la courbe en vert*). La première cause de cette hausse est évidemment l'accroissement de la population qui est 2,2 fois plus élevée en 2008 qu'en 1960 (*voir la courbe en bleu*), mais la croissance économique soutenue y est aussi pour quelque chose: le niveau de vie moyen des habitants de la Terre a été multiplié par 2,5 pendant la même période (*voir la courbe en rouge*).

Population totale (en millions)

PIB / habitant (en $ US de 2000)

Émissions annuelles totales de CO_2 (en milliers de tonnes)

Données (population, PIB et émissions de CO_2)

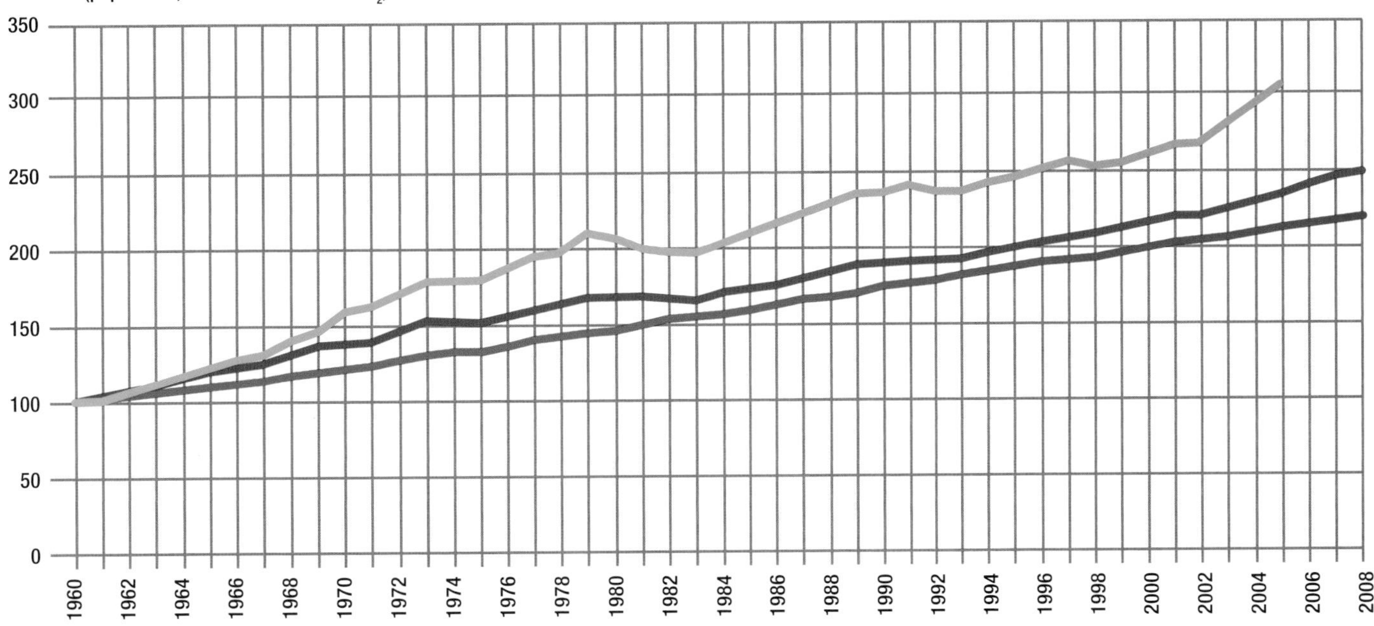

Source : Banque mondiale, 2009.

milliards, accèdent au même niveau de vie que les habitants des pays riches? La planète pourra-t-elle supporter le choc d'une telle croissance démographique et économique? Mais au nom de quelles valeurs les mieux nantis pourraient-ils restreindre la croissance économique des pays émergents ou en voie de développement? Ces questions sont au cœur des négociations internationales qui visent l'harmonisation des normes environnementales.

ENJEU 2

L'harmonisation des normes environnementales

Décembre 2009, 46 000 participants venant des quatre coins du globe, 193 chefs d'État, 22 000 représentants d'ONG et plus de 3000 journalistes réunis au Danemark pour le Sommet de Copenhague. À l'ordre du jour de cette rencontre historique: l'harmonisation des efforts mondiaux pour ralentir les changements climatiques. Coût total de l'opération: 225 millions $ US. Résultat: une entente décevante, un quasi-échec.

Des années après la signature du protocole de Kyoto, qui a soulevé tant de controverses, les États n'ont toujours pas réussi à trouver une solution globale au problème mondial du réchauffement climatique. Devant les échecs répétés des négociations internationales, deux questions s'imposent: À qui revient la responsabilité d'agir? Les solutions mondiales sont-elles possibles?

À qui revient la responsabilité ?

Épuisement des ressources naturelles, augmentation des émissions de gaz à effet de serre, pollution industrielle... Le bilan environnemental de la planète est inquiétant et les défis sont immenses. Mais qui doit prendre la responsabilité de la gestion de l'environnement? Cette responsabilité revient-elle aux individus qui devraient revoir leur mode de consommation? ou plutôt aux entreprises qui devraient réduire leurs rejets toxiques? Les gouvernements devraient-ils intervenir de façon plus «musclée» auprès des pollueurs? La communauté internationale a-t-elle une responsabilité en matière de gestion environnementale? Et si tous étaient responsables à différents niveaux?

EFFICACE, LE RECYCLAGE?

Le geste environnemental le plus courant chez les citoyens est certainement le recyclage des ordures. Au Québec, entre 1998 et 2003, le taux de recyclage des matières résiduelles a fait un bond de 103%. Mais est-ce suffisant? La question se pose sérieusement, puisque pendant la même période la quantité de déchets envoyés aux dépotoirs n'a cessé d'augmenter. À l'échelle mondiale, c'est seulement 5% des 100 milliards de kilogrammes de plastique produits annuellement qui

36

36 À la suite d'une violente tempête survenue en 2004, des milliers d'objets en plastique se sont retrouvés sur les rives de Naples, en Italie. Dans la mer, le plastique se désintègre lentement en fines particules que les petits poissons prennent pour de la nourriture. Empoisonnés par ces matières plastiques, ces derniers intoxiquent à leur tour le reste de la chaîne alimentaire.

37 **Le poids de nos actions**

Actions	Économie de CO_2 par an
Remplacer deux lavages à l'eau chaude par deux lavages à l'eau froide chaque semaine	12 kg
Abaisser la température de la maison de 3 °C la nuit ou de 1°C pendant toute la journée	190 kg
Composter les matières organiques à la maison	100 kg
Déposer dans le bac de récupération toutes les matières recyclables acceptées	30 kg
Se servir de sacs réutilisables	12 kg
Privilégier l'achat d'aliments produits au Québec	340 kg
Réduire de 50 % la quantité de papier utilisé (impression recto verso, factures électroniques, etc.)	28 kg
Prendre une courte douche plutôt qu'un bain (pour une personne)	9 kg
Ne pas faire tourner le moteur d'une automobile plus de 10 secondes au départ et pendant l'attente	130 kg

Source : Défi Climat [en ligne]. (Consulté le 21 janvier 2010.)

Source des données de la carte : Basel Action Network (BAN); Silicon Valley Toxics Coalition; Toxics Link India; Scope (Pakistan); Greenpeace; International Labour Organization (ILO); International Maritime Organization (IMO).

38 **Les pays « recycleurs »**

Les déchets électroniques dont il est difficile de se débarrasser et les cargos en fin de vie font l'objet d'un commerce international. Ils sont envoyés dans divers pays « recycleurs » de l'Asie où ils polluent de nombreuses régions.

Source : Philippe REKACEWICZ, *Le Monde diplomatique*, Paris, 2006.

PORTRAIT

Laure **Waridel** (1973-)

Sociologue spécialisée en développement international et en environnement, Laure Waridel, née en Suisse, n'est qu'une fillette lorsqu'elle immigre au Québec où ses parents s'installent et deviennent agriculteurs. Pionnière du commerce équitable au Québec et cofondatrice de l'organisme Équiterre (1993), elle met sur pied la campagne de sensibilisation et d'action *Un juste café*, afin de promouvoir le commerce du café équitable. Régulièrement sollicitée par les médias pour expliquer les enjeux entourant la consommation responsable, Laure Waridel est aussi chroniqueure et auteure de plusieurs ouvrages. Son engagement pour la cause environnementale lui a valu de nombreux honneurs, dont l'insigne de chevalier de l'Ordre de la Pléiade, en 2006.

sont recyclés. Au-delà de la noble intention du recyclage, le citoyen a-t-il aussi la responsabilité de réduire sa consommation de façon générale ?

Utiliser les transports en commun, économiser l'eau et l'énergie, réutiliser les objets, diminuer sa consommation : toutes ces actions individuelles permettent aux citoyens de réduire leur empreinte écologique. Toutefois, aussi louables soient-elles, les actions individuelles ont-elles un réel impact ? Oui, répondent les écologistes, car c'est la somme de tous les petits gestes concrets qui peut faire la différence.

Le Défi Climat

Au Québec, en 2009, 36 597 Québécois ont participé au Défi Climat. En compostant leurs déchets organiques, en adoptant le covoiturage, en privilégiant l'achat de produits locaux ou en modifiant d'autres habitudes de vie, les participants s'engageaient à réduire leurs émissions de GES d'une tonne et demie par personne. Résultat : une économie de 59 982 tonnes de CO_2, soit l'équivalent des émissions de 16 000 voitures. Si tous les citoyens du Québec s'étaient ralliés à cette initiative, quelle aurait été l'économie de CO_2 ?

LES COÛTS DE LA RÉGULATION

Les États, de leur côté, assument une large part de responsabilité dans la gestion de l'environnement. Ils y consacrent d'énormes budgets et édictent des lois pour contraindre les entreprises et les

39

40 **Les taux de variation des émissions de GES de 2007 par rapport à celles de 1990**

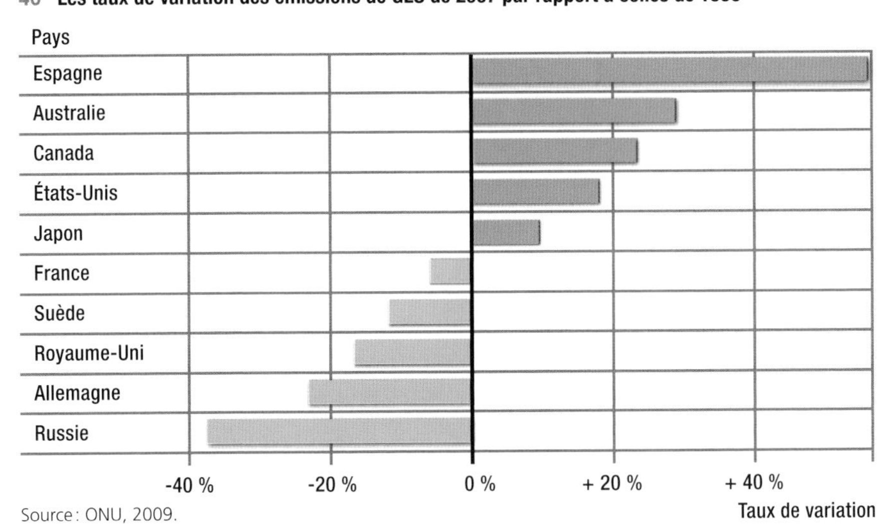

Source : ONU, 2009.

39 En Afrique, le delta du Niger est une zone pétrolière exploitée depuis plus de 40 ans par plusieurs compagnies. La pollution qui découle de cette exploitation est dommageable pour l'environnement de cette région comptant de nombreux puits et pipelines qui fuient.

41 Chaque année, des tonnes de déchets de matériel informatique sont exportées au Ghana, en Afrique. Ces déchets contaminent l'eau potable des nappes phréatiques présentes sous les dépotoirs où, aux dépens de leur santé, des Ghanéens démontent les appareils pour en revendre les métaux précieux.

citoyens à respecter certaines normes et à protéger l'environnement. Des interventions que les environnementalistes souhaiteraient plus « musclées ».

Cependant, bien qu'ils aient le pouvoir de légiférer dans ce domaine, les gouvernements sont également soumis aux pressions économiques. La mondialisation met les pays en compétition les uns avec les autres face aux **multinationales** dont certaines n'hésitent pas à déménager ou à installer leurs entreprises dans des pays où les normes environnementales sont moins contraignantes. Par conséquent, les États assouplissent parfois leurs règles ou hésitent à en créer de nouvelles pour inciter des multinationales à demeurer ou à s'installer sur leur territoire et y créer des emplois ainsi que des retombées économiques. Une réalité qui touche plus durement les gouvernements des pays en développement ou émergents qui n'ont pas les moyens de tenir tête aux grandes entreprises.

ET LA RESPONSABILITÉ DES ENTREPRISES ?

Souvent pointées du doigt pour leur responsabilité en matière de pollution, les entreprises sont de plus en plus nombreuses à prendre le virage vert. Les lois qui régissent l'industrie et le commerce les obligent d'ailleurs à modifier leurs procédés. De plus, certaines d'entre elles se dotent de politiques internes « vertes », soit par conviction, soit pour répondre aux pressions de l'opinion publique et donc de leur clientèle. Les gouvernements doivent-ils responsabiliser les entreprises ? Face aux problèmes environnementaux, celles-ci ont-elles vraiment des obligations sociales et financières ?

Des ententes de régulation contraignantes

Autre contrainte pour les États : les ententes commerciales conclues avec d'autres pays comportent parfois des clauses limitant leur pouvoir dans le domaine de l'environnement. À titre d'exemple, en août 2008, une compagnie américaine de produits chimiques a déposé une poursuite de 2 millions $ US contre le gouvernement canadien, en vertu de l'Accord de libre-échange nord-américain (ALENA). Le motif : le gouvernement québécois violerait une clause de l'ALENA en interdisant sur son territoire l'utilisation d'un pesticide jugé dangereux pour la santé humaine, selon l'Institut national de santé publique du Québec (INSPQ). Dans sa poursuite, la compagnie américaine invoque une clause de l'ALENA qui autorise les entreprises d'un pays membre à poursuivre le gouvernement d'un autre pays membre si sa législation nuit à leurs investissements !

À l'inverse, ces ententes économiques peuvent aussi inciter un gouvernement à bonifier ses règles environnementales. Par exemple, en adhérant à l'ALENA, le Mexique s'est vu forcé de rehausser ses normes environnementales, car il aurait représenté une compétition inéquitable

FOCUS

La gestion des déchets électroniques : déresponsabilisation des États ?

À l'échelle mondiale, les déchets d'équipements électriques et électroniques (DEEE) tels que les vieux ordinateurs ou téléphones cellulaires représentent 1 % de la production totale de déchets. Cette proportion grimpe toutefois à 8 % en Occident, où on retrouve 75 % de tous les ordinateurs de la planète. Tous ces DEEE contiennent de nombreux éléments toxiques pour l'environnement et la santé humaine, comme du plomb, du cuivre et du mercure, pour ne nommer que ceux-là. Dans les pays occidentaux, ces déchets doivent être recyclés dans des conditions contrôlées et sécuritaires. Mais, dans les faits, ces déchets « recyclés » sont parfois exportés vers les pays en développement sous forme de dons de charité. Résultat : des milliers de tonnes de déchets électroniques sont expédiés chaque mois dans des dépotoirs d'Afrique et d'Asie. Une fois parvenus à destination, ces déchets sont dépouillés à main nue de leurs métaux toxiques par des travailleurs clandestins, ou même des enfants, qui sont ainsi exposés à de graves problèmes de santé.

Cette situation soulève plusieurs questions. Est-il acceptable que les pays riches se dotent de normes strictes concernant le traitement des déchets dangereux, mais qu'ils ferment les yeux sur ce trafic illégal ? Quelle est la part de responsabilité des gouvernements locaux, qui ferment les yeux sur ces dépotoirs illégaux et les dangers qu'ils représentent pour leurs citoyens ? De récentes initiatives permettent maintenant aux consommateurs des pays riches de disposer de leurs DEEE de manière sûre, et d'éviter de participer à ce trafic illégal.

PORTRAIT

David **McTaggart** (1932-2001)

Né à Vancouver, David McTaggart fait fortune aux États-Unis avant de s'exiler en Nouvelle-Zélande. En 1972, alors que la France s'apprête à faire des essais nucléaires dans le Pacifique Sud, il joint les rangs de Greenpeace à bord de son voilier. Dès lors, il multiplie les actions écologistes, menant les causes environnementales devant le tribunal de l'opinion internationale. Président de Greenpeace de 1979 à 1991, il internationalise cette ONG en ouvrant des bureaux notamment dans l'ex-URSS et en Europe de l'Est. Activiste de la protection de l'environnement, David McTaggart meurt le 23 mars 2001 dans un accident d'automobile en Italie.

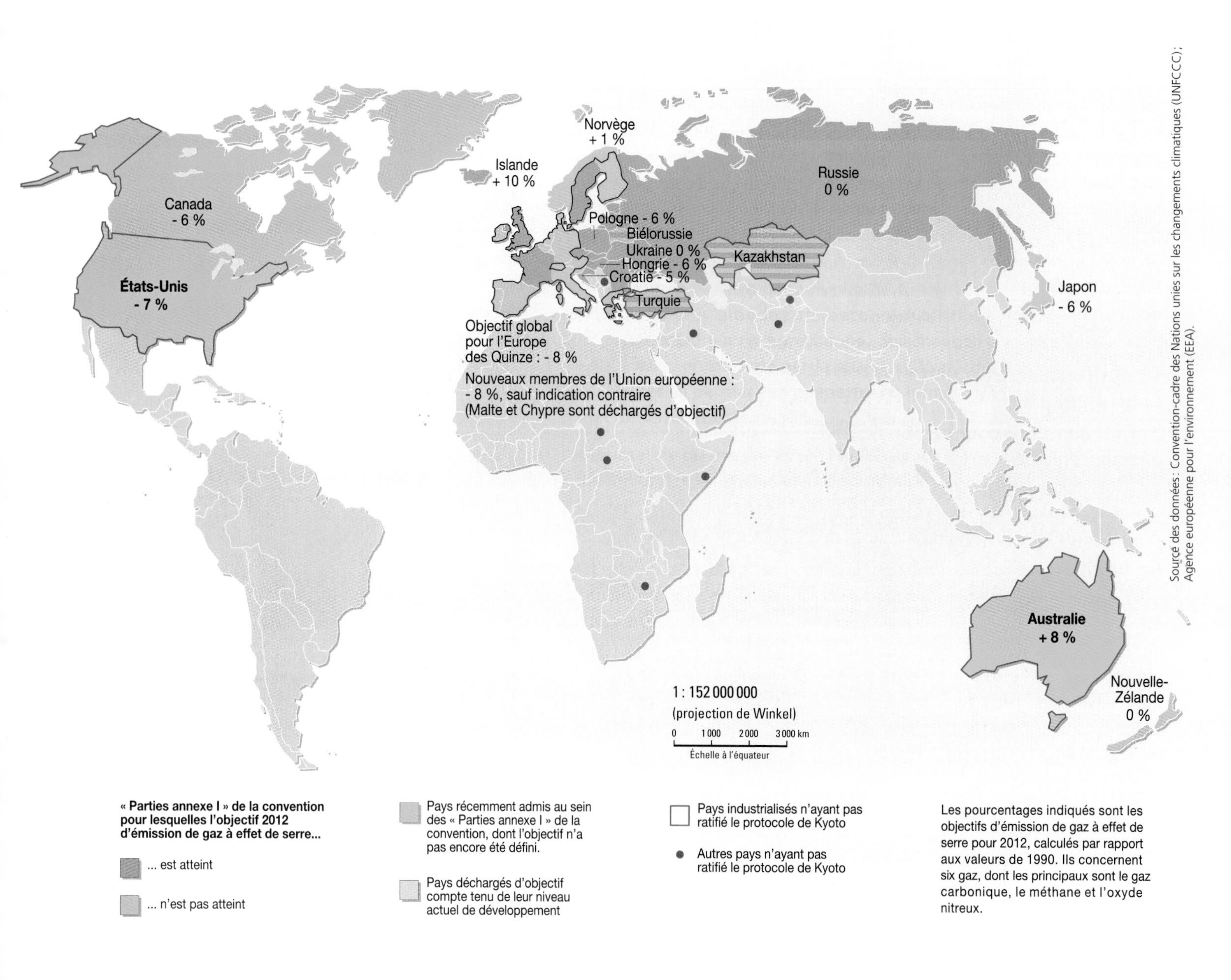

42 Les objectifs du protocole de Kyoto pour 2012, selon l'entente conclue à Kyoto en 1997

Pour la période allant de 2008 à 2012, les pays riches devraient réduire en moyenne leurs émissions de GES de 5,2 % par rapport à leur niveau de 1990.

Source : Philippe REKACEWICZ, *Le Monde diplomatique*, Paris, 2009.

pour ses partenaires américains et canadiens qui imposaient des normes plus contraignantes aux entreprises.

Ces exemples illustrent bien la difficulté d'harmoniser les normes environnementales entre les États. La question qui se pose et qui suscite débats et controverses : Faut-il donner la priorité à l'environnement ou au développement économique ?

QUI DOIT PAYER ?

Devant ces contraintes économiques, rien d'étonnant à ce que les États se renvoient la balle et refusent d'assumer toute la responsabilité de la gestion environnementale. Les pays pauvres, par exemple, refusent d'assumer la même responsabilité que les pays riches en matière de réduction des GES. C'est

CHIFFRES

Des sommets polluants

Selon les chiffres avancés par l'ONU, le Sommet de Copenhague de 2010 a contribué au rejet de 40 500 tonnes de dioxyde de carbone dont 90 % provenaient des avions ayant servi à transporter les participants et les dirigeants d'État et 10 % de la consommation d'électricité pour les activités du Sommet.

d'ailleurs pourquoi le protocole de Kyoto, adopté en 1997 par 183 pays, ne contraignait que les plus grands pays développés pollueurs à atteindre des cibles fermes et chiffrées. On reconnaissait ainsi la responsabilité historique des pays les plus riches dans les émissions de GES et l'importance de ne pas nuire au développement économique des autres pays. Mais ce principe a fortement divisé la communauté internationale, entraînant notamment la volte-face des États-Unis qui ont refusé de ratifier le protocole.

Le principe de responsabilité financière partagée entre les États est donc au cœur des négociations internationales en matière de lutte contre les changements climatiques. Un principe qui divise profondément la communauté internationale. Les pays riches doivent-ils payer la plus large partie de la facture? Les pays émergents doivent-ils ralentir leur croissance pour respecter les ententes environnementales? Les pays en développement auront-ils les moyens de se conformer aux nouvelles normes? Les réponses sont très variables selon les pays.

Les solutions mondiales sont-elles possibles?

À défaut de consensus politique entre les États, les scientifiques, eux, sont quasi unanimes: le réchauffement climatique

PRENDRE **POSITION** (CD 2)

Les questions portent sur le contenu des pages 6 et 46 à 57.

1. À l'échelle locale, quels gestes permettraient à chaque citoyen de réduire son empreinte écologique? Selon vous, ces gestes individuels ont-ils un réel impact sur l'ensemble du problème environnemental? Lesquels?
2. Selon vous, les pays en développement devraient-ils imposer des normes environnementales aussi sévères que celles de l'Occident? Justifiez votre position.
3. Êtes-vous favorable au principe du « pollueur-payeur » ? Expliquez votre point de vue.
4. Expliquez et commentez la position des États-Unis lors du Sommet de Copenhague.
5. Selon vous, devrait-on charger un organisme international de contraindre les gouvernements et les entreprises à changer leurs comportements en matière d'environnement? Justifiez votre position.
6. Qui devraient assumer les coûts liés à la gestion de l'environnement: les individus, les entreprises ou les gouvernements? Expliquez votre choix.

EXAMINER DES POINTS DE VUE RELATIFS À L'ENJEU: ACTIVITÉ

Composante de la CD 2

Chacun son empreinte!

Outil de référence: Internet.

Cette activité vise à vous faire prendre conscience de l'impact de votre consommation sur l'environnement.

1. Recherchez des sites Web (exemple de mots- clés: « calcul de l'empreinte écologique ») portant sur les sujets suivants:
   - bilan de carbone;
   - émissions de gaz à effet de serre (GES);
   - consommation d'eau.
2. Faites un bilan des informations trouvées et dressez une liste des habitudes que vous pourriez changer pour réduire votre empreinte écologique.
3. L'achat de produits locaux fait-il une différence en ce qui a trait aux émissions de GES? Pourquoi?
4. Selon vous, les gouvernements ont-ils la capacité, et même la volonté, de contrôler les grandes entreprises polluantes? Expliquez votre position.
5. Selon vous, peut-on imaginer une police mondiale de l'environnement? Pourquoi?

menace tous les pays du monde. Les experts du GIEC estiment qu'en 2100 la température moyenne pourrait avoir grimpé de 4 °C. Or, selon eux, il faudrait maintenir cette hausse à moins de 2 °C pour éviter des dommages irréversibles qui affecteraient les pays du monde entier. Pour y parvenir, le groupe de scientifiques préconise une réduction des émissions de GES de 25 % à 40 % d'ici 2020, par rapport au niveau d'émissions de 1990. Ces données scientifiques sont les bases sur lesquelles s'appuient les Nations unies afin de développer une stratégie mondiale de lutte contre les changements climatiques.

C'est donc parce que le problème est global que la communauté internationale tente de trouver une solution globale…

FOCUS

De Kyoto à Copenhague

Kyoto, Japon, 1997. Moment historique. À l'instigation des Nations unies, les représentants de 159 pays sont réunis pour s'entendre sur une stratégie mondiale afin de réduire les émissions de GES, dans le but de ralentir le réchauffement climatique. Résultat : une entente selon laquelle les pays industrialisés s'engagent à diminuer collectivement leurs émissions de GES de 5,2 % par rapport à 1990. Pour la période de 2008 à 2012, le protocole de Kyoto prévoit de possibles sanctions juridiques pour les pays qui ne respecteront pas leurs engagements. Les pays émergents, comme la Chine et l'Inde, ainsi que les pays en voie de développement, quant à eux, ne sont pas légalement contraints de réduire leurs émissions.

Affaibli, entre autres, par le refus historique des États-Unis de le ratifier, le protocole de Kyoto n'a malheureusement pas entraîné les résultats escomptés. Et en dépit de sa valeur indéniable, les scientifiques et les environnementalistes sont quasi unanimes à soutenir que le protocole de Kyoto était insuffisant pour ralentir le réchauffement climatique. C'est pourquoi les Nations unies souhaitent la signature d'une nouvelle entente pour la période 2013-2020.

À Copenhague, en 2009, les représentants de 193 pays n'ont pas répondu aux attentes élevées suscitées par cette nouvelle rencontre internationale. Qualifié par de nombreux observateurs de demi-échec, l'accord n'a débouché que sur la déclaration d'intention de cinq pays de limiter le réchauffement climatique, sans aucune clause contraignante.

LE DEMI-ÉCHEC DE COPENHAGUE

Réunis à Copenhague en décembre 2009, les représentants de 193 pays avaient donc pour objectif d'établir les bases d'un traité qui remplacerait le protocole de Kyoto, première étape de la Convention-cadre des Nations unies sur les changements climatiques amorcée en 1992 à Rio de Janeiro.

Mais malgré tous les espoirs et la mobilisation sans précédent qu'il a suscités, le Sommet s'est soldé par un demi-échec – notamment en raison d'un **bras de fer** entre la Chine et les États-Unis, ces derniers estimant que les pays émergents comme la Chine, l'Inde et le Brésil doivent faire un effort supplémentaire.

Résultat : une entente non contraignante de réduction des émissions de GES, à la déception de nombreux États, notamment

Les principaux accords et événements internationaux en environnement entre 1971 et 2009

1971 Adoption de la Convention de Ramsar (Iran) sur les zones humides

1972 1er Sommet de la Terre (Stockholm)
Création du Programme des Nations unies pour l'environnement (PNUE)

1973 Convention relative au commerce international de la faune et de la flore menacées d'extinction

1979 1re Conférence mondiale sur le climat (Genève)

1980

1987 Adoption du protocole de Montréal sur la couche d'ozone
Publication du rapport Brundtland

1988 Création du GIEC

43

africains, et des ONG qui espéraient beaucoup plus de cette rencontre historique. Plusieurs États, notamment les pays membres de l'Union européenne, auraient souhaité que l'accord de Copenhague définisse des cibles de réduction claires et chiffrées, ce qui ne fut pas le cas. Le Sommet de Copenhague a donc laissé la communauté internationale profondément divisée.

43 Ces sculptures pour le moins saisissantes ont été installées à l'extérieur du centre des congrès de Copenhague à l'occasion du Sommet des Nations unies sur le changement climatique qui s'est déroulé au Danemark, en décembre 2009, symbolisant les effets du réchauffement climatique et la fragilité de l'espèce humaine.

1992
Convention internationale sur la diversité biologique
2e Sommet de la Terre (Rio de Janeiro)

1994
Convention des Nations unies sur la lutte contre la désertification

1997
Adoption du protocole de Kyoto

2000

2001
Signature de la Convention de Stockholm sur les polluants organiques persistants

2002
3e Sommet de la Terre (Johannesburg)

2005
16 février : entrée en vigueur du protocole de Kyoto

2006
Publication du rapport Stern

2009
Sommet de Copenhague

PRENDRE **POSITION** (CD 2)

Les questions portent sur le contenu des pages 15 et 46 à 57.

1. Le GIEC estime que, d'ici 2100, la température moyenne aura grimpé de 4 °C et qu'il faudrait idéalement maintenir cette hausse à moins de 2 °C. Pour y parvenir, il faudrait réduire les GES de 25 % à 40 % d'ici 2020 par rapport aux niveaux d'émissions de 1990. Compte tenu de cette situation, devrait-on revenir en arrière et obliger les pays à appliquer intégralement le protocole de Kyoto ? Justifiez votre position.
2. Le GIEC est-il un organisme crédible et neutre ou s'agit-il d'un organisme de lobbying pour les groupes environnementaux ? Pourquoi ?
3. Selon vous, pourquoi le protocole de Montréal signé en 1987 pour protéger la couche d'ozone fut-il un succès ?
4. Réunis à Copenhague en décembre 2009, les représentants de 193 pays ont essayé d'établir les bases d'une entente pour remplacer le protocole de Kyoto. Malgré tous les espoirs suscités par cette rencontre, le Sommet s'est soldé par une entente peu contraignante de réduction des émissions de GES. Selon vous, pourquoi les pays hésitent-ils à s'engager et à définir des cibles claires et chiffrées ?
5. Certains observateurs soutiennent qu'il serait plus facile et plus efficace d'agir localement à l'aide de lois et de règlements sévères plutôt que de tenter de conclure des accords avec un grand nombre de pays. Croyez-vous que des ententes mondiales sont nécessaires ? Pourquoi ?

44

DÉBATTRE DE L'ENJEU : ACTIVITÉ

Composante de la CD 2

Des normes par qui ? pour qui ?

« Les taxes, droits et redevances, les systèmes de permis négociables et les systèmes de consigne sont des exemples d'instruments économiques utilisés dans la politique de l'environnement. Ces instruments, qui sont de plus en plus utilisés, peuvent constituer pour les entreprises et les ménages des incitations économiques à modifier leur comportement dans un sens plus respectueux de l'environnement, et à élaborer de nouvelles technologies moins polluantes. »

Source : OCDE, *Les taxes environnementales, les permis négociables, etc.* [en ligne]. (Consulté le 22 janvier 2010.)

Choisissez un des trois thèmes suivants inspirés du texte de l'OCDE. Puis, participez à un débat portant sur ce thème ou rédigez un texte argumentatif d'une page.

Pour vous aider à préparer vos arguments, faites une recherche sur Internet ou à la bibliothèque sur les différents moyens qu'utilisent les gouvernements pour inciter les citoyens et les entreprises à moins polluer. Consultez également des éditoriaux et des reportages sur ce sujet.

1. Selon l'OCDE, les taxes et les droits et redevances incitent les individus et les entreprises à moins polluer. Selon vous, ces incitatifs sont-ils efficaces ?
2. Croyez-vous, tout comme l'OCDE, que les citoyens et les entreprises ont le même niveau de responsabilités quant aux problèmes environnementaux ?
3. Est-ce la responsabilité des gouvernements d'inciter les individus à moins polluer ou est-ce une responsabilité individuelle ?

PAS QUE DES ÉCHECS

Malgré la déception causée par ces échecs successifs dans la lutte contre les changements climatiques, d'autres initiatives internationales ont parfois porté des fruits, comme en témoigne l'exemple du protocole de Montréal. Signée en 1987 par 24 pays sous l'égide des Nations unies, après de difficiles négociations entre les pays riches et les pays en développement, cette entente visait à préserver la couche d'ozone menacée par la production et l'utilisation de CFC et des HCFC (chlorofluorocarbures et hydrochlorofluorocarbones).

45

44 Afin de réduire les émissions de GES, Montréal lançait, en 2009, un projet novateur en matière de développement durable : les vélos en libre-service BIXI. Cette initiative québécoise a fait son chemin et, déjà en 2010, la mise en place de vélos BIXI était prévue notamment à Boston et Minneapolis (États-Unis), à Londres (Royaume-Uni) et à Melbourne (Australie).

45 En 2003, la ville de Londres (Royaume-Uni) instaurait le péage urbain afin de réduire la circulation dans le centre-ville. Ne nécessitant aucun poste de péage, le système fonctionne à l'aide de caméras et seuls le marquage au sol et des pancartes indiquent l'entrée dans les zones visées. Depuis, d'autres villes ont emboîté le pas, dont Oslo (Norvège) et Stockholm (Suède).

Le protocole de Montréal a par la suite été ratifié par plus de 190 pays. Résultat : ces produits sont maintenant bannis à l'échelle internationale et les scientifiques croient que la couche d'ozone pourrait redevenir ce qu'elle était avant 1980, entre 2060 et 2075.

AGIR LOCALEMENT ?

Les pays arriveront-ils un jour à mettre sur pied une stratégie commune pour ralentir les changements climatiques ? La gouvernance mondiale représente-t-elle une approche réaliste en matière de gestion de l'environnement ? Le demi-échec de Copenhague a mis une fois de plus en lumière la difficulté de parvenir à une entente internationale. Des idées, comme la création d'une Organisation mondiale de l'environnement (OME), ont d'ailleurs été rejetées. Faut-il plutôt, comme le soutiennent certains analystes, se tourner vers des ententes régionales entre quelques pays et privilégier les actions locales ? L'entente internationale est-elle possible ? Est-elle nécessaire pour ralentir le réchauffement climatique ? Serait-il plus réaliste d'agir localement ? Le débat reste ouvert.

ZOOM

Le carbone sur les marchés boursiers

Prévoyant que tous les pays ne réussiraient pas à atteindre leurs objectifs de réduction de gaz à effet de serre, les signataires du protocole de Kyoto ont tenté de s'entendre sur un système d'échanges de droits d'émission de dioxyde de carbone (CO_2) – le plus courant des GES. Même si tous les pays ne se sont pas ralliés à cette idée, ces négociations ont tout de même permis de développer une solution économique originale : le marché du carbone. Le principe est simple : les entreprises qui ne respectent pas les normes de réduction de GES qui leur sont imposées ont la possibilité d'acheter des permis d'émission de CO_2 – appelés par certains *permis de polluer*. Ces permis s'obtiennent dans des institutions officielles qu'on appelle *bourses du carbone*. On retrouve maintenant des bourses du carbone dans différentes villes du monde, notamment à Montréal, qui a inauguré la sienne en 2006.

VEILLE MÉDIATIQUE

A 10 LA PRESSE MONTRÉAL MERCREDI 23 JANVIER 2008

ACTUALITÉS

MÉDIAS

La couverture environnementale explose depuis 2003

TRISTAN PÉLOQUIN

La couverture des thèmes environnementaux a carrément explosé ces cinq dernières années dans les médias québécois. Les télés, radios, sites web et médias écrits leur accordent aujourd'hui près de 1700% plus d'espace qu'en 2003, révèle une étude d'Influence Communication fournie à *La Presse*.

Signe des temps, la couverture des thèmes liés aux communautés culturelles a aussi cru d'un impressionnant 1142% entre 2003 et 2007. Cette croissance est étroitement liée à la «crise des accommodements raisonnables» et aux travaux de la commission Bouchard-Taylor.

«En revanche, l'espace médiatique accordé à tout ce qui touche au tissu social – le chômage, la pauvreté et la gauche politique – a nettement reculé», note Jean-François Dumas, président d'Influence Communication. Le thème de la souveraineté en prend aussi pour son grade, affichant un recul de 80% et ce, même si le Parti québécois continue d'occuper davantage d'espace médiatique que l'ADQ, constate la firme de veille médiatique.

L'explosion de la couverture environnementale témoigne, selon Steven Guilbault, porte-parole d'Équiterre, d'un consensus généralisé au Québec autour de la question. «Il y a quelques années, la vague environnementaliste était portée par une certaine élite jeune et éduquée et à gauche. Aujourd'hui, c'est une préoccupation partagée par tous – vieux, jeunes, riches, travailleurs et gens d'affaires. Même les institutions reconnaissent le problème. Au Québec, ce n'est plus du tout un enjeu opposant la gauche et la droite, comme ce l'est ailleurs au Canada anglais», commente-t-il.

Selon Jean-François Dumas, il ne serait pas étonnant que l'espace accordé à l'environnement s'effrite dans les années à venir. Une prédiction que partage André A. Lafrance, professeur de communications à l'Université de Montréal. «Les sujets prennent de la place dans les médias pourvu qu'ils puissent être concrétisés par des histoires réelles. Il fut un temps où tout était la faute du communisme. Les incidents dénichés par les journalistes étaient interprétés en fonction de cela. Je ne serais pas surpris que la nouvelle mode, si la crise financière dont on parle beaucoup ces temps-ci prenait de l'ampleur, tournerait autour de la faillite des grandes institutions et des faiblesses de l'architecture financière de nos pays.»

Influence Communication a colligé, analysé et pondéré le contenu de 9,9 millions de nouvelles publiées ou diffusées de 2003 à 2007 dans les médias imprimés, à la radio (excluant les stations musicales), à la télévision et sur 128 sites web pour tirer ses conclusions.

« En revanche, l'espace médiatique accordé à tout ce qui touche au tissu social – le chômage, la pauvreté et la gauche politique – a nettement reculé.»

L'environnement fait la manchette

En analysant le contenu des médias sur plusieurs années, il est possible de constater quels sont les sujets les plus traités dans l'actualité, ce qui en dit long sur l'intérêt collectif pour un thème particulier.

Depuis le début des années 2000, les Québécois sont beaucoup plus sensibles aux grands enjeux environnementaux comme le réchauffement climatique, et ils sont friands de reportages sur les sujets environnementaux. Par conséquent, la couverture médiatique des sujets liés à l'environnement a beaucoup augmenté pendant plusieurs années. Par contre, dans son rapport intitulé *L'état de la nouvelle: bilan 2009* publié en ligne, l'organisme Influence Communication observe depuis 2008 une baisse importante du «poids média» du thème de l'environnement au Québec, c'est-à-dire l'espace occupé par ce thème dans les médias québécois. Phénomène passager ou tendance irréversible? Les Québécois continuent-ils de s'intéresser aux problèmes environnementaux?

Le même éditorial dans 56 journaux

Le 7 décembre 2009, jour de l'ouverture du Sommet des Nations unies sur le changement climatique de Copenhague, 56 quotidiens dans 45 pays et 20 langues publient le même éditorial demandant aux dirigeants de la planète de faire les bons choix pour mettre fin au réchauffement climatique.

L'idée de publier un éditorial unique est une initiative du quotidien anglais *The Guardian*. Les journaux qui publient l'éditorial proviennent des cinq continents. *The Guardian* a toutefois essuyé plusieurs refus. Un seul journal américain, *The Miami Herald*, accepte de publier l'article. Au Canada, seul le quotidien *The Toronto Star* participe.

TORONTO STAR

FLURRIES, HIGH 2C (WEATHER MAP S10) • MONDAY, DECEMBER 7, 2009

Star joins global climate crusade

ONE WORLD, ONE VOICE As the Copenhagen summit kicks off today, 56 newspapers in 45 countries have united to demand action. The world must kick its carbon habit and we'll have to change our lifestyle. The transformation will require a historic feat of engineering and innovation. Our survival depends on it

Des citoyens déjouent la censure ▼

En Chine, le gouvernement exerce un contrôle sur l'information publiée dans les médias. Mais à l'heure d'Internet, malgré le blocage de nombreux sites, les citoyens parviennent à unir leurs voix pour des causes communes en relayant eux-mêmes l'information sur le Web.

Le 23 novembre 2009, plusieurs centaines de citoyens se rassemblent dans les rues de Guangzhou (Canton), dans le sud du pays, pour manifester contre la construction d'une usine d'incinération de déchets potentiellement dangereuse pour la santé des habitants. La mobilisation s'est faite sur des réseaux sociaux sur Internet, normalement bloqués par le gouvernement, mais accessibles en contournant le pare-feu qui filtre le Web.

Malgré la censure, des vidéos de l'événement captées par des citoyens à l'aide de téléphones cellulaires sont publiées le jour même sur le Web et repris par des médias traditionnels.

L'OBSERVATOIRE **MÉDIAS**

CONSIDÉRER LE **TRAITEMENT MÉDIATIQUE**

Composante de la CD 2

1. De plus en plus de groupes de citoyens, comme ces résidents de Canton en Chine, utilisent les réseaux sociaux du Web pour diffuser des images et des informations. Dressez une liste des avantages et des risques de l'utilisation de ces réseaux pour la qualité et la liberté d'information. Ces réseaux peuvent-ils remplacer les médias traditionnels ? Pourquoi ?

2. Selon les statistiques, moins de 1 % de la couverture médiatique québécoise est consacrée aux problèmes environnementaux. Cette proportion vous semble-t-elle acceptable, trop élevée ou trop faible ? Pourquoi ?

SYNTHÈSE DU DOSSIER ENVIRONNEMENT

Interprétation: La gestion de l'environnement

Une consommation galopante

Bientôt les ressources de la Terre ne suffiront plus à soutenir la croissance de la population mondiale (6,77 milliards en 2009 – 9,1 milliards en 2050).

La surconsommation de biens et d'énergie, particulièrement dans les pays industrialisés, entraîne d'importantes conséquences environnementales :

- dégradation et pollution des écosystèmes ;
- épuisement des ressources naturelles ;
- concentration de GES dans l'atmosphère et réchauffement climatique ;
- déforestation et désertification ;
- raréfaction des ressources en eau potable.

La croissance économique des pays émergents aggrave les problèmes déjà causés par les pays riches. La Chine est aujourd'hui le plus gros pollueur de la planète.

Qu'est-ce que la gestion de l'environnement ?

C'est l'ensemble des mesures qui doivent être mises en œuvre par les acteurs sociaux pour assurer la viabilité à long terme des écosystèmes. Les actions doivent être individuelles et collectives et elles doivent être menées sur les scènes locale, nationale et internationale.

C'est à partir des années 1970 que les États commencent à investir de l'argent dans la gestion de l'environnement, notamment par la création des premiers ministères de l'Environnement. Aujourd'hui, les problèmes demeurent multiples et les États sont accusés de ne pas en faire assez. Au Canada, la gestion environnementale accuse du retard, tandis que les États-Unis amorcent un nouveau virage vert, en misant en particulier sur l'efficacité énergétique. L'Union européenne représente quant à elle un modèle : elle respecte le protocole de Kyoto et va plus loin sur le plan des actions, des investissements et des méthodes.

L'économie et l'environnement : un combat ?

La gestion de l'environnement se heurte à de nombreux intérêts divergents. La protection des ressources et l'élaboration de nouveaux modes de consommation entraînent des coûts importants, ce qui suscite beaucoup de résistance. Dans de nombreux pays, les pressions exercées par les lobbys agricoles et industriels sur les gouvernements sont énormes, et ceux-ci tardent à respecter les ententes internationales et à appliquer les mesures environnementales.

Pourtant, des études sérieuses ont clairement démontré le coût de l'inaction : si rien n'est fait, toute l'économie mondiale sera affectée par les conséquences des changements climatiques.

Qu'est-ce que le développement durable ?

Concept favorisant le développement économique et social ainsi que la protection de l'environnement à long terme, le développement durable repose sur trois principes :

- maintenir l'intégrité de l'environnement ;
- assurer l'équité sociale ;
- viser l'efficience économique.

Réduire son empreinte écologique

L'empreinte écologique représente la surface de terre (mesurée en hectares globaux) biologiquement nécessaire pour répondre aux besoins d'une population humaine donnée.

Tous les chiffres l'indiquent : si les habitants des pays industrialisés ne modifient pas leurs habitudes de consommation et ne diminuent pas leur empreinte écologique, l'humanité se dirige vers une impasse.

Enjeu 1 : L'utilisation et la consommation des ressources

Quels choix énergétiques devrons-nous faire ?

La consommation énergétique mondiale augmente continuellement, ce qui contribue en outre au réchauffement climatique.

Au banc des accusés : le pétrole et le charbon, deux formes d'énergies polluantes et non renouvelables. Les décideurs doivent désormais se tourner vers de nouvelles formes d'énergie. Mais la résistance au changement est forte et réelle : les gouvernements sont soumis à de nombreuses pressions, notamment de la part des lobbys du pétrole et du charbon.

Énergies non renouvelables

Les pays sont étroitement dépendants du pétrole, une ressource épuisable, très polluante et de plus en plus coûteuse. Réduire cette dépendance implique des choix individuels et collectifs.

Énergies renouvelables

Présentés au départ comme une source d'énergie renouvelable et écologique, les biocarburants ne constituent pas une solution viable, en raison de leurs désastreuses conséquences environnementales et économiques.

L'hydroélectricité est une source d'énergie beaucoup plus propre que l'électricité produite à partir du charbon, même si elle suscite certaines controverses.

Énergies inépuisables

Sans émission de GES ni rejet toxique, les énergies éolienne et solaire constituent des solutions les plus écologiques, mais leur utilisation demeure encore très marginale.

L'augmentation de la population et de la consommation menace-t-elle la planète ?

La surpopulation soulève des problèmes de gestion environnementale, notamment dans les villes. La surconsommation est aussi problématique. Que faire ? Limiter la croissance démographique ou freiner la consommation ?

Enjeu 2 : L'harmonisation des normes environnementales

À qui revient la responsabilité ?

Devant l'accablant bilan environnemental de la planète et les immenses défis à relever, une question se pose : Tous les acteurs sont-ils également responsables ?

À l'échelle individuelle, des gestes comme le recyclage sont importants, mais sont-ils suffisants ?

Étant soumis aux pressions liées à la mondialisation et aux délocalisations, les gouvernements doivent trouver des solutions pour concilier développement économique et gestion de l'environnement.

Les entreprises doivent aussi agir, en appliquant les règles du développement durable.

Le pouvoir des États de gérer l'environnement est parfois affaibli par des ententes commerciales conclues avec d'autres pays. À l'inverse, ces ententes peuvent aussi contraindre certains pays à rehausser leurs règles environnementales.

Les pays pauvres hésitent à payer pour des problèmes environnementaux historiquement attribuables aux pays riches.

Les solutions mondiales sont-elles possibles ?

À problème global, solution globale : Tous les pays sont concernés par les problèmes environnementaux. C'est pourquoi les Nations unies tentent depuis plusieurs années de développer une stratégie mondiale de lutte contre les changements climatiques.

Malgré certains succès dans le passé, les ententes et protocoles internationaux ne sont pas respectés par tous. Le Sommet de Copenhague, en 2009, s'est quant à lui soldé par un demi-échec : la conclusion d'une entente non contraignante.

Devant la difficulté d'obtenir un consensus mondial, ne faudrait-il pas plutôt miser sur l'action locale ?

MINI-DOSSIER

Le contrôle de l'eau

Environ un milliard de personnes dans le monde n'ont pas pleinement accès à l'eau potable. Dans certains pays, l'eau est une denrée rare. Qui devrait contrôler cette ressource naturelle unique qu'on nomme déjà *l'or bleu*?

En 2003, le village de Natwarghad, situé dans l'État indien occidental du Gujarat, connaît l'une de ses pires sécheresses. Un peu partout, les puits et les étangs sont asséchés. Alors que la température grimpe au-dessus des 44 °C, les villageois doivent se rendre jusqu'à cet immense puits pour y puiser leur eau.

Des lacs qui s'assèchent, des mégapoles aux prises avec des problèmes d'approvisionnement en eau, des pays qui menacent des États voisins de les priver de leur accès à l'eau, des tensions qui divisent des États partageant l'eau de fleuves ou de rivières... Partout sur la planète, l'eau est devenue un enjeu crucial. Et cette ressource naturelle pourrait même se vendre à prix d'or dans les années à venir.

Dans ce mini-dossier, vous devrez chercher des informations, répondre à des questions, trouver des pistes d'action et comparer des points de vue afin de mieux saisir toutes les facettes de cet enjeu crucial qu'est le contrôle de l'eau.

Objectif du mini-dossier

Au terme de vos recherches et de vos réflexions, vous devrez présenter une synthèse des informations recueillies et prendre position sur l'enjeu de ce mini-dossier:

Qui devrait contrôler l'eau? Les entreprises? Les États? La communauté internationale? Les citoyens?

Réalisation des activités du mini-dossier

1. Amorcez votre réflexion sur le contrôle de l'eau en commentant la photo ci-contre.
2. Répondez aux questions portant sur les cinq thèmes aux pages 64 et 65. Pour vous aider, consultez les pistes de recherche à la page 66.
3. Présentez votre synthèse et votre position sur l'enjeu du mini-dossier en choisissant une des deux formes de présentation suggérées à la page 67.
4. Vous pouvez explorer des pistes de participation sociale en réalisant l'activité proposée à la page 67.

Essentielle à la vie, l'eau douce manque cruellement à près d'un milliard de personnes sur Terre. Des millions d'entre elles vivent dans des zones dites de *stress hydrique* et doivent marcher des kilomètres pour s'approvisionner en eau. Que vous inspire cette scène ? Selon vous, quelles sont les conséquences de cette pénurie d'eau sur la vie de ces villageois ?

Thèmes de recherche

Le contrôle

Environnement

Qu'est-ce qui menace et contamine les réserves d'eau potable dans le monde ? Quelles sont les régions les plus touchées ? Quelles seraient, selon vous, les mesures à prendre pour freiner ce problème ?

Population

L'accès à l'eau est-il un droit reconnu ? L'eau est-elle ou devrait-elle être gratuite ? Faut-il limiter sa consommation ? Justifiez chacune de vos réponses.

Richesse

L'eau est devenue une ressource convoitée que certaines entreprises voudraient commercialiser. La commercialisation de cette ressource devrait-elle relever de l'État ou de l'entreprise privée ?

de l'eau

Pouvoir

Un État a-t-il le pouvoir de priver un autre État de son accès à l'eau ? Doit-on obliger tous les États à partager leurs pouvoirs souverains sur les sources d'eau communes ? Donnez des exemples pour soutenir votre position. Complétez votre recherche en trouvant des informations portant sur le dossier de l'eau entre le Canada et les États-Unis.

Tensions et conflits

Démontrez comment et pourquoi le contrôle de l'eau peut mener à des conflits entre les pays. Recensez les régions où de tels conflits pourraient survenir ou sont déjà survenus et celles où des accords entre États ont déjà été conclus.

Pistes de recherche

Voici quelques pistes pour effectuer vos recherches afin de répondre aux questions des deux pages précédentes.

- **Mots-clés:** tapez les mots dans un moteur de recherche sur Internet pour trouver des informations pertinentes.
- **Organismes internationaux:** tapez le nom des organismes dans un moteur de recherche pour consulter leur site.

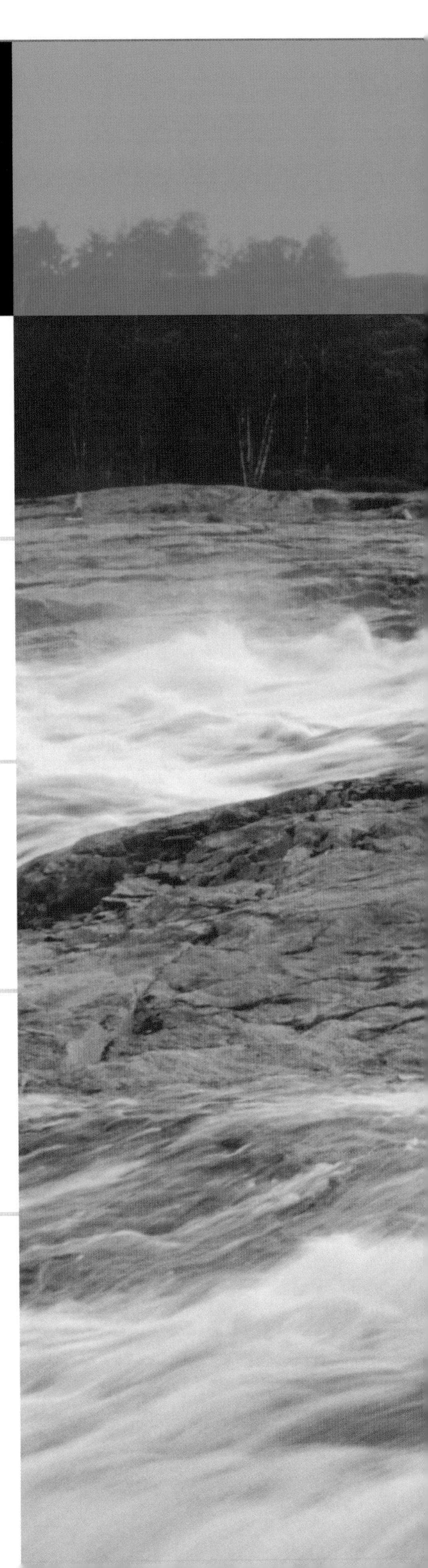

Environnement

- **Manuel:** pages 7 et 8.
- **Mots-clés:** eau potable, métaux lourds, nappe phréatique, pesticides, polluants, salinisation.
- **Organismes internationaux:** Conseil mondial de l'eau (WWC), Partenariat mondial pour l'eau (GWP), WaterAid.

Population

- **Manuel:** pages 94 à 100.
- **Mots-clés:** accès à l'eau, compteurs d'eau, consommation d'eau douce, eau bien commun de l'humanité, gratuité de l'eau, répartition de l'eau.
- **Organismes internationaux:** Conseil consultatif sur l'eau et l'assainissement du Secrétaire général de l'ONU, WWC, GWP.

Richesse

- **Manuel:** pages 190 à 192.
- **Documentaire:** *L'or bleu* de Damien de Pierpont.
- **Mots-clés:** contrôle de l'eau, distribution de l'eau, or bleu, prix de l'eau.
- **Organismes internationaux:** Programme alimentaire mondial, Organisation des Nations unies pour l'alimentation et l'agriculture (FAO).

Pouvoir

- **Manuel:** pages 242 et 243.
- **Mots-clés:** contrôle de l'eau, eaux transfrontalières, ONU et eau, partage de l'eau, partage des eaux du Nil, source d'eau commune.
- **Organisme international:** UN-Water (programme des Nations unies pour l'eau douce).

Tensions et conflits

- **Manuel:** pages 285 à 287.
- **Mots-clés:** conflits de l'eau, contrôle de l'eau, guerre de l'eau, pénurie, tensions liées à l'eau.
- **Organismes internationaux:** ONU, Haut-commissariat des Nations unies pour les réfugiés (UNHCR).

Présentation du mini-dossier

Choisissez une des deux formes de présentation suggérées pour présenter votre synthèse de recherche et répondre aux questions de l'enjeu du mini-dossier.

Vous pouvez également poursuivre votre réflexion en réalisant l'activité de participation sociale proposée.

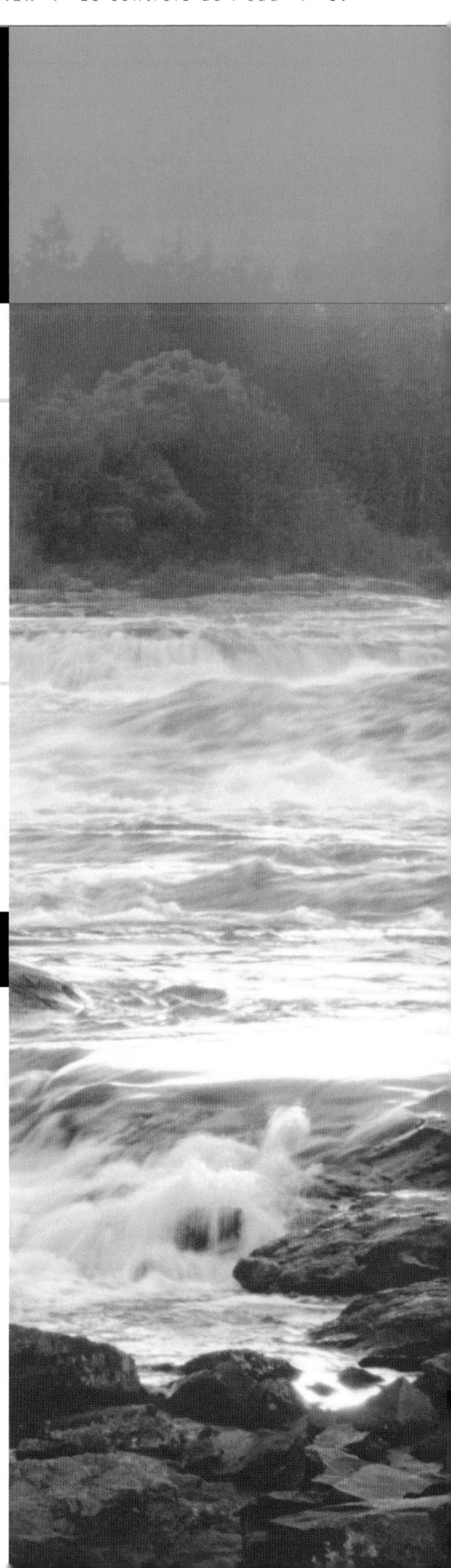

Enjeu : **Qui devrait contrôler l'eau ? Les entreprises ? Les États ? La communauté internationale ? Les citoyens ?**

Présentation électronique (PowerPoint)

- Résumez ou schématisez les informations recueillies pour chacun des cinq thèmes puis réalisez un montage afin de présenter les résultats de vos recherches.
- Illustrez chaque facette du problème à l'aide d'une image, d'une photo ou d'une caricature qui, selon vous, représente le mieux la situation. Rédigez une légende pour chaque élément visuel.
- Terminez votre présentation en exprimant votre position sur l'enjeu.

Production écrite

- Répondez à la question que soulève l'enjeu de ce mini-dossier en rédigeant un texte argumentatif d'environ trois pages.
- Justifiez votre position à l'aide des exemples et des informations recueillis au fil de votre recherche.

ENVISAGER UNE OCCASION DE PARTICIPATION SOCIALE

Composante de la CD 2

Création d'une publicité

- Trouvez des gestes concrets qui favorisent une meilleure utilisation de l'eau.
- Créez une publicité visant à inciter les autres élèves à faire ces gestes et à les sensibiliser au développement durable. Cette publicité peut prendre la forme d'un message radio ou d'une affiche.

DE L'UNHCR : 42 MILLIONS DE RÉFUGIÉS DANS LE MONDE :: enjeux :: LE PASSEPORT BIOMÉTRIQUE AU CANADA DÈS 2011 :: enjeux ::

DOSSIER 2

SOMMAIRE

ɔIM, ON COMPTE 200 MILLIONS DE MIGRANTS DANS LE MONDE :: enjeux :: QUÉBEC : 34 ORDRES PROFESSIONNELS EN PROIE À U

Des réfugiés fuient vers la République démocratique du Congo pour échapper aux violences de la guerre civile du Rwanda.

CONCEPTS

INTERPRÉTATION

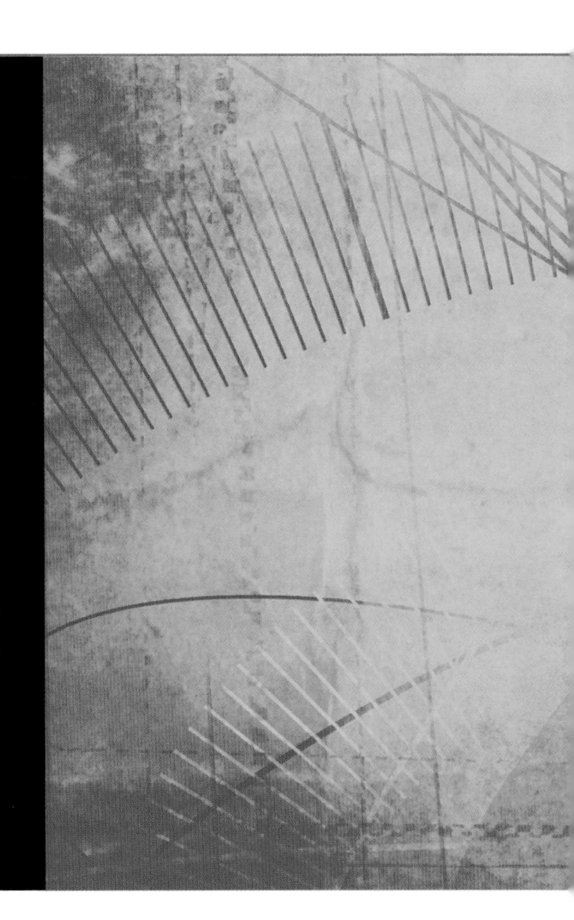

L'intensification des mouvements migratoires

par Bianca Joubert

Des milliers d'ouvriers polonais ou hongrois qui circulent entre la France, la Belgique ou l'Allemagne grâce aux frontières ouvertes de l'Union européenne. Plus de 4500 saisonniers mexicains qui viennent au Québec chaque année travailler dans les champs. Au total : 42 millions de personnes qui fuient les catastrophes climatiques ou la violence et s'entassent pour la plupart dans des camps de réfugiés. Des centaines de milliers de paysans indiens ou chinois qui quittent leur village pour aller tenter leur chance, souvent en vain, dans une mégalopole comme Mumbay ou Chongqing. De plus en plus d'Africains qui risquent chaque année leur vie en mer pour atteindre les rives européennes…

Si l'immigration existe depuis fort longtemps, ces scènes aujourd'hui courantes démontrent l'intensification des mouvements migratoires à l'échelle mondiale au cours des dernières années. Parfois au péril de leur vie, les populations se déplacent, volontairement ou non, le plus souvent pour améliorer leur sort. Ces mouvements de population façonnent le monde contemporain et entraînent des changements profonds au sein des sociétés, appelées à relever de nouveaux défis d'intégration. Ces défis les amènent à se pencher sur des enjeux très importants tels la gestion de l'expansion urbaine et la migration et le monde du travail.

Un accroissement accéléré des déplacements

Les migrations humaines ont toujours été au cœur de l'histoire et elles ont permis le peuplement diversifié des continents. Ces dernières décennies, elles ont toutefois connu un développement fulgurant. Actuellement, environ 200 millions de personnes se trouvent à l'extérieur du pays où elles sont nées, soit environ 3 % de la population mondiale. En 1965, ce

01

chiffre était de 75 millions, soit quelque 2 % de la population mondiale.

Si l'on formait aujourd'hui un pays avec tous les **migrants** du monde, il occuperait le cinquième rang des pays les plus peuplés, entre l'Indonésie et le Brésil ! Au cours des 10 dernières années, plus d'un million de personnes ont immigré chaque année en sol américain, alors qu'au Canada ce sont 247 243 nouveaux arrivants qui ont été accueillis en 2008, dont 45 264 au Québec seulement.

Non seulement l'immigration augmente-t-elle, mais les déplacements internationaux aussi. Depuis les années 1960, le transport aérien connaît une croissance supérieure à celle de l'économie mondiale. L'Organisation de l'aviation civile internationale (OACI) estime à plus de deux milliards le nombre de passagers transportés par avion annuellement. Chaque seconde, un avion décolle et un autre atterrit dans le monde ! Cet accroissement des déplacements et de l'immigration est attribué à la mondialisation et au perfectionnement de la technologie dans le monde des transports, des communications et de l'information.

LA MONDIALISATION DES MARCHÉS ET LE DÉVELOPPEMENT DES TECHNOLOGIES

Les changements récents dans le système économique mondial, comme la **libéralisation** croissante du commerce entre les pays, la multiplication des échanges commerciaux internationaux et l'implantation d'entreprises à l'étranger, ont favorisé les déplacements de personnes. Des regroupements comme l'Union européenne, dont l'objectif est la création d'un marché commun européen permettant la libre circulation des biens, des services, des personnes et des capitaux, ont également stimulé les échanges entre les pays.

Cette mondialisation des marchés a progressé parallèlement au développement sans précédent des nouvelles technologies dans le monde des transports, des communications et de l'information, des progrès techniques qui ont rendu les moyens de transport plus rapides et plus accessibles et multiplié les destinations. À partir du Québec, il est aujourd'hui possible d'atteindre en moins de 24 heures

01 Le poste-frontière entre San Diego, en Californie, et Tijuana, au Mexique, est le plus fréquenté du monde.

02 Le 1er janvier 1892, le gouvernement américain ouvre un centre d'immigration sur Ellis Island, dans la baie de New York, à moins d'un kilomètre de la statue de la Liberté. L'île devient la principale porte d'entrée des immigrants qui arrivent aux États-Unis jusqu'en 1954, année de la fermeture du centre.

CHIFFRES

La vie sans nationalité

Plus de 12 millions : c'est le nombre de personnes sans nationalité dans le monde. On les appelle des *apatrides*, car aucun État ne les reconnaît comme citoyens à part entière, ce qui les prive de nombreux droits fondamentaux.

Source : UNHCR, 2010.

un pays situé à l'autre bout de la planète, comme la Nouvelle-Zélande. En outre, l'avènement d'Internet, la croissance exponentielle des lignes téléphoniques et du nombre d'abonnements au téléphone cellulaire depuis le milieu des années 1990 ont permis aux individus de communiquer beaucoup plus facilement et d'être continuellement informés de ce qui se passe aux quatre coins du monde.

La migration

La migration humaine se définit comme le déplacement d'individus d'un lieu de vie vers un autre. Un déplacement qui peut se faire d'une région à une autre dans un même pays ou d'un pays à un autre. Depuis les débuts de l'humanité, la migration est intimement liée aux grands changements sociaux et économiques, aux transformations dans les modes de vie et à l'enrichissement culturel des populations.

AU FIL DES SIÈCLES

Les déplacements des premiers humains à partir du continent africain, considéré comme le berceau de l'humanité, constitueraient selon plusieurs scientifiques les premières migrations et seraient à l'origine du peuplement des autres continents. Des grandes invasions de l'Antiquité et du Moyen Âge aux programmes migratoires instaurés par les pays occidentaux au lendemain de la Seconde Guerre mondiale, les parcours empruntés par les migrants ont bien changé au cours des siècles, tout comme les principales zones d'**émigration** et d'**immigration**.

03 Les pays comptant le plus grand nombre d'immigrants

Pays ou province	Nombre (2010) (en millions)	Proportion de la population (2005) (en %)	Proportion de la population (1960) (en %)
États-Unis	42,813	13,0	5,8
Russie	12,270	8,4	1,4
Allemagne	10,758	12,9	2,8
Arabie saoudite	7,289	26,8	1,6
Canada	7,202	19,5	15,4
Québec	**1,020**	**11,5**	**7,4**
France	6,685	10,6	7,7
Royaume-Uni	6,452	9,7	3,2
Espagne	6,378	10,7	0,7
Inde	5,436	0,5	2,1
Ukraine	5,258	11,5	—
Australie	4,712	21,3	16,5
Italie	4,463	5,2	0,9
Côte d'Ivoire	2,407	12,3	22,3
Afrique du Sud	1,863	7,6	7,8
Autres pays	88,939	1,8	—
Total	**213,945**	**3,0**	**2,6**

Sources : PNUD, *Rapport annuel sur le développement humain 2009*; Ministère de l'Immigration et des Communautés culturelles du Québec, *Population immigrée recensée au Québec et dans les régions en mai 2006, mai 2009.*
(Proportions de 1961 et de 2006 pour le Québec.)

FOCUS

Le melting-pot américain

L'expression *melting-pot* réfère au brassage culturel, à la fusion des populations qui résulte du mélange d'immigrants de provenances très diverses en sol américain. En effet, les États-Unis sont essentiellement une nation d'immigrants et restent la principale terre d'accueil des migrants dans le monde. De nombreuses vagues migratoires ont constitué au fil des siècles le peuplement de ce qui est devenu au 20e siècle la première puissance mondiale.

De 1840 à 1860, le pays connaît une première vague d'immigration massive de centaines de milliers d'Irlandais et d'Allemands. Entre 1870 et 1920, ce sont plus de 20 millions d'immigrants en provenance d'Europe qui arrivent aux États-Unis, en majorité des Italiens et des Juifs d'Europe centrale et orientale. L'année 1907 est la plus mouvementée de cette période, avec plus d'un million d'arrivées à Ellis Island. Durant la seule journée du 17 avril, 11 747 immigrants y sont accueillis !

La population d'ascendance latino-américaine, à forte prédominance mexicaine, représentait en 2009 14 % de la population américaine, soit 45 millions des 300 millions de personnes vivant aux États-Unis. L'espagnol est actuellement la seconde langue parlée sur le territoire américain.

La loterie de la diversité

Pour maintenir une diversité de nationalités parmi les immigrés, les États-Unis procèdent chaque année à une sorte de loterie qui permet à environ 50 000 « gagnants » du monde entier d'obtenir une carte de résident permanent, la fameuse « carte verte », et de s'installer légalement aux États-Unis.

La migration dans le monde du 15e au 20e siècle

15e siècle La traite des esclaves pendant les grandes explorations est responsable de la déportation de millions d'Africains aux Antilles, aux États-Unis et en Amérique latine.

16e et 17e siècles Des Européens émigrent vers les colonies afin de peupler de nouveaux territoires.

18e siècle Au Royaume-Uni, la révolution industrielle engendre un exode rural. Ce phénomène s'étend à l'ensemble de l'Europe.

19e siècle La misère et la famine en Europe, notamment en Irlande, provoquent de grands mouvements migratoires à destination des États-Unis et du Canada.

Première moitié du 20e siècle La Première Guerre mondiale (1914-1918), le génocide arménien (1915-1916), la Révolution russe (1917) et la Seconde Guerre mondiale (1939-1945) causent des déplacements massifs en Europe.

La crise économique de 1930 met un frein aux vagues d'émigration européenne vers l'Amérique du Nord.

Au lendemain de la Seconde Guerre mondiale, la reconstruction de l'Europe provoque une nouvelle vague de migration de travailleurs vers l'Europe occidentale.

1950-1975 L'immigration vers les États-Unis reprend tranquillement avant de connaître un boom en 1965 grâce à l'abolition des quotas basés sur la nationalité en vigueur depuis 1921.

La décolonisation en Asie, en Afrique et dans le monde arabe provoque des déplacements de masse : les populations d'origine européenne retournent vers la mère patrie et les populations locales vont tenter leur chance en Europe.

Après la défaite des États-Unis au Vietnam en 1975, près d'un million de Vietnamiens s'exilent pour fuir le régime communiste. Ils se dirigent d'abord vers des pays proches comme la Thaïlande, la Malaisie ou la Chine (Hong-Kong), avant de trouver refuge principalement au Canada, aux États-Unis et en Australie.

À partir de 1989 L'effondrement du système communiste donne lieu à une forte vague d'émigration à partir des pays de l'Est.

04 La guerre du Golfe (1990-1991) cause en quelques mois des mouvements de population de plusieurs millions de personnes. Ci-dessus, des milliers d'Égyptiens, pour la plupart des ouvriers, vivant en Irak sont chassés du pays. Ils se rendent dans le camp de réfugiés de Ruwaished, en Jordanie, près de la frontière irakienne.

LES GRANDS AXES DES FLUX MIGRATOIRES

Les principales zones d'émigration sont, de nos jours, situées dans les pays en développement, essentiellement dans l'hémisphère Sud. Cependant, les migrations sont loin de se faire exclusivement du Sud vers le Nord : les déplacements d'un pays du Sud vers un autre pays du Sud, d'un pays de l'Est vers un pays de l'Ouest ou à l'intérieur d'un même pays, souvent de la campagne vers la ville, sont extrêmement nombreux aujourd'hui.

Ces dernières années, on assiste à une diversification des pays d'émigration et des pays d'accueil. Les **flux migratoires** sont désormais plus éparpillés qu'ils ne l'étaient auparavant. Le cas de l'Allemagne illustre bien cette tendance. Dans les années 1970, 90 % de la population immigrée du pays était originaire de 5 pays. Aujourd'hui, cette population est originaire de 10 pays.

Même si pratiquement tous les États du monde sont hôtes d'une certaine forme de migration, les migrants internationaux se

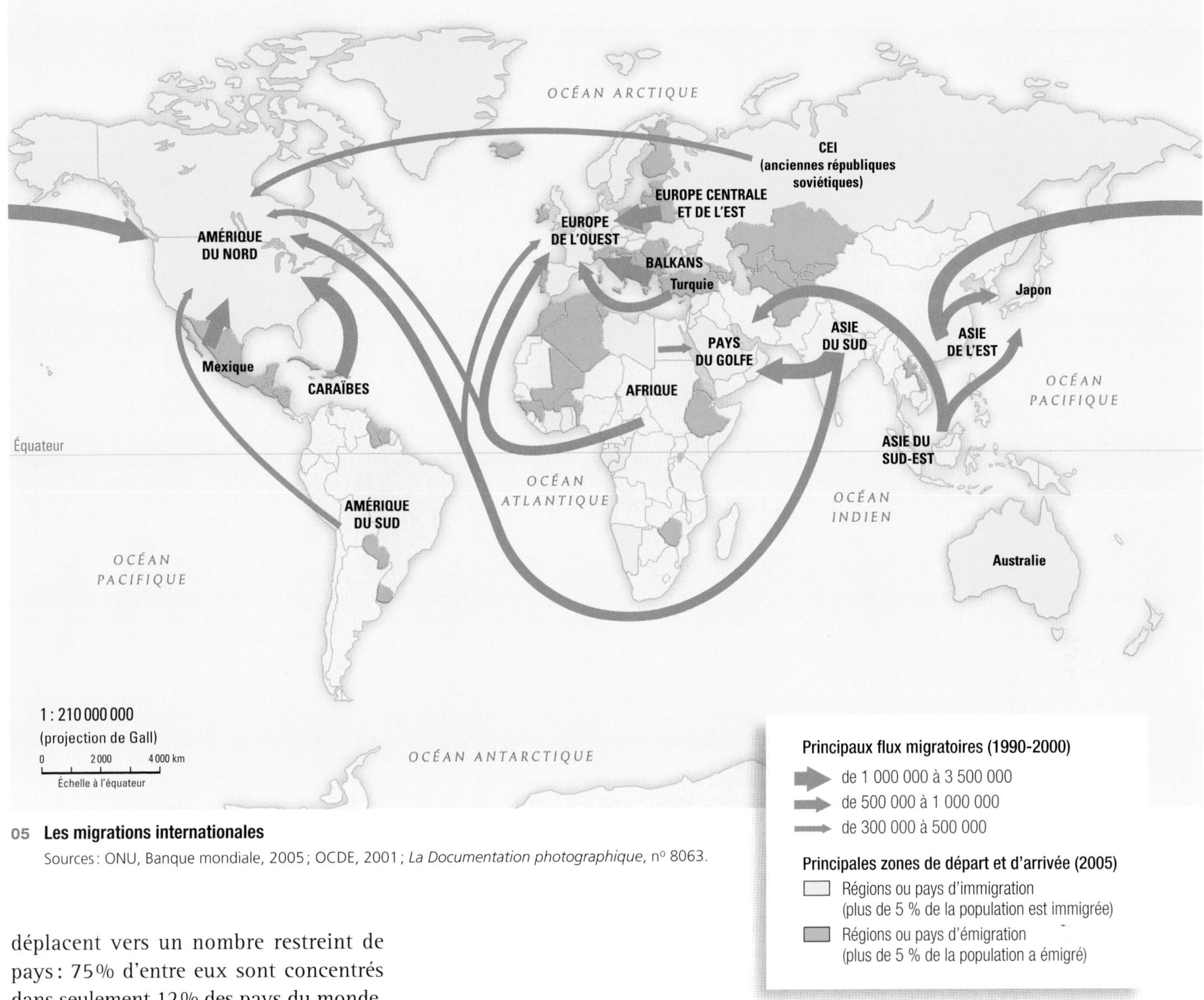

05 **Les migrations internationales**

Sources : ONU, Banque mondiale, 2005 ; OCDE, 2001 ; *La Documentation photographique*, n° 8063.

déplacent vers un nombre restreint de pays : 75 % d'entre eux sont concentrés dans seulement 12 % des pays du monde. Ces pays sont surtout des pays développés – ou industrialisés – avec, en tête de liste, les États-Unis, la Russie et l'Allemagne, les trois pays qui accueillent le plus d'immigrants. Le Mexique, l'Inde et la Chine sont, quant à eux, parmi les pays qui ont le plus fort taux d'émigration au monde.

En 2010, le Canada se situe au cinquième rang des pays comptant le plus grand nombre de migrants internationaux. Selon le recensement de 2006, 1 personne sur 5 (19,8 % de la population) est née à l'étranger, proportion qui a presque triplé au cours des 75 dernières années. Cette hausse s'explique par le nombre élevé d'immigrants admis au pays chaque année ainsi que par le faible taux de natalité. En comparaison, le pourcentage est de 12,5 % aux États-Unis.

06 **Où vont les migrants ?**

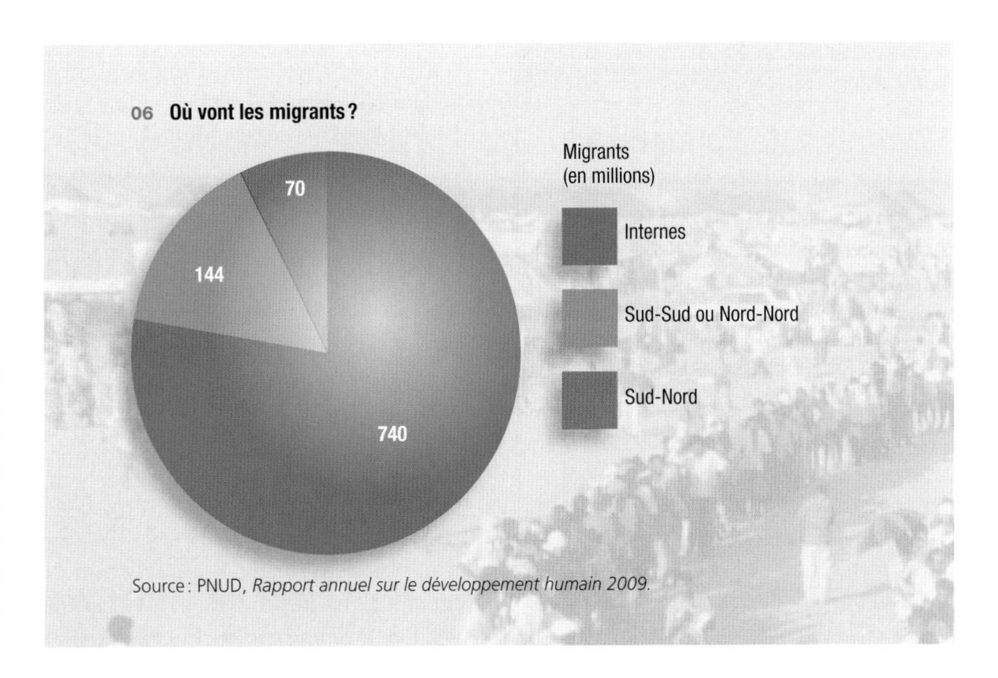

Source : PNUD, *Rapport annuel sur le développement humain 2009*.

07 À Montréal, depuis 1975, les membres des communautés culturelles haïtienne, latino-américaine et antillaise célèbrent en juillet la Carifiesta. Ce carnaval très coloré est un des nombreux reflets du **multiculturalisme** qui caractérise la métropole québécoise.

ZOOM

L'immigration à Montréal

Cosmopolite, Montréal regroupe plus de 120 communautés culturelles, dont les plus importantes sont les communautés italienne, portugaise et grecque. Au **recensement** de 2006, elle comptait 165 300 immigrants récents, le nombre le plus élevé en 25 ans. Dans la métropole québécoise, le pourcentage de personnes nées à l'étranger augmente plus rapidement que celui des personnes nées au Canada. La population montréalaise née à l'étranger s'est en effet accrue de 19 % entre 2001 et 2006, comparativement à 2,1 % chez les Montréalais nés au Canada.

L'IMMIGRATION AU QUÉBEC

Au début du 19e siècle, la ville de Québec, alors l'une des principales portes d'entrée de la province, reçoit un nombre croissant de migrants venant d'Irlande, d'Écosse et des îles Britanniques. Vers 1830, 30 000 personnes débarquent à Québec en moyenne chaque année. En 1847, ce sont 100 000 immigrants irlandais qui s'installent pour fuir la famine de la pomme de terre.

Au Québec, du début du 20e siècle jusqu'aux années 1960, les immigrants viennent surtout d'Europe. L'Italie, la Grèce et le Portugal sont les principaux pays d'origine des nouveaux arrivants de l'époque. Durant les années 1960 et 1970, les vagues d'immigration se diversifient et proviennent du Vietnam, d'Haïti et d'Amérique latine.

La diversification de l'immigration se poursuit dans les années 1980 et 1990, avec l'arrivée entre 1991 et 2001 de plus de 10 000 Roumains et quelque 24 000 Sud-Asiatiques, majoritairement des Indiens, des Pakistanais et des Sri Lankais. En 2008, les principaux pays de naissance des nouveaux arrivants au Québec sont la France, l'Algérie, le Maroc, la Chine et la Colombie.

Les normes et les politiques d'immigration

Franchir les frontières d'un pays pour y séjourner ou s'y installer implique de répondre aux exigences définies par le gouvernement de ce pays.

Jusqu'en 1962, afin de « préserver le caractère fondamental du pays », le Canada pratique une immigration dite de **discrimination** raciale qui limite le nombre d'immigrants non issus de l'Europe occidentale ou des États-Unis. Le 1er février 1962, le Canada devient le premier des trois plus grands pays d'accueil – avec les États-Unis et l'Australie – à abandonner sa politique d'immigration discriminatoire.

En 1966, 87 % des immigrants du Canada sont d'origine européenne. Quatre ans plus tard, en 1970, 50 % viennent de régions autres que le continent européen : Hong-Kong, Inde, Philippines, Haïti. Les années 1970 et 1980 voient se multiplier le nombre de nouveaux arrivants originaires d'Amérique latine, d'Afrique, d'Asie et des Antilles, ce qui change définitivement les composantes du **tissu social** canadien, en particulier dans les régions de Toronto, de Montréal et de Vancouver.

Les premières migrations en provenance du Liban remontent à 1882, mais la plus grande affluence a lieu durant la guerre civile libanaise, entre 1975 et 1990, grâce à un programme spécial qui favorise la venue des Libanais au Canada. En 2009, le Canada compte quelque 144 000 Libano-Canadiens, dont près de 50 000 au Québec. Montréal accueille la plus grande communauté libanaise du Canada, avec 44 000 personnes.

En 2009, les nouveaux arrivants au Canada viennent en majorité du continent asiatique.

L'IMMIGRATION SÉLECTIVE

Si les politiques d'immigration basées sur la discrimination raciale ont disparu, l'intensification des mouvements migratoires du monde contemporain a conduit de plus en plus de pays à pratiquer une immigration sélective. C'est le cas du Canada, de la France et de l'Australie. Les candidats à l'immigration sont ainsi préalablement sélectionnés dans leur pays d'origine. En plus de devoir répondre à des critères prédéfinis, ils doivent notamment se soumettre à des tests médicaux et investir temps et argent. Dans certains cas, tout le processus peut prendre plusieurs années.

La France a récemment changé les conditions d'entrée et de séjour des étrangers au pays. En juin 2006, elle a adopté une loi d'immigration dite « choisie », élaborée par le ministère de l'Intérieur. Cette loi

INTERPRÉTER LE PROBLÈME (CD 1)

Les questions portent sur le contenu des pages 70 à 80.

1. Énumérez les principaux facteurs qui ont provoqué l'accroissement des déplacements de population et de l'immigration dans le monde.
2. Quels sont les cinq pays qui accueillent le plus grand nombre d'immigrants ?
3. Expliquez ce qu'est la loterie de la diversité aux États-Unis.
4. Il existe quatre grands axes de flux migratoires, dont l'axe des migrations du Sud vers le Nord. Nommez les trois autres axes.
5. Le Canada pratique une politique d'immigration sélective. Expliquez en quoi consiste cette politique.
6. Quelles sont les conséquences de l'immigration sélective pour les candidats à l'immigration ?
7. Énumérez les facteurs qui contribuent à l'augmentation de l'immigration clandestine.

CERNER LE PROBLÈME : ACTIVITÉ

Composante de la CD 1

Je vais en Amérique !

Outils de référence : votre manuel *Enjeux* et Internet.

Vous êtes ressortissant ou ressortissante tchétchène en exil en Russie. Vous avez 30 ans, vous avez un conjoint ou une conjointe ainsi qu'un enfant de 5 ans. Vous êtes titulaire d'un diplôme universitaire en génie hydraulique. Vous parlez le tchétchène, le russe et le français, mais vous ne parlez pas l'anglais. Vous voulez fuir votre pays d'origine en raison des conflits qui ont éclaté. Vous souhaitez migrer en Amérique du Nord, mais vous hésitez entre le Canada et les États-Unis. Vous consultez un spécialiste en immigration, qui vous conseille de préparer un dossier pour chaque pays.

1. Faites une recherche (dans votre manuel *Enjeux* et sur Internet) pour trouver les critères de sélection des candidats à l'immigration en vigueur dans chaque pays.
2. Faites un tableau comparatif des critères de sélection.
3. En fonction de votre profil, expliquez lequel des deux pays d'accueil sera le plus favorable à votre demande.

favorise davantage une immigration économique et vise des candidats hautement qualifiés, plutôt qu'une immigration de regroupement familial, qui permet à un individu séjournant sur le territoire français de faire venir son conjoint ou sa conjointe et ses enfants mineurs.

LES POLITIQUES CANADIENNE ET QUÉBÉCOISE D'IMMIGRATION

Selon la Constitution canadienne, l'immigration est un domaine de compétence partagé entre le gouvernement fédéral et les provinces. Sur le plan administratif, les immigrants sont regroupés en trois catégories : immigration économique, regroupement familial, **réfugiés** ou autre immigration humanitaire. Les conditions d'admission des deux dernières catégories relèvent du pouvoir fédéral et non des provinces.

Au Québec, la création d'un ministère de l'Immigration en 1968 et l'accord Canada-Québec de 1991 ont permis à la province d'établir ses propres critères de sélection pour répondre à ses exigences de « société distincte ». Cela implique entre autres la reconnaissance du fait que le français est la langue commune de la vie publique.

Un système de points

Depuis 1967, le Canada pratique une immigration sélective. En effet, les candidats à l'immigration qui ne font pas une demande pour un motif humanitaire doivent répondre à un certain nombre de critères évalués par un système de points qui donne une note sur 100.

Ces critères sont :

- les études ;
- les aptitudes en anglais et/ou en français ;
- l'expérience de travail ;
- l'âge ;
- la confirmation d'un emploi au Canada ;
- l'adaptabilité.

Le nombre de points requis est... 67. Les personnes les plus éduquées, les plus qualifiées et en âge de travailler obtiennent davantage de points.

Le gouvernement du Québec a aussi son système, mais le nombre de points qu'il attribue à chaque critère diffère. En effet, au Québec, les connaissances linguistiques, en particulier la connaissance du français, la formation et l'âge représentent les critères les plus importants.

UNE QUESTION DE SÉCURITÉ

Les attentats du 11 septembre 2001 ont aussi beaucoup contribué au changement des politiques d'immigration dans le monde, dorénavant orientées par la question de la sécurité. Les États-Unis ont invoqué la lutte contre le **terrorisme** pour

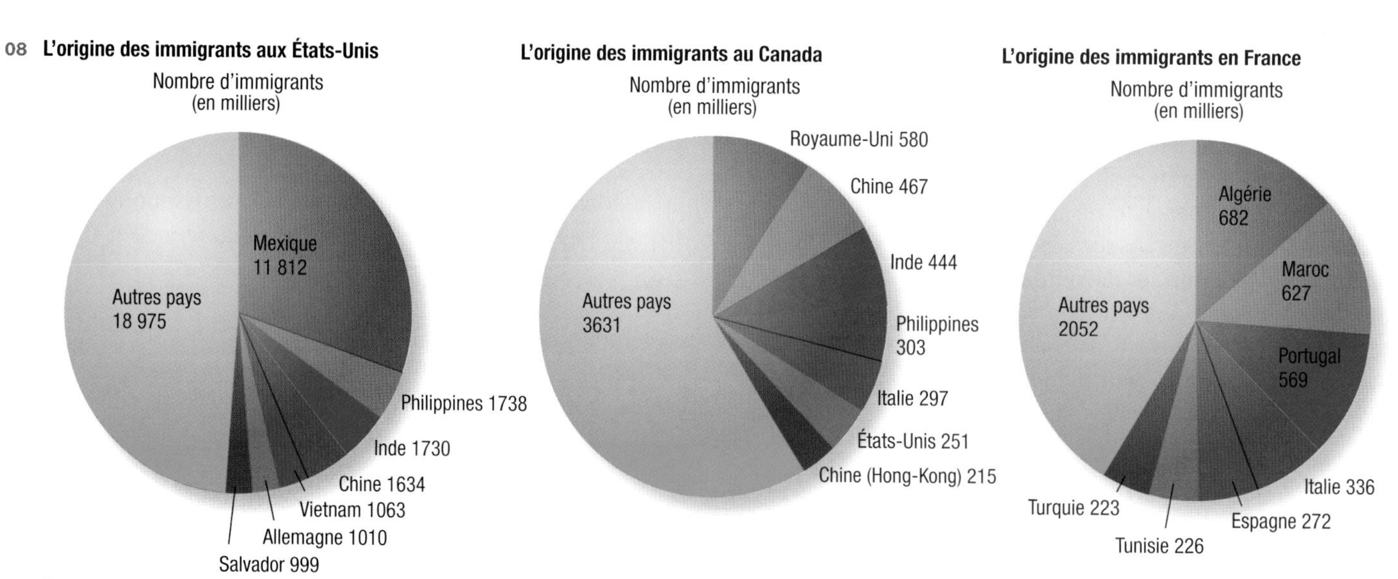

09

resserrer leurs conditions d'entrée au pays. En effet, pour entrer sur le territoire américain, les visiteurs étrangers doivent maintenant être munis soit d'un passeport biométrique, soit d'un visa. → *Voir l'encadré* Le passeport biométrique: la frontière en un clin d'œil, *p. 80.* Depuis le 12 janvier 2009, les ressortissants des 35 pays dispensés de visa, dont la France, la Suisse et le Japon, doivent faire une demande électronique d'autorisation de voyage 72 heures à l'avance. En outre, une nouvelle mesure est entrée en vigueur en juin 2009 pour les Canadiens, qui doivent désormais être munis d'un passeport pour traverser la frontière américaine. Enfin, un mur est en cours de construction à la frontière entre le Mexique et les États-Unis et est l'objet d'une surveillance constante.

L'immigration clandestine

La pauvreté et le manque de travail restent les principales raisons qui poussent les individus à quitter leur pays d'origine. Les pays riches sont très attrayants pour ceux qui tentent de fuir la misère et d'accéder à une vie meilleure. À cause du très grand nombre de migrants venant des pays du Sud, les pays du Nord cherchent à mettre en place des politiques d'immigration de plus en plus restrictives. Les critères d'immigration plus stricts et la pauvreté qui sévit dans plusieurs régions du globe peuvent contribuer à augmenter l'immigration clandestine. Dans certains cas, celle-ci constitue une main-d'œuvre bon marché dans les pays riches.

09 En 2006, afin de lutter contre l'immigration illégale venant du Mexique, les États-Unis entament la construction d'un mur le long de la frontière avec le Mexique. Le mur, fait de barres d'acier, est équipé des dernières technologies en matière de surveillance.

LES RÉSEAUX DE PASSEURS

Les migrants qui ne satisfont pas aux critères de sélection recourent de plus en plus à l'immigration illégale, par voie terrestre, aérienne ou maritime. Faute de pouvoir circuler ou demander l'asile par des voies légales, ces migrants utilisent de faux documents, des réseaux de passeurs, contournent les frontières ou les franchissent illégalement. Les conditions de voyage sont souvent très difficiles. Certains trouvent la mort avant même d'arriver à destination ou sont expulsés vers leur pays d'origine.

Bien que le nombre réel échappe aux statistiques conventionnelles, on estime que les États-Unis comptaient aux alentours de 12 millions d'immigrants illégaux en 2008 et l'Espagne, plus d'un million. Au Canada, de 200 000 à 500 000 **sans-papiers** se trouveraient sur le territoire.

Les causes de l'émigration

Migrer vers un avenir meilleur pour apprendre, travailler, fuir la persécution, la guerre, le chômage, la famine, une catastrophe naturelle... Les raisons qui poussent les populations à se déplacer, temporairement ou de façon permanente, sont nombreuses. On peut toutefois les classer en trois grandes catégories : économiques, politiques et climatiques.

LES CAUSES ÉCONOMIQUES

Les migrants économiques quittent leur lieu de vie par choix, dans l'espoir d'améliorer leurs conditions de vie, d'obtenir un meilleur travail, un meilleur revenu ou une stabilité d'emploi. Pour les migrants des pays pauvres dont le taux de chômage est très élevé, émigrer peut aussi être une question de survie. Ces migrations peuvent se faire à l'intérieur

PORTRAIT

Sir Clifford **Sifton** (1861-1929)

Avocat de formation, le Canadien sir Clifford Sifton se distingue comme politicien et homme d'affaires hors du commun. Procureur général du Manitoba de 1891 à 1896, Sifton est notamment responsable du dossier de l'éducation avant de faire le saut en politique fédérale. Ministre de l'Intérieur de 1896 à 1905, Sifton défend avec acharnement une vigoureuse politique d'immigration pour peupler les Prairies canadiennes de colons venus des États-Unis, d'Angleterre et d'Europe de l'Est. En facilitant l'accès à la terre aux nouveaux arrivants, Sifton a profondément contribué à l'essor de l'immigration canadienne ainsi qu'au développement économique de l'ouest du pays.

FOCUS

Le passeport biométrique : la frontière en un clin d'œil

La géométrie du visage, l'iris, le bout des doigts, voilà les nouveaux agents de contrôle aux frontières ! Ces caractéristiques physiques se stockent dans une puce intégrée au passeport. À l'aéroport, un appareil prend une photo de l'iris du voyageur, qui a passé auparavant son passeport sur un lecteur. Un ordinateur détermine si les données concordent.

On peut réduire à des algorithmes mathématiques les caractéristiques physiques répondant aux quatre critères suivants :

- perceptibilité ;
- universalité ;
- unicité ;
- inaltérabilité.

La caractéristique doit être mesurable, commune à tous les humains, mais différente d'un individu à l'autre, et rester la même tout au long de la vie.

L'Union européenne a rendu obligatoire la délivrance du passeport biométrique en 2009. Le Canada fera de même en 2011.

Le passeport biométrique rend la fraude difficile, accélère les contrôles et réduit l'attente des voyageurs. Des mesures ont été prises pour réduire à quelques centimètres la distance pour qu'un décodeur lise une puce. Et comme les pirates informatiques décryptent des algorithmes, on leur barre la route en combinant plusieurs caractéristiques biométriques.

même d'un pays, dans des pays voisins ou éloignés.

La proximité géographique joue un rôle évident dans les mouvements incessants entre le Mexique et les États-Unis, le couloir migratoire le plus fréquenté à l'échelle mondiale. Depuis la crise économique qui a frappé le Mexique dans les années 1980, un nombre important de Mexicains ont migré chez leurs voisins américains pour profiter des opportunités d'emplois.

Les liens coloniaux et la langue : les atouts de la migration économique

Pour les migrants économiques, les anciens liens coloniaux constituent souvent une raison déterminante dans le choix d'un pays d'accueil. Le Royaume-Uni est ainsi une destination fréquente pour les Indiens et les Pakistanais. Les Maghrébins et les Africains francophones se dirigent souvent quant à eux vers la France, alors que le Portugal compte une forte population immigrée issue de ses anciennes colonies, comme le Cap-Vert et l'Angola.

La langue est également un critère important. Ainsi, les francophones qui désirent venir travailler au Canada choisissent souvent le Québec. En 2005, 30 % des travailleurs migrants qualifiés au Québec venaient de l'Algérie, du Maroc ou de la Tunisie.

Migrer vers un pays moins pauvre ou à l'intérieur de son pays

S'ils ne peuvent migrer vers des pays forts économiquement, certains migrants choisissent d'aller dans des pays voisins moins pauvres que le leur. C'est le cas de plusieurs milliers d'Haïtiens, qui partent travailler en République dominicaine dans les champs de coton ou de canne à sucre et dans les hôtels. Pour les Boliviens, les Équatoriens ou les Colombiens, l'espoir d'une vie meilleure se trouve en Argentine ou au Venezuela.

Les migrants internes sont ceux qui se déplacent au sein de leur propre pays pour trouver du travail. La Chine et l'Inde connaissent à un niveau important ce type de migration, qui constitue un puissant facteur de développement. Dans les deux pays, les paysans se dirigent par millions vers les grandes villes pour trouver plus facilement du travail.

La libre circulation dans l'Union européenne

Des travailleurs polonais en Irlande et en Belgique, des informaticiens danois

ZOOM

Les sans-papiers

L'espoir d'un emploi pousse des millions de personnes à entrer illégalement dans un pays industrialisé. Sans carte d'identité ni assurance maladie, les sans-papiers travaillent surtout dans des maisons privées comme domestiques, dans des restaurants, des usines, sur des chantiers de construction et des fermes. Souvent exploités par leur patron, qui les paie moins que les autres employés, ils ne peuvent se plaindre aux autorités, car ils seraient emprisonnés puis expulsés. Les services d'immigration ont des escouades policières affectées exclusivement à la recherche de clandestins. Le Canada en expulse environ 8000 par an. Les États-Unis jugent qu'ils sont des criminels ; ils les emprisonnent, puis les rapatrient. L'Union européenne punit maintenant les employeurs des sans-papiers : fermeture de leur entreprise, amendes et sanctions pénales.

10 Les immigrants permanents au Canada selon la catégorie entre 1983 et 2007

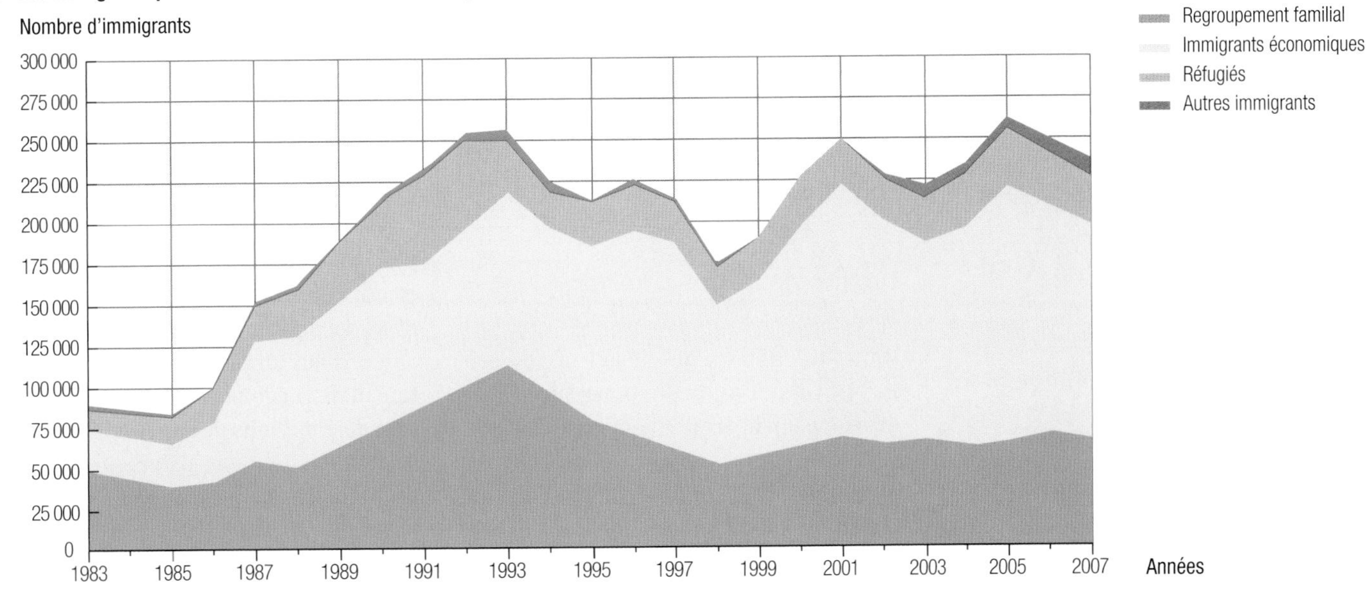

Source : Citoyenneté et Immigration Canada, *Faits et chiffres 2007 – Aperçu de l'immigration : Résidents permanents et temporaires* [en ligne]. (Consulté le 16 avril 2009.)

11 Le Salon de recrutement de Yichang, en Chine, en février 2009 : 300 entreprises offrent 12 000 emplois ; plus de 10 000 travailleurs migrants internes venant de tout le pays tentent de trouver du travail.

en Allemagne, des ouvriers roumains en France… Malgré quelques restrictions, la libre circulation des travailleurs entre les 27 États membres de l'Union européenne favorise les migrations économiques. En effet, tout citoyen d'un pays de l'Union a le droit de se rendre dans n'importe quel État membre pour y travailler sans être tenu de présenter un permis de travail.

L'exemple latino-américain : les migrations comme solution ?

Dans un rapport publié en novembre 2009, l'Organisation de coopération et de développement économiques (OCDE) prévoit une augmentation du nombre de personnes sous le seuil de la pauvreté en Amérique latine (39 millions) à la suite de la crise économique mondiale de 2008. Pour aider ce coin du monde à surmonter la crise, l'OCDE invoque les migrations internationales comme facteur clé et incite les pays d'accueil à faciliter l'entrée légale des migrants en fonction de leurs besoins de main-d'œuvre.

L'exemple sénégalais : des bateaux de pêche transformés en barques de passeurs

Au Sénégal, la pêche artisanale est une pratique qui existe depuis des millénaires et qui a nourri de nombreuses générations. Le secteur de la pêche joue encore aujourd'hui un rôle extrêmement important dans l'économie du pays, puisque plus de 2 millions de ses 11 millions d'habitants dépendent directement de la pêche maritime pour vivre. Des **accords bilatéraux** entre l'Europe et le Sénégal entre 1980 et 2006 ont permis aux bateaux européens de pêcher en eaux sénégalaises en échange de quelques mil-

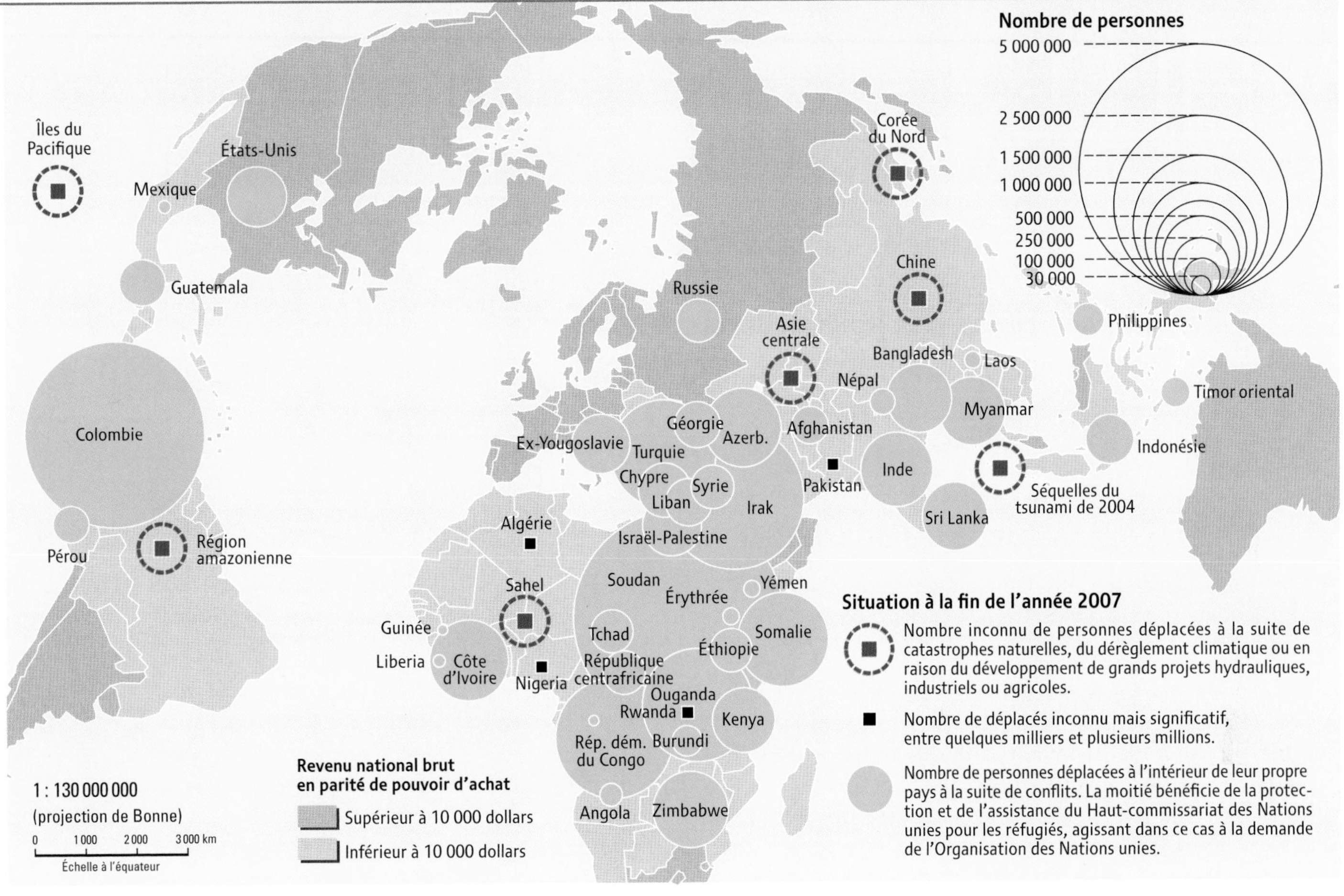

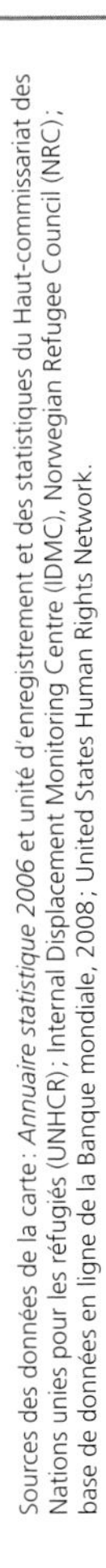
Sources des données de la carte : *Annuaire statistique 2006* et unité d'enregistrement et des statistiques du Haut-commissariat des Nations unies pour les réfugiés (UNHCR) ; Internal Displacement Monitoring Centre (IDMC), Norwegian Refugee Council (NRC) ; base de données en ligne de la Banque mondiale, 2008 ; United States Human Rights Network.

12 Les déplacés

Source : *Le Monde diplomatique*, *L'atlas 2010*, Paris, Armand Colin, 2009, p. 121. © Philippe REKACEWICZ.

lions d'euros par an. Résultat : en 25 ans, la pêche industrielle excessive et la concurrence des gigantesques bateaux-congélateurs européens ont provoqué une diminution de trois quarts des ressources de la mer ainsi qu'une forte baisse des prises pour les pêcheurs sénégalais.

Certains se sont alors reconvertis en passeurs d'immigrants clandestins. Leurs pirogues leur servent de moins en moins à la pêche en haute mer, et de plus en plus au passage clandestin d'Africains en Europe, parfois au péril de leur vie.

13 Où vont les fonds transférés par les immigrants ?

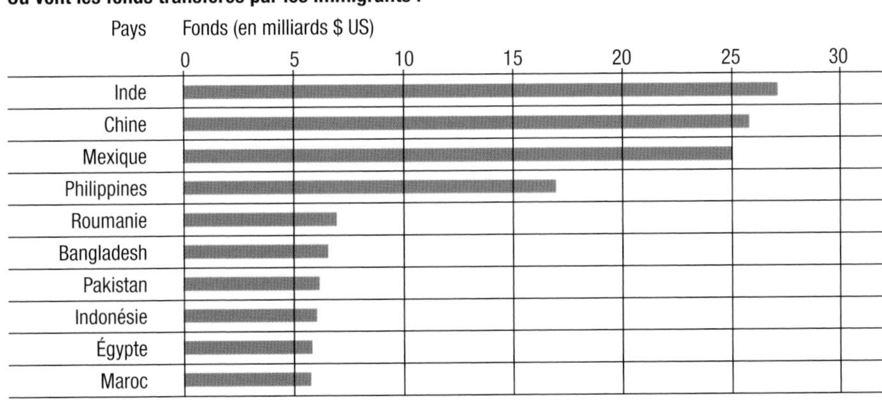

Source : Banque mondiale, *Recueil de statistiques 2008 sur les migrations et les envois de fonds.* (Montants annuels. Données de 2007.)

ZOOM

Les transferts d'argent des diasporas

Les transferts de fonds effectués par les émigrés des **diasporas** à leur famille restée au pays sont devenus pour certains pays pauvres l'une des sources premières de revenus ; ils dépassent parfois l'aide publique au développement fournie par les pays donateurs. La Banque mondiale a établi que 60 % des personnes vivant à l'extérieur de leur pays envoient une partie de leurs revenus à des proches restés sur place. Le montant total de ces fonds transférés représentait 0,6 % de la richesse mondiale en 2002.

VEILLE MÉDIATIQUE

Doit-on repenser les modalités de la sélection des immigrants?

GÉRARD PINSONNEAULT

Les communautés culturelles dans les quotidiens

Le traitement médiatique des communautés culturelles dans les journaux québécois est parfois critiqué et perçu comme étant discriminatoire.

À la demande du ministère de l'Immigration et des Communautés culturelles du Québec, le Conseil des relations interculturelles (CRI) a réalisé une étude sur le traitement et la représentativité de la diversité culturelle dans les médias et la publicité. Le CRI a analysé plus de 600 articles de journaux parus en 2008. L'organisme conclut que la presse écrite rapporte davantage de nouvelles négatives que positives sur les immigrants.

Selon un sondage de Léger Marketing présenté dans la même étude, seulement 15 % des 1004 Québécois issus des communautés culturelles interviewés trouvent que leur image dans les quotidiens n'est pas fidèle à la réalité. De son côté, le Conseil de presse du Québec, un organisme privé qui défend la liberté de presse et le droit à l'information de qualité, reçoit de nombreuses plaintes à ce sujet, dont la plupart sont cependant rejetées.

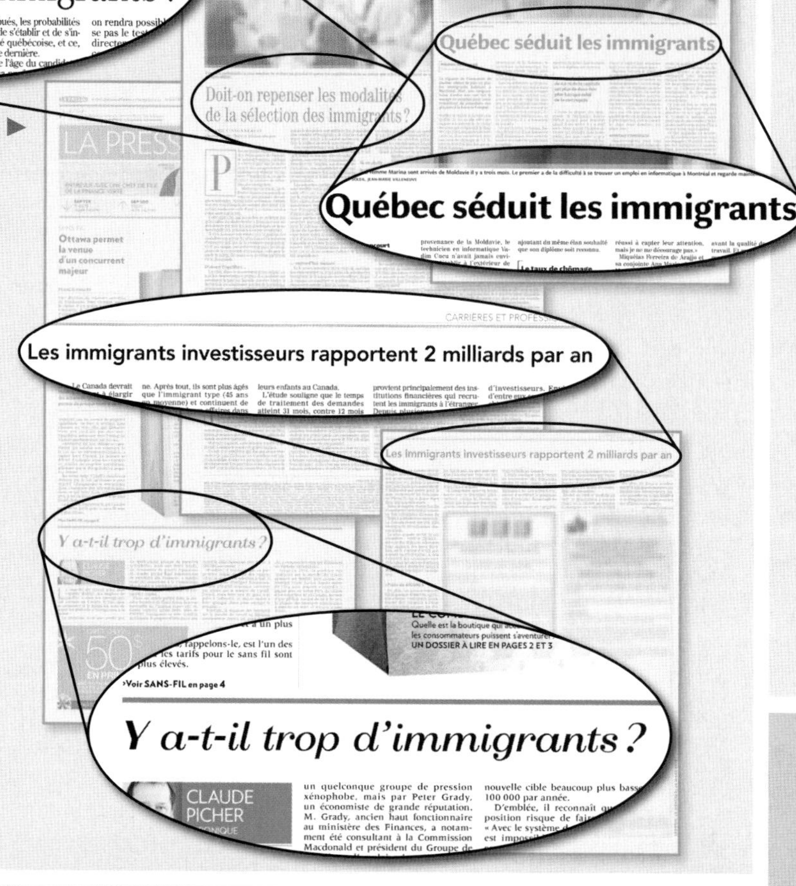

Québec séduit les immigrants

Les immigrants investisseurs rapportent 2 milliards par an

Y a-t-il trop d'immigrants?

CLAUDE PICHER

L'OBSERVATOIRE MÉDIAS

CONSIDÉRER LE **TRAITEMENT MÉDIATIQUE**

Composante de la CD 2

1. Trouvez deux articles de journaux où il est question des communautés culturelles. Relevez dans ces articles les expressions, les commentaires et les informations qui vous semblent négatives et celles qui vous semblent positives au sujet de la ou des communautés mentionnées.

2. La télévision, les journaux, les magazines et Internet influencent-ils votre perception des communautés culturelles? Expliquez votre réponse au moyen d'exemples.

Une télévision à l'image des minorités ▸

Selon le sondage de Léger Marketing présenté dans l'étude du CRI, 36 % des Québécois issus des communautés culturelles regardent les chaînes nationales francophones pour s'informer, alors que cette proportion est de 84 % dans le reste de la population.

Si 36 % des Québécois issus des communautés culturelles trouvent qu'ils ne sont pas assez représentés à la télévision nationale, seulement 17 % d'entre eux trouvent que leur traitement médiatique est inadéquat.

Selon une enquête du Centre d'étude des médias de l'Université Laval parue en 2010, les membres de plusieurs communautés culturelles québécoises seraient attachés à la fois aux médias nationaux et à des médias qui visent leurs propres communautés culturelles. Les membres de la communauté arabe peuvent s'informer et se divertir dans leur langue maternelle en écoutant l'émission *OmniYat* diffusée sur la chaîne canadienne multiculturelle Omni, qui propose des émissions dans plus de 40 langues.

Anno LVII, no 01 • Mercoledì 6 Gennaio 2010 / Publications Mail Agreement #40064924- PAP Registration # 09062 50¢ +tx

SIAMO SU Internet

CANADA
Vacanze prolungate ad Ottawa
PAGINA 7

CORRIERE ITALIANO

IL MESSAGGIO DI FINE ANNO DI NAPOLITANO

«Coraggio e riforme»

«L'Italia non è ancora fuori dalla crisi economica. Ha fatto tanto ma non abbastanza per trasformare le difficoltà in un'occasione per creare un paese più forte e più giusto. Per questo occorrono coraggio, riforme economiche e sociali ed equità». È uno dei passaggi-chiave del tradizionale messaggio che il presidente della Repubblica Italiana Giorgio Napolitano ha indirizzato a tutti gli italiani in occasione della fine dell'anno.
Pagina 4

DUBAI
Il più alto del mondo

Il sovrano di Dubai, lo sceicco Mohammed bin Rachid Al-Maktoum, ha inaugurato il 4 gennaio il "Burj Dubai", il grattacielo più alto al mondo, costato oltre 4 miliardi di dollari, che si alza per oltre 828 metri con 160 piani abitabili.
Pagina 5

◂ Des médias pour les communautés culturelles

Montréal abrite une foule de médias communautaires ethniques où œuvrent des journalistes souvent bénévoles. En plus d'aider les nouveaux arrivants à s'intégrer, ils informent leurs communautés culturelles sur des sujets qui les concernent et qui sont rarement traités par les médias traditionnels.

La plus connue de ces tribunes pour les communautés culturelles est Radio Centre-Ville, une radio communautaire qui diffuse des émissions en sept langues. D'autres radios de communautés culturelles, comme CPAM, qui vise principalement la communauté haïtienne, émettent sur les ondes AM et possèdent souvent leur portail d'information sur le Web.

Beaucoup de journaux communautaires distribués sur le territoire montréalais informent des communautés culturelles spécifiques. Ainsi, l'hebdomadaire *Corriere Italiano*, tiré à plus de 15 000 exemplaires, est lu par la communauté italienne depuis 1952.

14 Des réfugiés palestiniens du camp de Nahr al-Bared, au nord du Liban, fouillent les décombres de leur maison détruite pendant les affrontements en 2007 entre l'armée libanaise et le groupe islamiste extrémiste **Fatah al-Islam**. Le camp a été complètement détruit.

CHIFFRES

La population de réfugiés la plus nombreuse

Les réfugiés Palestiniens sont environ 4,7 millions dans la bande de Gaza, en Cisjordanie, en Jordanie, au Liban et en Syrie. Leur statut particulier leur permet de bénéficier d'une aide spéciale de l'ONU en matière de santé, d'éducation et d'aide humanitaire. Ils sont ainsi les seuls réfugiés à ne pas relever de l'UNHCR.

Source : ONU, 2009.

LES CAUSES POLITIQUES

Contrairement à la plupart des migrants économiques, les personnes qui migrent pour des raisons politiques le font parce que leur vie est en danger à cause de conflits ethniques, politiques, religieux ou militaires, qu'elles sont victimes de persécutions ou qu'elles cherchent à fuir un régime qui les fait vivre dans l'insécurité. On trouve dans cette catégorie les demandeurs d'asile, les réfugiés et les **personnes déplacées**.

À la fin de 2008, il y avait 42 millions de réfugiés et de personnes déplacées dans le monde, selon le rapport annuel *Global Trends* du Haut-commissariat des Nations unies pour les réfugiés (UNHCR), publié en juin 2009. Ce nombre se répartissait ainsi : 16 millions de réfugiés et de demandeurs d'asile et 26 millions de personnes déplacées dans leur propre pays. Une augmentation considérable, puisqu'en 1970, on ne comptait que 2,5 millions de réfugiés et de déplacés. La multiplication des crises et des conflits, en particulier dans les pays du **tiers-monde**, est à l'origine de ces grands mouvements de population. Environ 80 % des réfugiés dans le monde viennent de pays en développement.

Fuir les conflits

La population mondiale arménienne est estimée à 11 millions de personnes, mais seulement 1 Arménien sur 3 habite l'actuelle Arménie. Le **génocide** arménien de 1915-1916 a en effet provoqué la fuite de milliers d'Arméniens, dont les descendants forment aujourd'hui une grande diaspora répartie dans des dizaines de pays dans le monde, en particulier la Russie, la France et l'Iran.

Plusieurs pays d'Afrique, particulièrement dans la région des Grands Lacs, sont hôtes d'importantes concentrations de réfugiés, souvent venus de pays voisins. Le génocide rwandais, en 1994, a fait plus de 800 000 morts et provoqué l'exil d'environ 2 millions de personnes vers la République démocratique du Congo, l'Ouganda ou le Burundi.

Le conflit armé qui fait rage depuis plus de 50 ans en Colombie est responsable du déplacement de plus de 4 millions de personnes. La guerre du Kosovo, en 1999, a causé la fuite d'environ 800 000 Albanais en l'espace de quelques semaines. À elle seule, la guerre en Irak aurait mené au déplacement de 4,5 millions d'Irakiens.

Les camps de réfugiés

Les populations déplacées par les conflits doivent trouver un nouveau lieu de vie. Lorsque leur nombre est important, des organisations humanitaires mettent en place des camps de réfugiés. Ces camps, qui deviennent comme des petites villes, sont pensés comme des lieux de vie provisoires, mais perdurent souvent, parfois durant des décennies. Cela engendre de nouveaux problèmes, comme le manque de ressources, puisque les familles s'agrandissent et que de nouvelles générations naissent dans ces camps.

Les camps de réfugiés palestiniens existent pour certains depuis 1948, année de la création de l'État d'Israël. Au Soudan, quelque 2,3 millions de personnes ont été déplacées dans des camps à cause du conflit armé au Darfour, qui dure depuis 2003. Des problèmes de criminalité et de rivalités ethniques y sont de plus en plus signalés, ce qui ajoute à la dureté de la vie dans ces camps, où les réfugiés sont déjà confrontés à la promiscuité, aux rations alimentaires et au manque de liberté.

L'asile politique

Les réfugiés qui demandent l'asile politique sont des migrants forcés de quitter leur patrie parce qu'ils craignent d'être persécutés dans leur pays d'origine pour des motifs essentiellement politiques. Par exemple, la révolution à

INTERPRÉTER LE PROBLÈME (CD 1)

Les questions portent sur le contenu des pages 80 à 90.

1. Quelles sont les principales raisons qui poussent les populations à se déplacer ?
2. Expliquez pourquoi les pays en développement comptent un grand nombre de migrants économiques.
3. Expliquez pourquoi le fait de parler la langue du pays d'accueil constitue un avantage pour les migrants économiques. Illustrez votre réponse à l'aide de deux exemples.
4. Nommez des pays où les transferts de fonds effectués par des émigrés à leur famille restée au pays sont une source importante de revenus.
5. Expliquez ce qu'est un migrant politique.
6. Quelle est la différence entre un demandeur d'asile et un réfugié ?
7. Énumérez les principales catastrophes climatiques qui provoquent le déplacement de milliers de personnes.

ANALYSER LE PROBLÈME : ACTIVITÉ

Composante de la CD 1

Les réfugiés ont tous leur histoire

Outils de référence : votre manuel *Enjeux* et Internet.

La solidarité humaine est à la base des principes qui ont mené à l'adoption de la convention de Genève de 1951. Les pays signataires ont le devoir d'accueillir les personnes qui leur demandent refuge parce que leur vie est menacée dans leur pays d'origine. Toutefois, chaque pays est libre de juger du statut réel des demandeurs d'asile. Le Canada, malgré sa grande tradition d'accueil, ne peut accéder à toutes les demandes d'asile.

1. Vous faites partie d'un comité qui doit décider du sort des trois personnes suivantes qui demandent le statut de réfugié :
   - Un Tibétain est accusé de propagande contre le gouvernement chinois et craint de subir des représailles s'il retourne dans son pays.
   - Une Soudanaise a fui clandestinement son pays après avoir été condamnée par les autorités à des coups de fouet pour avoir porté un pantalon jugé « indécent ».
   - Un Sri Lankais a tout perdu, sa maison, son travail, à la suite d'un tsunami.
2. Analysez le dossier de chaque personne et déterminez le motif d'accueil de chacune.
3. Déterminez le motif qui doit être privilégié : le motif économique ou le motif humanitaire ?
4. Classez les demandeurs d'asile en ordre de priorité.
5. Justifiez votre classement.

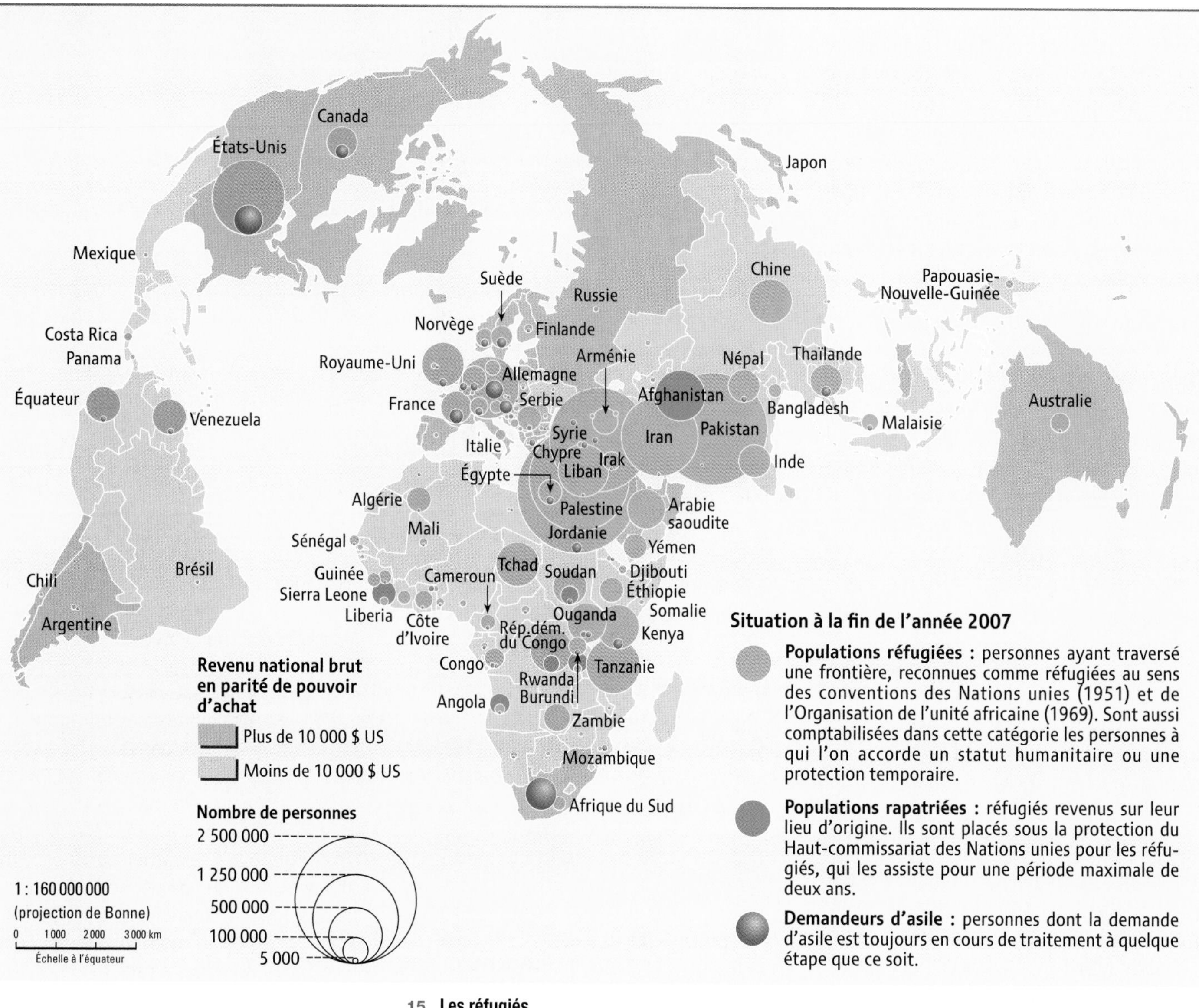

Sources des données de la carte : *Annuaire statistique 2006* et unité d'enregistrement et des statistiques du Haut-commissariat des Nations unies pour les réfugiés (UNHCR) pour les estimations 2007 (Irak, Kenya, Tchad, Soudan); *World Refugee Survey 2007*, Comité des États-Unis pour les réfugiés et les migrants (USCR); Agence de secours et des travaux des Nations unies (UNRWA); base de données en ligne de la Banque mondiale, 2008.

15 Les réfugiés

Source : *Le Monde diplomatique, L'atlas 2010*, Paris, Armand Colin, 2009, p. 120. © Philippe REKACEWICZ.

Principales vagues d'immigration au Canada

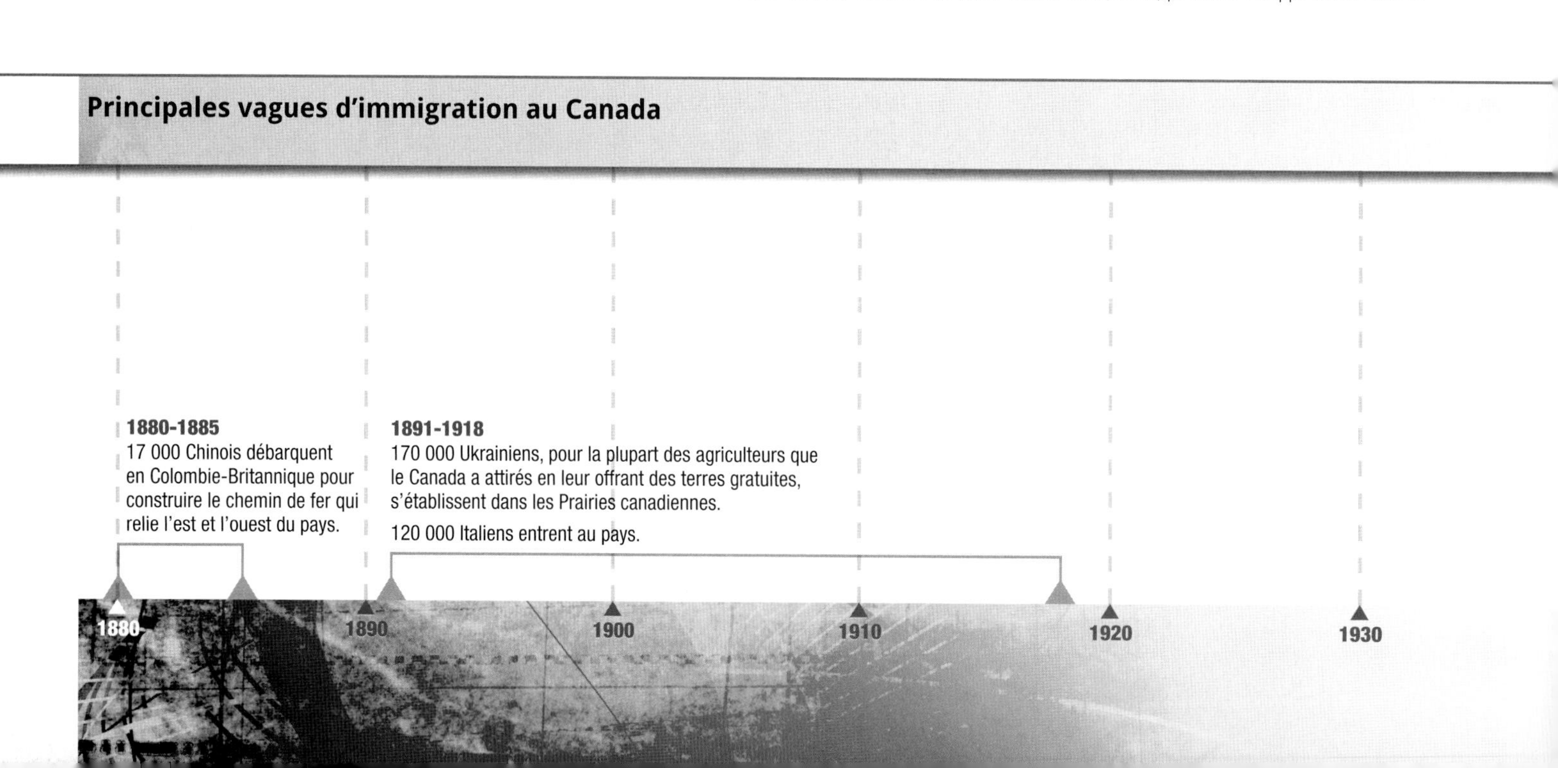

Cuba a provoqué dès 1959 l'exil de milliers d'opposants au régime de Fidel Castro. Ils ont trouvé refuge aux États-Unis, en particulier à Miami. La diaspora cubaine installée aux États-Unis est aujourd'hui estimée à 800 000 personnes.

LES CAUSES CLIMATIQUES

Tempêtes, inondations, sécheresses, tsunamis, glissements de terrain... Les catastrophes naturelles ont quadruplé depuis 20 ans, estime le Fonds mondial pour la nature (FMN). L'épuisement des ressources naturelles, la désertification, la montée du niveau de la mer sont autant de conséquences du réchauffement climatique, qui connaissent une hausse dramatique et perturbent la vie des populations.

Les réfugiés climatiques forment aujourd'hui une portion croissante des migrants dans le monde. Ils sont déjà quelques dizaines de millions à avoir dû quitter l'endroit où ils vivaient à cause de catastrophes climatiques. Et rien ne semble indiquer que la situation va s'améliorer.

Un rapport de l'Organisation des Nations unies (ONU) publié en 2009 atteste que 36 millions de personnes ont été déplacées en 2008 à cause de catastrophes naturelles, dont 20 millions à cause de catastrophes directement liées au réchauffement climatique. L'UNHCR estime que le réchauffement de la planète pourrait désormais pousser 6 millions de personnes à se déplacer chaque année et qu'en 2011 le nombre de personnes forcées à abandonner leur lieu de vie à cause des dérèglements climatiques pourrait être de 50 millions. En 2050, de 200 à 250 millions, un milliard selon les pires scénarios...

Des catastrophes naturelles de plus en plus dévastatrices

Les exemples récents de catastrophes naturelles sont nombreux. On n'a qu'à penser à l'ouragan Katrina, en 2005, qui a fait plus de 1800 morts et forcé le déplacement d'environ 1 million de Louisianais dans des États voisins.

Le tsunami du 26 décembre 2004 a été engendré par l'un des plus violents tremblements de terre jamais enregistré. Le séisme a été ressenti de l'Indonésie au Kenya et a fait d'innombrables victimes dans plusieurs pays. Des centaines de milliers de sinistrés qui ont survécu au drame ont dû être déplacés dans des camps de fortune.

Ces dernières années, des tremblements de terre dévastateurs ont frappé l'Iran, en 2003, la Chine, en 2008, Haïti et le Chili, en 2010, faisant des dizaines de milliers

ZOOM

Réfugiés et demandeurs d'asile

Existe-t-il une différence entre réfugiés et demandeurs d'asile ? Dans les deux cas, il s'agit de personnes qui fuient leur pays parce qu'elles sont persécutées et que leur vie est en danger. Toutefois, un **demandeur d'asile** est une personne qui s'est engagée dans un processus de demande de statut de réfugié dans un pays d'accueil. Elle est donc en attente de la protection internationale, mais n'en bénéficie pas encore. Le droit international l'autorise toutefois à séjourner dans le pays d'accueil tant qu'une décision finale n'a pas été rendue. Quant au réfugié, qui fait souvent partie d'un mouvement massif de personnes, son statut a été reconnu par un gouvernement national.

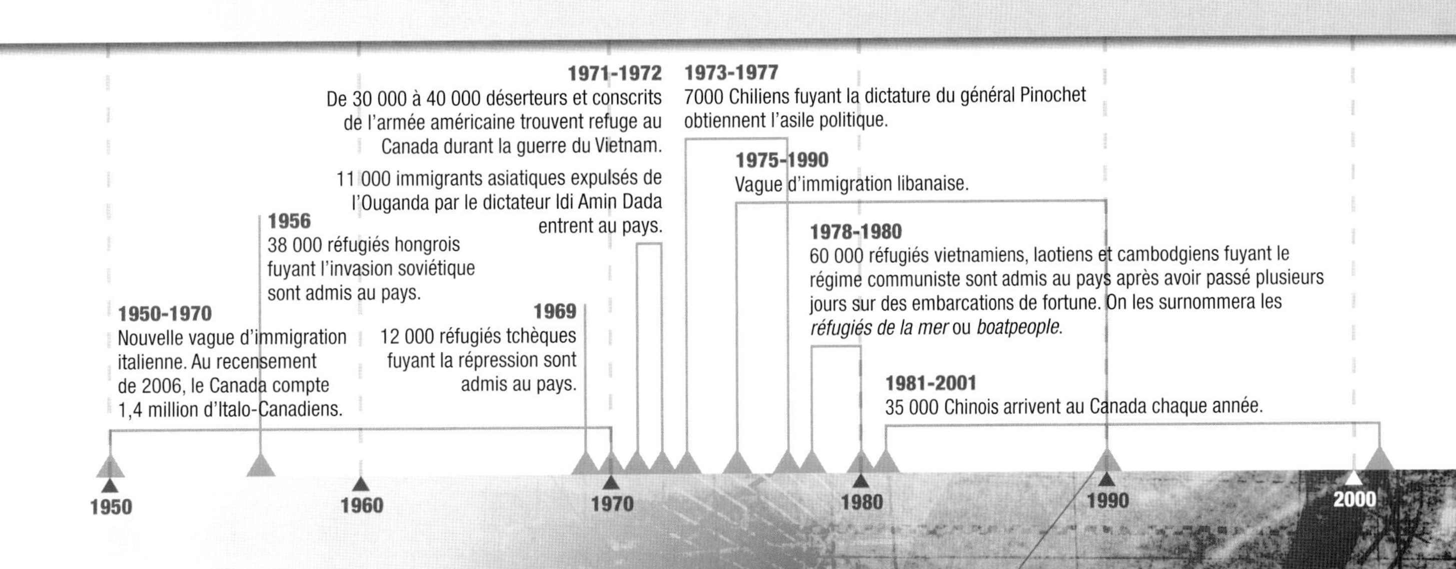

16 Des réfugiés traversent une rivière sur un radeau de fortune afin de se rendre dans un camp de réfugiés dans la province d'Aceh, en Indonésie, après le tsunami qui a frappé le pays en décembre 2004.

de morts. Après de telles catastrophes, les survivants doivent être relogés en attendant la reconstruction des villes ravagées et la crainte des épidémies se fait chaque fois sentir.

Des conséquences démesurées pour les pays en voie de développement

Si les humains ne contrôlent pas le climat, ils ont toutefois un impact sur lui. Il est aujourd'hui mondialement reconnu que l'activité humaine transforme la composition de l'atmosphère et, par voie de conséquence, augmente l'effet de serre naturel. Le réchauffement planétaire qui en résulte est à l'origine de bien des catastrophes et déplacements humains.

Dans son rapport annuel de 2009, la Banque mondiale exhorte les pays riches à combattre le réchauffement climatique par des objectifs très stricts, en commençant par la réduction significative de leurs émissions de gaz à effet de serre. Les pays riches, dont fait partie le Canada, sont responsables de 64 % des émissions depuis 1850, mais ils ne paient que 20 % des conséquences écologiques. À l'inverse, les pays en voie de développement sont à l'origine de seulement 2 % des

CHIFFRES

Les enfants réfugiés

Plus de la moitié des réfugiés dans le monde sont des enfants. En 2009, on estimait le nombre d'enfants réfugiés à 9 millions. En 2006, l'UNHCR lance la campagne de financement *Ninemillion* afin de donner à ces enfants un accès à l'éducation, au sport et à la technologie.
Source : UNHCR, 2010.

émissions, mais supportent 80 % des conséquences.

Les motifs des pays d'accueil

Plusieurs raisons poussent un pays à ouvrir ses portes aux immigrants : des raisons économiques, mais aussi humanitaires.

LES MOTIFS ÉCONOMIQUES

Dans les pays d'accueil, la dimension essentiellement économique des politiques d'immigration est assez explicite. Bien des pays occidentaux souffrent d'une pénurie de main-d'œuvre en raison du vieillissement de leur population et du déclin de leur taux de natalité. On peut ajouter à cela le manque de travailleurs spécialisés dans des domaines particuliers. Ainsi, les immigrants constituent une main-d'œuvre cruciale pour bien des pays développés, qui les considèrent comme la solution à la baisse de natalité et au vieillissement de la population menaçant leur croissance économique.

L'immigration pour renforcer l'économie

Pour maintenir sa croissance démographique et ainsi être en mesure de combler son besoin de main-d'œuvre, le Canada recourt à l'immigration. Le gouvernement canadien organise des missions pour attirer des travailleurs spécialisés et des investisseurs étrangers désireux de s'installer au pays. Ainsi, en 2007-2008, il a lancé un programme en Inde qui vise à attirer de « nouveaux Canadiens productifs ». Ce programme a permis l'arrivée annuelle de quelque 25 000 immigrants indiens.

L'Australie, de son côté, a mis en place une politique d'immigration économique fondée sur les besoins du marché du travail. Cette vision stratégique se traduit par une liste de métiers ouverts à l'immigration, actualisée en fonction des tendances du marché du travail australien.

L'Union européenne n'échappe pas non plus aux pénuries de main-d'œuvre et au vieillissement démographique. La Commission européenne est toutefois arrivée à la conclusion que, bien que l'immigration ait indéniablement une incidence positive sur la croissance démographique et économique, il n'est pas réaliste de penser que l'immigration puisse compenser totalement les effets du vieillissement.

Une économie dépendante des travailleurs étrangers

Certains pays dépendent presque entièrement des travailleurs étrangers pour leur survie économique. Les Émirats arabes unis, qui comptent 4,7 millions d'habitants, en sont un bon exemple : les étrangers constituent en moyenne 90 % de la main-d'œuvre des 7 **émirats**. Les Indiens forment la principale communauté étrangère, avec environ 1,5 million de ressortissants. Une majorité de travailleurs ne sont pas citoyens émiratis et ne le deviendront peut-être jamais. Les mesures actuellement en place ne favorisent pas l'installation durable ni la **naturalisation** des travailleurs immigrés, qui font pourtant rouler l'économie des monarchies pétrolières du Golfe.

L'humanité a les cheveux gris

On prévoit que la pyramide des âges commencera à s'inverser en 2011 dans les pays occidentaux, avant de s'inverser à l'échelle mondiale en 2050. Une première dans l'histoire de l'humanité. La population mondiale aura alors atteint 9,5 milliards d'humains et, selon les projections démographiques publiées en 2007 par l'ONU, l'âge moyen des humains sera passé de 26 à 36 ans. Un bond de 10 ans largement surpassé par la Chine, qui passera d'une population âgée en moyenne de 21 ans en 2007 à une population âgée en moyenne de… 50 ans en 2050 ! Le Québec est la province du Canada dont la **population active** vieillit le plus rapidement et l'on prévoit que son déclin démographique s'amorcera dès 2025. Des spécialistes de l'Institut national de la recherche scientifique (INRS) estiment que, en 2030, le Québec se classera au troisième rang des populations les plus vieilles au monde, derrière le Japon et l'Italie.

PORTRAIT

Shah Ismatullah **Habibi**

Originaire de Kaboul, en Afghanistan, Shah Ismatullah Habibi fait partie de la première cohorte d'immigrants afghans installés au Québec. En 1993, fuyant l'occupation russe, Shah Ismatullah Habibi se réfugie en Inde, où il séjourne pendant cinq ans avant de mettre le cap sur le Québec. Aujourd'hui installé à Sherbrooke, il est devenu un modèle d'intégration en participant activement à l'intégration des nouveaux arrivants. Ancien militaire, il a été recruté comme conseiller culturel par les Forces armées canadiennes. Très actif au sein de plusieurs organisations locales, il travaille avec passion au rapprochement des communautés afghane et québécoise.

17 Des travailleurs de la construction dans la ville de Dubaï, aux Émirats arabes unis. La main-d'œuvre des sept émirats est constituée en majeure partie d'étrangers.

FOCUS

La convention de Genève de 1951 et la protection des réfugiés

Genève, Suisse, 1951. Alors que la communauté internationale se remet à peine de la Seconde Guerre mondiale, l'Europe est encore aux prises avec des milliers de réfugiés ayant tout perdu pendant la guerre. Même s'il existe déjà à l'époque quelques mécanismes internationaux de protection des réfugiés, les délégués de 26 pays se réunissent pour élaborer une convention internationale balisant les devoirs et responsabilités des États par rapport aux réfugiés. Après trois semaines d'intenses négociations, la convention de Genève relative au statut des réfugiés est adoptée, établissant notamment le droit des réfugiés à l'asile, à l'éducation et au travail, ainsi que la liberté de culte et de circulation.

Malgré sa valeur historique indéniable, cette convention a toutefois une portée très limitée, puisque son application est réservée aux réfugiés d'origine européenne, victimes d'événements antérieurs au 1er janvier 1951. Confrontée à de nouveaux conflits et à des vagues de réfugiés venant des quatre coins du monde, l'ONU abolit ces restrictions géographiques et temporelles en 1967 en adoptant le Protocole relatif au statut des réfugiés. En 2007, 147 pays avaient ratifié la convention de Genève et/ou le protocole de 1967 – certains États ayant choisi de n'adhérer qu'à une seule des deux ententes.

LES MOTIFS HUMANITAIRES

La principale motivation des pays qui reçoivent des réfugiés reste le devoir d'accueillir des personnes qui cherchent refuge dans un autre pays que le leur parce que leur vie est menacée. La solidarité humaine est à la base des principes qui ont mené à l'adoption en 1951 de la convention relative au statut des réfugiés, dite convention de Genève. À l'occasion de la Journée mondiale des réfugiés, qui a lieu le 20 juin, l'ONU appelle chaque année les gouvernements du monde entier à veiller à ce que les réfugiés soient accueillis et protégés sur leur territoire.

Les « vrais » et les « faux » réfugiés

Malgré les engagements internationaux à l'égard des personnes qui ont besoin de protection, chaque pays reste libre de déterminer le statut réel des demandeurs d'asile. Ces dernières années, la ligne s'est durcie en matière de politique d'immigration en raison de la hausse du nombre d'immigrants clandestins et des demandes d'asile rejetées. La difficulté à distinguer les réfugiés des migrants économiques grandit à mesure que les demandes d'asile augmentent et que les migrants en situation irrégulière se bousculent aux portes des pays d'accueil.

Plusieurs organisations humanitaires critiquent toutefois le fait que la tendance soit à la fermeture des portes et s'inquiètent que des personnes qui ont réellement besoin de protection voient leur demande rejetée ou soient renvoyées dans leur pays.

Même au Canada, pays qui a une grande tradition d'accueil, quelques mesures ont été prises. En 2009, des visas de court séjour ont été imposés aux Mexicains et aux Tchèques pour limiter leur entrée au pays et freiner les demandes d'asile, dont plusieurs ne sont pas justifiées selon les autorités canadiennes. La même année, le gouvernement fédéral a annoncé la levée du **moratoire** sur les renvois de ressortissants libériens, burundais et rwandais, alléguant que la situation dans leur pays était redevenue sûre.

Le statut des immigrants illégaux

Le 22 septembre 2009, les autorités françaises démantèlent «la jungle», un campement en bordure de la ville de Calais, en France, où quelque 800 immigrants illégaux afghans vivent dans des abris de fortune en attendant de pouvoir passer en Angleterre. Leur sort demeure incertain. En Espagne et en Italie, des centaines de milliers d'Africains et de Maghrébins arrivés clandestinement durant la dernière décennie bénéficient de régularisations massives, tandis que des milliers d'autres sont renvoyés dans leur pays.

Ces exemples montrent à quel point le statut des immigrants illégaux peut être un véritable casse-tête pour les autorités des pays d'accueil. Le problème est complexe puisqu'il concerne des êtres humains qui ont chacun leur propre histoire, quelles que soient les raisons qui les ont poussés à fuir leur pays. Chaque pays évalue les demandes d'asile selon ses propres critères, mais jongle avec les mêmes questions: régulariser ou expulser?

INTERPRÉTER LE PROBLÈME (CD 1)

Les questions portent sur le contenu des pages 91 à 94.

1. Quelle relation peut-on établir entre le vieillissement de la population des pays occidentaux et le bilan migratoire de ces pays?
2. D'après vous, pourquoi l'immigration est-elle le principal facteur de croissance démographique au Canada?
3. Pourquoi l'immigration est-elle si importante sur le plan économique pour certains pays comme les Émirats arabes unis?
4. Pour quel motif le Canada a-t-il imposé en 2009 des visas de court séjour aux Mexicains et aux Tchèques?
5. Quels droits la convention de Genève accorde-t-elle aux réfugiés?
6. Démontrez le multiculturalisme au Québec en donnant un exemple d'intégration.

ENVISAGER LE PROBLÈME DANS SA GLOBALITÉ: ACTIVITÉ
Composante de la CD 1

Le retour des murs

Outils de référence: votre manuel *Enjeux*, des articles parus dans les médias et Internet.

Après la chute du mur de Berlin, on croyait que toutes les barrières entre les hommes tomberaient, mais force est de constater qu'il n'en est rien. La construction de murs pour freiner l'immigration clandestine est répandue dans le monde entier. Que ce soit au Proche-Orient, dans le Caucase ou en Amérique du Nord, les murs «anti-immigrants» sont toujours présents.

1. Nommez quatre pays où l'immigration clandestine est importante.
2. Faites une carte des principaux murs qui existent actuellement dans le monde pour lutter contre l'immigration clandestine.
3. Énumérez les principaux motifs qui poussent les populations à migrer clandestinement.
4. Énumérez les principaux motifs qui poussent les pays à ériger des murs.
5. Selon vous, les problèmes liés à la migration clandestine sont-ils des motifs suffisants pour ériger des murs? Justifiez votre réponse.

L'apport culturel des réfugiés

Dans la région de l'Estrie, au Québec, près de 50 % des nouveaux arrivants sont des réfugiés. Depuis les années 1970, des réfugiés de plus de 80 nationalités – Chiliens, Vietnamiens, Colombiens, ex-Yougoslaves, etc. – contribuent à une mixité culturelle qui enrichit la région. L'Estrie a pu compter au fil des décennies sur l'apport d'immigrés enseignants, professionnels de la santé, ouvriers, investisseurs. La ville de Sherbrooke abrite la deuxième communauté afghane de la province en importance, avec 900 Afghans.

Les enjeux de la migration

Pour trouver des solutions aux problèmes sociaux et économiques qu'engendrent les migrations, les pouvoirs publics n'ont d'autre choix que de mettre les migrations à l'ordre du jour. Les défis liés à l'intensification des mouvements migratoires sont planétaires et donnent lieu à des enjeux majeurs tels que la **gestion de l'expansion urbaine** et **la migration et le monde du travail.**

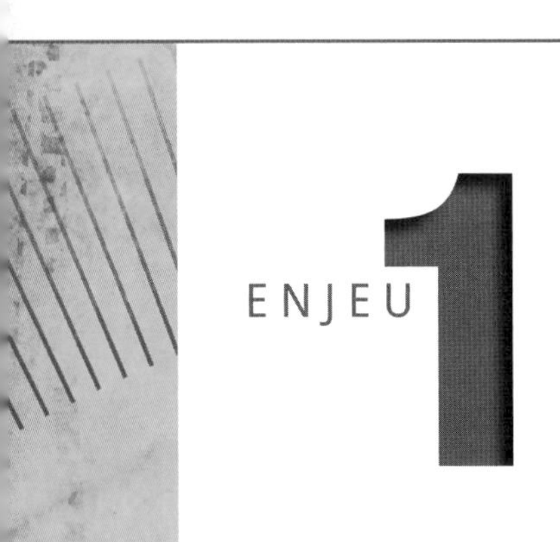

ENJEU 1 La gestion de l'expansion urbaine

PORTRAIT

Jane **Jacobs** (1916-2006)

Née en Pennsylvanie, aux États-Unis, Jane Jacobs passe la majeure partie de sa vie à Toronto, où elle participe à l'aménagement de la ville et à la création d'espaces urbains conviviaux, qu'elle voit comme des lieux de rassemblement et d'échanges interculturels et sociaux. Au cours de sa carrière, elle révolutionne la conception des villes nord-américaines en valorisant les centres-villes et les quartiers multiethniques et dynamiques. Elle considère les villes comme des communautés économiques, sociales et culturelles et, à ses yeux, l'urbanisme doit traiter tous ces éléments à la fois.

La moitié de la population mondiale vit aujourd'hui dans des villes. Tokyo, au Japon, la ville la plus peuplée du monde, compte plus de 33 millions d'habitants ! La population des villes africaines double tous les 10 ans. Dans le monde, un milliard de personnes habitent un bidonville, soit un citadin sur trois. Qu'ils viennent des régions rurales ou de l'étranger, les migrants du monde entier se déplacent surtout vers les villes.

Cette expansion urbaine ne se fait pas sans conséquences. Les pénuries d'eau, la pollution et les tensions sociales en sont quelques exemples. Les villes sont-elles prêtes à faire face aux impacts de la croissance urbaine que connaît notre planète ? Les mégalopoles ont-elles les ressources pour gérer l'arrivée massive des migrants ? Les grandes villes favorisent-elles l'intégration ?

Les mégalopoles ont-elles les ressources pour gérer l'arrivée massive des migrants ?

Au 20e siècle, la population urbaine a connu une croissance effrénée. En 100 ans, elle est passée de 220 millions à 2,8 milliards d'habitants. On prévoit qu'en 2030 plus de 60 % de la population mondiale vivra dans les villes. Cette urbanisation croissante pose des défis de logistique majeurs en matière de logement, d'eau, de gaz ou d'électricité, d'infrastructures routières, de gestion des ordures ou d'évacuation des eaux usées. Des problèmes pressants pour les villes des pays en voie de développement, qui devraient abriter plus de 80 % de la population urbaine du monde entier en 2030.

18

DOIT-ON CONTRÔLER LA CONSOMMATION D'EAU ?

L'exode rural entraîne une augmentation de la demande d'eau potable dans les villes. Vue du ciel, notre planète est bleue parce qu'elle est recouverte d'une immense étendue d'eau. Pourtant, moins de 1 % de toute cette eau est propre à l'usage humain. Plus d'un milliard de personnes dans le monde n'ont toujours pas d'accès direct à l'eau potable et 60 % des réserves mondiales d'eau douce sont partagées par seulement 9 pays, dont le Canada.

Ainsi, la ville de Paris, en France, a multiplié par 35 sa consommation d'eau depuis le 18e siècle. Un citadin américain consomme à lui seul 600 litres d'eau par jour, contre 20 litres pour un habitant de la ville de Quito, en Équateur. Si l'accès à l'eau potable semble aller de soi dans les pays développés, il est en fait menacé partout sur la planète.

Compte tenu de la croissance démographique mondiale, de la pollution et du gaspillage dans les pays développés, la menace d'une potentielle pénurie d'eau à l'échelle mondiale d'ici 20 ou 30 ans se profile à l'horizon. Dans ces conditions, doit-on contrôler la consommation d'eau ?

18 Un aperçu de Tokyo, au Japon, qui, avec ses 33 millions d'habitants, est la ville la plus peuplée du monde.

Faire payer l'eau pour l'économiser?

Un Montréalais consomme en moyenne 400 litres d'eau par jour, contre seulement 150 pour un Parisien. Comment expliquer un tel écart? Dans la plupart des villes européennes comme Paris, où l'eau est plus rare qu'au Québec, les compteurs sont employés depuis longtemps afin que les utilisateurs paient le prix de leur consommation réelle d'eau potable. À l'inverse, le Québec dispose de ressources hydrauliques parmi les plus abondantes dans le monde, et il les a

19 L'évolution du degré d'urbanisation dans le monde de 1950 à 2005

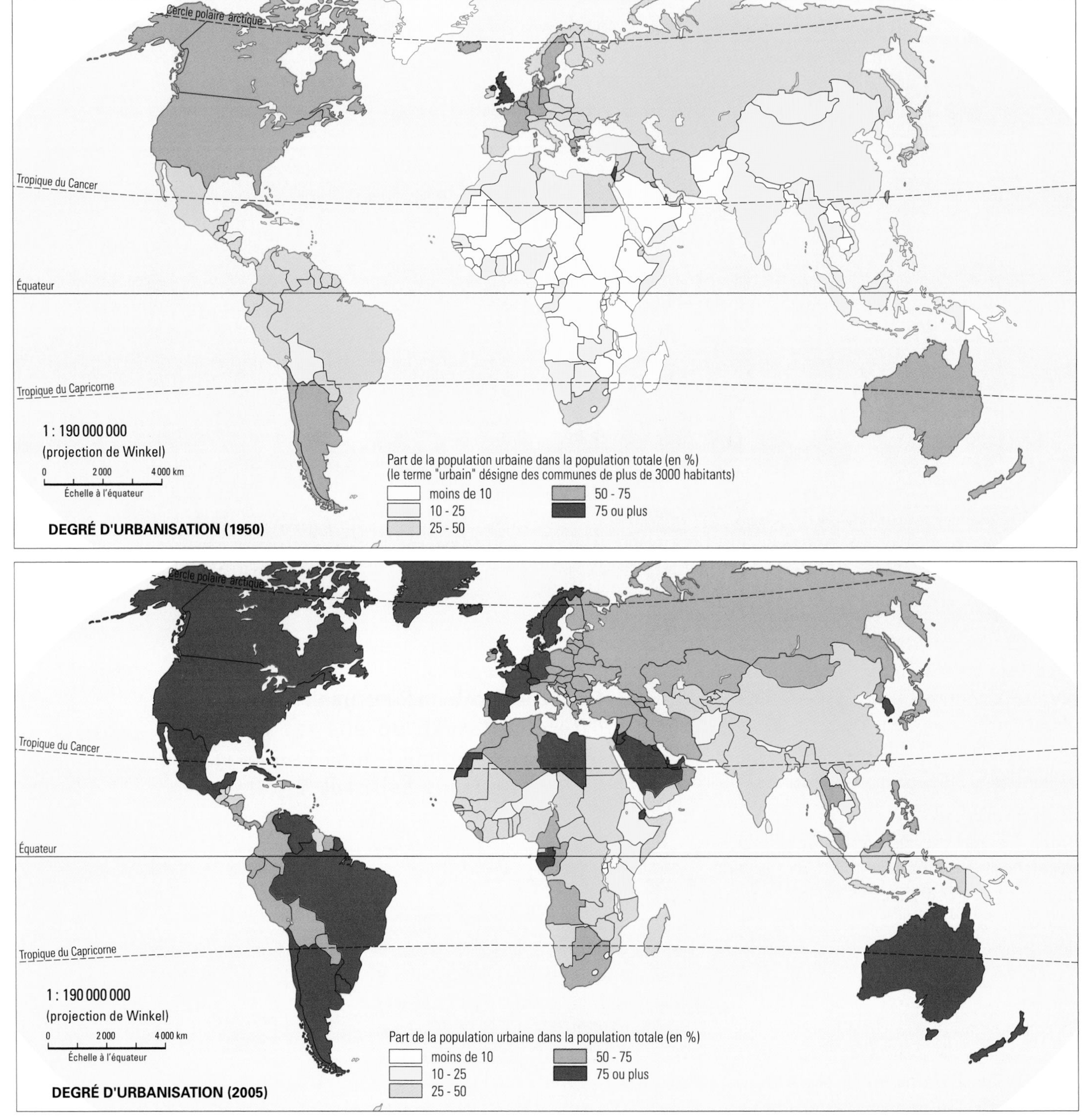

Source des deux cartes: *Le grans atlas du Canada et du monde,* 3e édition, Bruxelles, Noordhoff/De Boeck, 2009, p. 31.

20

longtemps utilisées comme si elles étaient inépuisables et gratuites. Or, les sources d'eau potable diminuent continuellement et le prix de son traitement et de sa distribution est élevé.

Pour économiser l'eau au Québec, certains croient que les compteurs d'eau résidentiels sont la solution, car l'État pourrait facturer directement les consommateurs, qui prendraient conscience de leur consommation peu modérée. À l'inverse, les groupes écologistes croient qu'une telle mesure ne changerait en rien la consommation résidentielle à cause du prix dérisoire de l'eau dans la province (environ 45 $ par personne par année). Plusieurs de ces groupes craignent également que les compteurs riment avec **privatisation** et que l'eau devienne une source de profit pour les uns, au détriment des autres.

Des initiatives pour gérer l'eau de façon durable

Montréal produit en moyenne deux millions de mètres cubes d'eau potable chaque jour. En 2002, la ville a adopté des mesures pour mieux gérer son eau : elle s'est dotée d'infrastructures performantes pour diminuer les fuites et contrôler l'usage illicite d'eau et a entrepris l'installation de compteurs d'eau dans les industries, les commerces et les institutions. Dans le monde, d'autres villes ont pris des mesures pour tenter

20 Les habitants du bidonville de Govind Puri, à New Delhi, en Inde, doivent s'approvisionner quotidiennement en eau par camion-citerne. Dans une ville qui compte quelque 16 millions d'habitants, 25 % des résidents n'ont pas d'accès à l'eau courante et 27 % y ont accès seulement 3 heures par jour.

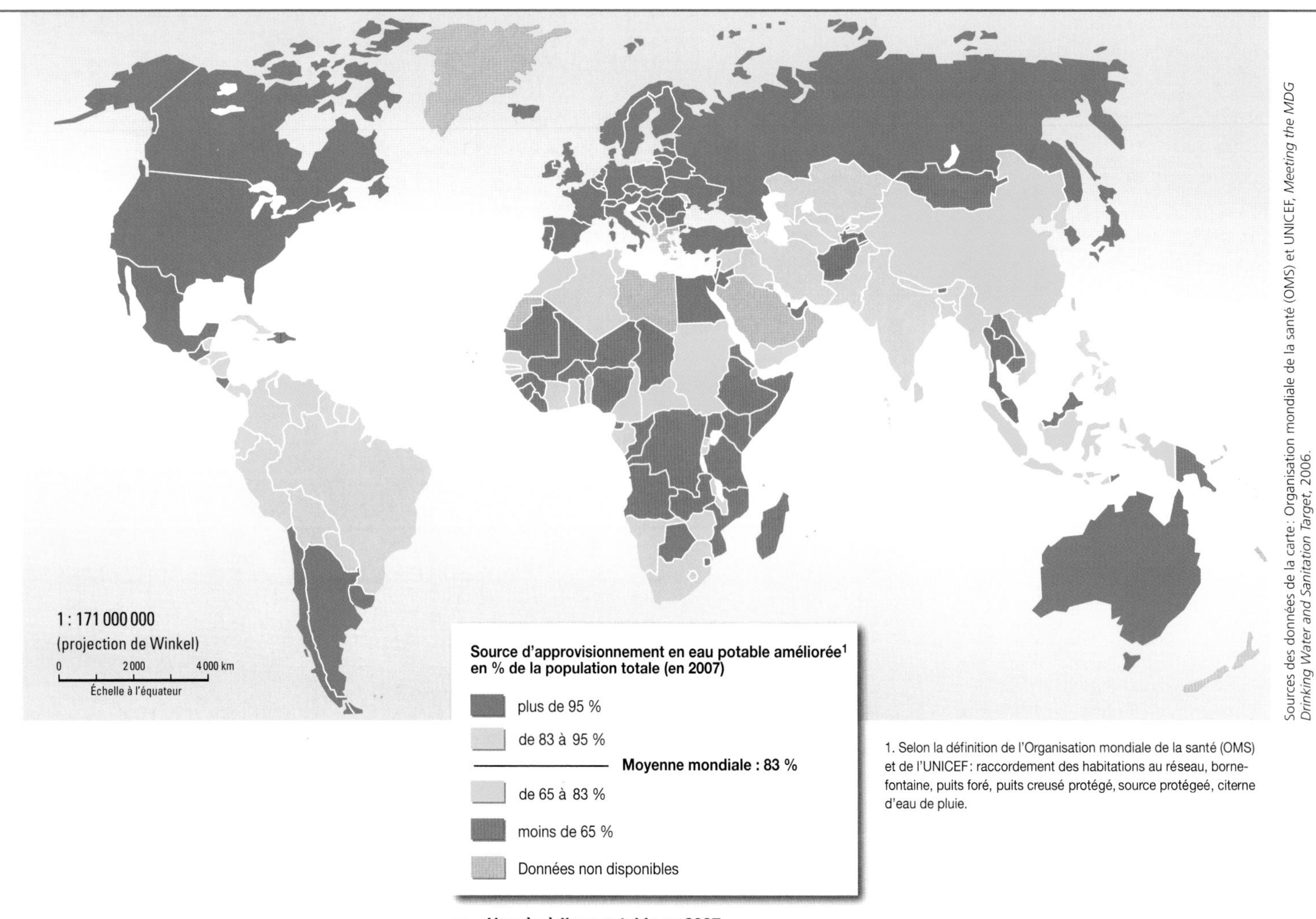

21 L'accès à l'eau potable en 2007
Source : *Le Monde diplomatique*, *L'atlas 2010*, Paris, Armand Colin, 2009, p. 26. © Philippe REKACEWICZ.

de réduire la consommation d'eau de façon durable. À Londres, en Angleterre, le projet Bedzed a permis de réduire de moitié la consommation d'eau des habitants du quartier Wallington, grâce à l'installation de nouveaux équipements et à l'adoption de comportements écologiques au quotidien.

L'eau : droit humain ou marchandise ?

Le Forum mondial de l'eau est une rencontre internationale organisée tous les trois ans depuis 1997 par le Conseil mondial de l'eau. Deux tendances s'y opposent clairement ces dernières années : l'accès à l'eau en tant que droit humain et l'eau considérée comme une marchandise ayant une valeur économique. À Istanbul, en 2009, l'eau a été reconnue comme un besoin, mais pas comme un droit. La majorité des participants s'entendaient pour reconnaître que l'eau est un besoin humain fondamental. Mais la notion de droit à l'accès à l'eau, réclamée avec force par plusieurs pays, ne figure pas sur la déclaration qui a clos le Forum. La reconnaissance de cette notion obligerait les gouvernements à fournir l'accès à l'eau potable à toutes les populations, peu importe leur capacité à la payer.

L'exemple de la ville de Mexico

La ville de Mexico, au Mexique, est confrontée à un grave problème d'approvisionnement en eau. Les causes ? Des sécheresses qui épuisent les lacs de barrage, une canalisation désuète d'où s'échappe le précieux liquide avant même d'atteindre le robinet. Mais surtout, une nappe phréatique pratiquement épuisée, qui se renouvelle difficilement à cause des besoins croissants d'une population qui ne cesse d'augmenter. De 3,6 millions en 1950, la population est passée à 20 millions d'habitants en 2009. Ces derniers doivent faire des réserves lorsque le robinet daigne couler, en moyenne un jour sur trois. Lorsque les réserves ne sont pas suffisantes, les Mexicains doivent acheter l'eau à fort prix de camions-citernes.

LES GRANDES VILLES PEUVENT-ELLES LOGER TOUT LE MONDE?

Kibera, au Kenya, ne se trouve sur aucune carte. Le plus grand bidonville d'Afrique compte pourtant un million d'habitants, entassés en marge de Nairobi dans des conditions parmi les plus difficiles. L'Inde, malgré sa forte croissance économique, peine toujours à loger ses citadins : la

22 Le problème de l'approvisionnement en eau dans les villes

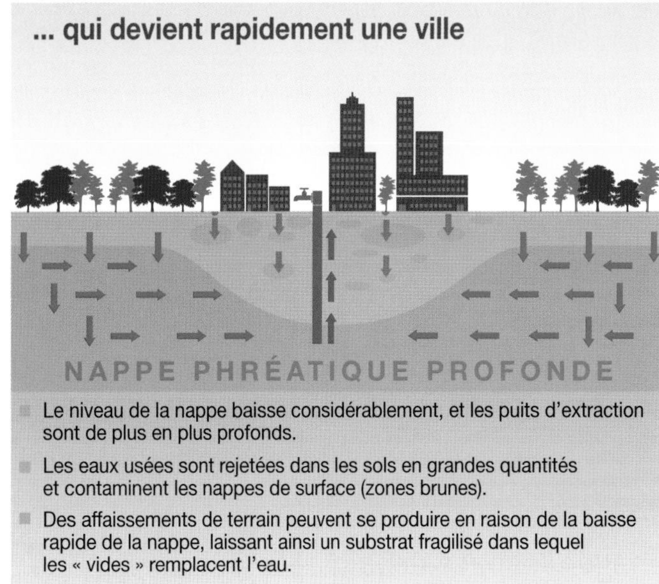

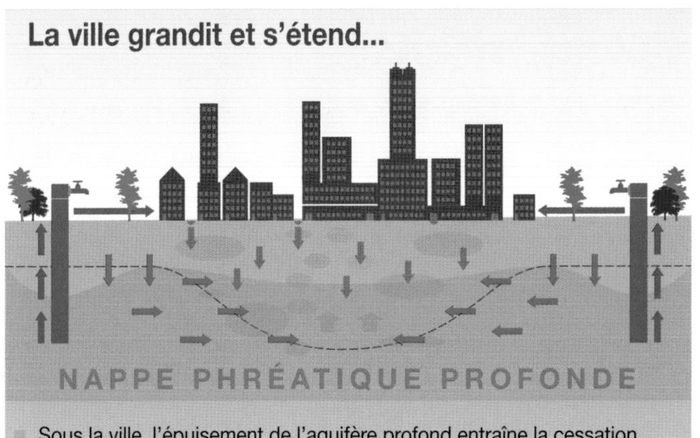

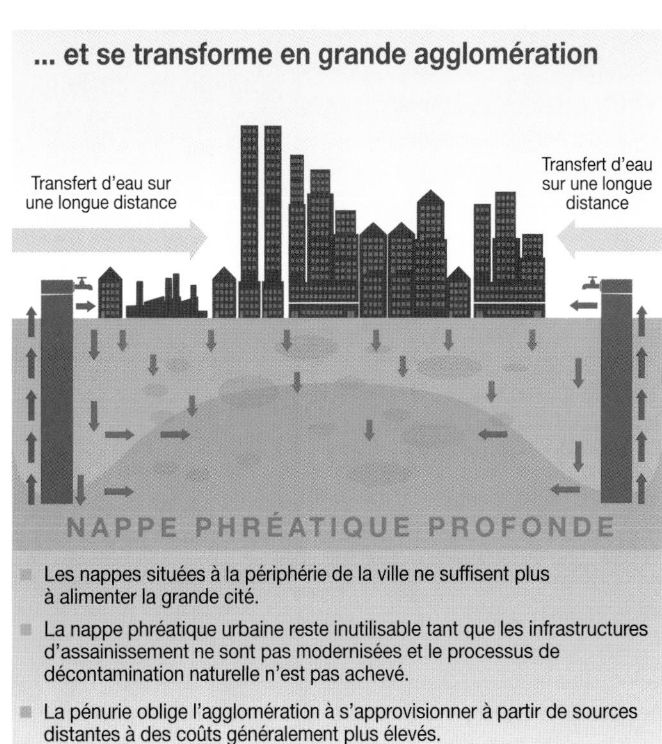

Source : Philippe REKACEWICZ, *Le Monde diplomatique*, Paris, mars 2005.

CHIFFRES

Quelques progrès

Si les bidonvilles font partie de la réalité des mégalopoles, l'ONU note toutefois quelques progrès. En 1990, 50 % des citadins des pays en développement habitaient des taudis ; cette proportion n'était plus que de 36 % en 2005. L'ONU espère avoir amélioré la vie d'au moins 100 millions de citadins avant 2020.

Source : ONU, 2009.

23 Bien que le Brésil soit un pays émergent, la pauvreté endémique demeure une réalité visible, dont les favelas, les bidonvilles brésiliens, en sont le reflet. Les plus connues se trouvent dans la ville de Rio de Janeiro, dont la favela de Rocinha, ci-contre, qui abrite plus de 200 000 personnes.

ZOOM

Aménager l'espace urbain de façon durable

Pas de développement durable sans urbanisation durable : c'est le message que véhicule ONU-Habitat ces dernières années. Compte tenu de la croissance urbaine accélérée, la gestion et la planification des villes figurent au rang des principales préoccupations des dirigeants. Les grandes villes du monde entier réfléchissent à de nouvelles solutions pour estomper les conséquences visibles de l'**urbanisation** sauvage et réduire l'empreinte écologique de millions de citadins. Les villes consomment à elles seules 75 % de l'énergie produite dans le monde et sont responsables de 80 % des émissions de gaz à effet de serre. Comment harmoniser la ville pour la rendre à la fois supportable pour l'être humain et pour la nature ? Comment penser l'organisation spatiale des villes futures pour promouvoir un développement urbain durable ? Voilà quelques-unes des questions auxquelles il faut trouver rapidement une réponse.

moitié des 19 millions d'habitants de Mumbay vivent dans des bidonvilles ou carrément sur le trottoir. En 2008, la seule ville de Rio de Janeiro recensait 968 favelas, les bidonvilles brésiliens.

Avec l'**afflux** grandissant des migrants vers les villes, le logement est devenu un problème crucial : il devient de plus en plus difficile de loger tout le monde. La forte concentration urbaine et la pauvreté ont entraîné la création de bidonvilles et l'augmentation des sans-abri.

Doit-on raser les bidonvilles ?

Une personne sur six dans le monde vit actuellement dans un bidonville, une agglomération d'habitations faites avec des matériaux de récupération comme du carton, du plastique ou de la tôle. Dans certaines régions d'Afrique ou d'Asie, les nouveaux arrivants n'ont d'autre option que le bidonville comme voie d'accès à la ville.

Souvent surpeuplés et construits en périphérie des villes, les bidonvilles sont le fruit de la pauvreté et connaissent de nombreux problèmes, comme l'accès à l'eau potable et l'absence d'installations sanitaires, l'accumulation des déchets, la criminalité. Ils sont souvent construits sur des terrains dangereux et les risques d'éboulements, d'inondation ou de glissements de terrain sont grands. La **promiscuité** et le manque d'hygiène en font aussi une terre fertile aux épidémies.

Si elles sont construites de manière illégale, ces maisons précaires sont souvent le seul abri des populations démunies. Au Zimbabwe, en 2005, le président Robert Mugabe a entrepris de détruire les bidonvilles dans le cadre d'une vaste opération

appelée *Nettoyage et restauration de l'ordre*. Cette opération a fait des milliers de sans-abri et constituait une violation des droits fondamentaux à l'habitation, selon l'ONU.

Des pays sont parvenus à freiner la prolifération de bidonvilles grâce à des programmes de construction de logements et à des réformes en matière de planification de la croissance urbaine et de gestion du logement et des terres.

Le logement est-il un droit fondamental?

Depuis 1978, le programme de l'ONU pour les établissements humains, ONU-Habitat, fait la promotion de l'accès à un logement décent pour tous. Si le programme apporte soutien et expertise à des centaines de villes dans le monde à l'heure actuelle, l'aménagement urbain

PRENDRE **POSITION** (CD 2)

Les questions portent sur le contenu des pages 94 à 101.

1. À quels problèmes les grandes villes sont-elles aujourd'hui confrontées? Selon vous, lequel des ces problème doit être résolu en priorité? Expliquez votre réponse.

2. Soixante pour cent des réserves d'eau douce sont partagées par seulement neuf pays, dont le Canada. Selon vous, le Canada doit-il considérer l'eau comme une richesse collective qui doit être conservée pour les Canadiens ou comme une marchandise qui a une grande valeur commerciale et qui peut être vendue à d'autres pays? Expliquez votre réponse.

3. Afin de freiner le gaspillage d'eau, beaucoup de villes ont installé des compteurs d'eau résidentiels. Croyez-vous que l'installation de compteurs puisse influer sur la consommation d'eau des citoyens? Expliquez votre position.

4. Que pensez-vous de l'initiative de l'association française Les enfants de Don Quichotte, qui installe des campements de tentes pour sensibiliser les citoyens aux conditions de vie des sans-abri? Expliquez votre réponse.

5. Une personne sur six dans le monde vit dans un bidonville. En conséquence, êtes-vous favorable au financement de logements sociaux par les gouvernements? Expliquez votre réponse.

6. En 2005, au Zimbabwe, le président Robert Mugabe a mené une vaste opération de destruction des bidonvilles qui a fait des milliers de sans-abri. Quelles solutions peuvent être envisagées pour remédier au problème des bidonvilles? Laquelle vous semble la plus intéressante?

EXAMINER DES POINTS DE VUE RELATIFS À L'ENJEU: ACTIVITÉ
Composante de la CD 2

La croissance a-t-elle des limites?

Outils de référence: votre manuel *Enjeux* et Internet.

1. Devant les défis de l'expansion urbaine, de nombreux points de vue s'opposent. Certains experts considèrent que la croissance de l'urbanisation présente beaucoup d'avantages, alors que d'autres y voient des inconvénients majeurs, surtout pour les migrants qui s'installent dans les villes.
   a) Dans votre manuel et dans Internet, trouvez des arguments pour et contre l'expansion urbaine.
   b) Dressez un tableau comparatif des arguments.
   c) Dans un court texte, exprimez votre position par rapport à l'expansion urbaine en utilisant les arguments que vous avez trouvés et les vôtres.

2. La Chine pratique la stratégie d'urbanisation « hukou », qui consiste à diriger les migrants vers les villes de petite ou de moyenne taille.
   a) Trouvez les avantages et les inconvénients de cette stratégie.
   b) Répondez à la question suivante dans un court texte: Selon vous, peut-on limiter l'accès des migrants aux grandes villes?

durable et la réduction de la pauvreté urbaine demeurent des tâches énormes.

Selon ONU-Habitat, le nombre de sans-abri, autant dans les pays en développement que dans les pays industrialisés, a connu une forte croissance durant la dernière décennie, augmentation qui risque de se poursuivre. Les villes du monde abritent plus de 100 millions d'enfants de la rue. Aux États-Unis, on compte environ 3,5 millions de sans-abri. En Europe de l'Ouest, durant l'hiver 2003, 3 millions de personnes n'avaient pas de toit. À Mumbay, en Inde, 250 000 personnes habitent sur le trottoir.

Depuis 2006, l'association française Les enfants de Don Quichotte installe des campements de tentes rouges dans des villes comme Lyon, Toulouse ou Paris, afin de faire connaître les conditions de vie des **sans domicile fixe**. Pour soutenir la cause, personnalités et simples citoyens dorment dans ces villages de toile avec les démunis.

Plusieurs voix s'unissent pour réclamer un «droit opposable au logement», qui donnerait aux mal logés la possibilité de poursuivre le gouvernement si un logement décent ne leur est pas fourni dans un délai acceptable. Le droit au logement est pourtant reconnu depuis 1982 en France par la loi Quilliot, qui affirme que le droit à l'habitat est un droit fondamental.

ZOOM

Villa El Salvador : un bon exemple de travail collectif

Villa El Salvador, petite ville dans le désert péruvien au sud de Lima, a été créée en 1971… par ses propres habitants. Pendant des semaines, des dizaines de Péruviens pauvres ont affronté l'armée pour pouvoir construire sur le sable des maisons de carton, même s'il n'y avait ni eau, ni électricité, ni routes. Villa El Salvador aurait pu devenir un bidonville. Au lieu de cela, ses habitants en ont fait un lieu où il fait bon vivre, même pauvre. Aujourd'hui, 500 000 personnes vivent dans cette municipalité désormais pourvue de routes asphaltées, d'eau potable, de centres de santé, d'écoles, d'une université, d'un cinéma, d'une radio et d'une télévision. Le taux d'**alphabétisation** est le plus élevé du Pérou et 98 % des enfants fréquentent l'école primaire.

24 Les 10 agglomérations les plus populeuses

Agglomération	Pays	1975[1]	2009[2]
Tokyo	Japon	19 771 000	33 800 000
Séoul	Corée du Sud	6 808 000	23 900 000
Mexico	Mexique	10 691 000	22 900 000
New Delhi	Inde	4 400 000	22 400 000
Mumbay	Inde	7 347 000	22 300 000
New York	États-Unis	15 880 000	21 900 000
Sao Paulo	Brésil	10 333 000	21 000 000
Manille	Philippines	–	19 200 000
Los Angeles	États-Unis	8 926 000	18 000 000
Shanghai	Chine	11 443 000	17 900 000

Sources :
1. Données de 1975 : United Nations Population Division, *World Urbanization Report : The 2001 Revision*, p. 94.
2. Données de 2009 : Thomas BRINKHOFF, *The Principal Agglomerations of the World* [en ligne]. (Consulté le 27 avril 2009.)

25

Les grandes villes favorisent-elles l'intégration ?

La seule ville de Montréal compte 120 communautés culturelles. À Londres, quelque 300 langues sont parlées. Dans les grandes villes du monde, des migrants de toutes les nationalités doivent aujourd'hui cohabiter. Ces migrants n'arrivent pas les mains vides : ils apportent leur bagage culturel. La religion, les coutumes, la langue sont autant d'éléments qu'ils doivent concilier avec leur nouvel environnement.

Les migrants doivent-ils épouser la culture de leur société d'adoption ou celle-ci doit-elle s'adapter aux différences culturelles de chacun ? Chaque pays a sa propre politique à cet égard et cherche de nouvelles avenues pour l'intégration harmonieuse des immigrants.

L'INTÉGRATION CULTURELLE : QUI S'ADAPTE À QUI ?

En 2004, la France adopte une loi interdisant le port de signes religieux dans les établissements d'enseignement. Aux

26

États-Unis, la position du gouvernement américain relativement à l'interdiction du port du voile est claire : ne pas dire aux gens ce qu'ils doivent porter. En novembre 2009, la Suisse vote par **référendum** l'interdiction de construire des minarets. La Suisse devient ainsi le premier pays en Europe où les citoyens se prononcent, par vote, sur la place à accorder à l'islam dans la société occidentale.

Si la cohabitation de plusieurs cultures est loin d'être un phénomène nouveau, plusieurs villes vivent ces dernières années de véritables crises d'identité. En France, il ne se passe pas trois mois sans qu'une nouvelle polémique liée à l'immigration n'éclate : port du voile, sans-papiers ou port de la burqa, qui a d'ailleurs lancé dans le pays une vaste consultation publique sur l'identité nationale en 2009.

Au Québec, en 2007, la commission Bouchard-Taylor – une commission de consultation sur les pratiques relatives aux différences culturelles – donne la parole à des centaines de personnes. À l'origine de ce vaste forum citoyen, un malaise au sein de la population par rapport à des « **accommodements** », comme le port du kirpan dans les écoles et du foulard dans les sports organisés. En 2010, Québec propose une loi interdisant le port du voile couvrant le visage dans les services publics.

D'un côté, les principes d'ouverture aux autres cultures et la volonté de les intégrer, et de l'autre, la crainte qu'elles constituent une menace pour la culture du pays d'accueil, particulièrement dans les grandes villes. Partout en Occident, le débat est ouvert et donne souvent lieu à des manifestations, des revendications. Où se trouve la solution ?

ASSOCIE-T-ON TROP FACILEMENT MIGRATION ET VIOLENCE URBAINE ?

En 2007, un rapport d'ONU-Habitat indique que la criminalité et la violence urbaine sont en hausse partout dans le monde. L'urbanisation trop rapide et chaotique est considérée comme l'une des causes de la diminution de la sécurité dans les villes.

25 Après un débat national houleux, les Suisses votent par référendum, en novembre 2009, l'interdiction de la construction de minarets dans leur pays. Les partisans de l'interdiction ont utilisé une campagne d'affichage jugée provocatrice par certains présentant une femme voilée devant le drapeau suisse, couvert de minarets, dont la silhouette évoque des missiles.

26 Le 17 janvier 2004, des jeunes femmes musulmanes manifestent dans les rues de Paris contre la loi qui interdit le port du voile dans les écoles françaises. La loi sera maintenue.

27

28

CHIFFRES

Des villes polluantes

ONU-Habitat soutient depuis quelques années une politique d'urbanisation durable. Et pour cause: les villes, où habitent plus de 50 % des humains, polluent de plus en plus. Elles sont responsables de 75 % de la consommation d'énergie dans le monde et produisent 80 % des émissions de gaz à effet de serre.

Source: ONU, 2009.

27 Les émeutes d'octobre 2005 dans les banlieues de Paris, en France, ont donné lieu à de nombreux incendies criminels: plus de 10 000 véhicules et quelque 300 bâtiments, dont des écoles, ont été incendiés.

28 Quelque 500 personnes, des familles et des groupes de jeunes de Clichy-sous-Bois, ont organisé une marche silencieuse le 29 octobre 2005 pour rendre hommage aux deux adolescents morts en tentant d'échapper à la police.

FOCUS

Des modèles d'intégration dans le monde

L'**interculturalisme** québécois est fondé sur un contrat moral entre la communauté d'accueil et les nouveaux arrivants. Ainsi, les immigrants doivent adhérer aux choix de société du Québec et reconnaître, par exemple, que le français est la langue commune dans la vie publique. Le respect de la diversité culturelle est encouragé dans la mesure où la culture québécoise francophone reste prédominante.

Au Canada, le multiculturalisme prévaut depuis 1969. Selon ce modèle d'intégration, il faut respecter les différences culturelles pour prétendre à l'égalité. Toutes les cultures sont considérées comme égales et la mosaïque culturelle ainsi formée est censée tendre vers la construction d'une identité commune.

Le melting-pot américain, au contraire, ne prône pas la préservation des cultures, mais plutôt la formation d'une nouvelle culture fondée sur les droits individuels. Les partisans de ce modèle croient qu'il garantit à tous une participation égale à la vie démocratique du pays, puisque tous adhèrent aux mêmes principes, peu importe les différences ou les origines.

En 1992, aux États-Unis, l'acquittement de quatre policiers accusés d'avoir causé le décès d'un Noir américain provoque dans la ville de Los Angeles des émeutes qui durent six jours. Des milliers d'habitants de la ville y prennent part, en particulier des jeunes d'origine afro-américaine et latino-américaine des quartiers défavorisés. En 2005, la crise des banlieues éclate en France pour des événements semblables. De Clichy-sous-Bois, en banlieue parisienne, les émeutes se propagent dans près de 300 communes françaises et durent 3 semaines.

Ces deux cas éloignés dans le temps et l'espace ont certains points en commun: les émeutes ont débuté dans des quartiers urbains défavorisés où habitent en majorité une population «issue de l'immigration». De plus, dans les deux cas, la plupart des émeutiers interpellés ont invoqué les humiliations accumulées comme cause de la révolte: racisme, injustice, discrimination à l'embauche, **exclusion sociale**, **profilage racial**.

Associe-t-on trop facilement migration et violence urbaine? Certains groupes de défense des droits de l'homme mettent plutôt en cause la pauvreté et les difficultés d'intégration dont souffrent souvent les immigrants parce qu'ils ne trouvent pas facilement du travail.

29 La multiplication des grandes villes du monde de 1950 à 2008

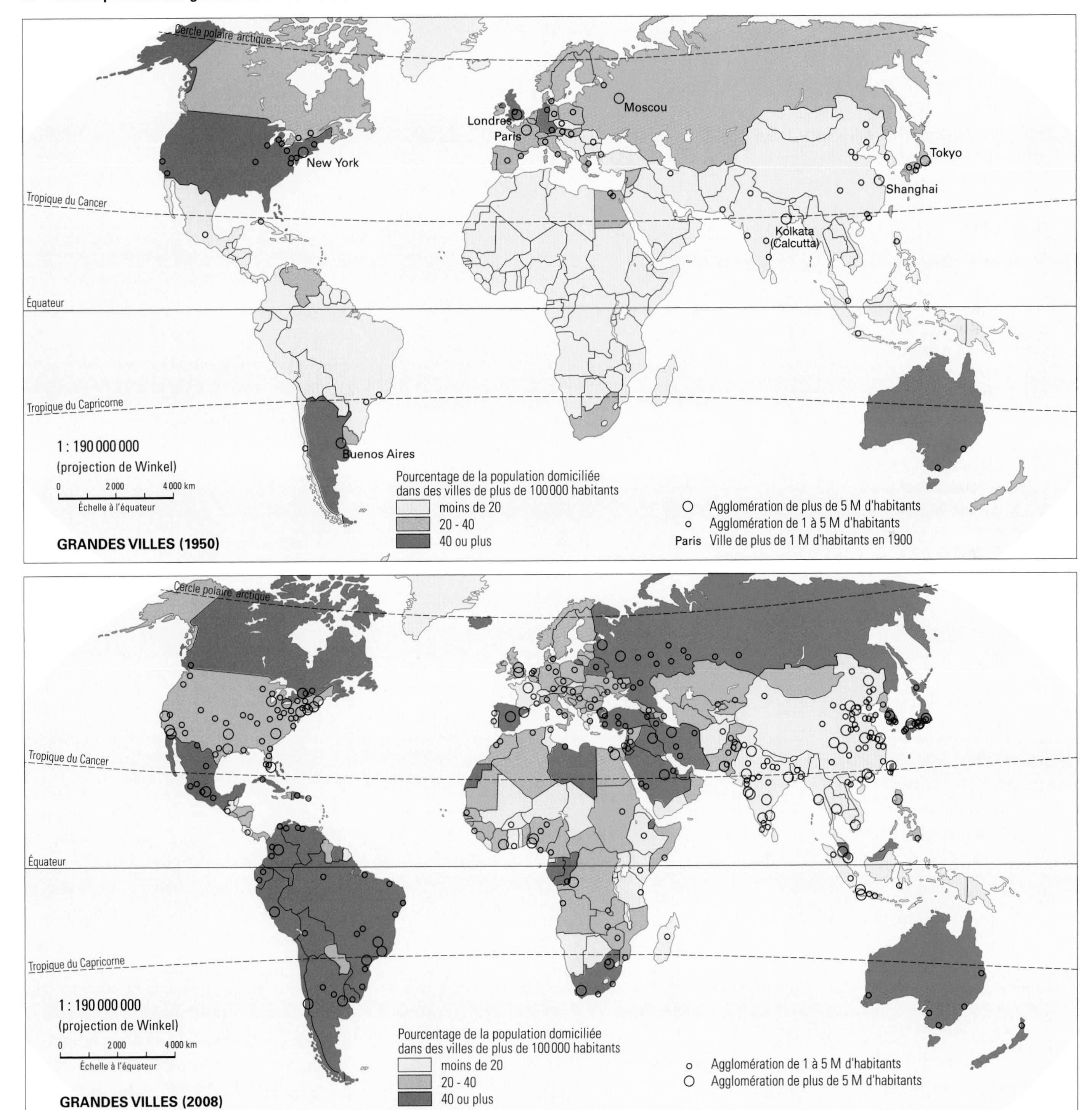

Source des deux cartes: *Le grand atlas du Canada et du monde*, 3e édition, Bruxelles, Noordhoff/De Boeck, 2009, p. 31.

PRENDRE **POSITION** (CD 2)

Les questions portent sur le contenu des pages 102 à 108.

1. Selon vous, lorsqu'on demande aux immigrants d'adhérer aux choix de société du Québec, que veut-on dire exactement ?
2. Au Canada, le multiculturalisme implique le respect et la protection des différences culturelles. Le melting-pot américain, pour sa part, prône plutôt la formation d'une nouvelle culture fondée sur les droits individuels. Selon vous, quel est le meilleur des deux modèles d'intégration ? Expliquez votre choix.
3. Êtes-vous favorable aux accommodements raisonnables au Canada et au Québec ? Expliquez votre réponse.
4. On associe souvent la violence urbaine à l'immigration. De nombreux observateurs expliquent que cette violence est causée par la ghettoïsation et l'exclusion des immigrants. Selon vous, qu'est-ce qui cause cette ghettoïsation ?
5. Selon vous, les crises économiques provoquent-elles une augmentation de la violence xénophobe ? Expliquez votre réponse.
6. À votre avis, le multiculturalisme a-t-il des effets positifs sur une société ? Expliquez votre réponse.

DÉBATTRE DE L'ENJEU : ACTIVITÉ

Composante de la CD 2

L'intégration à tous les niveaux

Outils de référence : votre manuel *Enjeux* et Internet.

L'interculturalisme prôné par le Québec sous-entend que les immigrants doivent adhérer aux valeurs sociales du Québec et adopter sa langue : le français. Le respect de la diversité culturelle est encouragé, mais pas au détriment de la culture commune.

1. Joignez-vous à trois élèves et discutez des questions suivantes :
   - Comment peut-on favoriser l'intégration des immigrants dans le milieu scolaire ?
   - La vie de quartier, les activités culturelles et sportives peuvent-elles favoriser les échanges interculturels et l'intégration des immigrants ?
   - Comment les gouvernements pourraient-ils diminuer la discrimination à l'égard des immigrants au travail ?
2. Imaginez une activité qui permettrait l'intégration des élèves immigrants dans votre école et le rapprochement entre les différentes cultures.
3. Dans un texte commun, répondez aux trois questions en illustrant vos réponses à l'aide d'exemples.

LE PHÉNOMÈNE DES GHETTOS

Le mot ***ghetto*** désigne un quartier généralement défavorisé, souvent séparé du reste de la ville, où se concentrent des minorités culturelles ou religieuses, la plupart du temps vivant dans la précarité. Des villes comme Los Angeles ou Paris comptent plusieurs de ces quartiers, où se combinent des éléments qui amènent les habitants à se sentir différents par rapport au reste de la société : revenus plus faibles, taux de chômage plus élevé, difficultés d'insertion économique, population jeune, étrangère ou d'origine étrangère. Une sorte de séparation sociale s'effectue alors que les groupes sociaux s'éloignent du fait de leurs conditions de vie différentes.

LA VIOLENCE À L'ÉGARD DES IMMIGRANTS

Depuis la crise économique mondiale de 2008, on assiste, dans plusieurs grandes villes du monde où le taux de chômage est élevé, à une hausse des attaques contre la population étrangère. Par exemple, dans les villes du Cap et de Johannesburg, en Afrique du Sud, des Sud-Africains s'en sont pris à des Zimbabwéens exilés, les accusant de voler leurs emplois et d'être responsables de la forte criminalité. À Madrid, en Espagne, où la population immigrante représente maintenant plus de 11 % de la population espagnole, les Espagnols « d'origine » veulent reprendre les emplois abandonnés aux étrangers durant le **boum économique**.

LE MULTICULTURALISME : UNE RICHESSE À DÉVELOPPER

Lors du dernier recensement, effectué en 2006, Montréal comptait 740 000 personnes nées à l'étranger. En 2009, les immigrants formaient presque le tiers de la population de l'ensemble de la ville. D'un point de vue statistique, Montréal se situe donc dans la moyenne des grandes villes occidentales. De fait, 36 % des New-Yorkais sont nés à l'étranger. À Berlin, dont la devise est « Encourager la diversité – renforcer la cohésion », près de 26 % de la population de la ville a des

30 La diversité culturelle dans les régions métropolitaines de recensement au Canada en 2006

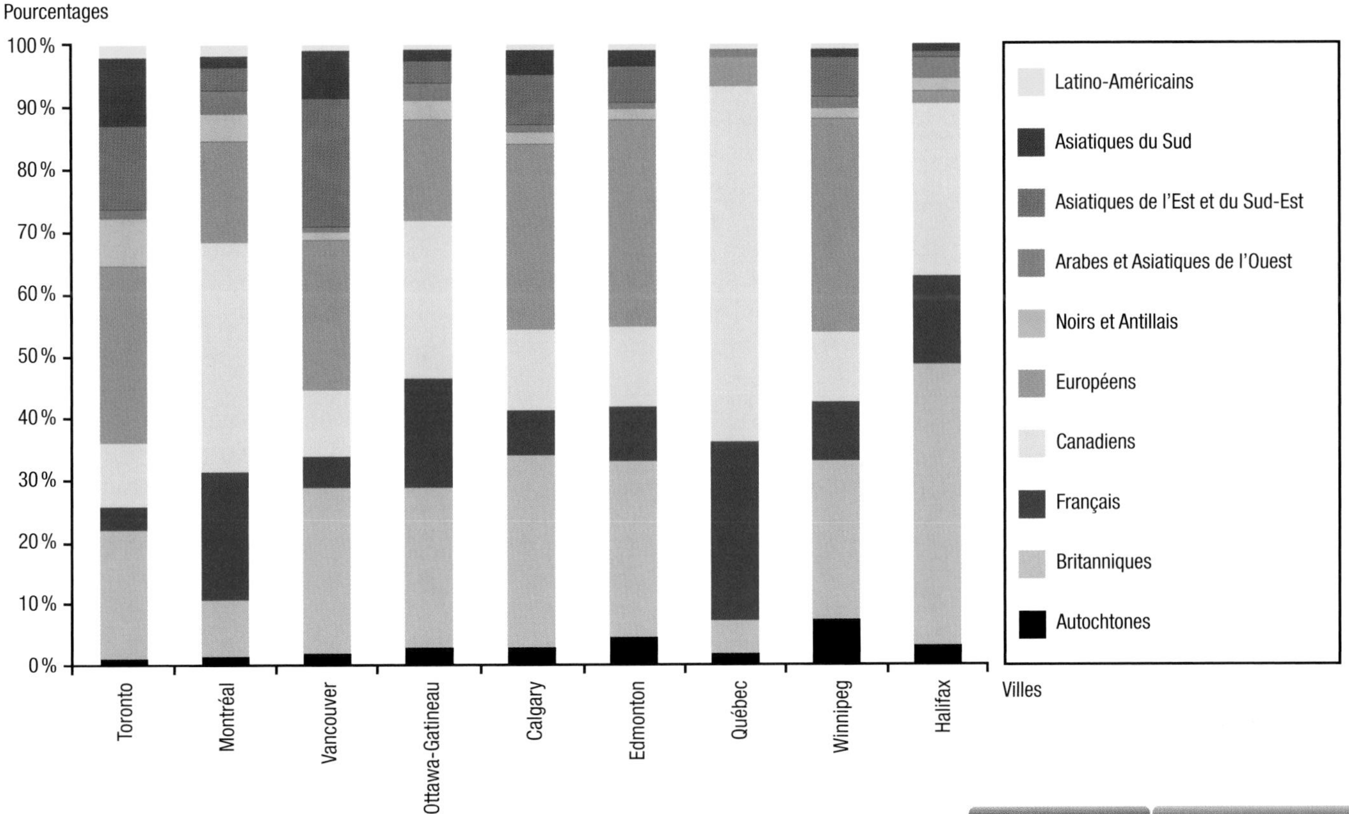

Source : Citoyenneté et Immigration Canada, *Rapport annuel sur l'application de la Loi sur le multiculturalisme canadien 2007-2008*.

FOCUS

Les accommodements raisonnables au Québec

Un accommodement raisonnable est une notion juridique issue du monde du travail et désigne un arrangement entre un employé et son employeur. Le Québec n'a pas inventé ce principe, déjà présent dans l'*Equal Employment Opportunity*, loi fédérale américaine votée en 1964. Selon les chartes canadienne et québécoise des droits et libertés de la personne, tous les Québécois ont droit à la protection contre la discrimination basée sur l'origine ethnique, la religion, l'orientation sexuelle, etc. Dans cette optique, les accommodements permettent d'assurer à tous un accès aux mêmes emplois, établissements et services, peu importe leur âge, leur religion, leur sexe, leur langue, etc. Ainsi, un employé peut faire une demande d'accommodement si cela n'entraîne pas de contrainte exagérée pour son employeur. Par exemple, des camionneurs sikhs de Montréal ont obtenu en 2006 un arrangement qui leur permet de continuer à porter le turban prescrit par leur religion au lieu du casque de sécurité exigé sur leur lieu de travail. Au Québec, la moitié des accommodements raisonnables concernent des personnes ayant un handicap. Ces dernières années, le terme a toutefois pris un tout autre sens dans la province et a surtout été associé à des motifs religieux. Avec la commission Bouchard-Taylor, en 2007, les accommodements ont servi de point de départ au débat public sur l'interculturalisme, la laïcité et l'identité québécoise.

PORTRAIT

Gérald **Godin** (1938-1994)

Gérald Godin naît à Trois-Rivières le 13 novembre 1938. Fait rare à l'époque, il a un oncle haïtien, un lien familial qui contribue peut-être à l'intéresser au sort des nouveaux arrivants. Journaliste et poète, il fait le saut en politique avec le Parti québécois en 1976. En 1981, il est nommé ministre des Communautés culturelles et de l'Immigration. Par son action politique, mais aussi par sa poésie, il travaillera à une meilleure intégration des immigrants, notamment au développement d'une plus grande tolérance envers leurs langues et leurs religions. Son poème *Tango de Montréal* témoigne bien de son attachement aux nouveaux arrivants.

racines étrangères. La ville tient d'ailleurs chaque année le Carnaval des cultures, un événement haut en couleur auquel participent les 180 communautés culturelles qui cohabitent dans la ville allemande. Une diversité culturelle qui se vit aussi à Montréal grâce à de nombreux événements et festivals socioculturels.

Mais au-delà de la diversité culturelle et des rencontres artistiques, les immigrants qui composent près du tiers de la population des grandes villes contribuent également à la vie économique, scientifique, politique et administrative. À l'heure de la mondialisation, les grandes métropoles pourraient-elles se développer et rester actives sur la scène économique et internationale sans l'apport des immigrants? Dans son rapport mondial 2009, intitulé *Investir dans la diversité culturelle et favoriser le dialogue interculturel*, l'Organisation des Nations unies pour l'éducation, la science et la culture (UNESCO) soutient que les États qui accueillent de nombreuses communautés ethniques doivent mettre en place des politiques donnant une voix aux minorités culturelles afin d'éviter l'uniformisation culturelle. Le multiculturalisme serait-il lui-même une culture au détriment de la culture locale et de celle des immigrants?

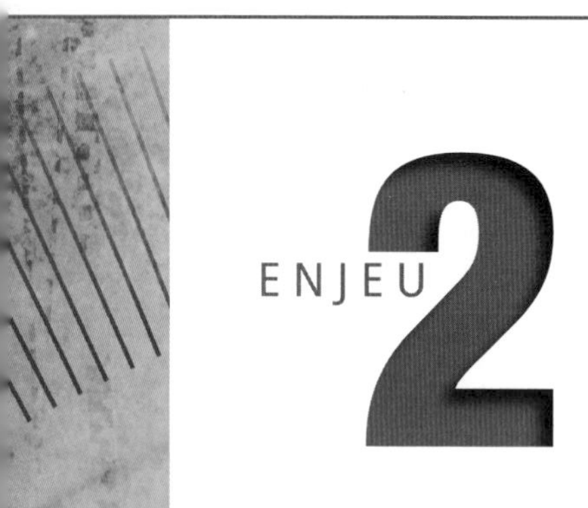

La migration et le monde du travail

Des infirmières philippines recrutées par la Suisse pour remédier à une pénurie de main-d'œuvre. Des médecins malawites plus nombreux à Manchester, en Angleterre, que dans tout le Malawi... Des milliers de travailleurs immigrants gonflent les statistiques de l'emploi, mais aussi du chômage. Les migrants doivent franchir de nombreux obstacles pour trouver du travail, condition pourtant essentielle à leur intégration. Les pays occidentaux, quant à eux, ont besoin des travailleurs migrants, mais ils doivent aussi composer avec les pertes d'emplois découlant de la mondialisation. Dans ce contexte, faut-il revoir le monde du travail pour favoriser l'intégration des migrants? L'immigration est-elle une solution au vieillissement de la population en Occident? L'immigration est-elle cause de chômage dans les pays d'accueil?

Faut-il revoir le monde du travail pour favoriser l'intégration des migrants?

Pas facile d'immigrer et de s'intégrer dans une nouvelle culture et une nouvelle société. La majorité des immigrants éprouvent des difficultés d'adaptation. Mais tout comme les experts de cette question, ils sont unanimes sur un point: le travail est le facteur le plus important pour s'intégrer dans le pays d'accueil.

31

Pourquoi ? Tout simplement parce qu'un immigrant qui travaille, pour un employeur ou à son compte, est en contact avec la population de son pays d'accueil, participe à la vie active, paie des impôts, partage sa culture et apprend aussi plus aisément la langue de son nouveau pays. Des éléments qui permettent de devenir un citoyen à part entière.

Travailler permet aux immigrants de mieux s'intégrer socialement et de contribuer à la prospérité du pays où ils s'installent. À l'inverse, les immigrants qui ne parviennent pas à trouver un emploi risquent de vivre dans la pauvreté et l'exclusion sociale et de devenir financièrement dépendants de l'État. Une précarité qui peut conduire au développement d'une économie parallèle (travail au noir, activités illégales) et à des problèmes sociaux.

LES OBSTACLES À L'EMPLOI

Trouver un travail dans sa terre d'accueil n'est pas toujours chose facile. Le délai d'adaptation, la mauvaise maîtrise de la langue, le manque d'expérience locale, la discrimination à l'embauche et, dans certains cas, la non-reconnaissance des diplômes étrangers sont autant d'obstacles que doivent surmonter les immigrants qui cherchent un travail.

La discrimination

La discrimination vient souvent en tête de liste de tous les obstacles que doivent franchir les immigrants cherchant un emploi. Par exemple, au Québec, un

31 Des immigrants sikhs travaillent dans un champ de framboises dans une ferme de Milton, en Ontario.

CHIFFRES

Travailler en ville

Les travailleurs qui migrent sont nombreux à le faire dans leur propre pays. Ainsi, en Chine, en 2008, on estimait à près de 230 millions le nombre de migrants internes qui avaient quitté les régions rurales pour travailler dans les grandes villes.

Source : ONU, 2010.

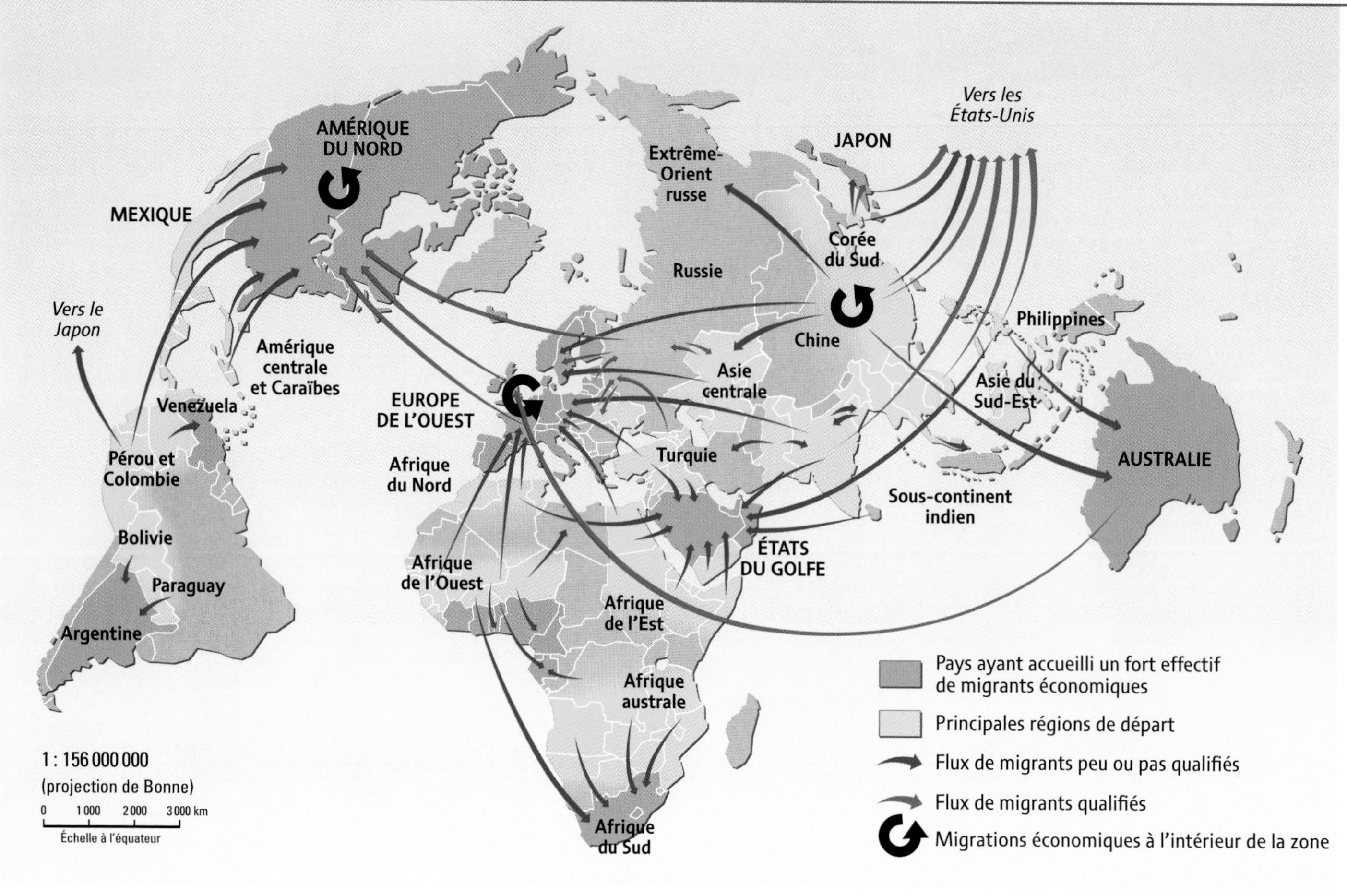

Sources des données de la carte: Dilip Raths et Zhimei Xu, *Recueil de statistiques 2008 sur les migrations et les envois de fonds*, Groupe d'étude des perspectives de développement, équipe chargée des migrations et des envois de fonds, Banque mondiale; Migrinter (migrations internationales, espaces et sociétés), Centre national de la recherche scientifique et université de Poitiers.

32 Une planète en mouvement

Source: *Le Monde diplomatique*, *L'atlas 2010*, Paris, Armand Colin, 2009, p. 17. © Philippe REKACEWICZ.

ZOOM

La fondation Migrinter

Créée en 1985, à Poitiers, en France, la fondation Migrinter est un centre de recherche qui étudie les migrations internationales ainsi que leurs effets dans les pays d'accueil et les pays d'origine. Le centre conduit également des activités de formation, de publication et de documentation. En effet, Migrinter offre une formation universitaire sur les migrations internationales, publie la revue REMI (*Revue européenne des migrations internationales*) depuis 1985, la seule publication à caractère scientifique de langue française sur le sujet, ainsi qu'une revue électronique grand public depuis 2008. Enfin, on y trouve un centre de documentation regroupant plus de 5000 ouvrages et plus de 50 revues spécialisées.

groupe d'immigrants pourtant qualifiés connaît des problèmes particuliers d'insertion au travail: en 2008, le taux de chômage des Québécois d'origine maghrébine présents au pays depuis 5 ans ou moins frôlait les 28 %, comparativement à 7 % pour le reste de la population. Un tiers d'entre eux sont pourtant titulaires de diplômes universitaires et la grande majorité parle le français. Si leur surscolarisation ou leur manque de connaissance de l'anglais ont été parfois mis en cause, de nombreux observateurs estiment que ce groupe souffre de discrimination depuis les attentats du 11 septembre 2001. Conclusion hâtive ou réalité? Le débat sur la discrimination au travail est ouvert partout dans le monde occidental.

Pour remédier aux situations de ce genre, des pays comme le Canada, les États-Unis et l'Irlande ont adopté des politiques de **discrimination positive** pour favoriser l'intégration de groupes d'immigrants marginalisés. Au Canada, les programmes d'accès à l'égalité font graduellement leurs preuves. La Loi sur l'équité en matière d'emploi a permis d'accroître de 43 % la représentation des membres des minorités visibles au sein de la fonction publique fédérale entre 2003 et 2008. La Ville de Montréal et la Chambre de commerce du Montréal métropolitain ont aussi mis en place des stages destinés aux immigrants afin de leur ouvrir les portes du marché du travail.

La scolarité, un atout?

Contrairement à ce qu'on pourrait penser, le fait qu'un immigrant possède un diplôme universitaire n'augmente pas ses chances de décrocher un emploi. En 2007, 36 % des immigrants en âge de travailler avaient fait des études universitaires, contre seulement 22 % chez les Canadiens d'origine. La même année, le taux de

33 Des nouveaux citoyens canadiens prononcent le serment de citoyenneté. Trouveront-ils facilement du travail? Parviendront-ils à s'intégrer dans leur société d'accueil?

34 **Le niveau de scolarité selon la catégorie des immigrants résidents permanents au Canada en 2007**

Niveau de scolarité	Regroupement familial (en %)	Immigrants économiques d. p.[1] (en %)	Immigrants économiques c. p.[2] (en %)	Réfugiés (en %)	Autres immigrants (en %)
0 à 9 années d'études	3,8	18,2	33,3	15,9	16,0
10 à 12 années d'études	3,2	17,1	30,7	29,5	16,9
13 années d'études ou plus	2,8	8,7	9,9	11,7	7,7
Certificat professionnel	4,1	4,9	4,3	11,6	5,4
Diplôme non universitaire	11,8	10,3	9,8	13,1	11,1
Baccalauréat	43,8	29,4	10,2	15,1	28,9
Maîtrise	25,2	9,8	1,6	2,7	11,8
Doctorat	5,4	1,6	0,3	0,5	2,3

1. d. p. = demandeurs principaux 2. c. p. = conjoints et personnes à charge

Source : Citoyenneté et Immigration Canada, *Faits et chiffres 2007 – Aperçu de l'immigration : résidents permanents et temporaires* [en ligne]. (Consulté le 16 avril 2009.)

PORTRAIT

Jacques **Couture** (1929-1995)

Jacques Couture naît dans un quartier aisé de la ville de Québec. À l'âge de 18 ans, troublé par la misère dans laquelle vivent les habitants des quartiers défavorisés, il abandonne ses études universitaires en droit et devient jésuite. Il fait le saut en politique en 1974 et devient ministre de l'Immigration en 1976. Il joue un rôle de premier plan dans l'ouverture du Québec aux réfugiés et dans la francisation des nouveaux arrivants. Il signe également une entente avec le gouvernement fédéral qui donne plus de pouvoir au Québec en matière de sélection des immigrants. Depuis 1997, le gouvernement du Québec remet tous les ans le prix Jacques-Couture à une personne ou à un organisme qui a travaillé pour la promotion du rapprochement interculturel.

35 Les pays développés comme le Canada ont besoin des diplômés des pays en développement pour combler une pénurie de main-d'œuvre. Ainsi, Citoyenneté et Immigration Canada organise des rencontres pour attirer les migrants potentiels.

chômage des nouveaux immigrants diplômés universitaires était pourtant de 10,7 % et de seulement 2,4 % chez les Canadiens d'origine. Mais ces chiffres sont le reflet d'une autre réalité : la difficulté qu'ont de nombreux immigrants à faire reconnaître leurs diplômes et leurs compétences dans leur pays d'accueil.

La formation non reconnue : un obstacle à l'intégration

Cette difficulté à faire reconnaître leurs diplômes est fréquente chez les immigrants désirant pratiquer une profession réglementée. Cette entrave à la circulation et à l'intégration d'une main-d'œuvre hautement qualifiée incite de plus en plus de pays occidentaux à trouver des solutions et à assouplir leurs règles pour permettre aux immigrants d'obtenir un emploi.

Des médecins qui ne pratiquent pas

Dans de très nombreux pays, la pratique de certaines professions est régie par des ordres professionnels afin de protéger la population. Au Québec, on compte 45 ordres professionnels, dont le Collège des médecins ou l'Ordre des psychologues. Pour avoir le droit de pratiquer une de ces professions, tous les candidats doivent obligatoirement obtenir un diplôme, réussir les examens de l'ordre ou répondre aux exigences imposées par celui-ci. Les ordres décident donc des critères de sélection et des normes de pratique de ces professions.

Ainsi, un médecin, une ingénieure, un arpenteur-géomètre ou une infirmière qui immigre doit, pour exercer sa profession dans son pays d'accueil, faire reconnaître

ZOOM

Les Canadiens aussi émigrent

Selon une étude parue en 2006, on estime que 1 Canadien sur 1000 quitte le Canada chaque année pour aller s'établir dans un autre pays. Les États-Unis demeurent la principale destination, suivis du Royaume-Uni et de l'Australie. Entre 2000 et 2004, près de 69 000 Canadiens par année sont partis vivre aux États-Unis et 8500 au Royaume-Uni. Les raisons de ces départs ? Principalement professionnelles et économiques : une carrière plus prometteuse, un salaire plus élevé. Autre cas de figure : des anciens immigrants, des Italiens, des Polonais, des Grecs, arrivés au Canada lors des grandes vagues d'immigration du début du 20e siècle, qui retournent dans leur pays d'origine pour y passer leurs vieux jours.

ses diplômes et ses compétences, réussir des examens et se soumettre à des tests de compétences linguistiques. Dans le cas des professions non réglementées, c'est généralement l'employeur qui décide de reconnaître ou non un diplôme.

Au cours des dernières décennies, les ordres professionnels d'ici et d'ailleurs ont parfois fait preuve de protectionnisme en refusant souvent de reconnaître les compétences des candidats immigrants. C'est ainsi qu'au Canada, comme ailleurs, il n'est pas rare que des immigrants pourtant qualifiés se trouvent au chômage ou ne puissent pratiquer leur profession. Des ingénieurs et des médecins se trouvent dans des emplois sans lien avec leur formation. Compte tenu des pénuries criantes de main-d'œuvre spécialisée dans de nombreux domaines, plusieurs y voient un gaspillage de potentiel et de compétences.

LA RECONNAISSANCE DES DIPLÔMES ÉTRANGERS: UN PASSAGE OBLIGÉ

La pénurie de professionnels, à laquelle sont confrontés presque tous les pays occidentaux en raison du vieillissement de leur population, oblige désormais les États et les ordres professionnels à harmoniser leurs règles avec celles d'autres pays afin de permettre une meilleure intégration des immigrants diplômés.

Plusieurs pays ont donc mis en place un système de reconnaissance des diplômes étrangers qui permet d'évaluer la formation des immigrants. Il s'agit d'un processus complexe, étant donné que les normes, le système d'éducation et les objectifs d'apprentissage diffèrent d'un pays à un autre.

L'Australie, par exemple, exige que les futurs immigrants obtiennent une équivalence de diplôme avant de leur remettre un visa d'immigration. Cela évite que des professionnels immigrent sans que leurs compétences soient reconnues.

Au sein de l'Union européenne, afin que les professionnels qualifiés puissent exercer aisément leur profession, les États membres ont adopté un système de reconnaissance des diplômes étrangers commun à tous.

À la lumière de l'expérience européenne et compte tenu des mouvements de main-d'œuvre qu'entraîne la mondialisation, de nombreux observateurs se demandent s'il ne faut pas envisager une «planétarisation» des normes professionnelles. Des ordres professionnels régis par des règlements nationaux pourraient ainsi se regrouper et s'entendre sur des normes communes à l'ensemble de la planète.

Faut-il en arriver à la formation et aux diplômes universels? Certains y voient une menace pour les pays pauvres qui ne pourraient concurrencer les pays riches, dont les systèmes d'éducation sont plus développés et mieux outillés. D'autres soutiennent que cette mondialisation des compétences est inévitable ou souhaitable.

Et au Québec?

Au Québec, les longs délais pour obtenir une évaluation comparative des études faites à l'étranger auraient découragé plus d'une personne dans le passé. La province travaille donc depuis quelques années à l'amélioration du processus.

Parallèlement, le gouvernement québécois a investi afin de permettre aux 45 ordres professionnels, dont 34 affichent déjà une pénurie de diplômés, d'offrir des formations d'appoint ou de remise à niveau aux personnes nouvellement arrivées. À la

PORTRAIT

Mamie **Henriette**

Henriette Nzuji Ntumba, d'origine congolaise, arrive à Montréal en 2000. Venue pour aider sa fille malade, elle finit par s'installer au Québec. Mamie Henriette ne tarde pas à constater la situation des immigrantes de son âge: certaines sont isolées et exclues notamment à cause de leur âge avancé. Elle décide alors de créer un organisme, le MIDI (mamies immigrantes pour le développement et l'intégration), qui favorisera leur intégration en les aidant à développer des activités rémunérées (services de garde d'enfants, de couture, etc.). Pour Mamie Henriette, il est important d'établir des liens entre les générations: « Chez nous, on dit qu'une personne âgée est une véritable bibliothèque. Elle est très importante au sein de la communauté. Il faut donc établir des liens entre les jeunes et leurs aînés. Quand on coupe les racines d'un arbre, ne va-t-il pas mourir ? »

36 La proportion des immigrants originaires de pays en développement parmi les travailleurs du domaine de la santé dans les pays développés, en 2005

Pays développés	Médecins venant des pays en développement (en % par rapport au nombre total de médecins)	Infirmières venant des pays en développement (en % par rapport au nombre total d'infirmières)
Australie	21	—
Canada	23	6
États-Unis	27	5
Irlande	—	14
Nouvelle-Zélande	34	21
Royaume-Uni	33	10

Source : OMS, 2006.

37 Un accord entre le Royaume-Uni et les Philippines vise à compenser le départ de nombreuses infirmières philippines. Pour une infirmière formée aux Philippines qui immigre au Royaume-Uni, ce dernier finance la formation aux Philippines de trois nouvelles infirmières.

ZOOM

L'exode des cerveaux

La pauvreté et les conflits poussent souvent les travailleurs hautement qualifiés des pays en développement à quitter leur patrie pour tenter leur chance dans un pays industrialisé et améliorer ainsi leur sort. L'exode de ces « cerveaux » est critique pour les pays pauvres, car ceux-ci se trouvent privés des personnes dont dépend leur développement social, scientifique et technologique. Par exemple, cet exode peut avoir des effets très graves sur leur système de santé. Selon le rapport annuel sur l'état de la population mondiale de 2006, réalisé par le UNFPA, la ville anglaise de Manchester compte plus de médecins malawites... que tout le Malawi. Le manque de médecins et d'infirmières se fait aussi cruellement sentir en Zambie et au Zimbabwe, du fait que la plupart des diplômés ont émigré.

suite de l'adoption d'un nouveau programme destiné à faciliter le recrutement de diplômés étrangers, les demandes d'équivalence de diplômes ou de formation ont augmenté de 500 % en 7 ans, passant de 800 en 2001 à 4000 en 2006 !

De plus, le gouvernement québécois a signé en 2008 l'Entente France-Québec en matière de reconnaissance mutuelle des qualifications professionnelles. À la suite de cette entente, plusieurs ordres professionnels québécois et français, dont des ordres d'architectes, d'avocats, d'ingénieurs, de médecins et de travailleurs sociaux, ont pris des arrangements. Cela permettra, par exemple, à un médecin français d'être dispensé d'un test linguistique et de l'examen d'évaluation du Conseil médical du Canada. Beaucoup d'espoirs sont fondés sur ce type d'entente, qui pourrait s'étendre à d'autres pays.

L'immigration est-elle une solution au vieillissement de la population en Occident ?

Le vieillissement de la population est l'un des plus grands problèmes que devront affronter les pays développés dans l'avenir. Sans l'apport de l'immigration, l'ONU estime que, dans les pays développés, la population en âge de travailler connaîtra une baisse d'environ 23 % d'ici 2050, alors que le nombre de personnes âgées aura presque doublé.

Dans la plupart des pays industrialisés, le taux de natalité étant faible, les migrations internationales jouent un rôle important dans l'évolution démographique. Le cas de l'Europe est particulièrement criant : malgré l'immigration, une baisse démographique semble inévitable sur le continent à l'heure actuelle. Selon les projections, la part de main-d'œuvre née sur le territoire européen baissera de plus de 16 millions d'ici 2025 et de 44 millions d'ici 2050.

Pendant ce temps, la population d'Afrique du Nord devrait continuer à augmenter beaucoup plus rapidement que la croissance économique de cette région. Une partie importante de la population active nord-africaine sera donc à la recherche de travail, en Europe ou ailleurs.

Des pays comme le Canada, l'Australie, la Belgique ou la Suède comptent déjà sur l'immigration pour maintenir leur taux de croissance démographique. Les États-Unis sont l'un des rares pays développés dont la population augmente. En plus de recevoir le plus grand nombre d'immigrants au monde, son taux de natalité est de 2,1 enfants par femme, comparativement à 1,74 au Québec. On s'attend à ce que la population américaine passe de 300 millions, en 2005, à plus de 400 millions en 2050.

En 2009, l'Institut de la Statistique du Québec annonçait une remontée de la croissance démographique de la province, estimant que la population québécoise atteindrait les 9,2 millions en 2056. Toutefois, d'autres études démographiques font état d'un déclin de la croissance et certains experts affirment qu'il faudrait au moins 60 000 nouveaux immigrants chaque année pour maintenir la croissance de la population.

DES PÉNURIES PARTOUT EN OCCIDENT

Une boîte de consultation en recrutement international : c'est par ce moyen qu'un employeur de la région de Lanaudière, au Québec, a finalement pu former sa nouvelle équipe de soudeurs, après avoir en vain tenté d'embaucher aux quatre coins de la province. Les nouvelles recrues sont arrivées du Costa Rica pour se joindre aux travailleurs de l'entreprise.

Le Canada et le Québec, comme le reste de l'Occident, sont déjà confrontés à des pénuries de main-d'œuvre dans tous les secteurs de l'activité économique et la

PRENDRE **POSITION** (CD 2)

Les questions portent sur le contenu des pages 108 à 114.

1. Pourquoi est-il si important que les immigrants trouvent du travail dans leur pays d'accueil ?
2. Pensez-vous que les ordres professionnels, comme le Collège des médecins et l'Ordre des ingénieurs, devraient reconnaître les diplômes étrangers ? Expliquez votre réponse.
3. Êtes-vous en faveur des politiques de discrimination positive que le Canada applique pour favoriser l'intégration des groupes d'immigrants marginalisés ? Expliquez votre réponse.
4. Pourquoi les ordres professionnels, après avoir longtemps fait preuve de protectionnisme, s'ouvrent-il aujourd'hui aux professionnels immigrants ?
5. À votre avis, l'uniformisation des normes professionnelles dans le monde serait-elle un avantage ou un inconvénient pour les pays développés comme le Canada ? Expliquez votre réponse.
6. La pénurie de professionnels au Québec se traduit en chiffres concrets : 63 000 infirmières, 6300 pharmaciens, 5200 travailleurs sociaux, 2000 inhalothérapeutes manqueront au cours de la prochaine décennie. Selon vous, la solution à cette crise réside-t-elle dans le recrutement de diplômés étrangers ? Expliquez votre réponse.

EXAMINER DES POINTS DE VUE RELATIFS À L'ENJEU : ACTIVITÉ

Composante de la CD 2

L'exode des cerveaux : le pour et le contre

Outils de référence : votre manuel *Enjeux* et Internet.

Le Canada et le reste des pays occidentaux souffrent d'une pénurie de main-d'œuvre spécialisée, et les diplômés des pays en développement constituent une solution à cette pénurie. Toutefois, l'émigration de ces diplômés n'est pas sans conséquences pour les pays pauvres, qui perdent une partie de leur capital humain nécessaire à leur développement. C'est ainsi que les médecins et les scientifiques du Ghana et du Malawi, par exemple, émigrent dans des pays riches, comme le Royaume-Uni ou le Canada, où les conditions de travail et les revenus sont meilleurs.

1. En équipe de deux, répondez aux questions suivantes :
   - Pourquoi les États et les ordres professionnels des pays riches ont-ils avantage à revoir leurs critères pour permettre aux diplômés étrangers d'exercer sur leur territoire ?
   - Quels sont les arguments des pays pauvres contre l'exode des cerveaux qu'ils subissent ?
   - Est-il possible de trouver des solutions qui conviendraient à la fois aux pays riches et aux pays pauvres ? Expliquez votre réponse.
2. Trouvez des solutions à l'exode des cerveaux des pays pauvres.
3. Comparez vos solutions avec celles des autres équipes de la classe.

situation devrait s'aggraver entre 2010 et 2020. Pour la première fois dans son histoire, l'industrie de la construction du Canada doit faire appel à des travailleurs qualifiés étrangers pour répondre aux besoins de l'industrie. Au Québec, on estime que 40 % des infirmières en salle d'opération auront pris leur retraite entre 2010 et 2018.

La pénurie de professionnels au Québec se traduit en chiffres concrets : 63 000 infirmières, 6300 pharmaciens, 5200 travailleurs sociaux, 2000 inhalothérapeutes manqueront au cours de la prochaine décennie.

En Europe, presque tous les pays connaîtront un déclin de leur main-d'œuvre dans l'avenir. La pénurie se fait déjà sentir dans les secteurs des technologies de l'information, des services financiers, de l'agriculture et de la construction. En Suisse, la pénurie d'infirmières a amené le pays à embaucher des infirmières en Inde et aux Philippines.

CHIFFRES

L'Occident vieillit

Les projections de l'ONU indiquent que, si toutes les populations occidentales diminuent et vieillissent, c'est l'Italie qui subira la plus grande diminution de population, soit 28 % entre 1995 et 2050. La population de l'Union européenne surpassait celle des États-Unis de 105 millions en 1995, mais sera inférieure de 18 millions en 2050.

Source : ONU, 2009.

LES LIMITES DE L'IMMIGRATION

Si l'immigration de travailleurs dans les pays occidentaux peut, en partie, compenser la baisse de main-d'œuvre, les experts de l'ONU et de l'OCDE estiment qu'elle ne peut constituer l'unique solution pour résoudre toutes les pénuries d'effectifs. Dans son étude de 2007 sur le développement durable dans un monde vieillissant, le Département des affaires économiques et sociales de l'ONU fait état des limites de l'immigration comme solution au vieillissement de la population et aux pénuries de travailleurs en Occident :

- Une très large proportion des personnes qui souhaitent migrer viennent de pays pauvres et n'ont pas nécessairement la formation pour répondre aux besoins spécifiques des pays d'accueil.
- Si les travailleurs qualifiés des pays pauvres émigrent massivement, ces pays auront à leur tour des problèmes économiques.
- Pour remédier aux pénuries occidentales, il faudrait un nombre trop élevé d'immigrants, soit 13 millions par année en Europe d'ici 2050 et 10 millions au Japon et aux États-Unis.

FOCUS

L'OIT : pour le travail décent dans le monde

Fondée en 1919, l'Organisation internationale du travail (OIT) est l'agence de l'ONU qui élabore les normes internationales du travail, en collaboration avec des représentants des gouvernements, des employeurs et des travailleurs, et qui veille à leur application. La mission de l'OIT peut se résumer ainsi : œuvrer pour que tous les travailleurs aient accès à un emploi « décent et productif, dans des conditions de liberté, d'équité, de sécurité et de dignité ».

Le travail : la clé du bien-être économique

L'OIT estime que le bien-être économique des individus repose sur le travail, parce qu'il constitue non seulement une source de revenus, mais aussi un lieu d'épanouissement professionnel, social et personnel. Les principales tâches de l'OIT consistent donc à promouvoir les droits des travailleurs et la liberté syndicale ainsi qu'à encourager la création d'emplois décents offrant une protection sociale et un environnement sécuritaire aux travailleurs.

De plus, l'OIT lutte activement contre :

- le travail forcé (12 millions de personnes en seraient victimes) ;
- le travail des enfants (200 millions d'enfants travailleraient dans le monde, dont 126 millions, soit 1 sur 12, exécuteraient des travaux mettant en danger leur bien-être physique, mental et moral) ;
- la discrimination au travail (des millions de victimes),
- l'exploitation des travailleurs immigrés.

En 1998, l'OIT adopte la Déclaration relative aux principes et droits fondamentaux au travail afin de renforcer son action.

L'immigration : cause de chômage ?

Si les pays industrialisés souffrent de pénurie de main-d'œuvre en raison du vieillissement de leur population, le taux de chômage reste relativement élevé dans certains pays occidentaux, du moins dans certains secteurs économiques. Parmi les multiples causes de ce chômage, figure la mondialisation.

LA MONDIALISATION GÉNÈRE DES EMPLOIS… ET DES CHÔMEURS

La mondialisation incite de nombreuses grandes entreprises occidentales à faire fabriquer leurs produits ou des composantes de leurs produits dans des pays en

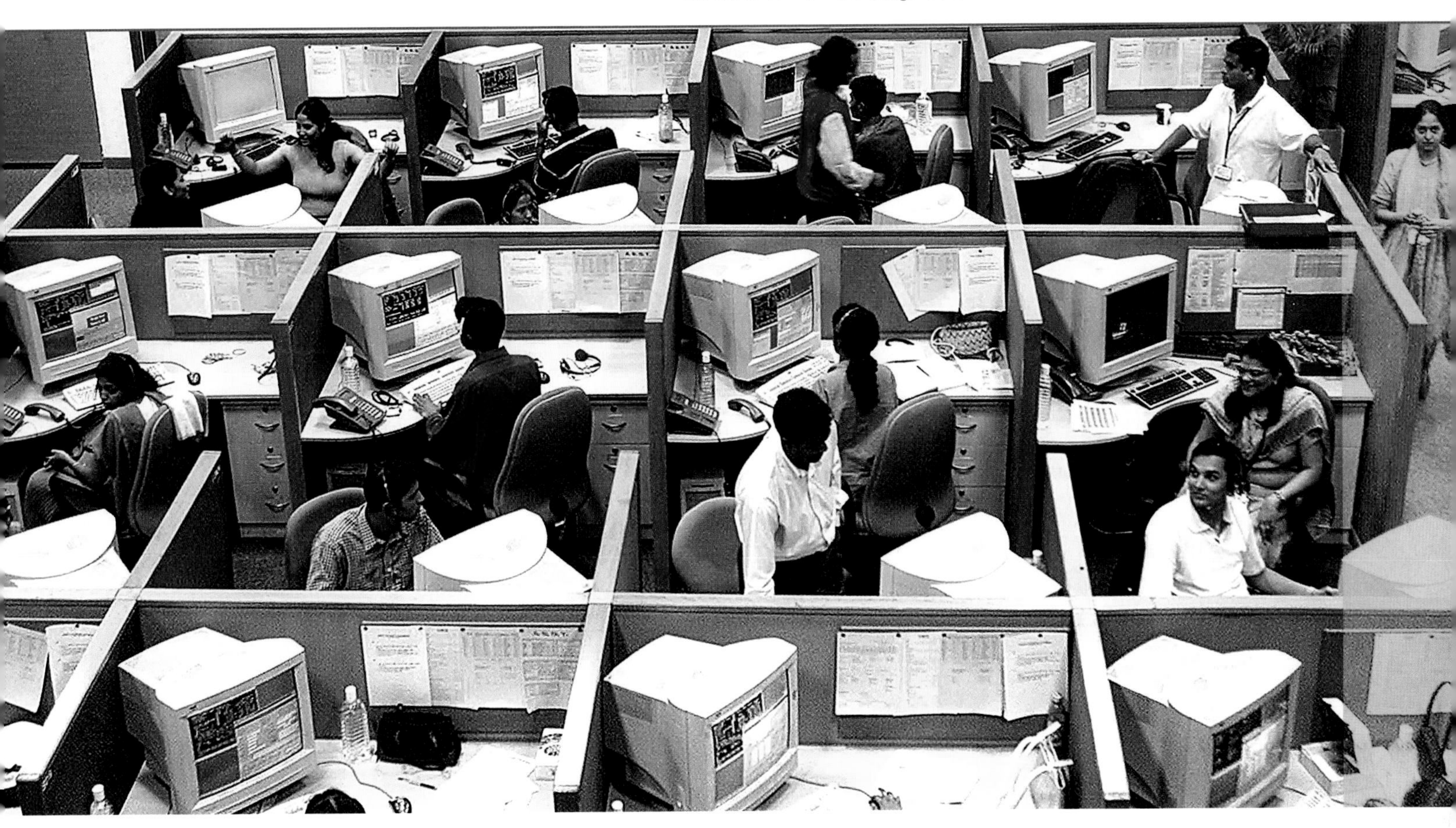

38 En Inde, la main-d'œuvre nombreuse, peu coûteuse, qualifiée et parlant l'anglais a attiré de nombreuses multinationales, qui y ont délocalisé leurs services (réservations aériennes, services à la clientèle pour les banques, les compagnies d'assurances, etc.). Ces délocalisations ont fait de ce pays émergent le « bureau du monde ».

développement ou émergents, où les salaires sont moins élevés et les lois du travail souvent plus souples. Ce phénomène, nommé **délocalisation**, a pour conséquence positive la création de milliers d'emplois et le développement économique dans les pays en développement et, dans certains cas, pour conséquence négative la fermeture de nombreuses usines et entreprises dans les pays développés.

Les délocalisations

La Chine et l'Inde ont particulièrement profité des délocalisations. Leur main-d'œuvre très nombreuse et peu coûteuse leur a permis d'attirer les plus grandes multinationales. C'est ainsi qu'on qualifie aujourd'hui la Chine d'« usine du monde » en raison des immenses manufactures qui y ont été installées. L'Inde a misé pour sa part sur une main-d'œuvre qualifiée et a obtenu le titre de « bureau du monde », notamment pour ses innombrables entreprises de programmation informatique et de services d'assistance à la clientèle.

FOCUS

L'Alliance internationale des migrants

Il y aurait actuellement dans le monde plus de 200 millions de migrants. Parmi eux, des milliers de travailleurs, qui constituent environ 3 % de la main-d'œuvre mondiale. Afin de défendre leurs droits, des travailleurs migrants ont créé l'Alliance internationale des migrants (AIM) en juin 2008, à Hong-Kong, dont il existe une section canadienne.

L'AIM représente 118 associations d'immigrants, syndicats et autres regroupements de travailleurs migrants et de réfugiés qui viennent d'au moins 25 pays. La raison d'une telle organisation ? Les travailleurs migrants sont une main-d'œuvre bon marché pour les pays développés, qui souffrent actuellement d'une pénurie de main-d'œuvre. Ils aboutissent souvent dans des emplois qui offrent de mauvaises conditions de travail, surtout s'ils sont en situation irrégulière : absence de couverture sociale, faible revenu, heures supplémentaires non payées. Et en cas de **récession** économique, ils sont les premiers à être licenciés. Cette précarité d'emploi a des répercussions non seulement sur la situation économique des immigrants, mais dans certains cas, aussi sur celle de leur pays d'origine. En effet, l'argent que les immigrants envoient dans leur pays d'origine est souvent essentiel, surtout pour les pays en développement.

39 La Chine a particulièrement profité des délocalisations. En y élisant domicile pour la fabrication de leurs produits (vêtements, chaussures, jouets et autres produits manufacturés, cellulaires, ordinateurs et appareils électroménagers), les entreprises étrangères ont contribué à faire de la Chine « l'usine du monde ».

40 **L'accroissement démographique au Canada et la part de l'immigration**

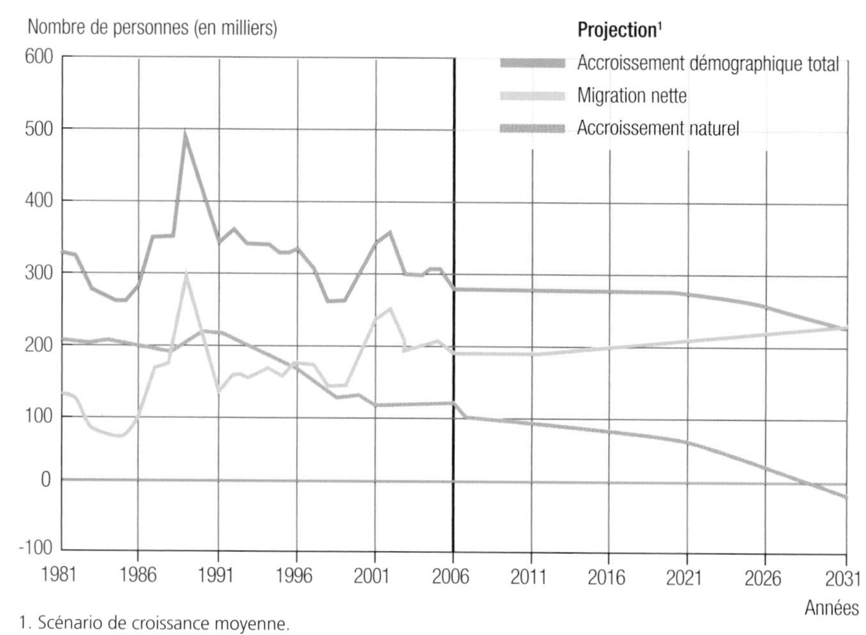

1. Scénario de croissance moyenne.

Source : Statistique Canada, CANSIM [en ligne]. (Consulté le 16 avril 2009.)

Aujourd'hui, ces deux géants de l'Asie sont devenus, grâce aux délocalisations, des pays émergents dont la croissance économique bouleverse les rapports de force avec l'Occident. Les délocalisations ont non seulement créé des millions d'emplois en Chine et en Inde, mais elles ont également permis à ces deux pays d'acquérir la technologie et le savoir-faire industriel qu'ils utilisent maintenant dans leurs propres usines où ils créent des emplois.

Toutefois, dans les pays occidentaux, les délocalisations prennent le visage du chômage. Sous l'effet des pertes massives d'emplois qui en résultent, les immigrants qui s'installent dans les pays développés sont souvent perçus comme des compétiteurs par les travailleurs locaux au chômage, qui voient l'immigration comme une menace et non comme un atout économique.

Des immigrants au chômage

La compétition entre travailleurs locaux et travailleurs immigrants est-elle fondée ? Non, répondent les experts. De fait, depuis déjà plusieurs années, une bonne majorité des immigrants sont choisis sur la base de leur formation et du type d'emploi qu'ils occuperont, en fonction des besoins de main d'œuvre du pays d'accueil. Dans les faits, les immigrants qui trouvent du travail contribuent à la vie économique et indirectement à la création d'emplois. Mais dans les statistiques, on constate qu'ils sont aussi aux prises avec le manque de travail.

En effet, ce sont avant tout les immigrants qui souffrent du chômage. En 2007, le taux de chômage chez les immigrants en âge de travailler et établis au Canada depuis 5 ans ou moins était de 11 %, soit un taux deux fois plus élevé que celui observé chez les travailleurs nés au Canada. À Montréal, ville où se concentrent la plupart des nouveaux arrivants au Québec, le taux de chômage chez les immigrants récents était de 18,1 % en 2006, soit un taux presque 3 fois plus élevé que celui observé chez les Montréalais nés au Canada.

Les immigrés chômeurs payés pour quitter l'Espagne

En 2008, sous la pression de la crise sociale engendrée par un très haut taux de chômage, le gouvernement espagnol lance un programme, fort contesté, de départ volontaire des immigrants. Ainsi, l'Espagne offre une compensation financière aux immigrants sans emploi qui acceptent de retourner dans leur pays d'origine. Le taux de chômage élevé en 2008 – 14 %, dont bon nombre d'immigrants – aurait motivé la création de ce programme. Pour toucher leurs indemnités, les volontaires doivent renoncer à leur permis de séjour et prendre l'engagement de ne pas revenir en Espagne avant trois ans. Ce renversement de la politique d'immigration espagnole a été fortement critiqué, car il fait peser sur les immigrants la responsabilité de la récession provoquée par la crise économique mondiale.

PRENDRE **POSITION** (CD 2)

Les questions portent sur le contenu des pages 114 à 119.

1. Pensez-vous que l'immigration présente des avantages pour un pays ? Expliquez votre réponse.
2. L'immigration est souvent perçue comme une solution au vieillissement de la population. Quelle est la position de certains organismes internationnaux sur cette question ?
3. Avec la mondialisation des marchés, les entreprises multinationales n'hésitent pas à délocaliser leur production. Quels sont les effets positifs et négatifs de cette pratique ?
4. Le gouvernement espagnol offre une compensation financière aux immigrants sans emploi pour qu'ils retournent dans leur pays d'origine. Que pensez-vous de ce programme ? Expliquez votre réponse.
5. Malgré la pénurie de main-d'œuvre, pourquoi le taux de chômage est-il plus élevé chez les immigrants que chez les personnes nées au Canada ? Que pensez-vous du fait que l'immigration soit perçue comme une cause de chômage ?

DÉBATTRE DE L'ENJEU : ACTIVITÉ

Composante de la CD 2

Ouvrir ou fermer les barrières ?

Outils de référence : votre manuel *Enjeux* et Internet.

L'immigration soulève beaucoup de débats relativement à l'emploi. Certains groupes d'influence et partis politiques de droite associent la hausse du chômage à l'immigration. D'autres intervenants considèrent, au contraire, que l'immigration est une solution à la pénurie de main-d'œuvre spécialisée et au vieillissement de la population en Occident.

1. En groupe-classe, engagez un débat sur l'enjeu de l'emploi par rapport à l'immigration à partir des questions suivantes :
   - Les pays développés comme le Canada doivent-ils s'ouvrir à l'immigration pour combler leur besoin de main-d'œuvre spécialisée, ou doivent-ils se fermer pour protéger les emplois à l'intérieur du pays ?
   - Doit-on limiter la délocalisation des entreprises pour conserver les emplois à l'intérieur du pays ?
   - À long terme, l'immigration est-elle la seule solution à la pénurie de main-d'œuvre et au vieillissement de la population ?

VEILLE MÉDIATIQUE

BONDY BLOG

l'Hebdo

DES JOURNALISTES SUISSES DANS LE 9•3

AVEC SERGE MICHEL

Pour voir la France, L'Hebdo s'installe dans le 9.3. A Bondy plus précisément. Alors que les émeutes des banlieues touchent à leur fin, il a ouvert un micro-bureau dans lequel se relaient les journalistes. L'expérience va durer le temps qu'il faudra pour comprendre et raconter les maux français, les pieds dans les cités plutôt que le derrière dans les cafés du Quartier latin.

SEUIL

◂ Les banlieues françaises vues de l'intérieur

Lors des émeutes de 2005 dans les banlieues françaises, une équipe du journal suisse *L'Hebdo* s'installe dans la commune de Bondy, au milieu de l'action, pour couvrir les événements de l'intérieur. L'objectif: faire entendre les voix des banlieusards qui sont insatisfaits du traitement des médias dominants. *L'Hebdo* met fin à l'opération trois mois plus tard, mais le Bondy Blog est repris par une association locale et publie les textes d'une trentaine de jeunes en début de carrière ou en recherche d'emploi. *L'Hebdo* publiera un livre sur l'expérience de Bondy et cédera les droits à l'association.

En 2010, le Bondy Blog est lu par des millions d'internautes et a inspiré des centaines de médias alternatifs (radios, Internet, blogues, webzines, etc.) qui posent un regard différent sur les banlieues: celui de ses habitants.

▾ Journalistes du monde

L'émission *Kiosque* diffusée sur TV5MONDE réunit chaque semaine à Paris des correspondants de médias étrangers postés en France. Au menu, la revue de l'actualité internationale de la semaine commentée par les journalistes invités.

En réunissant des journalistes de cultures diverses, la formule permet d'offrir aux téléspectateurs une analyse de l'actualité et une lecture des grands journaux internationaux selon des points de vue très différents. *Kiosque* met aussi en lumière des événements importants de l'actualité de certains pays qui ont été ignorés par les médias internationaux.

TV5MONDE diffuse à travers la francophonie. La chaîne propose plusieurs émissions d'information dont le journal télévisé *Monde* et le journal télévisé *Afrique*.

Accommodements raisonnables : les médias au banc des accusés ►

En 2006 et 2007, le Québec est marqué par la crise des accommodements raisonnables. Les médias rapportent de plus en plus « d'accommodements » accordés à des patients, des clients ou des employés d'institutions publiques, en lien avec leur différence culturelle. Cela suscite une réaction dans la population.

D'abord de simples faits divers, ces accommodements raisonnables deviennent l'objet d'un débat d'envergure nationale. Le gouvernement du Québec décrète la tenue d'une commission de consultation publique qui fait le tour de la province pour recueillir les opinions et les recommandations des citoyens et des groupes de pression.

Dans les mémoires déposés à la commission, certains groupes soutiennent que les médias contribuent à entretenir une image négative des immigrants. Les médias ont également été critiqués par quelques observateurs pour leur couverture trop abondante et sensationnaliste des accommodements et des audiences de la commission de consultation.

L'OBSERVATOIRE MÉDIAS

CONSIDÉRER LE TRAITEMENT MÉDIATIQUE

Composante de la CD 2

1. Les reportages internationaux présentés aux nouvelles télévisées ou dans les journaux vous permettent-ils de comprendre la réalité d'autres peuples ? Expliquez votre réponse en citant des exemples de reportage.
2. Trouvez trois caricatures traitant de l'immigration ou des accommodements raisonnables. Quelle image des communautés culturelles ces caricatures véhiculent-elles ?
3. Que pensez-vous de l'initiative Bondy Blog ? Croyez-vous que les journalistes devraient multiplier ce type d'expériences ? Pourquoi ?

SYNTHÈSE DU DOSSIER POPULATION

Interprétation: L'intensification des mouvements migratoires

Un accroissement accéléré des déplacements

Depuis quelques décennies, les migrations de populations ne cessent d'augmenter. Plus de 200 millions de migrants vivent actuellement en dehors de leur pays d'origine, soit 3 % de la population mondiale.

Ces migrations sont attribuables à deux facteurs :

- la mondialisation (ouverture des frontières et multiplication des échanges entre pays) ;
- le développement des nouvelles technologies (moyens de transport plus efficaces, communications instantanées grâce au téléphone cellulaire, Internet, etc.).

La migration

La migration humaine se définit comme le déplacement d'individus d'un lieu de vie vers un autre. Ce déplacement peut se faire d'une région à une autre, à l'intérieur d'un même pays, ou d'un pays à un autre.

Depuis toujours, les populations humaines ont migré pour fuir la famine, échapper à l'ennemi, trouver du travail, explorer d'autres territoires, etc.

Les États-Unis sont le plus grand pays d'immigration.

Le Canada compte lui aussi un grand nombre d'immigrants.

Le Québec a reçu des vagues successives d'immigrants :

- au 19e siècle, ils sont surtout originaires d'Écosse, d'Irlande et des îles Britanniques ;
- au 20e siècle, ils viennent d'abord d'Europe (Italie, Grèce et Portugal principalement), puis d'Haïti, du Vietnam, d'Amérique latine, d'Asie et d'Afrique du Nord.

Cet éventail des pays d'origine ne fait que s'étendre.

Par contre, 75 % des émigrants sont concentrés dans seulement 12 % des pays du monde (États-Unis, Russie, Allemagne, Canada, etc.).

Les normes et les politiques d'immigration

Afin de préserver leur tissu social, leur culture et leur économie, mais aussi pour prévenir l'immigration clandestine et pour renforcer la sécurité, les pays s'efforcent de contrôler les flux migratoires.

Jusqu'en 1962, le Canada pratiquait une politique d'immigration fondée sur la discrimination raciale : seuls les immigrants américains et originaires d'Europe occidentale étaient sélectionnés.

Maintenant, le Canada pratique une immigration sélective basée sur les trois catégories suivantes :

- immigration économique ;
- regroupement familial ;
- réfugiés.

Des points de qualification sont accordés aux candidats à l'immigration selon des critères d'admissibilité : connaissance du français ou de l'anglais, études, expérience de travail, âge, etc.

Le Québec, en vertu d'une entente avec le Canada, établit ses propres critères de sélection, notamment en ce qui concerne la langue, pour répondre à ses exigences de « société distincte ».

Les causes de l'émigration

Les raisons qui poussent les émigrants à quitter leur pays ou leur région peuvent être :

- économiques : pour trouver nourriture et travail ;
- politiques : pour fuir les guerres et les persécutions liées à leur appartenance à une ethnie, à une religion, à un groupe politique, etc. (réfugiés ou demandeurs d'asile) ;
- climatiques : pour fuir des régions ravagées par des catastrophes naturelles.

Les motifs des pays d'accueil

Les raisons qui incitent les pays à accueillir les immigrants peuvent être :

- économiques : pour combler une pénurie de main-d'œuvre ;
- démographiques : pour rééquilibrer une chute dans le taux de natalité ;
- humanitaires : pour protéger la vie de réfugiés ou de demandeurs d'asile qui sont en danger.

Enjeu 1 : La gestion de l'expansion urbaine

Les mégalopoles ont-elles les ressources pour gérer l'arrivée massive des migrants ?

La moitié de la population mondiale vit aujourd'hui dans des villes. Cette expansion urbaine entraîne des problèmes économiques et écologiques sur deux plans :

1. La gestion de la consommation d'eau
   - Une pénurie d'eau potable frappe de nombreux bidonvilles et mégalopoles de pays en développement.
   - Les pays industrialisés surconsomment cette ressource : gaspillage, usage illicite, mauvaise gestion des nappes phréatiques, etc.
   - Certains considèrent l'eau comme un droit pour tous, d'autres la voient comme un produit qu'ils souhaitent commercialiser.
2. La gestion du logement
   - La pénurie de logements et les migrations massives vers les villes entraînent la création de bidonvilles, où les conditions de vie sont précaires. Des États tentent d'éliminer ces bidonvilles.
   - Malgré le droit fondamental au logement, on retrouve des sans-abri dans toutes les grandes villes.

Les grandes villes favorisent-elles l'intégration ?

Ces fortes migrations en milieu urbain causent des tensions sociales conduisant souvent à la création de ghettos d'immigrants et parfois à la violence et à la discrimination.

Cependant, le multiculturalisme enrichit la vie des villes et des pays d'accueil à plusieurs égards.

Au Canada, le multiculturalisme, qui fait partie de la Constitution, protège les différences culturelles. Au Québec, on favorise l'interculturalisme basé sur le respect de la diversité culturelle et de la culture québécoise.

Enjeu 2 : Les impacts de la migration sur le monde du travail

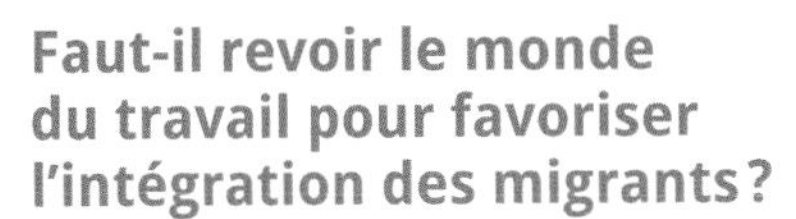

Faut-il revoir le monde du travail pour favoriser l'intégration des migrants ?

Le travail est le facteur le plus important pour s'intégrer au pays d'accueil. Cependant, les obstacles à l'embauche des immigrants sont nombreux :

- discrimination ;
- non-reconnaissance des diplômes obtenus à l'étranger ;
- non-reconnaissance de la formation professionnelle ;
- politiques protectionnistes des ordres professionnels.

Pour contrer ces difficultés et pour pallier la pénurie de main-d'œuvre spécialisée, certains pays ont recours à différentes mesures telles que :

- l'application d'une politique de discrimination positive ;
- la reconnaissance des diplômes obtenus à l'étranger ;
- la création d'un système d'équivalence des formations et des diplômes avec d'autres pays.

L'immigration est-elle une solution au vieillissement de la population en Occident ?

En Occident, on a recours à l'immigration pour remédier à la baisse démographique et à la pénurie de main-d'œuvre dues au vieillissement de la population, mais cela ne répond pas toujours aux besoins spécifiques en main-d'œuvre.

De plus, ce phénomène d'immigration pose certains problèmes : accueil d'immigrants pauvres sans formation adéquate, fuite des cerveaux des pays pauvres vers les pays riches, etc.

L'immigration : cause de chômage ?

La délocalisation de la production de biens et services crée des emplois dans les pays émergents et en développement où la main-d'œuvre est bon marché.

Cette délocalisation a cependant provoqué du chômage dans les pays développés, où l'on perçoit souvent à tort les immigrants comme une menace à l'emploi.

MINI-DOSSIER

La situation des réfugiés

Juin 2009 : on compte 42 millions de réfugiés dans le monde. Plus de 80 % de ces réfugiés viennent de pays en développement. Leur situation est un problème humanitaire qui interpelle le monde entier.

Fuyant la violence des conflits armés qui sévit à Mogadiscio, en Somalie, 800 000 personnes ont quitté la ville depuis 2007. Selon l'UNHCR, plus de 300 000 personnes vivent dans quelque 200 installations et camps surpeuplés. Ici, ces jeunes enfants, photographiés en 2009, habitent, comme des dizaines de milliers d'autres, dans des abris précaires.

Ils fuient les guerres, la misère, la sécheresse ou ils sont victimes de catastrophes naturelles qui ont détruit leur région. Ils se lancent sur les routes et traversent la frontière d'un pays inconnu à la recherche d'un abri, de nourriture et de sécurité. Ils ont pour nom *réfugiés* et, pour maison, une tente ou un abri de fortune dans un camp où ils se retrouvent par milliers. Pour leur venir en aide, des organisations humanitaires et des organismes internationaux déploient leurs efforts. En Asie du Sud, en Afrique ou au Moyen-Orient, la situation des réfugiés pose un défi social, économique et politique.

Dans ce mini-dossier, vous devrez chercher des informations, répondre à des questions, trouver des pistes d'action et comparer des points de vue afin de mieux saisir toutes les facettes de la situation des réfugiés.

Objectif du mini-dossier

Au terme de vos recherches et de vos réflexions, vous devrez présenter une synthèse des informations recueillies pour mieux comprendre l'enjeu de ce mini-dossier :

Quelles sont les conditions de vie des réfugiés et quels sont les impacts humains et sociaux de ces immenses déplacements ?

Réalisation des activités du mini-dossier

1. Amorcez votre réflexion sur la situation des réfugiés en commentant la photo ci-contre.
2. Répondez aux questions portant sur les cinq thèmes aux pages 126 et 127. Pour vous aider, consultez les pistes de recherche à la page 128.
3. Présentez votre synthèse sur l'enjeu du mini-dossier en choisissant une des deux formes de présentation suggérées à la page 129.
4. Vous pouvez explorer des pistes de participation sociale en réalisant l'activité proposée à la page 129.

Un abri de fortune où doivent s'entasser plusieurs personnes, voilà tout ce que possèdent ces petits Somaliens qui ont vécu la violence d'un conflit armé avant de se retrouver dans ce camp. Quelles sont les conditions de vie de ces enfants déplacés ? Quelles en seront, selon vous, les conséquences sur leur avenir ?

Thèmes de recherche

Environnement

Les problèmes climatiques ont créé un nouveau type de migrants. Qui sont-ils ? Expliquez comment ces problèmes environnementaux obligent des populations entières à se déplacer.

La situation

Population

Les réfugiés forment des populations vulnérables. Décrivez les conditions de vie des réfugiés dans les camps et expliquez le rôle de l'UNHCR.

Richesse

Les réfugiés comptent parmi les personnes les plus pauvres du monde. Décrivez les conditions économiques de l'extrême pauvreté.

des réfugiés

Pouvoir

L'arrivée massive des réfugiés venant du Darfour provoque d'énormes tensions au Tchad. Quels sont les impacts de la présence d'un aussi grand nombre de réfugiés sur la capacité d'action de l'État du Tchad ?

Tensions et conflits

En situation de conflit, quel rôle jouent les organisations non gouvernementales (ONG) auprès des réfugiés ? Quelles sont les missions et quel est le rôle des Casques bleus auprès des réfugiés ?

Pistes de recherche

Voici quelques pistes pour effectuer vos recherches afin de répondre aux questions des deux pages précédentes.

- **Mots-clés:** tapez les mots dans un moteur de recherche sur Internet pour trouver des informations pertinentes.
- **Organismes internationaux:** tapez le nom des organismes dans un moteur de recherche pour consulter leur site.

Environnement

- **Manuel:** pages 6, 7, 22 et 23.
- **Mots-clés:** catastrophe naturelle et migration, désertification, écoréfugiés, migration climatique, réfugiés climatiques, réfugiés environnementaux.
- **Organisme international:** Organisation des Nations unies (ONU).
- **À consulter en ligne:** Collectif Argos sur les réfugiés climatiques.

Population

- **Manuel:** pages 90, 92 et 93.
- **Mots-clés:** camps de réfugiés, conflits et migration, migrations, réfugiés du Darfour.
- **Organismes internationaux:** Haut-commissariat des Nations unies pour les réfugiés (UNHCR), Comité international de la Croix-Rouge (CICR), UNICEF, Organisation internationale pour les migrations (OIM).

Richesse

- **Manuel:** pages 135, 136, 149, 160 et 169 à 172.
- **Mots-clés:** extrême pauvreté, objectifs du millénaire, pays pauvres, situation économique des réfugiés.
- **Organismes internationaux:** ONU, UNHCR, UNICEF, OXFAM, Programme alimentaire mondial, Programme des Nations unies pour le développement (PNUD).

Pouvoir

- **Manuel:** pages 238 à 240.
- **Mots-clés:** capacité d'accueil des réfugiés, convention de 1951 sur les réfugiés de l'UNHCR, convention de Genève, protection juridique, traité international.
- **Organisme international:** UNHCR.
- **À consulter en ligne:** le dossier *Projet de renforcement des capacités de protection* de l'UNHCR.

Tensions et conflits

- **Manuel:** pages 293 à 311.
- **Mots-clés:** camps de réfugiés, camps palestiniens, Casques bleus, conflits, conflits ethniques, convention de Genève, Darfour, droit international humanitaire, Médecins sans frontières (MSF), missions de la Croix-Rouge, missions de paix, Oxfam International, réfugiés transfrontaliers.
- **Organismes internationaux:** UNHCR, UNICEF, Programme des Nations unies pour le développement (PNUD), OIM.

Présentation du mini-dossier

Choisissez une des deux formes de présentation suggérées pour présenter votre synthèse de recherche et répondre aux questions de l'enjeu du mini-dossier.

Vous pouvez également poursuivre votre réflexion en réalisant l'activité de participation sociale proposée.

Enjeu: **Quelles sont les conditions de vie des réfugiés et quels sont les impacts humains et sociaux de ces immenses déplacements?**

Un dépliant d'information

Vous êtes membre d'une ONG vouée à la promotion des droits humains. Vous souhaitez sensibiliser vos concitoyens à la situation des réfugiés. Pour cela, vous devez préparer un dépliant d'information pour expliquer les différents problèmes vécus par les réfugiés, les conséquences de leur présence sur les pays d'accueil et les besoins en aide humanitaire.

Votre dépliant doit contenir des titres accrocheurs et des textes courts sur chacun des cinq thèmes de recherche. Illustrez vos propos à l'aide de quelques photos ou cartes géographiques.

Un jeu de rôle

Étape 1: Formez une équipe de trois élèves. Chaque élève choisit un des trois rôles suivants:
- une personne réfugiée fuyant un conflit armé qui sévit dans son pays;
- une personne vivant dans le pays d'accueil;
- une personne représentant l'UNHCR.

Étape 2: Chaque membre de l'équipe prépare individuellement son rôle et ses arguments à partir des informations recueillies au cours de sa recherche.

Étape 3: Regroupez-vous afin de jouer vos rôles respectifs (durée: de 15 à 20 min). La personne réfugiée amorce le jeu en traversant la frontière du pays d'accueil et décrit sa situation et ses besoins. La personne vivant dans le pays d'accueil réagit en décrivant les problèmes que la situation entraîne dans son pays. La personne représentant l'UNHCR explique ce qu'elle fera pour aider la personne réfugiée.

Étape 4: Une fois le jeu de rôle terminé, préparez un tableau-synthèse regroupant les problèmes soulevés ou les solutions apportées par chacun des personnages.

ENVISAGER UNE OCCASION DE PARTICIPATION SOCIALE
Composante de la CD 2

Une campagne de financement

Vous souhaitez aider des réfugiés en organisant une campagne de financement. Les sommes amassées seront versées à une ONG qui œuvre auprès des réfugiés.

Étape 1: Élaborez par écrit un plan d'action (type de campagne de financement, donateurs ciblés, objectifs financiers et humanitaires).

Étape 2: Rédigez quelques lignes expliquant aux donateurs les raisons de la sollicitation.

Étape 3: Faites une recherche pour choisir une ONG dont la mission correspond à votre projet.

Étape 4: Dans une lettre adressée à cette ONG, expliquez pourquoi vous faites ce don.

richesse

enjeux :: ONU : 1,4 MILLIARD D'HUMAINS VIVENT DANS L'EXTRÊME PAUVRETÉ :: enjeux :: LA CHINE DEVIENT LA 3e PUISSANCE ÉCONO

DOSSIER 3

SOMMAIRE

MONDE :: enjeux :: 2010 : LE CANADA HÔTE DU SOMMET DU G8 :: enjeux :: BANQUE MONDIALE : 9 DES 10 PAYS LES PLUS PAUVRES S

Ce bidonville s'étend en face du quartier des affaires de Buenos Aires, en Argentine.

CONCEPTS

INTERPRÉTATION

La répartition de la richesse

par Françoise Genest et Marianne Boire

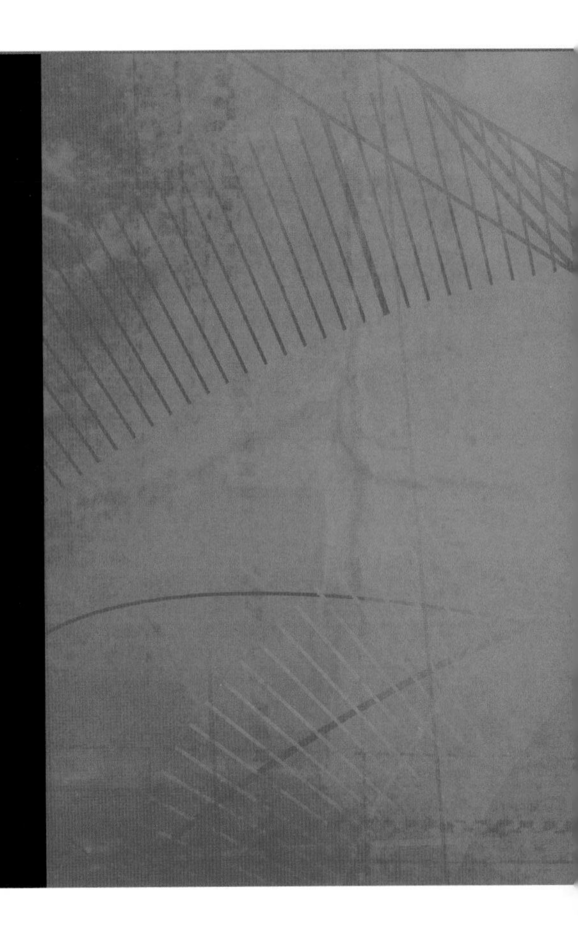

Automne 2009. L'Organisation des Nations unies pour l'alimentation et l'agriculture (FAO) lance un cri d'alarme : 1 milliard d'êtres humains ne mangent pas à leur faim. Et tandis que la fortune des 15 familles les plus riches du monde totalise 341 milliards $ US, l'ONU dénombre la même année 1,4 milliard de personnes vivant sous le seuil de l'extrême pauvreté, avec moins de 1,25 $ US par jour. Si la mondialisation a fait grimper en flèche la croissance économique de certains pays pauvres, comme la Chine, l'Inde et le Brésil, elle a aussi creusé le fossé entre les riches et les pauvres partout sur la planète.

Et les écarts sont nombreux : entre pays développés et pays en développement, particulièrement les pays d'Afrique, qui, malgré leurs ressources naturelles, restent en marge de la croissance économique mondiale ; et entre les villes et les campagnes, qui s'appauvrissent, notamment en raison de la globalisation des marchés alimentaires. L'écart s'accentue également entre citoyens riches et citoyens pauvres dans trois pays sur quatre, même dans les pays riches, dont le Canada, qui perdent de nombreux emplois sous l'effet de la mondialisation.

Cette disparité dans la répartition de la richesse façonne le monde contemporain et soulève des enjeux sociaux et politiques, comme celui de l'équilibre entre la justice sociale et le développement économique, et celui du contrôle des ressources.

Qu'est-ce qui crée la richesse?

Pourquoi le Canada, la France, l'Allemagne, le Japon, les États-Unis et une poignée d'autres pays sont-ils si riches ?

Qu'est-ce qui crée la richesse d'un pays ? C'est l'activité économique (production, distribution, vente, consommation de biens et de services) qui crée la richesse des citoyens et des entreprises d'un pays,

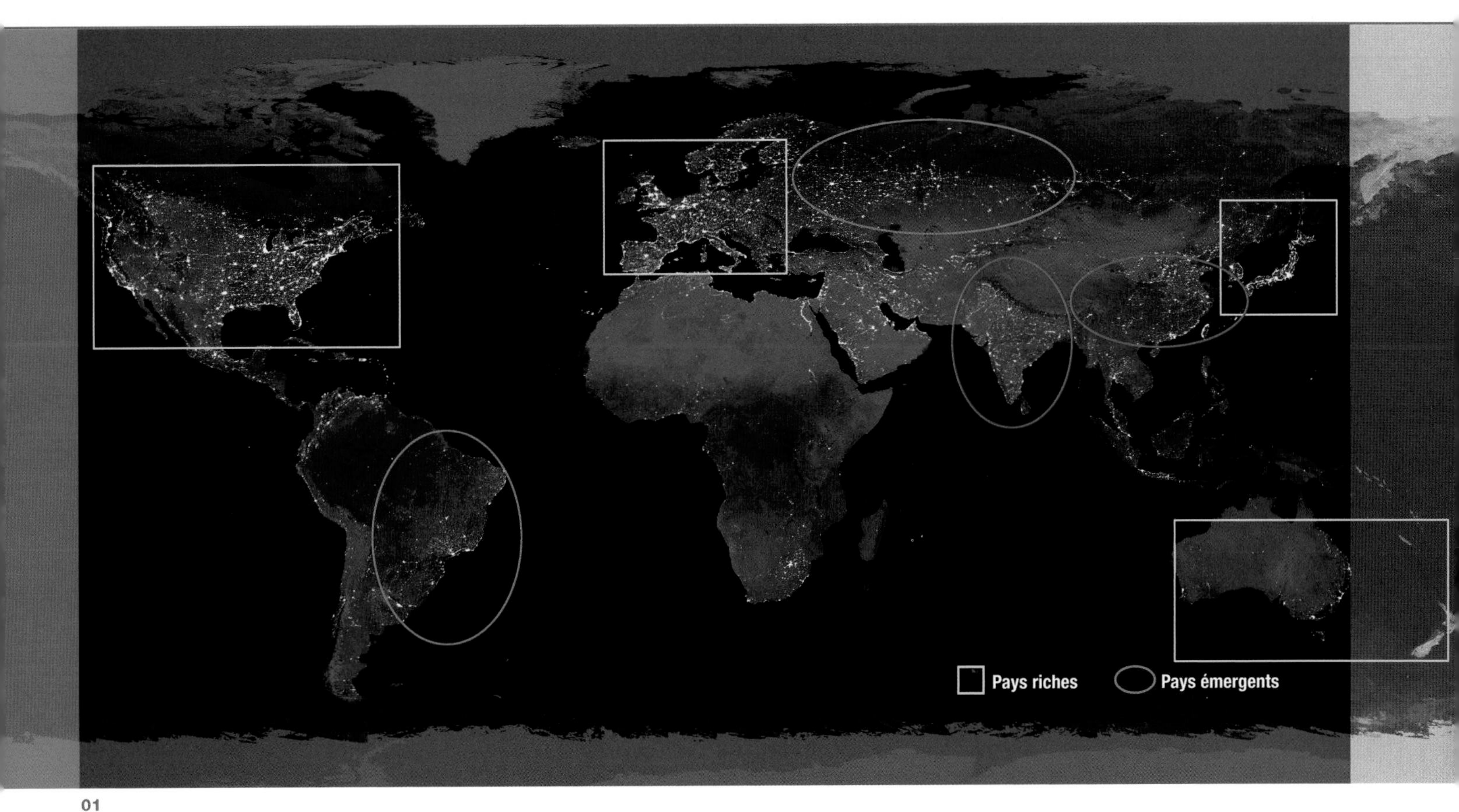

01

01 Des pays riches très lumineux, des pays émergents à demi éclairés et un monde en développement dans la noirceur. D'un seul coup d'œil, ce montage photographique, composé de plusieurs images satellites, permet de mesurer l'ampleur des disparités économiques à l'échelle de la planète.

répondent les experts, et c'est l'addition de toutes leurs richesses qui constitue la richesse nationale.

LE PRODUIT INTÉRIEUR BRUT (PIB)

Tout comme une entreprise mesure sa richesse par son chiffre d'affaires – soit le total de ses ventes au cours d'une période donnée –, un pays mesure sa richesse en additionnant la valeur totale des biens et des services qu'il produit pendant une année. C'est ce qu'on appelle le *produit intérieur brut*, le PIB. Cet outil permet de mesurer l'activité et la croissance économiques d'un pays. Les experts et les organismes internationaux l'utilisent, entre autres, pour comparer les performances économiques de différents pays, faire des analyses et établir des classements internationaux.

02 Les 10 pays les plus riches selon le PIB total

Pays	PIB total en 2008 (en milliards $ US)	Rang mondial
États-Unis	14 204,3	1
Japon	4 909,3	2
Chine	4 326,2	3
Allemagne	3 652,8	4
France	2 853,1	5
Royaume-Uni	2 645,6	6
Italie	2 293,0	7
Brésil	1 612,5	8
Russie	1 607,8	9
Espagne	1 604,2	10

Source: Banque mondiale, 2010.

03 Les 10 pays les plus riches selon le PIB par habitant

Pays	PIB par habitant en 2008 (en PPA[1] $ US)	Rang mondial
Luxembourg	70 981	1
Qatar	63 588	2
Macao	54 932	3
Émirats arabes unis	51 586	4
Norvège	49 711	5
Brunei	47 407	6
Singapour	45 553	7
Koweït	45 152	8
États-Unis	43 179	9
Hong-Kong[2]	40 599	10

1. Voir l'encadré *Le PPA*, p. 134.
2. Région administrative spéciale de la République populaire de Chine.

Source : Banque mondiale, 2010. (PIB de 2006 pour les Émirats arabes unis et le Koweït, 2007 pour le Brunei, 2005 pour le Qatar.)

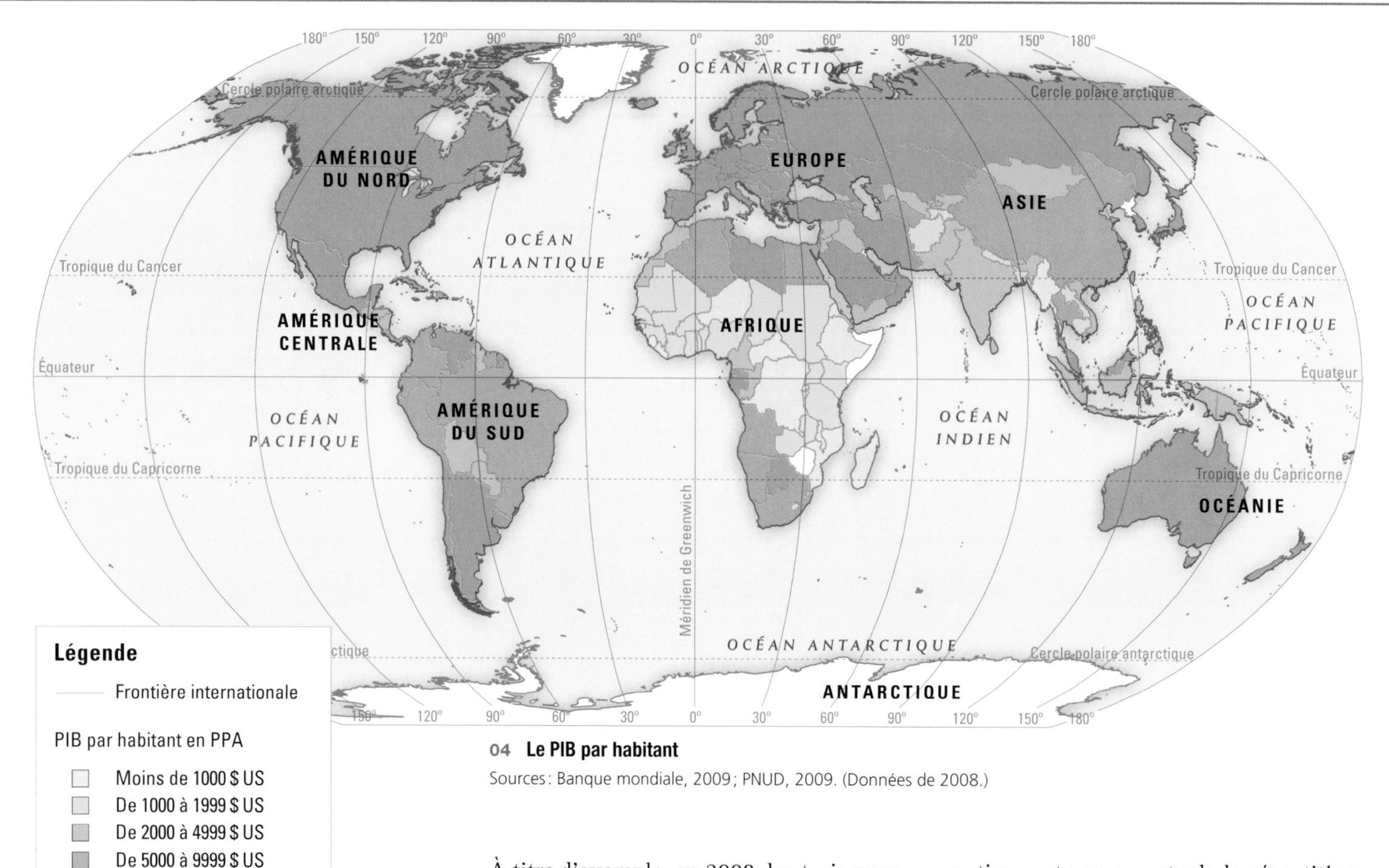

04 Le PIB par habitant
Sources : Banque mondiale, 2009 ; PNUD, 2009. (Données de 2008.)

ZOOM

Le PPA

Comme la plupart des pays ont leur propre monnaie, on doit, pour comparer leur niveau de vie, convertir leur PIB par habitant dans une monnaie commune, en général le dollar américain. Les experts ajustent ensuite les chiffres obtenus en tenant compte du fait que le pouvoir d'achat de la monnaie varie d'un pays à l'autre, c'est ce qu'on appelle la *parité du pouvoir d'achat* (PPA). Voilà pourquoi plusieurs rapports, tableaux statistiques et cartes indiquent *PIB par habitant en PPA*.

À titre d'exemple, en 2008, les trois pays ayant le plus haut PIB étaient les États-Unis, avec 14 204 milliards $ US, le Japon, avec 4908 milliards, et la Chine, avec 4326 milliards. Le Canada, pour sa part, occupait le 11e rang, avec un PIB de 1400 milliards. ➔ *Voir le tableau* Les 10 pays les plus riches selon le PIB total, *p. 133.*

Le PIB par habitant

Même s'il s'agit d'une mesure économique des plus utiles, le PIB comporte cependant des limites, notamment parce qu'il ne tient pas compte de la taille de la population. En divisant le PIB d'un pays par le nombre total de ses habitants, on obtient le PIB par habitant, qui entraîne un tout autre classement des pays. Ainsi, en 2008, les États-Unis n'occupaient pas le premier rang, mais seulement le neuvième selon le PIB par habitant. En tête du peloton, on trouvait des pays complètement différents, comme le Qatar, le Luxembourg, le Koweït et la Norvège. Ces chiffres ne sont toutefois que des moyennes, ce qui signifie qu'ils ne tiennent pas compte de la répartition de la richesse entre les individus d'une même nation. ➔ *Voir le tableau* Les 10 pays les plus riches selon le PIB par habitant, *p. 133.*

La disparité

Aux quatre coins du monde, la richesse est généralement distribuée de manière très inégale. La disparité entre pauvres et riches est perceptible à l'échelle nationale entre les villes et les régions rurales ou entre les individus appartenant à différentes classes sociales. Sur la scène internationale, l'écart entre pays riches et pays pauvres est, dans certains cas, astronomique. Sous l'effet de la mondialisation, il semble s'accentuer, surtout dans de nombreux pays d'Afrique.

Les chiffres parlent d'eux-mêmes. En 2008, 8 des plus grandes puissances économiques du monde constituant le G8 affichaient un PIB total d'environ 33 566 milliards $ US, soit 56 % du PIB mondial. ➔ *Voir l'encadré* La concentration de la richesse mondiale, *p. 151.* La

05 Une fillette en quête de restes de nourriture dans un dépotoir à Chitungwiza, au Zimbabwe.

population de ces pays représentait alors environ 13 % de la population mondiale. La même année, le PIB total de l'ensemble des pays africains, qui regroupaient 11 % de la population mondiale, n'atteignait que 1600 milliards $ US, soit environ 2,62 % du PIB mondial.

La richesse mondiale n'est donc pas répartie équitablement entre les pays, bien au contraire. Le classement selon le PIB par habitant illustre encore mieux la différence qui existe entre les pays riches et les pays pauvres. Ainsi, en 2008, selon la Banque mondiale, la moyenne du PIB par habitant des 10 pays les plus riches se chiffrait à 43 530 $ US, alors que la moyenne du PIB par habitant des 10 pays les plus pauvres était de 425 $ US.

L'EXTRÊME PAUVRETÉ

Un autre exemple de cette immense disparité économique : le revenu moyen quotidien. En 2008, alors que, au Canada, il était de 98,74 $ US par jour, la Banque mondiale estimait que 2,6 milliards de personnes vivaient avec moins de 2 $ US par jour – soit le seuil de pauvreté fixé par l'ONU. Pire encore : plus de la moitié

INTERPRÉTER LE PROBLÈME (CD 1)

Les questions portent sur le contenu des pages 132 à 138.

1. Comment calcule-t-on le PIB d'un pays ? Que permet-il de mesurer ?
2. Pourquoi le PIB par habitant est-il plus révélateur de la disparité de la répartition de la richesse que le PIB total ? Illustrez votre réponse à l'aide d'un exemple.
3. Expliquez comment, en exploitant les ressources naturelles dans les colonies, les pays colonisateurs ont permis à leur industries de se développer.
4. Quel est le revenu quotidien qui correspond au seuil de l'extrême pauvreté fixé par l'ONU ? Combien de personnes dans le monde vivent actuellement sous ce seuil ?
5. Pourquoi, même lorsqu'ils contrôlent partiellement ou complètement l'exploitation de leurs ressources naturelles, les pays pauvres ne s'enrichissent-ils pas autant que les pays industrialisés ?
6. Décrivez ce qu'est le néocolonialisme. Expliquez qui sont les nouveaux colonisateurs.
7. Énumérez les principales conséquences du néocolonialisme sur le développement économique des pays pauvres.

CERNER LE PROBLÈME : ACTIVITÉ

Composante de la CD 1

Le petit atlas de la disparité

Outils de référence : votre manuel *Enjeux,* la bibliothèque et Internet.

Vous devez concevoir un petit atlas contenant différentes cartes thématiques qui donnent une vue d'ensemble de la répartition de la richesse dans le monde. Pour ce faire, utilisez des cartes muettes.

Carte 1. La richesse des pays se mesure notamment par le PIB par habitant (PIB/h). Localisez sur une carte du monde les 10 pays ayant le PIB/h le plus élevé et les 10 pays ayant le PIB/h le plus faible.

Carte 2. Le G8 est un forum de discussion et de partenariat économique qui réunit les pays les plus riches. Localisez les pays du G8 sur une carte du monde.

Carte 3. Les pays membres du G20 représentent les deux tiers de la population et du commerce mondiaux et plus de 90 % du PIB mondial. Localisez sur une carte du monde les pays membres du G20.

Carte 4. Le commerce extérieur étant un facteur de développement économique, il contribue à la création de richesse. Faites une recherche en bibliothèque ou sur Internet pour déterminer les 10 plus grands pays exportateurs du monde. Localisez-les ensuite sur une carte du monde.

d'entre elles, soit 1,4 milliard de personnes, devaient se débrouiller quotidiennement avec moins de 1,25 $ US, ce que l'ONU considère comme étant le seuil de l'extrême pauvreté.

Comment expliquer, par exemple, que le PIB du Canada soit si élevé et que celui de la Tanzanie soit si faible ? Pourquoi des pays possédant d'immenses richesses naturelles, comme certains États d'Asie, d'Amérique du Sud et d'Afrique, sont-ils parmi les plus pauvres de la planète ? C'est le cas, notamment, du Nigeria, où on trouve d'importantes ressources pétrolières, mais aussi un des niveaux de vie les plus bas d'Afrique, et de la Sierra Leone, un des plus gros producteurs de diamants du monde, mais aussi un des pays les plus pauvres.

DES CAUSES HISTORIQUES : LA COLONISATION

Du 16e siècle au milieu du 20e siècle, les grands empires coloniaux, comme l'Espagne, le Portugal, la France, l'Angleterre, la Hollande et la Belgique, utilisent la force pour faire de nombreux pays d'Afrique, d'Asie et d'Amérique du Sud des colonies sur lesquelles ils exerceront une domination économique et politique. C'est le cas du Nigeria, du Congo, de la Tanzanie, de l'Algérie et de l'Inde.

Les entreprises des empires coloniaux contrôlent alors le commerce de toutes les ressources des colonies, des métaux précieux tels que l'or ou l'argent jusqu'aux denrées alimentaires les plus recherchées, comme le cacao et les épices. Les colonisateurs développent les infrastructures nécessaires au transport des ressources dans les colonies ; ils développent également dans leurs pays les infrastructures de transformation, de commercialisation et de distribution des produits fabriqués à partir de ces ressources. La colonisation a donc permis aux entreprises des pays colonisateurs de s'approvisionner à peu de frais en matières premières et de devenir de véritables empires industriels. → *Voir l'encadré* Le colonialisme, *p. 218.*

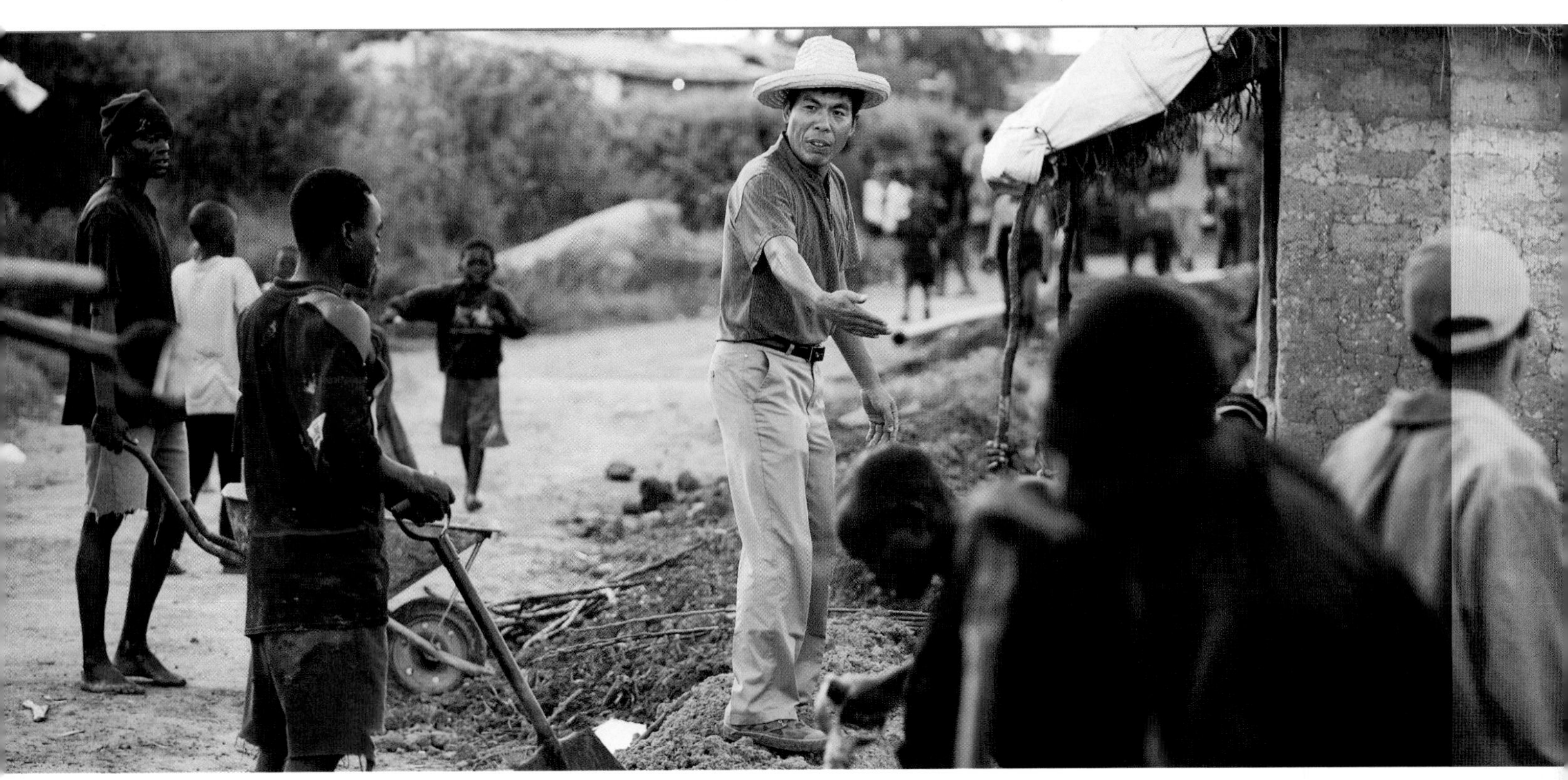

06

Un bon nombre de ces colonies conquièrent leur indépendance après la Seconde Guerre mondiale, mais ce qu'on appelle l'*époque coloniale* prend véritablement fin au tournant des années 1960, alors que la plupart des pays d'Afrique obtiennent leur indépendance.

INDÉPENDANTS, MAIS TOUJOURS PAUVRES

Le monde contemporain demeure toutefois encore très marqué par le **colonialisme**. D'une part, parce que celui-ci a profondément influencé les rapports entre pays riches et pays pauvres et, d'autre part, parce que la fin de l'époque coloniale ne s'est pas traduite par un enrichissement systématique des pays nouvellement indépendants.

Dans certains cas, ces pays n'exploitent pas eux-mêmes leurs richesses naturelles, qui sont toujours la propriété de grandes multinationales étrangères. Dans d'autres cas, ils en contrôlent eux-mêmes l'exploitation, ou conjointement avec des compagnies étrangères, mais bien souvent, ils n'en contrôlent pas la transformation. De plus, ils ne contrôlent ni le prix ni la valeur de leurs ressources sur les marchés internationaux que contrôlent les multinationales et les grandes puissances économiques.

LES NOUVEAUX COLONISATEURS

Aujourd'hui encore, les ressources naturelles des pays pauvres, de l'Afrique, en particulier, mais aussi de l'Asie, font l'objet de nombreuses convoitises et d'intenses négociations commerciales. Les experts parlent de **néocolonialisme** : des entreprises de pays riches, comme l'Arabie saoudite, les États-Unis et la Corée du Sud, ou de pays émergents, comme la Chine, acquièrent des ressources naturelles des pays les plus pauvres du monde.

Ainsi, au Soudan, en 2009, 690 000 hectares de terres arables étaient détenus par des intérêts sud-coréens. La même année, de nombreux pays, comme le Royaume-Uni, l'Égypte, le Qatar, l'Inde et la Jordanie, négociaient avec des gouvernements africains pour louer ou acheter de larges territoires cultivables pour l'agriculture alimentaire ou, encore, la production de biocarburants. → *Voir* Biocarburants : une option viable ?, *p. 31.* Autres chiffres révélateurs : en 2009, les Nations unies estimaient à 30 millions

06 Kabwe, Zambie, 2007 : un superviseur chinois dirige des travailleurs employés par la compagnie China GEO-Engineering Corporation, une entreprise chinoise présente dans une trentaine de pays. Les multinationales chinoises sont de plus en plus présentes dans les pays africains.

07 Des travailleurs dans une mine de diamant dans la région de Bo, dans la Sierra Leone, en Afrique, en 2008.

d'hectares – ce qui équivaut à la superficie des Philippines – l'étendue des terres arables, en Afrique et en Asie, détenues par des intérêts étrangers.

Cette situation entraîne des répercussions sur le développement économique des pays pauvres. D'une part, les agriculteurs locaux sont souvent chassés de leurs terres au profit des grandes entreprises et, d'autre part, l'industrie agroalimentaire locale ne peut concurrencer les multinationales. Autre conséquence tout aussi dommageable : les entreprises étrangères favorisent les monocultures, qui sont néfastes à long terme pour la productivité des terres arables.

LES CAUSES ÉCONOMIQUES DE LA DISPARITÉ

L'écart entre pays pauvres et pays riches ne découle pas uniquement du contrôle des ressources naturelles. D'ailleurs, des pays pauvres en ressources naturelles sont parmi les plus riches du monde. Pourquoi ? La raison est simple : si c'est l'activité économique qui génère la richesse, les différents secteurs qui la composent ne produisent pas tous le même niveau de richesse.

L'activité économique est formée de trois grands secteurs :

- le secteur primaire (exploitation des ressources naturelles) ;
- le secteur secondaire (industries de transformation et de fabrication) ;
- le secteur tertiaire (industrie des services).

LES PAYS PAUVRES RICHES EN RESSOURCES

L'économie des pays d'Afrique et de plusieurs pays pauvres d'Amérique du Sud et d'Asie repose en grande partie sur le secteur primaire. Or, les ressources naturelles de ces pays sont souvent contrôlées

08

par des intérêts étrangers, ce qui les prive d'une large part des revenus. Et, de plus, le secteur primaire ne crée pas beaucoup de richesse.

En effet, bien qu'il repose sur l'exploitation de ressources comme des mines d'argent, d'or, de diamant, de cuivre ou de fer, ou de plantations de denrées alimentaires recherchées, comme le café, le secteur primaire est le moins lucratif de tous les secteurs de l'activité économique. Extraire le minerai des mines et cultiver la canne à sucre ou l'ananas sont moins rentables que transformer le minerai et les aliments en produits.

Or, l'industrie de la transformation, qui constitue le secteur secondaire de l'économie, est beaucoup plus rentable, mais elle échappe aux pays en développement, qui n'ont ni la main-d'œuvre qualifiée, ni les infrastructures industrielles, ni les capitaux pour la développer autant que le font les pays mieux nantis.

ET LE CANADA?

Le Canada est riche en ressources naturelles. L'industrie minière y est particulièrement vigoureuse, le Canada produisant plus de 60 minéraux et métaux, ce qui en fait l'un des plus grands pays miniers du monde. Le pays est aussi très riche grâce à ses fonds marins, où les poissons pullulent, et à ses immenses prairies, où croissent les céréales des provinces de l'Ouest, et où on trouve, en plus, beaucoup de pétrole. Toutes ces richesses naturelles permettent au Canada de bien exploiter le secteur primaire. Mais, comme de nombreux pays riches, le Canada compte également beaucoup d'entreprises de transformation, et le secteur secondaire de son économie est très développé. En 2007, l'exploitation et la transformation des ressources naturelles représentaient 12,6 % du PIB du Canada. Le secteur minier, pour sa part, représentait cette année-là 3,4 % du PIB canadien.

08 Au Canada, l'industrie de l'aluminium est très importante. Ici, un homme tire un chariot d'aluminium refoulé dans une usine de Brampton, en Ontario.

09 Le secteur primaire

En observant les trois cartes suivantes, qui illustrent les secteurs de l'activité économique (primaire, secondaire et tertiaire), on constate que la répartition des activités de chaque secteur dans le monde explique, en partie, la disparité de la distribution de la richesse sur la planète.

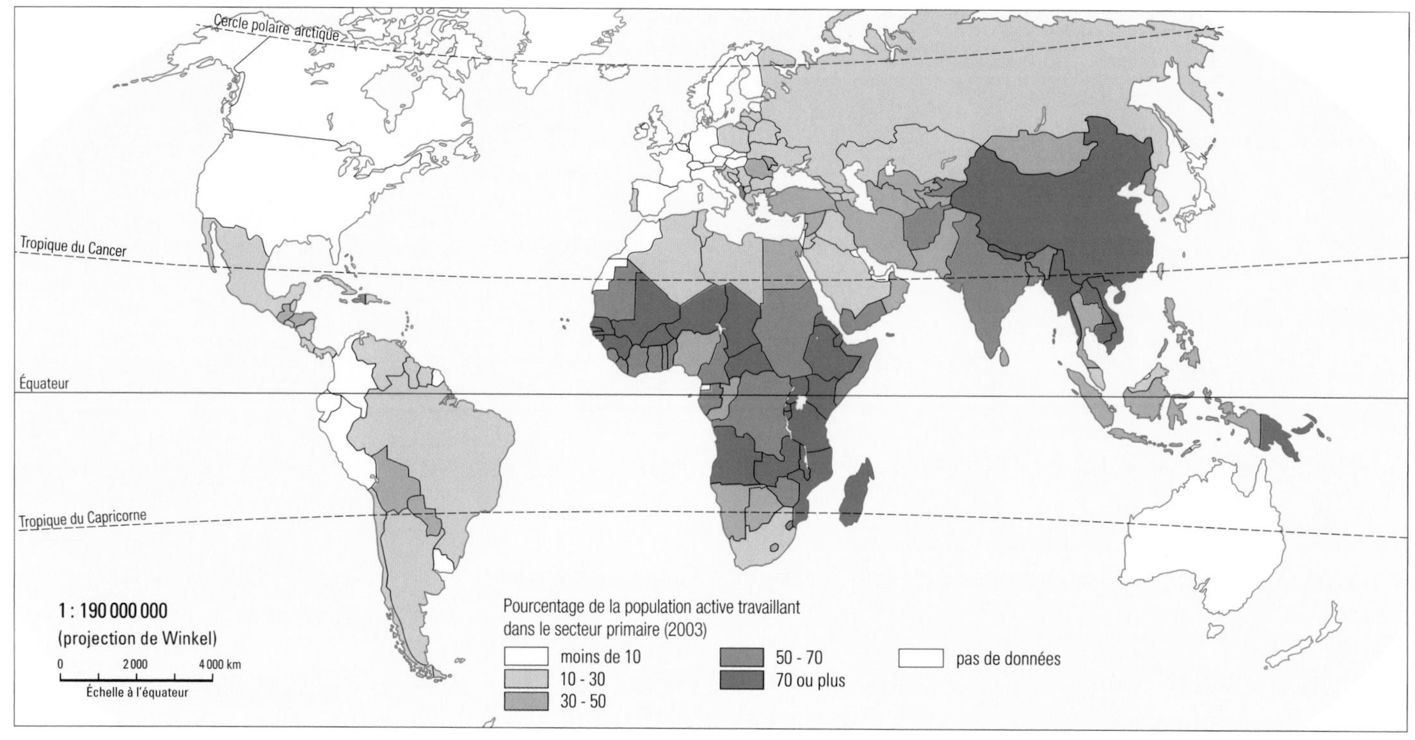

Source : *Le grand atlas du Canada et du monde*, 3e édition, Bruxelles, Noordhoff/De Boeck, 2009, p. 38.

10 Le secteur secondaire

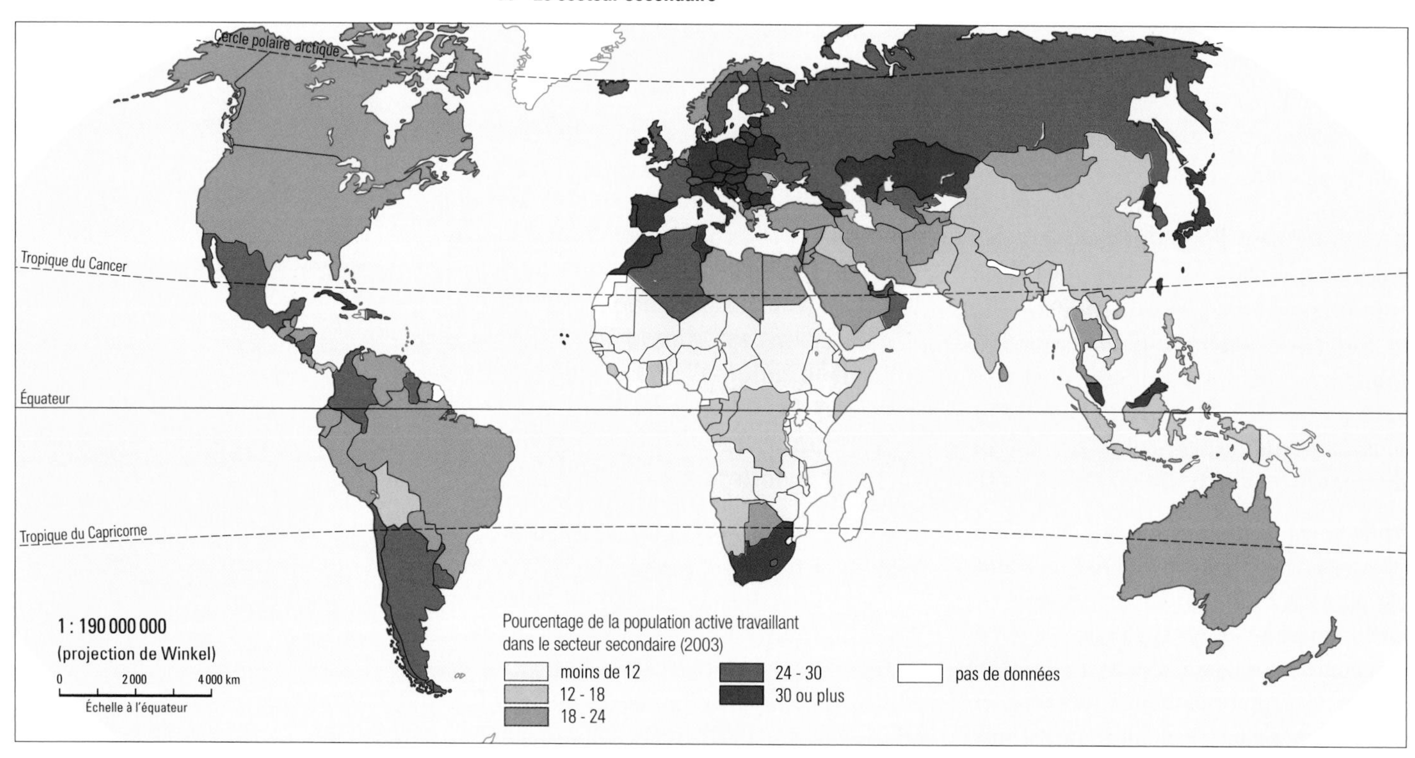

Source : *Le grand atlas du Canada et du monde*, 3e édition, Bruxelles, Noordhoff/De Boeck, 2009, p. 38.

11 Le secteur tertiaire

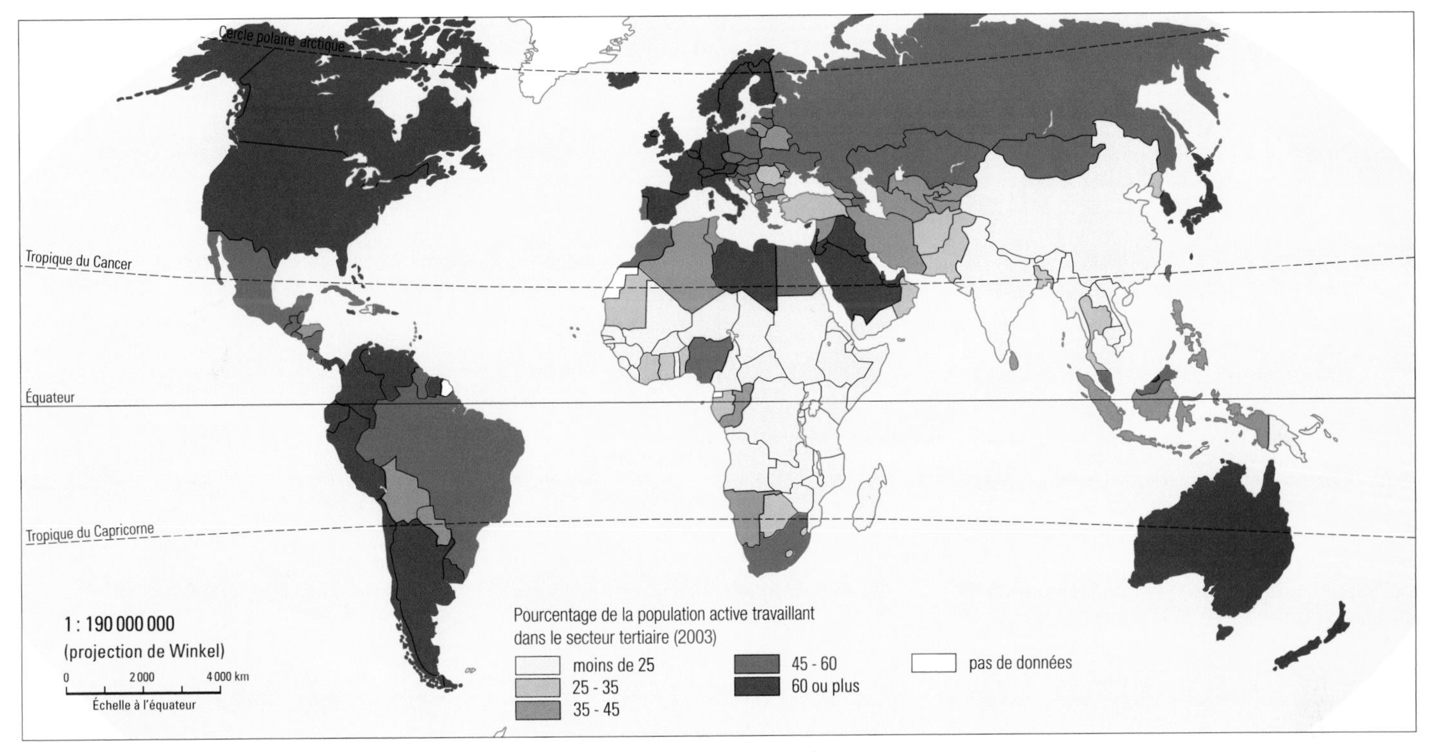

Source : *Le grand atlas du Canada et du monde*, 3e édition, Bruxelles, Noordhoff/De Boeck, 2009, p. 38.

La valeur ajoutée : la clé du développement

Plus la fabrication d'un produit nécessite d'étapes, plus la valeur de ce produit augmente. Fabriquer des téléviseurs et des ordinateurs en utilisant le cuivre, l'or, le fer et autres matières premières est beaucoup plus rentable qu'extraire ces minerais et les vendre à l'état brut. Pourquoi ? Parce que le prix du produit final, celui du téléviseur ou de l'ordinateur, inclut la valeur de tous les salaires (plus élevés que ceux du secteur primaire) ainsi que la valeur des technologies nécessaires à sa fabrication. C'est ce qu'on appelle la **valeur ajoutée**. Le produit fini a donc plus de valeur que les matières premières dont il est constitué.

Voilà pourquoi le secteur secondaire crée plus de richesse que le secteur primaire. De plus, l'ouverture aux marchés internationaux permet de vendre les produits finis partout dans le monde et de créer encore plus de richesse. En outre, les emplois du secteur secondaire sont mieux rémunérés que ceux du secteur primaire parce qu'ils demandent plus de formation, ce qui a également un impact sur la richesse des individus et sur celle d'un pays.

LE CAPITAL HUMAIN : LA BASE DE TOUTE RICHESSE

Comme l'expliquent les économistes, notamment ceux de la Banque mondiale, si le capital naturel (mines, forêts, agriculture, pêche) est une des composantes de l'activité économique, donc de la richesse nationale, c'est le **capital humain**, soit la main-d'œuvre d'un pays et son niveau de productivité et d'expertise, qui est le pivot du développement de la richesse. Un État dont les entreprises disposent d'une main-d'œuvre bien formée pourra développer son **capital technique** (infrastructures, expertises et percées technologiques) et, du même coup, assurer sa prospérité économique.

L'EXEMPLE JAPONAIS

Après une capitulation sans condition qui met fin à la Seconde Guerre mondiale, les dirigeants japonais décident que leur pays retrouvera sa place sur l'échiquier

12 Une chaîne de montage de voitures, à Tokyo, au Japon. La productivité et la haute qualification de la main-d'œuvre japonaise est au cœur de l'essor de l'économie du pays.

mondial en devenant une grande puissance économique. Pour y parvenir, ils misent sur leur principale ressource : une population nombreuse et scolarisée. Ils investissent massivement dans l'éducation, la formation, les technologies et le développement des méthodes industrielles, comme la robotisation, pour améliorer la productivité de la main-d'œuvre dans les usines. Résultat : les entreprises et les multinationales japonaises ont conquis les marchés internationaux avec leur industrie automobile et celle des technologies de pointe dans les télécommunications, l'audiovisuel et l'informatique. Ce petit pays, dont le territoire compte peu de ressources naturelles, est devenu en deux ou trois décennies un des pays les plus riches du monde, et fait d'ailleurs partie du puissant G8.

Les accords économiques internationaux du Canada de 1931 à 2009

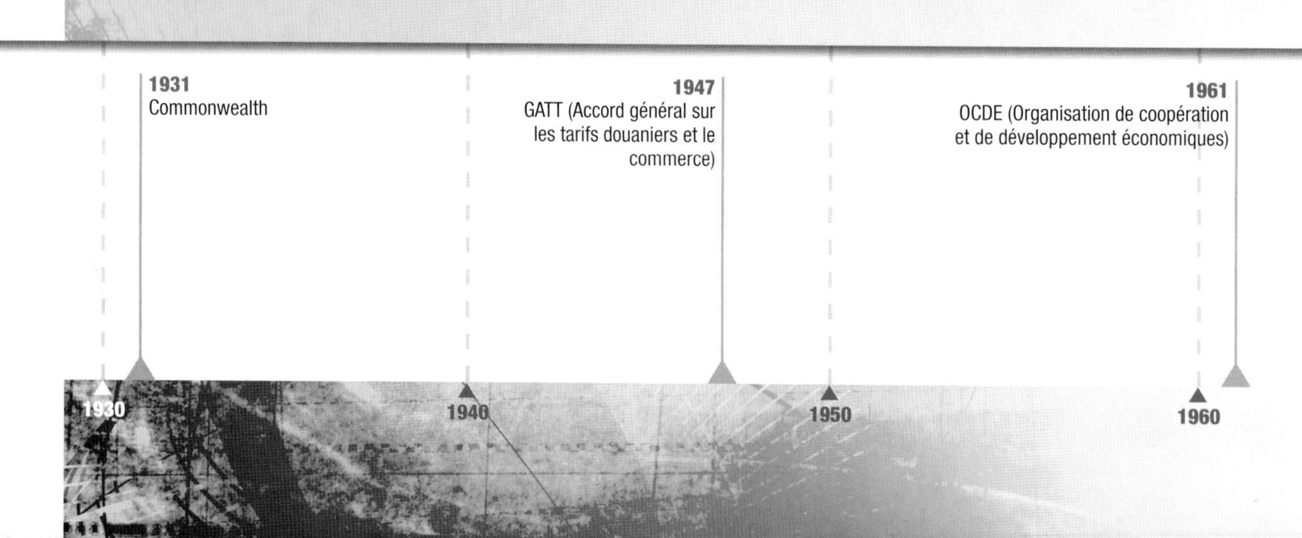

La concentration des industries du secteur tertiaire

Le Japon, comme de nombreux pays développés, a donc misé sur son capital humain, sachant qu'avec une main-d'œuvre qualifiée et un nombre suffisant de techniciens, d'experts, de professionnels et de chercheurs, il développerait non seulement son secteur secondaire, mais aussi son secteur tertiaire. Les entreprises du pays pourraient ainsi produire des biens et des services dont la valeur serait élevée, favorisant alors la croissance économique.

En consultant les trois cartes des pages 140 et 141, on constate que le secteur tertiaire (commercialisation, distribution, industrie des services, télécommunications, recherche et développement, etc.), un des plus lucratifs de l'activité économique, est concentré dans les pays riches et semble totalement échapper aux pays en voie de développement.

En revanche, les pays riches, comme le Canada, qui ont les moyens de former leur main-d'œuvre et leurs experts et de leur fournir des infrastructures, ont largement développé ce secteur. Le secteur tertiaire génère de nombreux avantages économiques : sièges sociaux, postes de direction, emplois de haut niveau et infrastructures ; il contribue donc à l'enrichissement collectif.

LA RECHERCHE ET LE DÉVELOPPEMENT : LE FLEURON DE L'ÉCONOMIE

Autre atout du secteur tertiaire : le développement et la recherche scientifique, une quasi-exclusivité des pays riches. Ceux-ci ont les moyens de former des scientifiques et de les retenir sur leur territoire ou d'engager des scientifiques venus d'ailleurs, parfois de pays pauvres, qui voient par conséquent leur capital humain s'effriter.

Dans les pays industrialisés, comme le Canada et les États-Unis, la recherche est en grande partie financée par les grandes entreprises et les gouvernements, qui accordent des **subventions** aux chercheurs. Les pays riches sont ainsi à la fine pointe de la recherche et possèdent une expertise essentielle à leur développement économique.

Le cercle heureux de la richesse

Dans les pays où le secteur secondaire et, surtout, le secteur tertiaire sont développés, la moyenne nationale des salaires est plus élevée que celle dans les pays dont l'économie repose principalement sur le secteur primaire et le secteur secondaire. À titre d'exemple, un Péruvien gagne en moyenne 21,24 $ US par jour, alors qu'un Canadien reçoit quotidiennement un peu plus de 98,74 $ US.

ZOOM

L'exode des scientifiques

Partout dans le monde, les scientifiques dépendent de leurs sources de financement. Pour travailler, ils doivent donc suivre la route des subventions. Celles-ci viennent principalement des gouvernements et fluctuent selon les compressions budgétaires ou les priorités ministérielles. Ces subventions sont plus élevées dans les pays riches que dans les pays pauvres, et les programmes de recherche y sont plus nombreux. De plus, les grandes entreprises des pays industrialisés disposent d'imposants budgets de recherche et embauchent de nombreux scientifiques. Depuis 1990, on estime que l'Afrique perd chaque année 20 000 scientifiques et chercheurs, qui vont s'installer dans les pays industrialisés, ce qui nuit au développement de son économie. Les scientifiques des pays riches migrent eux aussi vers d'autres pays riches en fonction du financement ! Le tiers des dépenses mondiales en recherche et développement se fait aux États-Unis, ce qui attire le quart des scientifiques du monde entier.

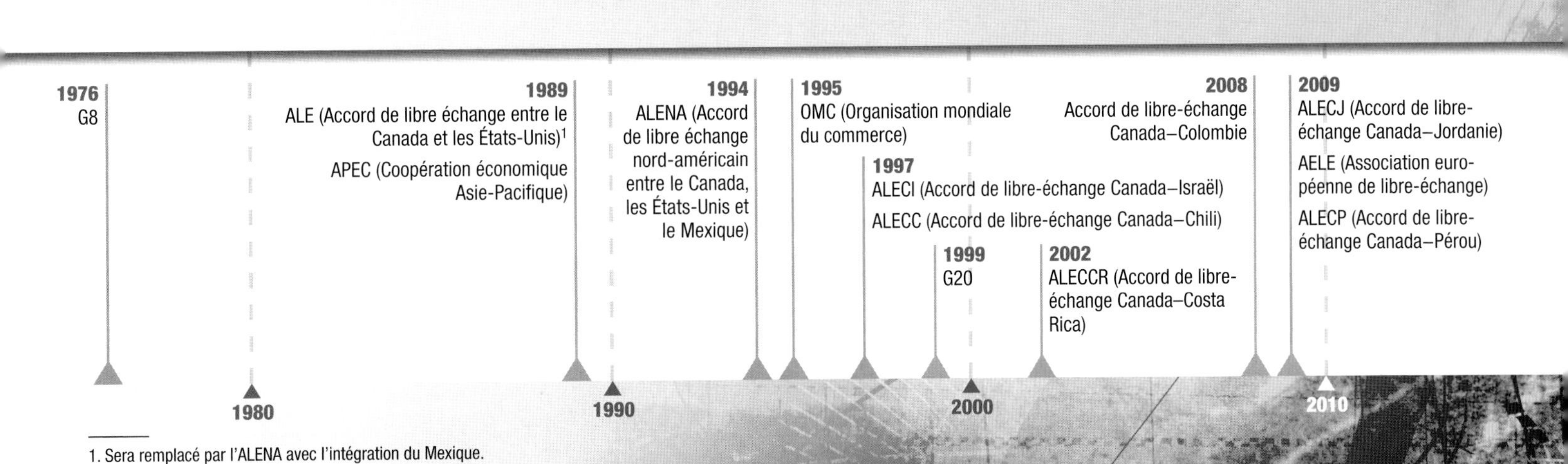

1. Sera remplacé par l'ALENA avec l'intégration du Mexique.

13 La ville de New York, aux États-Unis, vue de nuit. L'île de Manhattan a toujours été un symbole de richesse et de prospérité.

14 Comparaison de la taille des plus grandes multinationales avec le PIB de certains pays

Rang	Multinationale	Secteur	Valeur des ventes en 2009 (en milliards $ US)	Pays	PIB en 2008 (en milliards $ US)	Pays	PIB en 2008 (en milliards $ US)
1	Royal Dutch Shell (Pays-Bas)	Pétrole	458,4	Suède	480,0	République démocratique du Congo	11,6
2	Exxon Mobil (États-Unis)	Pétrole	442,9	Norvège	450,0	Mozambique	9,7
3	Wal-Mart Stores (États-Unis)	Commerce	405,6	Autriche	416,4	Cambodge	9,6
4	BP (Royaume-Uni)	Pétrole	367,1	Iran	385,1	Madagascar	9,0
5	Chevron (États-Unis)	Pétrole	263,2	Afrique du Sud	276,8	Mali	8,7
6	Total (France)	Pétrole	234,7	Colombie	242,3	Burkina Faso	7,9
7	ConocoPhillips (États-Unis)	Pétrole	230,8	République tchèque	216,5	Haïti	7,0
8	ING Group (Pays-Bas)	Finance	226,6	Hong-Kong[1]	215,4	Nicaragua	6,6
9	Sinopec (Chine)	Pétrole	207,8	Nigeria	212,1	Laos	5,2
10	Toyota Motor (Japon)	Automobile	204,4	Roumanie	200,1	Sierra Leone	2,0

1. Région administrative spéciale de la République populaire de Chine.

Sources: *Fortune 500*; Banque mondiale, 2008 et 2009.

Les salaires élevés génèrent, eux aussi, de la richesse. Voici comment :

- les travailleurs qui ont un meilleur salaire consomment davantage de biens et de services, ce qui favorise l'activité économique ;
- les travailleurs mieux rémunérés paient plus d'impôts, ce qui permet à l'État de fournir plus de services, notamment en éducation, de former de la main-d'œuvre et de développer les infrastructures sociales et physiques nécessaires au développement économique ;
- les travailleurs mieux payés épargnent également davantage, ce qui renforce les institutions financières qui, à leur tour, peuvent investir dans les entreprises et financer des projets d'envergure de l'État et de l'industrie.

Bref, plus les individus et les entreprises créent de la richesse dans un pays, plus celui-ci peut mettre en place les conditions favorables à la création de richesse. C'est ce qu'on pourrait appeler le cercle heureux de la richesse.

Le cercle vicieux de la pauvreté

Si la richesse engendre la richesse, la pauvreté, elle, crée souvent de la pauvreté. Comme l'économie des pays pauvres repose, en grande partie, sur le secteur primaire, le moins rentable de l'activité économique, la moyenne salariale dans ces pays est beaucoup moins élevée que dans les pays développés. De même, l'industrie locale fait des profits beaucoup plus modestes que celle des pays riches.

Les salaires faibles génèrent à leur tour de la pauvreté. Voici comment :

- les employés moins payés consomment moins, ce qui ralentit le développement économique ;
- avec des revenus et des profits trop bas, les individus et les entreprises ne peuvent épargner suffisamment pour alimenter le système bancaire, qui, à son tour, ne peut assurer le financement et les investissements nécessaires à la croissance ;

INTERPRÉTER LE PROBLÈME (CD 1)

Les questions portent sur le contenu des pages 138 à 145.

1. Expliquez ce qu'est la valeur ajoutée et dites pourquoi elle contribue à la création de richesse dans les pays développés.
2. Expliquez la relation entre les trois secteurs d'activité économique (primaire, secondaire, tertiaire) et la disparité de la richesse dans le monde.
3. Expliquez comment un pays comme le Japon, avec peu de ressources naturelles, est devenu un des pays les plus riches du monde.
4. Quel est le secteur de l'activité économique qui crée le plus de richesse ? Nommez 10 pays dans lesquels ce secteur est particulièrement développé.
5. Que considère-t-on le « fleuron de l'économie » ? Pourquoi ?
6. Pourquoi les scientifiques et les chercheurs des pays en développement émigrent-ils vers les pays industrialisés ? Quelle est la conséquence de cet exode pour les pays pauvres ?

ANALYSER LE PROBLÈME : ACTIVITÉ

Composante de la CD 1

Portraits économiques

Outils de référence : votre manuel *Enjeux* et Internet.

Vous devez dresser le portrait économique de trois pays – Brésil, Canada et Congo – afin de mieux comprendre la disparité de la répartition de la richesse dans le monde.

1. Pour chaque pays, créez une fiche comprenant les données suivantes :
   - la population ;
   - le PIB ;
   - le PIB par habitant ;
   - le taux d'alphabétisation ;
   - les principales productions ou industries (précisez s'il s'agit du secteur primaire, secondaire ou tertiaire) ;
   - les alliances économiques avec d'autres pays, s'il y a lieu.
2. À partir des données recueillies, déterminez à quelle catégorie (pays développé, émergent ou en développement) chacun des pays appartient. Justifiez votre réponse dans un texte d'une demi-page.

15 Affiche de lutte contre la corruption en Ouganda, en 2006, qui dit : « La corruption est mortelle. Mettez-y un terme. » La corruption constitue un véritable frein au développement de plusieurs pays africains, notamment en les privant d'une importante part de l'aide publique au développement.

CHIFFRES

Le palmarès de la corruption

La Somalie serait le pays le plus corrompu : elle se classe au dernier rang des 180 pays étudiés, avec un indice de transparence de 1,1 sur 10. Au total, 19 pays ont un indice inférieur à 2. Quant au Canada, il se classe 8e avec un **indice** de 8,7. C'est la Nouvelle-Zélande qui occupe le 1er rang, avec un indice de 9,4.

Source : Transparency International, 2009.

- les travailleurs qui ont de petits salaires, tout comme les entreprises qui font peu de profits, paient peu d'impôts. L'État a donc de faibles revenus et ne peut fournir tous les services publics, comme l'éducation, ce qui nuit à la formation d'une main-d'œuvre qualifiée. L'État manque aussi d'argent pour développer des infrastructures sociales et physiques nécessaires au développement économique ;
- les États qui ont peu de revenus et une industrie peu développée ne peuvent retenir sur leur territoire tous les experts et les scientifiques qu'ils forment ; une partie d'entre eux s'exile vers les pays riches, où d'importants budgets sont alloués à la recherche. → *Voir l'encadré* L'exode des scientifiques, *p. 143* ;
- le capital humain des pays pauvres est donc faible et, par conséquent, leur capital technique, qui pourrait contribuer à leur développement industriel et économique est, lui aussi, faible.

Les salaires peu élevés dans les pays pauvres sont à la fois une conséquence de la faiblesse de leur économie et une cause de leur pauvreté. C'est ce qu'on appelle le cercle vicieux de la pauvreté.

LA CORRUPTION : UNE ENTRAVE AU DÉVELOPPEMENT

Autre composante du cercle vicieux de la pauvreté : la **corruption**. Dans certains pays très pauvres, où les salaires sont très bas, fonctionnaires et dirigeants n'hésitent pas à accepter des pots-de-vin ou à détourner l'argent de l'État ou les fonds provenant de l'aide internationale, pourtant si nécessaires au développement. De 20 à 40 milliards $ US seraient annuellement détournés par des fonctionnaires corrompus, ce qui représente de 20 % à 40 % de l'aide publique aux pays en développement. Même s'il s'agit d'une réalité difficile à chiffrer et qui sévit sur d'autres continents et dans de nombreux pays, la Banque mondiale estimait, en 2007, que la corruption fait perdre annuellement aux États africains concernés 11 % de leur PIB, soit environ 148 milliards $ US.

16 La rareté de l'eau potable constitue une entrave sérieuse au développement économique de nombreux pays pauvres. Ici, une jeune femme rapporte de l'eau distribuée par les Nations unies et l'Union africaine, à Tora, au Darfour, en 2009.

Dans certains cas, la corruption implique la complicité des entreprises étrangères établies sur place. Certaines d'entre elles peuvent ainsi échapper à leur obligations, par exemple en matière d'environnement.

Afin d'harmoniser les efforts internationaux de lutte contre la corruption, l'ONU a adopté la Convention des Nations unies contre la corruption, une entente internationale que le Canada a d'ailleurs ratifiée en 2007.

DES CAUSES GÉOCLIMATIQUES

Autre obstacle à la croissance économique dans de nombreux pays pauvres : les problèmes environnementaux, comme la désertification, qui s'intensifient avec le réchauffement climatique. En Afrique, les deux tiers du continent sont des déserts ou des terres sèches, ce qui nuit considérablement au développement de l'agriculture : un fléau pour 47 pays africains où les activités agricoles représentent de 25 % à 50 % du PIB. En 2008, l'ONU estimait que 250 millions de personnes dans le monde étaient touchées par le problème de la désertification. La désertification coûterait 1 % de la productivité mondiale, selon certains experts réunis à la conférence internationale de 2009 de la Convention des Nations unies sur la lutte contre la désertification.

Les catastrophes naturelles qui frappent plus souvent et plus durement les pays d'Asie du Sud, d'Amérique latine et d'Afrique ont des effets désastreux sur leur développement économique. Des dizaines de milliers de personnes frappées par le tsunami qui a ravagé plusieurs pays asiatiques en 2004 sont toujours sans emploi et vivent dans des abris de fortune. C'est toute une partie des

17 Les 10 pays les plus pauvres selon le PIB par habitant

Pays	PIB par habitant en 2008 (en PPA[1] $ US)	Rang mondial
République démocratique du Congo	297	170
Burundi	354	169
Liberia	358	168
Guinée-Bissau	497	167
Érythrée	584	166
Niger	632	165
République centrafricaine	680	164
Sierra Leone	708	163
Timor oriental	740	162
Togo	767	161

1. Voir l'encadré *Le PPA*, p. 134.

Source: Banque mondiale, 2010.

18 L'analphabétisme dans le monde

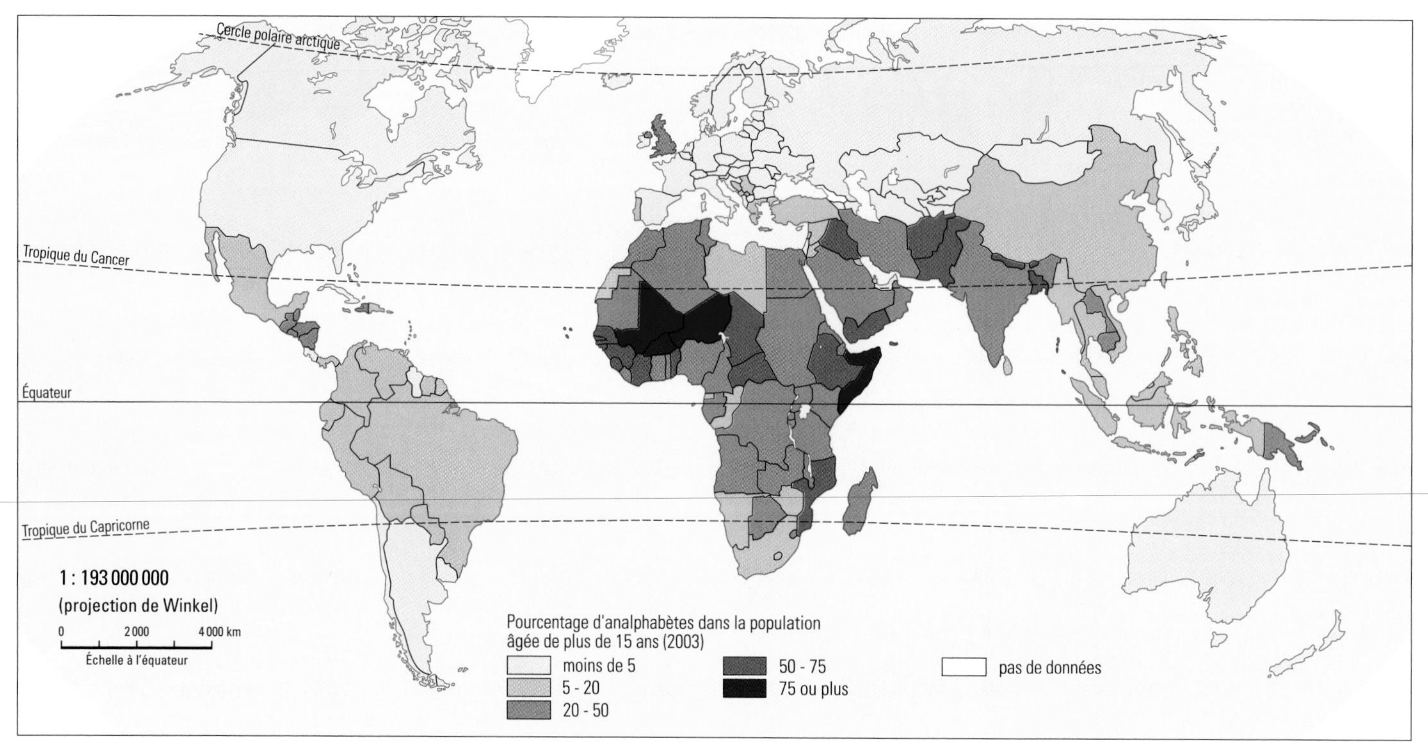

Source : *Le grand atlas du Canada et du monde*, 3e édition, Bruxelles, Noordhoff/De Boeck, 2009, p. 40.

ZOOM

Des riches chez les pauvres

Les différences de revenus entre les citoyens d'un pays sont parfois énormes, même dans les pays les plus pauvres du monde. En Afrique, les écarts entre les classes sociales existent également. Par exemple, en Zambie, certains des habitants les mieux nantis ont des revenus 42 fois plus élevés que les habitants les plus pauvres.

On note également des différences importantes dans les pays émergents. En 2007, la Chine, l'Inde et le Brésil affichaient la plus forte augmentation du nombre de millionnaires dans le monde. Et la Chine, où encore 100 millions de personnes vivent avec moins de 1,25 $ US par jour, arrive au deuxième rang des pays comptant le plus grand nombre de milliardaires, juste derrière les États-Unis. C'est également en Chine qu'on note la plus forte progression du nombre de nouvelles fortunes.

industries et des petits commerces locaux qui a disparu. Sans compter les coûts que cette catastrophe a entraînés pour les États.

En janvier 2010, Haïti est frappé par un violent séisme qui fait plus de 230 000 morts. Ce pays était déjà l'un des plus pauvres du monde, avec 80 % des habitants vivant sous le seuil de la pauvreté et 54 % sous celui de l'extrême pauvreté. En détruisant une grande partie du pays, le séisme a paralysé les efforts de développement économique. La reconstruction du pays engloutira des milliards de dollars.

LES PAYS DE LA SOIF

Aux causes **géoclimatiques** s'ajoute l'épineux problème de l'eau. Une grande partie de la population des pays pauvres migre vers les mégalopoles et leurs bidonvilles, où l'eau devient une denrée rare. Ce sont aussi les personnes les plus démunies qui, dans les régions sèches, doivent marcher des kilomètres pour s'approvisionner en eau potable. Le phénomène de salinisation des nappes souterraines, causé par des pompages excessifs, nuit à l'agriculture locale.

L'ANALPHABÉTISME ET LA PAUVRETÉ

Au cœur du cercle vicieux de la pauvreté : l'**analphabétisme**. Non seulement une grande partie de la main-d'œuvre n'est pas qualifiée dans les pays pauvres, mais de larges pans de la population ne savent ni lire ni écrire, ce qui limite la possibilité de former des personnes pour un travail dans des secteurs autres que le secteur primaire.

Cette situation est particulièrement inquiétante en Afrique subsaharienne. Ainsi, en 2009, dans les pays d'Afrique de l'Ouest, le taux d'analphabétisme frôlait les 40 %. Il va sans dire qu'un tel taux d'analphabétisme limite le potentiel de développement économique de ces pays, sans compter qu'il implique que des millions de personnes n'ont aucune chance d'accéder à un emploi qualifié et de sortir de la misère. Voilà pourquoi l'accès à l'éducation primaire est un des objectifs prioritaires de l'ONU. → *Voir* Les Objectifs du millénaire pour le développement, *p. 169*.

La mondialisation: ouvrir des frontières économiques

Le commerce extérieur, voilà une des clés fondamentales de la croissance économique. Pour grandir et augmenter leurs revenus, les entreprises doivent accéder au plus grand nombre possible de consommateurs. Un fabricant de voitures ou d'appareils photo qui ne pourrait vendre ses produits que dans son pays atteindrait bien vite le maximum de ventes possibles.

L'exportation et l'importation des matières premières, qui étaient la base du système colonial, ont constitué, pendant des siècles, l'essentiel des flux commerciaux. → *Voir l'encadré* La mondialisation et les flux commerciaux, *p. 155.* Au 19e et au 20e siècle, l'avènement de la production industrielle de masse a conduit les entreprises à chercher à l'extérieur des frontières de leur pays les marchés dont ils avaient besoin pour écouler les marchandises qu'ils pouvaient désormais fabriquer en énormes quantités. Dès lors, leur capacité de production

19 Les grandes alliances économiques internationales

Alliance économique	Pays signataires			Date de fondation	Description
ALENA Accord de libre-échange nord-américain	• Canada • États-Unis • Mexique			1994	• Traité de libre-échange fixant les règles du commerce et de l'investissement entre les trois pays • Population: 444 millions en 2008 • 27,8 % du PIB mondial en 2008
MERCOSUR Marché commun du Sud	• Brésil • Argentine • Uruguay	• Paraguay • Venezuela • Bolivie	• Pérou • Équateur • Colombie	1991	• Zone de libre-échange et union douanière • Quatrième espace commercial du monde • Coordination des politiques économiques et des législations des États membres • Population: 366 millions en 2008 • 4,6 % du PIB mondial en 2008
APEC Coopération économique Asie-Pacifique (21 pays membres sur 4 continents)	• Australie • Brunei • Canada • Chili • Chine • Corée du Sud • États-Unis	• Hong-Kong • Indonésie • Japon • Malaisie • Mexique • Nouvelle-Zélande • Papouasie-Nouvelle-Guinée	• Pérou • Philippines • Russie • Singapour • Taipei chinois • Thaïlande • Vietnam	1989	• Accord de libre-échange encore en construction • Population: 2,7 milliards en 2008 • 52,4 % du PIB mondial
UE Union européenne	27 états membres			1952	• Union économique et politique réunissant 27 États membres • Les États membres sont tous des pays européens et démocratiques • Union douanière • Monnaie commune pour 16 des 27 pays membres • Population: 497 millions en 2008 • 29,5 % du PIB mondial en 2008
ASEAN (ANSEA) Association des Nations du Sud-Est asiatique	• Myanmar (Birmanie) • Brunei • Cambodge • Indonésie	• Laos • Malaisie • Philippines • Singapour	• Thaïlande • Vietnam	1967	• Organisation intergouvernementale régionale • Zone de libre-échange entre tous les États membres • Population: 574 milllions en 2008 • 2,4 % du PIB mondial en 2008
Les pays pauvres tentent de s'organiser eux aussi, mais ne font pas le poids devant les géants économiques mondiaux.					
UA Union africaine	53 pays membres			1961	• Programme de développement économique • Formation d'un marché commun d'ici 2025 • Population: 982 milllions en 2008 • 2,7 % du PIB mondial en 2008
ACP Afrique, Caraïbes, Pacifique	79 pays membres			1975	• Accords de coopération et de développement avec la Communauté européenne • Population: 800 millions en 2008 • 1,8 % du PIB mondial

Sources: Affaires étrangères et Commerce international Canada, ALENA, APEC, Larousse, UE, ASEAN, Union africaine, ACP, Banque mondiale, Statistiques nationales de Taiwan [en ligne]. (Consultés en février 2010.)

20

21

20 Une rencontre au sommet : réunion des membres du G20 le 25 septembre 2009, à Pittsburgh, aux États-Unis.

21 Des emplois, de la justice et des actions pour ralentir les changements climatiques ; c'est ce que réclament ces manifestants, dans une marche de protestation, le 28 mars 2009, quelques jours avant la tenue d'un sommet du G20, à Londres, au Royaume-Uni.

et leurs ambitions de croissance économique ont dépassé largement les possibilités du marché local.

Pour favoriser la croissance économique, il fallait donc faciliter le transport, la circulation, la vente et l'achat de biens entre les pays. Dès la fin de la Seconde Guerre mondiale, des ententes commerciales, des accords économiques et des traités de **libre-échange** ont façonné les nouveaux rapports commerciaux internationaux. Dans les années 1980 et 1990, les développements technologiques ont permis d'accroître et d'accélérer ces échanges. Des milliards de dollars, des millions de tonnes de marchandises circulent dorénavant grâce à un simple clic de souris. Le mot *mondialisation* est sur toutes les lèvres et dans tous les grands **forums** économiques. Dès lors, les ententes se renforcent et se multiplient : le MERCOSUR dans les pays d'Amérique du Sud, l'ALENA en Amérique du Nord, l'Union européenne, etc.

FOCUS

La concentration de la richesse mondiale

La richesse mondiale est concentrée au sein d'une vingtaine de pays, plus particulièrement ceux du G8.

Le G8

Formé en 1975 par les dirigeants des six États les plus industrialisés du monde (Allemagne, États-Unis, France, Italie, Japon et Royaume-Uni), le G6 devient le G7 en 1976 avec l'intégration du Canada, puis le G8 en 1991 avec celle de la Russie.

Le G8, qui n'a pas de siège permanent, tient un sommet annuellement dans l'un ou l'autre des pays membres. Bien qu'elle n'en fasse pas partie, l'Union européenne y est également représentée. Aujourd'hui, les pays du G8 représentent 15 % de la population mondiale et 56 % du PIB mondial, et ils détiennent 40 % des droits de vote à la Banque mondiale.

Les sommets du G8 réunissent les chefs d'État et les ministres des Finances et des Affaires étrangères des pays membres, leurs délégations ainsi que des invités. Plusieurs sujets d'intérêt mondial y sont débattus: économie, commerce international, aide aux pays en développement, sécurité. En 2010, le Canada était l'hôte du sommet du G8 pour la cinquième fois. Plus de 3000 journalistes venant de 60 pays ont couvert l'événement, très médiatisé.

Le G20

Créé en 1999, le G20 est formé de 19 pays et de l'Union européenne. Strictement orientés vers les questions économiques, les sommets annuels du G20 réunissent les ministres des Finances et les directeurs des banques centrales de chacun des pays membres et leurs délégations.

À l'échelle mondiale, le poids économique et démographique des pays membres du G20 est considérable: 2/3 de la population et 90 % du PIB, tous pays confondus. En 2008, en raison de la crise économique, les chefs d'État des pays membres ont également participé au sommet. En 2010, c'est au Canada, à Toronto, qu'a eu lieu le 11e sommet du G20.

LA MONDIALISATION RIME AVEC DÉLOCALISATIONS

Grâce à la mondialisation, des centaines d'entreprises des pays développés ont maintenant accès à d'énormes marchés. Pour les entreprises canadiennes, par exemple, c'est un accès direct aux 400 millions de consommateurs Nord-américains.

Autre avantage indéniable de la mondialisation pour les multinationales: la délocalisation de la production. Certaines de ces entreprises se tournent vers des pays pauvres où elles ont accès à une main-d'œuvre suffisamment qualifiée, mais beaucoup moins chère qu'en Occident. Elles peuvent donc produire à moindre coût et être plus concurrentielles, tout en dégageant des marges de profit plus élevées.

Les salaires plus bas ne sont pas le seul incitatif à la délocalisation. Dans les pays pauvres, les lois environnementales et les lois du travail sont parfois moins contraignantes, donc moins coûteuses, que dans les pays industrialisés. Certains gouvernements de pays en voie de développement acceptent de modifier des règles ou des lois pour inciter les entreprises à créer des emplois sur leur territoire. Cela a parfois des conséquences néfastes sur l'environnement et sur les droits des travailleurs. → *Voir* Les alliances sont-elles un gage de croissance économique?, *p. 248*.

PORTRAIT

Muhammad **Yunus** (1940-)

Né à Chittagong, au Bangladesh, Muhammad Yunus fait des études universitaires aux États-Unis. De retour dans son pays pour occuper un poste au gouvernement, il découvre l'ampleur de la pauvreté et de la famine qui affectent son pays. En 1976, il crée le premier organisme financier qui prête de l'argent à des personnes insolvables en avançant lui-même 27 $ US à 42 femmes pour qu'elles mettent sur pied leur micro-entreprise. C'est le début de la Grameen Bank, qui lui vaut le prix Nobel de la paix en 2006 et le surnom de « banquier des pauvres ». Depuis, il a lancé d'autres projets d'économie solidaire et de développement social, comme des assurances-maladies et des prêts étudiants.

FOCUS

Deux forums : deux visions du monde

Le Forum économique mondial

Haut lieu de rencontre et de réseautage de l'élite économique et politique mondiale, la petite ville suisse de Davos reçoit chaque année, depuis 1971, les dirigeants des 1000 entreprises les plus importantes du monde ainsi que des représentants de la société civile, de la scène politique et des grands médias. Pour y être admises, les entreprises des pays développés doivent afficher un chiffre d'affaires de 5 milliards $ US ; les entreprises des pays en développement, quant à elles, doivent avoir un chiffre d'affaires d'au moins 1 milliard. Au total, plus de 3000 participants débattent des différents sujets économiques et politiques internationaux de l'heure. Certains échanges sont publics, tandis que d'autres se déroulent à huis clos.

Bien qu'il n'ait aucun pouvoir décisionnel, le Forum économique mondial représente tout de même, aux yeux de nombreux observateurs, une forme de gouvernance économique mondiale parallèle influente.

Le Forum social mondial

Tenu pour la première fois en 2001 à Porto Alegre, au Brésil, ce rassemblement mondial de différents mouvements **altermondialistes** s'opposant au néolibéralisme économique a lieu chaque année en même temps que le Forum économique mondial. Son objectif : faire entendre une autre voix que celle des dirigeants d'entreprises.

Le Forum est composé de représentants d'ONG et de militants venant de différents horizons qui se réunissent pour élaborer et proposer des politiques pouvant remplacer celles qui dominent l'échiquier mondial. Parmi les sujets débattus figurent l'endettement des pays pauvres, l'impérialisme américain, les politiques économiques du FMI et de la Banque mondiale, le développement durable et les problèmes environnementaux. Le Forum a aujourd'hui un secrétariat permanent et chapeaute des sommets régionaux et thématiques qui ont lieu chaque année partout dans le monde, en plus du sommet annuel mondial.

CHIFFRES

L'Inde émergente

Selon certaines sources, la classe moyenne en Inde compte désormais 300 millions de personnes. D'autres sources indiquent plutôt 50 millions de personnes dont le niveau de vie se compare à celui de la classe moyenne européenne. Selon la Banque mondiale, le revenu annuel de ces personnes varie de 13 500 $ US à 65 000 $ US.

PORTRAIT

Ratan Naval **Tata** (1937-)

Président de l'empire familial indien Tata, fondé par son arrière grand-père en 1868, Ratan Naval Tata est un entrepreneur et une des personnalités les plus influentes de son pays. Né à Mumbay, en Inde, il fait des études en architecture et entame sa carrière aux États-Unis, avant de retourner en Inde et de se joindre au groupe Tata en 1962. À la tête de l'entreprise depuis 1991, il a réussi à multiplier par 13 les revenus de ce conglomérat, qui œuvre dans différents domaines, notamment l'automobile, l'énergie, l'industrie chimique et les hôtels. En 2008, Ratan Tata lance la Nano, la voiture neuve la moins chère du monde, surnommée « la voiture du peuple », qui s'est rapidement révélée un véritable succès commercial, dans la foulée de la croissance économique de l'Inde. Très impliqué en politique, Ratan Tata fait notamment partie du Conseil du premier ministre sur le commerce et l'énergie.

DES PAYS PAUVRES QUI ÉMERGENT

Les pays riches et les multinationales ne sont pas les seuls à profiter de la mondialisation. Les délocalisations de production et l'ouverture des marchés internationaux ont créé une toute nouvelle catégorie de pays : les pays émergents. Des pays pauvres et même très pauvres, grâce aux délocalisations de production vers leur territoire, connaissent depuis une vingtaine d'années une croissance économique très rapide.

Si rapide que la Chine, qui est en tête de liste des pays émergents, est dorénavant la troisième puissance économique mondiale, derrière les États-Unis et le Japon. Bien qu'elle ne fasse pas partie du fameux G8, la Chine bat des records de croissance. Avec un taux de croissance de 9,1 % par année entre 1995 et 2005, ce pays contrôle environ 8 % des exportations mondiales. Les États-Unis, quant à eux, en contrôlent 8,59 %.

Parmi les économies émergentes, trois groupes se distinguent :

- le BRIC : Brésil, Russie, Inde et Chine ;
- les dragons : Corée du Sud, Taiwan, Singapour et Hong-Kong ;
- les tigres : Thaïlande, Malaisie, Indonésie, Philippines et Brunei.

22

22 Surnommée « l'usine du monde », la Chine est aujourd'hui l'une des trois plus grandes puissances économiques mondiales, grâce à l'intensité de sa production industrielle.

De 1980 à 2008, à eux seuls, les trois dragons (sans Taiwan) ont connu une croissance économique fulgurante de 450 %. Quant aux États-Unis et au Canada, leur taux de croissance a été de 125 % pour la même période, soit 5 % de moins que l'ensemble des pays d'Afrique subsaharienne.

Les chiffres qui illustrent l'essor économique des pays émergents sont tous étonnants. Ces pays, qui étaient pauvres, pouvaient tout de même compter sur un capital humain et des infrastructures plus développés que ceux d'autres pays très pauvres, notamment en Afrique subsaharienne. Cela leur a permis d'attirer des

INTERPRÉTER LE PROBLÈME (CD 1)

Les questions portent sur le contenu des pages 147 à 154.

1. Quelles sont les répercussions des problèmes environnementaux sur le développement économique des pays africains ?

2. Expliquez pourquoi l'analphabétisme est une des causes de la pauvreté et dites quels sont ses effets sur le marché de l'emploi des pays pauvres.

3. Expliquez comment le commerce extérieur contribue à la croissance économique d'un État.

4. Comment la mondialisation a-t-elle permis aux multinationales de conquérir les marchés internationaux ?

5. Les pays industrialisés et les multinationales ne sont pas les seuls à profiter de la mondialisation. Expliquez comment les pays émergents ont développé leur économie en tirant profit de la délocalisation de la production des entreprises des pays riches.

ENVISAGER LE PROBLÈME DANS SA GLOBALITÉ : ACTIVITÉ
Composante de la CD 1

Délocaliser une entreprise canadienne?

Outils de référence : votre manuel *Enjeux* et Internet.

Vous être membre de la direction d'une entreprise canadienne qui fabrique des téléphones cellulaires. Votre entreprise doit décider si elle maintient sa production dans son usine du Canada ou si elle la délocalise en Inde, un pays émergent où de nombreuses entreprises internationales ont installé leur production.

1. Pour prendre une décision éclairée, vous devez comparer les avantages et les inconvénients de chaque possibilité. Pour ce faire, répondez aux questions suivantes :
   - Quelles sont les conditions de travail et la rémunération des travailleurs dans chacun des deux pays ?
   - Quels sont les avantages de la délocalisation pour l'entreprise ?
   - Quelles seraient les conséquences de la délocalisation sur les emplois dans chaque pays ?

2. À partir des données que vous avez recueillies, formulez votre recommandation au conseil d'administration dans un texte d'une demi-page.

23

industries et des entreprises de services du monde entier. Une partie de la population a donc eu accès à de meilleurs emplois et à de meilleurs salaires. De plus, ces pays ont su miser sur le transfert des technologies des industries étrangères et ont pu développer leur propre industrie. Ils sont même devenus, dans certains secteurs, de sérieux concurrents des entreprises des pays développés.

L'AFRIQUE TOUJOURS EN MARGE DE LA MONDIALISATION

L'essor économique des pays émergents a bien sûr contribué à la diminution du nombre total de personnes vivant dans l'extrême pauvreté sur la planète. En Chine, par exemple, le nombre de personnes vivant avec moins de 1,25 $ US par jour a diminué de 475 millions entre 1990 et 2005. À l'échelle de la planète, la proportion de personnes extrêmement pauvres est passée d'environ 50 % à 25 % dans la même période ; en Asie du Sud-Est, cette proportion est passée de 80 % en 1981 à 18 % en 2006.

23 Autrefois connue comme un pays très pauvre, l'Inde est une puissance émergente en plein essor économique. La nuit, avec toutes ses tours illuminées, Mumbay, la capitale économique, ressemble aujourd'hui à s'y méprendre à une grande ville américaine. Pourtant, près de la moitié de ses habitants vivent encore dans la pauvreté.

Mais, en Afrique subsaharienne, la proportion de personnes vivant dans l'extrême pauvreté est restée inchangée et est toujours d'environ 50 %. La croissance économique qui a tant profité aux pays industrialisés et aux pays émergents semble échapper totalement à de nombreux pays africains. Neuf des dix pays les plus pauvres du monde sont africains. Ces derniers ne profitent pas pleinement de l'exploitation de leur ressources naturelles. L'Afrique, qui continue d'alimenter les usines du monde entier, souffre toujours de la faim.

La mondialisation a changé l'axe Nord-Sud qui divisait le monde entre les pays riches du Nord et les pays pauvres du Sud en donnant naissance aux pays émergents, mais les pays de l'Afrique subsaharienne restent en marge de cette croissance. Malgré la réduction de leurs dettes extérieures par les organisations internationales et les pays riches, les États africains restent très pauvres. → *Voir* L'allègement de la dette : une autre aide conditionnelle, *p. 163.*

FOCUS

La mondialisation et les flux commerciaux

Sous l'effet de la mondialisation, les échanges commerciaux et financiers entre pays se sont intensifiés et ont fait grimper du même coup ce que les économistes appellent les *flux commerciaux* et les *flux financiers*. En économie, le mot *flux* désigne, en fait, les « entrées » et les « sorties » de matières premières, de produits, de services ou de sommes d'argent. Les experts évaluent l'importance des flux commerciaux ou financiers d'un pays sur une période de temps précise, souvent une année.

Ainsi, tout ce qu'un pays exporte vers l'étranger est un flux commercial et tout ce qu'il importe aussi. Dans certains cas, les flux d'entrées et de sorties s'équilibrent, dans d'autres, non. Il arrive que des pays importent plus qu'ils n'exportent. Même principe pour les flux financiers. Les emprunts d'argent d'un pays constituent dans un premier temps un flux d'entrée avant d'occasionner des flux de sorties, lorsqu'il faut payer les intérêts et rembourser le capital.

Les flux commerciaux ne sont donc ni plus ni moins que les transactions à la base de toute activité commerciale, notamment celle du commerce international. Cela dit, le taux de flux commerciaux peut avoir des répercussions sur la situation économique d'un pays. C'est le cas, notamment, de pays émergents comme la Chine, qui, grâce à une augmentation importante de ses flux commerciaux et financiers, a pu dégager les capitaux nécessaires à l'acquisition et au développement d'infrastructures et d'équipements industriels et technologiques. Ces acquis, que les experts appellent *stocks*, favorisent la croissance et le développement économique, et donc la création de richesse.

VEILLE MÉDIATIQUE

Sensibiliser le monde entier grâce aux médias

En 2009, en raison de la crise économique, le nombre de personnes souffrant de famine dans le monde atteint un milliard. Le directeur général de l'Organisation des Nations unies pour l'alimentation et l'agriculture (FAO), Jacques Diouf, veut sonner l'alarme. Pour attirer l'attention des médias et dénoncer l'indifférence de la communauté internationale, il effectue une grève de la faim de 24 heures et invite la population mondiale à faire comme lui.

Dans le cadre de la même campagne, on peut voir le directeur général de la FAO dans une courte vidéo sur le Web. Il tente de sensibiliser les internautes au problème de la faim dans le monde par un message bref et efficace, et une pétition accompagne son message. Avec Internet, il est plus facile pour des organismes comme la FAO de rejoindre une grande partie de la population. Le cri d'alarme de Jacques Diouf a trouvé écho dans la plupart des grands médias.

LA PRESSE AFFAIRES

CLAUDE PICHER
LE GÂCHIS DE L'ASSURANCE EMPLOI

JEUX OLYMPIQUES

S&P TSX | S&P 500 | DOW JONES | PÉTROLE | DOLLAR

CAHIER B

CINÉMA

ÉCONOMIE

Le maillon faible

les affaires

SEMAINE DU 4 AU 10 OCTOBRE 2008

80 ANS • 1928 - 2008

NOS CONSEILS POUR TRAVERSER LA TEMPÊTE

Comment prendre une longueur d'avance sur les autres

Les commentaires de nos experts :
> René Vézina p. 10
> Jean-Paul Gagné p. 14
> Bernard Mooney p. 47

Management
La mécanique humaine derrière la débâcle boursière p. 40

24

Sur le Web

PARLONS D'ARGENT

AFFRONTER LA CRISE

affaires

TORONTO + 109,61
TSX 60 + 7,36
NASDAQ - 1,68
NEW YORK - 53,13
LE DOLLAR 94,40

CAISSE DE DÉPÔT ET PLACEMENT

UNE ANNÉE DE TRANSITION

L'économie et la pauvreté dans les médias québécois

L'intérêt pour l'économie varie d'une année à l'autre. En 2009, l'économie aurait été le thème occupant le plus d'espace dans les médias québécois. Le « poids média » des nouvelles économiques aurait subi une hausse de 27 % comparativement à 2008, selon le rapport *État de la nouvelle : bilan 2009* publié en ligne par l'organisme Influence Communication.

En revanche, le traitement médiatique accordé au thème de la pauvreté serait en baisse. La couverture médiatique entourant deux matchs des Canadiens de Montréal suffirait pour égaler l'espace occupé par tout ce qui est rapporté sur la pauvreté pendant une année au Québec.

Les grands quotidiens québécois comme *Le Devoir*, *La Presse* et *Le Soleil* contiennent des sections spéciales qui couvrent l'actualité économique. Des journaux spécialisés, comme *Les Affaires,* s'intéressent au monde de la finance.

Le Forum de Davos : un incontournable pour les journalistes

Parce qu'il réunit quelque 3000 participants, dont des acteurs importants de la scène économique mondiale et les dirigeants des 1000 plus grandes entreprises du monde, le Forum économique mondial de Davos, qui se tient chaque année depuis 40 ans dans la ville du même nom en Suisse, est un événement médiatique majeur.

Près de 500 journalistes s'y rendent pour observer, rapporter et commenter les débats et les conférences des participants venant de plus de 90 pays. C'est l'occasion pour les médias de rencontrer les grands décideurs industriels et financiers et de tenter de saisir les grandes tendances de l'économie. Cependant, les journalistes qui couvrent ce Forum ne peuvent assister à tous les débats, car certains se déroulent à huis clos. Fait à noter, parmi les participants invités aux débats, on compte des « médias leaders », soit des représentants de plusieurs grands groupes de presse influents dans le monde.

L'OBSERVATOIRE **MÉDIAS**

CONSIDÉRER LE **TRAITEMENT MÉDIATIQUE**

Composante de la CD 2

1. Le président du Programme alimentaire mondial (FAO) a utilisé le Web pour sensibiliser les citoyens sur le fait qu'un milliard de personnes ne mangent pas à leur faim sur Terre. Que pensez-vous de ce genre d'utilisation du Web par les organisations officielles ? Ce type de message vous touche-t-il davantage qu'un reportage dans un média traditionnel ? Expliquez votre réaction.
2. Faites une revue de presse sur un sujet économique. Trouvez au moins un éditorial et trois reportages provenant de différents médias traditionnels ou du Web et traitant du même sujet. Faites-en une comparaison et une critique. Ces articles vous ont-ils fourni une bonne information ? Étaient-ils suffisamment vulgarisés pour que vous puissiez les comprendre ? Selon vous, étaient-ils intéressants ? Pourquoi ?

24

CHIFFRES

Des Américains ont faim

Quelque 49 millions d'Américains n'auraient pas les moyens de se nourrir convenablement, soit 1 famille sur 7. En 2008, 16,7 millions d'enfants n'ont pas eu assez à manger sur le sol américain.

Source : Ministère de l'Agriculture des États-Unis, 2008.

Elle reste aussi en marge des grandes **alliances** et des regroupements économiques internationaux. Ainsi, l'Afrique subsaharienne n'a aucun siège au G20 et, bien qu'elle soit active, l'Union africaine, qui regroupe de nombreux pays d'Afrique, ne fait pas le poids sur l'échiquier international. ➔ *Voir le tableau* Les grandes alliances économiques internationales, *p. 149.*

25 Le taux de pauvreté dans le monde (établi d'après le seuil de 1,25 $ US par jour) de 1981 à 2005

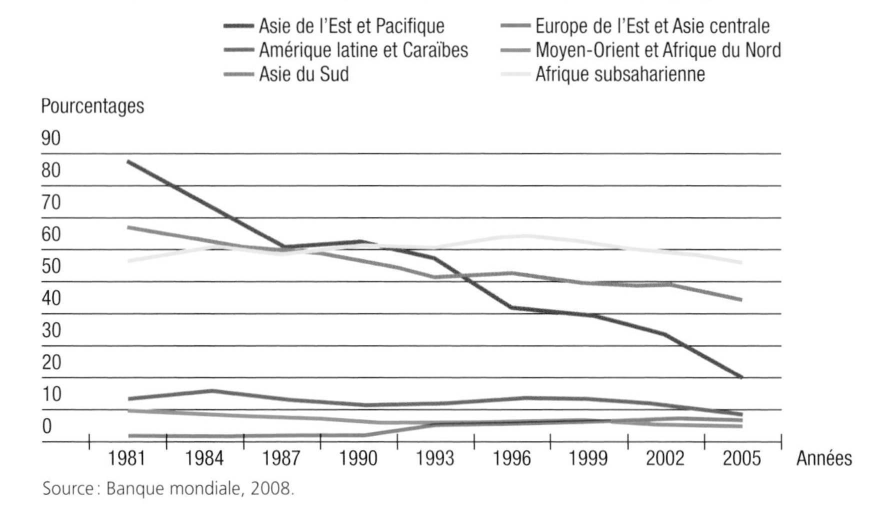

Source : Banque mondiale, 2008.

Des pauvres chez les riches

Des gens qui vivent dans la rue, des enfants qui ne mangent pas à leur faim, ces réalités existent aussi dans les pays développés. Dans certains pays, comme les États-Unis, où il existe peu de programmes sociaux pour venir en aide aux plus démunis, le fossé entre pauvres et riches peut être important. Dans d'autres pays, comme les pays scandinaves, où les politiques gouvernementales favorisent l'égalité sociale, l'écart est moindre, mais la pauvreté existe aussi.

La mondialisation a contribué à creuser ce fossé entre les classes sociales dans plusieurs pays industrialisés. Alors que de nombreux citoyens et entreprises ont profité de l'expansion économique, les travailleurs de certains secteurs se sont appauvris. Pourquoi ? La mondialisation ayant favorisé la délocalisation d'industries vers les pays émergents, le chômage et, par conséquent, la pauvreté ont augmenté dans plusieurs quartiers ouvriers des pays riches. Aux États-Unis, la délocalisation de milliers d'emplois, dont plusieurs dans le secteur de l'automobile, est à l'origine du déclin de Detroit, ville

26

24 Autrefois ville industrielle prospère, Detroit, aux États-Unis, est aujourd'hui en déclin : des manufactures sont abandonnées et des quartiers résidentiels entiers ont été désertés. Des milliers d'emplois ont été délocalisés dans les pays émergents.

26 Les délocalisations ont durement frappé certains secteurs industriels aux États-Unis, notamment celui de l'automobile. En janvier 2010, des manifestants protestaient à l'occasion du Salon automobile de Detroit réclamant aux autorités de « Remettre Detroit au travail ».

industrielle jadis prospère. Des quartiers résidentiels sont aujourd'hui entièrement à l'abandon, de même que bon nombre de manufactures. La concurrence avec la main-d'œuvre moins exigeante des pays émergents a aussi mené à une baisse des salaires et à une détérioration des conditions de travail dans les pays industrialisés. Résultat : en 2005, les revenus des travailleurs ne représentaient plus que 62 % du PIB mondial, comparativement à 69 % en 1980. Au Canada, cette tendance existe aussi. C'est même l'un des pays de l'OCDE où l'écart entre les riches et les pauvres s'est le plus amplifié depuis le début des années 2000.

LES PAYS ÉMERGENTS : LES ÉCARTS SUBSISTENT

Dans les pays émergents, tous ne bénéficient pas de la manne économique apportée par la mondialisation. Même si la pauvreté a globalement diminué, la répartition de la richesse demeure très inégale et de nombreuses disparités subsistent. En Chine, par exemple, 25 % des Chinois les plus fortunés accaparent 47,8 % des revenus totaux du pays, tandis que les plus pauvres ne récoltent que 5,7 % des revenus. Le décollage économique des 20 dernières années a surtout profité aux citadins des provinces côtières de la Chine. Résultat : en 1985, les citadins avaient un **revenu médian** 2 fois plus élevé que celui des habitants des régions rurales et, en 2001, cet écart s'est considérablement accentué, passant du double au triple ; en 2010, ce revenu est 3,3 fois plus élevé.

27 L'évolution de la pauvreté en Chine

Avant la politique de réforme et d'ouverture lancée en 1978, la Chine était un des pays les plus pauvres du monde. La nouvelle orientation économique s'est traduite par une diminution rapide de la pauvreté, bien que les écarts de revenus, qui étaient à peu près nuls, se soient fortement accentués. En 2005, les disparités de revenus en Chine étaient similaires à celles observées aux États-Unis.

■ Très pauvres (moins de 1,25 $ US) ■ Pauvres (entre 1,25 $ US et 2 $ US) ■ Autres (Plus de 2 $ US)

Pourcentages

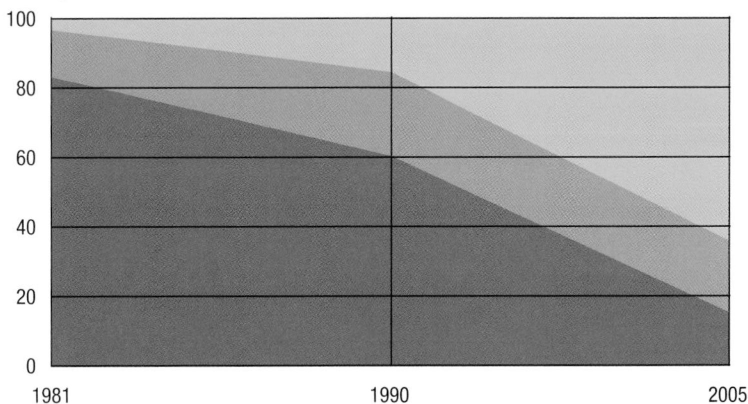

Source : Banque mondiale, 2009.

En Inde, les disparités économiques sont, là aussi, gigantesques. Malgré un spectaculaire essor économique et un taux de croissance annuel d'environ 6 %, le tiers de la population – soit environ 400 millions de personnes – vivait, en 2010, avec un revenu inférieur à 2 $ US par jour.

Les enjeux de la disparité

La richesse n'est pas répartie également sur la planète ni dans les pays. Des disparités existantes se dégagent des enjeux sociaux et économiques, tels que **l'équilibre entre la justice sociale et le développement économique**, et **le contrôle des ressources.**

L'équilibre entre la justice sociale et le développement économique

En facilitant les échanges commerciaux entre les pays, la mondialisation a favorisé une importante croissance économique et a considérablement réduit le taux de pauvreté dans plusieurs États, particulièrement dans les pays émergents. Mais tous les individus n'ont pas accès à cette nouvelle richesse et de nombreuses disparités économiques subsistent aux quatre coins du monde, non seulement entre les États, mais aussi à l'intérieur des pays.

Est-il possible de concilier croissance économique et justice sociale ? Si oui, comment les pays riches peuvent-ils aider les pays pauvres à s'extirper de la pauvreté ? Et, à l'intérieur de leurs frontières, comment les États peuvent-ils redistribuer la richesse pour favoriser la justice sociale sans pour autant freiner le développement économique ?

Les mesures internationales pour réduire la pauvreté sont-elles suffisantes ?

Que font les pays riches pour aider les pays pauvres ? Depuis les années 1960, la communauté internationale multiplie les programmes d'aide, les dons et les prêts aux pays démunis. Cependant, en 2009, 1,4 milliard de personnes dans le monde vivaient toujours avec moins de 1,25 $ US par jour. Devant ce chiffre accablant, une question s'impose : Malgré tout l'argent investi, les mesures internationales sont-elles suffisantes et efficaces ?

Ces mesures pour réduire la pauvreté dans le monde peuvent être classées en quatre catégories :

- les dons non remboursables aux pays pauvres (aide publique) ;
- l'allègement de la dette de certains pays très pauvres ;
- les interventions de la Banque mondiale et du Fonds monétaire international (FMI) ;
- les Objectifs du millénaire pour le développement des Nations unies.

28 Frappé durement par la famine, le Zimbabwe est l'un des pays les plus pauvres du monde. Ici, des femmes pauvres ramassent des grains de blé restés dans les champs après la récolte afin de nourrir leur famille.

LES DONS DES PAYS RICHES AUX PAYS PAUVRES : DE VAINES PROMESSES ?

À la fin des années 1960, l'ONU souhaite augmenter l'aide financière que les pays riches accordent aux pays en développement. C'est ainsi que, le 24 octobre 1970, sous la recommandation de la commission Pearson (→ *voir le portrait de* Lester B. Pearson, *p. 281*), l'Assemblée générale de l'ONU adopte une résolution en vertu de laquelle les pays économiquement avancés s'engagent à accroître graduellement leur aide financière aux pays en développement, jusqu'à atteindre avant 1975 un montant minimum équivalant à 0,7 % de leur PIB.

Même s'ils sont animés de bonnes intentions, plusieurs pays riches ne respectent toujours pas leur engagement d'aide publique. En 2007-2008, seuls quelques pays du nord de l'Europe ont versé plus de 0,7 % de leur PIB aux pays pauvres : la Suède et les Pays-Bas ont respectivement versé 0,98 % et 0,81 % de leur PIB. À l'opposé, les États-Unis n'ont versé que 0,17 % de leur PIB et le Japon, 0,21 %. Le Canada, pour sa part, a versé 3,882 milliards $ US, soit 0,29 % de son PIB, ou 133 $ US par habitant.

Une responsabilité à partager ?

Mais où commence et où s'arrête la responsabilité des pays riches au regard des pays pauvres ? Les milliards de dollars consentis annuellement en aide publique au développement ne sont-ils pas suffisants ? Coincés entre leurs propres dettes et les services qu'ils doivent fournir à leurs populations, les États développés devraient-ils être contraints de verser 0,7 % de leur PIB en vertu d'un engagement contracté il y a 40 ans ?

CHIFFRES

L'aide au développement

En 2008, les 22 pays membres du Comité d'aide au développement (CAD) de l'OCDE ont versé 121,5 milliards $ US en aide publique au développement, une somme qui correspond à 0,31 % du PIB de l'ensemble de ces pays.

Source : OCDE, 2009.

29 L'aide des pays riches aux pays pauvres est indispensable, que ce soit pour réduire la faim, financer des écoles ou des cliniques ou pour toute autre forme d'aide humanitaire, comme la reconstruction d'un pays après une catastrophe naturelle. Par exemple, Haïti, frappé par un violent séisme en 2010 et dont la reconstruction exigera des milliards de dollars, dépend de l'aide internationale.

Autre question que soulève l'aide aux pays pauvres : Pourquoi cette responsabilité incomberait-elle uniquement aux États ? De nombreux militants du mouvement altermondialiste soutiennent que les multinationales, qui font des profits se chiffrant en milliards de dollars (→ *voir le tableau* Comparaison de la taille des plus grandes multinationales avec le PIB de certains pays, *p. 144*), devraient, elles aussi, participer au développement durable et à une meilleure répartition de la richesse. Mais les entreprises privées, qui créent des emplois et qui sont au cœur de la croissance économique, ont-elles vraiment des responsabilités publiques ? Ces problèmes devraient-ils plutôt être réservés aux gouvernements qui, eux, sont élus ? Les réponses varient selon les groupes d'intérêts, mais les besoins des pays pauvres restent les mêmes.

Une aide conditionnelle...

Derrière l'aide et la bonne volonté des pays donateurs se trouvent aussi parfois des intérêts économiques. En effet, l'aide qu'ils consentent aux pays pauvres est assortie d'une obligation. Ces derniers doivent, dans le cadre des projets financés par cette aide, acheter des biens et des services provenant du pays donateur. L'argent consenti est ainsi, en partie, investi dans le pays riche et non dans le pays pauvre.

À titre d'exemple, lorsque les États-Unis fournissent de l'aide alimentaire, les produits de base qui sont acheminés vers le pays pauvre doivent être achetés aux États-Unis et transportés par des navires ou des avions américains. Au Canada, la situation n'est pas différente, puisque au cours des années 2005 à 2010, de 25 %

à 75 % de l'aide canadienne devait être dépensée au Canada.

Résultat : les pays pauvres paient les produits et les services dont ils ont besoin de 25 % à 30 % plus cher que s'ils les achetaient sur leur territoire, ce qui peut nuire à la performance économique des projets financés grâce à cette aide, car les retombées économiques locales sont réduites.

Cette forme d'« aide liée » est très critiquée, et de nombreux pays y mettent graduellement fin. En 2008, le gouvernement canadien a d'ailleurs annoncé que cette façon de faire disparaîtrait dans les programmes d'aide au développement du Canada avant l'année 2012-2013.

L'ALLÈGEMENT DE LA DETTE : UNE AUTRE AIDE CONDITIONNELLE

Au cours des années 1970, incapables de développer les infrastructures nécessaires à leur croissance économique, les pays pauvres n'ont d'autre choix que d'emprunter. Trop pauvres pour obtenir du financement auprès des grandes banques et des entreprises internationales, ils se tournent vers les États développés et des organisations internationales, comme la Banque mondiale et le FMI, qui leur consentent des prêts.

Pendant des années, des pays très pauvres, surtout d'Afrique, accumulent ainsi des dettes astronomiques, dont ils ne peuvent parfois même pas payer les intérêts. Au cours des années 1980 et 1990, la situation s'aggrave et la dette des pays très pauvres fait alors la manchette dans le monde entier. En 1996, de concert avec la Banque mondiale et le FMI, les 19 membres permanents du Club de Paris, qui regroupe les pays riches ayant accordé des prêts aux pays pauvres, lancent l'initiative PPTE (pays pauvres très endettés). Des ententes sont alors conclues et des mesures sont mises en place pour que la dette de 40 pays soit allégée (réduite ou effacée), à condition que ces derniers répondent à certaines exigences, comme la création d'un système juridique solide, l'instauration d'un système financier plus fiable et l'amélioration de la qualité des services publics. Selon le Club de Paris, en janvier 2010, 26 pays avaient satisfait aux exigences et pouvaient bénéficier de l'initiative PPTE ; les autres n'avaient toujours pas rempli les conditions nécessaires.

Ces conditions sont parfois jugées trop sévères par certains observateurs, qui y voient, entre autres, une ingérence dans la souveraineté des pays. Pour la Banque mondiale et le FMI, ces conditions sont nécessaires pour assurer le développement économique et la réduction de la pauvreté et de la corruption. Selon les estimations de la Banque mondiale, de 20 à 40 milliards $ US de l'aide publique au développement seraient perdus dans les filets de la corruption, faute de bonne gouvernance. → *Voir* La corruption : une entrave au développement, *p. 146*.

30 Les 40 pays visés par l'initiative PPTE

Les 40 pays visés par l'initiative PPTE ont été reconnus comme des pays pauvres très endettés et pouvant, après avoir répondu à certaines conditions, bénéficier de l'allègement de leur dette publique.

Afghanistan	Éthiopie	Madagascar	Rwanda
Bénin	Gambie	Malawi	Sao Tomé-et-Principe
Bolivie	Ghana	Mali	Sénégal
Burkina Faso	Guinée	Mauritanie	Sierra Leone
Burundi	Guinée-Bissau	Mozambique	Somalie
Cameroun	Guyana	Nicaragua	Soudan
Comores	Haïti	Niger	Tanzanie
Congo	Honduras	Ouganda	Tchad
Côte d'Ivoire	Kirghizstan	République centrafricaine	Togo
Érythrée	Liberia	République démocratique du Congo	Zambie

Source : Club de Paris, 2009.

CHIFFRES

L'aide des émigrants

Les fonds envoyés par les travailleurs migrants vers leur pays d'origine sont une importante source de revenus pour les pays pauvres. En 2008, ils totalisaient 338 milliards $ US. En raison de la crise économique, on les estimait à moins de 317 milliards en 2009. Un manque à gagner qui a alourdi les conséquences de la crise dans ces pays.

Source : Banque mondiale, 2009.

ZOOM

L'ACDI

Créée en 1968 pour gérer le programme d'aide publique au développement du Canada, l'Agence canadienne de développement international (ACDI) est aujourd'hui l'organisme responsable de l'aide internationale du Canada. Dotée d'un budget d'environ 4 milliards $, l'ACDI a pour principal mandat d'aider les populations des pays pauvres en visant les trois objectifs suivants :

- accroître la sécurité alimentaire ;
- assurer l'avenir des enfants et des jeunes ;
- favoriser une croissance économique durable.

Depuis 2009, l'ACDI concentre 80 % de son aide bilatérale (de pays à pays) dans 20 pays. La majorité de ces pays se trouve en Afrique subsaharienne, en Amérique latine et en Asie. Toutefois, il n'est pas exclu que l'ACDI intervienne dans d'autres pays, par exemple en cas de catastrophe naturelle.

31

ZOOM

La taxe Tobin : le rêve d'une taxe contre la pauvreté dans le monde

Taxer les riches pour aider les plus pauvres du monde ? En 1972, l'économiste américain James Tobin (Prix Nobel d'économie en 1981) propose l'idée d'imposer une taxe sur les transactions monétaires internationales pour contrer la spéculation et financer l'aide publique au développement.

Reprise en 1999 par l'organisation citoyenne ATTAC (Association pour la taxation des transactions financières et pour l'action citoyenne), l'idée de la taxe Tobin est revenue sur la place publique à la suite de la crise financière de 2008, alors que plusieurs chefs d'État se sont déclarés prêts à la considérer. Le principe est simple, mais ne fait pas l'unanimité : il s'agit d'imposer une taxe de 0,005 % sur toutes les transactions monétaires, une mesure qui pourrait générer des revenus annuels de 30 milliards $ US pour l'aide au développement. En novembre 2009, le FMI s'est engagé à étudier cette idée et à remettre ses conclusions aux membres du G20 en avril 2010.

Moins endettés, mais toujours très pauvres

L'allègement des dettes des pays les plus pauvres — pour la plupart africains — a eu pour effet de réduire considérablement la proportion des revenus d'exportation qu'ils doivent consacrer au paiement de leur dette. L'endettement pèse donc beaucoup moins lourdement, aujourd'hui, sur ces pays. Mais cet allègement a été possible parce qu'il s'agissait de dettes contractées auprès de gouvernements et d'institutions publiques et non auprès d'institutions financières privées, qui, elles, ne consentent pas de tels allègements. De fait, les pays très pauvres ont

32 La dette extérieure des pays du tiers-monde et des pays émergents en 2007

La Chine, qui fait largement appel aux capitaux étrangers pour se développer, est le pays le plus endetté. Cependant, les sommes qu'elle consacre au service de sa dette ne représentent que 2 % de ses recettes d'exportation. Le Brésil est dans une situation moins confortable, puisqu'il doit consacrer au service de sa dette 28 % de ses revenus d'exportation. L'aide extérieure et les nombreux plans de réduction de la dette ont permis à l'ensemble de l'Afrique subsaharienne de ramener sa dette à un poids raisonnable. En général, le fardeau de la dette extérieure est beaucoup moins lourd qu'il ne l'était dans les années 1980 et 1990, mais il constitue encore un problème pour certains pays.

Pays	Dette extérieure totale (en milliards $ US)	Service de la dette / exportations (en %)
Chine	374	2
Russie	370	9
Turquie	251	32
Brésil	237	28
Inde	221	13
Pologne	195	26
Mexique	178	13
Indonésie	141	10
Argentine	128	13
Afrique subsaharienne[1]	195	5

1. Les pays d'Afrique subsaharienne sont regroupés en un seul bloc.

Source : Banque mondiale, 2009 (données de 2005 pour l'Inde).

31 Pays émergent en pleine expansion économique, le Brésil abrite le plus grand marché financier d'Amérique latine : la Bovespa (la bourse des valeurs de Sao Paulo). Elle résulte de la fusion de plusieurs bourses de valeurs brésiliennes. Ici, des courtiers en pleine séance d'échanges.

33 En 2009, des pluies torrentielles qui durent plusieurs mois causent d'importantes inondations dans le nord du Brésil laissant plus de 300 000 personnes sans abri, notamment dans les bidonvilles. Ici, un homme navigue parmi les déchets dans un bidonville de Manaus, la capitale de l'État d'Amazonas.

33

très peu accès au financement des banques ou des institutions privées, ce qui ne facilite pas leur développement économique. Bref, ils sont moins endettés, mais beaucoup d'entre eux sont toujours aussi pauvres et n'ont pas les capitaux nécessaires à leur développement.

Émergents, mais toujours endettés

Si l'endettement de plusieurs pays très pauvres a été allégé, il en va autrement pour les pays moyennement pauvres ou émergents, comme le Brésil, l'Inde, la Pologne et l'Indonésie. Ces pays ayant une meilleure capacité de payer les intérets de leur dette que les pays très pauvres, ils n'ont pas bénéficié des largesses du Club de Paris. De plus, la très grande partie de leurs dettes a été contractée auprès de banques et d'institutions privées, qui, elles, n'accordent pas de tels avantages.

L'accès au financement privé leur permet de mieux développer leur économie. Cependant, leur niveau d'endettement ralentit la progression de leur développement, car les sommes qu'ils doivent consacrer au paiement de leurs dettes représentent de 10 % à 32 % de tous leurs revenus d'exportation. Un pays comme le Brésil, qui doit consacrer près du tiers

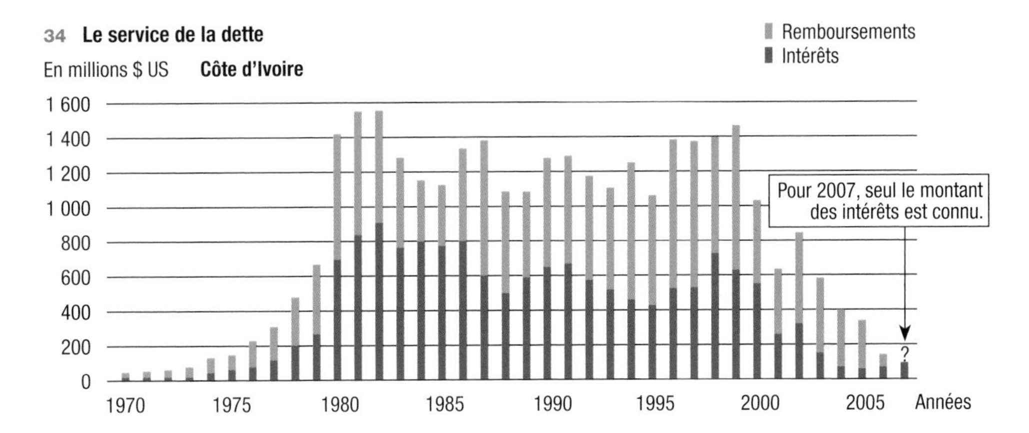

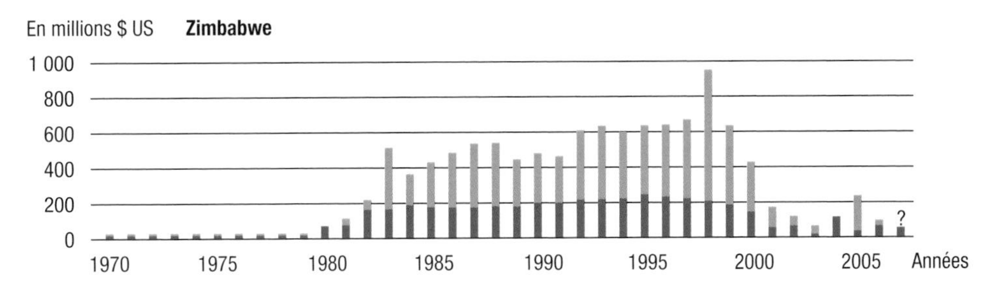

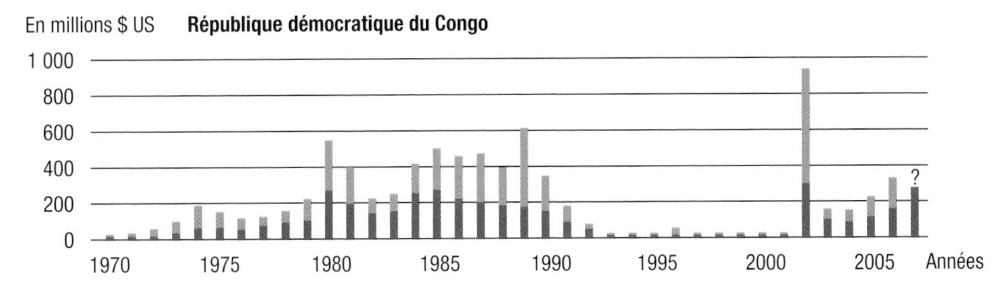

Source : *Le Monde diplomatique, L'atlas 2010*, Paris, Armand Colin, 2009, p. 185.

35 Le 26 avril 2009, à Washington, aux États-Unis, a lieu la 79e réunion du Comité de développement de la Banque mondiale rassemblant des membres de la Banque mondiale et du FMI. Cette rencontre avait pour objet d'évaluer les impacts de la crise financière sur les pays pauvres et de déterminer les actions nécessaires à la reprise économique.

35

FOCUS

Le FMI et la Banque mondiale

En 1944, le président américain Franklin Delano Roosevelt convoque une conférence internationale pour établir un nouveau système monétaire et des règles de commerce mondial basés essentiellement sur le libre-échange. La mise en œuvre du nouvel ordre économique reposera désormais sur deux nouvelles institutions internationales : la Banque mondiale et le Fonds monétaire international (FMI). On nomme ces deux piliers les *institutions de Bretton Woods*, du nom de la petite ville où la conférence a eu lieu.

Au fil du temps, le mandat de ces deux institutions a évolué. Aujourd'hui, la Banque mondiale a pour mission d'accorder des prêts et de l'aide aux pays en développement afin de réduire la pauvreté et de favoriser une croissance économique. Le FMI, lui, a notamment pour mandat de soutenir ses 186 pays membres qui éprouvent des difficultés à honorer leurs dettes extérieures ou qui manquent de devises étrangères pour payer leurs importations. Le FMI disposant de réserves de devises provenant de ses États membres, il est donc en mesure de prêter de l'argent aux pays qui ont des déséquilibres financiers. Il assortit toutefois ses prêts de conditions qui contraignent les États à revoir certaines de leurs politiques ou à réduire leurs dépenses publiques. Cette politique de prêts, notamment aux pays en développement, lui a valu des critiques. Toutefois, les pays pauvres qui ne parviennent pas à trouver du financement auprès des grandes banques privées ont besoin du financement consenti par la Banque mondiale et le FMI, qui collaborent étroitement dans ces opérations de financement.

de ses revenus d'exportation au paiement de ses dettes, a moins d'argent pour la santé et l'éducation de sa population, dont une large partie reste toujours très pauvre.

LES INTERVENTIONS DE LA BANQUE MONDIALE ET DU FMI

La Banque mondiale a pour mission de réduire la pauvreté dans le monde en faisant des dons ou en accordant des prêts à des conditions avantageuses aux pays en développement. Ces sommes sont consenties par la Banque internationale pour la reconstruction et le développement (BIRD) et l'Association internationale de développement (IDA), soit les deux institutions qui composent la Banque mondiale. → *Voir* La scène internationale.

À titre d'exemple, le Sénégal a reçu 1,6 milliard $ US de l'IDA en dons et en prêts sans intérêt sur une période de 12 ans, soit entre 1994 et 2006. Ces apports financiers lui ont permis de financer des projets d'assainissement et de distribution d'eau potable, de bonne

gouvernance et de développement rural. Depuis l'émission des premiers crédits en 1961, l'IDA a investi plus de 100 milliards $ US dans le continent africain.

Essentielle aux pays pauvres, l'aide consentie par la Banque mondiale et son partenaire, le FMI, est toutefois assortie de certaines conditions. Le FMI exige, par exemple, que le pays solidifie son économie en développant les secteurs liés à l'exportation, et ce, parfois au détriment de certaines industries locales. → *Voir* L'ingérence économique, *p. 210*.

L'INDICE DE DÉVELOPPEMENT HUMAIN

En 1990, un nouvel outil de mesure de la richesse est né : l'**indice de développement humain** (IDH). Conçu par le Programme des Nations unies pour le développement (PNUD) et fondé sur les travaux de l'économiste indien Amartya Sen (→ *voir le portrait d'*Amartya Sen, *p. 168*), l'IDH permet de mesurer le développement d'un pays non seulement selon son PIB, mais aussi selon trois données

PRENDRE **POSITION** (CD 2)

Les questions portent sur le contenu des pages 160 à 169.

1. Pourquoi les pays riches ne tiennent-ils pas leurs engagements d'aide publique aux pays pauvres ? Devrait-on les contraindre à verser 0,7 % de leur PIB à ces derniers comme le prévoit la résolution de l'ONU de 1970 ? Expliquez votre position.
2. Quels sont les arguments invoqués en faveur du partage de la responsabilité entre les États et les multinationales concernant l'aide aux pays pauvres ? Selon vous, les entreprises privées ont-elles une responsabilité publique ? Expliquez votre réponse.
3. Comment les pays riches servent-ils leurs propres intérêts en octroyant de l'aide publique aux pays en développement ?
4. Le Club de Paris a lancé l'initiative PPTE (pays pauvres très endettés) pour réduire ou effacer la dette de 40 pays très pauvres. Toutefois, la dette des pays moyennement pauvres et des pays émergents, elle, n'a pas été allégée. Expliquez les conséquences de cette décision.
5. Selon vous, est-ce que le fait d'imposer des conditions aux pays pauvres très endettés pour réduire ou effacer leur dette est une forme d'ingérence de la part des organismes internationaux ? Expliquez votre réponse.
6. Expliquez en quoi l'indice de développement humain (IDH) a changé la conception de la pauvreté. Pourquoi l'IDH est-il plus complet que le PIB par habitant ?

DÉBATTRE DE L'ENJEU : ACTIVITÉ

Composante de la CD 2

La taxe Tobin : la solution ?

Outils de référence : votre manuel *Enjeux*, des articles parus dans les médias et Internet.

Les pays en voie de développement ont un grand besoin d'aide financière. Une des solutions proposées pour financer l'aide publique au développement est la taxe Tobin. Vous devez vous informer sur cette taxe pour participer à un débat dont la question est : *La taxe Tobin est-elle la solution pour lutter contre la pauvreté dans le monde ?*

1. Faites une recherche dans votre manuel, à la bibliothèque, dans des articles parus dans les médias ou sur Internet pour vous renseigner sur la taxe Tobin.
2. Parmi les renseignements que vous avez collectés, relevez les points de vue pour et contre cette taxe, puis transcrivez-les dans un tableau à deux colonnes. Trouvez aussi les intérêts sous-jacents à ces points de vue.
3. À la lumière de vos recherches, déterminez les incidences positives et négatives que pourrait avoir une telle taxe.
4. Sur des fiches, écrivez votre position et vos arguments en vue du débat.
5. Divisez la classe en deux groupes et faites un débat sur la question suivante : *La taxe Tobin est-elle la solution pour lutter contre la pauvreté dans le monde ?* Prenez la parole à tour de rôle et veillez à respecter les opinions des autres.

36 Bien que Cuba soit un pays pauvre, il se classe parmi les pays à développement supérieur, avec un IDH de 0,863. De fait, Cuba possède un des plus hauts niveaux de scolarité en Amérique latine.

PORTRAIT

Amartya **Sen** (1933-)

Prix Nobel d'économie en 1998, Amartya Kumar Sen est né à Santiniketan, en Inde. Ses travaux sur la famine, la théorie du développement humain, les inégalités entre les hommes et les femmes, l'économie du bien-être, les mécanismes de la pauvreté et le libéralisme politique sont à la base de l'indice de développement humain (IDH) du Programme des Nations unies pour le développement (PNUD). Après des études universitaires en économie, Amartya Sen fait carrière dans l'enseignement supérieur, d'abord en Inde, puis au Royaume-Uni et aux États-Unis ; il enseigne depuis 2004 à l'université américaine Harvard. Auteur de nombreux ouvrages traduits dans plus de 30 langues, il préside également plusieurs associations économiques.

distinctes qui quantifient la qualité de vie des individus :

- le niveau de vie, mesurable par le PIB par habitant ;
- la santé, calculée en espérance de vie à la naissance ;
- l'éducation, mesurée par le taux d'alphabétisation et de scolarisation globale.

En intégrant ces trois données dans un calcul mathématique, on obtient, pour chaque pays, un score entre 0 et 1. Une note parfaite de 1 signifie que la population en question jouit d'un niveau de vie idéal, possède une santé optimale et reçoit une éducation complète.

Une conception plus humaine de la pauvreté

Comme il est basé sur le développement de l'être humain plutôt que sur le PIB par habitant, l'IDH a modifié la conception de la pauvreté au sein de la communauté internationale.

Le classement annuel selon l'IDH du PNUD est révélateur, car il diffère du classement selon le PIB par habitant. L'exemple cubain illustre bien cette différence. En effet, dans le rapport du PNUD de 2009, où on trouve les résultats pour 2007, Cuba, qui se classe 95e selon le PIB par habitant, se classe 51e selon le classement du PNUD, avec un IDH de 0,863. Ces chiffres indiquent clairement que le développement humain ne se limite pas aux conditions de vie matérielles. Les Cubains jouissent d'une espérance de vie de 78,5 ans, similaire à celle des Américains, qui est de 79,1 ans, et d'un niveau de scolarisation équivalent, ce qui permet à Cuba de se classer parmi les pays à développement humain élevé, et ce, même s'il s'agit d'un pays relativement pauvre.

Les différences sont encore plus frappantes si on tient compte non pas du PIB par habitant, mais du PIB total. Toujours en 2007, la Chine, pays émergent mais aussi nouvelle grande puissance mondiale, se classait au 4e rang en ce qui a trait au PIB total. Cependant, la même année, la Chine se classait encore parmi les pays à développement humain moyen. Ainsi, elle était 92e sur 182 avec un IDH de 0,772, loin derrière la Norvège, qui occupait le premier rang, avec un IDH presque idéal de 0,971.

37 L'indice de développement humain (IDH) dans le monde

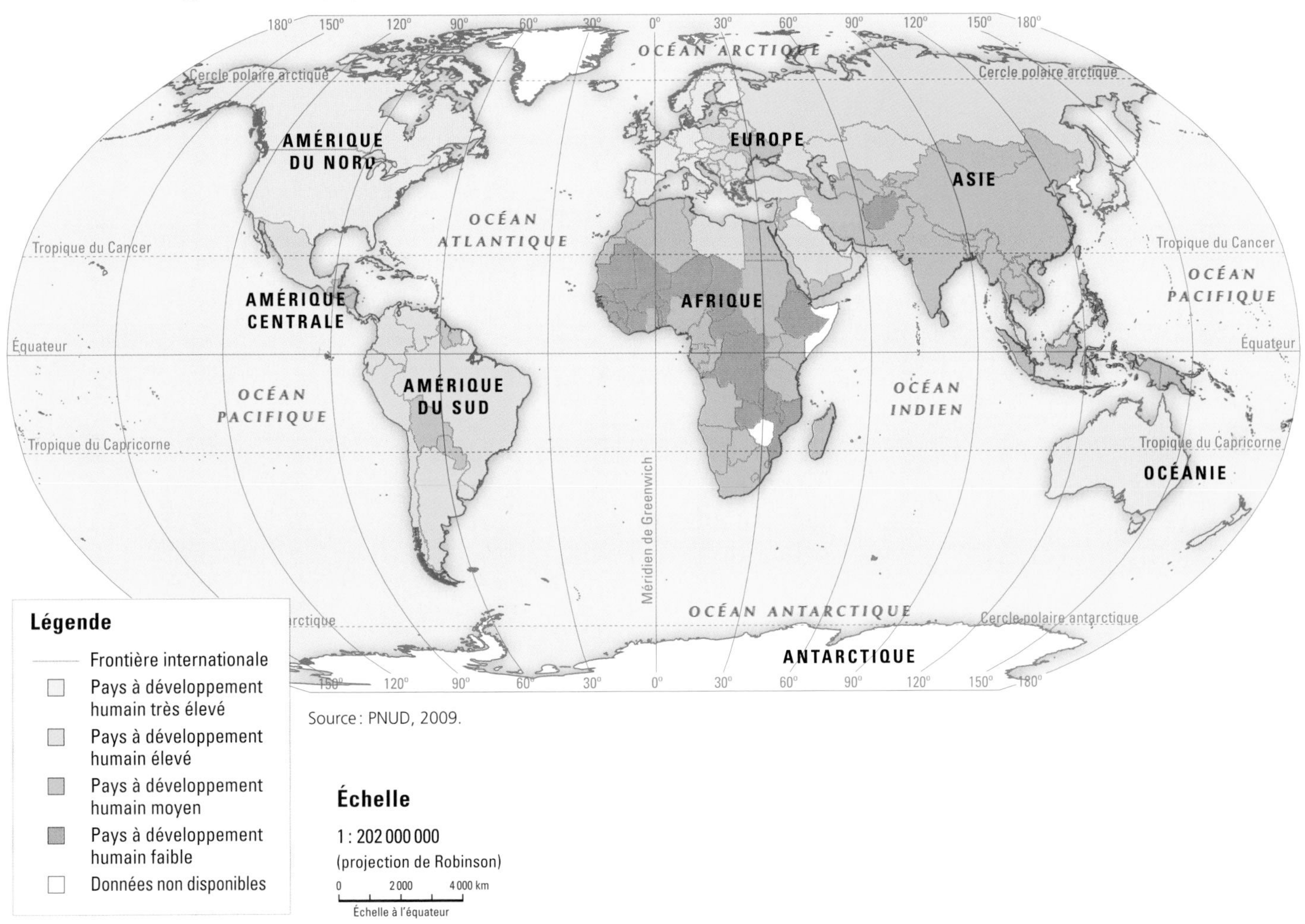

Source : PNUD, 2009.

Pauvres à tous les classements

Évidemment, la très grande pauvreté de certains pays se traduit aussi par un faible IDH. À titre d'exemple, la Guinée se situait, en 2007, au 160e rang selon le PIB par habitant et au 170e selon l'IDH (0,435), ce qui signifie que la majorité des Guinéens ont non seulement un très faible revenu, mais aussi un taux de scolarisation très bas et une faible espérance de vie à la naissance. C'est le Niger qui occupe la dernière place, la 182e, avec un IDH de 0,340.

LES OBJECTIFS DU MILLÉNAIRE POUR LE DÉVELOPPEMENT

Au tournant de l'année 2000, les Nations unies tiennent une rencontre historique : le Sommet du millénaire. Du 6 au 8 septembre 2000, les représentants de 189 pays du monde se réunissent pour étudier le rapport présenté par le secrétaire général de l'ONU de l'époque, Kofi Annan. Malgré les nombreuses avancées des décennies précédentes et une croissance économique globale, le rapport établit que l'humanité est encore aux prises avec de nombreux problèmes de pauvreté et d'inégalités sociales. La disparité des revenus, la sous-éducation et les problèmes de santé sont alors au cœur de tristes constats, dont voici quelques exemples :

- en 2000, près de la moitié de la population mondiale vit avec moins de 2 $ US par jour ;
- 1 milliard de personnes gagnent 60 % du revenu mondial, tandis que 3,5 milliards gagnent moins de 20 % du revenu mondial ;
- 130 millions d'enfants d'âge scolaire n'ont pas accès à l'éducation primaire.

CHIFFRES

Le pays le plus riche du monde selon le PIB total, les États-Unis, se classe 12e selon le PIB par habitant et 13e selon l'IDH (0,956), loin derrière le Canada, qui occupe le 17e rang selon le PIB par habitant, mais le 4e selon l'IDH (0,966).
Sources : Banque mondiale, PNUD, 2009.

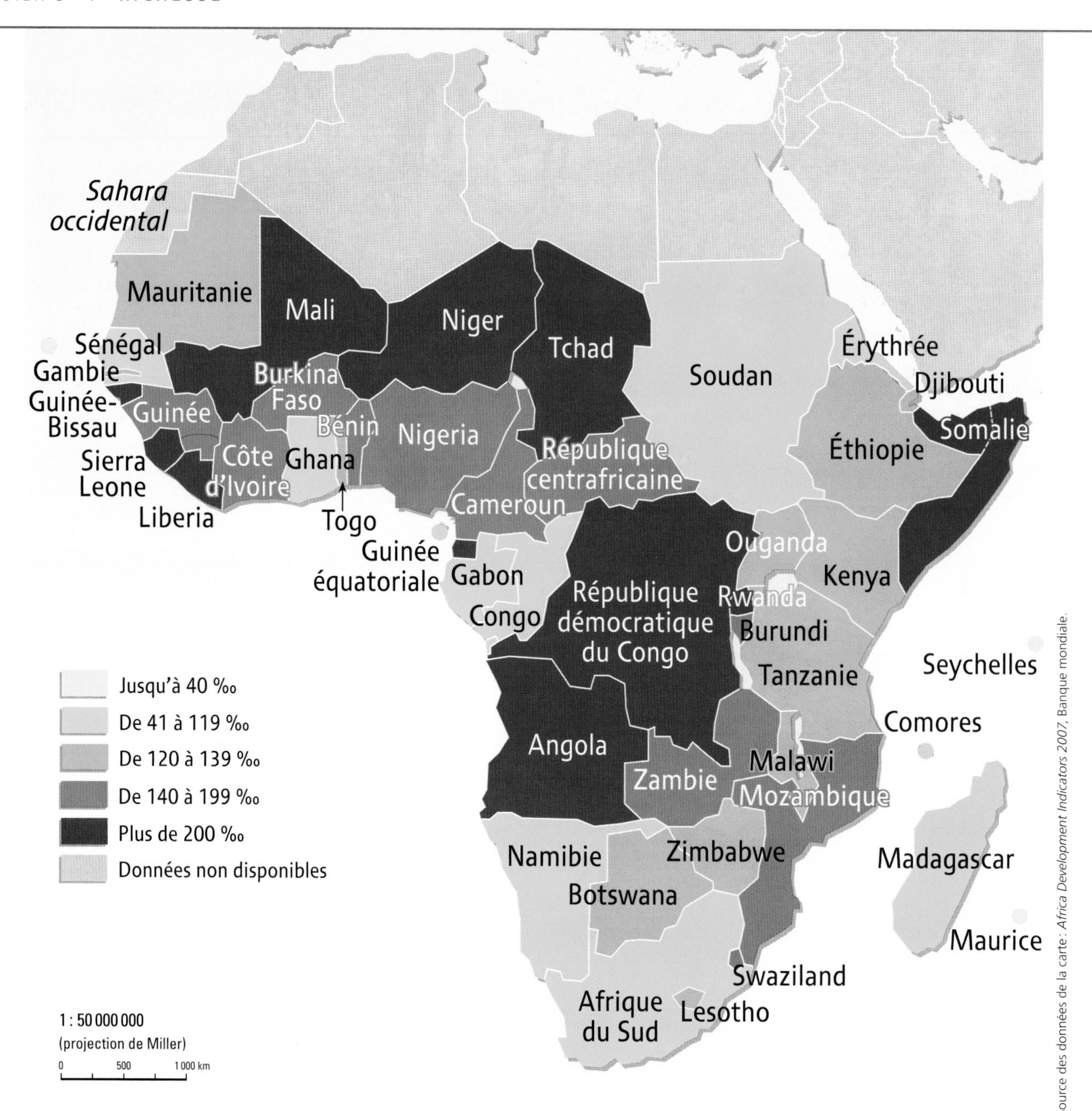

Source des données de la carte : *Africa Development Indicators 2007*, Banque mondiale.

38 La mortalité des enfants de moins de cinq ans en Afrique subsaharienne en 2007

Source : *Le Monde diplomatique, L'atlas 2010*, Paris, Armand Colin, 2009, p. 166. © Philippe REKACEWICZ.

Pour tenter de renverser la vapeur, l'ONU adopte la Déclaration du millénaire, contenant les Objectifs du millénaire pour le développement, soit huit défis à relever au cours de la période de 2000 à 2015, afin de lutter contre l'extrême pauvreté dans le monde. De ces huit objectifs découlent des mesures visant notamment à combattre la faim dans le monde, à assurer l'universalité de l'éducation primaire et à réduire la mortalité infantile.

Les Objectifs du millénaire à la merci de l'économie

Bien que le PNUD ait enregistré quelques résultats concrets entre 2000 et 2007, les Objectifs du millénaire pour le développement ont toutefois été compromis par la crise financière mondiale de 2008, c'est ce qu'annonçait l'ONU dans son rapport de 2009. Ainsi, en raison de la crise, de 55 à 90 millions de personnes s'ajouteraient à celles qui vivent déjà dans l'extrême pauvreté.

Dans ce rapport, l'ONU reconnaissait également que les résultats de ce vaste programme sont mitigés et trop lents pour que les objectifs soient atteints en 2015. Ces objectifs restent toutefois une priorité pour l'ONU, mais la crise de 2008 a mis en lumière le fait que la lutte contre la pauvreté dépend du développement et de la santé économique des pays développés.

Les Objectifs du millénaire pour le développement

1. Réduire l'extrême pauvreté et la faim
2. Assurer l'éducation primaire pour tous
3. Promouvoir l'égalité des sexes et l'**autonomisation** des femmes
4. Réduire la mortalité infantile
5. Améliorer la santé maternelle
6. Combattre le VIH/sida, le paludisme et d'autres maladies
7. Préserver l'environnement
8. Mettre en place un partenariat mondial pour le développement

39 La proportion de la population vivant avec moins de 1,25 $ US par jour en 1990, en 1999 et en 2005

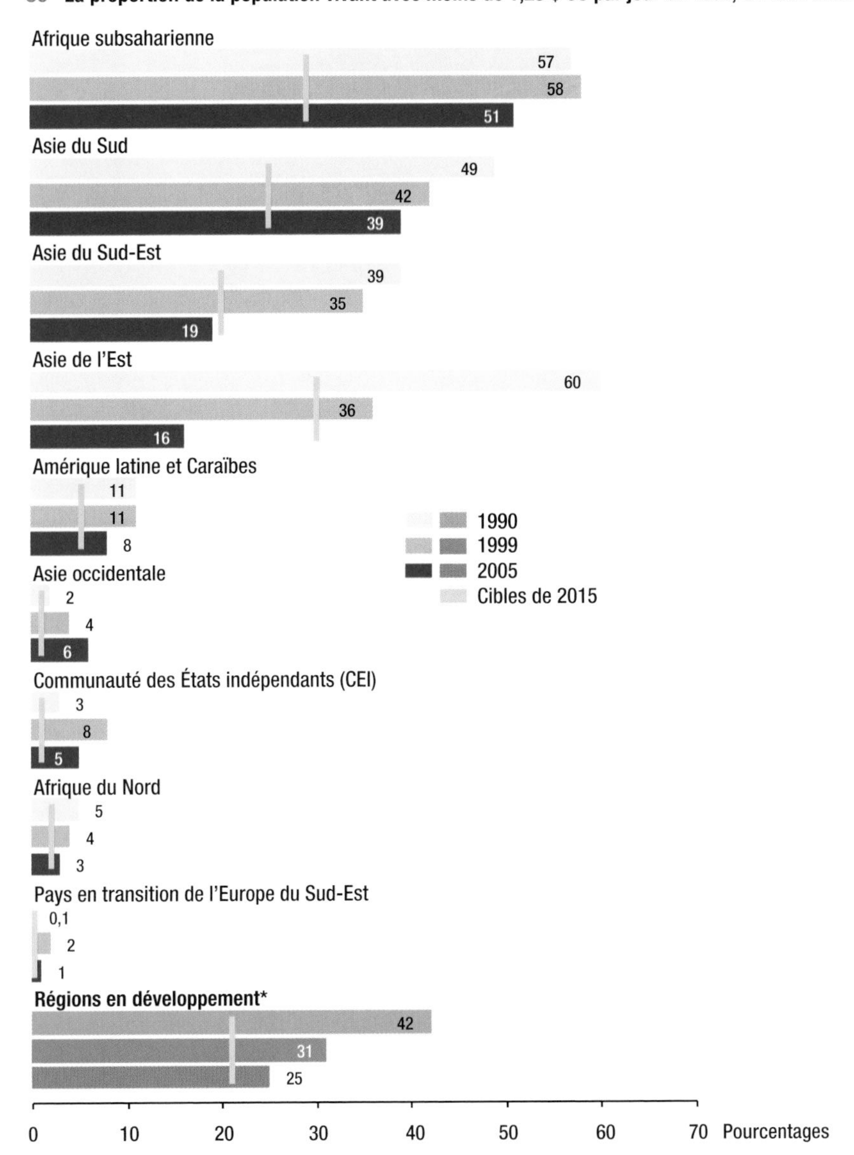

* Comprend toutes les régions en développement, la Communauté des États indépendants (CEI) et les pays en transition de l'Europe du Sud-Est.

Source : ONU, *Objectifs du millénaire pour le développement, rapport 2009*, p. 6.

PORTRAIT

Kofi **Annan** (1938-)

Né à Koumassi, au Ghana, Kofi Annan intègre les Nations unies en 1962 comme fonctionnaire. Il occupe plusieurs postes avant d'être élu, en 1997, secrétaire général, fonction qu'il exerce jusqu'en 2006. Il se donne alors comme principaux mandats de « rénover » l'ONU et de renforcer son action en matière de développement, de maintien de la paix et de défense des droits de l'homme. Il travaille activement pour la promotion de la paix et du développement durable en Afrique et agit comme médiateur dans plusieurs situations politiquement délicates, notamment en Irak, au Nigeria, au Timor oriental, au Liban et dans le conflit israélo-palestinien. En avril 2000, il publie le rapport *Nous les peuples : le rôle des Nations unies au 21e siècle*, duquel s'inspire la Déclaration du millénaire, qu'adopte l'ONU au Sommet du millénaire en 2000. Il reçoit le prix Nobel de la paix en 2001.

40 De petits écoliers nigérians, dans la ville de Lagos, s'adonnent à leurs exercices matinaux. Le Nigeria est l'un des pays les plus pauvres d'Afrique et la mortalité infantile y est particulièrement élevée. Cependant, de nombreux programmes d'aide permettent à de plus en plus d'enfants de fréquenter l'école.

ZOOM

Les Objectifs du millénaire : quelques résultats

- En Asie du Sud-Est, la proportion de personnes vivant avec moins de 1,25 $ US par jour est passée d'environ 40 % en 2000, à 18 % en 2007 ; toutefois, en Afrique subsaharienne, la proportion est restée la même, soit un peu plus de 50 %.
- Dans l'ensemble des pays pauvres, le taux d'enfants ayant accès à l'école primaire a grimpé de 83 %, en 2000, à 88 %, en 2007. En Afrique subsaharienne, l'augmentation est de 15 %. Ces chiffres doivent toutefois être mis en perspective, car l'accès à l'école ne garantit pas que les enfants vont en classe ou qu'ils terminent leurs études primaires.
- La mortalité chez les enfants de moins de 5 ans est passée de 93 décès pour 1000 naissances, en 1990, à 67 décès pour 1000 naissances, en 2007.

Source : ONU, 2009.

41 **L'aide publique au développement (APD) nette des pays membres de l'OCDE-CAD en proportion du PIB total des donateurs, de 1990 à 2008**

De 1990 à 2008, l'aide publique au développement aux pays les moins avancés n'a jamais dépassé la barre des 0,10 %.

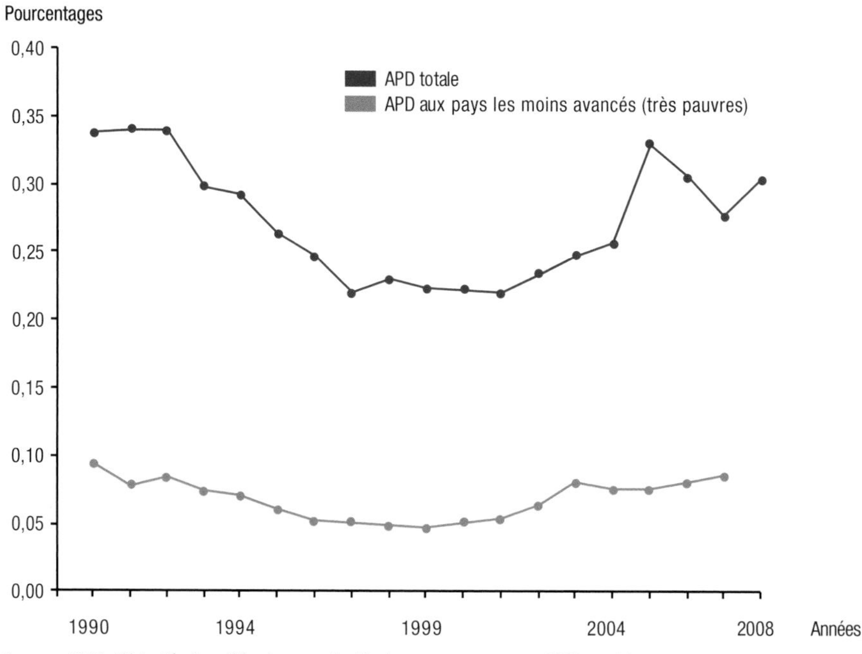

Source : ONU, *Objectifs du millénaire pour le développement, rapport 2009*, p. 49.

Répartir la richesse nationale pour plus de justice sociale

À l'échelle de la planète, la réduction des écarts entre les pauvres et les riches est un immense défi pour la communauté internationale. Mais ces écarts existent aussi entre les citoyens riches et les citoyens pauvres d'un pays, d'une région et même d'une ville. C'est le gouvernement qui a la responsabilité d'assurer la redistribution de la richesse au sein de la population. Pour ce faire, il doit adopter des politiques susceptibles d'assurer la paix et la justice sociale tout en créant des conditions favorables au développement économique, nécessaire au bien-être collectif.

LA POLITIQUE FISCALE

Pour garantir un minimum de justice sociale par des services publics, et aussi pour assurer le bon fonctionnement de l'économie, le gouvernement a besoin d'argent et doit donc avoir des revenus. Et c'est dans les revenus des citoyens et des entreprises de son territoire qu'il puise l'argent dont il a besoin. Comment? En prélevant un impôt sur le revenu des travailleurs et des entreprises et en percevant des taxes sur la vente des produits et des services. L'ensemble de ces mesures font partie de ce qu'on appelle la *politique fiscale*. Les taxes et l'impôt sur le revenu constituent les principales sources de revenus des gouvernements.

Le Québec et le Canada, ainsi que plusieurs autres pays, ont opté pour un système d'impôt progressif, ce qui signifie que le **taux d'imposition** augmente en fonction du niveau de revenu et que les riches paient proportionnellement un impôt plus élevé que les travailleurs moins rémunérés. Ainsi, plus un **contribuable** gagne un revenu important, plus le pourcentage d'impôt qu'il paie est élevé. Ce système permet de réduire les écarts entre les revenus des citoyens.

PRENDRE **POSITION** (CD 2)

Les questions portent sur le contenu des pages 169 à 178.

1. Parmi les huit Objectifs du millénaire pour le développement adoptés par l'ONU, lesquels vous semblent prioritaires? Expliquez vos choix.

2. À la lumière des résultats obtenus relativement aux Objectifs du millénaire pour le développement, expliquez comment les crises économiques affectent davantage les pays pauvres.

3. Comment les Québécois et les Canadiens sont-ils imposés?

4. Comparez la politique fiscale du Canada et celle des États-Unis. En quoi diffèrent-elles? Quels sont les valeurs et les choix de société derrière ces politiques? En tant que citoyen ou citoyenne, laquelle privilégiez-vous? Expliquez votre réponse.

5. Pour augmenter leurs revenus et atteindre un meilleur équilibre social, les États pourraient envisager d'augmenter l'impôt sur le revenu des particuliers et des entreprises. Énumérez les avantages et les risques d'une telle politique et donnez votre position.

EXAMINER DES POINTS DE VUE RELATIFS À L'ENJEU: ACTIVITÉ
Composante de la CD 2

Une étude du coefficient de Gini dans le monde

Outils de référence: votre manuel *Enjeux* et Internet.

Pour mesurer les écarts de richesse à l'intérieur d'un pays, on utilise le coefficient de Gini. Ce coefficient varie d'un pays à l'autre, et il permet de faire des comparaisons entre les pays.

1. Vous devez comparer des groupes de pays.
   - **a)** À partir de la carte *Le coefficient de Gini dans le monde en 2010*, à la p. 174, dressez la liste des pays dont le coefficient de Gini est inférieur à 0,3.
   - **b)** Repérez ensuite les régions du monde où le coefficient de Gini est supérieur à 0,5.
   - **c)** Quelles conclusions tirez-vous?

2. Vous devez maintenant établir des liens entre le coefficient de Gini de certains pays et les choix sociaux et les politiques fiscales de leurs gouvernements.
   - **a)** Faites un tableau où vous inscrirez pour le Canada, les États-Unis et la Norvège:
     - l'indice de Gini;
     - une brève description de la politique fiscale et des programmes sociaux (programmes de redistribution de la richesse).
   - **b)** À partir de vos observations, lequel des trois États offre le meilleur équilibre entre la justice et le développement économique? Justifiez votre réponse.

42 Le coefficient de Gini dans le monde en 2010

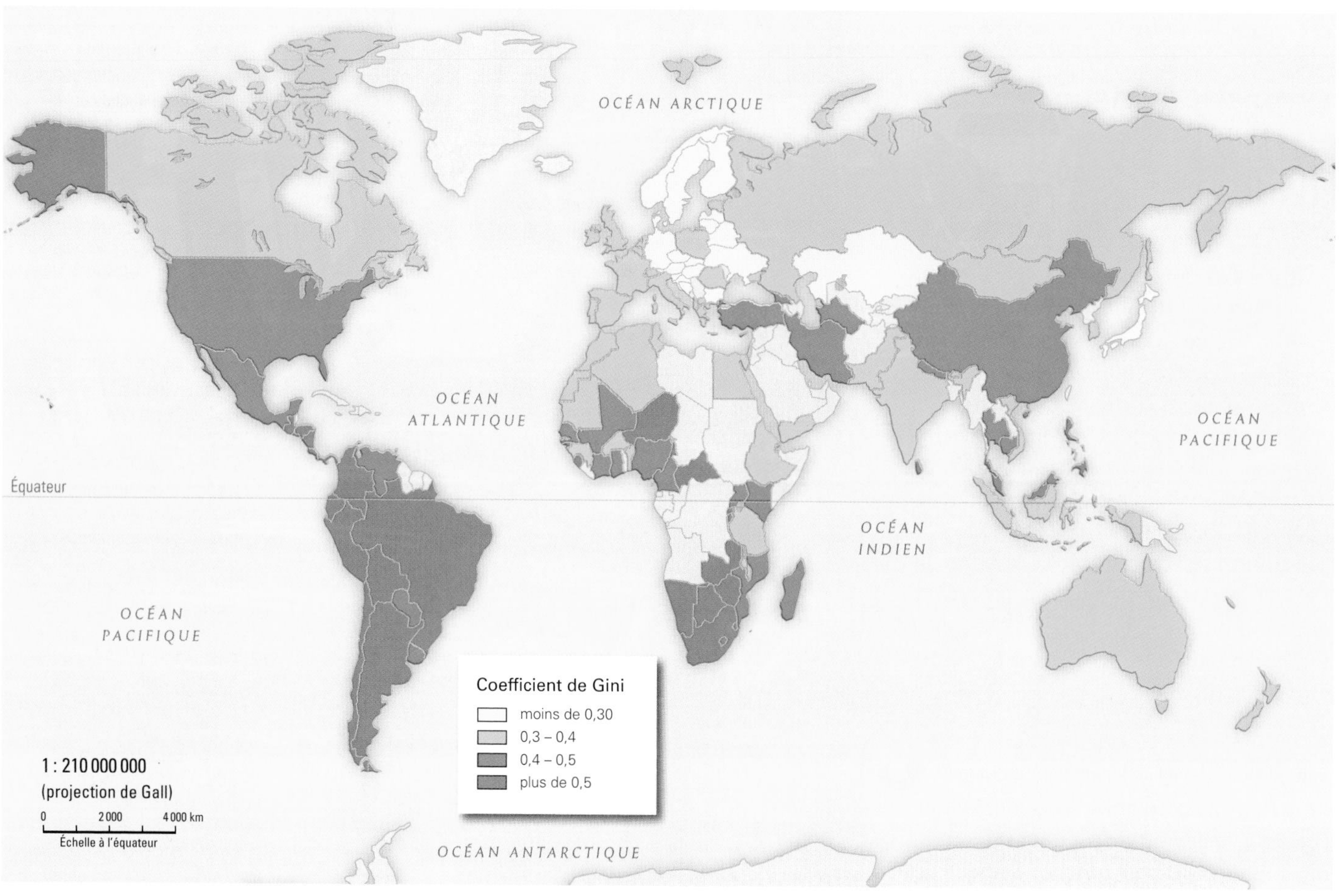

Source : Statistiques mondiales [en ligne]. (Consulté le 3 mars 2010.)

ZOOM

Le coefficient de Gini

Alors que la richesse des pays peut se mesurer en termes de PIB, de PIB par habitant ou d'indice de développement humain (IDH), il est aussi possible de quantifier les écarts de richesse qui existent à l'intérieur des pays eux-mêmes grâce à un outil de mesure appelé **coefficient de Gini**. Chiffré en pourcentage ou sur une échelle de 0 à 1, le coefficient de Gini d'un pays totalement égalitaire aurait une note parfaite de 0, tandis qu'un pays présentant de grandes inégalités obtiendrait une note beaucoup plus élevée. À titre d'exemple, en 2007-2008, le Canada avait un coefficient de Gini de 0,326. La Norvège, pays réputé pour ses politiques sociales, avait, quant à elle, un coefficient de Gini de 0,258. Les États-Unis obtenaient une note de 0,408, et la Namibie, de 0,743.

LA REDISTRIBUTION DE LA RICHESSE

Le gouvernement a la responsabilité d'utiliser l'argent qu'il perçoit pour financer des programmes de redistribution de la richesse, comme les programmes d'aide sociale. Sans éliminer les classes sociales, ce système fiscal permet de protéger et d'aider les citoyens les plus pauvres.

D'autres programmes, comme l'assurance-maladie, le système d'éducation et le régime de pension, permettent d'offrir des services essentiels à tous les citoyens, quelle que soit leur situation financière. Ces programmes universels assurent une meilleure justice sociale.

Cette redistribution de la richesse est plus difficile dans les pays pauvres, où les gouvernements n'ont pas toujours les revenus nécessaires pour offrir la même qualité et le même nombre de services publics que les pays développés.

DES ÉCARTS ENTRE LES PAYS RICHES

Les pays riches n'ont pas tous les mêmes politiques de redistribution de la richesse. Des pays comme le Canada et surtout les pays scandinaves ont une culture traditionnellement **sociale-démocrate**, c'est-à-dire qu'ils favorisent un impôt sur le revenu et des taxes élevés pour offrir un grand nombre de programmes sociaux. D'autres pays, comme les États-Unis, imposent et taxent moins leurs contribuables, car ils considèrent que c'est aux citoyens de payer la plus grande partie des services dont ils ont besoin.

Cette mentalité a toutefois commencé à changer aux États-Unis avec la réforme du système de santé adoptée en mars

43

44

2010, garantissant une assurance-maladie à 38 millions d'Américains qui jusque-là n'étaient pas assurés.

Partout, les programmes sociaux et les services publics sont toutefois affectés par des compressions budgétaires de plus en plus fréquentes. Les crises économiques et le vieillissement de la population, entre autres, pèsent lourdement sur les budgets gouvernementaux. De plus, les délocalisations de production vers les pays pauvres entraînent parfois des

43 Le 30 mai 2009, quelque 5000 personnes défilent dans les rues de Seattle, aux États-Unis, pour manifester leur appui à la réforme du système de santé proposée par le président américain Barack Obama. Partout dans le pays, des manifestations sont organisées.

44 Aux États-Unis, même si des millions d'Américains n'ont pas accès à des services médicaux, la réforme du système de santé proposée par le président Barack Obama a profondément divisé l'opinion publique. Une grande partie de la population s'y est farouchement opposée et de grandes manifestations anti-réforme ont eu lieu à plusieurs reprises.

L'impôt au Québec

1880	Le Québec met sur pied un système d'imposition des sociétés commerciales, dont les banques et les compagnies d'assurance (taxe sur le capital). Jusqu'en 1917, le Québec bénéficie en exclusivité de ces recettes. Les recettes fiscales du gouvernement fédéral proviennent alors essentiellement des taxes d'accise (taxes sur certains biens de consommation) et des droits de douane.
1917	Le Canada doit faire son effort de guerre. Le gouvernement fédéral introduit un impôt direct sur le revenu des particuliers et sur les bénéfices des sociétés. Cet impôt, annoncé comme temporaire, devient une des sources permanentes de revenus du gouvernement fédéral. Les contribuables québécois paient donc un impôt fédéral sur le revenu depuis 1917.
1932	Le Québec commence à prélever un impôt sur le revenu des sociétés. De 1941 à 1946, contribuant à l'effort de guerre, toutes les provinces se retirent du champ d'impôt sur le revenu des sociétés au profit du gouvernement fédéral.
1947	L'Ontario et le Québec reprennent leur pouvoir de prélever l'impôt sur le revenu des sociétés et obtiennent une réduction de l'impôt fédéral.
1954	Le gouvernement du Québec annonce son intention d'établir un impôt provincial sur le revenu des particuliers. En conséquence, le gouvernement du Canada réduit l'impôt fédéral de 10 %, pourcentage correspondant alors à l'impôt provincial. Le formulaire de déclaration de revenus du Québec voit le jour à la suite de l'entrée en vigueur, en 1954, de la Loi de l'impôt provincial sur le revenu.
Aujourd'hui	Trois provinces administrent elles-mêmes leurs impôts sur le revenu, soit le Québec, qui administre les impôts des particuliers et des sociétés, ainsi que l'Ontario et l'Alberta, qui administrent l'impôt des sociétés.

Source : REVENU QUÉBEC, *Taxes et impôts au Québec : pourquoi et pour qui ?*, printemps 2009, p. 3.

45

46

CHIFFRES

Les revenus du Canada

Les taxes et les impôts perçus par le gouvernement fédéral canadien en 2009 s'élevaient à 196,7 milliards $. Avec ses autres sources de revenus, totalisant 47 milliards $, le gouvernement canadien a cumulé cette année-là des recettes de 243,7 milliards $.

Source : Statistique Canada, 2009.

fermetures d'entreprises et, dans certains cas, une augmentation du chômage, ce qui se traduit par des baisses de revenus pour les gouvernements. Ces multiples facteurs limitent la capacité des gouvernements des pays développés à redistribuer équitablement la richesse.

L'ENVERS DE LA MÉDAILLE

Devant ces baisses de revenus et leurs dépenses qui grimpent, les gouvernements pourraient être tentés d'augmenter l'impôt sur le revenu et les taxes sur les produits et les services. Mais jusqu'à quel point peuvent-ils imposer et taxer les contribuables sans nuire au développement économique ? Au Québec, toute portion de salaire supérieure à 60 000 $ est imposée à près de 50 %, un taux que les contribuables qui ont un haut revenu jugent beaucoup trop élevé en comparaison de celui d'autres pays, comme les États-Unis, où le taux d'imposition maximal est de 41 %.

Il y a quelques décennies, certains pays d'Europe, notamment la Suède, le Royaume-Uni et la France, ont adopté des taux d'imposition allant jusqu'à 70 % et plus pour la dernière tranche de revenu. Mais de tels niveaux d'imposition risquent aussi de freiner la croissance économique. Mécontents, les citoyens les plus riches peuvent être démotivés à

FOCUS

Pauvres et riches : l'écart se creuse dans les villes américaines

S'il existe d'importantes disparités économiques entre les villes et les campagnes, on en trouve d'aussi grandes à l'intérieur même des centres urbains. Dans certaines villes américaines, le fossé entre riches et pauvres s'élargit à un point tel qu'il atteint un niveau comparable à celui des villes africaines. Detroit, Buffalo, Cincinnati, Cleveland, Miami, Saint Louis, El Paso et Philadelphie : en 2006, plus du quart des habitants de ces municipalités vivaient sous le seuil de la pauvreté, une réalité qui frappe tout spécialement les familles afro-américaines et hispanophones.

Ces inégalités économiques se traduisent par de criantes inégalités sociales. À titre d'exemple, l'espérance de vie des Afro-Américains se rapproche de celle enregistrée en Chine et en Inde, des pays traditionnellement beaucoup plus pauvres que les États-Unis.

Les riches s'enrichissent, et les pauvres s'appauvrissent. Alors que l'écart entre les riches et les pauvres avait diminué entre 1929 et 1972, il a recommencé à se creuser à partir de cette date : entre 1972 et 2001, le revenu moyen des Américains s'est accru de 34 %, mais celui des 10 % les plus riches a grimpé de 181 %. Sous l'effet de la mondialisation et des délocalisations, les protections des travailleurs diminuent et de nombreux emplois sont déplacés vers d'autres pays, ce qui contribue à appauvrir davantage la population. À l'inverse, les villes attirent des entreprises de haute technologie et des professionnels très spécialisés, avec des salaires de plus en plus élevés. La classe moyenne s'étiole peu à peu et déménage dans les banlieues, ce qui creuse encore plus le fossé entre les riches et les pauvres.

l'idée de travailler davantage ou, pire encore, peuvent choisir de s'exiler dans un pays où les mesures fiscales sont moins contraignantes. Autre point important à considérer : les mesures fiscales trop sévères peuvent aussi parfois favoriser la fraude

47 Les types de gouvernements et d'administrations et le processus de taxation et d'imposition au Canada

Gouvernement ou administration	Impôt	Taxes
Gouvernement fédéral	Impôt sur le revenu	Taxe sur les produits et services (TPS), taxe sur les carburants, taxe sur les boissons alcoolisées, douane
Gouvernement provincial	Impôt sur le revenu	Taxe de vente du Québec (TVQ), taxe sur les carburants, taxe sur les boissons alcoolisées, impôt sur le tabac, cotisation au Fonds des services de santé (FSS), permis divers
Administration municipale	Impôt foncier	Tarification de services : enlèvement et destruction des ordures ménagères, consommation de l'eau, loisirs (centres sportifs, bibliothèques, etc.)
Administration scolaire		Taxe scolaire

Source : REVENU QUÉBEC, *Taxes et impôts au Québec : pourquoi et pour qui ?*, printemps 2009, p. 4.

45 Le gouvernement québécois, comme beaucoup d'autres, offre à sa population des services publics, comme le système de santé. Au Québec, on compte plus de 80 000 infirmiers et infirmières, dont la majorité travaille, comme celles-ci, dans les hôpitaux du Québec.

46 Mars 2009 : le chantier de l'autoroute 25, de part et d'autre de la rivière des Prairies. Plus de 400 travailleurs construisent le pont et ses voies d'accès qui relieront dès 2011 les villes de Montréal et de Laval, au Québec. Les gouvernements ont la responsabilité de développer de telles infrastructures.

fiscale, comme le travail au noir, et priver le gouvernement de revenus d'impôts.

Même scénario pour les taxes sur la vente de produits et de services. En surtaxant les biens de consommation et les services, le gouvernement risque de réduire du même coup la consommation et, par conséquent, l'activité économique. Réduire la consommation est souhaitable pour l'environnement, mais il faut trouver un juste équilibre pour assurer une croissance économique suffisante, soutiennent les experts.

Bref, l'équilibre entre une juste redistribution de la richesse et le développement économique est un défi tant pour les gouvernements nationaux que pour la communauté internationale.

Le contrôle des ressources

Pétrole, gaz naturel, minerais: les ressources naturelles abondent dans de nombreux pays pauvres, mais elles sont, en grande partie, contrôlées par des intérêts étrangers. Résultat: une part des revenus échappe à ces pays, qui, ainsi, ne profitent pas pleinement de leurs richesses collectives. Même leurs terres arables sont convoitées par des puissances étrangères. Comment les États pauvres peuvent-ils mieux contrôler leurs ressources naturelles, essentielles à leur développement?

Par ailleurs, les pays émergents profitent des délocalisations, qui leur donnent accès à un autre type de ressource essentielle au développement économique: la technologie. Résultat: ils font concurrence aux pays riches. Ceux-ci devront-ils protéger certaines de leurs ressources techniques de pointe?

Comment les États pauvres peuvent-ils mieux contrôler leurs ressources naturelles?

Les ressources naturelles d'un pays constituent une richesse collective pour sa population. La Déclaration sur le droit au développement, adoptée par l'ONU en 1986, confirme d'ailleurs le droit souverain des États et des peuples sur leurs ressources naturelles. Or, plusieurs pays pauvres peinent à exercer cette souveraineté et à tirer pleinement profit de leurs ressources, car, dans bien des cas, ils n'ont ni les moyens financiers ni les moyens techniques de les exploiter. L'exploitation pétrolière et l'extraction minière exigent des investissements énormes, des équipements spécialisés et des ressources technologiques, dont seules les multinationales disposent.

Résultat: de nombreux pays pauvres doivent composer avec la présence de multinationales, qui ont les moyens d'exploiter ces ressources et qui leur paient,

48

en retour, des **redevances**, c'est-à-dire un pourcentage des bénéfices. Dans certains cas, les redevances peuvent atteindre plus de 50 % ; dans d'autres, elles sont beaucoup moins élevées. Les ententes conclues entre les entreprises étrangères et les gouvernements, dont certaines ne sont pas équitables pour les pays en développement, surtout pour les plus pauvres, rapportent d'énormes profits aux multinationales. Ces dernières peuvent ainsi exploiter et vendre des matières premières, qui alimentent l'industrie mondiale. Mais ces ententes procurent aussi des capitaux importants aux pays en développement, qui autrement n'auraient pas les moyens d'exploiter seuls les mines ou les gisements et de générer de tels revenus.

Dans certains pays, les revenus provenant des redevances ne profitent qu'à une minorité de citoyens ; dans d'autres, comme au Gabon, ils contribuent à élever le niveau de vie de la population et à développer l'économie. Et dans d'autres encore, notamment dans plusieurs pays arabes, ces revenus ont même permis à l'État de se réapproprier entièrement les ressources.

48 L'Arabie saoudite a complètement repris le contrôle de l'exploitation pétrolière sur son territoire dans les années 1980. Ici, un dirigeant saoudien d'Aramco, l'entreprise pétrolière nationale, visite une partie des installations de la plus grande raffinerie du pays, à Ras Tanoura.

49

LE PÉTROLE ARABE : L'HISTOIRE D'UNE PRISE DE CONTRÔLE

Arabie saoudite, 1951 : Aramco, un consortium pétrolier composé de quatre grandes multinationales américaines, contrôle et exploite les énormes gisements de pétrole du pays. L'entreprise ne verse alors que 30 % de ses profits à l'État saoudien, qui n'a ni les moyens ni l'expertise technique nécessaires pour exploiter lui-même les gisements.

Conscient, cependant, de la valeur de cette ressource très convoitée, le roi de l'époque, Ibn Séoud, entreprend des négociations et obtient finalement, en 1951, un partage à 50 % avec le consortium. Dix ans plus tard, le pourcentage grimpe à 60 %, voire à 75 % en vertu de certains contrats. Les revenus de l'État saoudien sont alors astronomiques et lui permettent, dès 1980, de devenir entièrement propriétaire d'Aramco, qui prendra ensuite le nom de Saudi Arabian Oil Company.

En moins de 30 ans, l'État saoudien a repris le contrôle d'une ressource naturelle qui a fait sa richesse. L'Arabie saoudite, qui était, dans les années 1940, un pays peu développé, occupe aujourd'hui le 57e rang du classement mondial selon le PIB par habitant. → *Voir le tableau* Le niveau de vie des pays producteurs de pétrole en 2008, *p. 182*.

Au cours de la même période, plusieurs autres pays arabes, comme l'Irak, les Émirats arabes unis, le Koweït et le Qatar, prennent aussi le contrôle de leurs ressources pétrolières, faisant ainsi grimper le niveau de vie de leur population. L'Iran, qui avait tenté en vain, dans les années 1950, de nationaliser son pétrole alors entre les mains d'intérêts britanniques, reprend le contrôle complet de sa ressource en 1979.

Les États du golfe Persique contrôlent maintenant leur pétrole. Cependant, ils maintiennent toujours d'étroits partenariats avec des multinationales pétrolières étrangères.

LE PÉTROLE AFRICAIN : MOINS RENTABLE

Si les partenariats avec des multinationales ont permis aux pays arabes de s'enrichir au point de pouvoir reprendre le

contrôle de leur ressource et d'augmenter le niveau de vie de leur population, la situation est plus complexe pour les pays africains producteurs de pétrole.

D'une part, les gisements de pétrole du golfe Persique sont gigantesques par rapport à ceux de l'Afrique. La production pétrolière africaine est donc moins importante et génère moins de revenus. D'autre part, les gisements des pays arabes sont faciles d'accès et les coûts d'extraction sont relativement bas. Les gisements d'Afrique, pour la plupart situés en mer ou en bord de mer, sont difficiles d'accès et beaucoup plus coûteux à exploiter; la marge de profit est donc moins élevée.

GUERRES ET CORRUPTION: DES PÉTRODOLLARS QUI S'ENVOLENT

Les guerres et la corruption qui déstabilisent l'économie de plusieurs pays africains y réduisent considérablement les retombées économiques du pétrole. À la faveur des guerres civiles, des conflits interethniques et des changements brusques de gouvernement, certaines multinationales ont réussi à négocier à la baisse le partage des bénéfices. La corruption joue également en faveur des entreprises étrangères, car, en versant des pots-de-vin aux dirigeants, certaines d'entre elles sont parvenues à réduire les redevances «officiellement» versées, ou encore, à obtenir des avantages fiscaux ou légaux. Résultat: les revenus du pétrole perçus par plusieurs États africains sont bien inférieurs à ce qu'ils devraient être.

L'exemple tchadien

Malgré ses gisements de pétrole, le Tchad est un pays très pauvre, avec un maigre PIB par habitant de 1345 $ US en 2008. Les guerres civiles qui secouent le pays depuis 1960 et la mauvaise gouvernance ont considérablement nui à son développement. Ainsi, en 2003, le gouvernement confie à un consortium pétrolier, constitué de plusieurs multinationales du pétrole, l'exploitation d'importants gisements. Le consortium s'engage alors à payer, au départ, des redevances de 12,5 %, un pourcentage qui, en principe, devait atteindre les 50 % lorsque les multinationales auraient amorti leurs

49 Ce paysage de dunes de sable et de sites de forage est typique de l'Arabie saoudite, un des plus gros exportateurs de pétrole du monde. Les coûts d'extraction en zone désertique sont relativement bas, ce qui rend l'exploitation du pétrole saoudien très profitable.

50 Une grande partie des gisements de pétrole en Afrique se trouvent en mer ou en bord de mer, ce qui rend l'extraction difficile et coûteuse. Ici, une plate-forme de forage dans le delta du Niger, au large des côtes du Nigeria.

51

investissements (en 2010, Exxon Mobil versait des redevances d'à peine 19,5 %). Le Tchad, pour sa part, s'engage à construire un **oléoduc** pour le transport du pétrole et obtient, à cette fin, des fonds de la Banque mondiale. Cette dernière assortit le prêt d'une condition : 70 % des profits perçus sur l'exploitation du pétrole doivent être investis dans divers programmes de lutte contre la pauvreté (écoles, santé, routes, etc.) et 10 % dans un fonds de réserve pour les générations futures. Or, entre 2005 et 2006, le gouvernement tchadien fait fi des menaces de réduction de fonds de la Banque mondiale et détourne une partie des profits pour l'achat d'armes. Aujourd'hui encore, la population tchadienne bénéficie très peu des retombées économiques du pétrole.

Le Gabon tire son épingle du jeu

Le Gabon est, sans doute, l'un des pays africains ayant le plus profité de la manne pétrolière. Bien que sa production de

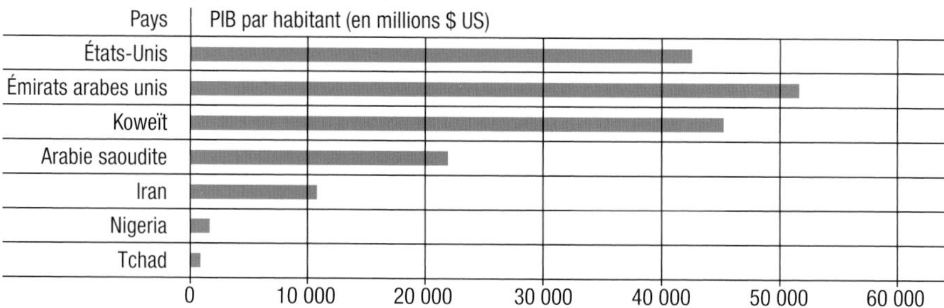

52 **Le niveau de vie des pays producteurs de pétrole en 2008**

Source : Banque mondiale, 2010 (données de 2006 pour les Émirats arabes unis et le Koweït).

53

pétrole soit très inférieure à celle de l'Angola et du Nigeria, le Gabon affiche fièrement un PIB par habitant par jour de 36,79 $ US, tandis que celui-ci dépasse à peine les 5 $ US au Nigeria. La recette du Gabon? Possiblement une meilleure gouvernance, qui se traduit par une meilleure redistribution de la richesse. La proportion de la population gabonaise vivant avec moins de 1,25 $ US par jour est de 19,6 %, soit un des taux les plus bas d'Afrique. Mais son secret réside avant tout dans la faible densité de sa population. Alors que le Nigeria compte plus de 151 millions d'habitants, le Gabon n'en compte que 1,4 million.

Le Nigeria: la corruption engloutit les pétrodollars

Le Nigeria est aux prises avec des tensions et des conflits depuis des décennies. Selon certains analystes et rapports d'institutions internationales, la corruption y est érigée en système, et les dirigeants du pays et de l'armée sont souvent accusés de détourner une large partie des bénéfices du pétrole. Certaines multinationales du pétrole tirent profit de cette situation et certaines ont su négocier des ententes plus qu'avantageuses avec la Nigerian National Petroleum Corporation. Plusieurs de ces multinationales peuvent notamment compter sur la complaisance des autorités politiques et judiciaires, qui ferment parfois les yeux sur la négligence environnementale dont elles sont parfois accusées. Malgré une production de 2,4

51 Le Gabon, dont la population atteint à peine 1,4 million de personnes, est un des pays africains qui profitent le mieux des revenus de l'exploitation pétrolière. Le niveau de vie y est plus élevé que dans d'autres pays d'Afrique. Ici, une scène quotidienne du marché de Libreville.

53 Des femmes d'un village urhobo de la région d'Afiesere, sur le bord du delta du Niger, au Nigeria, font cuire du tapioca près de la torche d'une installation pétrolière, dont la chaleur suffit pour la cuisson. Ce genre d'installation est une source de pollution et peut causer des problèmes de santé à la population locale.

54 Le pétrole et la pauvreté dans certains pays d'Afrique

Pays	PIB/h par jour (en $ US)	Proportion de la population vivant avec moins de 2 $ US par jour (en %)	Production de pétrole (en millions de barils par jour)	Population (en millions)	Production de pétrole par habitant (en barils par jour)
Angola	14,94	70,2	1,80	18,0	0,10
Gabon	36,79	19,6	0,27	1,4	0,19
Nigeria	5,27	83,9	2,40	151,3	0,02
Tchad	3,69	61,9	0,14	11,1	0,01

Sources: Banque mondiale, 2008; Agence internationale de l'énergie, 2008; Direction générale des statistiques du Gabon, 2008. (Proportion de la polulation vivant avec moins de 2 $ US par jour: données de 2000 à 2005.)

PRENDRE POSITION (CD 2)

Les questions portent sur le contenu des pages 178 à 184.

1. Un État pauvre peut-il reprendre le contrôle de ses ressources naturelles lorsqu'elles sont exploitées par des multinationales ? Expliquez votre réponse.
2. Selon vous, la souveraineté des États africains sur leurs ressources naturelles est-elle menacée ? Justifiez votre réponse.
3. Certains États ne parviennent pas toujours à obtenir des redevances minimales de 50 % auprès des multinationales qui exploitent les ressources naturelles de leur pays. Que pensez-vous de cette situation ?
4. Au Nigeria, les pétrodollars n'entraînent pas une réduction de la pauvreté et l'exploitation du pétrole a des conséquences environnementales. Selon vous, qui est responsable de cette situation et à qui profite l'exploitation pétrolière ? Expliquez votre réponse.
5. Quel était le but de la Banque mondiale en imposant au Tchad des conditions au financement de son oléoduc ? Que pensez-vous de ces conditions et de la façon dont le gouvernement tchadien dépense les revenus générés par l'exploitation de son pétrole ?

EXAMINER DES POINTS DE VUE RELATIFS À L'ENJEU : ACTIVITÉ

Composante de la CD 2

La nationalisation des ressources en Bolivie

Outils de référence : votre manuel *Enjeux*, des articles parus dans les médias et Internet.

En 2006, le président bolivien Evo Morales et son gouvernement nationalisent le gaz naturel et le pétrole permettant ainsi au pays de prendre le contrôle de ses ressources. La Bolivie établit de nouvelles ententes d'exploitation avec les multinationales présentes sur son territoire. Afin de bien cerner le sujet, de comprendre les différents points de vue défendus et d'alimenter votre réflexion, vous devez préparer une revue de presse sur les nationalisations boliviennes. Vous serez ensuite en mesure de donner votre point de vue sur le sujet.

1. Effectuez une recherche pour trouver les éléments suivants, qui constitueront votre revue de presse :
   - deux éditoriaux ;
   - deux articles parus dans la presse écrite ;
   - deux articles publiés sur Internet ;
   - une caricature.
2. Afin de mieux comprendre la situation économique de la Bolivie, incluez dans votre revue de presse un portrait du pays. Ce portrait doit contenir les éléments suivants :
   - une carte géographique du pays ;
   - sa population ;
   - son PIB total ;
   - son PIB par habitant ;
   - ses principales ressources naturelles ;
   - ses principales exportations.
3. À la lumière de vos recherches, expliquez les motifs qui ont conduit aux nationalisations en Bolivie ainsi que les réactions de la population et celles des multinationales.
4. Expliquez en quelques lignes votre opinion par rapport aux nationalisations boliviennes et à la position du gouvernement d'Evo Morales.

millions de barils par jour – très largement supérieure à celle du Gabon –, le Nigeria, qui est pourtant membre de l'Organisation des pays exportateurs de pétrole (OPEP) et qui compte plus de 3 % de toutes les réserves de pétrole du monde, demeure un pays d'extrême pauvreté. Le taux de personnes vivant avec moins de 1,25 $ US par jour y dépasse 83 %. Le taux d'extrême pauvreté reste également très élevé en Angola, bien que la population totale y soit très inférieure à celle du Nigeria et que la production de pétrole y soit supérieure à celle du Gabon.

ET LES MINES D'AFRIQUE ?

Or, argent, fer, cuivre, cobalt, nickel, plomb, étain, zinc, diamant, bauxite... le sous-sol de nombreux pays africains regorge de minerais, de métaux et de pierres précieuses qui ont fait et qui font toujours la fortune de plusieurs multinationales, mais qui ne profitent guère aux populations africaines.

Les pays africains ne sont pas les seuls exportateurs de ces matières premières, mais celles-ci constituent l'essentiel de leurs exportations. Cette situation nuit à leur développement et à leur croissance économique à long terme pour plusieurs raisons :

- l'économie de ces pays est presque entièrement dépendante de l'extraction des ressources naturelles, c'est-à-dire du secteur primaire. Or, ce secteur ne crée pas autant de richesse que les secteurs secondaire (transformation et fabrication) et tertiaire (services) ;
- si les prix des métaux et des minerais enregistrent une hausse presque constante depuis plusieurs années, ils sont toutefois sujets aux **fluctuations** du marché. En 2008 et en 2009, les prix de plusieurs métaux et minerais ont connu des chutes vertigineuses, entraînant de lourdes baisses de revenus pour les pays qui dépendent de leur exportation. Par exemple, en 2008, le prix du cuivre, qui avait presque doublé depuis 2005 pour atteindre 9000 $ US la tonne, a chuté à moins de 4000 $ US la tonne. Un

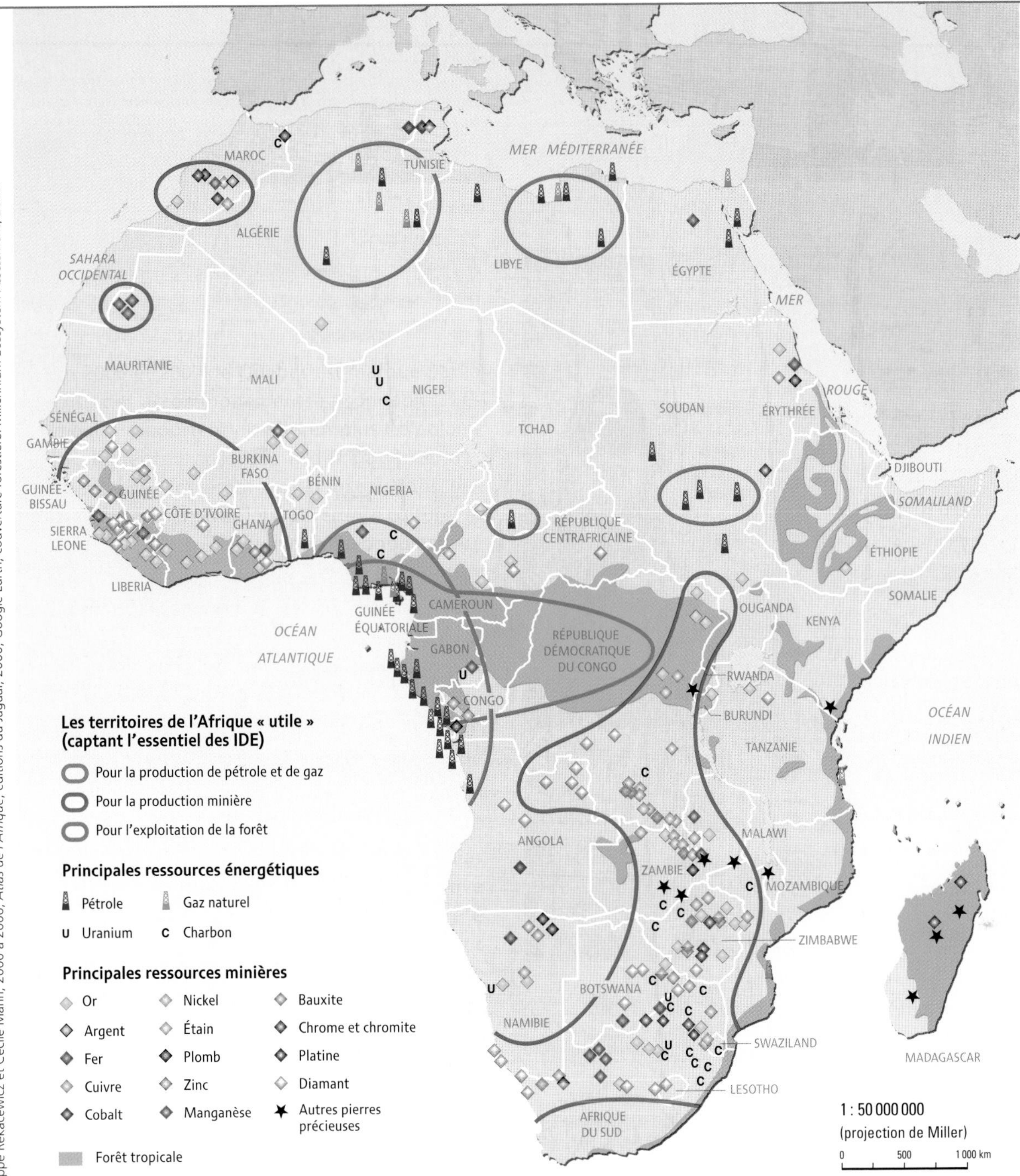

Sources des données de la carte : «Mineral facilities of Africa and Middle East», *United States Geological Survey 2006*; USGS Minerals Information; cartes et atlas du *Monde diplomatique*, Philippe Rekacewicz et Cécile Marin, 2000 à 2006; *Atlas de l'Afrique*, éditions du Jaguar, 2000; Google Earth; couverture forestière: *Millennium Ecosystem Assessment*, 2005.

55 Ce que les grandes puissances convoitent

Source : *Le Monde diplomatique, L'atlas 2010*, Paris, Armand Colin, 2009, p. 189. © Philippe REKACEWICZ.

coup dur pour l'économie de la Zambie et du Congo, dont une large part des exportations repose sur celle du cuivre ;

- les ressources minières ne sont pas inépuisables. Même si le sous-sol africain recèle les plus importantes réserves du monde de platine, d'or, de diamant, de chromite, de manganèse et de vanadium, la durée de vie de la plupart de ces mines varie de 20 à 50 ans. Ainsi, à plus ou moins long terme, certaines de ces ressources s'épuiseront. Sur quoi reposera alors l'économie des pays producteurs ?

56

PORTRAIT

Evo **Morales** (1959-)

De gardien de troupeaux de lamas jusqu'au poste de président de la Bolivie, le parcours d'Evo Morales est des plus atypiques. Natif d'un milieu très défavorisé et d'origine indigène aymara, Morales se lance dans la politique comme militant à la Centrale ouvrière bolivienne. Il est ensuite député et leader syndical, avant de devenir le premier chef d'État indigène de son pays. Élu en 2005, le gouvernement socialiste d'Evo Morales entame rapidement une refonte majeure de l'économie du pays, notamment en nationalisant les secteurs gazier et pétrolier et en redistribuant 9 millions d'hectares de terres arables aux paysans et aux indigènes. D'importantes compagnies étrangères d'énergie et de télécommunications sont aussi nationalisées. Réélu en décembre 2009, avec une importante majorité populaire, Evo Morales s'engage alors à poursuivre le partage équitable des richesses nationales.

La mauvaise gouvernance sert-elle certaines multinationales ?

Dans les années 1980 et 1990, la Banque mondiale et le Fonds monétaire international (FMI) incitent les pays africains à privatiser l'exploitation minière. Faute de capitaux, ceux-ci ne parviennent pas à exploiter leurs mines. La privatisation a alors pour but d'attirer l'investissement direct à l'étranger (IDE). Or, ces interventions de la Banque mondiale et du FMI sont critiquées, car elles donnent le contrôle de l'exploitation aux multinationales. De plus, les deux institutions encouragent les États africains à consentir d'énormes avantages fiscaux et légaux pour attirer l'IDE. Résultat : les redevances que les grandes entreprises versent aux États sont très inférieures à ce qu'elles devraient être pour que les partenariats soient équitables pour les pays africains.

Depuis, la Banque mondiale et le FMI ont revu leur position, mais la situation tarde à s'améliorer. En 2009, le Conseil économique et social des Nations unies a publié un rapport plutôt accablant, à la fois pour les pays et pour les multinationales, sur la situation de l'exploitation minière en Afrique. On y apprenait notamment que :

57

56 Une mine de cuivre près de Lubumbashi, dans le sud de la République démocratique du Congo. Malgré ses immenses ressources, le pays demeure un des plus pauvres d'Afrique.

57 Le 23 mai 2005, des milliers de paysans boliviens manifestent en faveur de la nationalisation des industries du pétrole et du gaz naturel. « Récupérer les hydrocarbures, par la raison ou la force », « 100 % de redevances », pouvait-on lire sur leurs pancartes.

- les contrats signés avec certaines multinationales sont assortis de réductions fiscales qui diminuent les redevances versées aux États ;
- certaines de ces entreprises profitent de la corruption des dirigeants et de l'instabilité politique pour ne pas faire d'études sur les impacts environnementaux et sociaux ou pour ne pas se conformer aux lois nationales du travail et de l'environnement ;
- la part de l'investissement que les multinationales doivent allouer au développement en vertu de ces contrats se limite parfois à quelques bourses d'études universitaires dans le but de former de futurs employés ;
- certains fonctionnaires et les dirigeants parfois corrompus de plusieurs de ces États détournent les redevances à des fins personnelles ou partisanes. Résultat : le niveau de pauvreté ne diminue pas ;
- l'argent des redevances devrait servir, entre autres, à développer des industries locales de fabrication de produits à valeur ajoutée pour diversifier les activités économiques et réduire la dépendance à l'égard du secteur minier. Ce n'est pas toujours le cas.

ZOOM

L'exemple bolivien : quand l'État reprend le contrôle

En 2005, la Bolivie peine à s'industrialiser. L'augmentation de la production nationale de gaz naturel et la hausse du prix mondial du gaz profitent surtout à quelques multinationales. Celles-ci avaient en effet réussi, 10 ans plus tôt, à faire baisser les redevances qu'elles versaient à l'État bolivien de 50 % à 18 %.

Lorsque le président Evo Morales arrive au pouvoir en 2005, il tient ses promesses électorales et nationalise partiellement les secteurs du gaz naturel et du pétrole. L'extraction reste entre les mains des multinationales, mais ces dernières doivent désormais vendre leur production à la Yacimientos Petrolíferos Fiscales Bolivianos, qui appartient à l'État. Les redevances versées par les entreprises sont de nouveau fixées à 50 %.

Les multinationales du pétrole installées en Bolivie finissent par accepter les conditions imposées par cet État, qui a réussi à reprendre ainsi le contrôle de ses ressources.

La transparence minière et la croissance économique

Les multinationales qui exploitent les mines d'Afrique, seules ou en partenariat avec des sociétés nationales, paient des redevances aux États. Dans quelques cas, ces redevances sont inférieures à 15%, mais, dans la plupart des cas, elles atteignent aujourd'hui 50%. Or, l'argent provenant de ces redevances ne profitent pas toujours aux populations africaines. En effet, l'argent est parfois détourné par les dirigeants, les fonctionnaires ou même l'armée à des fins personnelles ou militaires. Cette corruption et cette mauvaise gouvernance entraînent une instabilité politique, qui nuit à la croissance économique et à la lutte contre la pauvreté sur le territoire africain.

En 2002, afin d'y mettre un frein, Tony Blair, alors premier ministre britannique, lance l'Initiative pour la transparence dans les industries d'extraction (ITIE), un programme de «bonne gouvernance» contrôlé par une coalition de gouvernements, d'entreprises d'extraction, d'investisseurs et d'organisations internationales. L'ITIE permet de surveiller la transparence des transactions entre les multinationales et les gouvernements africains. Lorsqu'il joint l'ITIE, un État s'engage à rendre publics «sous une forme accessible, complète et compréhensible» tous les revenus provenant de l'exploitation minière.

En 2010, 16 pays africains avaient adhéré à ce programme volontaire. Certains ont même renégocié des contrats. Par exemple, le Liberia a annulé des clauses qui permettaient aux entreprises d'extraction d'enfreindre les lois environnementales en vigueur et les droits de la personne. Bien que de nombreux problèmes persistent dans quelques pays, l'ITIE est perçue par certains comme la marque d'une volonté d'assainir les pratiques du secteur minier en Afrique.

58 Les principales ressources minières de l'Afrique

Ressource minière	Part de l'Afrique dans la production mondiale (en %)	Rang mondial	Part de l'Afrique dans les réserves mondiales (en %)	Rang mondial
Groupe du platine	54	1	60	1
Phosphate	27	1	66	1
Or	20	1	42	1
Chrome	40	1	44	1
Manganèse	28	2	82	1
Vanadium	51	1	95	1
Cobalt	18	1	55	1
Diamant	78	1	88	1
Aluminium	4	7	45	1

Source: Conseil économique et social de l'ONU, Commission économique pour l'Afrique, 2009.

LES TERRES ARABLES: UNE RESSOURCE CONVOITÉE

États-Unis, Arabie saoudite, Corée du Sud, Inde, Chine, Qatar, de plus en plus de pays riches ou émergents cherchent à louer ou à s'approprier les terres arables de pays pauvres, et le mouvement est déjà bien enclenché. Ces pays, aux prises avec un manque de terres arables ou avec une densité de population trop élevée, ont déjà mis la main sur plus de 30 millions d'hectares de terres fertiles en Asie et en Afrique. Les pays en développement de ces régions y voient, pour leur part, une source de revenus. Cependant, plusieurs organisations non gouvernementales (ONG) dénoncent cette situation, qui

ZOOM

La Thaïlande défend ses terres

Une loi thaïlandaise de 1999 interdit aux personnes et aux entreprises étrangères d'acheter ou de louer des terres agricoles. Or, en 2009, secoués par la hausse faramineuse du prix du riz et des autres céréales, des pays, notamment du golfe Persique, lorgnent les terres agricoles de la Thaïlande. La révolte populaire gronde. Les Thaïlandais refusent que leurs paysans deviennent de simples employés d'entreprises étrangères. Les opposants craignent également que la sécurité alimentaire du pays soit compromise. Des entreprises étrangères réussissent tout de même à s'implanter en utilisant des **prête-noms** thaïlandais. Le ministre de l'Agriculture ordonne alors une enquête et dépose un projet de loi qui vise la protection des terres arables thaïlandaises. Mais si la Thaïlande défend âprement ses terres, elle n'hésite pas, de son côté, à exploiter des terres en sol étranger, en particulier au Cambodge, alléguant que ce dernier profite des transferts technologiques.

59 La Thaïlande a adopté une loi interdisant aux citoyens et aux entreprises du pays de vendre des terres arables à des intérêts étrangers. La Thaïlande veut ainsi préserver son autosuffisance alimentaire. Ici, une paysanne thaïlandaise s'affaire aux champs à Mae Hong Son.

inquiète aussi les experts de l'ONU ; selon ces derniers, des conséquences potentiellement néfastes pour les pays pauvres sont à craindre :

- ces locations ou achats de terres arables dépossèdent les paysans locaux et l'État d'une ressource collective essentielle ;
- les entreprises étrangères qui s'approprient ces terres y exploitent souvent des monocultures, notamment pour les biocarburants, ce qui menace la fertilité des sols à long terme.

Cette emprise étrangère sur une ressource aussi essentielle à la population est considérée comme une nouvelle forme de

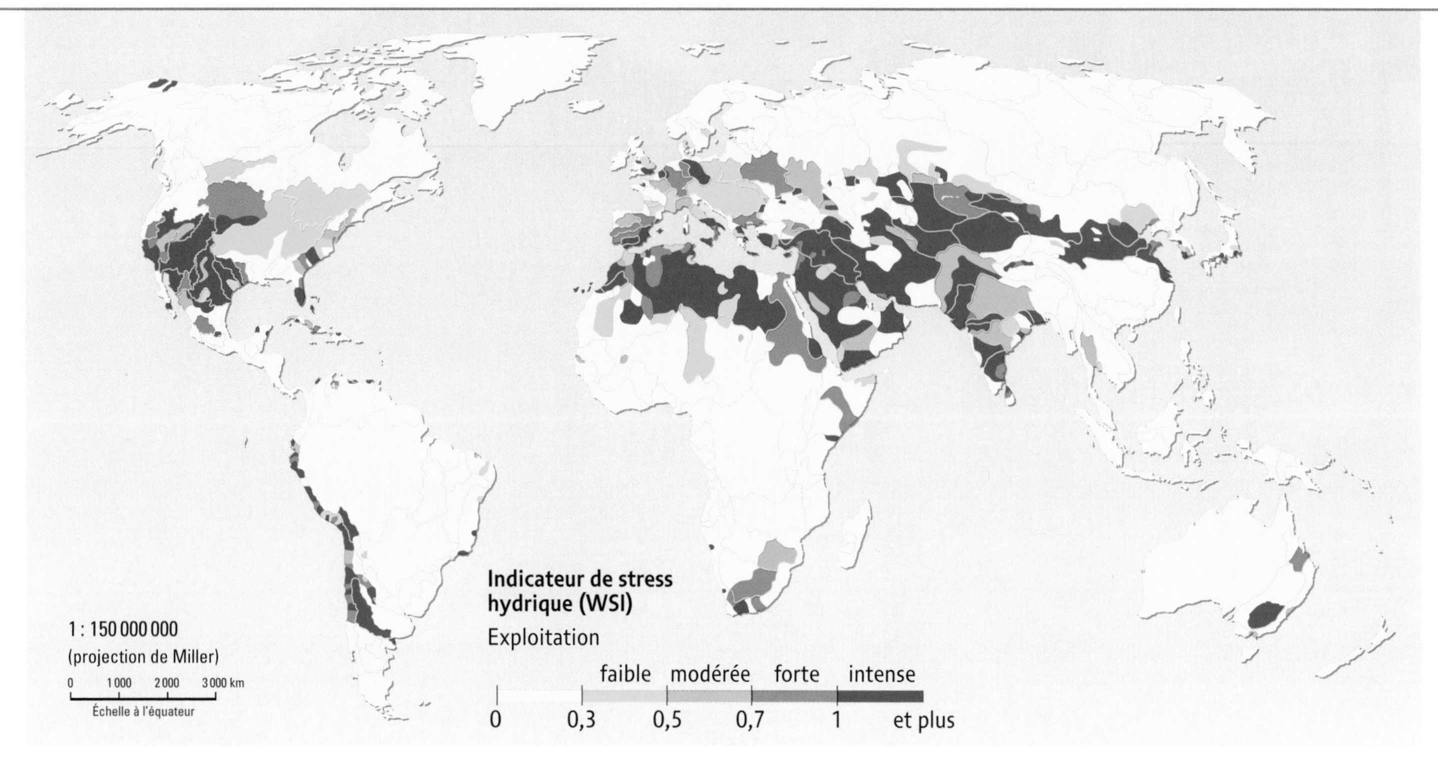

60 De vastes zones de pénurie d'eau douce dans le monde

Source : *Le Monde diplomatique, L'atlas 2010*, Paris, Armand Colin, 2009, p. 27. © Philippe REKACEWICZ.

ZOOM

Le Malawi innove et assure son autosuffisance alimentaire

En 2004, la famine frappe le tiers de la population du Malawi. Mais depuis, ce pays d'Afrique a atteint l'autosuffisance alimentaire et il est même devenu exportateur de maïs. En 1999, le gouvernement malawien lance un programme de subventions agricoles. Il doit toutefois l'abandonner, car ce dernier contrevient au plan proposé par la Banque mondiale et le FMI, qui vise à axer l'agriculture du pays sur des produits d'exportation, comme le tabac et le thé. Or, dès son élection en 2004, le président Bingu wa Mutharika décide, malgré les prêts consentis par les deux institutions, de ne pas suivre leurs recommandations et de lancer un programme d'aide agricole avec l'appui financier du Royaume-Uni et de l'Union européenne. En vertu de ce programme, les agriculteurs reçoivent des sacs d'engrais et de semences à fort rendement. En trois ans à peine, le programme permet au Malawi d'atteindre son autosuffisance alimentaire et de vendre des surplus au Programme alimentaire mondial.

colonialisme. Des pays riches « sous-traitent » ainsi leur production agricole pour satisfaire leurs besoins, principalement en maïs, en riz, en soja et en canne à sucre. Les pays riches soutiennent que, en échange, les pays pauvres bénéficient d'un transfert de technologies, mais l'Organisation des Nations unies pour l'alimentation et l'agriculture (FAO) doute que ces transferts de technologies de pointe soient vraiment utiles aux paysans locaux.

L'OR BLEU : UNE RICHESSE COLLECTIVE ?

En 2050, selon l'ONU, 1,8 milliard d'êtres humains vivront dans des zones totalement privées d'eau, et 5 autres milliards habiteront des régions où l'accès à l'eau sera sérieusement compromis. Les zones du Sahara et du Moyen-Orient seront particulièrement touchées, pays pauvres et pays riches confondus. Ces chiffres montrent que le contrôle de l'eau s'annonce comme un enjeu international majeur du 21e siècle.

Avec 9 % des réserves mondiales d'eau douce renouvelables, dont le tiers se trouve au Québec, le Canada n'a pas à craindre le stress hydrique (demande en eau supérieure à la quantité disponible) prévu dans de nombreux pays en 2025, notamment dans plusieurs régions des États-Unis.

Dans une situation de pénurie mondiale, l'abondance d'eau au Québec et au Canada peut être synonyme d'exploitation commerciale et d'importants profits. Mais qui doit contrôler ou posséder cette ressource ? Le gouvernement, donc la population, ou les entreprises privées, qui ont les moyens d'exploiter, de distribuer et de vendre efficacement l'eau aux autres pays ? Si l'eau québécoise devait être commercialisée ou transférée massivement aux États-Unis, faudrait-il la nationaliser ?

En 2008, les spécialistes estimaient à 65 milliards $ les revenus bruts annuels qui pourraient être générés si le Québec vendait 10 % de ses ressources d'eau douce renouvelables. Une exportation à grande échelle exigerait toutefois la résolution de nombreux dilemmes et l'établissement d'un cadre légal et réglementaire qui ferait consensus. Comment

61 Les experts estiment que 70 % de l'eau douce disponible est utilisée pour l'agriculture. Ici, un arrosage massif de pommiers dans le Val Venosta, en Italie.

62 La consommation d'eau potable dans l'agriculture

Ce tableau donne quelques exemples de la quantité d'eau nécessaire dans la production agricole.

Culture / élevage	Besoins en eau (en litres d'eau par kilogramme d'aliments produits)
Pommes de terre	De 500 à 1500
Blé	De 900 à 2000
Luzerne	De 900 à 2000
Maïs	De 1000 à 1800
Sorgho	De 1100 à 1800
Soja	De 1100 à 2000
Riz	De 1900 à 5000
Poulets	De 3500 à 5700
Bœufs	De 15 000 à 70 000

Source : Environnement Canada, 2005.

ZOOM

La consommation d'eau

Le niveau global de la consommation d'eau potable au Québec se situe à près de 780 litres par personne par jour (l/p/j), la moyenne canadienne étant de 620 l/p/j. La consommation résidentielle québécoise, estimée à 395 l/p/j, se compare à la moyenne canadienne de 335 l/p/j, alors que les Français consomment de 150 à 200 l/p/j. En Inde, une personne utilise en moyenne 25 l/j et à Madagascar, 5,4 l/j, ce qui constitue le strict minimum pour survivre. La moyenne mondiale est de 137 l/p/j. Le Canada est le pays où la consommation d'eau par habitant est la plus élevée du monde. Une seule heure d'arrosage de pelouse nécessite 1000 litres d'eau, soit la quantité nécessaire pour répondre aux besoins de 10 réfugiés durant 5 jours.

PRENDRE POSITION (CD 2)

Les questions portent sur le contenu des pages 184 à 193.

1. Dans les années 1980 et 1990, la Banque mondiale et le FMI ont préconisé la privatisation des mines de plusieurs pays d'Afrique. Quelles étaient alors les motivations des deux institutions ? Quels étaient les arguments contre ces privatisations ?

2. Selon vous, quelles mesures les pays d'Afrique devraient-ils prendre pour permettre à leurs populations de mieux tirer profit de leurs ressources minières ?

3. Certains pays cherchent à louer ou à acheter les terres arables des pays pauvres ; quels sont leurs motifs et leurs arguments ? Que pensez-vous de cette pratique ? Expliquez votre réponse.

4. Le Québec possède 3 % des réserves mondiales d'eau douce renouvelables. Si vous étiez au pouvoir, nationaliseriez-vous l'eau ou en laisseriez-vous l'exploitation et la commercialisation à une entreprise privée ? Expliquez votre réponse.

5. Selon vous, les pays riches doivent-ils favoriser les transferts technologiques vers les pays pauvres et émergents ou, au contraire, doivent-ils protéger leurs ressources techniques de pointe ? Expliquez les avantages et les inconvénients à la fois pour les pays riches et les pays pauvres.

DÉBATTRE DE L'ENJEU : ACTIVITÉ

Composante de la CD 2

Les terres arables du Québec : à vendre ?

Outils de référence : votre manuel *Enjeux*, des articles parus dans les médias et Internet.

Plusieurs pays avec une forte croissance démographique cherchent à acheter des terres agricoles. Depuis janvier 2010, la Chine a les yeux tournés vers les terres arables du Québec. Dans ce contexte, imaginons le scénario suivant : les délégués d'une entreprise chinoise viennent au Québec avec l'intention d'acheter des terres. Quelques semaines plus tard, les médias annoncent qu'une société chinoise a fait l'acquisition de quatre grandes fermes du Québec. Cette transaction provoque de nombreuses réactions et un débat dans l'opinion publique. Certains s'y opposent, d'autres, au contraire, y voient une possibilité pour les agriculteurs de vendre leurs terres à bon prix. En tant qu'éditorialiste d'un grand quotidien québécois, vous devez prendre position par rapport à la vente de terres arables québécoises à des intérêts étrangers.

1. Faites une recherche pour rassembler de l'information sur le sujet.

2. Rédigez un éditorial d'une page en réponse à la question suivante : *Le Québec doit-il laisser ses terres lui échapper ?* Selon votre position, veillez à démontrer chacun de vos arguments à l'aide de faits précis.

tirer profit de l'or bleu sans surexploiter cette ressource vitale ?

Même s'il s'agit de cas exceptionnels, des ententes sur les transferts massifs d'eau entre pays existent déjà, notamment entre le Lesotho et l'Afrique du Sud ainsi qu'entre la Turquie et Israël. Cependant, de nombreux **litiges** et conflits concernant le partage de l'eau de certaines régions opposent des États.

Quelle position le Québec et le Canada adopteront-ils au regard de cette délicate question ? Sauront-ils bien tirer profit de cette richesse collective ?

Les pays riches devront-ils protéger certaines de leurs ressources techniques de pointe ?

L'industrie de la transformation du secteur secondaire et les technologies de pointe du secteur tertiaire ont fait la fortune de plusieurs multinationales et ont favorisé le développement des pays riches. Au cœur de ces industries : les technologies. À la faveur de la mondialisation, de nombreuses multinationales ont délocalisé massivement leur production et leurs services dans des pays comme l'Inde, le Brésil et la Chine. Ce faisant, elles leur ont donné accès à de multiples technologies et expertises de pointe. Ces transferts technologiques ont permis à ces pays, autrefois pauvres, de développer leurs propres industries et de devenir des puissances économiques montantes. Résultat : ces pays émergents sont maintenant de sérieux concurrents des pays riches.

Ces derniers, qui constatent que leur taux de chômage augmente dans certains secteurs en raison des délocalisations de production, voient d'un mauvais œil cette nouvelle concurrence, qui menace certaines de leurs entreprises et d'autres emplois. Des économistes et observateurs commencent à s'interroger sur la pertinence de limiter les transferts technologiques et de protéger certaines techniques

63

industrielles. De leur côté, de nombreux pays pauvres ont un grand besoin de ces transferts pour se développer et combattre la pauvreté. Le **dilemme** risque d'être difficile à résoudre.

L'EFFET CHINOIS

En 2005, le géant européen de l'aéronautique Airbus signe un contrat de coopération avec la Chine. Airbus compte ainsi réduire ses coûts de main-d'œuvre et avoir un meilleur accès au marché chinois pour ses avions. La Chine, pour sa part, obtient d'importants transferts technologiques. De son côté, la compagnie américaine Boeing, un autre grand constructeur d'avions, avait déjà refusé de procéder à de tels transferts, de peur de favoriser un futur concurrent. En 2009, le premier Airbus construit en Chine est livré à la société d'État Sichuan Airlines. Mais, coup de théâtre : quelques mois plus tard, au salon aéronautique de Hong-Kong, la Chine présente son futur avion, le C919, destiné à concurrencer Airbus et Boeing dès 2016.

En 2009, la société chinoise Zhuzhou crée la surprise au Québec en concurrençant l'entreprise québécoise Bombardier sur son propre terrain : elle dépose, elle aussi, une soumission pour l'obtention du contrat de construction des nouveaux wagons du métro de... Montréal.

Les critiques se font de plus en plus nombreuses en Europe et en Amérique du Nord relativement à cette concurrence jugée déloyale par certains, puisque les entreprises chinoises sont des sociétés d'État disposant de subventions gouvernementales. De leur côté, les Chinois réclament le droit de développer leur économie. Dans un contexte de mondialisation, les ressources techniques pourraient devenir l'objet de convoitises et de tensions internationales.

63 Des visiteurs regardent le modèle chinois du jumbo jet C919 exposé au 13e Salon international de l'aviation de Beijing, en septembre 2009. La Chine fait aujourd'hui concurrence aux grandes entreprises d'aéronautique occidentales.

VEILLE MÉDIATIQUE

La crise financière menace la presse écrite

La presse écrite traverse une période sombre. Aux États-Unis, des piliers du journalisme écrit, comme le *Washington Post*, vivent d'énormes problèmes financiers. De nombreux journaux ferment leurs portes et des dizaines de milliers d'emplois sont supprimés. En France, plus de 2300 journalistes ont perdu leur emploi en 2009.

La crise économique mondiale est certes l'une des principales causes de cette crise de la presse écrite. De plus, les dépenses publicitaires des entreprises tendent à se déplacer vers Internet et les lecteurs semblent préférer les contenus gratuits disponibles sur la toile.

Au Québec, les revenus des quotidiens tirés de la publicité sont en chute libre. La crise de la presse écrite inquiète les journalistes. Le *Trente*, un magazine spécialisé en journalisme publié par la Fédération professionnelle des journalistes du Québec (FPJQ), suit la situation de près.

Des renseignements sous haute surveillance

Il y a beaucoup de normes et de règles de sécurité qui entourent la couverture médiatique du dépôt du budget fédéral à Ottawa. Le ministère des Finances organise un huis clos journalistique dans une salle aménagée spécialement pour l'occasion. Les journalistes doivent laisser derrière eux tout appareil de communication sans fil. On leur interdit tout contact avec le monde extérieur afin d'éviter les fuites qui, par exemple, pourraient avantager une entreprise.

On remet aux journalistes une copie du budget fédéral. Ils ont quelques heures pour préparer leur analyse qu'ils pourront publier dans les médias dès que le ministre aura terminé son discours du budget à la Chambre des communes. Un huis clos semblable a également lieu lorsque le gouvernement provincial dépose son budget à Québec.

Cette photo a été prise le 4 mars 2010 lors du huis clos pour le dépôt du budget fédéral qui s'est tenu au Centre de conférence du gouvernement à Ottawa. Environ 550 journalistes y ont participé.

Des bourses ► pour parler du Sud

Chaque année, les bourses Nord-Sud sont remises à des journalistes qui souhaitent réaliser un reportage sur le développement dans un pays en développement ou émergent. Ces bourses de 6000 $ chacune sont financées par l'Agence canadienne de développement international (ACDI) et attribuées par la FPJQ.

En 2007, une bourse Nord-Sud a permis à la journaliste Noémi Mercier de se rendre en Inde. L'objet de son reportage : l'industrie du recyclage d'équipement informatique provenant de l'Occident. Son article, intitulé « Inde, poubelle de la planète techno », lui a valu plusieurs distinctions, dont le prestigieux prix Judith-Jasmin qui récompense annuellement les meilleures œuvres journalistiques au Québec.

Cette photo, prise par Noémi Mercier, montre des jeunes femmes indiennes qui « décortiquent » des câbles. Elles séparent le cuivre du plastique pour qu'ils puissent ensuite être revendus. Ce dur travail leur rapporte 2 $ US par jour.

L'OBSERVATOIRE **MÉDIAS**

CONSIDÉRER LE **TRAITEMENT MÉDIATIQUE**

Composante de la CD 2

1. La crise économique ne serait pas la seule menace pour la presse écrite. De plus en plus de citoyens, surtout les plus jeunes, se tourneraient vers le Web pour s'informer. Faites votre propre enquête sur le sujet en interrogeant 5 jeunes âgés de 16 à 25 ans et 10 adultes, dont 5 âgés de 25 à 55 ans et 5 autres âgés de plus de 55 ans.

   Questions à poser : « Pour vous informer, consultez-vous les journaux ou le Web ? » « Pour quelles raisons ? »

   Colligez vos réponses dans un tableau. Quelles conclusions pouvez-vous tirer de votre enquête ?

2. Trouvez un exemple de reportage (télévision, journal ou Web) qui vous sensibilise au problème de la pauvreté au Québec ou ailleurs dans le monde. Résumez le reportage et indiquez les éléments d'information qui vous interpellent.

SYNTHÈSE DU DOSSIER RICHESSE

Interprétation: La répartition de la richesse

Qu'est-ce qui crée la richesse?

C'est l'activité économique qui crée la richesse des citoyens et des entreprises d'un pays, et c'est l'addition de toutes leurs richesses qui constitue la richesse nationale.

On mesure la richesse d'un pays par son produit intérieur brut (PIB), en additionnant la valeur totale des biens et des services qu'il produit durant une année ou une période donnée.

En divisant le PIB par le nombre total d'habitants, on obtient le PIB par habitant, qui permet de mieux mesurer le niveau de vie.

La disparité

Aux quatre coins du monde, la richesse est généralement distribuée de manière très inégale:

- entre les villes et les campagnes;
- entre les individus de différentes classes sociales;
- entre les pays.

En 2008, 2,6 milliards de personnes vivaient avec moins de 2$ US par jour (seuil de pauvreté) et 1,4 milliard de personnes vivaient avec moins de 1,25$ US par jour (extrême pauvreté).

La disparité entre les pays s'explique, entre autres, par les raisons suivantes:

- le passé colonial et la mainmise étrangère sur les ressources naturelles des pays pauvres;
- la prédominance du secteur primaire dans l'économie des pays pauvres;
- la force du capital humain (main-d'œuvre qualifiée) et du secteur tertiaire des pays riches.

Le cercle heureux de la richesse

Plus les individus et les entreprises créent de la richesse dans un pays, plus celui-ci peut mettre en place les conditions favorables à la création de richesse:

- en profitant de salaires plus élevés, les travailleurs paient plus d'impôts, ce qui permet à l'État de financer les infrastructures;
- les travailleurs, mieux rémunérés, épargnent davantage et les entreprises du pays font plus de profits, ce qui renforce le système bancaire et favorise les investissements et la croissance.

Le cercle vicieux de la pauvreté

Les salaires peu élevés dans les pays pauvres sont à la fois une conséquence de la faiblesse de leur économie et une cause de leur pauvreté. S'ajoutent à ce cercle vicieux d'autres problèmes:

- la corruption;
- des problèmes environnementaux (désertification, catastrophes naturelles, etc.);
- l'analphabétisme.

La mondialisation

Elle ouvre les frontières économiques et crée de la richesse, mais tous les pays n'en profitent pas également:

- la délocalisation fait perdre des emplois aux pays riches au profit des pays émergents;
- les pays émergents ont réduit leur taux de pauvreté et vivent une croissance économique;
- plusieurs pays pauvres, en particulier en Afrique, demeurent en marge de la mondialisation.

On trouve aussi des écarts entre citoyens riches et pauvres, et ce, même dans les pays développés et émergents.

Enjeu 1 : L'équilibre entre justice sociale et développement économique

Les mesures internationales pour réduire la pauvreté sont-elles suffisantes ?

En 1970, les pays riches se sont engagés à verser 0,7 % de leur PIB en aide aux pays pauvres, mais ils ne respectent pas cet engagement et cette aide est souvent liée à l'achat de biens et services dans les pays donateurs.

En 1996, les pays riches membres du Club de Paris et la Banque mondiale ont allégé la dette de 40 pays pauvres très endettés qui demeurent cependant très pauvres.

L'aide et les prêts consentis aux pays pauvres par la Banque mondiale et le Fonds monétaire international (FMI) sont souvent critiqués, car ils sont assortis de conditions contraignantes pour ces États.

L'indice de développement humain (IDH) mesure le développement d'un pays selon trois données :

- le PIB par habitant ;
- la santé (mortalité infantile) ;
- l'alphabétisation et l'accès à la scolarisation.

Pour favoriser le développement humain et lutter notamment contre l'extrême pauvreté, les Nations unies ont adopté en 2000 les huit Objectifs du millénaire à atteindre d'ici 2015.

Malgré quelques résultats positifs, l'atteinte de ces objectifs a été compromise par la crise financière mondiale de 2008.

Comment mieux répartir la richesse à l'intérieur des pays ?

Les impôts et les taxes constituent la principale source de revenus des gouvernements. Ceux-ci sont responsables de la redistribution de la richesse, en développant des programmes de protection sociale qui doivent garantir un minimum de justice sociale.

Certains pays privilégient des impôts plus élevés afin d'offrir davantage de services sociaux. D'autres estiment que les citoyens doivent payer moins d'impôts, mais supporter eux-mêmes les frais pour ces services.

Enjeu 2 : Le contrôle des ressources

Comment les États pauvres peuvent-ils mieux contrôler leurs ressources naturelles ?

Les ressources naturelles abondent dans de nombreux pays pauvres, mais elles sont souvent contrôlées par des intérêts étrangers.

Les pays pauvres doivent composer avec des multinationales qui ont les moyens financiers et techniques d'exploiter ces ressources et qui leur paient en retour des redevances.

Dans les pays arabes, des partenariats avec des multinationales ont permis aux gouvernements de reprendre le contrôle de leurs richesses pétrolières et d'augmenter le niveau de vie de la population.

Dans plusieurs pays africains, les populations ne bénéficient pas de façon équitable des retombées économiques de l'exploitation pétrolière et minière. Les redevances versées par les multinationales ne profitent qu'à une minorité.

La Bolivie a réussi à reprendre le contrôle de ses ressources en les nationalisant.

Des pays riches ou émergents cherchent à louer ou à s'approprier les terres arables de pays pauvres. Certains, comme la Thaïlande, refusent de céder cette ressource.

Le Québec possède d'importantes réserves d'eau douce, mais une question se pose : qui doit contrôler cette ressource vitale qui pourrait devenir l'or bleu alors que la pénurie d'eau menace de nombreuses régions du monde ?

Les pays riches devront-ils protéger certaines de leurs ressources techniques de pointe ?

Des pays émergents profitent des transferts technologiques engendrés par les délocalisations et deviennent de sérieux concurrents pour les entreprises des pays riches.

MINI-DOSSIER

Le pouvoir des multinationales

Leur chiffre d'affaires équivaut au PIB de pays développés et dépasse celui de plusieurs pays pauvres. Elles imposent leurs conditions aux États où elles créent des emplois. Trop puissantes, les multinationales ?

En avril 2006, des centaines de Nigérians se sont empressés de récupérer le pétrole coulant sur leurs terres comme un ruisseau à la suite de l'éclatement d'un pipeline de la Nigerian National Petroleum Corporation à Iyana-Ipaja, une banlieue de Lagos.

Elles possèdent d'énormes capitaux et d'innombrables ressources technologiques. Elles délocalisent leurs sites de production dans des pays où la main-d'œuvre est moins chère, créant ainsi des emplois dans les pays d'accueil et, parfois, du chômage dans les pays riches. Certaines d'entre elles contrôlent une large partie des ressources naturelles de plusieurs pays pauvres où elles imposent leurs propres règles. Elles, ce sont les multinationales, ces énormes entreprises qui sont au cœur du développement économique mondial.

Dans ce mini-dossier, vous devrez chercher des informations, répondre à des questions, trouver des pistes d'action et comparer des points de vue afin de mieux comprendre le pouvoir des multinationales.

Objectif du mini-dossier

Au terme de vos recherches et de vos réflexions, vous devrez présenter une synthèse des informations recueillies et prendre position sur l'enjeu de ce mini-dossier :

Les multinationales ont-elles trop de pouvoir sur les États ?

Réalisation des activités du mini-dossier

1. Amorcez votre réflexion sur le pouvoir des multinationales en commentant la photo ci-contre.
2. Répondez aux questions portant sur les cinq thèmes aux pages 200 et 201. Pour vous aider, consultez les pistes de recherche à la page 202.
3. Présentez votre synthèse et votre position sur l'enjeu du mini-dossier en choisissant une des deux formes de présentation suggérées à la page 203.
4. Vous pouvez explorer des pistes de participation sociale en réalisant l'activité proposée à la page 203.

Certaines compagnies pétrolières qui exploitent le pétrole de plusieurs pays d'Afrique sont accusées de ne pas respecter les normes environnementales. Les dirigeants et les fonctionnaires de ces États, eux, sont accusés d'accepter des pots-de-vin et de fermer les yeux sur les négligences. La scène sur cette photo serait-elle imaginable dans un pays développé ? Selon vous, quelles sont les conséquences de cette situation pour la population ?

Thèmes de recherche

Environnement

Pourquoi certaines multinationales ne respectent-elles pas, dans les pays pauvres, les mêmes normes environnementales que celles établies dans les pays riches ? Démontrez comment certaines multinationales ont un impact sur l'environnement des pays pauvres.

Le pouvoir des

Population

Plusieurs multinationales délocalisent souvent leurs sites de production. Quels sont les impacts positifs et négatifs sur la population des pays affectés par ces délocalisations ?

Richesse

Comparez le revenu des plus grandes multinationales avec le PIB de certains pays pauvres. Quels pays comptent le plus grand nombre de sièges sociaux de multinationales ? Quels sont les avantages pour les pays d'accueillir ces sièges sociaux ?

multinationales

Pouvoir

Comment et pourquoi certaines multinationales exercent-elles des pressions sur les États ? Les pays riches subissent-ils, eux aussi, ces pressions ? Illustrez vos réponses à l'aide de quelques exemples.

Tensions et conflits

La nationalisation d'entreprises ou de ressources détenues par des multinationales peut parfois entraîner de lourdes conséquences pour les États. Illustrez cette situation en vous servant de l'exemple cubain.

Pistes de recherche

Voici quelques pistes pour effectuer vos recherches afin de répondre aux questions des deux pages précédentes.

- **Mots-clés:** tapez les mots dans un moteur de recherche sur Internet pour trouver des informations pertinentes.
- **Organismes internationaux:** tapez le nom des organismes dans un moteur de recherche pour consulter leur site.

Environnement

- **Manuel:** pages 18, 33 et 48 à 53.
- **Mots-clés:** agents polluants, combustibles fossiles, pollution atmosphérique, pollution industrielle, protocole de Kyoto, réglementation.
- **Organismes internationaux:** Accord nord-américain de coopération dans le domaine de l'environnement (ANACDE), Commission de coopération environnementale (CCE), Programme des Nations unies pour l'environnement (PNUE), responsabilité sociale de l'entreprise (RSE).

Population

- **Manuel:** pages 116 à 119.
- **Mots-clés:** chômage, délocalisation, déréglementation, main-d'œuvre bon marché, mondialisation des marchés de l'emploi, transfert technologique.
- **Organismes internationaux:** Organisation internationale du travail (OIT), Organisation de coopération et de développement économiques (OCDE), Organisation mondiale du commerce (OMC).

Richesse

- **Manuel:** pages 143 à 145.
- **Mots-clés:** ALENA, APEC, création de richesses, croissance économique, décision, influence, lobbying, pouvoir des multinationales, siège social.
- **Organismes internationaux:** OCDE, OMC.

Pouvoir

- **Manuel:** pages 230 à 238.
- **Mots-clés:** chômage, législation, menaces de délocalisation, pressions économiques, retombées économiques, zone franche.
- **Organismes internationaux:** OMC, Fonds monétaire international (FMI).

Tensions et conflits

- **Manuel:** pages 289 à 292.
- **Mots-clés:** Cuba, Fidel Castro, nationalisation, pouvoir des multinationales, pouvoirs locaux, révolution cubaine, souveraineté des ressources, United Fruit Company.
- **Organisme international:** Organisation des Nations unies (ONU).

Présentation du mini-dossier

Choisissez une des deux formes de présentation suggérées pour présenter votre synthèse de recherche et répondre aux questions de l'enjeu du mini-dossier.

Vous pouvez également poursuivre votre réflexion en réalisant l'activité de participation sociale proposée.

Enjeu : **Les multinationales ont-elles trop de pouvoir sur les États ?**

Un éditorial

À partir des informations recueillies au cours de votre recherche, rédigez un éditorial convaincant de deux pages dans lequel vous prenez position sur l'enjeu de ce mini-dossier.

Tenez compte des cinq thèmes de la recherche et appuyez vos arguments à l'aide d'exemples. Votre éditorial doit être illustré de deux ou trois photos pertinentes accompagnées de bas de vignette explicatifs.

Une mini-conférence

En tant qu'expert ou experte, vous devez donner une conférence devant vos concitoyens afin d'exprimer votre position sur l'enjeu de ce mini-dossier.

Au cours de cette conférence de quatre minutes, vous devez présenter des arguments solides, accompagnés d'exemples, et basés sur les informations recueillies au cours de votre recherche portant sur les cinq thèmes.

ENVISAGER UNE OCCASION DE PARTICIPATION SOCIALE
Composante de la CD 2

Un code d'éthique d'entreprise

Vous êtes membre du conseil d'administration d'une entreprise québécoise en pleine expansion à l'échelle internationale. En tant que dirigeant ou dirigeante de cette multinationale, vous souhaitez établir un code d'éthique qui sera communiqué à tous vos employés et clients.

Établissez les 10 règles d'éthique principales de ce code en tenant compte :

- de l'environnement ;
- des conditions de travail ;
- de la justice sociale (redistribution à la communauté) ;
- des relations avec les États.

enjeux :: ALENA : 14 ENTREPRISES AMÉRICAINES ONT PORTÉ PLAINTE CONTRE LE CANADA :: enjeux :: ONU : TAIWAN TOUJOURS SA

DOSSIER 4

SOMMAIRE

enjeux :: **TCHAD : LA BANQUE MONDIALE IMPOSE DES RESTRICTIONS DE DÉPENSES** :: enjeux :: **MONTRÉAL : 150 000 PERSONNES M**

CONCEPTS

La 64e séance de l'Assemblée générale des Nations unies le 23 septembre 2009, à New York, aux États-Unis.

INTERPRÉTATION

Les pouvoirs des États

par Pauline Gélinas

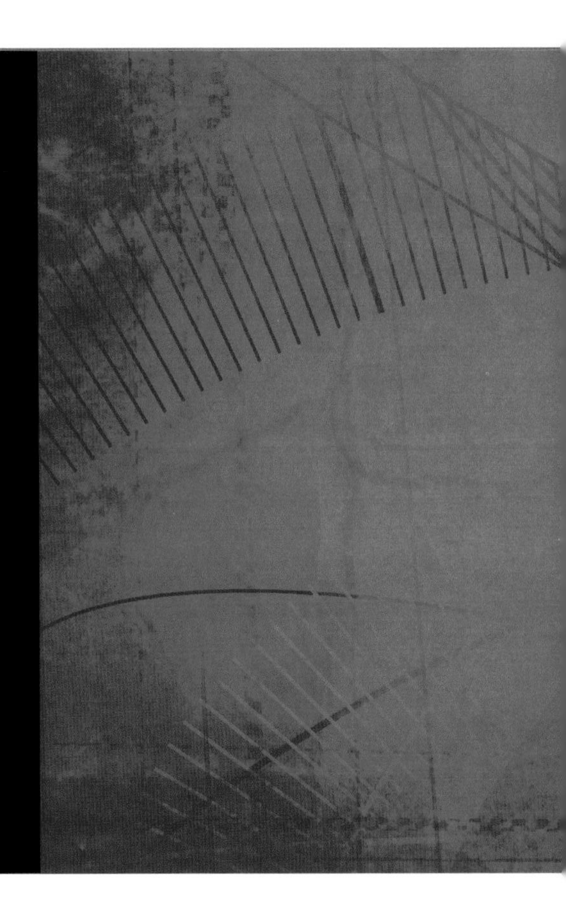

Vingt-sept pays de l'Union européenne soumis à un même Parlement ; la multiplication des accords internationaux en Asie, en Amérique du Sud ou du Nord ; de nouvelles règles pour le commerce mondial ; l'établissement de tribunaux internationaux… jamais le pouvoir souverain des États n'aura été soumis à autant de compromis et d'ajustements qu'au cours des deux dernières décennies. La mondialisation n'est pas seule responsable de cet effritement des pouvoirs de l'État. Des pressions internes ou externes menacent elles aussi cette souveraineté. L'invasion militaire de l'Irak et de l'Afghanistan, le terrorisme à l'échelle planétaire, la guérilla en Colombie, l'embargo américain contre Cuba, la dépendance économique des pays pauvres et les risques de piratage informatique sont autant d'exemples des contraintes qui grugent le pouvoir des États.

Cette redéfinition des pouvoirs soulève des enjeux politiques qui façonnent déjà le monde contemporain. Parmi ces enjeux : la capacité d'action des États, et la souveraineté des États et les regroupements économiques ou politiques.

L'État-nation, un concept moderne

L'État n'est pas un synonyme de pays, même si dans la langue familière on emploie souvent le terme «pays» pour désigner un «État». Il s'agit simplement d'une forme d'organisation du pouvoir politique. L'État n'a pas toujours existé. C'est une création plutôt moderne. Entre les années 1400 et 1600, les gens commencent à remettre de plus en plus en question le pouvoir absolu et souvent abusif des rois. Au fil des développements économiques, des revendications des commerçants et des gens riches et pauvres, de

01 Des manifestants dans la capitale de Cuba, La Havane, en 2004, dénoncent l'embargo que les États-Unis maintiennent contre leur pays depuis les années 1960. Ils qualifient cet embargo de *terrorisme*, car les victimes sont la population civile. L'embargo a débuté après la nationalisation, notamment, des plantations sucrières d'une entreprise américaine, pour redistribuer des terres aux paysans.

nouvelles institutions se mettent graduellement en place. À côté du pouvoir des rois apparaît, par exemple, une assemblée de gens riches, puis plus tard une assemblée d'élus. Le passage d'une forme de pouvoir détenu par une seule personne, la reine ou le roi, à un pouvoir exercé par différentes institutions, comme le cabinet des ministres et le Parlement, ne s'est donc pas fait du jour au lendemain. Peu à peu, les habitants d'un pays ne sont plus soumis au pouvoir d'une seule personne. Diverses institutions, donc plusieurs personnes, ont désormais un mot à dire dans l'élaboration et l'application des lois qui régissent le pays. C'est la naissance de l'État !

L'État, dans sa forme actuelle, naît d'abord en Angleterre, en France, aux Pays-Bas, au Portugal et en Espagne entre le 15e et le 17e siècle. La majorité des nouveaux États apparaissent en raison du démembrement des empires coloniaux : tout au long des 18e, 19e et 20e siècles, les peuples **colonisés**, notamment par le Royaume-Uni, la France, la Belgique, le Portugal et l'Espagne, se révoltent et obtiennent leur indépendance. → *Voir l'encadré* Le colonialisme, *p. 218*. C'est ainsi que les États-Unis, Haïti, Cuba, le Pérou, l'Algérie, le Sénégal, le Kenya, le Vietnam et l'Inde acquièrent un statut d'État à part entière. L'éclatement au début des années 1900 des empires **austro-hongrois** et **ottoman** amène une autre vague de nouveaux États, dont la Turquie, la Roumanie et la Bulgarie. À la fin du 20e siècle, trois autres éclatements – l'Union des républiques socialistes soviétiques (URSS), la Yougoslavie et la Tchécoslovaquie – donnent naissance à une vingtaine de nouveaux États, dont la Géorgie, l'Ukraine, la Croatie, la Slovénie, la Slovaquie et la République tchèque.

02 Le juge John Sankey s'apprête à annoncer la décision du Comité judiciaire du Conseil privé de Londres, au Royaume-Uni, concernant l'affaire *personne*. Le Comité décide, en 1929, que les femmes juges peuvent siéger à un tribunal au Canada.

03 Aujourd'hui, les Canadiennes peuvent siéger comme juge. Et, depuis 2000, le juge en chef de la plus haute cour du Canada, la Cour suprême, est une femme : Beverley McLachlin (au milieu sur la photo).

Qu'est-ce que l'État?

Pour qu'un État existe, il faut réunir quatre éléments essentiels :

- une population ;
- un territoire ;
- une autorité gouvernementale et juridique qui possède le pouvoir de définir des lois et de les faire respecter par la population qui habite le territoire ;
- la souveraineté, c'est-à-dire que l'autorité gouvernementale a le pouvoir de régler tout ce qui concerne le pays, tant les affaires intérieures qu'extérieures ; que cette autorité est la plus puissante sur le territoire ; et qu'elle est indépendante des autres États.

De nos jours, encore plusieurs peuples aspirent à former un État. Mais, souvent, la seule composante **étatique** dont ils disposent est la population. C'est le cas des Kurdes, au Moyen-Orient. Ils sont répartis dans six États, où ils constituent une minorité : la Turquie, la Syrie, l'Irak, l'Iran, l'Arménie et l'Azerbaïdjan. Dans certains de ces pays, la revendication des Kurdes s'appuie sur une lutte armée, comme cela a été le cas pour la majorité des peuples qui ont revendiqué leur indépendance : par exemple, les Américains ont mené une guerre d'indépendance contre la Grande-Bretagne qui a duré 6 ans dans les années 1770 ; les Mozambicains ont combattu 13 ans avant d'obtenir leur indépendance du Portugal en 1975.

LE CANADA : D'ABORD UN PAYS, PLUS TARD UN ÉTAT

Au moment de la **Confédération**, en 1867, le Canada n'est pas encore un État. Jusqu'en 1931, le Royaume-Uni continue d'être responsable de sa politique étrangère et conserve le droit d'annuler ses lois. Et la plus haute instance judiciaire canadienne demeure au Royaume-Uni jusqu'en 1949. Ce qu'on a nommé l'affaire *personne* montre bien l'absence de pleine souveraineté du Canada.

En 1927, la juge canadienne Emily Ferguson Murphy s'adresse à la Cour suprême du Canada pour faire reconnaître son droit de siéger à un tribunal. Un avocat lui conteste ce droit, affirmant que, selon la Constitution, les femmes ne sont pas des *personnes*. La Cour suprême répond qu'effectivement les femmes ne sont pas des *personnes*. Emily Ferguson Murphy et quatre autres féministes portent alors cette cause à Londres devant

ZOOM

Un empire, trois noms

L'Angleterre, la Grande-Bretagne et le Royaume-Uni ne sont pas synonymes, mais ont un point commun : l'Angleterre.

L'Angleterre est une portion de la grande île, excluant l'Écosse (au nord) et le pays de Galles (à l'ouest). Au début du 18e siècle, ces trois entités forment l'État britannique (la Grande-Bretagne). Le siècle suivant, la Grande-Bretagne incorpore l'île d'Irlande et devient le Royaume-Uni de Grande-Bretagne et d'Irlande. Après l'indépendance d'une partie de l'Irlande, le nom change pour Royaume-Uni de Grande-Bretagne et d'Irlande du Nord, communément appelé en raccourci *Royaume-Uni*.

03

le Comité judiciaire du Conseil privé britannique, la plus haute instance judiciaire pour le Canada à cette époque. En 1929, ce tribunal britannique annule la décision judiciaire du Canada : il donne raison aux féministes canadiennes en statuant que les femmes sont bel et bien des *personnes*.

Ce n'est finalement qu'en 1982 que le Canada devient pleinement souverain lorsqu'il acquiert le pouvoir de modifier lui-même sa propre Constitution.

DES ÉTATS TRÈS DIVERSIFIÉS

L'État n'a pas partout la même forme. Il varie selon les régimes politiques. → *Voir le tableau* Les régimes politiques, *p. 210*. En fait, tout dépend de sa Constitution. Ce texte détermine la forme de gouvernement d'un pays. Il établit qui a le droit de gouverner et pendant combien de temps. Il définit aussi les limites du pouvoir des gouvernants, c'est-à-dire des institutions qui composent l'État.

LA SOUVERAINETÉ

La souveraineté suppose que l'État a tous les pouvoirs politiques et juridiques, y compris celui de modifier la loi fondamentale de l'État : sa Constitution. Un État est donc souverain s'il est le seul maître sur son territoire, tant vertical qu'horizontal, c'est-à-dire qu'en plus du sol il gère seul les richesses souterraines (minières, aquifères), il décide qui a le droit de franchir son espace aérien, et qui peut entrer dans ses eaux maritimes, dans le cas de pays riverains.

Aucun autre État n'a donc le pouvoir :

- d'adopter des lois s'appliquant à la population qui vit sur son territoire ;
- de contrôler sa politique monétaire ;
- de décider de ses orientations économiques et de son développement industriel et commercial ;
- de taxer sa population ;
- de définir le filet de sécurité sociale qu'il offre à sa population (assurance-maladie, assurance-emploi, rentes pour les aînés, congés parentaux) ;
- de fixer les tarifs douaniers pour les produits qui entrent sur son territoire ;
- de décider à qui il fera la guerre.

Un État souverain est libre de conclure des ententes avec d'autres États. Par exemple, le Canada a signé des ententes de partenariat économique (ALENA), politique (Commonwealth, ONU), militaire (OTAN) et culturel (OIF).

PORTRAIT

Gandhi (1869-1948)

Mohandas Karamchand Gandhi, surnommé le « Mahatma » (« grande âme »), est né dans la colonie britannique indienne. Après des études de droit à Londres, il s'installe comme avocat en Afrique du Sud en 1893, où il défend la communauté indienne, victime des politiques racistes du gouvernement. Il revient en Inde en 1915 et milite pour des réformes sociales. Il devient chef du mouvement nationaliste indien. Il lance une campagne de résistance pacifique contre la puissance coloniale britannique, en ayant recours à la désobéissance civile non violente. Il obtient ainsi, en 1947, l'indépendance de l'Inde. Gandhi est assassiné à Delhi le 30 janvier 1948 par un hindou.

Lorsqu'un État devient membre d'institutions internationales ou régionales et qu'il signe des alliances avec d'autres pays, son pouvoir est alors modifié. L'État doit souvent ajuster ses politiques internes et externes pour qu'elles respectent les règles des organisations auxquelles il a adhéré ainsi que les traités qu'il a signés.

L'ÉTAT ET LE DROIT INTERNATIONAL

« La souveraineté des États est morte ! » Voilà ce que plusieurs politologues et juristes affirment depuis quelques années. Ils estiment que la souveraineté des États n'existe plus, puisque les États sont soumis aux directives d'autorités internationales, qu'ils ont eux-mêmes créées, comme l'Organisation mondiale du commerce (OMC), l'Organisation des Nations unies (ONU) et les tribunaux internationaux. Le principe de souveraineté et donc de **non-ingérence** dans les affaires de l'État est ébranlé.

Pourtant, ce principe est intégré au droit international. La Charte des Nations unies interdit l'intervention « dans des affaires qui relèvent essentiellement de la compétence nationale d'un État » (article 2.7) et elle souligne que les peuples ont le droit de disposer d'eux-mêmes (article 1.2). Malgré cela, le principe de non-ingérence est de plus en plus souvent ignoré.

L'INGÉRENCE TERRITORIALE

La non-ingérence présuppose le respect des limites territoriales de l'État. L'armée d'un pays ne peut pas, sans autorisation, pénétrer dans les eaux territoriales d'un État ni survoler son territoire. Lorsque l'armée irakienne a envahi le Koweït en 1990, il s'agissait d'une violation du principe de non-ingérence. L'ONU a alors appuyé une action militaire contre l'Irak, qui avait transgressé cette règle. C'est ce qui a conduit à ce qu'on nomme la *première guerre du Golfe,* l'Irak étant situé en bordure du golfe Persique.

L'INGÉRENCE ÉCONOMIQUE

L'**ingérence** dans les affaires d'un État peut prendre divers visages et ne nécessite pas forcément une invasion de son territoire. Par exemple, il est possible de modifier les pratiques économiques et politiques d'un autre État. C'est ce que les États-Unis ont fait dans le dossier du bois d'œuvre. Malgré l'Accord de libre-échange nord-américain (ALENA) (→ *voir le tableau* Les grandes alliances économiques internationales, *p. 149*), qui prévoit l'abolition des tarifs douaniers entre les États-Unis, le Canada et le Mexique, le gouvernement américain impose dans les années 1990 des droits de douane et des quotas sur le bois canadien parce qu'il se vend moins cher sur son marché que le bois américain. Il affirme que l'industrie canadienne du bois est subventionnée. Le Canada fait alors arbitrer la querelle par l'OMC. En 2006, une entente est conclue, qui oblige le Canada, pourtant souverain, à modifier ses pratiques. De plus, le Canada a dû créer des programmes d'aide pour les milliers de travailleurs qui ont perdu leur emploi à la suite de cette dispute.

04 Les régimes politiques

Connaître le nom du régime politique d'un État permet de savoir qui détient le pouvoir et la manière dont il l'exerce : démocratiquement, c'est-à-dire en fonction des demandes de la population, ou par la force. Le régime politique d'un État peut varier. Ainsi, la France, qui était une monarchie, est devenue une république. Le Canada est une monarchie constitutionnelle à l'intérieur de laquelle il y a une démocratie parlementaire.

Comment les gouvernements accèdent au pouvoir		Comment les gouvernants gouvernent
Monarchie Le roi accède au pouvoir, habituellement, par hérédité, c'est-à-dire qu'il hérite du pouvoir détenu par un de ses parents.	**absolue**	L'État est gouverné par un roi qui a tous les pouvoirs et qui ne rend de comptes à personne.
	constitutionnelle	Une Constitution définit le pouvoir du roi. Le roi peut avoir beaucoup ou très peu de pouvoir. Même s'il a peu de pouvoir, il est chef de l'État. Au Canada, la reine a peu de pouvoir.
République Le président peut accéder au pouvoir par des élections universelles (tous les citoyens ont le droit de vote), non universelles (par exemple, le droit de vote est accordé à des délégués, à des propriétaires) ou par la force.	**démocratique**	Le pouvoir n'est pas dans les mains d'une seule personne. Le gouvernement est formé d'un président et d'autres gouvernants. Par exemple, aux États-Unis, le président gouverne avec deux chambres d'élus : celle des représentants et celle des sénateurs.
	autoritaire	Le pouvoir est entre les mains d'un président et d'un petit groupe qui ne rendent de comptes à personne.
Démocratie parlementaire Les membres du Parlement sont élus par les citoyens, ou nommés par le chef de l'État ou le chef du gouvernement.		Le pouvoir législatif et exécutif est détenu par des personnes élues, qui doivent rendre des comptes aux électeurs. Les élus qui composent le pouvoir exécutif (le premier ministre et son cabinet) ont aussi des comptes à rendre au Parlement. Au Canada, le Parlement est composé de deux assemblées, l'une élue (Communes), l'autre non (Sénat).
Dictature Le chef de l'État peut accéder au pouvoir par des élections ou un coup d'État (il renverse le gouvernement par la force).		Un individu ou un groupe exerce un pouvoir autoritaire et n'est soumis à aucun contrôle.
Totalitarisme Les gouvernants peuvent accéder au pouvoir par des élections, une révolution ou un coup d'État.		Le pouvoir est détenu par un parti unique qui n'admet aucune opposition : aucun autre parti politique ne peut se former. Le parti unique gouverne de manière autoritaire. Il dirige tous les aspects de la vie des gens, par exemple ce qu'ils peuvent dire et lire, l'endroit où ils peuvent habiter, ce qu'ils cultivent.

05

Des institutions, comme la Banque mondiale ou le Fonds monétaire international (FMI), peuvent également intervenir dans les affaires d'un État. En effet, elles prêtent de l'argent aux pays aux prises avec des problèmes économiques, mais leur imposent aussi des conditions. Dans certains cas, elles exigent une réorientation de l'industrie ou de l'agriculture. Par exemple, pour obtenir ces prêts, plusieurs pays pauvres acceptent de se tourner vers une monoculture jugée plus rentable, mais qui a parfois des impacts négatifs sur leur économie ou leur autosuffisance alimentaire.

Ces institutions peuvent, dans certains cas, exiger que l'État réduise ses dépenses, qu'elles jugent trop élevées compte tenu de son endettement. Cette ingérence économique a parfois des conséquences négatives. Ce fut le cas de l'Argentine qui, pour obtenir un prêt du FMI en 2000, a dû restreindre ses dépenses et réduire considérablement ses services publics, ses régimes de retraite, ses budgets en santé et en éducation. Ces coupures ont provoqué une crise sociale et des émeutes, conduit à un **état de siège**, à la démission du président et à une crise politique.

05 En 2002, l'Argentine vit une grave crise alimentaire liée à la dégradation de sa situation économique. Après la mort d'enfants due à la malnutrition, des habitants d'une province du nord de l'Argentine, Tucumán, manifestent leur colère devant le palais du gouverneur.

06

07

06 La juriste québécoise Louise Arbour, à Vlastica, en ex-Yougoslavie, devant une fosse commune. À titre de procureure en chef du Tribunal pénal international, elle collectait sur le terrain de l'information concernant les crimes commis par l'armée serbe dans les années 1990.

07 Ces survivantes du massacre de Srebrenica, en Bosnie-Herzégovine, en 1995, suivent le procès de l'ancien président serbe Slobodan Milosevic. Accusé de génocide, de crimes de guerre et de crimes contre l'humanité, Slobodan Milosevic n'a pu être condamné : il est mort en prison, avant la fin de son procès.

FOCUS

TPIY, TPIR, CPI, CIJ

Justice internationale : *qui* juge *quoi*?

Au 20e siècle, les tribunaux internationaux pour juger certains criminels de guerre ou génocidaires sont *temporaires* et liés à un conflit particulier : tribunaux de Nuremberg (1945) et de Tokyo (1946) pour la Seconde Guerre mondiale ; Tribunal pénal international pour l'ex-Yougoslavie (TPIY) (1993) ; et le Tribunal pénal international pour le Rwanda (TPIR) pour le génocide de 1994.

Crimes humains

Le début du 21e siècle marque un grand tournant : un premier tribunal pénal international *permanent* ouvre ses portes en 2002 : la Cour pénale internationale (CPI). Elle poursuit les auteurs de trois types de crimes : génocide, crime contre l'humanité et crime de guerre.

La CPI est totalement indépendante de l'ONU. Elle peut décider seule qui elle poursuit. Un État membre peut cependant lui soumettre un cas.

La CPI a la compétence pour les crimes commis après 2002 sur le territoire de ses 110 États membres. Si un de ces crimes survient dans un État non membre (États-Unis, Russie, Chine, Israël, etc.), mais qu'il menace la sécurité internationale, la CPI peut intervenir à la demande du Conseil de sécurité de l'ONU. Ni les chefs d'État et de gouvernement ni les personnes qui agissent sur leur ordre ne sont à l'abri des poursuites. Et les chefs militaires doivent répondre des crimes commis par leurs soldats. Actuellement, la CPI enquête dans quatre États africains.

Querelles étatiques

La Cour internationale de justice (CIJ), elle, appartient à l'ONU. Fondée en 1946, elle tranche les querelles juridiques entre États. Ses décisions doivent obligatoirement être respectées par les États qui reconnaissent sa compétence. Or, la majorité des pays, dont les États-Unis, la rejettent. Ainsi, en juillet 2008, la CIJ ordonne aux États-Unis de ne pas exécuter cinq Mexicains, le temps d'étudier un dossier. Le gouvernement américain a tout de même décidé d'exécuter un des cinq prisonniers trois semaines plus tard.

L'INGÉRENCE JUDICIAIRE

Pendant des siècles, des **dictateurs** ont perpétré des massacres contre leur propre population sans craindre d'être emprisonnés. Ainsi, en Ouganda, Idi Amin Dada a pu faire assassiner des milliers de personnes en se cachant derrière les concepts de *souveraineté* et de *non-ingérence*. Cette époque est révolue. Aujourd'hui, il existe une justice internationale qui peut s'ingérer dans les affaires d'un État: la Cour pénale internationale (CPI).

Ses tribunaux ont préséance sur le système judiciaire des États et peuvent même arrêter un dirigeant pendant qu'il est au pouvoir. C'est ce qui s'est passé lorsque le président de l'ex-Yougoslavie, Slobodan Milosevic, a mené une campagne d'extermination d'une partie de sa population en 1998-1999. La procureure en chef du Tribunal pénal international, la Québécoise Louise Arbour, a lancé un mandat d'arrestation contre lui pour crime contre l'humanité.

LA RECONNAISSANCE D'UN ÉTAT

Un État n'existe pas tant qu'il n'est pas reconnu par un grand nombre d'autres États. Il n'est cependant pas nécessaire

INTERPRÉTER LE PROBLÈME (CD 1)

Les questions portent sur le contenu des pages 206 à 213.

1. **a)** Pourquoi dit-on que l'État n'est pas synonyme de pays?

   b) Qu'est-ce qui distingue l'État des anciens royaumes?

2. Quelles sont les quatre conditions essentielles pour qu'un État existe?

3. Dans certaines régions du monde, un même peuple est réparti dans plusieurs États. C'est le cas des Kurdes qui sont présents dans six États différents. Expliquez ce qui manque à ce peuple pour former un État.

4. Comment un État peut-il être pleinement souverain? Expliquez pourquoi, avant 1982, le Canada n'était pas pleinement souverain.

5. Comment les institutions internationales ou régionales modifient-elles le pouvoir des États?

6. Quel est le rôle de la Cour pénale internationale (CPI)?

CERNER LE PROBLÈME: ACTIVITÉ

Composante de la CD 1

Le gouvernement canadien, c'est qui?

Outils de référence: votre manuel *Enjeux* et Internet.

C'est l'autorité gouvernementale qui s'occupe de la gouvernance, c'est-à-dire qu'elle administre, gère et adopte les lois.

Préparez une brochure décrivant la gouvernance au Canada.

1. À l'aide d'un schéma, présentez les différents paliers de gouvernement au Canada. Décrivez leurs fonctions et leurs pouvoirs respectifs.

2. Dans un tableau, nommez les principales sources de revenus et les principales dépenses du gouvernement du Canada ou du Québec.

3. Identifiez qui détient les pouvoirs législatif, exécutif et judiciaire au Canada et expliquez pourquoi ces pouvoirs sont séparés.

08 **Les membres de la Cour pénale internationale et ses mandats d'arrêt internationaux**

Source: *Diplomatie, Atlas géostratégique 2010*, Paris, Aréion, 2009, p. 31.

ZOOM

Un boum d'indépendances en Afrique

L'an 2010 marque un anniversaire particulier pour 17 États d'Afrique: le 50e anniversaire de leur indépendance. L'année 1960 voit 17 colonies africaines s'affranchir des puissances coloniales. Il s'agit de 1 colonie belge, de 2 britanniques et de 14 françaises. La naissance de ces États se fait parfois dans la violence.

Pour la majorité de ses colonies, la France établit un plan de négociation qui doit lui permettre de garder une certaine mainmise sur elles après leur indépendance. Le gouvernement français s'assure notamment d'écarter, parfois dans la **répression**, les opposants qui souhaitent une rupture totale avec la France.

Le Royaume-Uni n'abandonne sa dernière colonie africaine qu'en 1968. Autre puissance coloniale en Afrique, le Portugal mène des guerres, notamment contre l'Angola et le Mozambique, jusqu'en 1975 pour garder son emprise sur une portion de l'Afrique.

d'être membre des Nations unies pour être reconnu comme un État à part entière sur la scène internationale. Par exemple, la Suisse n'a joint les rangs de l'ONU qu'en 2002, alors qu'elle constituait un État depuis plus de 150 ans! Habituellement, les pays s'empressent de demander un siège à l'ONU dès qu'ils accèdent à leur indépendance, comme l'a fait le Monténégro en 2006.

S'il veut devenir membre de l'ONU, un État doit accepter toutes les obligations de la Charte des Nations unies. ➔ *Voir l'encadré* La Charte des Nations unies, *p. 226.* De son côté, l'ONU évalue si l'État sera capable de remplir ces obligations. La candidature doit être approuvée par le Conseil de sécurité de l'ONU, puis par l'Assemblée générale de tous les membres.

ENCORE DES COLONIES DE NOS JOURS

Même si l'époque du colonialisme semble loin derrière nous, il reste encore 16 territoires colonisés sur la planète, qui comptent 2 millions de personnes. ➔ *Voir le tableau* Les 16 territoires non autonomes ou encore colonisés en 2009, *p. 216.* L'ONU soutient activement la **décolonisation**, s'appuyant sur sa Charte, qui fait mention du «droit des peuples à l'**autodétermination**, à l'exercice de leur souveraineté et à l'intégrité de leur territoire». L'ONU pousse les pays qui dirigent les territoires encore colonisés, comme le Royaume-Uni et les États-Unis, à mettre en place des institutions gouvernementales autonomes pour que les colonies se constituent en États de manière pacifique, sans recourir à la lutte armée. L'ONU estime que la soumission d'un peuple à une puissance étrangère viole les droits fondamentaux de l'homme, compromet la paix et est contraire à sa Charte. Cela signifie que les puissances colonisatrices restantes sur la planète ne respectent pas la Charte des Nations unies. Un comité spécial a été créé pour enquêter sur la situation dans les territoires colonisés et promouvoir l'accès à l'indépendance de ceux-ci.

TAIWAN : HISTOIRE D'UNE « DISPARITION »

Taiwan est probablement le cas de « reconnaissance d'un État » le plus étonnant. L'ONU l'accepte comme membre pendant des années, puis, en 1971, elle le chasse, affirmant que ce n'est plus un État !

Tout commence lorsque le Parti communiste prend le pouvoir en Chine, en 1949. Environ 2 millions de Chinois fuient alors sur l'île de Taiwan, à 150 kilomètres à l'est de la Chine continentale. Ils se dotent d'un gouvernement et d'une Constitution, et le nouvel État est admis à l'ONU sous le nom de *République de Chine*. La Chine continentale, de son côté, proteste contre cette admission. Elle affirme que l'île lui appartient, qu'il s'agit simplement d'une province rebelle. Elle réclame non

FOCUS

Les territoires palestiniens occupés : un non-État

En 1922, la Palestine, habitée depuis des siècles par les Palestiniens, se retrouve sous domination britannique. À cette époque, les Juifs ne constituent qu'environ 7 % de la population. Dans les années 1930, lorsque l'Allemagne nazie commence à persécuter des Juifs en Europe, ils sont des milliers à fuir, notamment vers la Palestine, qu'ils considèrent comme leur terre ancestrale.

Cependant, cette immigration est freinée par les Britanniques qui imposent des quotas. Des Juifs de Palestine répliquent en créant des organisations militaires secrètes qui mènent des attaques terroristes contre des cibles britanniques. En 1947, le Royaume-Uni demande à l'ONU d'intervenir. Celle-ci vote alors un plan de partage de la Palestine qui entraînerait la création de deux États : l'un arabe, l'autre juif. Les Palestiniens refusent. Des affrontements s'ensuivent. Les civils palestiniens abandonnent par milliers leurs maisons et leurs terres, trouvant refuge dans les pays arabes voisins, notamment en Égypte (bande de Gaza) et en Jordanie (Cisjordanie). L'ONU crée alors une agence pour les secourir : l'UNRWA (Office de secours et de travaux des Nations unies pour les réfugiés de Palestine au Proche-Orient).

En 1948, les Britanniques quittent la Palestine, et les Juifs proclament l'État d'Israël. Américains et Russes reconnaissent aussitôt cet État. En 1967, Israël envahit et annexe des territoires étrangers où les Palestiniens s'étaient réfugiés (bande de Gaza et Cisjordanie). Depuis ce jour, l'ONU exige qu'Israël quitte ces deux territoires occupés.

En 1994, l'Autorité nationale palestinienne (ANP) est créée pour administrer quelques aspects de la vie sociale des territoires occupés. Il ne s'agit pas d'un État, car Israël décide de la quasi-totalité des lois. Aussi, l'ANP ne gouverne qu'une fraction des Palestiniens : les milliers de réfugiés vivant encore dans les camps des territoires occupés sont toujours administrés par l'ONU. Quant à la question du territoire d'un futur État palestinien, l'ANP revendique la bande de Gaza et une portion de la Cisjordanie, tandis que la majorité des Palestiniens revendiquent les terres desquelles leurs familles ont été chassées.

PORTRAIT

Louise **Arbour** (1947-)

Née à Montréal, Louise Arbour connaît une ascension fulgurante dans le domaine du droit. Après des études à Montréal, elle devient juge dans deux hauts tribunaux ontariens. En 1996, elle est nommée procureure en chef des tribunaux pénaux internationaux créés par l'ONU après les génocides perpétrés au Rwanda et en ex-Yougoslavie. Elle devient juge de la Cour suprême du Canada en 1999. En 2004, elle quitte cette fonction pour devenir haute-commissaire des Nations unies aux droits de l'homme. En 2009, elle accède à la présidence de l'International Crisis Group, un institut d'analyse indépendant qui fait des recommandations à l'ONU sur la prévention et la résolution de conflits meurtriers.

09 Ces femmes d'un camp de réfugiés sahraouis, établi dans l'ouest de l'Algérie, brandissent le drapeau de leur terre d'origine, le Sahara occidental, pour lequel les Sahraouis réclament l'indépendance. L'ONU tente de convaincre le Maroc d'accorder une autonomie complète à ce territoire.

CHIFFRES

192 sur 230

Tous les États ne sont pas représentés aux Nations unies. L'ONU regroupait, en 2010, 192 membres, alors que la planète compte 230 États et territoires.

10 **Les 16 territoires non autonomes ou encore colonisés en 2009**

Puissance administrative ou qui réclame le territoire	Colonie	Localisation
États-Unis	Guam	Pacifique, à l'est des Philippines
	Samoa américaines	Pacifique Sud, à l'est de l'Australie
	Îles Vierges américaines	Antilles, à l'est de Porto Rico
France	Nouvelle-Calédonie	Pacifique, à l'est de l'Australie
Maroc	Sahara occidental	Nord-ouest de l'Afrique, au sud du Maroc
Nouvelle-Zélande	Tokelau	Pacifique Sud
Royaume-Uni	Gibraltar	Europe, au sud de l'Espagne
	Bermudes	Antilles, à l'est des États-Unis
	Îles Turks et Caicos	Antilles, à l'est de Cuba
	Îles Cayman	Antilles, au sud de Cuba
	Anguilla	Antilles, à l'est de Porto Rico
	Îles Vierges britanniques	Antilles, à l'est de Porto Rico
	Montserrat	Antilles, au sud-est de Porto Rico
	Îles Malouines	Atlantique Sud, à l'est de l'Argentine
	Sainte-Hélène	Atlantique Sud, à l'est du Brésil
	Pitcairn	Pacifique Sud, à l'ouest du Chili

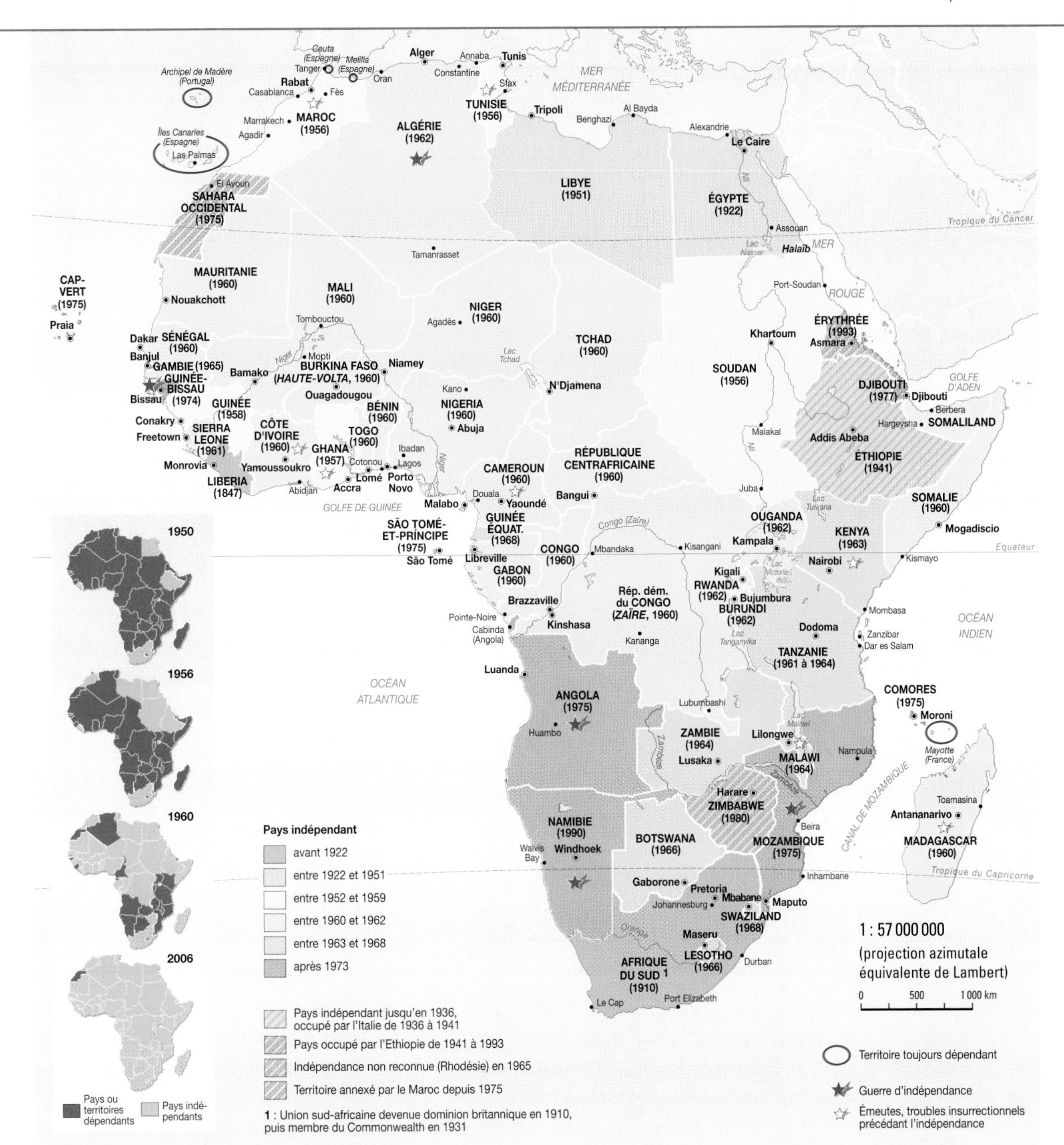

11 La décolonisation en Afrique

Source : Cécile MARIN, *Le Monde diplomatique*, Paris, 2006.

seulement un siège à l'ONU, mais aussi que Taiwan soit expulsé de cette organisation puisqu'il ne peut exister « deux Chines ».

En 1971, l'Assemblée générale de l'ONU vote finalement l'intégration de la Chine continentale. Les États-Unis déposent alors une proposition pour que Taiwan puisse rester à l'ONU. La proposition est rejetée : Taiwan doit prendre la porte !

Taiwan n'est cependant pas boudé par toutes les organisations internationales. Il est membre notamment d'un important groupe économique, la Coopération économique Asie-Pacifique (APEC), et, depuis 2002, de l'OMC.

LA GOUVERNANCE

L'autorité gouvernementale s'occupe de la gouvernance, c'est-à-dire qu'elle établit la manière d'administrer et de gérer les affaires publiques, et qu'elle adopte les lois. Au sein d'un État, la gouvernance est souvent répartie entre plusieurs paliers de gouvernement. Au Canada, par exemple, il y a un premier palier : fédéral ; un deuxième : provincial, comme le Québec, ou territorial, comme le Yukon ; et un troisième : municipal. C'est la Constitution qui définit les responsabilités et les champs de compétence de chaque palier. Dans certains États, le gouvernement central a presque tous les pouvoirs ; dans d'autres, ce sont les paliers inférieurs qui en ont le plus.

QUOI GÉRER ET AVEC QUEL ARGENT ?

L'autorité gouvernementale doit d'abord déterminer ce qui est privé et ce qui est public. Par exemple, en 1963, le gouvernement du Québec décide que la production et la vente d'électricité seront exclusivement un domaine public. Il achève alors la **nationalisation** de l'électricité. Le Québec a aussi établi que les soins de santé sont une affaire publique qui relève de son seul contrôle.

Une fois qu'il a établi ses champs d'activité, l'État doit déterminer où il prendra l'argent pour gérer ses activités. Il perçoit l'argent de diverses sources, telles que :

- l'impôt sur le revenu des travailleurs et des entreprises ;
- les droits de douane sur les produits importés ;
- les taxes sur les biens et services vendus sur son territoire ;
- l'émission de permis (permis de conduire, immatriculation de véhicule, permis de pêche) ;
- la délivrance de documents officiels (visa, passeport, acte de naissance) ;
- les péages sur les autoroutes ;
- les droits d'entrée dans les parcs nationaux, sur les sites historiques, etc.

COMMENT RÉPARTIR L'ARGENT ?

Lorsqu'il a l'argent en main, l'État doit alors décider comment le dépenser. Dans plusieurs pays industrialisés où le gouvernement est librement élu, une partie de l'argent collecté par l'État ou par le gouvernement provincial sert à assurer la protection sociale des citoyens : assurance-

FOCUS

Le colonialisme

Du 16e siècle au milieu du 20e siècle, quelques pays disposant d'une solide capacité militaire et navale conquièrent par la force des territoires habités, qu'on nomme *colonies*. La métropole, c'est-à-dire le pays conquérant, se bâtit un empire pour :

- s'approprier des ressources naturelles et humaines afin d'enrichir sa société ;
- installer des postes de ravitaillement (nourriture et carburant) pour ses navires.

Les colonisateurs établissent une domination politique en imposant leurs administrateurs. Le développement commercial, agricole, minier, industriel se fait en fonction des besoins de la métropole : fourrures, diamants, sucre, café, etc. Des entreprises de la métropole s'approprient les terres de paysans et réorientent la production, souvent vers la monoculture. De nombreux enfants et adultes sont contraints au travail forcé. Des millions de personnes des colonies africaines sont vendues comme esclaves, pour travailler notamment dans les colonies françaises des Antilles et les Treize colonies britanniques.

Cette domination s'appuie sur la force militaire. Beaucoup de colonisateurs visent l'**assimilation** des populations, en imposant leur langue comme langue d'enseignement. Des missionnaires convertissent les populations à leur religion et leur font rejeter leurs croyances ancestrales et leurs traditions. L'organisation de la société coloniale repose sur la **ségrégation** raciale. Les populations locales habitent des quartiers distincts des colonisateurs et ont peu ou pas de droits.

Cette période dite du colonialisme prend fin au tournant des années 1960 alors que 17 pays d'Afrique obtiennent leur indépendance. Cependant, même si l'époque coloniale semble aujourd'hui révolue, on compte encore 16 territoires colonisés dans le monde. Une situation que dénonce d'ailleurs l'ONU.

12 Les paliers de gouvernance

Voici un exemple de l'organisation des paliers de gouvernement dans quelques États. Même si un palier a le même nom dans plusieurs pays (par exemple *canton*), cela ne veut pas dire qu'il a les mêmes pouvoirs partout.

Canada	États-Unis	Belgique	Suisse	France
Gouvernement fédéral	Gouvernement fédéral	Gouvernement fédéral	Gouvernement fédéral	Gouvernement central
Provinces (10) Territoires (3)	États (52*)	Régions (3)	Cantons (23)	Régions (22)
Villes (env. 3700)	Comtés (3140)	Communautés (3)	Communes (env. 2900)	Départements (96)
	Villes (env. 30 000)	Provinces (10)		Arrondissements (327)
		Communes (env. 589)		Cantons (3700)
				Communes (env. 36 600)

* Ce nombre inclut le district fédéral de Columbia et l'État associé Porto Rico.
Note : Le nombre de villes et de communes varie souvent en raison des fusions.

13 Des soldats défilent dans la province de Shanxi, en Chine, en 2009. Cette année-là, le gouvernement chinois annonce une augmentation de ses dépenses militaires.

maladie, assurance-emploi, pensions de vieillesse, logements sociaux. C'est ce qu'on appelle la *redistribution de la richesse*. Certains États privilégient parfois les dépenses militaires au détriment des dépenses sociales.

Une partie de l'argent de l'État est destinée à la rémunération de ses dizaines de milliers d'employés : travailleurs de la voirie, policiers, douaniers, enseignants, etc. Le gouvernement peut aussi choisir de soutenir financièrement des entreprises pour sauver des milliers d'emplois. Par exemple, en 1987, le gouvernement de la province de Québec a prêté 110 millions $ à l'usine d'automobiles GM de Boisbriand. Malgré cela, l'usine a fermé 15 ans plus tard.

L'État peut investir dans la prospection de gisements de pétrole ou dans le développement d'énergies renouvelables. Il essaie d'assurer la stabilité de l'économie du pays en ajustant sa politique **fiscale** (sa taxation) et sa politique monétaire.

14 **Les choix de dépenses des États**

	Dépenses en éducation (en % du PIB)		Dépenses militaires (en % du PIB)
Arabie saoudite	6,8	<	10
Chine	1,9	<	4,3
Israël	6,9	<	7,3
Libye	2,7	<	3,9
Myanmar	1,2	<	2,1
Canada	**5,2**	**>**	**1,1**

Source : CIAFactbook [en ligne]. (Consulté en janvier 2010.)

INTERPRÉTER LE PROBLÈME (CD 1)

Les questions portent sur le contenu des pages 214 à 224.

1. Définissez le rôle de l'Organisation des Nations unies (ONU) dans la reconnaissance des États.

2. Même si l'époque du colonialisme semble révolue, il reste encore 16 territoires colonisés en 2009. L'ONU soutient activement la décolonisation et favorise le « droit à l'autodétermination » des peuples. Expliquez ce principe de droit.

3. À l'aide de quatre exemples, illustrez le principe de la *redistribution des richesses* au Canada.

4. Comment les pouvoirs sont-ils partagés dans une dictature ?

5. Expliquez ce qui, de façon générale, permet à un dictateur de rester au pouvoir.

ANALYSER LE PROBLÈME : ACTIVITÉ
Composante de la CD 1

La redéfinition des pouvoirs au Canada

Outils de référence : votre manuel *Enjeux* et Internet.

Les grandes organisations internationales, comme l'Organisation mondiale du commerce (OMC), ont un impact sur la souveraineté des États et les obligent à modifier certaines de leurs lois ou de leurs pratiques. Cela mène parfois à des litiges entre les États.

Le présent dossier fait mention d'un litige soumis à l'autorité de l'OMC opposant le Canada et les États-Unis. Dans cette activité, vous devrez expliquer la position de l'OMC et les raisons qu'elle invoque pour rendre sa décision ou défendre celle d'un des pays impliqués dans ce litige pour soutenir sa cause.

1. Formez une équipe de six élèves.

2. Deux élèves représentent le premier pays, deux élèves représentent le second, et deux élèves représentent l'OMC.

3. Relevez dans le texte des éléments clés concernant le conflit.

4. En consultant Internet et différents articles parus dans les médias, effectuez une recherche pour compléter vos informations ainsi que pour alimenter et valider votre argumentation.

5. Préparez et présentez votre plaidoirie ou votre texte argumentatif.

15

LES PRESSIONS DERRIÈRE LES CHOIX

Le choix de la manière dont l'argent est collecté puis dépensé et le choix des lois à adopter sont influencés par plusieurs acteurs : la population nationale, les grandes entreprises locales et internationales, les États étrangers et les organismes internationaux dont l'État est membre.

LES TROIS FORMES DE POUVOIR

L'État s'appuie sur trois formes de pouvoir pour assurer sa gouvernance :

- le pouvoir législatif (le Parlement) ;
- le pouvoir exécutif (le gouvernement – les ministres) ;
- le pouvoir judiciaire (les tribunaux).

Les États démocratiques appliquent la séparation des trois pouvoirs, c'est-à-dire que ce ne sont pas les mêmes personnes qui exercent les trois pouvoirs. Au Canada,

15 En 2007, le régime dictatorial nord-coréen organise un défilé militaire à Pyongyang, capitale de la Corée du Nord. L'exercice se tient sur la place Kim Il-Sung, du nom du dictateur qui a régné sur cet État d'Asie de 1948 jusqu'à sa mort en 1994. Son fils lui a succédé à la tête de l'État.

par exemple, un ministre ne peut pas élaborer une loi et la mettre aussitôt en application. Il doit la soumettre au Parlement, qui a le pouvoir de la rejeter.

De plus, un ministre ne peut pas élaborer n'importe quelle loi. Une loi doit respecter les principes de la Constitution du pays. Ce sont les tribunaux qui font cette évaluation. Ils ont le pouvoir d'annuler une loi votée par le Parlement. En 2008, la Cour suprême du Canada a invalidé la loi qui prévoyait qu'un adolescent coupable d'un crime grave soit soumis à la même sentence qu'un adulte. La Cour a rappelé au Parlement et au gouvernement que les adolescents criminels doivent être traités avec moins de sévérité que les adultes.

Les tribunaux s'occupent aussi de juger ceux qui contreviennent aux lois. Même si les juges sont nommés par le premier ministre, la séparation des pouvoirs interdit au chef du gouvernement de dire à un juge quelle sentence il doit prononcer.

LES POUVOIRS SOUS UNE DICTATURE

Dans une dictature, comme c'est le cas en Corée du Nord, le chef de l'État s'approprie tous les pouvoirs. Il élabore les lois, force le Parlement (s'il existe) à les adopter et ordonne à la police de les faire appliquer. Il décide aussi qui sera emprisonné et pour combien de temps. La séparation des trois pouvoirs n'existe donc pas. Le dictateur fait ce qu'il veut, car, contrairement aux dirigeants des démocraties, il ne rend de comptes à personne. Il n'a pas à se justifier auprès d'institutions ou de sa population. C'est grâce à la complicité de l'armée – obtenue en consentant des avantages aux officiers – que le dictateur peut contrer les rébellions de la population et se maintenir au pouvoir.

PORTRAIT

Aung San Suu Kyi (1945-)

Aung San Suu Kyi est née en Birmanie (aujourd'hui le Myanmar). Cofondatrice de la Ligue nationale pour la démocratie (1988), elle prône la non-violence et multiplie les efforts pour démocratiser son pays en s'opposant à la dictature en place. En 1990, la Ligue remporte la majorité des sièges aux élections législatives, mais la junte militaire annule le résultat des élections. Dès lors, les militaires feront tout pour l'évincer de la scène politique, notamment en l'enfermant en prison ou en l'assignant à résidence surveillée. Elle reçoit le prix Nobel de la paix en 1991 pour son combat pour la démocratie et les droits humains. En 2010, Aung San Suu Kyi était toujours assignée à résidence.

VEILLE MÉDIATIQUE

◄ Les politiciens et les nouveaux médias

En 2008, le monde entier suit de près l'élection présidentielle américaine et la campagne électorale de Barack Obama. Le candidat démocrate fascine les médias traditionnels, car il est le premier homme noir de l'histoire ayant une chance réelle de devenir président des États-Unis.

La dimension « nouveaux médias » de la campagne d'Obama attire aussi l'attention des médias traditionnels. L'équipe du candidat sait utiliser les réseaux sociaux du Web pour rejoindre directement les électeurs. C'est une première pour une campagne électorale américaine. Son équipe crée le site *Organizing for America* qui devient le quartier général virtuel de la campagne. Elle y tient un blogue et invite les citoyens à y participer.

De nombreux politiciens utilisent désormais le Web de manière intensive lors de leurs campagnes électorales. Certains y voient l'avantage de pouvoir s'adresser directement au public, alors que dans les médias traditionnels, ce sont les journalistes qui rapportent leurs faits et gestes.

Google défie le gouvernement chinois ►

Google a longtemps reçu des critiques de toutes parts pour s'être pliée aux exigences du gouvernement chinois en censurant elle-même les résultats de son moteur de recherche en Chine.

En janvier 2010, l'entreprise annonce que désormais elle ne filtrera plus les résultats de son moteur de recherche tel que requis par les autorités chinoises, quitte à cesser toute opération en Chine si nécessaire. Cette annonce est chaudement applaudie par les défenseurs de la liberté d'expression d'autant plus que la censure sur le Web est en pleine croissance. En effet, le nombre de pays touchés par la censure est passé de 30 à 60 de 2008 à 2009. Ici, des citoyens chinois dans un café Internet de Taiyuan dans la province de Shanxi.

The Journal Report: Why Business Plans Don't Deliver

THE WALL STREET JOURNAL.

DOWJONES A News Corporation Company ★★★★★ MONDAY, JUNE 22, 2009 - VOL. CCLIII NO. 144 ★★★★ $3.00

Last week: DJIA 8539.73 ▼259.53 -2.9% NASDAQ 1827.47 ▼1.7% NIKKEI 9786.26 ▼3.4% DJ STOXX 50 2138.25 ▼2.5% 10-YR TREASURY ▼ 2/32, yield 3.792% OIL $69.55 ▼$2.49 EURO $1.3945 YEN 96.19

U.S. Open Sloshes Into an Extra Day

Associated Press

Ricky Barnes (left) and Lucas Glover share the lead of golf's U.S. Open, five strokes ahead of the pack. The event continues Monday. **B8**

What's News–

Business & Finance

The stock market is struggling to extend gains after a three-month rally that pushed the Dow industrials up more than 30%. Indicators of market health are signaling caution, and investors are questioning whether fundamentals support the gains. Analysts predicting a pullback debate its severity. **C1**

■ **Institutional investors** are turning away from active managers, preferring to give index funds a try. **C1**

■ **Major home builders** have

World-Wide

■ **Tehran was relatively calm after a day of bloody clashes.** The government put the death toll at 13, after a week of violent unrest, though numbers weren't certain. Iran's state media reported the arrest of members of former President Rafsanjani's family. Obama expressed concern about violence and "unjust actions" against demonstrators. **A1, A6**

Iran has developed one of the world's most sophisticated mechanisms for controlling and censoring the Internet.

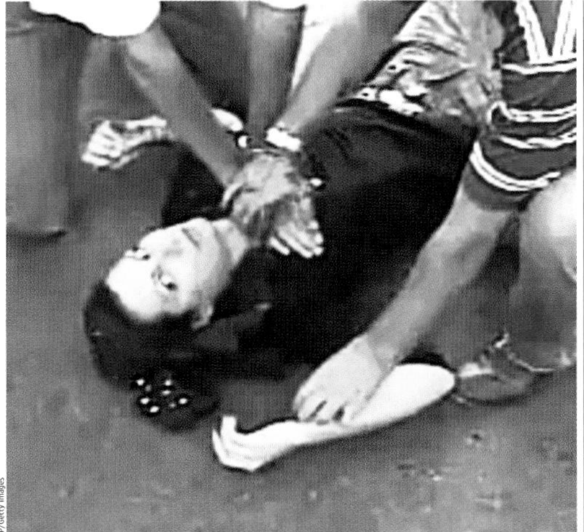

AFP/Getty Images

An undated screen grab from an Internet video shows a young woman identified only as Neda who has become an iconic image of the violence during Iranian protests over the nation's disputed presidential election. Because of reporting restrictions in Tehran, the incident could not be independently verified. Authorities have tightened censorship as the opposition has used the Net to communicate with the outside world. Tensions eased in the Iranian capital Sunday, but the regime pressed its crackdown, arresting opposition leaders and journalists. **Page A6**

Numbers On Welfare See Sharp Increase

By Sara Murray

Welfare rolls, which were slow to rise and actually fell in many states early in the recession, now are climbing across the country for the first time since President Bill Clinton signed legislation pledging "to end welfare as we know it" more than a decade ago.

Twenty-three of the 30 largest states, which account for more than 88% of the nation's total population, see welfare caseloads above year-ago levels, according to a survey conducted by The Wall Street Journal and the National Conference of State Legislatures. As more people run out of unemployment compensation, many are turning to welfare as a stopgap.

The biggest increases are in states with some of the worst jobless rates. Oregon's count was up 27% in May from a year earlier; South Carolina's climbed 23% and California's 10% between

Les citoyens relaient l'information

Le 13 juin 2009, Mahmoud Ahmadinejad est déclaré vainqueur de l'élection présidentielle iranienne. Les résultats sont aussitôt contestés à l'international et par les supporters de son rival, Mir Hossein Mousavi, qui prennent les rues d'assaut.

La couverture des événements par la presse internationale se révèle difficile du fait des restrictions imposées aux journalistes par l'État. Le réseau social Twitter devient alors une source d'information importante pour les journalistes qui peuvent suivre le déroulement des événements grâce aux messages en provenance d'Iran.

Au cours d'une manifestation qui suit le dévoilement des résultats de l'élection, une jeune Iranienne, Neda Soltan, décède dans les affrontements avec la police. Une vidéo filmée à l'aide d'un téléphone cellulaire montre les derniers instants de sa vie. Cette vidéo circule à une vitesse fulgurante sur le Web et fait la une des médias partout dans le monde. La jeune femme devient le symbole du mouvement de l'opposition en Iran.

L'OBSERVATOIRE MÉDIAS

CONSIDÉRER LE TRAITEMENT MÉDIATIQUE

Composante de la CD 2

1. Les photos de cette jeune Iranienne, prises par des photographes amateurs, ont fait le tour des médias du monde. Ces derniers diffusent de plus en plus de photos et d'informations en provenance de « citoyens journalistes ». Selon vous, qu'est-ce qui différencie un journaliste professionnel d'un citoyen journaliste ?
2. Les réseaux sociaux et les sites officiels des partis politiques et de leurs candidats représentent-ils une source suffisante d'informations pour les électeurs ? Justifiez votre réponse.
3. Chaque année, Reporters sans frontières publie sur son site Internet une liste des pays qui exercent une censure sur les médias et les nouveaux médias. Selon vous, pourquoi certains pays censurent-ils l'information ?

La naissance d'une communauté internationale

Un phénomène plutôt contradictoire se produit au 20e siècle : plus les continents se fractionnent en États, plus les États tentent de se regrouper ! Les crises économiques et politiques les incitent à s'unir, principalement de deux manières :

- en signant des accords commerciaux avec un ou plusieurs autres États ;
- en adhérant à un regroupement politique, économique ou militaire, qu'il soit régional, continental ou international.

LA SDN : PREMIÈRE TENTATIVE D'INTÉGRATION INTERNATIONALE

La création d'institutions « au-dessus des États » démarre sur une note d'échec. La Société des Nations (SDN), première organisation internationale qui doit exercer un certain contrôle sur la politique extérieure des États, est créée en 1920, deux ans après la fin de la Première Guerre mondiale. Sa mission est d'empêcher un autre conflit planétaire aussi meurtrier. Elle veille à ce qu'il n'y ait pas d'agression extérieure contre un État membre. Mais ses mécanismes d'intervention sont inefficaces. Les invasions militaires se multiplient, jusqu'à l'éclatement d'une autre guerre mondiale, 21 ans après la fin de la précédente.

LA PREMIÈRE CRISE ÉCONOMIQUE PLANÉTAIRE

Après la Première Guerre mondiale, les États ne songent pas encore à réglementer le commerce international. Ils laissent les entreprises privées établir seules les règles du commerce international. Les plus grandes entreprises s'entendent alors pour éliminer toute concurrence et se bâtir des empires industriels, qui s'étendent dans plusieurs pays. Mais, tandis que ces entreprises multinationales augmentent leurs profits, les travailleurs ne gagnent plus assez d'argent pour acquérir des biens. La chute de la demande entraîne un déséquilibre de l'économie **capitaliste**. Malgré cela, les États continuent de laisser les multinationales gérer le marché. Ils n'imposent pas de mécanismes de régulation. Cette absence de régulation conduit à l'effondrement de la Bourse de New York le 24 octobre 1929. Ce krach boursier provoque une grave crise économique dans presque tous les pays. On prend alors conscience de la grande interdépendance des États et on réalise que désormais l'économie est mondiale. Pour

Quelques alliances économiques, politiques et militaires

Quelques-unes des alliances économiques, politiques et militaires conclues entre les États entre 1920 et 1999.

* Le Canada en est membre.

1920 SDN*
Société des Nations : coopération pour empêcher un deuxième conflit mondial (remplacée par l'ONU en 1945)

1945 ONU*
Organisation des Nations unies : maintien de la paix et de la sécurité internationale

Ligue des États arabes
Coopération pour la défense d'intérêts communs

1947 GATT*
Accord général sur les tarifs douaniers et le commerce : libéralisation du commerce mondial

1949 Commonwealth*
Regroupement international qui soutient le développement économique de ses membres

OTAN*
Organisation du traité de l'Atlantique Nord : alliance militaire de pays capitalistes d'Amérique du Nord et d'Europe

1960 OPEP
Organisation des pays exportateurs de pétrole : fixation des prix du pétrole des pays membres seulement

1961 OCDE*
Organisation de coopération et de développement économiques : élaboration de politiques pour favoriser le développement économique et commercial de ses membres

1930 — 1940 — 1950 — 1960

tenter de se sortir de cette crise, qui durera 10 ans, des États envahissent des territoires souverains. La SDN ne parvient pas à les arrêter. La crise économique mondiale débouche alors sur une deuxième guerre, elle aussi mondiale.

UN NOUVEL ORDRE ÉCONOMIQUE MONDIAL

Avant même la fin de la Seconde Guerre mondiale (1939-1945), des stratèges américains élaborent un nouvel ordre économique planétaire dans lequel, cette fois, l'État aura un certain rôle à jouer. En 1944, le président américain Franklin D. Roosevelt convoque une conférence internationale pour établir un nouveau système monétaire et des règles de commerce mondial, basées essentiellement sur le libre-échange. La mise en œuvre du nouvel ordre économique va reposer sur deux nouvelles institutions internationales : la Banque mondiale et le Fonds monétaire international (FMI). → *Voir* La scène internationale, *p. XXVIII.* On nomme ces deux piliers les *institutions de Bretton Woods*, du nom de la petite ville où a eu lieu la conférence. Trois ans plus tard, un troisième pilier commercial est créé : l'Accord général sur les tarifs douaniers et le commerce (GATT), qui créera l'Organisation mondiale du commerce (OMC) en 1995.

LA CRÉATION DE L'ONU

Après la Seconde Guerre mondiale, 51 États mettent en place une nouvelle institution internationale qui a pour mandat de prévenir un autre conflit mondial : l'Organisation des Nations unies. → *Voir* La scène internationale, *p. XX.* L'ONU a beaucoup plus de pouvoirs que sa prédécesseure, la SDN. Elle tient sa première assemblée générale en janvier 1946. Sa mission, détaillée dans la Charte des Nations unies, l'amène à travailler sur deux fronts :

- maintenir la paix : empêcher les guerres entre États ou aider à les résoudre ; favoriser la décolonisation, pour éviter les révoltes armées des peuples colonisés ; assurer une justice internationale ;
- maintenir la sécurité internationale : prévenir les génocides, protéger les droits de l'homme, lutter contre les pandémies, secourir les réfugiés et nourrir les victimes de la faim.

Au fil des ans, l'ONU s'est dotée de plusieurs agences et programmes. Avec ses 192 États membres, elle est devenue un important lieu de négociation, mais

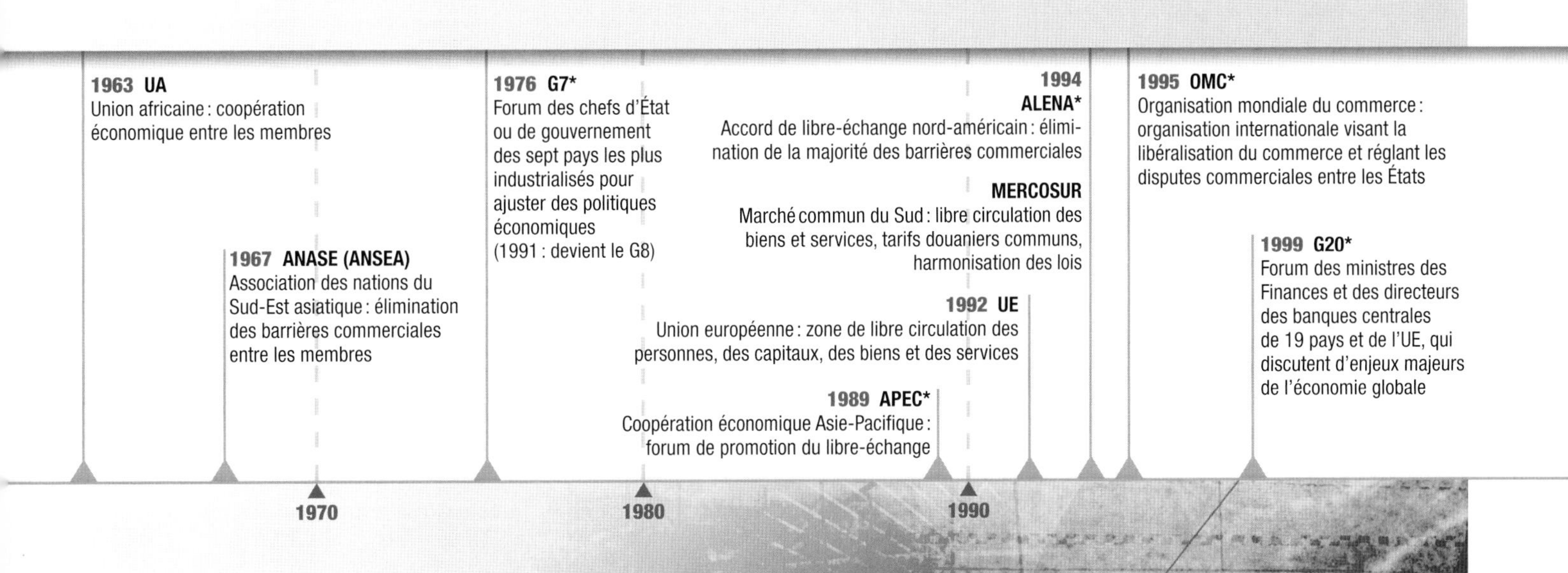

16 Le siège social de l'Organisation mondiale du commerce (OMC), à Genève, en Suisse, lors d'une journée portes ouvertes en septembre 2009.

ZOOM

La Charte des Nations unies

Cette Charte est le texte fondateur de l'ONU : elle définit ses buts, sa composition, son fonctionnement et ses pouvoirs. Sa naissance nécessite quatre ans. En pleine guerre mondiale, l'avancée des nazis force neuf États d'Europe à former, à Londres, un gouvernement en exil. Ces États et cinq autres, dont le Canada, cherchent un rempart pour empêcher qu'une telle guerre ne se reproduise. Le 12 juin 1941, ils signent la Déclaration du palais de Saint-James, à Londres. C'est la première pierre de l'ONU. Quatre autres rencontres suivent, jusqu'à celle de San Francisco en avril 1945, où une cinquantaine d'États finissent d'élaborer et adoptent la Charte, composée de 111 articles répartis en 19 chapitres. Les 51 États fondateurs doivent la signer. Cette opération est complétée le 24 octobre 1945, date qui marque son entrée en vigueur. La première séance de l'Assemblée générale de l'ONU se tient en janvier 1946 à Londres. C'est le jour du 4e anniversaire de l'ONU que commence la construction de son siège social à New York.

aussi un forum pour faire entendre les grandes injustices et les querelles entre les États.

La mondialisation et l'État

La mondialisation, dans le sens d'échanges à l'échelle planétaire, débute avec les grands navigateurs. La révolution industrielle lui donne un grand élan. Une autre poussée vient de l'apparition de multinationales, et la dernière naît des avancées technologiques qui permettent des échanges virtuels.

LA GRANDE TRANSFORMATION DU COMMERCE MONDIAL

Il y a 40 ans, faire traverser la moitié de la Terre à un kiwi de Nouvelle-Zélande et le manger frais au Québec relevait presque de la science-fiction ! Le développement des moyens de transport au 20e siècle a propulsé le commerce international à des hauteurs jamais vues. Réseaux de chemin de fer et d'autoroutes, navires porte-conteneurs, trains routiers et avions-cargos ont élargi les capacités d'exportation à tout ce qui existe.

Le boum des technologies informatiques donne une autre grande poussée à l'expansion du commerce international. Une compagnie installée à Toronto peut maintenant avoir son usine en Chine et son service de soutien téléphonique à la clientèle en Inde. Plusieurs grandes entreprises cherchent désormais à installer leur production à l'endroit qui leur coûte le moins cher. C'est ce qu'on appelle la *délocalisation de la production.*

LA MULTIPLICATION DES RÈGLES INTERNATIONALES

Plus le commerce international se développe, plus les risques de querelles entre États augmentent. Les États se sont donné deux boucliers : la signature de traités

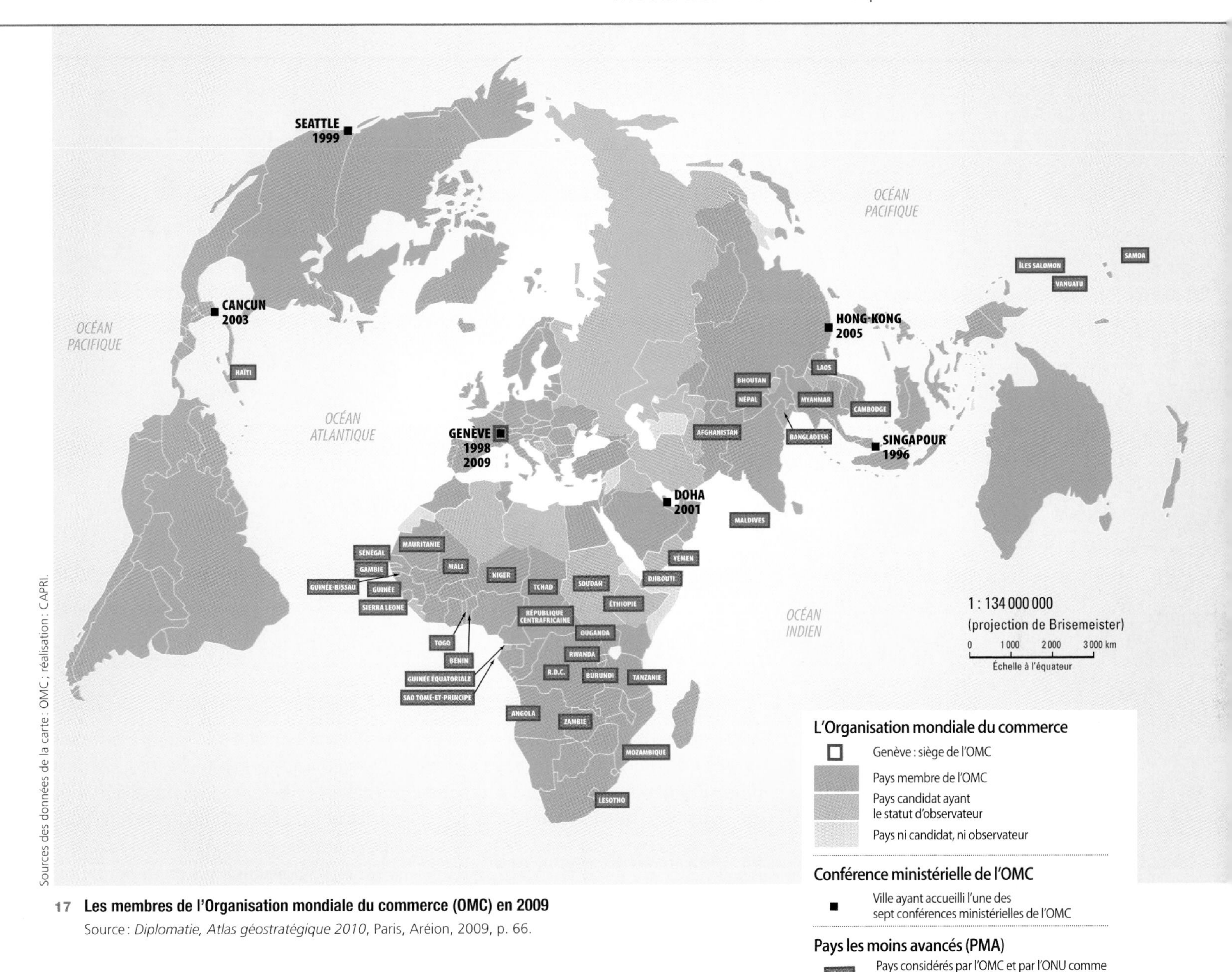

17 Les membres de l'Organisation mondiale du commerce (OMC) en 2009
Source : *Diplomatie, Atlas géostratégique 2010*, Paris, Aréion, 2009, p. 66.

entre eux et la création d'organisations internationales qui établissent des règles de commerce mondial. Ces moyens de protection ont cependant un impact sur leur souveraineté.

LE GATT : ABOLIR LES ENTRAVES

En 1947, 57 pays se donnent un arbitre commercial, le GATT (Accord général sur les tarifs douaniers et le commerce). L'objectif est de déréglementer le commerce mondial, c'est-à-dire d'établir « des règles pour abolir les règles » qu'un État adopte afin de protéger son économie.

Le GATT répond ainsi au besoin des entreprises : faire disparaître les entraves commerciales afin d'accroître leurs profits. Les entreprises veulent exporter leurs produits dans des pays où elles n'auront pas à payer des droits de douane. Le GATT, qui favorise l'intégration à l'économie mondiale, impose donc à ses membres des normes qui les obligent à ajuster leurs lois :

- réduction des droits de douane, donc du revenu des États ; et
- abolition des quotas, donc de la protection des producteurs locaux.

Il établit surtout le principe de l'égalité entre les pays riches et les pays pauvres : tous sont soumis aux mêmes règles.

18 L'entreprise américaine de fabrication de jouets Mattel compte 30 000 employés dans le monde. Comme d'autres multinationales, elle a des installations dans des pays où la main-d'œuvre est peu coûteuse. Ici, les installations de Mattel en Chine.

Ainsi, un pays pauvre d'Asie ne peut empêcher une entreprise américaine d'inonder son marché avec un produit qui déstabilise son économie.

En 1995, le GATT donne naissance à l'Organisation mondiale du commerce (OMC).

L'OMC : LE POUVOIR DES POUVOIRS

Aussi surprenant que cela puisse paraître, l'OMC est l'organisation internationale la plus puissante du monde. Elle est le seul organisme mondial qui peut obliger un pays à ne pas respecter ses propres lois ! Non pas parce qu'elle dispose d'une puissante armée, mais parce qu'elle a le droit d'imposer des sanctions économiques que les États redoutent.

Les 153 pays membres de l'OMC, dont le Canada, ont tous signé les Accords de l'OMC, qui définissent les règles de fonctionnement de l'organisation. Ils acceptent donc de se plier à ses règles. L'OMC joue un rôle d'arbitre dans les disputes commerciales entre ses membres. Lorsqu'un gouvernement se plaint que le pays avec lequel il a signé une entente contrevient aux règles de cette entente, alors la querelle est arbitrée par l'OMC. Si un pays ne respecte pas un jugement de l'OMC, des sanctions commerciales sont alors prises contre lui. L'OMC a le pouvoir d'imposer ses décisions même si elles sont contraires aux lois d'un État. Pourquoi ? Parce que les États membres doivent en principe adapter leurs lois aux règles des accords qu'ils ont tous signés. Et cela même s'il s'agit de lois visant la protection de la santé ou de l'environnement...

L'EFFRITEMENT DES POUVOIRS DE L'ÉTAT CANADIEN

Il arrive que des États s'appuient sur une des règles de l'OMC – la clause de la nation la plus favorisée – pour que leurs entreprises paient moins de droits de douane. En vertu de cette règle, que le Canada a signée, un gouvernement doit consentir à tous les États membres le traitement le plus avantageux qu'il consent à l'un d'entre eux, y compris lui-même. Par exemple, la Communauté européenne s'est plainte à l'OMC que le Canada lui faisait payer une taxe spéciale pour son vin alors qu'il n'en faisait pas payer aux vignerons canadiens qui fabriquent leur vin avec des végétaux cultivés au Canada.

Dans ce cas-ci, le Canada lui-même était «la nation la plus favorisée» par le Canada. Le gouvernement canadien a jugé préférable de régler le dossier à l'amiable avec la Communauté européenne et d'acquiescer à son interprétation de la clause de la nation la plus favorisée. Par conséquent, l'État canadien a dû à partir de 2009 :

- supprimer tous les droits de douane pour les bières non alcoolisées et le vin en vrac ;
- réduire jusqu'à 0,14 $ par litre les droits de douane sur de nombreux types de vin.

En matière de protection de la santé, les règles de l'OMC interdisent au Canada d'adopter des mesures sanitaires plus élevées que le standard établi par l'OMC, à moins qu'il réussisse à fournir des justifications scientifiques de la nécessité de prendre de telles mesures.

La mission première de l'OMC est d'abolir tous les types de barrière commerciale (frais de douane, quotas, etc.) entre les États, et ce, pour tous les produits et services. Elle favorise également la commercialisation de toutes les ressources naturelles, y compris l'eau. L'OMC veille aussi à ce que les États membres respectent les normes (règles sanitaires, normes de production) prévues dans les ententes qu'ils ont signées au sein d'alliances économiques avec d'autres États. Un État ne peut donc imposer des normes plus élevées que celles prévues par ces ententes.

L'ALENA ET LES LOIS CANADIENNES

Les accords commerciaux entre États permettent parfois à des entreprises de dicter leurs lois à un État. En 1998, une entreprise américaine a pu faire annuler une loi canadienne de protection de la santé grâce à l'ALENA. La compagnie Ethyl Corporation, productrice du MMT, une toxine qu'on ajoute à l'essence, voulait en vendre au Canada. Mais cette toxine, potentiellement dangereuse pour le cerveau, était interdite sur le territoire canadien. Une clause de l'ALENA a permis à

INTERPRÉTER LE PROBLÈME (CD 1)

Les questions portent sur le contenu des pages 224 à 229.

1. Un phénomène plutôt contradictoire se produit au 20e siècle : plus les continents se fractionnent en États, plus les États se regroupent. Expliquer ce phénomène.

2. À l'aide de la ligne du temps *Quelques alliances économiques, politiques et militaires* aux pages 224 et 225, faites la liste des alliances auxquelles le Canada a adhéré.

3. Expliquez ce qui a provoqué la première grande crise économique en 1929.

4. À la suite de la Seconde Guerre mondiale, le président américain Franklin D. Roosevelt convoque une conférence internationale pour établir un nouveau système monétaire et de nouvelles règles de commerce. Ainsi vont naître les *institutions de Bretton Woods.*

   Nommez ces trois institutions et déterminez leur rôle.

5. Quels sont les deux principaux mandats de l'Organisation des Nation unies (ONU) ?

6. Expliquez pourquoi l'Organisation mondiale du commerce (OMC) est considérée comme l'organisation la plus puissante du monde.

ENVISAGER LE PROBLÈME DANS SA GLOBALITÉ : ACTIVITÉ

Composante de la CD 1

La communauté internationale… la suite des événements

Outils de référence : votre manuel *Enjeux* et Internet.

Le 20e siècle fut riche en grands événements qui ont façonné le monde actuel. Ces grandes guerres et ces crises ont donné naissance à beaucoup d'organismes internationaux. Plusieurs de ces événements ont incité les pays à signer entre eux des accords commerciaux, des alliances politiques ou militaires tant sur le plan régional qu'international, donnant ainsi naissance à la communauté internationale et à la mondialisation.

Réalisez cette activité afin de faire un tour des grands événements du 20e siècle et d'avoir une vue d'ensemble des causes et des conséquences de la mondialisation.

Construisez une ligne du temps de 1914 à ce jour.

a) Inscrivez-y les 10 dates ou périodes (ex. : Première Guerre mondiale 1914-1918) qui ont marqué le siècle dernier. Situez ces 10 événements au-dessus de la ligne du temps, à la date appropriée.

b) Déterminez les organismes internationaux qui sont issus ou qui sont une conséquence de ces événements. Inscrivez-les sous la ligne du temps, à la date appropriée. (Ex. : à la suite de la Première Guerre mondiale de 1914-1918, la Société des Nations a été créée en 1920.)

Ethyl Corporation de poursuivre le gouvernement canadien pour perte de profits espérés ! Le Canada a dû :

- payer 13 millions $ pour dédommager Ethyl ; et
- permettre la vente de cette neurotoxine.

L'OACI : UN POUVOIR SUR LE CIEL

L'Organisation de l'aviation civile internationale (OACI), qui a son siège social à Montréal, a aussi le pouvoir d'imposer une uniformisation des règles aux États. Elle établit des règles de sécurité pour l'aviation auxquelles tous ses États membres doivent se soumettre. Une de ces règles est l'instauration du passeport biométrique que les membres de l'OACI devront adopter. → *Voir l'encadré* Le passeport biométrique : la frontière en un clin d'œil, *p. 80*.

La redéfinition des pouvoirs de l'État

En signant des accords avec d'autres États, en se joignant à des organisations internationales, un État est tenu de respecter des règles qui l'obligent à modifier ses lois. L'État n'est alors plus la seule autorité à décider des lois sur son territoire, et l'ingérence dans ses affaires est fréquente.

Aujourd'hui, l'État a-t-il perdu la capacité de déterminer ses objectifs ou a-t-il simplement perdu la capacité de déterminer « seul » ses objectifs ? L'examen de deux enjeux de taille va éclairer cette question : **la capacité d'action des États**, et **la souveraineté des États et les regroupements économiques ou politiques.**

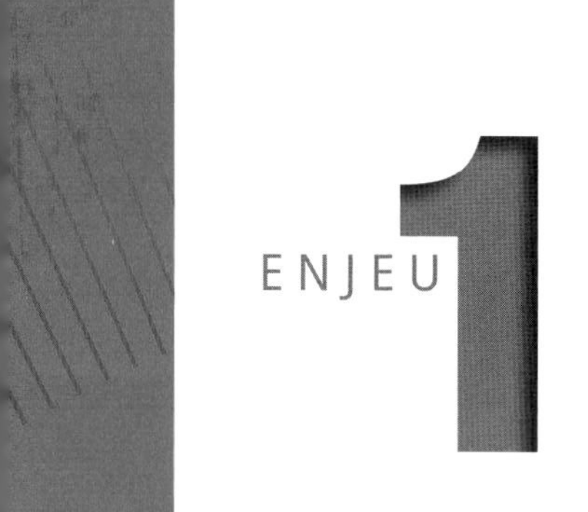

La capacité d'action des États

À l'hiver 2009, la Russie ferme pendant plusieurs jours le robinet de gaz naturel allant vers une dizaine de pays d'Europe en raison d'une dispute avec l'Ukraine. Plusieurs pays, dont la Bulgarie, se retrouvent, en pleine vague de froid, sans source d'énergie. Les activités économiques, sociales et gouvernementales sont paralysées, et les habitants gèlent dans leur maison. Les pertes financières sont énormes.

À lui seul, cet événement met en lumière les limites de la capacité d'action des États. Jusqu'à quel point la dépendance des États, qu'elle soit énergétique, financière ou autre, limite-t-elle leur capacité d'action ? Face aux diverses menaces extérieures ou intérieures, les États sont-ils vulnérables ?

La dépendance économique limite-t-elle la capacité d'action des États?

S'assurer que le plus grand nombre possible de ses citoyens travaillent pour nourrir leur famille, voilà un point commun à tous les États. L'État fournit du travail à des milliers de personnes, mais les autres millions d'emplois nécessaires sont créés par les entreprises privées. Résultat : tous les États vivent, à des degrés divers, une dépendance économique envers les entreprises établies sur leur territoire.

19 Cette femme de la Bulgarie fait partie des centaines de milliers d'Européens qui ont souffert du froid dans leur logis en raison de cette rupture d'alimentation gazière en plein hiver 2009, pendant le conflit opposant la Russie et l'Ukraine.

Les États tentent donc de mettre en place des conditions favorables (économiques, fiscales, juridiques et sociales) pour que les entreprises restent sur leur territoire ou viennent s'y établir. C'est envers les grandes entreprises que la dépendance des États est la plus marquée, car ce sont elles qui créent le plus d'emplois.

Certains estiment que, lorsqu'une grande entreprise s'installe dans un pays et y crée des centaines, parfois des milliers d'emplois, elle fait une faveur à l'État. Ils jugent alors que l'État doit accepter certaines conditions que l'entreprise réclame pour son installation. D'autres croient plutôt que c'est l'État qui fait une faveur à l'entreprise en acceptant qu'elle profite de ses ressources. Selon eux, c'est l'entreprise qui doit se plier aux règles de l'État. Au-delà de ce débat, un fait est certain : pour assurer leur développement économique, les États pauvres comme les États riches acceptent, de plus en plus, les demandes et les conditions de certaines entreprises.

Les concessions que les États accordent à certaines grandes entreprises sont autant de limites à leur capacité d'action. Les concessions ne sont évidemment pas les mêmes partout. Cependant, elles sont habituellement plus importantes ou plus lourdes de conséquences pour les pays pauvres que pour les pays riches.

LES CONCESSIONS FAITES PAR LES ÉTATS RICHES

Avec la mondialisation, soutenue par le développement des télécommunications et des moyens de transport, une entreprise a désormais le choix de s'établir presque n'importe où dans le monde. Pourquoi choisirait-elle de s'établir dans un pays riche plutôt que dans un pays pauvre ?

Les avantages que les pays industrialisés offrent aux entreprises sont : un nombre élevé de travailleurs spécialisés, des réseaux de transport très développés et des instituts de recherche. Mais la

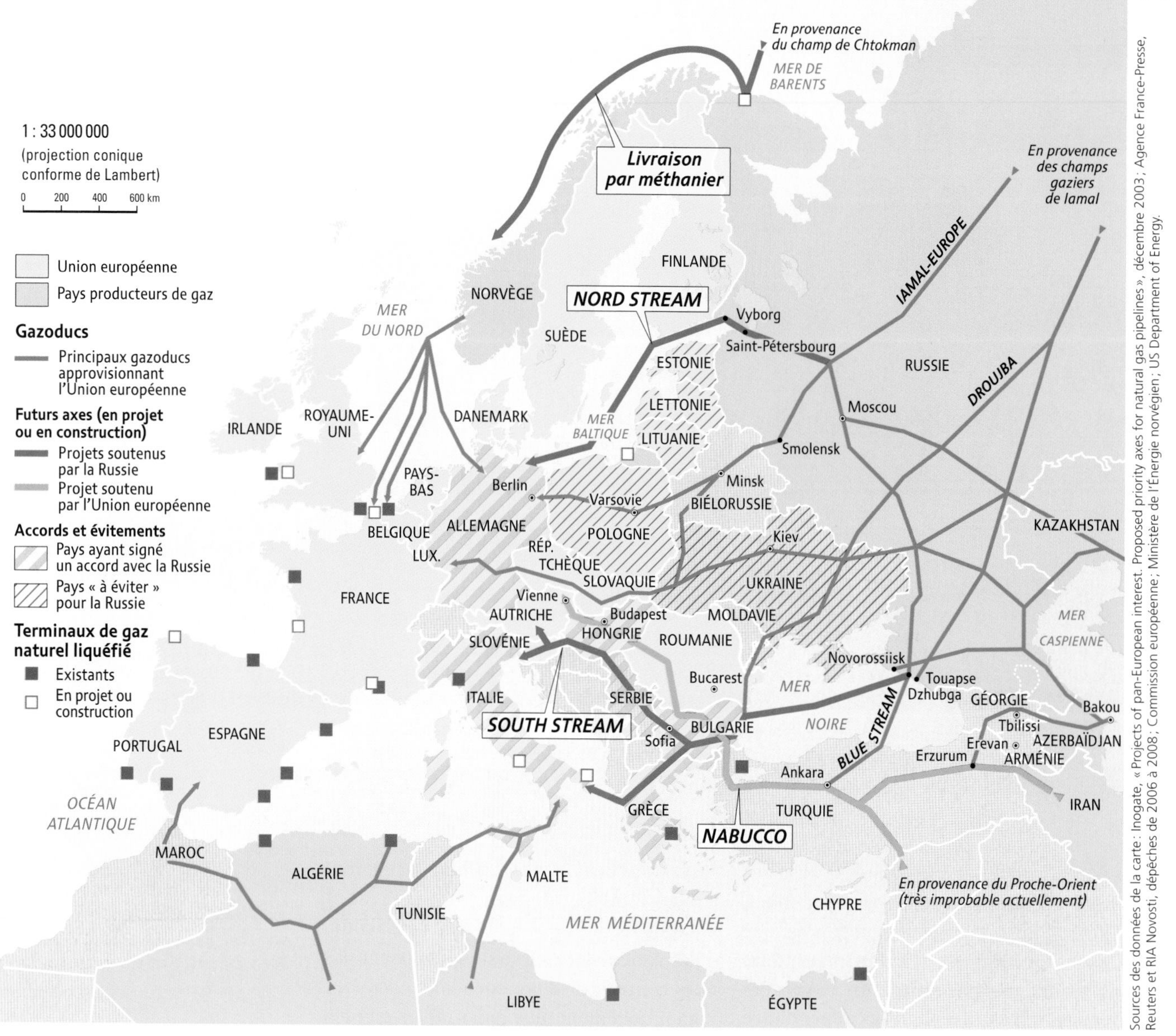

20 Quelques réseaux de transport du gaz dans le monde

Source : « Dans l'entrelacs des axes gaziers », *Le Monde diplomatique*, *L'atlas 2010*, Paris, Armand Colin, 2009, p. 115. © Philippe REKACEWICZ.

main-d'œuvre y coûte plus cher que dans les pays pauvres. Pour certaines multinationales, cela représente un inconvénient qui pèse plus lourd dans la balance que les avantages. Comme il est indispensable pour un État de créer des emplois sur son territoire, une multinationale est parfois en position de force pour négocier avec les gouvernements des pays industrialisés l'octroi d'avantages supplémentaires tels que :

- une réduction de l'impôt sur ses profits ;
- une diminution des taxes municipales ;
- des tarifs d'énergie plus bas que pour les industries locales ;
- une réduction des droits de douane sur les matières premières qu'elle importe ;
- des subventions en argent ;
- une assurance qu'aucun syndicat ne sera créé pendant les premières années.

Les États industrialisés sont nombreux à accepter ce type de conditions, même si ces concessions entravent en partie leur capacité d'action en les privant d'importants revenus.

Certains disent que ces pertes financières importent peu puisque l'État a une autre façon de tirer des revenus de l'entreprise : en effet, les nouveaux travailleurs vont

21 Au Sénégal, la monoculture des arachides est un des grands facteurs de l'appauvrissement et de la désertification des sols. Ces deux facteurs font peser une menace sur l'économie de ce pays d'Afrique.

payer des impôts sur leur revenu et des taxes de vente en consommant. D'autres jugent que certaines entreprises abusent, car elles font des profits en refusant de partager avec les habitants le fardeau financier des infrastructures dont elles profitent : routes, aéroports, hôpitaux, etc.

Il arrive que des entreprises ayant profité de l'aide financière de l'État transfèrent leur production à l'étranger. Certains croient que les gouvernements devraient alors les obliger à rembourser l'aide financière qu'elles ont reçue. D'autres, au contraire, estiment que la fermeture d'entreprises subventionnées fait partie des risques inévitables de la mondialisation.

LES CONCESSIONS FAITES PAR LES ÉTATS PAUVRES

Les pays pauvres tentent, eux aussi, d'attirer et de conserver le plus possible d'entreprises sur leur territoire. Mais leur pouvoir de négociation avec les entreprises est plus faible que celui des pays industrialisés.

Cela est surtout dû au fait que, dans de nombreux États pauvres, de grandes entreprises étrangères étaient installées sur le territoire bien avant leur indépendance. Ces entreprises ont orienté l'économie de ces pays dès l'époque coloniale. L'exploitation agricole des colonies a été essentiellement axée sur la monoculture, c'est-à-dire la culture d'un seul produit à très grande échelle : coton, café, sucre, cacao, noix de cajou, etc.

Par exemple, l'économie du Sénégal, en Afrique de l'Ouest, a été orientée vers la monoculture des arachides il y a déjà 100 ans. Aujourd'hui, il est devenu difficile pour l'État sénégalais de modifier cette orientation. Il ne peut imposer aux grands producteurs de changer régulièrement de type de culture pour empêcher l'appauvrissement des sols et

FOCUS

Des concessions faites par le Québec

Au Québec, certaines entreprises ont obtenu une réduction de leur facture d'électricité. Hydro-Québec a évalué à 1,2 milliard $ ses pertes pour les tarifs préférentiels offerts à 13 grandes entreprises de 1990 à 1995.

À elle seule, une multinationale norvégienne a bénéficié d'environ 250 millions $ d'aide du gouvernement québécois entre l'ouverture de son usine à Bécancour en 1989 et sa fermeture en 2007 : une moyenne de 14 millions $ par an. Certains ont soutenu que les 380 emplois ainsi créés par la multinationale ont en fait été payés par la subvention que l'État lui a accordée.

Les concessions ne sont pas uniquement financières. En 2006, le gouvernement du Québec a signé une entente secrète avec une aluminerie qui emploie quelque 7000 travailleurs au Québec. Celle-ci a le droit de fermer des usines au Québec avant les échéances prévues si le marché de l'aluminium devient moins rentable (en 2009, elle a fermé son usine de Beauharnois). L'entreprise a aussi obtenu un prêt sans intérêt de 400 millions $ et une réduction de sa facture d'électricité.

freiner la désertification. Le pouvoir d'action d'un État pauvre devant un géant agricole qui est le pilier de son économie est donc restreint.

QUELLE SOUVERAINETÉ SUR SES PROPRES RICHESSES ?

Si beaucoup d'États pauvres ne sont pas maîtres de leur production agricole, qu'en est-il des autres richesses naturelles ? Le Tchad, en Afrique centrale, fournit une illustration de la faible souveraineté d'un État pauvre sur ses ressources.

Le Tchad sait depuis longtemps que son sous-sol regorge de pétrole. Il est cependant trop pauvre pour acheter l'équipement nécessaire à son extraction et payer les salaires des ingénieurs. Il s'associe donc à trois compagnies pétrolières. Il doit cependant leur faire une énorme concession : ne retirer, dans un premier temps, que 12,5 % de la vente

22 **Des compagnies pétrolières plus riches que des pays africains**

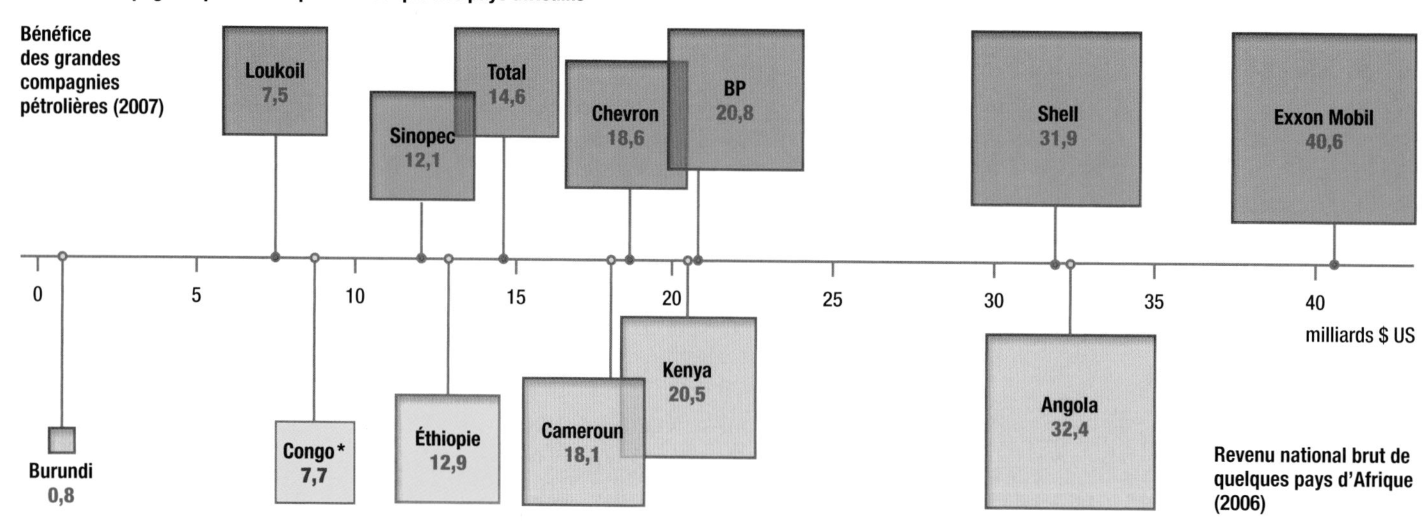

* Congo-Brazzaville

Source : *Le Monde diplomatique, L'atlas 2010*, Paris, Armand Colin, 2009, p. 97.

de son pétrole. Les trois compagnies exigent aussi que le Tchad investisse une somme importante dans le projet. Comme il n'a pas les 370 millions $ requis, le Tchad les emprunte à la Banque mondiale, qui exige que l'État investisse 70 % des revenus du pétrole dans la lutte à la pauvreté. Toutefois, ce dernier ne respectera pas son engagement.

LES NATIONALISATIONS : DES COÛTS ÉLEVÉS POUR LES ÉTATS

Si une grande entreprise est en position de s'approprier les richesses d'un État, en revanche, l'État peut s'approprier l'entreprise qui s'est approprié ses richesses. C'est ce qu'on appelle la *nationalisation.* Plusieurs gouvernements nationalisent des secteurs d'activité qui sont vitaux pour leur développement économique. C'est ce qu'a fait le Québec avec l'électricité. Les entreprises privées qui produisaient de l'électricité sur le territoire québécois ont dû céder leurs installations au gouvernement du Québec dans les années 1940 et 1960.

La nationalisation s'accompagne cependant d'un coût pour les États : un coût financier ou politique. Le Québec a dû verser au total 604 millions $ à 11 entreprises lorsqu'il a achevé la nationalisation de l'électricité en 1963. Les États qui refusent de payer ce type d'indemnisation sont souvent sévèrement punis, surtout lorsque la nationalisation touche des multinationales.

23

23 Les enfants employés dans cette fabrique du Bangladesh, en Asie, transportent chacun environ 250 briques quotidiennement, pour un salaire de 0,20 $ par jour. Au Canada, des règles encadrent le travail des enfants de moins de 16 ans. Les employeurs ne sont pas autorisés à leur faire soulever des charges lourdes comme celles que transportent ces jeunes garçons de la ville de Dacca.

FOCUS

Le marchandage des normes et des lois

Dans la plupart des pays, il existe des normes du travail. Il s'agit d'un code établissant les droits et les devoirs des employeurs et des employés. Au Québec, par exemple, il y a un salaire minimum et des congés parentaux payés. Lorsqu'une grande entreprise s'installe dans un pays étranger, elle doit se soumettre à ces normes et respecter aussi les lois environnementales.

Pour les entreprises, cela entraîne toutefois des dépenses qui augmentent leurs coûts de production. Dans les pays pauvres, où ces normes sont souvent moins sévères et où le marché de l'emploi est dominé par deux ou trois grandes entreprises internationales, les gouvernements subissent parfois des pressions pour fermer les yeux sur le non-respect de certaines normes.

L'État est donc partagé entre sa volonté de faire des lois protégeant l'environnement et les travailleurs et celle d'attirer des entreprises créant de l'emploi. Un véritable casse-tête pour les pays pauvres.

PORTRAIT

Fidel **Castro** (1926-)

Fidel Castro est né à Cuba. Il dirige la révolution qui renverse le dictateur Batista en 1959. Pour que son pays survive à l'embargo économique décrété par les États-Unis, Castro s'appuie sur l'URSS et prend la voie du socialisme. Son régime se transforme en dictature. La liberté de presse est abolie, et le gouvernement adopte des politiques qui contreviennent aux droits de la personne. Cependant, fait rare pour une dictature, le régime de Castro assure aux Cubains une sécurité sociale, un solide système d'éducation et des services de santé gratuits. Pendant 49 ans, Castro maintient son emprise sur le pays. En 2008, il quitte la présidence, qu'il confie à son frère Raúl.

LE COÛT POLITIQUE DE LA NATIONALISATION

En 1959, Fidel Castro prend le pouvoir à Cuba à la suite d'une révolution contre la dictature en place. L'économie de l'île repose alors sur le sucre. Il entreprend une réforme agraire pour redistribuer les terres aux paysans. À ce moment, de nombreuses terres sont la propriété d'un géant industriel américain, la United Fruit Company. Une des premières actions que réalise le gouvernement en prenant le pouvoir est de nationaliser les grandes plantations sucrières de cette entreprise américaine. Le gouvernement des États-Unis riposte en décrétant un embargo contre Cuba : interdiction à toute entreprise américaine de commercer avec Cuba et à tout Américain d'aller sur cette île. Cet embargo est encore en vigueur aujourd'hui, après plus d'un demi-siècle. Les États-Unis ont même tenté en 1961 de renverser le gouvernement cubain.
→ *Voir* L'embargo contre Cuba, *p. 289.*

LA MENACE DE LA DÉLOCALISATION

Au cours de ses négociations avec un gouvernement, il arrive qu'une grande entreprise recoure à la menace de la délocalisation : le transfert de sa production dans un autre pays. Cela peut signifier la perte de milliers d'emplois pour un État.

24

Une entreprise peut aussi brandir cette menace pour protester contre l'adoption d'une loi. Par exemple, en janvier 2003, le Canada tend la main aux 48 pays les plus pauvres de la planète. Il décide que tous les produits en provenance de ces pays ne seront plus soumis à des droits de douane ni à des quotas (à l'exception de produits agricoles). Affirmant que les produits de ces pays livrent aux siens une trop grande concurrence, un important fabricant de vêtements de sport ferme ses deux usines du Québec : près de 400 personnes se retrouvent sans emploi.

24 La Chine attire de nombreuses entreprises étrangères dans ses zones franches, comme la zone franche de Dongjiang. Les entreprises y font transiter des biens sans payer de droits de douane ou y établissent une usine de transformation à l'abri des charges fiscales.

Aurait-il été préférable que le Canada ne donne pas un coup de pouce économique aux pays les plus pauvres ?

Cette loi n'était pas la seule raison invoquée par le fabricant de vêtements de sport pour déménager sa production en Amérique centrale (Honduras, Nicaragua) et dans les Caraïbes (République dominicaine, Haïti). L'entreprise affirmait que, pour rester compétitive et survivre, elle devait imiter ses concurrents, qui produisent dans des pays où les coûts de production (notamment les salaires) sont peu élevés.

Ainsi, le choix des actions menées par un État est en partie déterminé non seulement par les entreprises qui veulent s'établir sur son territoire, mais aussi par celles qui pourraient le quitter.

LES ZONES FRANCHES

De plus en plus d'entreprises délocalisent leur production dans des **zones franches**. Il s'agit d'une portion de territoire qu'un État transforme en zone industrielle, où les marchandises ne sont soumises à aucun tarif douanier et où les entreprises ne paient pas d'impôts.

Les zones franches se multiplient. En 2004, on en recensait environ 5000. La concentration de travailleurs dans ces zones habituellement entourées de barbelés est énorme. L'une d'elles, aux Philippines, regroupe 70 000 ouvriers

PRENDRE **POSITION** (CD 2)

Les questions portent sur le contenu des pages 231 à 238.

1. Les gouvernements des pays riches consentent des avantages économiques ou fiscaux (réduction d'impôts) à certaines multinationales afin de les inciter à s'installer ou à demeurer au pays. Êtes-vous en accord avec ces mesures? Expliquez votre position.
2. Est-ce un avantage ou un inconvénient pour les citoyens du Québec que le gouvernement accorde des tarifs préférentiels pour la consommation d'électricité à certaines grandes entreprises? Justifiez votre réponse.
3. Expliquez les avantages et les inconvénients de la création des zones franches pour les pays pauvres.
4. Que pensez-vous du fait que le Tchad ne retire que 12,5% des revenus de la vente de son pétrole?
5. **a)** Selon vous, pourquoi la Banque mondiale et le Fonds monétaire international imposent-ils des normes aussi sévères aux pays auxquels ils prêtent de l'argent?

   b) Croyez-vous que ces mesures sont équitables ou contraignantes pour les États? Que pensez-vous de l'exemple tchadien?
6. **a)** Quels impacts peuvent avoir les embargos sur le pouvoir d'action d'un État?

   b) Ont-ils aussi des impacts sur la population d'un État? Justifiez votre réponse.

EXAMINER DES POINTS DE VUE RELATIFS À L'ENJEU: ACTIVITÉ
Composante de la CD 2

La mondialisation des normes du travail

Outils de référence: votre manuel *Enjeux*, le site Internet de l'Organisation internationale du travail (OIT) et des articles sur l'OIT parus dans les médias.

Avec la mondialisation, l'économie a connu une croissance sans précédent. La mondialisation a profité à beaucoup de travailleurs et d'entreprises, mais en même temps, plus d'un milliard de travailleurs gagnent encore moins d'un dollar US par jour. Les inégalités engendrent la pauvreté, l'instabilité sociale et même des conflits.

En conséquence, la communauté internationale tente d'établir de nouvelles règles pour garantir des conditions de travail justes pour tous. L'Organisation internationale du travail (OIT) a le mandat d'implanter de nouvelles normes partout dans le monde.

Vous devez faire une enquête et répondre aux questions sur les pouvoirs de l'OIT.

1. Expliquez comment l'OIT peut imposer de nouvelles normes de travail dans le monde.
2. Expliquez comment l'OIT peut s'assurer que les États appliquent les conventions qu'ils ratifient.
3. À partir de trois exemples concrets dans le monde, démontrez comment le système de contrôle de l'OIT contribue à faire changer les lois de certains pays comme l'Équateur, la Tanzanie, le Salvador, Israël, etc.
4. L'implantation et l'uniformisation des normes du travail dans le monde menacent-elles la capacité d'action et le pouvoir des États? Expliquez votre réponse.

25

dans 250 entreprises réparties sur seulement 3 km². La création en Chine communiste de plusieurs zones franches est une façon de s'ouvrir au capitalisme. La plus grande de Chine, celle de Dongjiang, s'étend sur 10 km².

Les États sont-ils vulnérables?

Le 2 août 1990, l'Irak envahit son voisin le Koweït. Ce petit État n'a pas la capacité de se défendre. L'ONU approuve une intervention militaire: une coalition de 28 États envoie des soldats au Koweït combattre l'armée irakienne. Le chef de l'État koweïtien et la moitié de sa population fuient le pays. La souveraineté du Koweït se trouve totalement mise «entre parenthèses». Un des seuls pouvoirs qu'il reste à l'État koweïtien est celui de dépenser son argent: il fournit alors à la coalition qui défend son territoire plusieurs dizaines de milliards de dollars.

25 En 1981, les funérailles d'un membre de l'Armée républicaine irlandaise (IRA) ont occasionné de violents affrontements dans les rues de Belfast, la capitale de l'Irlande du Nord. Les rues de cette ville sont, encore aujourd'hui, un lieu d'affrontements entre catholiques et protestants.

La vulnérabilité d'un État, c'est-à-dire la déstabilisation ou la paralysie de l'ensemble ou d'une partie de ses activités économiques, politiques ou sociales, est évidente lorsque son territoire est envahi par une armée. Il existe cependant d'autres types d'agressions extérieures qui rendent un État vulnérable : occupation militaire, attaque terroriste, détournement d'une ressource vitale comme l'eau. Un État peut aussi faire face à des menaces intérieures : guerre civile, révolte populaire, guérilla ou crime organisé.

LES MENACES INTERNES

Les guerres civiles sont parmi les menaces qui déstabilisent le plus un État. On parle de guerre civile lorsque la population d'un même État est divisée en deux camps qui se font la guerre. Ses causes peuvent être idéologiques, ethniques ou religieuses. Les pertes humaines sont énormes, et les victimes sont majoritairement les personnes sur qui repose le développement économique, c'est-à-dire les gens en âge de travailler. Des infrastructures nécessaires à la vie courante sont détruites : aqueducs, routes, ponts, centrales électriques, hôpitaux, écoles, etc. Leur reconstruction coûte très cher à l'État et l'empêche d'orienter ses dépenses vers d'autres besoins vitaux. Par exemple, l'argent consacré à reconstruire un hôpital ne sert pas à l'achat de médicaments.

Plus dramatique encore, il arrive que les guerres civiles tournent au génocide. Dans ce cas, les victimes se comptent par centaines de milliers ou par millions. Lorsque le massacre prend fin, l'État doit manœuvrer dans un contexte où les tensions restent vives. Et, souvent, l'ONU impose à l'État une force de maintien de la paix qui limite sa capacité d'action.

Lors de tels conflits, les États voisins sont également vulnérables : ils doivent gérer l'arrivée de centaines de milliers

ZOOM

Des cas de guerre civile

Lorsque l'Inde accède à l'indépendance en 1947, une portion du territoire de cette ancienne colonie britannique est cédée aux musulmans pour devenir le Pakistan. Le désaccord sur le lieu de la frontière entraîne des conflits interreligieux, avec d'un côté les hindous et les sikhs et, de l'autre, les musulmans. Cette violence, qui fait en quelques mois de 500 000 à 1 million de morts, réduit la capacité d'action de ces deux nouveaux États.

En Irlande du Nord, le gouvernement ne peut élaborer ses politiques sans tenir compte de la guerre religieuse qui sévit depuis des années. Malgré une certaine accalmie après l'accord de 2007, aujourd'hui encore le pays est secoué par des épisodes de violence entre catholiques et protestants.

Au Rwanda, en 1994, le conflit entre deux groupes ethniques a fait, en seulement 100 jours, 800 000 morts. La déstabilisation que cela a entraînée pour l'État se fait encore sentir aujourd'hui.

de réfugiés qui n'ont rien à manger. Quand l'État qui les accueille est très pauvre, cela crée des tensions sociales liées à la répartition des ressources en eau et en nourriture. C'est ce qui se passe au Tchad, en Afrique centrale. Plus de 100 000 Soudanais de la province du Darfour ont traversé la frontière qui sépare leur pays du Tchad.

Les révoltes et les guérillas

Les révoltes populaires limitent la capacité d'action d'un État. Leurs causes sont, le plus souvent, la faim, la lutte contre un régime autoritaire ou contre la corruption. Lorsqu'il rejette les revendications de la population, le gouvernement recourt parfois à la répression. Une partie plus grande que prévu de ses revenus est alors dépensée pour la police et l'armée.

La Colombie, en Amérique du Sud, fournit l'exemple d'une révolte qui ne s'est jamais éteinte. En 1948, l'assassinat d'un leader qui tentait de mobiliser les pauvres contre le pouvoir détenu par les riches provoque des émeutes violentes, sévèrement réprimées. Les paysans s'organisent alors en milices pour contrer la répression. Puis des milices se regroupent pour constituer les Forces armées révolutionnaires de Colombie (FARC).

Au début des années 2000, les FARC comptaient 18 000 combattants. Ceux-ci financent maintenant leur lutte avec l'argent de la drogue. Les FARC kidnappent des centaines de civils dans le but de les échanger contre leurs membres faits prisonniers. Ils s'attaquent aussi aux dirigeants colombiens. En décembre 2009, le gouverneur d'une province a été assassiné. À ce jour, le conflit entre l'État et les FARC a fait environ 400 000 morts.

Un déstabilisateur souvent intouchable : le crime organisé

Les réseaux nationaux ou internationaux de criminels déstabilisent considérablement les États en raison de leur puissance économique. Ce qu'on nomme *crime organisé* ou *mafia* ou *pègre* prend différentes formes, comme les réseaux de trafiquants de drogue ou d'armes.

26 À la suite des attentats terroristes du 11 septembre 2001 contre les tours jumelles du World Trade Center, à New York, la majorité des États accroissent les mesures de contrôle dans leurs aéroports. En janvier 2010, le gouvernement canadien annonce l'installation de détecteurs à balayage corporel dans les principaux aéroports au pays. Cet outil de contrôle soulève de vives critiques au sein de la population.

En achetant le silence et les actions de nombreuses personnes, les mafias orientent des volets de l'économie ou de la politique d'un État. Plusieurs gouvernements les craignent, car elles n'hésitent pas à s'en prendre aux politiciens et aux juges qui veulent démanteler leurs organisations.

En conséquence, les États doivent investir de l'argent pour protéger leur population et réparer les ravages liés notamment à la consommation de drogue. Les États pauvres sont encore plus vulnérables face à ce phénomène : le problème de la faim

ZOOM

Terrorisme et modification du budget canadien

Aussitôt après l'attentat contre les tours de New York, le gouvernement du Canada annonce la modification de 18 de ses lois et une dépense de 7,7 milliards $ sur 5 ans pour hausser la sécurité. Parmi les nouveaux investissements :

- 1,6 milliard pour mieux équiper le personnel d'enquête et renforcer la sécurité maritime ;
- 1 milliard pour améliorer le filtrage des immigrants, des demandeurs du statut de réfugié et des visiteurs ;
- 1,6 milliard pour améliorer la protection des infrastructures vitales et élaborer des plans d'urgence en cas d'attaque ;
- 2,2 milliards pour créer une organisation de sécurité des transports aériens, affecter des policiers en civil à bord d'avions canadiens et acheter des détecteurs d'explosifs.

Dans plusieurs aéroports étrangers, des agents canadiens contrôlent désormais les passagers à destination du Canada. Au cours des 6 années qui ont suivi l'attentat de 2001, ils ont refusé le passage à 33 000 personnes ayant de faux documents.

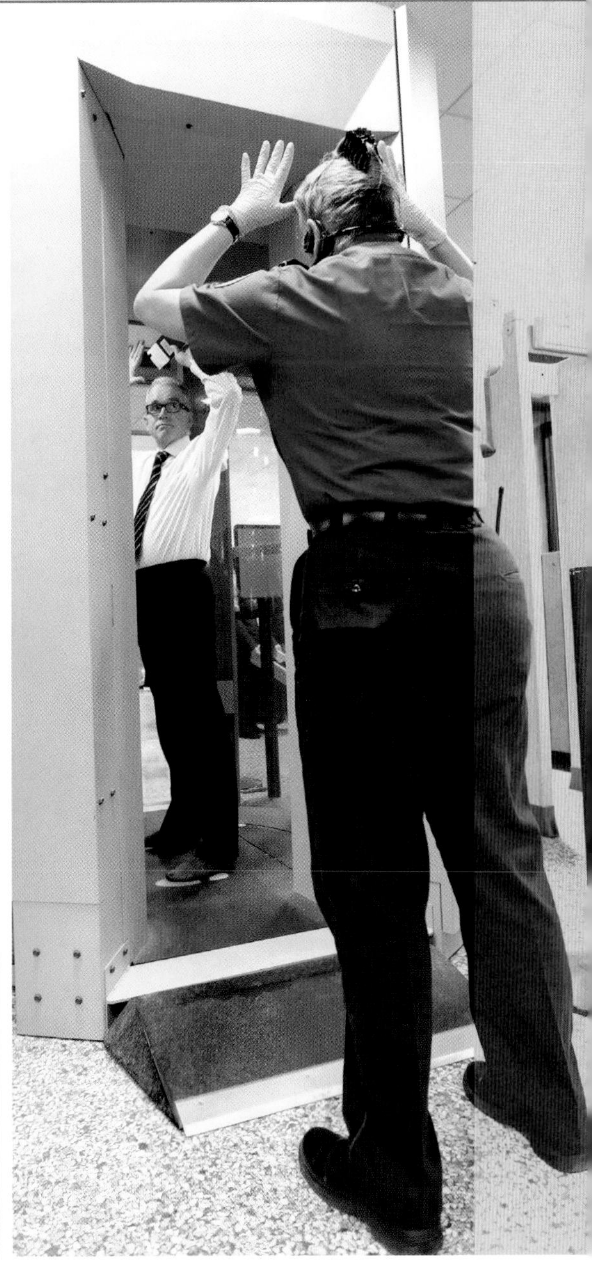

y est si répandu que les trafiquants recrutent facilement des revendeurs contre un peu d'argent.

LES MENACES EXTERNES

L'invasion militaire et la déclaration de guerre représentent les menaces externes les plus graves pour un État. Les richesses en eau, minéraux, pierres précieuses, pétrole, gaz, ainsi que l'accès à la mer, sont parmi les raisons les plus fréquentes d'invasion de territoire. Au-delà des mois ou des années de paralysie économique et sociale due à la guerre, les États font face à des coûts astronomiques de reconstruction et à des coûts humains inestimables.

Le terrorisme

Les groupes terroristes rendent les États très vulnérables en raison non seulement d'une de leurs méthodes d'attaque, les kamikazes, mais aussi de leurs cibles, les civils, et les édifices et les lieux publics. Les États peuvent difficilement contre-attaquer, car les terroristes ne sont pas liés à un territoire précis. Un même groupe peut avoir des cellules dans 30 pays à la fois.

CHIFFRES

Terrorisme planétaire

En 2008, quelque 11 700 attaques terroristes ont été perpétrées sur la planète. Elles ont fait près de 15 700 morts et un nombre considérable de blessés.

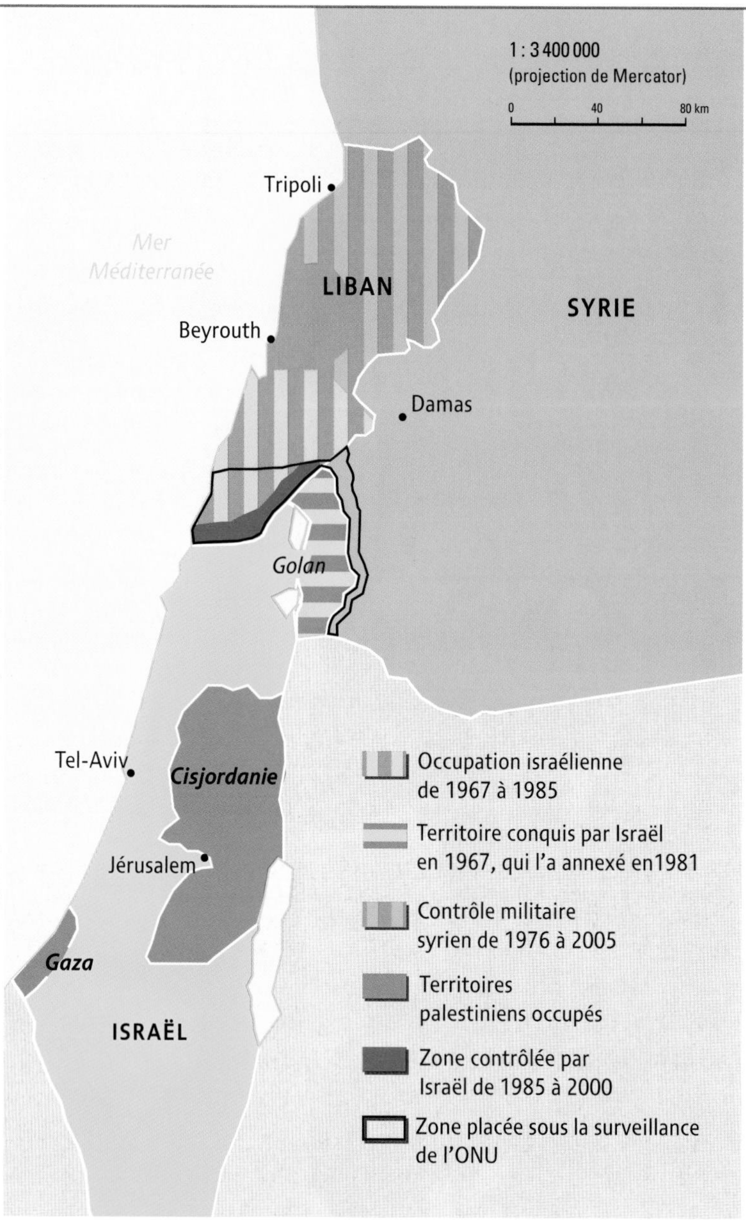

Sources des données de la carte : Nations unies, 2004 ; Alain GRESH et Dominique VIDAL, *Les 100 clés du Proche-Orient*, 2006.

27 Le contrôle du Liban par des États étrangers, de 1967 à 2005

Source : *Le Monde diplomatique, L'atlas 2010*, Paris, Armand Colin, 2009, p. 133.
© Philippe REKACEWICZ.

Le 11 septembre 2001, des terroristes lancent deux avions remplis de passagers contre les tours géantes du World Trade Center à New York. Cette attaque aura des répercussions sur la majorité des États : toutes les règles de la sécurité aérienne seront revues. Les États doivent alors investir d'immenses sommes d'argent dans de nouveaux systèmes de contrôle et de sécurité. Plusieurs États adoptent de nouvelles lois qui leur permettent, par exemple, de procéder à l'emprisonnement « préventif » et d'amener devant un juge une personne simplement soupçonnée d'avoir des renseignements concernant une infraction terroriste. En plus de contraindre les États victimes de leurs attaques à reconstruire des infrastructures coûteuses, les terroristes influencent donc aussi les lois et les dépenses des États.

L'exemple libanais : une succession d'agressions

Après son indépendance en 1941, le Liban, au Moyen-Orient, devient un exemple exceptionnel de presque tous les types d'agressions : guerre civile, terrorisme, agression armée, invasion de territoires, occupation militaire, soumission politique.

Le début des années 1990 marque la fin de 17 ans de guerre civile au Liban (ayant des causes tant idéologiques, religieuses qu'ethniques), à laquelle se sont mêlés ses 2 voisins : la Syrie et Israël. Après la fin de

28 Les eaux transfrontalières : conflits, négociations et accords

États	Conflits, négociations et accords
États-Unis et Mexique	Un litige oppose ces deux États, car la quasi-totalité des eaux du fleuve Colorado est détournée par les États-Unis. Résultat : une très faible quantité des eaux de ce fleuve atteint le Mexique, ce qui nuit à une partie de l'agriculture mexicaine.
Cambodge, Laos, Thaïlande et Vietnam	Un accord sur le partage des eaux du Mékong, en Asie, permet à quatre États dits ennemis d'éviter une guerre de l'eau. L'accord date de 1957.
Jordanie et Israël	Ces deux États, qui ont déjà été en guerre, se rencontrent périodiquement pour négocier le partage des eaux du fleuve Jourdain.
Inde et Pakistan	Un traité sur le partage des eaux du fleuve Indus a été conclu en 1960 ; il a survécu à des conflits armé entre ces deux États.
Sénégal, Mali et Mauritanie	Ces trois États, qui se partagent (avec la Guinée) les eaux du fleuve Sénégal, ont créé l'Organisation pour la mise en valeur du fleuve Sénégal et se sont entendus sur des projets de développement.
Canada et États-Unis	Ces deux États ont signé le Traité relatif aux eaux limitrophes, qui établit les règles concernant les eaux des lacs, des rivières et des fleuves qu'ils partagent. Ces règles portent, par exemple, sur la modification des débits des cours d'eau.

la guerre civile, l'armée syrienne décide de rester au Liban, prétextant protéger le pays contre les attaques d'Israël. Cette occupation militaire, qui dure jusqu'en 2005, permet à la Syrie de contrôler la vie économique et politique libanaise.

La guerre terminée, l'armée israélienne continue, pour sa part, d'occuper le sud du Liban jusqu'en 2000. Israël justifie cette invasion territoriale en disant se protéger des attaques de la résistance libanaise et des Palestiniens réfugiés au Liban depuis la création de l'État d'Israël à la fin des années 1940. Pendant toutes ces années, le sud du Liban échappe totalement au contrôle de l'État libanais. Les habitants des villes et des villages de cette région ne peuvent y circuler librement, et même l'armée libanaise, qui n'est pas de taille à affronter l'armée israélienne, ne peut s'y déployer.

Se faire fermer le robinet

Les interventions qui réduisent le pouvoir de l'État ne sont pas toujours armées. C'est le cas lorsqu'un État prive d'eau un pays voisin. Parce que l'eau est nécessaire à la vie, à l'agriculture et à l'industrie, un État qui se retrouve sans suffisamment d'eau est paralysé.

Les cours d'eau ne connaissent pas de frontières. Un fleuve baigne souvent plusieurs pays. Il suffit donc qu'un État riverain en détourne le cours ou construise un barrage pour nuire à l'économie d'un autre État. C'est ce qui a failli se produire, en 1959, autour du Nil, en Afrique, un fleuve qui traverse une dizaine de pays. Le Soudan menace de construire des barrages sur son territoire pour retenir plus d'eau. L'Égypte en recevrait donc moins. Elle menace aussitôt d'attaquer le Soudan. Peu après, ces deux pays signent un traité définissant les conditions de partage des eaux. La querelle du Nil ne s'arrête cependant pas là, car, pendant des décennies, plusieurs pays riverains menacent de dévier les eaux du fleuve pour en retenir davantage sur leur territoire. Finalement, en 1999, un accord liant 10 pays est conclu pour assurer un partage plus équitable des eaux : l'Initiative pour le bassin du Nil.

PRENDRE **POSITION** (CD 2)

Les questions portent sur le contenu des pages 238 à 246.

1. Dans le cas d'une guerre civile, l'Organisation des Nation unies devrait-elle avoir le droit d'intervenir pour prévenir les génocides ? Expliquez votre position.
2. À votre avis, la communauté internationale devrait-elle intervenir en territoire souverain dans la lutte contre le terrorisme ? Justifiez votre réponse.
3. **a)** Certains pays se partagent le même cours d'eau. Si un pays décide de limiter l'accès d'un pays voisin à cette eau pour répondre à ses propres besoins, qu'est-ce qui devrait primer : le droit universel à l'eau pour tous OU les droits souverains de cet État ? Justifiez votre réponse.

   b) À votre avis, faut-il envisager des lois internationales pour l'accès à l'eau ? Justifiez votre réponse.
4. Internet échappe aux lois en vigueur dans les États, il en menace même parfois la sécurité. En conséquence, devrait-on envisager la création d'une « police mondiale du Web » ? Justifiez votre réponse.
5. Que pensez-vous du programme du Parti pirate qui, en Suède, prône la complète liberté de partage des fichiers et de téléchargement de contenus informatiques ? Êtes-vous en accord avec ce programme ou croyez-vous plutôt que les États devraient interdire ce type de pratiques ?

DÉBATTRE DE L'ENJEU : ACTIVITÉ

Composante de la CD 2

La sécurité dans les aéroports

Outils de référence : votre manuel *Enjeux*, des articles parus dans les médias et Internet.

Le 11 septembre 2001, des terroristes lancent deux avions contre les tours du World Trade Center à New York. Cette attaque aura des répercussions sur la majorité des États, notamment sur l'accroissement des mesures de contrôle dans les aéroports.

Pour bien comprendre les différentes facettes de ce sujet, faites un dossier de presse sur les mesures de sécurité dans les aéroports depuis les attentats survenus à New York en 2001. Regroupez-vous en équipe de deux afin de partager vos points de vue.

1. Trouvez un éditorial traitant des mesures de sécurité dans les aéroports dans l'année qui a suivi les attentats (années 2001 et 2002).
2. Trouvez un second éditorial et deux articles traitant des mesures de sécurité actuelles.
3. Analysez les quatre textes et rédigez un court texte pour répondre aux trois questions suivantes :

   a) Y a-t-il une différence entre les mesures de sécurité aérienne prises en 2001 et celles prises maintenant ? Les points de vue des éditorialistes divergent-ils ?

   b) Selon ce que vous avez lu, êtes-vous favorable aux mesures de sécurité mises en place depuis les attentats de 2001 ? Justifiez votre réponse.

   c) Croyez-vous que les exigences des États-Unis sur les autres États à la suite de cet attentat sont une forme d'ingérence dans leurs pouvoirs ? Justifiez votre point de vue.

ZOOM

Le Parti pirate au parlement suédois !

En juin 2009, le Piratpartiet (Parti pirate), un tout nouveau parti politique, au programme pour le moins étonnant, a fait élire deux députés au Parlement européen : Lars Christian Engström, un entrepreneur en informatique et Amélia Andersdotter, une étudiante en économie. Avec 50 000 membres, le Piratpartiet est la troisième force politique de Suède. Son programme politique se résumerait à deux points : légaliser le partage de fichiers interdits par les lois suédoises et européennes et défendre les libertés sur le Web. De leur côté, les créateurs, artistes et générateurs de contenus continuent de mener la lutte pour le respect des droits d'auteur et la sauvegarde des industries culturelles. L'émergence d'un tel parti démontre bien la difficulté pour les États de réglementer le cyberespace.

Source : « Internet, révolution culturelle », *Manière de voir, Le Monde diplomatique*, février-mars 2010, n° 109 [en ligne]. (Consulté le 8 mars 2010.)

La planète Internet

Internet, cet immense réseau virtuel échappe en grande partie au contrôle des États. Pire, il en menace même la sécurité. Pourquoi ? Tout simplement parce que les sites Web peuvent être hébergés à l'étranger, à des milliers de kilomètres de l'internaute. L'État n'a donc ni les outils juridiques pour intervenir sur les producteurs installés dans un autre pays ni les capacités informatiques pour combattre les fraudes à l'échelle internationale. Or, les États et leur économie sont de plus en plus dépendants des systèmes informatiques et d'Internet.

Même sur son propre territoire, l'État a de la difficulté à faire respecter ses lois, comme celle des droits d'auteur ou celle de la protection du consommateur. D'une part parce que les enquêtes informatiques coûtent très cher, mais aussi parce que la technologie évolue plus rapidement que les législations et que les connaissances des enquêteurs. Le processus d'adoption des lois est si long, et les changements informatiques si rapides que, dès qu'elle est votée, une loi est souvent inutile, car la technique frauduleuse a été remplacée par un système plus sophistiqué.

Résultat : à grande vitesse, les transactions, les communications et les informations, qui transitent par le Web, franchissent les frontières, déjouent les contrôles et défient de nombreuses lois. Ainsi, même si le Canada interdit la vente d'un médicament sur son territoire pour des raisons de sécurité, des pharmacies illégales sur Internet peuvent vendre ce même produit, car elles ne subissent aucun contrôle. Or, l'Organisation mondiale de la santé (OMS) affirme que 50 % des médicaments vendus sur les sites qui ne donnent aucune adresse d'entreprise officielle sont des contrefaçons. Certains de ces médicaments contiennent des produits dangereux ou une dose insuffisante d'ingrédients thérapeutiques.

Des milliers d'internautes partout dans le monde sont victimes de fraudeurs ou de criminels. L'Organisation internationale de police criminelle (Interpol) a de la difficulté à repérer les fraudeurs, car leurs

29 Le nombre d'internautes dans le monde de 1990 à 2008

La Chine a déclassé les États-Unis en 2008 quant au nombre de logis branchés au réseau Internet.

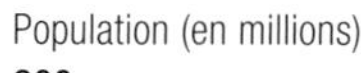

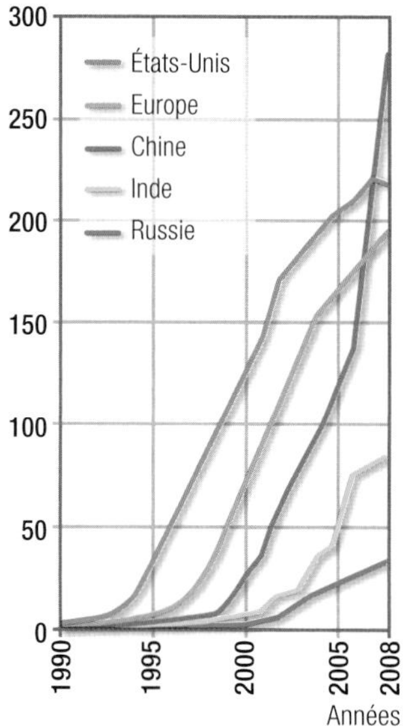

30 La répartition des internautes dans le monde de 2000 à 2007

C'est en Asie qu'on enregistre le pourcentage le plus élevé d'internautes.

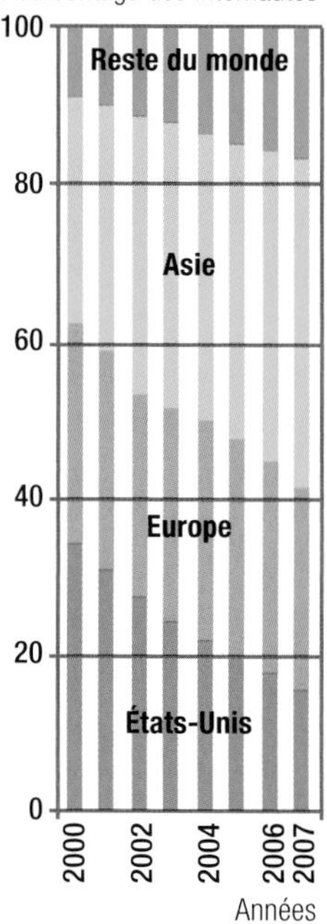

Source : *Manière de voir, Le Monde diplomatique*, Paris, février-mars 2010, n° 109, p. 50-51.

31

sites Web changent fréquemment de nom et leurs serveurs, de pays.

L'informatisation à grande échelle des services des États et des entreprises les rend également très vulnérables aux cyberattaques. Celles contre les entreprises, notamment les banques, sont devenues quotidiennes. L'ONU chiffre à 20 milliards $ US par an la perte de productivité des entreprises due à ces attaques.

Plus menaçants encore, le **cyberterrorisme** et la cyberguerre font craindre le pire, puisqu'ils peuvent paralyser l'économie et les systèmes de défense d'un État. De jeunes internautes ont d'ailleurs défrayé la manchette au cours des 15 dernières années pour avoir réussi à pénétrer des systèmes nationaux hautement protégés, démontrant ainsi la vulnérabilité de ces systèmes face à d'éventuelles attaques.

L'Organisation de coopération et de développement économiques (OCDE), l'Union européenne et l'ONU se penchent depuis plusieurs années sur la pertinence d'adopter des lois internationales et de former

31 En 2009, le gouvernement des États-Unis met sur pied une nouvelle institution dédiée à la protection des systèmes militaires américains contre les cyberattaques.

une *police mondiale du Web*. De leur côté, plusieurs pays sont déjà à pied d'œuvre dans cette lutte contre le cyberterrorisme. Les États-Unis, qui ont créé en 2009 un poste de responsable contre la guerre au cyberterrorisme, annonçaient la même année la création d'un commandement militaire pour le cyberespace (US Cyber-Command). Les guerres du 21e siècle seront-elles virtuelles ?

ENJEU 2 La souveraineté des États et les regroupements économiques ou politiques

En Europe, quelque 500 millions de citoyens de 27 pays sont désormais regroupés au sein d'une méga-alliance unique au monde : l'Union européenne (UE). Cette imposante alliance économique et politique côtoie plusieurs autres regroupements d'États. Car, pour faire face aux nombreux défis de la mondialisation, les États doivent de plus en plus se regrouper, en particulier au sein d'alliances économiques.

Bien qu'elles offrent leur lot d'avantages, les alliances imposent aussi des règles aux États membres, qui voient ainsi une partie de leur souveraineté diminuer. Les alliances sont-elles tout de même profitables aux États ? Un regroupement aussi imposant que celui de l'UE serait-il en train d'ouvrir la voie à une gouvernance mondiale ?

Les grandes alliances sont-elles profitables ?

Qu'elles soient militaires, économiques ou politiques, les grandes alliances sont-elles avantageuses pour les États ? Favorisent-elles leur croissance économique ou sont-elles une menace à leur souveraineté ? Laissent-elles une voix aux citoyens ?

L'exemple du Canada et de l'OTAN illustre bien le fait que les alliances comportent à la fois des avantages et des contraintes. Lorsque les sous-marins de guerre alle-

33

mands sont venus torpiller et détruire des navires dans le golfe du Saint-Laurent et même dans le fleuve Saint-Laurent pendant la Seconde Guerre mondiale, le Canada aurait certainement souhaité que l'OTAN existe. Des soldats d'autres pays seraient alors rapidement venus à sa défense, car l'un des rôles de l'OTAN est d'offrir une assistance mutuelle en cas d'agression.

Le Canada a adhéré à l'OTAN dès sa création, en 1949. Bien que sa capacité militaire se soit accrue ces dernières décennies, le Canada pourrait-il aujourd'hui protéger seul sa population, considérant qu'il a plus de 200 000 km de côtes à défendre et près de 9000 km de frontières terrestres ?

Sa participation à l'OTAN l'oblige cependant à endosser ses décisions, qu'il les approuve ou non. En 1999, avant même que le Conseil de sécurité de l'ONU accepte une intervention militaire contre l'ex-Yougoslavie, où les autorités menaient un génocide, l'OTAN décide d'intervenir et bombarde cet État. Le

32 Les Conférences ministérielles de l'OMC donnent toujours lieu à des protestations. Lors de celle tenue en 1999 à Seattle, aux États-Unis, des dizaines de milliers de manifestants ont fait échouer la Conférence. Des manifestations avaient lieu en même temps dans d'autres villes, comme celle-ci à Paris, en France.

33 Le Conseil des ministres de l'Union européenne regroupe des ministres des gouvernements des États membres. Il se réunit à Bruxelles, capitale de la Belgique.

34 En 1999, l'OTAN bombarde des positions serbes en ex-Yougoslavie. L'OTAN déploie aussi des troupes terrestres, comme ces soldats italiens.

36 En 2008, des milliers d'agriculteurs mexicains défilent sur leurs tracteurs dans les rues de Mexico, la capitale du pays, pour protester contre l'ALENA, qui réduit les revenus qu'ils tirent de leur production agricole.

ZOOM

Venezuela-OPEP : une association enrichissante

Membre fondateur en 1960 de l'Organisation des pays exportateurs de pétrole (OPEP), le Venezuela, en Amérique du Sud, profite grandement de cette association. Les États membres de l'OPEP s'enrichissent rapidement. Le Venezuela connaît un boum industriel et une urbanisation accélérée. Ses revenus s'accroissent encore davantage lorsqu'il nationalise les ressources pétrolières en 1975. Aujourd'hui, ce sont les **spéculateurs** des marchés financiers qui ont le plus de pouvoir pour fixer les prix du pétrole. L'OPEP, qui n'a plus que 40 % du marché mondial, parvient cependant à influencer un peu ces prix lorsqu'elle modifie le niveau de sa production. Le Venezuela en profite : ses revenus pétroliers élevés lui permettent d'instaurer des programmes sociaux pour les plus défavorisés.

Canada se trouve alors engagé dans une opération illégale, car seul le Conseil de sécurité peut autoriser une telle ingérence territoriale.

LES ALLIANCES SONT-ELLES UN GAGE DE CROISSANCE ÉCONOMIQUE ?

Un des facteurs de la croissance économique d'un pays est son ouverture au commerce mondial. Si les entreprises d'un État paient des droits de douane élevés pour exporter sur les marchés étrangers, leurs produits risquent de ne pas être concurrentiels. Pour soutenir le développement des entreprises sur son territoire, l'État signe avec d'autres États des traités de libre-échange qui abolissent les tarifs douaniers entre eux.

En signant l'Accord de libre-échange nord-américain (ALENA), le Canada ouvrait à ses entreprises un marché de plus de 400 millions de consommateurs, soit 12 fois la population canadienne. Plusieurs de ses entreprises ont ainsi pu enregistrer une bonne croissance. Des

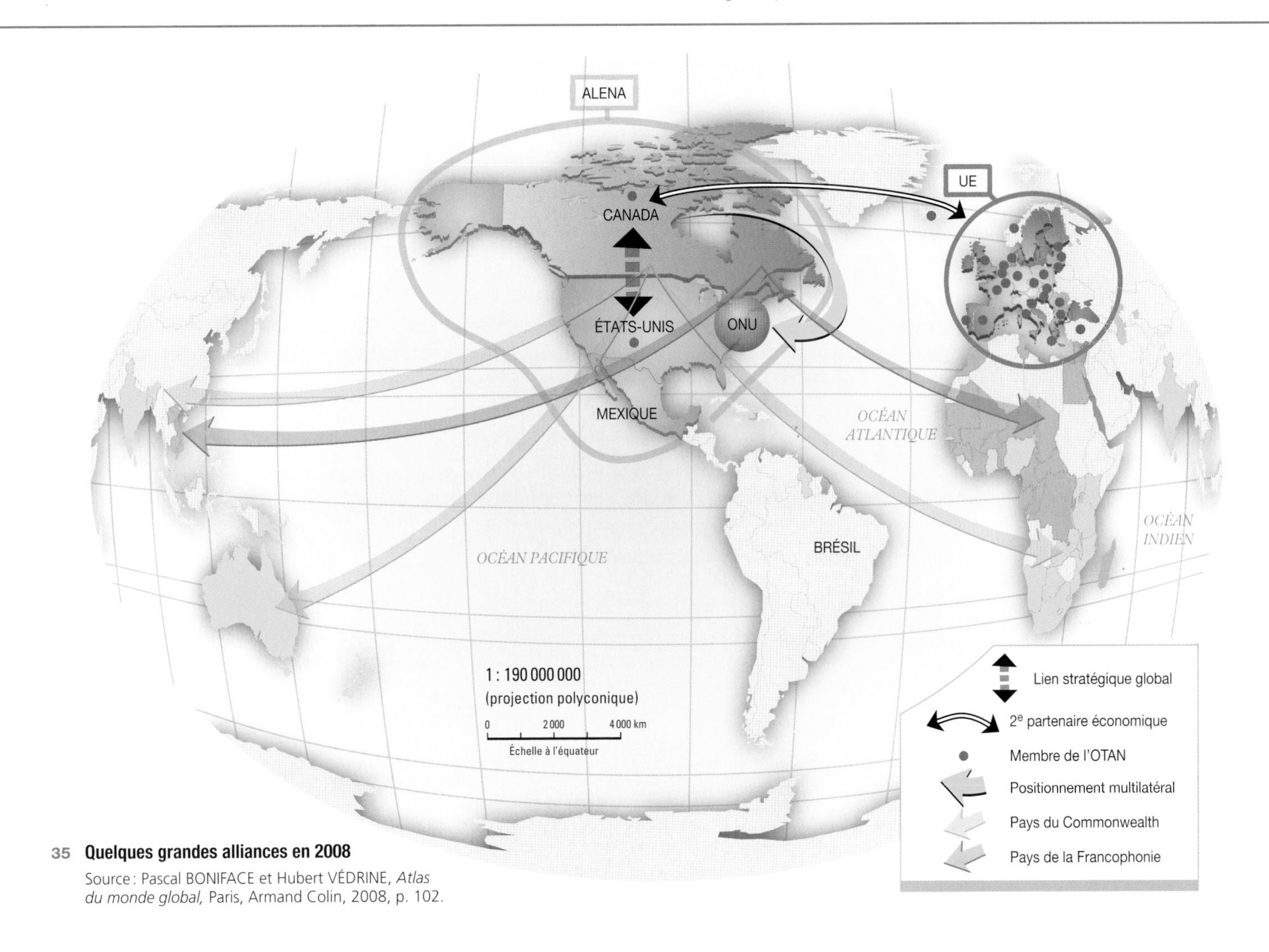

35 **Quelques grandes alliances en 2008**

Source : Pascal BONIFACE et Hubert VÉDRINE, *Atlas du monde global,* Paris, Armand Colin, 2008, p. 102.

analyses économiques indiquent cependant que la croissance liée au libre-échange n'a pas des effets uniformes :

- les États signataires n'en bénéficient pas de manière égale ;
- des entreprises d'un même État en tirent des avantages (augmentation de la production et des profits), d'autres, des inconvénients (diminution de la production ou fermeture) ;
- les entreprises en tirent beaucoup plus d'avantages que les citoyens.

Un des partenaires de l'ALENA, le Mexique, a grandement profité de cet accord. Dans les huit premières années suivant l'entrée en vigueur de l'accord, la valeur de ses exportations vers ses deux partenaires, le Canada et les États-Unis, a grimpé de 225 %. Malgré cela, une grande proportion de la population du Mexique est encore pauvre. Le revenu moyen par habitant est trois fois moins élevé qu'au Canada.

36

LES ALLIANCES SONT-ELLES UNE MENACE À LA SOUVERAINETÉ ?

Dès qu'un État s'engage à suivre des règles communes avec d'autres États, sa souveraineté se trouve limitée. Les effets de cette limitation peuvent être positifs ou négatifs.

En vertu de l'ALENA, une entreprise peut poursuivre le gouvernement d'un des deux autres États partenaires pour protester contre une loi qui nuit à ses profits. En janvier 2010, un arbitre étudiait les plaintes de 14 entreprises américaines qui exigeaient un dédommagement du Canada, notamment pour pertes de profits espérés. Au total, ces poursuites s'élèvent à plus de un milliard de dollars.

Certains craignent que de plus en plus d'argent de l'État prévu pour le développement social et économique du Canada aille dans le portefeuille d'entreprises américaines qui se disent lésées par des lois canadiennes. D'autres ont peur que le Canada abolisse des lois, notamment environnementales, pour éviter ce type de poursuites. D'autres encore estiment que c'est le prix à payer pour favoriser le libre-échange.

Les limites à la souveraineté imposées par les regroupements ont parfois un effet très positif pour l'ensemble de la population de tous les États membres. Par exemple, les 10 États membres du MERCOSUR, le marché commun de l'Amérique du Sud (→ *voir le tableau* Les grandes alliances économiques internationales, *p. 149*), se sont donné un certain rempart contre la dictature. Ils ont signé la déclaration d'Ushuaia, qui prévoit l'expulsion d'un État membre qui rejetterait les règles de la **démocratie** sur son territoire.

ZOOM

Un « sommet des Grands »

En 1975, six des pays les plus industrialisés de la planète se réunissent en France pour une conférence économique de trois jours. L'Allemagne, les États-Unis, la France, l'Italie, le Japon et le Royaume-Uni s'entendent pour libéraliser davantage le commerce, c'est-à-dire permettre aux produits de chacun d'entrer plus facilement sur le marché des autres. L'année suivante, le Canada se joint au groupe. On a commencé alors à nommer ce regroupement le G7 : « G » pour groupe, « 7 » pour le nombre de pays. En 1991, la Russie a été acceptée dans ses rangs. Le groupe est donc devenu le G8. → *Voir l'encadré* La concentration de la richesse mondiale, *p. 151*. Occasionnellement, le G8 élargit ses réunions. On parle alors des rencontres du G20.

FOCUS

Deux Commonwealth : l'ancien et le moderne

Parmi les divers regroupements internationaux, on trouve le Commonwealth (→*voir la fiche d'information, p. XXXIII*). Ce regroupement économique et politique fut, en quelque sorte, le successeur de l'Empire britannique. À sa création, au début des années 1900, il regroupait des colonies britanniques ayant acquis une certaine autonomie, comme le Canada. En 1931, la signature du traité de Westminster met fin à certains pouvoirs de l'Empire. Par exemple, le droit britannique ne s'appliquerait plus obligatoirement dans les pays du regroupement qui pourraient adopter leurs propres lois, sans que le gouvernement britannique puisse les révoquer. Les membres devaient prêter **allégeance** à la Couronne britannique. Lorsqu'ils ont obtenu leur totale indépendance du Royaume-Uni, certains membres ont adopté un régime politique républicain. Comme une république exclut la monarchie, ces États ne pouvaient plus jurer loyauté à la Couronne. On a donc abandonné ce critère d'adhésion. C'est ainsi que le « premier Commonwealth » s'est éteint en 1949. Puis, le critère d'« ancien territoire britannique » a aussi disparu. Le Mozambique, ancienne colonie portugaise, a ainsi pu devenir membre.

Le Commonwealth compte aujourd'hui 54 États, dont le Canada, ayant pour principal objectif de se soutenir économiquement par des liens commerciaux et des tarifs douaniers avantageux. Les membres du Commonwealth se rencontrent également pour discuter de divers enjeux politiques. En 2009, par exemple, les dirigeants des États membres se sont réunis à Trinité-et-Tobago pour établir une position commune en vue du Sommet de Copenhague sur le changement climatique. À l'issue de la rencontre, présidée par la reine Élisabeth II, les membres du Commonwealth ont affirmé qu'ils soutiendraient l'adoption d'un accord contraignant. Cette prise de position n'engageait pas vraiment les États membres et n'a d'ailleurs pas influencé celle prise à Copenhague par le Canada.

37

LES CITOYENS ONT-ILS LEUR MOT À DIRE ?

Quand une organisation internationale décide d'une action, il arrive que les citoyens d'un État membre protestent. Selon l'ampleur du mécontentement de sa population, le gouvernement peut parfois décider de ne pas exécuter la demande de son organisation, s'il en a la possibilité légale.

Parfois oui...

C'est ce qui s'est passé à l'hiver 2003 lorsque quelques pays – les États-Unis et le Royaume-Uni en tête – voulaient intervenir militairement en Irak. Une protestation massive s'est aussitôt fait entendre dans de nombreuses villes du monde, dont plusieurs au Canada. À Montréal, 150 000 personnes sont descendues dans la rue le 15 février et encore 200 000 le mois suivant pour exiger que le gouvernement canadien n'envoie pas de soldats en Irak. Il s'agissait des plus grandes protestations populaires de l'histoire du Québec. Au lendemain de la manifestation monstre qui a lieu au mois de mars, le gouvernement canadien annonce son refus d'envoyer des troupes en Irak sans le feu vert de l'ONU. Le 20 mars 2003, sans l'accord du Conseil de sécurité de l'ONU, les armées américaines et britanniques commencent à bombarder l'Irak, contrevenant ainsi à la Charte des Nations unies.

Parfois non...

Il arrive que la contestation populaire des décisions prises par une organisation

37 Le 15 mars 2003, plus de 200 000 personnes manifestent à Montréal pour protester contre la participation éventuelle du Canada à l'attaque militaire illégale que les États-Unis et le Royaume-Uni s'apprêtent à lancer contre l'Irak.

PRENDRE POSITION (CD 2)

Les questions portent sur le contenu des pages 246 à 252.

1. Selon vous, les grandes alliances économiques et politiques représentent-elles une solution pour protéger les intérêts des plus petits pays ? Justifiez votre réponse.
2. Que pensez-vous du fait que le Canada est membre de l'OTAN ?
3. À votre avis, qui profite le plus des accords de libre-échange comme l'ALENA : les individus, les gouvernements ou les entreprises ? Justifiez votre réponse.
4. Dans le cadre des grandes alliances économiques, certains organismes internationaux doivent faire respecter des ententes. Ainsi, l'Organisation mondiale du commerce (OMC) peut imposer ses décisions dans le cas d'un litige. Comment l'OMC peut-elle menacer la capacité d'action des États membres ?
5. Selon vous, en se regroupant et en faisant des pressions, les citoyens peuvent-ils influencer ou faire changer les décisions des gouvernements ? Appuyez votre réponse sur deux exemples.

DÉBATTRE DE L'ENJEU : ACTIVITÉ
Composante de la CD 2

L'évolution du rôle de l'OTAN

Outils de référence : votre manuel *Enjeux* et Internet.

Au lendemain des attentats du 11 septembre 2001, le président américain George W. Bush a déclaré que ces attaques terroristes étaient en fait un acte de guerre, et qu'en frappant les États-Unis, les auteurs de ces attentats avaient également frappé le Canada et tous les pays membres de l'OTAN. Pour appuyer sa déclaration, le président Bush invoquait l'article 5 de la Charte de l'OTAN, qui stipule qu'une attaque contre un des États membres est une attaque contre tous les autres membres ; et donc tous ont le devoir de défendre l'État attaqué.

Cette déclaration incite à réfléchir sur le mandat et le rôle de l'OTAN.

1. Regroupez-vous en équipe de quatre élèves et choisissez l'une des deux questions suivantes pour tenir votre débat :
   a) Le Canada doit-il rester membre de l'OTAN ?
   b) Êtes-vous en accord avec l'article 5 de la Charte de l'OTAN ? Quelle est votre position par rapport à cet article ?
2. Sur une carte muette du monde, identifiez, à l'aide de couleurs différentes :
   a) les 12 pays qui ont adhéré à l'OTAN en 1949 ;
   b) les pays qui se sont joints à l'OTAN de 1950 à 2003 ;
   c) les pays qui font partie de l'OTAN depuis 2004.
3. a) Quelle était la raison d'être initiale de l'OTAN ?
   b) Quelle est-elle aujourd'hui ?
4. Certains affirment que l'OTAN restreint la souveraineté des États. Expliquez ce point de vue.

38

internationale ne donne aucun résultat ou qu'elle perturbe une partie de l'activité économique d'un État. Lorsque l'Union européenne (UE) ouvre à ses 27 États membres une portion des eaux maritimes des États riverains, les pêcheurs de ces États se retrouvent avec plusieurs concurrents pour une même ressource. Plus encore, l'UE leur impose des quotas afin d'éviter la disparition d'espèces. Les pêcheurs français affirment que ces quotas, qui varient selon les États, menacent leur survie. En 2008, ils mènent des grèves au cours desquelles ils bloquent l'accès à des ports, dont plusieurs abritent des dépôts de pétrole. Ils bloquent aussi les traversiers entre la France et le Royaume-Uni. Certains forcent des supermarchés à fermer leur comptoir de poisson. Incapable de faire modifier les quotas de l'UE, le gouvernement français offre une compensation en argent à ses pêcheurs. Ceux-ci disent ne pas vouloir un soutien financier, mais plutôt du travail.

38 Les manifestations dans les ports pour bloquer l'accès aux bateaux et le saccage de comptoirs de poisson dans les supermarchés sont des actions menées par les pêcheurs français, en 2008, pour protester contre les **quotas** de pêche imposés par l'UE.

Le modèle européen: prélude à la gouvernance mondiale?

Un gouvernement au-dessus de 27 États, regroupant près d'un demi-milliard d'habitants s'exprimant dans l'une ou l'autre des 23 langues officielles ou de la soixantaine de langues régionales et minoritaires, voilà un défi politique, économique, social et culturel sans précédent dans l'histoire de l'humanité.

Après presque deux décennies d'existence, ce gouvernement **supraétatique** nommé *Union européenne* (UE) a fait la démonstration qu'un gouvernement quasi continental est possible. Ce laboratoire de «mégagouvernance» est-il le prélude à la création d'un Parlement unique pour tous les États de la planète?

39 La diversité des langues au sein de l'UE

Les 23 langues officielles		Quelques-unes des langues minoritaires
Allemand	Letton	Albanais
Anglais	Lituanien	Basque
Bulgare	Maltais	Breton
Danois	Néerlandais	Catalan
Espagnol	Polonais	Corse
Estonien	Portugais	Gaélique
Finnois	Roumain	Galicien
Français	Slovaque	Gallois
Grec	Slovène	Occitan
Hongrois	Suédois	
Irlandais	Tchèque	
Italien		

Sources: Europa, le portail de l'Union européenne, *Les langues dans l'UE* [en ligne]; Euromosaic, *Les langues minoritaires de l'Union européenne* [en ligne]. (Consultés le 16 février 2010.)

40 Les séances régulières du Parlement européen ont lieu à Strasbourg, en France. Les séances plénières, elles, se tiennent à Bruxelles, en Belgique. Le Parlement de l'UE compte 736 députés.

De la « Petite Europe » à l'Union européenne

1951
CECA
Communauté européenne du charbon et de l'acier, surnommée la *Petite Europe*
Six États membres : Allemagne, Belgique, France, Italie, Luxembourg, Pays-Bas

1957
CEE
Communauté économique européenne, aussi appelée le *Marché commun*
Six États fondateurs :
Allemagne, Belgique, France, Italie, Luxembourg, Pays-Bas

1973
La **CEE** compte trois nouveaux membres : Danemark, Irlande, Royaume-Uni

1950 — 1960 — 1970

DU JAMAIS-VU DANS L'HISTOIRE

L'année 1992 marque une grande première dans l'histoire : 12 États installent un gouvernement *au-dessus* de leurs propres gouvernements. C'est la naissance de l'Union européenne. L'UE fait si bien la preuve qu'une telle structure peut fonctionner que plusieurs autres États d'Europe demandent rapidement à joindre ses rangs. De 1995 à 2007, l'UE intègre 15 nouveaux États.

Cette famille n'a pas fini de grandir, car d'autres États attendent d'y être admis. Pour devenir membre de l'UE, un pays européen doit respecter une série de principes. Sa candidature doit être approuvée à l'unanimité par les États membres.

UNE GOUVERNANCE EN PERPÉTUELLE ÉVOLUTION

La mise en place d'un Parlement commun responsable de l'élaboration de lois pour tous les États membres et la création d'autres institutions assurant la gouvernance de 27 États représentent un défi colossal. Cette aventure unique, amorcée en 1992, nécessite donc encore bien des ajustements, car ce n'est qu'en mettant les règles en application qu'on voit si elles sont adéquates. Voilà pourquoi le traité sur l'Union européenne, appelé communément *traité de Maastricht*, a été modifié par trois autres traités.

41 L'utilisation de l'euro comme monnaie commune

Les 16 États de l'UE ayant adopté l'euro		Les 11 États de l'UE n'ayant pas adopté l'euro	
Allemagne	Irlande	Bulgarie	Roumanie
Autriche	Italie	Danemark	Royaume-Uni
Belgique	Luxembourg	Estonie	Suède
Chypre	Malte	Hongrie	
Espagne	Pays-Bas	Lettonie	
Finlande	Portugal	Lituanie	
France	Slovaquie	Pologne	
Grèce	Slovénie	République tchèque	

Source : Banque centrale européenne, *La carte de la zone euro 1999-2009* [en ligne]. (Consulté le 16 février 2010.)

ZOOM

Les critères d'adhésion de l'UE : la démocratie en tête

Adhérer à l'UE exige que l'État gère sa société en respectant une série de critères politiques et économiques en lien avec la liberté, la dignité, la solidarité, la citoyenneté et la justice. L'État doit notamment :

- avoir des institutions gouvernementales garantissant la démocratie ;
- respecter les droits de la personne et protéger ses minorités ;
- avoir une économie de marché capitaliste viable ;
- avoir la capacité de faire face à la concurrence économique ;
- assurer l'égalité entre les femmes et les hommes ;
- interdire la torture, l'esclavage et le travail forcé ;
- assurer la liberté d'expression, d'information et d'association.

1980

1981
La **CEE** compte un nouveau membre : Grèce

1986
La **CEE** compte deux nouveaux membres : Espagne, Portugal

1990

1992
Traité sur l'Union européenne (UE) (traité de Maastricht)
12 États fondateurs : Allemagne, Belgique, Danemark, Espagne, France, Grèce, Irlande, Italie, Luxembourg, Pays-Bas, Portugal, Royaume-Uni

1995
L'**UE** compte trois nouveaux membres : Autriche, Finlande, Suède
Accords de Schengen
Libre circulation des citoyens entre les territoires des États signataires (22 États de l'UE)

1999
Création de la zone euro
Plusieurs pays de l'UE adoptent une monnaie commune, l'euro

2000

2004
L'**UE** compte 10 nouveaux membres : Chypre, Estonie, Hongrie, Lettonie, Lituanie, Malte, Pologne, République tchèque, Slovaquie, Slovénie

2007
L'**UE** compte deux nouveaux membres : Bulgarie, Roumanie

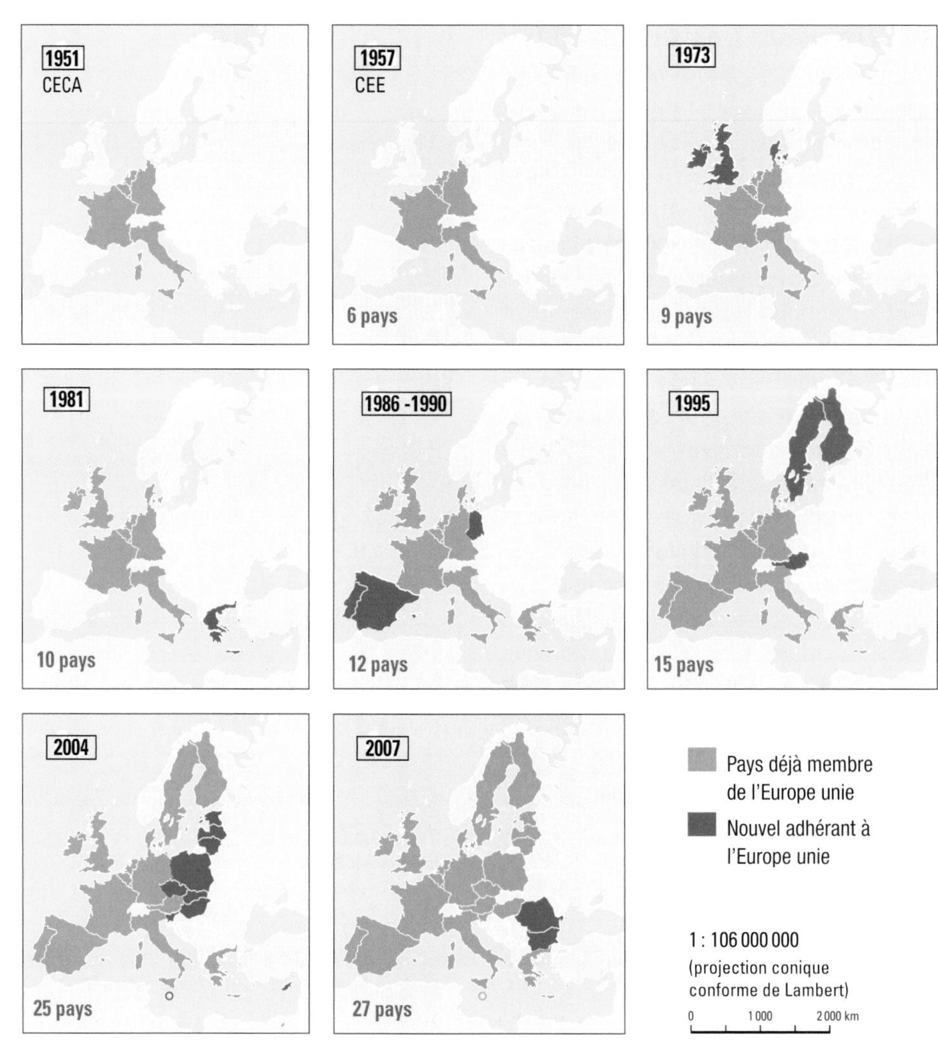

42 Les élargissements successifs de l'Europe unie, de 1951 à 2007
Source : *Histoire géographie 3*e, Paris, Éditions Belin, 2007, p. 270.

ZOOM

Maastricht : une petite ville pour une grande première

En 1992, dans la ville de Maastricht, aux Pays-Bas, les 12 États membres de la Communauté économique européenne (CEE) signent le traité sur l'Union européenne, parfois nommé *traité de Maastricht*. La CEE prend alors le nom d'*Union européenne* (UE). Le traité instaure une monnaie unique, l'euro, et établit une politique étrangère et de sécurité commune. Dès janvier 1993 est mis en place un marché unique basé sur la libre circulation des marchandises, des services, des personnes et des capitaux. Au fil des ans, 15 autres États s'y joignent. Trois traités ont apporté des modifications à celui de l'UE. Le traité d'Amsterdam en 1997 améliore la protection des droits de la personne. Les traités de Nice (2001) et de Lisbonne (2009) réforment des institutions de l'UE, par exemple en renforçant le rôle du Parlement européen et en accroissant la participation des Parlements des États membres.

L'UNIFORMISATION ET LA SOUVERAINETÉ

L'UE oblige ses États membres à faire appliquer des lois dans une multitude de domaines. Une part importante de la souveraineté de l'État est donc entre les mains de l'UE. Par exemple, en matière de protection des consommateurs, les États doivent mettre en place des structures pour faire respecter sur leur territoire des normes sur :

- le contenu des aliments transformés ;
- l'étiquetage des OGM ;
- l'inspection des aliments ;
- le système d'alerte pour les produits comportant des risques pour la santé ;
- la publicité trompeuse ou les ventes forcées.

En adhérant à l'UE, les États n'avaient pas tous le même souci ou le même niveau de protection des droits des consommateurs ou de l'environnement. Ce que certains pays ont mis des dizaines d'années à mettre en place, d'autres États doivent maintenant le faire en un court laps de temps. L'application de certaines politiques, comme celles concernant la lutte contre le terrorisme, coûte cher aux États. Une part importante de leur budget est utilisée pour répondre aux exigences de l'UE. Leur souveraineté s'en trouve affaiblie, car ils disposent de moins d'argent pour mettre en œuvre les politiques économiques et sociales qu'ils souhaiteraient.

43 **Quelques-uns des domaines d'intervention de l'UE**

Affaires économiques	Affaires politiques, sociales et culturelles
Commerce	Santé publique
Lutte contre la fraude	Justice
Finance	Culture
Recherche et innovation	Droits de la personne
Douanes	Environnement
Pêches	Protection des consommateurs
Agriculture	Éducation
Énergie	Aide humanitaire
Technologies de l'information	Politique étrangère et sécurité

FOCUS

Les quatre bras de l'UE

La gouvernance de l'Union européenne repose sur quatre institutions: le Parlement européen, le Conseil des ministres de l'UE, la Commission européenne et le Conseil européen.

Parlement européen: Il représente les intérêts des citoyens. C'est la seule institution supranationale du monde dont les membres sont élus au suffrage universel direct. Ainsi, en plus d'élire le gouvernement de leurs États respectifs, les Européens élisent, tous les cinq ans, leurs représentants européens. Le Parlement compte 736 députés. Chaque État membre a droit à un nombre précis de sièges. Le président du Parlement est élu par les députés pour un mandat de deux ans et demi.

Conseil des ministres de l'Union européenne: Il représente les intérêts des États membres. Il est composé d'un ministre de chaque État et participe aux débats du Parlement. Sa composition change selon le sujet débattu. Ainsi, si le Parlement étudie une question environnementale, ce sont les ministres de l'Environnement de tous les États qui forment le Conseil ce jour-là.

À tour de rôle, tous les six mois, un État membre exerce la présidence.

Commission européenne: Elle est composée de 27 commissaires, soit un par État membre, nommés pour cinq ans. Elle soumet des lois au Parlement, veille à leur application et gère le budget. Elle représente l'UE sur la scène internationale.

Le président est élu pour cinq ans par le Parlement.

Conseil européen: Sommet qui a lieu quatre fois par an et qui réunit les chefs d'État et de gouvernement de l'UE ainsi que le président de la Commission européenne. C'est là que sont décidées les orientations et les priorités de l'UE. En 2009, un tout nouveau poste « permanent » de président du Conseil européen a été créé.

Le président est désigné par les chefs d'État et de gouvernement pour un mandat de deux ans et demi.

PORTRAIT

Herman **Van Rompuy** (1947-)

Né en Belgique, Herman Van Rompuy est diplômé en économie. Il amorce sa carrière politique comme conseiller ministériel, puis devient ministre des Finances et vice-premier ministre. En 2007, le roi belge le charge de régler la grave crise qui oppose les deux grandes communautés: après les élections, l'État se retrouve sans gouvernement en raison des querelles entre Flamands néerlandophones et Wallons francophones qui ne s'entendent pas sur la formation d'alliances pour en composer un. En 2008, après la démission du premier ministre, le roi nomme Van Rompuy à la tête du gouvernement. En décembre 2009, il devient la première personne à occuper le poste de président du Conseil européen.

PRENDRE **POSITION** (CD 2)

Les questions portent sur le contenu des pages 253 à 259.

1. Nommez les avantages et les inconvénients qui incitent les États à adhérer à une alliance politique comme l'Union européenne (UE). Par exemple, quels pouvoirs gagnent-ils et quels pouvoirs perdent-ils ?

2. Le gouvernement supraétatique européen représente une nouvelle forme de gouvernance internationale. Selon vous, un gouvernement mondial est-il devenu nécessaire ou, au contraire, faut-il laisser les États se gouverner eux-mêmes ? Justifiez votre réponse.

3. L'uniformisation des règles et des lois internationales menace-t-elle le pouvoir juridique et le caractère distinct des États ? Est-elle une menace pour leur autonomie ? Justifiez votre réponse.

4. L'intégration à une organisation comme l'UE menace-t-elle la culture nationale des États membres ? Justifiez votre réponse.

5. Nommez les domaines d'intervention de l'UE qui peuvent menacer la souveraineté des États membres. Appuyez votre réponse sur des exemples concrets.

DÉBATTRE DE L'ENJEU : ACTIVITÉ

Composante de la CD 2

L'adhésion de la Turquie à l'Union européenne

Outils de référence : des articles parus dans les médias sur l'intégration de la Turquie à l'Union européenne et Internet.

Parmi les États qui tentent d'adhérer à l'Union européenne (UE) figure la Turquie. Elle a été officiellement reconnue comme candidate à l'adhésion en 1999. Cependant, elle ne fait toujours pas partie de l'UE. Qu'est-ce qui fait obstacle à son adhésion ?

1. Définissez les points de vue et les arguments (géographiques, économiques, politiques) des différents intervenants dans ce débat. Vous devez tenir compte du point de vue du gouvernement turc et de ses citoyens, de celui de l'UE ainsi que de celui des pays membres.

2. Faites une liste des raisons invoquées par la Commission européenne pour avoir jusqu'à présent refusé l'adhésion de la Turquie à l'UE.

3. Selon vous, qu'est-ce qui permettrait à la Turquie de faire avancer sa cause et favoriser son adhésion à l'UE ?

4. Quelle est votre position dans ce dossier ? Êtes-vous favorable à l'adhésion de la Turquie à l'UE ? Justifiez votre réponse.

LA SAUVEGARDE ET LA DISPARITION DE PATRIMOINES CULTURELS

Les aliments cultivés ou transformés sur le territoire d'un État membre doivent être conformes aux normes d'hygiène européennes pour être exportés dans d'autres pays de l'UE. Or, il existe des méthodes ancestrales de fabrication de divers produits qui ne respectent pas ces normes. L'État doit-il en abandonner la production ou se battre pour faire reconnaître la richesse de ce patrimoine culturel et gastronomique, qui parfois a même une réputation internationale ?

La Pologne a choisi cette deuxième voie pour protéger un fromage fabriqué par des bergers des montagnes : l'oscypek. Elle a convaincu l'UE d'autoriser la production de ce fromage au lait de brebis et de vache, même s'il ne répond pas aux normes européennes. Depuis 2008, l'oscypek bénéficie de la protection de l'Union européenne, qui lui a accordé le titre *Appellation d'origine protégée* (AOP).

LE CHOC DES CULTURES

Si la libre circulation des produits et services permet la diffusion de divers aspects de la culture d'un État, en revanche, la libre circulation des personnes entre les États membres de l'UE est parfois source de tensions sociales. C'est le cas notamment en Italie, où des groupes xénophobes s'attaquent aux étrangers, notamment aux Roumains. En France, des politiciens militent pour l'expulsion des étrangers. L'abolition des barrières douanières et des frontières n'est donc pas une garantie de l'abolition des barrières émotives.

DES PREMIERS PAS CONCLUANTS

Plus que n'importe quel gouvernement, les institutions gouvernementales de l'UE doivent ajuster constamment leurs politiques pour qu'elles répondent aux besoins, mais aussi aux capacités des États membres. Ces institutions sont la cible de pressions notamment des gouvernements des États membres, de la population, des entreprises nationales et des multinationales.

44 Cette bergère polonaise vend de l'oscypek, un fromage de fabrication ancestrale, dans un marché de la ville touristique de Zakopane, en Pologne. Ce fromage fait partie des produits traditionnels européens qui peuvent continuer d'être mis sur le marché, même s'ils ne répondent pas aux normes d'hygiène de l'UE.

45 En janvier 2010, le maire de Rome, la capitale de l'Italie, ordonne le démantèlement des campements improvisés où vivent des Roumains. Cette famille de Roumains doit se chercher un nouvel abri. En 2007, des campements de ce genre ont été incendiés par des Italiens.

CHIFFRES

La pauvreté au sein de l'UE

En 2008, la pauvreté touche 17 % des habitants de l'UE. Les pires situations sont en Europe de l'Est : en Lettonie, 26 % de la population vit dans la pauvreté ; en Roumanie, c'est 23 % ; en Bulgarie, 21 %.

Le fait que l'UE ajuste régulièrement ses structures d'organisation et de fonctionnement illustre une volonté de survie et d'adaptation. Amener des gens issus de dizaines de cultures différentes à construire ensemble une communauté est déjà un grand exploit. Et l'UE est encore très jeune : en comparaison des premiers États âgés de quelques centaines d'années, le premier **supra-État** n'est encore qu'un nourrisson avec ses « 20 ans à peine » !

VEILLE MÉDIATIQUE

Le premier ministre italien contrôle les médias

En octobre 2009, des dizaines de milliers de personnes manifestent pour la liberté de presse sur la *piazza del Popolo* (place du Peuple), à Rome, en Italie. Le président italien Silvio Berlusconi est propriétaire des trois plus grandes chaînes de télé privées en plus d'être en position de contrôler la chaîne publique italienne. On l'accuse de vouloir contrôler l'information, de mettre en place des journalistes et des directeurs qu'il choisit, et de congédier les journalistes trop critiques à son égard.

Les défenseurs de la liberté de presse comme l'organisation Reporters sans frontières dénoncent la proximité du pouvoir politique et du pouvoir médiatique.

Le Watergate et l'importance du journalisme d'enquête

Le 17 juin 1972, cinq personnes sont arrêtées alors qu'elles étaient entrées par effraction dans l'immeuble du Watergate, à Washington, aux États-Unis. Le Watergate abrite les locaux du Parti démocrate des États-Unis. Les personnes arrêtées ont en leur possession de l'équipement d'espionnage.

Deux jeunes journalistes du *Washington Post*, Bob Woodward et Carl Bernstein, s'intéressent à l'affaire. Leur travail d'enquête permettra d'établir des liens entre cette tentative d'espionnage et le président Richard Nixon. L'enquête, qu'on appellera désormais le *Watergate*, durera deux ans. Elle mènera à la démission du président Nixon et à l'arrestation de plusieurs hommes politiques de son entourage qui ont conspiré pour couvrir l'affaire.

Aujourd'hui, le scandale du Watergate symbolise l'importance du journalisme d'enquête pour mettre en lumière certains abus du pouvoir. Les médias identifient maintenant les grands scandales en ajoutant le suffixe *–gate* à un nom, en référence au Watergate.

Protection des sources journalistiques

La FPJQ et six groupes de presse appuient la cause de Daniel Leblanc

PAUL CAUCHON

Six entreprises de presse se sont regroupées autour de la FPJQ (Fédération professionnelle des journalistes du Québec) pour donner leur plein appui à la cause de Daniel Leblanc, ce journaliste du *Globe and Mail* menacé par les tribunaux de dévoiler ses sources journalistiques.

Astral Media, Gesca, *L'Actua-*...gers), Médias Transcon-...becor Media et Ra-...

la garantie que leur confidentialité sera respectée, c'est une sérieuse menace à la démocratie et au travail journalistique.

Avec ce groupe de travail, la FPJQ veut sensibiliser la police et l'appareil judiciaire à l'importa... ce de protéger les sources jo... nalistiques, mais *«nous rega... avec une attention particu... piste législative»*, expliq... çois Bourque, prés... FPJQ. *«Nous che... ment des mo... minant...*

Feu le journalisme d'enquête ?

YVES BOISVERT
CHRONIQUE

...le juge Jean-...Grandpré a ...qui,

Mais il se trouve des gens comme William Mark Felt (Deep Throat) qui estiment à un certain moment de leur carrière que l'in-...érieur de la nation leur ...un secret

dites. Polygone et son président Luc Lemay sont présentement poursuivis (avec d'autres firmes) par le gouvernement fédéral, qui leur reproche d'avoir touché des dizaines de millions en exagérant les factures dans le cadre du scandale des commandites.

On sait que Polygone, pour se défendre, plaide que le gouvernement a trop tardé à poursuivre. Pour cela, Polygone veut connaître la source du journaliste Daniel Leblanc, du *Globe and Mail*, un de ceux qui ont fait éclater le scandale.

Au fait, cette source

qu'une source à Ottawa donnait des informations aux journalistes, l'avocat du procureur général non plus. D'autant que Leblanc avait lui aussi écrit, l'automne dernier, sur ces négociations, ce qui avait fait bondir le juge de Grandpré. Le juge lui avait d'ailleurs intimé l'ordre de ne plus le faire, sans même laisser plaider l'avocat du *Globe and Mail*.

Mais cette fois-ci, l'avocat de *La Presse* a pu amplement s'exprimer, comme quoi la liberté de presse avance. Il n'a cependant ... convaincu le juge, qui ... ordonna...

à la commission d'une faute» n'... «pas le droit de l'avaliser». L... journaliste doit en effet présu... mer que son information éman... d'une personne qui viole ... secret.

Pourtant, le secret est déjà... par la communication ... journaliste – qui, lui, ... à aucun secret. Un... journaliste est ... cette inform... d'où ell...

◄ Un Watergate canadien

En 2004 et 2005, des centaines de milliers de téléspectateurs suivent les audiences de la Commission d'enquête sur le programme de commandites et les activités publicitaires, communément appelée *commission Gomery*. Comme dans le cas du Watergate, c'est le journalisme d'enquête qui est à l'origine de la mise au jour des dérapages du pouvoir dans cette affaire qui sera surnommée le «scandale des commandites». Le travail du journaliste Daniel Leblanc du *Globe and Mail,* ainsi que les révélations que lui a faites sa source anonyme, ont servi de fondement à l'enquête sur ce scandale.

En 2009, dans le cadre d'une autre enquête associée au scandale des commandites, Daniel Leblanc est sommé par un tribunal de révéler l'identité de sa source sous peine d'emprisonnement. Traditionnellement, les journalistes ne dévoilent jamais l'identité des sources qui demandent l'anonymat. Daniel Leblanc refuse et reçoit l'appui des ses collègues et des médias.

L'OBSERVATOIRE **MÉDIAS**

CONSIDÉRER LE **TRAITEMENT MÉDIATIQUE**

Composante de la CD 2

1. Lorsqu'ils font des reportages d'enquête, les journalistes obtiennent parfois des informations confidentielles de personnes envers lesquelles ils s'engagent à ne pas révéler leur identité. En général, les journalistes refusent de divulguer leurs sources, même lorsqu'un juge le leur demande. Toutefois, un juge a le pouvoir de les contraindre à le faire au nom de la sécurité publique ou de la justice. La Fédération des journalistes du Québec (FPJQ) réclame qu'une loi soit adoptée pour garantir aux journalistes le droit de protéger leurs sources. Selon vous, pourquoi la FPJQ estime-t-elle que la non-divulgation des sources est nécessaire au journalisme d'enquête ? Pourquoi les journalistes soutiennent-ils que ce type de reportage est nécessaire ?

2. En consultant le site Internet de la FPJQ, trouvez cinq éléments essentiels du code de déontologie journalistique.

3. Des enquêtes, comme celle du Watergate, sont possibles grâce à l'exercice de la liberté de presse. Cette liberté est d'ailleurs incluse dans la Déclaration universelle des droits de l'homme. Pourquoi, selon vous, la liberté de presse est-elle importante ?

SYNTHÈSE DU DOSSIER POUVOIR

Interprétation: Les pouvoirs des États

L'État-nation, un concept moderne

L'État est une forme d'organisation du pouvoir politique qui se développe progressivement dès le 15e siècle dans quelques pays. Le pouvoir, longtemps aux mains de rois, se déplace graduellement vers de nouvelles institutions, comme les Parlements.

Les États ne naissent pas tous simultanément. Ils apparaissent l'un après l'autre au fil de la décolonisation ou du démembrement des empires.

Qu'est-ce que l'État?

Pour qu'un État existe, quatre éléments doivent être réunis:

- une population;
- un territoire;
- une autorité gouvernementale et juridique qui crée des lois et les fait respecter;
- une autorité souveraine, soumise à aucune autre autorité gouvernementale.

D'abord colonie, puis pays en 1867, le Canada n'accède au statut d'État qu'en 1982, lorsqu'il acquiert le pouvoir de modifier sa Constitution.

Une Constitution détermine qui a le droit de gouverner et pendant combien de temps. Elle établit les devoirs et la limite des pouvoirs des institutions qui composent l'État, comme le cabinet des ministres, l'assemblée des élus, le Sénat.

La souveraineté

Un État est souverain s'il a tous les pouvoirs politiques et juridiques. Le concept de *souveraineté* est donc lié au concept de *non-ingérence*: aucun autre État ne doit intervenir dans ses affaires intérieures et extérieures.

Une certaine ingérence survient cependant lorsque l'État conclut des ententes avec d'autres États, car il doit alors ajuster ses politiques pour qu'elles respectent les règles des organisations auxquelles il adhère ou des accords qu'il signe.

Les pouvoirs d'un État sont habituellement répartis entre plusieurs paliers de gouvernement (fédéral, provincial, municipal, régional, cantonal, communal, etc.).

Le gouvernement s'occupe de la gouvernance de l'État: il adopte les lois et gère les affaires publiques. Il décide comment percevoir l'argent dont il a besoin (taxation) et comment le dépenser. Lorsqu'il adopte des programmes de protection sociale, l'État procède à une redistribution de la richesse.

La séparation des pouvoirs

La gouvernance de l'État s'appuie sur trois pouvoirs: législatif, exécutif et judiciaire. Dans les États démocratiques, ces trois pouvoirs sont exercés par des personnes différentes; dans une dictature, ils sont dans les mains d'une seule personne.

La naissance d'une communauté internationale

La communauté internationale prend forme en 1920 avec la création de la Société des Nations. Après la Seconde Guerre mondiale, en 1945, de nombreuses organisations internationales voient le jour, dont l'ONU, la Banque mondiale, le FMI, le GATT et l'OMC.

Le mandat de l'ONU est de maintenir:

- la paix entre les États;
- la sécurité internationale.

La mondialisation et l'État

Les avancées technologiques intensifient la mondialisation des échanges commerciaux. Pour tenter d'accroître leurs richesses, des États forment des alliances et signent des traités de libre-échange, mais ces engagements ont un impact sur leur souveraineté.

Enjeu 1: La capacité d'action des États

La dépendance économique limite-t-elle la capacité d'action des États?

Les États ont besoin que des entreprises fournissent des emplois à leur population. Pour les attirer et les retenir sur leur territoire, ils leur consentent souvent des avantages. Selon les atouts et les inconvénients qu'une entreprise trouve dans un pays, elle peut obtenir diverses concessions. Par exemple:

	État riche	État pauvre
Atout	Main-d'œuvre qualifiée	Bas salaires
Inconvénient	Salaires élevés	Réseaux de transport peu développés Main-d'œuvre peu qualifiée
Concession	Subventions en argent	Tolérance aux infractions environnementales

Pour obtenir des concessions, il arrive qu'une grande entreprise menace de transférer sa production dans un autre pays, ce qui ferait perdre des milliers d'emplois à un État.

Les États sont-ils vulnérables?

Deux sources de menaces rendent l'État vulnérable:

- externes
  - invasion militaire,
  - attaque terroriste,
  - détournement de ressources vitales, comme l'eau,
  - afflux de réfugiés d'États voisins fuyant la guerre ou la famine;
- internes
  - guerre civile,
  - révolte, guérilla,
  - crime organisé.

La planète Internet

Les États voient leur capacité d'action limitée par Internet, car ils n'ont ni les ressources techniques ni les moyens juridiques d'intervenir auprès des producteurs Web qui sont à l'étranger.

Le cyberterrorisme et la cyberguerre pourraient paralyser l'économie et le système de défense d'un État.

Enjeu 2: La souveraineté des États et les regroupements économiques ou politiques

Les grandes alliances sont-elles profitables?

Les alliances internationales comportent des avantages et des contraintes pour les États. En y adhérant, un État doit en respecter les règles et les décisions, qu'ils les approuvent ou non. Sa souveraineté se trouve limitée, ce qui peut avoir un effet négatif sur sa population.

Un des facteurs de croissance économique d'un État est son ouverture au commerce mondial. Pour soutenir son développement, l'État signe avec d'autres États des traités abolissant les tarifs douaniers entre eux. Mais ces accords de libre-échange ne profitent pas également à tous les partenaires ni à tous leurs citoyens.

Le modèle européen: prélude à la gouvernance mondiale?

L'Union européenne (UE) est le premier exemple d'une alliance gouvernementale qui se place au-dessus des gouvernements des États. L'UE regroupe 27 États et près de 500 millions d'habitants.

Les États membres cèdent une part de leur souveraineté à l'UE, qui leur impose des lois communes dans plusieurs domaines politiques, économiques et culturels.

L'UE a permis la libre circulation des personnes au sein des États membres, une ouverture qui provoque un choc des cultures, parfois source de tensions sociales.

MINI-DOSSIER

La gouvernance mondiale

Protection de l'environnement, normes du travail, maintien de la paix, développement économique, voilà autant de sujets sur lesquels les États doivent s'entendre. Mais la gouvernance mondiale est-elle possible ?

Ces enfants travaillent dans une briqueterie située dans le district de Gazipur au Bangladesh. Ils reçoivent un salaire minime selon le nombre de briques qu'ils cassent chaque jour dans des conditions qui nuisent souvent à leur santé. Ils font partie des quelque 4,9 millions de travailleurs bangladais âgés de 5 à 15 ans qui, pour la plupart, ne reçoivent aucune éducation.

La souveraineté des États est une des composantes fondamentales de la Charte des Nations unies. Pourtant, dans un contexte de mondialisation, les États doivent composer de plus en plus souvent avec les exigences de la communauté internationale dont les grands acteurs politiques, économiques et humanitaires tentent de leur imposer des accords, des normes et des lois planétaires. Le monde contemporain vit à l'heure de la gouvernance mondiale.

Dans ce mini-dossier, vous devrez chercher des informations, répondre à des questions, trouver des pistes d'action et comparer des points de vue afin de mieux saisir les différents visages de la gouvernance mondiale.

Objectif du mini-dossier

Au terme de vos recherches et de vos réflexions, vous devrez présenter une synthèse des informations recueillies et répondre à la question que soulève l'enjeu de ce mini-dossier :

Les acteurs actuels de la gouvernance mondiale réussissent-ils à imposer leurs règles aux États ?

Réalisation des activités du mini-dossier

1. Amorcez votre réflexion sur la gouvernance mondiale en commentant la photo ci-contre.
2. Répondez aux questions portant sur les cinq thèmes aux pages 266 et 267. Pour vous aider, consulter les pistes de recherche à la page 268.
3. Présentez votre synthèse sur l'enjeu du mini-dossier en choisissant une des deux formes de présentation suggérées à la page 269.
4. Vous pouvez explorer des pistes de participation sociale en réalisant l'activité proposée à la page 269.

De nombreux organismes internationaux luttent contre le travail et l'exploitation des enfants. Cependant, dans les pays pauvres, le travail des enfants est parfois nécessaire pour permettre aux familles de se loger et de se nourrir. Que pensez-vous de cette situation ? Des lois internationales pourraient-elles protéger les enfants ?

Thèmes de recherche

La gouvernance

Environnement

Nommez des acteurs, des accords internationaux et donnez des exemples d'actions internationales positives en matière d'environnement. Quelles sont les causes de l'échec du protocole de Kyoto et de celui du Sommet de Copenhague ?

Population

Quel est le rôle de l'Organisation internationale du travail (OIT) ? Quelles sont les normes de l'OIT en ce qui a trait au travail des enfants, au salaire, à l'égalité hommes-femmes, à la durée de la semaine normale de travail ?

Richesse

Quels sont les grands organismes économiques internationaux? À l'aide d'exemples, expliquez comment leurs actions et leurs décisions influent sur le pouvoir des États.

Pouvoir

Faites le portrait de l'Organisation des Nations unies (ONU): ses membres, sa Charte, ses différentes composantes. Quel est le rôle de l'Assemblée générale de l'ONU? A-t-elle le pouvoir d'imposer ses décisions aux États?

mondiale

Tensions et conflits

Comment est constitué le Conseil de sécurité de l'ONU? Quel est son rôle? Comment les décisions d'intervention sont-elles prises? Celles-ci sont-elles respectées par les États?

Pistes de recherche

Voici quelques pistes pour effectuer vos recherches afin de répondre aux questions des deux pages précédentes.

- **Mots-clés:** tapez les mots dans un moteur de recherche sur Internet pour trouver des informations pertinentes.
- **Organismes internationaux:** tapez le nom des organismes dans un moteur de recherche pour consulter leur site.

Environnement

- **Manuel:** pages 17, 19, 22 et 54 à 57.
- **Mots-clés:** accords environnementaux, gouvernance environnementale internationale, Organisation mondiale de l'environnement (OME), protocole de Kyoto.
- **Organismes internationaux:** Groupe d'experts intergouvernemental sur l'évolution du climat (GIEC), Organisation de coopération et de développement économiques (OCDE), Commission mondiale sur l'environnement de l'ONU, Fonds pour l'environnement mondial (FEM), Comité du commerce et de l'environnement de l'Organisation mondiale du commerce (OMC).

Population

- **Manuel:** pages 110 à 117.
- **Mots-clés:** conditions de travail, droits des travailleurs, égalité hommes-femmes, normes mondiales du travail, salaire décent, travail des enfants.
- **Organismes internationaux:** Organisation internationale du travail (OIT), Alliance internationale des migrants (AIM), Fondation Migrinter.

Richesse

- **Manuel:** pages 149 à 155 et La scène internationale.
- **Mots-clés:** coopération économique mondiale, Forum économique de Davos, G20, gouvernance économique mondiale, organismes économiques mondiaux, sommet économique, structure de gouvernance globale.
- **Organismes internationaux:** Forum économique mondial, OCDE, Fonds monétaire international (FMI), OMC, Banque mondiale.

Pouvoir

- **Manuel:** pages 224 à 226 et La scène internationale.
- **Mots-clés:** Assemblée générale de l'ONU, Charte de l'ONU, Cour internationale de justice (CIJ), gouvernance mondiale, mandat de l'ONU, pays membres.
- **Organismes internationaux:** Organisation des Nations unies (ONU), UNICEF, OMS, PNUD, UNHCR, PNUE, OIT, UNESCO.

Tensions et conflits

- **Manuel:** pages 276 à 284.
- **Mots-clés:** Casques bleus, Conseil de sécurité, droit de veto, maintien de la paix, membres permanents, mesures militaires, Organisation du traité de l'Atlantique Nord (OTAN), paix, sécurité internationale.
- **Organisme international:** ONU.

Présentation du mini-dossier

Choisissez une des deux formes de présentation suggérées pour présenter votre synthèse de recherche et répondre aux questions de l'enjeu du mini-dossier.

Vous pouvez également poursuivre votre réflexion en réalisant l'activité de participation sociale proposée.

Enjeu : **Les acteurs actuels de la gouvernance mondiale réussissent-ils à imposer leurs règles aux États ?**

Un sommet sur la gouvernance mondiale

Vous participez à un sommet sur la gouvernance mondiale. Vous devez y présenter un rapport de recherche sur un des cinq thèmes que vous avez explorés.

Étape 1 : Formez cinq équipes et attribuez à chacune un des cinq thèmes.

Étape 2 : Chaque équipe doit se réunir pour analyser et mettre en commun le résultat des recherches en rapport avec le thème choisi (durée : 30 min).

Étape 3 : Préparez un rapport dans lequel vous présentez les problèmes de gouvernance mondiale liés à votre thème et présentez-le en plénière.

Étape 4 : Ensuite, chaque élève rédige un texte d'une demi-page pour répondre à la question de l'enjeu.

Un débat

Voici cinq sujets de débat liés aux cinq thèmes de recherche. Pour chacun de ces sujets, formez deux équipes dans le but d'en débattre.

- À la lumière des expériences passées, la gouvernance mondiale est-elle possible et souhaitable en matière d'environnement ?
- Devrait-on et a-t-on le droit d'imposer les mêmes normes du travail à l'ensemble des pays ?
- Les pays pauvres doivent-ils suivre les mêmes règles que les pays riches ?
- La Banque mondiale et le FMI ont-ils raison d'imposer des conditions aux pays pauvres auxquels ils prêtent de l'argent ?
- Les États devraient-ils toujours respecter les décisions (attaques armées ou embargos) du Conseil de sécurité de l'ONU ?

Étape 1 : Chaque équipe se concerte pour élaborer ses arguments à partir des informations et des exemples trouvés lors de la recherche.

Étape 2 : À la lumière des arguments et des informations échangés au cours du débat, chaque élève doit prendre position sur le sujet débattu.

ENVISAGER UNE OCCASION DE PARTICIPATION SOCIALE

Composante de la CD 2

Pour des achats équitables

Pour inciter vos compatriotes à faire des achats de vêtements et de chaussures plus équitables, vous les encouragez à opter pour des produits fabriqués par des entreprises qui respectent les normes internationales du travail.

- Informez-vous sur la façon d'identifier et de trouver ces produits et ces fabricants.
- Une fois votre recherche terminée, élaborez un guide d'achats équitables de vêtements et de chaussures.

enjeux :: BILAN EN HAÏTI : 200 000 MORTS – L'AIDE INTERNATIONALE S'ORGANISE :: enjeux :: AFGHANISTAN : 27 CIVILS TUÉS PAR DES

DOSSIER 5

SOMMAIRE

conflits

DE L'OTAN :: enjeux :: VETO DE LA RUSSIE ET DE LA CHINE SUR L'EMBARGO CONTRE LE ZIMBABWE :: enjeux :: BILAN EN HAÏTI : 200

En 1985, pendant la guerre du Liban, un soldat de l'ONU est posté entre la ville de Tyr et le village de Toura au sud du pays.

CONCEPTS

INTERPRÉTATION

Les interventions extérieures en territoire souverain

par Pauline Gélinas

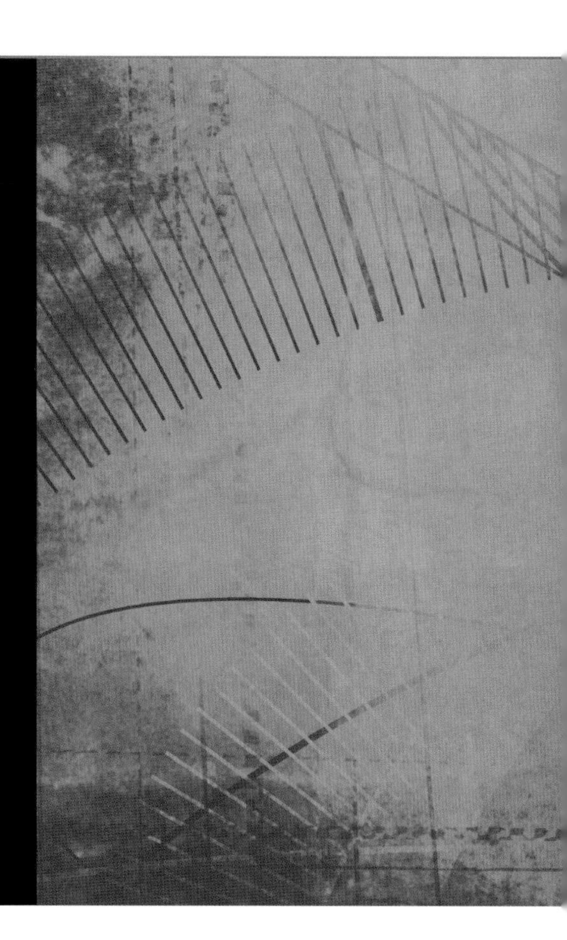

1991 : une coalition d'États, dont le Royaume-Uni et les États-Unis, envahit l'Irak en toute légalité. 2003 : le Royaume-Uni et les États-Unis envahissent de nouveau l'Irak, mais cette fois illégalement. 2004 : la Thaïlande, frappée par un tsunami, accueille l'aide internationale. 2008 : son voisin, le Myanmar, frappé par un cyclone, refuse de l'aide humanitaire internationale. 1994 : les Nations unies envoient au Rwanda des soldats de plusieurs pays, sans leur accorder les outils pour stopper un génocide. Janvier 2010 : des milliers de soldats de plusieurs pays débarquent en Haïti après un séisme pour sauver des gens.

Pourquoi l'invasion d'un même territoire est-elle un jour légale et l'autre non ? Pourquoi des organisations humanitaires ont-elles le droit de nourrir et de soigner les sinistrés d'un pays, mais pas ceux d'un autre ? Pourquoi des soldats envoyés en territoire étranger peuvent-ils aider une population victime d'un tremblement de terre, mais pas une population victime de massacres ? Derrière ces questions de légitimité/illégitimité que soulèvent les interventions en territoire souverain se profilent deux grands enjeux du monde contemporain : l'application du principe d'assistance humanitaire, et l'intérêt des intervenants versus l'intérêt des populations.

Les interventions

Quelle que soit sa forme, toute intervention étrangère sur le territoire d'un État heurte la souveraineté de cet État. La souveraineté est un élément central de la définition même de ce qu'est l'État. Elle signifie que l'autorité gouvernementale et juridique de l'État qui adopte les lois et les fait respecter est l'autorité la plus puissante sur le territoire et, surtout, qu'elle est la seule à décider de tout ce qui concerne ses affaires internes et externes.

01 En 2006, des Casques bleus des Nations unies sont déployés en République démocratique du Congo pour assurer le bon déroulement des premières élections libres dans ce pays depuis 40 ans. Dans plusieurs pays déchirés par des conflits armés, l'ONU s'assure que des observateurs veillent au bon déroulement des élections sans violence et, surtout, à la sécurité des électeurs.

Ce concept de *souveraineté* est assorti du principe de *non-ingérence*. Cela veut dire que d'autres États ou des institutions et organisations étrangères, même humanitaires, n'ont pas le droit d'entrer sur le territoire d'un État sans permission. Ils n'ont pas non plus le droit de s'ingérer dans ses affaires politiques, économiques, sociales ou culturelles, peu importent les motifs de leur désir d'ingérence.

Il s'agit là de principes théoriques. Dans la réalité, l'ingérence extérieure est fréquente. Les traités, les alliances, les organisations supra-étatiques permettent de multiples formes d'ingérence dans les affaires d'un État.

LA NON-INGÉRENCE ET LA CHARTE DE L'ONU

L'ONU fait du respect de la souveraineté des États un élément de base de sa Charte, en précisant que l'Organisation des Nations unies «est fondée sur le principe de l'égalité souveraine de tous ses membres» (article 2.1). À l'issue d'un sommet mondial en 2005, l'ONU a réaffirmé les principes de souveraineté et de non-ingérence, disant qu'il faut tout tenter pour:

- défendre l'égalité souveraine et le respect de l'intégrité territoriale et de l'indépendance politique de tous les États;
- ne pas recourir à l'emploi de la force en violation des principes des Nations unies;
- respecter la non-ingérence dans les affaires intérieures des États (Document final du Sommet mondial de 2005, article 5).

02

02 Cette affiche sur une plage du Cap, en Afrique du Sud, indique que la plage est strictement réservée aux Blancs. Ces restrictions faites aux Noirs, aux Métis et aux Indiens de fréquenter les mêmes lieux que les Blancs étaient courantes en 1976 sous le régime raciste de l'apartheid, qui a duré jusque dans les années 1990.

03 Le 13 février 1990, deux jours après sa libération, Nelson Rolihlahla Mandela, le chef historique du Congrès national africain (ANC), mouvement de lutte contre le régime d'apartheid d'Afrique du Sud, fait son entrée dans un stade près de Soweto, où 80 000 personnes sont venues l'acclamer. Celui qui deviendra président de l'Afrique du Sud quatre ans plus tard a été emprisonné 27 ans par le gouvernement blanc.

FOCUS

La lutte anti-apartheid : un embargo de l'ONU

Six ans avant que le Canada ne prenne des mesures économiques contre l'Afrique du Sud, le Conseil de sécurité de l'ONU intervient lui aussi pour limiter la capacité du gouvernement blanc sud-africain d'agresser sa population noire ainsi que ses États voisins. Le Conseil adopte alors une résolution établissant un embargo contre l'Afrique du Sud. Cette sanction porte exclusivement sur la vente d'armes.

La résolution 421 du Conseil de sécurité fait suite à une charge de la police sud-africaine contre des civils noirs dans la ville de Soweto en 1976. Les images de cette agression qui a fait de nombreuses victimes font le tour de la planète. Des gouvernements se disent profondément choqués et en débattent à l'ONU. Pendant cette période, l'armée sud-africaine attaque aussi des pays voisins qui appuient la lutte anti-apartheid. En 1977, une résolution condamnant les agissements de l'Afrique du Sud est amenée devant le Conseil de sécurité de l'ONU. Celui-ci statue alors que « l'acquisition par l'Afrique du Sud d'armes et de matériel connexe constitue une menace pour le maintien de la paix et de la sécurité internationales ». Le Conseil décide donc que « tous les États cesseront immédiatement toute livraison d'armes à l'Afrique du Sud ». Cette résolution marque la première intervention d'un regroupement d'États contre l'État sud-africain.

LES TYPES ET LES MOTIFS D'INTERVENTION

Lorsqu'il prend le **leadership** des sanctions économiques contre l'Afrique du Sud en 1985, le Canada veut ainsi obliger le gouvernement blanc sud-africain à abandonner son régime d'**apartheid**, un des pires systèmes racistes de l'histoire. À ce moment, les Noirs, les Métis et les Indiens constituent près de 90 % de la population de ce pays, mais ils sont privés de presque tous les droits et vivent dans des conditions horribles. Cet « embargo économique », qui prend la forme de multiples sanctions commerciales, financières et culturelles, est suivi par la majorité des pays industrialisés.

Ces sanctions constituent une atteinte à la souveraineté de l'Afrique du Sud, car elles visent à obliger le gouvernement à modifier toute l'organisation sociale, politique, économique et juridique de sa société. Voilà un exemple d'ingérence

03

dans les affaires internes d'un État qui a pris la forme de sanctions économiques. Son but était cependant honorable.

Les interventions en territoire souverain prennent des formes très variables, et leurs objectifs peuvent être condamnables ou louables. Elles vont de l'appropriation de territoires par la force des armes à la capture de dictateurs grâce à un mandat d'arrestation, en passant par le sauvetage de millions de personnes en difficulté par l'envoi de nourriture.

04 **Les principaux motifs d'ingérence dans les affaires ou sur le territoire d'un État**

MOTIF	États étrangers	Fonds monétaire international (FMI)	ONU	Organisations humanitaires	Traités de libre-échange	Tribunaux internationaux
Appropriation des ressources (invasion armée d'un territoire pour s'approprier des ressources naturelles : eau, pétrole, diamants)	✓					
Idéologie (renversement d'un gouvernement qui oriente sa politique dans un sens contraire aux intérêts de certains États)	✓					
Économie et commerce (modification des orientations et des politiques économiques)	✓	✓			✓	
Politique (modification des orientations politiques et sociales)	✓	✓	✓			
Aide ou secours humanitaire (génocide, famine, violation des droits humains)	✓		✓	✓		✓

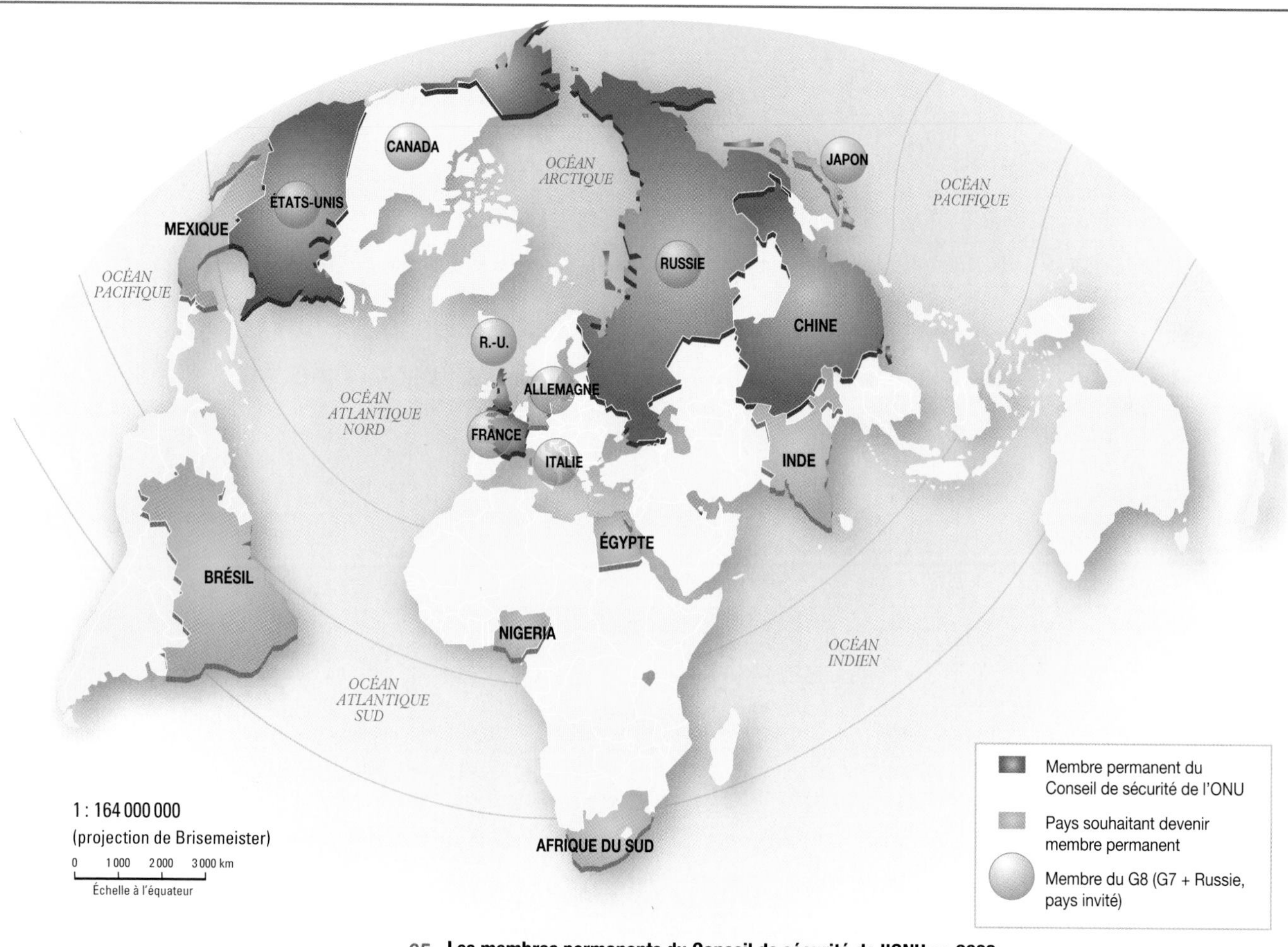

05 Les membres permanents du Conseil de sécurité de l'ONU en 2008
Pascal BONIFACE et Hubert VÉDRINE, *Atlas du monde global*, Paris, Armand Colin, 2008, p. 32.

Les interventions armées légales

Le droit international autorise une seule institution dans le monde à déclencher une attaque militaire contre un État, et seulement en trois circonstances (Charte des Nations unies, chapitre 7) :

- menace de la paix ;
- rupture de la paix ;
- acte d'agression.

Cette institution, c'est le Conseil de sécurité de l'ONU. La manière et le moment d'une attaque militaire sont décrits en détail dans la Charte. L'intervention armée doit être le dernier recours, une fois épuisés la voie des négociations diplomatiques et l'exercice de certains moyens de pression.

Le Conseil doit d'abord transmettre ses exigences à l'État fautif. Par exemple, il lui ordonne de se retirer du territoire envahi. Dans le cas d'un refus, le Conseil peut ordonner l'interruption des relations économiques avec cet État et couper tous les moyens de communication à destination de ce pays : lignes ferroviaires, voies maritimes, couloirs aériens. Si ces pressions échouent, le Conseil peut autoriser des attaques aériennes, navales ou terrestres.

LE CONSEIL DE SÉCURITÉ : 15 VOIX, 5 VETOS

Le Conseil de sécurité de l'ONU compte 15 membres et accorde un immense pouvoir à 5 d'entre eux : la Chine, les États-Unis, la France, le Royaume-Uni et la Russie. Chacun de ces cinq États a un siège permanent, et un droit de **veto** qui lui donne le pouvoir de bloquer n'importe quelle résolution soumise au Conseil. Les 10 autres membres siègent pendant 2 ans. Pour assurer une continuité, le renouvel-

06 Décembre 2004 : un soldat israélien fouille un Palestinien à l'entrée de la ville de Hébron, dans le territoire occupé de la Cisjordanie. Depuis 2000, de nombreuses résolutions ont été déposées au Conseil de sécurité de l'ONU pour dénoncer les politiques d'Israël envers les civils palestiniens.

lement se fait par groupe de cinq, tous les ans. Quelque 80 membres de l'ONU, dont l'Islande et Israël, n'ont jamais siégé au Conseil, tandis que d'autres, comme le Brésil et le Canada, ont obtenu plusieurs mandats.

Le plus souvent, les réunions du Conseil ont lieu à New York, au siège des Nations unies. Certaines décisions du Conseil doivent être approuvées par neuf membres dont les cinq permanents. Tous les États membres de l'ONU ont l'obligation d'appliquer ces décisions.

Un État non membre du Conseil de sécurité peut demander à participer à ses débats lorsqu'il estime avoir des intérêts dans le dossier étudié. Cet État n'a cependant pas le droit de vote. Aussi, lorsque le Conseil étudie le cas d'un conflit entre deux États, ces États peuvent prendre part aux discussions, mais sans droit de vote.

FOCUS

L'utilisation du veto

Des cinq membres du Conseil de sécurité de l'ONU (Chine, États-Unis, France, Royaume-Uni, Russie) qui ont un droit de veto, ce sont la Russie et les États-Unis qui ont le plus souvent utilisé ce pouvoir de bloquer des **résolutions** allant soit contre leurs intérêts, soit contre ceux de leurs alliés, soit simplement contre leur vision du monde. La Chine est l'État qui a le moins utilisé son droit de veto. Elle l'a fait six fois seulement, notamment pour bloquer l'admission de nouveaux États à l'ONU (Bangladesh, Mongolie).

La France l'a utilisé la dernière fois en 1989 pour rejeter une résolution condamnant l'agression américaine contre le Panama. L'armée américaine venait alors d'envahir cet État d'Amérique centrale pour renverser le régime autoritaire, dirigé par un général de l'armée.

Depuis l'an 2000, il y a eu 14 veto : 2 de la Chine, 2 de la Russie et 10 des États-Unis ; 9 de ces 10 veto concernaient des résolutions condamnant Israël, notamment pour sa politique envers les civils Palestiniens, et exigeant d'Israël qu'il permette aux organismes d'aide humanitaire et au personnel de l'ONU d'intervenir auprès des réfugiés palestiniens.

INTERPRÉTER LE PROBLÈME (CD 1)

Les questions portent sur le contenu des pages 272 à 277.

1. a) Expliquez ce que signifie la souveraineté d'un État.

   b) Expliquez en quoi consiste le concept de non-ingérence.

2. Nommez les principaux motifs ou les principales raisons d'ingérence dans un État souverain.

3. Nommez les différents types d'intervention en territoire souverain.

4. Selon la Charte des Nations unies, quelles sont les trois seules circonstances où le Conseil de sécurité de l'ONU peut déclencher une attaque militaire contre un État ?

5. Comment le Conseil de sécurité de l'ONU est-il constitué ? Ses membres ont-ils tous les mêmes pouvoirs ? Expliquez ce qu'est le droit de veto.

6. Quels motifs ont amené les États-Unis et la Russie à utiliser souvent leur droit de veto au Conseil de sécurité des Nations unies ?

CERNER LE PROBLÈME : ACTIVITÉ

Composante de la CD 1

Les conflits dans le monde

Outils de référence : des articles parus dans les médias, votre manuel *Enjeux* et Internet.

1. Des États, mais aussi des organismes internationaux, interviennent en territoire souverain. Leurs motifs et leurs intérêts sont très variables. Pour mieux saisir cette réalité, trouvez un exemple d'intervention pour chacun des motifs suivants :
   - l'appropriation des ressources comme l'eau douce ou le pétrole ;
   - un motif idéologique ou politique ;
   - un motif économique ;
   - un motif humanitaire.

2. Pour chacun des exemples trouvés, vous devez :

   a) nommer les États ou les organismes en cause ;

   b) expliquer brièvement par écrit la nature de l'intervention. Afin d'avoir une vue d'ensemble des motifs et des organismes en cause, consultez le tableau *Les principaux motifs d'ingérence dans les affaires ou sur le territoire d'un État*, p. 275.

L'INTERVENTION ARMÉE DE L'ONU

Lorsque l'ONU ordonne une attaque contre un État, deux choix s'offrent à elle : soit elle dirige cette attaque, soit elle en confie la conduite à une **coalition** d'États.

Comme l'ONU n'a pas d'armée, si elle décide de diriger elle-même une attaque, elle compte alors sur la collaboration de ses États membres pour lui prêter des soldats et de l'équipement militaire (avions, chars, munitions, radars, etc.). Tous les États ne sont pas en mesure de satisfaire cette demande. Certains ont besoin de la totalité de leur force militaire sur leur propre territoire. D'autres ont déjà trop de troupes engagées à l'étranger.

La direction stratégique des soldats mis à la disposition du Conseil de sécurité par les États et l'élaboration du plan d'attaque sont confiées au Comité d'état-major. Ce comité est composé des chefs d'état-major des cinq membres permanents du Conseil de sécurité.

Seulement deux fois dans son histoire l'ONU a conduit elle-même des attaques : en Somalie et en ex-Yougoslavie dans les années 1990.

LA *PREMIÈRE* GUERRE DU GOLFE : UNE ATTAQUE *LÉGALE*

Ce qu'on a nommé la *première guerre du Golfe* est une attaque légale contre un État de la région du golfe Persique. Elle a été ordonnée par l'ONU, mais dirigée par d'autres.

En août 1990, l'Irak envahit le territoire de son voisin le Koweït. En novembre suivant, le Conseil de sécurité avise l'Irak que, si ses troupes armées ne se sont pas retirées du Koweït avant le 15 janvier 1991, il autorisera les États membres de l'ONU « à user de tous les moyens nécessaires » pour faire respecter cette ordonnance. Comme le gouvernement irakien refuse d'obéir à cet ordre, une attaque armée est décidée par l'ONU.

Le Conseil de sécurité des Nations unies confie alors la direction de cette attaque à une coalition de 28 États membres de l'ONU, dont le Canada. Le 17 janvier 1991,

07

les soldats de la coalition envahissent et bombardent l'Irak.

LES CASQUES BLEUS DE L'ONU : UNE FORCE MILITAIRE NON ARMÉE

L'ONU a non seulement le pouvoir d'attaquer un État qui en a agressé un autre, mais aussi celui d'intervenir dans les conflits à l'intérieur d'un État. Elle le fait avec ses forces de maintien de la paix. Un premier déploiement d'observateurs militaires de l'ONU a lieu en 1948, au Moyen-Orient ; puis un second en Inde et au Pakistan, l'année suivante. Ce n'est cependant qu'en 1956 que l'ONU crée la force d'urgence de maintien de la paix, qui prendra le nom de *Casques bleus*. Elle le fait à la suggestion de Lester B. Pearson, qui deviendra plus tard premier ministre du Canada. On donne le nom de *Casques bleus* à ces forces d'intervention en raison de la couleur du casque que les soldats portent. Les troupes de l'ONU sont en fait des soldats et des policiers prêtés par les États membres de l'ONU, selon les besoins de chaque mission et les capacités de chaque État. Les soldats reçoivent leur salaire de leurs pays respectifs. Le coût annuel de leurs opérations s'élève désormais à 7-8 milliards $ US. De 1948 à juin 2008, les opérations des forces de maintien de la paix ont coûté 61 milliards $ US. Depuis 1948, quelque 83 000 militaires et 13 000 policiers venant de 115 pays ont participé à l'une des 63 missions de maintien de la paix des Casques bleus dans le monde. Depuis le début des opérations de paix des Casques bleus, environ 120 000 Canadiens y ont participé à titre personnel civil ou militaire. En 2010, on ne comptait toutefois que 221 soldats

07 Un soldat américain se tenant debout sur un char irakien, lors de la première guerre du Golfe, en 1991. Au loin, des puits de pétrole koweïtiens sont en feu. L'ONU a autorisé une intervention militaire en Irak lorsque le gouvernement irakien a envahi son voisin le Koweït. Ces images impressionnantes de puits en feu ont fait le tour du monde pendant le conflit.

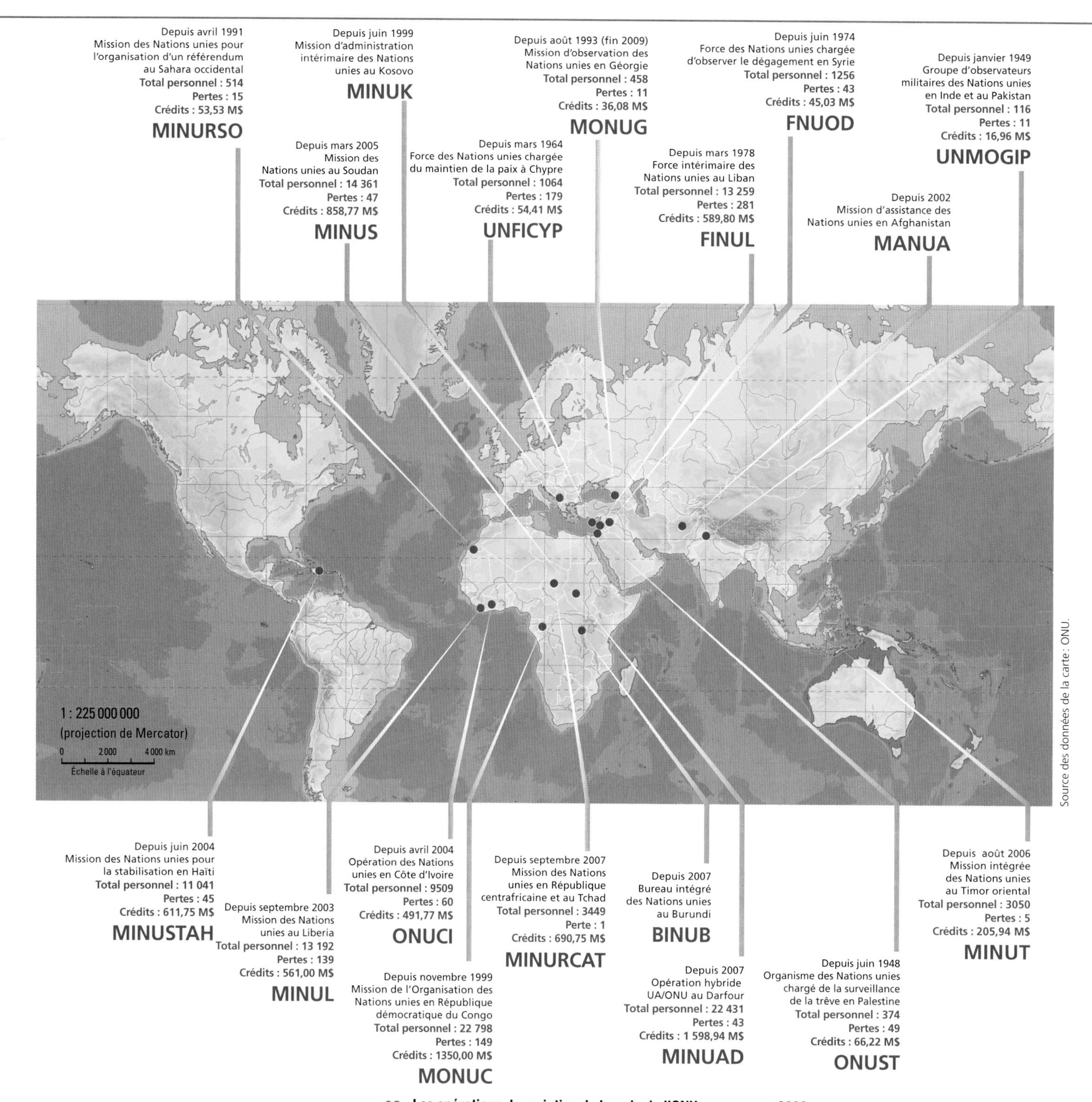

08 **Les opérations de maintien de la paix de l'ONU en cours en 2009**

Source : *Diplomatie, Atlas géostratégique 2010,* Paris, Aréion, 2009, p. 22.

canadiens au sein des Casques bleus. Cependant, des milliers d'autres étaient impliqués dans diverses opérations avec l'OTAN ou des coalitions internationales.

À l'origine, les Casques bleus intervenaient essentiellement comme force de maintien de la paix dans un pays où il y avait des tensions et des risques d'affrontements violents, ou comme force d'interposition dans des conflits. Aujourd'hui, leur mandat est des plus diversifiés : assurer la sécurité des populations civiles, contribuer au respect des droits de la personne, surveiller la légalité de processus électoraux, assurer la protection de

09

09 En juin 2009, les Casques bleus de la mission des Nations unies au Darfour, la MINUAD, acheminent des produits de première nécessité à des réfugiés de la province soudanaise du Darfour, en Afrique. Craignant les attaques de groupes armés, des organisations humanitaires comptent sur la MINUAD pour sécuriser la distribution des vivres et des biens.

10

10 En préparation pour leurs interventions au Darfour, des soldats de la MINUAD se livrent à un entraînement au camp El Fasher au Soudan, en décembre 2009. La MINUAD est une force d'intervention composée de soldats non seulement de l'ONU, mais aussi de l'Union africaine.

réfugiés qui reviennent dans leur pays et acheminer l'aide humanitaire à des réfugiés.

Les Casques bleus portent, chacun, une arme, mais ils n'ont le droit de s'en servir que si leur vie est menacée. Voilà pourquoi on dit que les différents **contingents** de soldats de l'ONU déployés dans le monde constituent une «force militaire non armée». Entre 1948 et 2008, 2677 Casques bleus sont morts.

Deux génocides sous les yeux des Casques bleus

En 1993, le Conseil de sécurité de l'ONU décide d'envoyer des Casques bleus des

PORTRAIT

Lester B. **Pearson** (1897-1972)

Né en Ontario, Lester B. Pearson commence une carrière diplomatique en 1928. Ambassadeur à Washington en 1945, il participe à la création de l'ONU. Alors qu'il est ministre des Affaires étrangères (1948-1957), il préside la septième session de l'Assemblée générale de l'ONU. En 1956, la menace d'un conflit mondial surgit à propos du canal de Suez. Pearson propose une solution qui lui vaudra le prix Nobel de la paix. Il recommande à l'ONU la création d'une force d'urgence de maintien de la paix: c'est la naissance des Casques bleus. En 1958, il devient chef de l'opposition aux Communes, et est élu premier ministre du Canada en 1963. Il quitte la politique en 1968.

11 Quelques-unes des missions de l'ONU

Les missions des Casques bleus des Nations unies sont connues par leur acronyme. La durée des missions varie. L'une d'elles dure depuis près d'un demi-siècle en Europe : des Casques bleus sont déployés à Chypre depuis 1964 pour assurer le maintien de la paix entre les communautés grecques et turques.

MINUSTAH	Mission des Nations unies pour la stabilisation en **Haïti**
ONUCA	Groupe d'observateurs des Nations unies en **Amérique centrale**
ONUSAL	Mission d'observation des Nations unies au **Salvador**
MINUBH	Mission des Nations unies en **Bosnie-Herzégovine**
ONURC	Opération des Nations unies pour le rétablissement de la confiance en **Croatie**
MONUG	Mission d'observation des Nations unies en **Géorgie**
UNGOMAP	Mission de bons offices des Nations unies en **Afghanistan** et au **Pakistan**
UNIPOM	Mission d'observation des Nations unies pour l'**Inde** et le **Pakistan**
MINUT	Mission intégrée des Nations unies au **Timor oriental**
UNYOM	Mission d'observation des Nations unies au **Yémen**
FINUL	Force intérimaire des Nations unies au **Liban**
MINUAD	Opération hybride Union africaine/Nations unies au **Darfour**
MINUAR	Mission des Nations unies pour l'assistance au **Rwanda**
MINURSO	Mission des Nations unies pour l'organisation d'un référendum au **Sahara occidental**
MONUC	Mission de l'Organisation des Nations unies en **République démocratique du Congo**
MONUSIL	Mission d'observation des Nations unies en **Sierra Leone**
ONUSOM	Opération des Nations unies en **Somalie**
MINUS	Mission des Nations unies au **Soudan**

Source : Nations unies, Maintien de la paix, *Liste des opérations* [en ligne]. (Consulté le 18 février 2010.)

Nations unies au Rwanda, en Afrique, pour prévenir un conflit **interethnique**. Il veut s'assurer que les tensions entre les communautés hutues et tutsies ne se transforment pas en affrontements violents. Le 6 avril 1994, 10 soldats de l'ONU sont tués. Quelques heures plus tôt, le président rwandais avait été assassiné. C'est l'élément déclencheur d'un génocide.

Comme il ne s'agit plus de prévenir un conflit, mais d'en arrêter un, le commandant en chef du contingent des Casques bleus, le lieutenant général canadien Roméo Dallaire, revendique auprès de l'ONU une modification de son mandat. Il veut que ses soldats obtiennent l'autorisation de se servir d'armes pour passer à l'offensive et, surtout, pour pouvoir défendre les civils. Devant le refus de l'ONU, il ordonne le départ du pays de 2000 Casques bleus, afin de les protéger. Pendant 100 jours, le général Dallaire et quelque 450 Casques bleus restés sur place assistent, impuissants, à l'un des grands massacres de l'histoire : le génocide de 800 000 personnes.

ZOOM

La définition de « crime contre l'humanité »

En 2009, lors d'une entrevue télévisée durant laquelle on lui a demandé de définir la notion de *crime contre l'humanité*, voici ce que Louise Arbour, qui a été haute-commissaire des Nations unies aux droits de l'homme de 2004 à 2008, a répondu :

« Dans les cas de crime contre l'humanité, c'est toute la communauté internationale qui est interpellée. Le crime devient d'une ampleur et d'une telle gravité que ce n'est plus seulement à la population du Rwanda, de la Croatie, de la Bosnie, du Cambodge ou de l'Ouganda de se sentir interpellée et d'exprimer sa solidarité avec la victime, mais c'est le monde entier qui est concerné. »

Louise Arbour a été procureure en chef des tribunaux pénaux internationaux créés par l'ONU après les génocides au Rwanda et en ex-Yougoslavie. Elle est aujourd'hui présidente de l'International Crisis Group. Ce groupe de 130 experts internationaux conseille l'ONU et d'autres organismes mondiaux sur la prévention et la résolution de conflits meurtriers.

Les génocides et les crimes contre l'humanité au 20e siècle

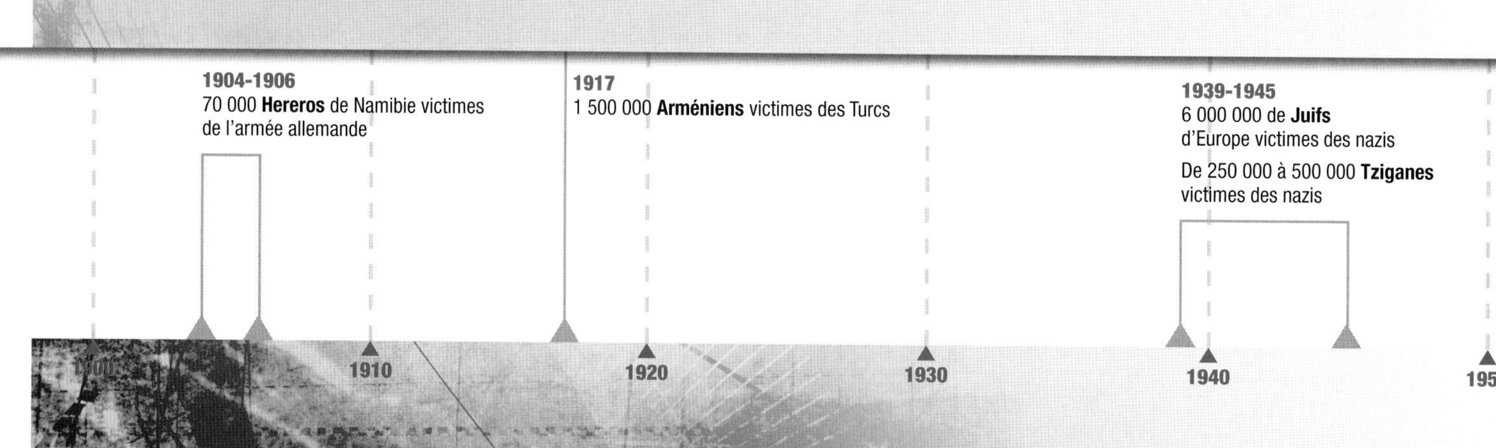

12

12 Le lieutenant général canadien Roméo Dallaire (au centre), chef de la mission des Nations unies pour l'assistance au Rwanda, discute avec l'assistant du secrétaire général de l'ONU pour les opérations de maintien de la paix, Iqbal Riza, le 25 mai 1994 à Kigali. Un mois avant cette rencontre, l'assassinat du président Habyarimana avait déclenché le génocide qui a coûté la vie à plus de 800 000 de personnes.

Ce ne sera pas la dernière fois que les Casques bleus assistent, impuissants, à un génocide. En 1993, alors que des États nouvellement indépendants de l'ancienne Yougoslavie sont attaqués par l'armée serbe, l'ONU envoie des Casques bleus protéger des zones civiles, notamment la ville de Srebrenica, en Bosnie-Herzégovine. Environ 40 000 personnes vivent alors dans cette zone sécurisée par 400 Casques bleus. En juillet 1995, l'armée serbe prend Srebrenica. Elle désarme les Casques bleus et, sous leurs yeux, sépare les hommes des femmes et des enfants. L'armée oblige 8000 hommes et garçons à monter à bord d'autobus. Tous ces Musulmans bosniaques sont tués dans les heures qui suivent.

PORTRAIT

Roméo **Dallaire** (1946-)

Né aux Pays-Bas, Roméo Dallaire s'enrôle comme cadet dès 14 ans dans les Forces armées canadiennes, qu'il ne quittera que 40 ans plus tard, en 2000. Il gravit rapidement les échelons d'officiers supérieurs jusqu'au poste de lieutenant général. En 1994, l'ONU lui confie le commandement de la Mission pour l'assistance au Rwanda (MINUAR). Le refus du Conseil de sécurité de l'ONU d'autoriser ses soldats à utiliser leurs armes l'empêche de stopper le génocide. À son retour, il publie un livre qui dénonce ce qu'il qualifie d'échec de l'humanité au Rwanda. Il donne de nombreuses conférences sur la prévention des génocides et le drame des enfants soldats. Depuis 2005, il est sénateur au Parlement du Canada.

1965
500 000 membres du **Parti communiste** en Indonésie victimes de l'armée du général Suharto, futur président indonésien

1971-1979
De 100 000 à 300 000 **Ougandais** victimes du régime du dictateur Idi Amin Dada

1976-1979
2 000 000 de **Cambodgiens** victimes des Khmers rouges du dictateur Pol Pot

1982
1500 **Palestiniens** victimes en 3 jours des milices chrétiennes libanaises, dans les camps de réfugiés de Sabra et Chatila, au Liban

1994
800 000 **Tutsis** rwandais victimes des Hutus rwandais

1995
8000 **Musulmans bosniaques** mâles victimes en une journée de l'armée serbe

1998-1999
11 000 **Albanais du Kosovo** victimes de l'armée serbe
100 000 **Albanais du Kosovo** déportés par l'armée serbe

1960 1970 1980 1990 2000

13 En République démocratique du Congo, en Afrique, la violence des groupes armés est telle que des milliers de personnes abandonnent leurs maisons pour se diriger vers des camps de réfugiés comme celui-ci, établi dans l'est du pays en 2008 et où les conditions de vie sont très difficiles.

14 Les principaux contributeurs au financement des opérations de maintien de la paix de l'ONU

Rang	Principaux États contributeurs	Contribution en 2010 (en proportion du budget total)
1	États-Unis	27,17 %
2	Japon	12,53 %
3	Royaume-Uni	8,16 %
4	Allemagne	8,02 %
5	France	7,56 %
6	Italie	5,00 %
7	Chine	3,94 %
8	Canada	3,21 %

Source : Nations unies, Maintien de la paix, *Financement des opérations de maintien de la paix des Nations unies* [en ligne]. (Consulté le 18 février 2010.)

UN NOUVEAU MOTIF LÉGAL D'INTERVENTION ARMÉE : LE « DEVOIR DE PROTECTION »

Critiquée pour son incapacité à empêcher les deux derniers génocides du 20e siècle et alors que le 21e siècle commence avec des attaques massives contre des populations civiles dans plusieurs régions du monde, l'ONU se donne, en 2006, la légitimité de stopper ce type d'agressions de masse. Elle adopte une résolution établissant le « devoir de protection ». En vertu de ce devoir, le Conseil de sécurité de l'ONU peut appliquer le chapitre 7 de la Charte des Nations unies : il a le droit d'organiser une intervention armée dans un État où le gouvernement ne parvient pas à assurer la protection de ses populations contre le génocide, les crimes de guerre, le nettoyage ethnique et les crimes contre l'humanité (Document final du Sommet mondial de 2005, article 139). Ces crimes sont désormais punis par le droit international.

Une application du « devoir de protection » : la République démocratique du Congo

En 2010, l'ONU a plus de 20 000 Casques bleus en République démocratique du Congo, en Afrique, pour protéger les civils des crimes qui y sont perpétrés par des groupes armés congolais et étrangers, notamment un qui se nomme l'*Armée de résistance du Seigneur*. Ce groupe armé vient du pays voisin l'Ouganda. Devant la dégradation de la situation et l'ampleur des violences commises contre la population, le Conseil de sécurité de l'ONU a adopté une résolution en décembre 2009 accordant aux Casques bleus le droit d'utiliser « tous les moyens nécessaires » et d'engager « toute action nécessaire » pour protéger les populations civiles et rétablir la paix.

On compte 5,4 millions de morts depuis 1998 dans ce pays, le bilan le plus meurtrier depuis la Seconde Guerre mondiale. La Cour pénale internationale (CPI) a déjà lancé des mandats d'arrestation contre plusieurs personnes accusées d'avoir commis des crimes d'une terrible violence contre des centaines de civils. La Cour veut les juger pour « crime contre l'humanité ». ➔ *Voir l'encadré* La définition de « crime contre l'humanité », *p. 282.* Les civils ont fui le pays par centaines de milliers pour échapper aux agressions. On estime qu'un demi-million de Congolais se sont réfugiés dans les pays voisins pour échapper aux attaques des groupes armés.

Les interventions armées illégales

Sur papier, la Charte des Nations unies interdit à un État d'en bombarder ou d'en envahir un autre. Dans la réalité, certains États signataires de cette Charte ne la respectent pas. Depuis la création de l'ONU, il y a eu de nombreuses invasions armées de territoires souverains. Les motifs de ces interventions illégales sont, notamment, l'appropriation de territoires ou de ressources naturelles et le contrôle de la politique d'un gouvernement.

INTERVENTION ARMÉE POUR DES RESSOURCES

Dès sa création en 1948, l'État d'Israël envahit le territoire de son voisin le Liban, y prenant quatre villages. Israël doit reculer, mais, à plusieurs reprises par la suite il envahira et occupera le sud du Liban, où coule le fleuve Litani. Ce cours d'eau représente une source d'eau douce précieuse dans cette région du monde plutôt

INTERPRÉTER LE PROBLÈME (CD 1)

Les questions portent sur le contenu des pages 278 à 285.

1. Lorsque l'Organisation des Nations unies décide de procéder à une intervention militaire, elle doit nécessairement demander de l'aide aux pays membres. Expliquez la raison derrière cette procédure.
2. Lester B. Pearson, premier ministre du Canada de 1963 à 1968, a reçu le prix Nobel de la paix pour son rôle de premier plan dans la création de la Force de maintien de la paix des Nations unies, les Casques bleus.
   a) Expliquez le rôle des Casques bleus.
   b) Comment ce rôle a-t-il évolué au fil du temps ?
3. Comment expliquer que les Casques bleus sont qualifiés de « force militaire non armée » alors que chaque soldat porte une arme ?
4. À la suite du génocide qui a lieu au Rwanda en 1994, l'ONU décide de se donner un nouveau pouvoir : le « devoir de protection ». Expliquez en quoi consiste ce devoir de protection.
5. À partir de l'exemple de la République démocratique du Congo, illustrez comment les Casques bleus ont appliqué le concept de devoir de protection pour venir en aide à la population.

ANALYSER LE PROBLÈME : ACTIVITÉ

Composante de la CD 1

Le conflit au Rwanda

Outils de référence : votre manuel *Enjeux*, des articles parus dans les médias et Internet.

Les Casques bleus jouent un rôle de premier plan dans le maintien de la paix dans le monde. Cependant, leur mandat ne leur a pas toujours permis d'intervenir comme ils l'auraient souhaité.

En 1993, le Conseil de sécurité de l'ONU décide d'intervenir au Rwanda pour prévenir un conflit interethnique. Malgré la présence des Casques bleus, le président rwandais est assassiné en avril 1994, événement qui est l'élément déclencheur d'un génocide.

Vous devez présenter un rapport de recherche expliquant la nature de ce conflit et comment il a modifié le mandat des Casques bleus. Pour y parvenir, répondez aux questions suivantes en tentant de trouver des renseignements supplémentaires sur le conflit au Rwanda.

1. Quelle est la cause du conflit au Rwanda en 1993 ?
2. Quels sont les rapports de force des groupes qui s'opposent ?
3. Quelles ont été les conséquences du conflit sur les populations locales ?
4. Pourquoi les Casques bleus ne pouvaient-ils pas intervenir directement pour sauver la population locale ?
5. Quelle a été la position du lieutenant général canadien Roméo Dallaire dans ce conflit ?
6. Comment ce conflit a-t-il modifié le rôle des Casques bleus par la suite ?

15 En 2006, des bénévoles de la Croix-Rouge transportent sur un « pont » improvisé des vivres et du matériel médical d'une rive à l'autre du fleuve Litani, dans le sud du Liban, au Moyen-Orient. Des bombardements israéliens ont détruit le pont quelques jours plus tôt, coupant ainsi une voie importante de communication dans cette région.

désertique. Il a aussi un bon potentiel de production d'énergie hydroélectrique. En mars 1978, Israël déclenche l'« opération Litani » en envahissant le sud du Liban jusqu'aux rives du fleuve Litani, et prend le territoire où coule la rivière Wazzani.

16 La répartition des 273 nappes d'eau transfrontalières

Ce tableau montre que le risque d'une « guerre de l'eau » est commun à tous les continents. Ces 50 dernières années, il y a eu 37 conflits violents liés à l'eau. Ce chiffre est d'autant plus inquiétant que l'eau potable se raréfie sur la planète et que 60 % des sources d'eau douce mondiales se situent à la jonction d'au moins 2 pays.

Région continentale	Nappes d'eau transfrontalières
Amérique	68
Afrique	38
Europe orientale	65
Europe occidentale	90
Asie	12

Source : Centre d'actualités de l'ONU, *Publication de la première carte mondiale des réserves d'eaux souterraines transfrontalières* [en ligne]. (Consulté en janvier 2010.)

Puis, pendant les 18 ans qu'Israël occupe le sud du Liban, de 1982 à 2000, plusieurs sources, dont des Casques bleus de l'ONU, disent que de l'eau est pompée du Liban et acheminée en Israël. Des **politologues** spécialistes des conflits sur l'eau estiment que l'invasion israélienne au Liban visait en grande partie l'eau.

LA *DEUXIÈME* GUERRE DU GOLFE : UNE ATTAQUE *ILLÉGALE*

Contrairement à la première guerre du Golfe (1991), la deuxième guerre du Golfe (2003) est illégale. En effet, Britanniques et Américains commencent à bombarder l'Irak le 20 mars 2003 sans l'autorisation du Conseil de sécurité de l'ONU. Les États-Unis justifient cette agression en affirmant que l'Irak possède des « **armes de destruction massive** ».

Les États-Unis et le Royaume-Uni n'ont pas eu le feu vert du Conseil de sécurité pour mener cette attaque, car les trois autres membres permanents du Conseil estimaient que toutes les voies diplomatiques n'avaient pas encore été utilisées afin d'obtenir le désarmement de l'Irak. Ces trois membres menaçaient donc d'utiliser leur veto si jamais le Conseil de sécurité devait être saisi d'une résolution proposant une attaque contre l'Irak.

Peu après le début de leur agression, les États-Unis sont obligés de reconnaître que, contrairement à ce qu'ils avaient affirmé, il n'y a pas d'armes de destruction massive en Irak. Les politologues trouvaient d'ailleurs étonnant ce motif d'attaque puisque plusieurs pays ont de telles armes, sans que les États-Unis ne les agressent pour qu'ils les détruisent.

Contraints de justifier autrement l'attaque de l'Irak, les États-Unis disent alors qu'ils doivent chasser du pouvoir le dictateur Saddam Hussein. Une vingtaine d'années plus tôt, les États-Unis avaient pourtant fourni des armes à ce même dictateur lorsque l'Irak était en guerre contre son voisin l'Iran. Quelques analystes croient que cette agression de l'Irak avait pour but le contrôle d'une ressource naturelle précieuse et abondante en Irak : le pétrole.

17

INTERVENTION ARMÉE POUR UN TERRITOIRE

Un tout petit archipel de 2000 habitants près de l'extrémité sud du continent sud-américain est envahi par les troupes argentines en avril 1982. Ce territoire, que les Argentins nomment *Malvinas* et les Britanniques, *Falkland*, appartient au Royaume-Uni. Comme ces îles ont déjà, dans le passé, été occupées par les Espagnols, l'Argentine en revendique la possession. Elle affirme que son agression n'est pas un vol de territoire, puisqu'elle ne fait que reprendre ce qui lui appartient.

17 En 1982, la guerre entre Britanniques et Argentins pour la possession des îles Falkland a laissé sur cet archipel de l'Atlantique Nord quelque 25 000 mines antipersonnel. Une fois la guerre terminée, les populations et les animaux continuent d'être menacés par ces armes dissimulées dans les champs, qui explosent lorsqu'on marche dessus.

18 **Les victimes des conflits armés depuis la fin de la Seconde Guerre mondiale**

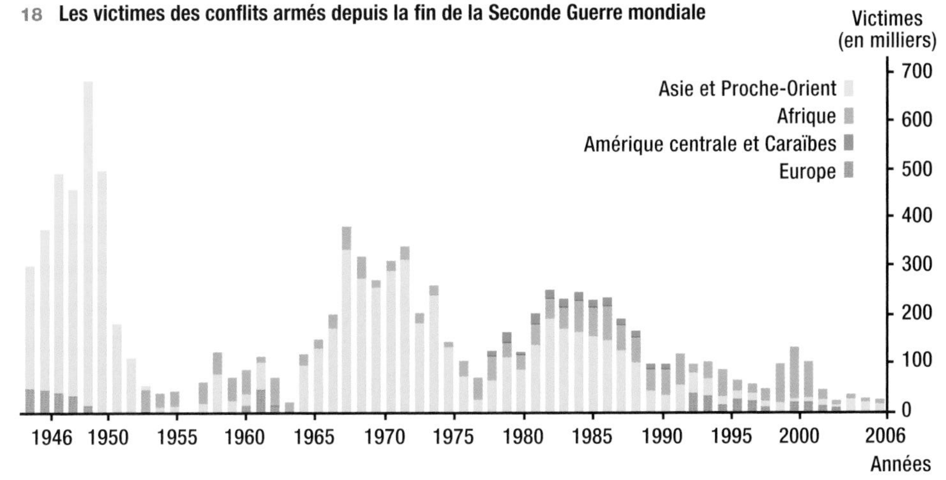

Source : *Le Monde diplomatique, L'atlas 2010*, Paris, Armand Colin, 2009, p. 119.

19

Bien que l'archipel ne recèle pas beaucoup de richesses, le gouvernement britannique déploie d'importantes ressources militaires pour en chasser l'armée argentine. La raison ? Ces îles occupent une position géographique stratégique. En effet, dans l'éventualité d'une guerre contre un pays de l'hémisphère Sud, ces îles permettraient notamment le ravitaillement en carburant des avions de combat. En moins de deux mois, les Britanniques vainquent les Argentins. À présent, c'est au tour du Comité spécial de l'ONU sur la décolonisation d'exiger le départ des Britanniques de cet archipel, qui est encore une colonie.

INTERVENTION ARMÉE POUR DES MOTIFS IDÉOLOGIQUES

En août 1968, le gouvernement communiste de l'URSS déploie ses chars d'assaut et ses soldats dans les rues de Prague, la capitale de la Tchécoslovaquie[1], pour renverser le gouvernement communiste. L'URSS, alors leader du monde communiste, impose aux autres États communistes son idéologie, c'est-à-dire la manière dont elle croit qu'un État doit contrôler la vie économique et sociale.

Or, en janvier 1968, le gouvernement tchécoslovaque commençait à prendre ses distances par rapport à l'URSS. Il adoptait des réformes contraires à l'idéologie de l'URSS. Par exemple, il autorisait la liberté de presse, la liberté d'expression et la liberté de circulation. Ces réformes démocratiques ont pris fin dramatiquement. On a donné le nom de *Printemps de Prague* à ces quelques mois où les Tchécoslovaques ont pu bénéficier d'un peu plus de liberté.

UNE ATTAQUE ILLÉGALE... MAIS HUMANITAIRE

En 1998-1999, le gouvernement de Slobodan Milosevic, de la République fédérale de Yougoslavie, mène une cam-

1. La Tchécoslovaquie disparaît en 1993, en donnant naissance à deux États : la République tchèque et la Slovaquie.

pagne de nettoyage ethnique sur son territoire, dans la province du Kosovo. Le Conseil de sécurité de l'ONU exige la fin des agressions contre la minorité albanaise du Kosovo. Le président serbe Milosevic refuse.

S'appuyant sur le chapitre 7 de la Charte de l'ONU, le Conseil de sécurité menace de prendre des mesures, mais sans préciser lesquelles. Pour qu'une attaque soit légale, le Conseil de sécurité doit l'approuver. Or, les membres du Conseil qui ont un droit de veto ne s'entendent pas : les États-Unis veulent attaquer, la Russie et la Chine refusent. Les États-Unis se tournent alors vers une autre organisation : l'Organisation du traité de l'Atlantique Nord (OTAN), dont le Canada fait partie. Le 24 mars 1999, des soldats des pays membres de l'OTAN commencent à bombarder la République fédérale de Yougoslavie, au nom de l'*ingérence humanitaire*. L'OTAN contrevient ainsi au droit international, en outrepassant l'autorité de l'ONU. Dans cette guerre, l'OTAN a opposé le concept de *légitimité* à celui de *légalité*.

20

Les interventions non armées

L'attaque d'un territoire souverain peut se faire sans soldat et sans armement. La simple adoption d'un embargo économique déstabilise complètement un autre État. Il arrive donc qu'un gouvernement cède à cette pression commerciale.

Pour la population civile, les effets d'un embargo sont parfois plus dévastateurs qu'une invasion armée. En effet, une attaque à la santé économique d'un pays se traduit par un abaissement du niveau de vie des citoyens. Quand les échanges commerciaux sont interrompus, le gouvernement perçoit moins d'argent en droits de douane et en taxes de vente. Les industries ne reçoivent plus la matière première dont elles ont besoin pour fabriquer leurs produits. Les commerçants ne reçoivent plus leurs marchandises. Les entreprises doivent mettre à pied des travailleurs ou ferment tout simplement leurs portes. Cela diminue l'impôt que l'État perçoit sur le revenu des citoyens et des entreprises. Avec moins d'argent à sa disposition, l'État réduit ses investissements dans les écoles, les hôpitaux, la recherche, l'entretien des réseaux d'électricité et d'aqueduc.

Aussi, comme il existe de moins en moins de pays autosuffisants sur le plan alimentaire, une grande partie de la nourriture de la population provient d'autres pays. S'il y a un embargo commercial, la nourriture n'arrive plus. La situation est la même concernant les médicaments, les matériaux de construction, le carburant pour les industries et le transport des marchandises, et les tissus pour fabriquer les vêtements.

L'EMBARGO CONTRE CUBA

Cuba fournit un exemple d'un embargo punitif. En 1959, Fidel Castro prend le pouvoir à la suite d'une révolution

19 En août 1968, le Printemps de Prague prend soudainement fin lorsque des chars de l'URSS déferlent dans la capitale de la Tchécoslovaquie pour y chasser le gouvernement en place. Des milliers de Tchécoslovaques descendent alors dans les rues pour protester. Ils brandissent des drapeaux, grimpent sur les chars d'assaut. Certains retirent les plaques des noms de rues pour que les envahisseurs ne puissent se repérer dans Prague.

20 Octobre 2009 : les tablettes vides de ce magasin d'alimentation géré par l'État cubain sont une réalité courante des commerces à Cuba. Soumis à l'embargo commercial imposé par les États-Unis, l'État cubain est confronté à de nombreux problèmes d'approvisionnement.

VEILLE MÉDIATIQUE

◄ Une guerre en direct

Dans la nuit du 17 janvier 1991, une coalition de 12 pays, dont le Canada, lance l'opération Tempête du Désert visant à contrer l'invasion du Koweït par l'armée irakienne. L'offensive est menée par les États-Unis et débute par de lourds bombardements aériens. L'armée parle de « frappes chirurgicales » pour qualifier la précision des tirs de la coalition, due à l'utilisation d'armes et d'équipement de haute technologie.

Seule la chaîne américaine CNN est autorisée par l'armée à couvrir la guerre du Golfe sur place. Les images sont minutieusement sélectionnées par l'armée et sont réutilisées par les médias occidentaux. Au lieu d'images de guerre traditionnelles, les téléspectateurs voient les bombardements sous forme de flashs lumineux sur fond vert rappelant l'atmosphère d'un jeu vidéo. Comme l'illustre la photo ci-contre, la réalité de cette guerre était tout autre, avec plus de 130 000 victimes dont 15 000 civils. Sa couverture médiatique a été largement critiquée.

Correspondant de guerre : un métier à haut risque ►

Le 30 décembre 2009, la journaliste canadienne Michelle Lang, du *Calgary Herald,* meurt à la suite de l'explosion d'une bombe artisanale alors qu'elle couvrait la guerre en Afghanistan. Le véhicule dans lequel elle prenait place a roulé sur une mine. L'incident coûte également la vie à quatre soldats de l'armée canadienne. En poste à Kandahar depuis moins de deux semaines, Michelle Lang est la première journaliste canadienne à perdre la vie depuis le début de la mission du Canada en Afghanistan.

L'année 2009 aura été très pénible pour les journalistes envoyés dans les zones les plus dangereuses du monde. Selon le recensement de la Fédération internationale des journalistes, 139 d'entre eux sont décédés comparativement à 109 en 2008.

Los Angeles Times

COPYRIGHT 2008 120 PAGES — Thursday, July 10, 2008 — DESIGNATED AREAS HIGHER 50¢

COLUMN ONE

Letting the sea cultivate the land

Scientist Carl Hodges thinks big: Why not harness rising oceans to grow a desert food crop that could also one day overtake oil as a fuel?

By Marla Dickerson
Times Staff Writer

Tastiota, Mexico

A *FEW MILES* inland from the Sea of

Revolutionary Guard

Aerial tanker deal is voided

In a blow to Northrop and the state, Gates calls for new bids and takes the matter out of the Air Force's hands.

By Peter Spiegel
Times Staff Writer

WASHINGTON — The chronically troubled effort to build a new fleet of aerial refueling tankers for the Air Force was

◄ Des images trompeuses

En juillet 2009, les Gardiens de la révolution islamique, armée d'élite du régime iranien, effectuent des essais de tirs de missiles et diffusent des images pour montrer leur force de frappe au monde entier. Une photo montrant le lancement de quatre missiles est diffusée dans les quotidiens de la planète dont le *Los Angeles Times* et quelques journaux canadiens.

Rapidement, l'Agence France-Presse (AFP) détecte des anomalies dans la photo et en avertit ses abonnés. Selon plusieurs experts, la photographie originale aurait montré le lancement de trois missiles au lieu de quatre. Le quatrième missile serait demeuré cloué au sol à cause d'une panne du système de lancement, comme on peut le voir dans la photo ci-contre. Les journalistes et les médias doivent être vigilants. Les technologies numériques actuelles permettent de modifier facilement des documents. Ces manipulations peuvent biaiser l'information.

L'OBSERVATOIRE **MÉDIAS**

CONSIDÉRER LE **TRAITEMENT MÉDIATIQUE**

Composante de la CD 2

1. Quel est le rôle de l'organisme Reporters sans frontières?
2. Selon vous, qu'ont en commun les images presque virtuelles de la guerre du Golfe et les images modifiées de ces missiles? Quel est l'impact de ce type d'images sur l'information que reçoivent les citoyens?

renversant le régime dictatorial de Fulgencio Batista, alors soutenu par les États-Unis. L'économie de cette île des Antilles repose alors sur la production de sucre. Les plantations sucrières sont la propriété de compagnies étrangères, dont beaucoup d'américaines. Pour redistribuer des terres aux paysans pauvres, le gouvernement cubain commence, en 1960, à nationaliser des plantations. Il nationalise aussi d'autres secteurs de l'économie. Les États-Unis ripostent en décrétant un embargo commercial contre Cuba. Plus aucune entreprise américaine n'a alors le droit d'exporter des produits à Cuba ni d'importer des produits cubains.

Dans les années qui suivent la révolution, Fidel Castro impose à son tour un régime dictatorial à son peuple. Les atteintes aux droits de la personne commises sous le régime sont d'ailleurs souvent dénoncées par les organismes de défense des droits de la personne. Malgré tout, en 1993, l'Assemblée générale de l'ONU vote une résolution exigeant la fin de l'embargo qui nuit grandement à l'économie cubaine depuis plus de 30 ans.

Les États-Unis opposent leur droit de veto à cette résolution. En 1996, ils votent la loi nommée *Cuban Liberty and Democratic Solidarity Act* (plus connue sous le nom de *loi Helms-Burton*). Celle-ci autorise l'administration américaine à imposer diverses sanctions contre toute entreprise dans le monde qui commerce avec Cuba. La compagnie minière canadienne Sherritt International devient, en 1996, la première cible de cette loi : ses dirigeants et leur famille se voient interdire l'entrée aux États-Unis.

Le Canada, un des principaux partenaires économiques de Cuba, a vivement dénoncé cette loi et n'a jamais rompu ses liens économiques et politiques avec le gouvernement Castro. Cependant, comme de nombreux autres, plusieurs dirigeants canadiens ont dénoncé à l'occasion les atteintes aux droits de la personne du régime dictatorial de Castro.

L'EMBARGO CONTRE L'AFRIQUE DU SUD

Dans le cas de l'Afrique du Sud, les multiples sanctions économiques appliquées par de nombreux États et l'embargo des Nations unies sur la vente d'armes à ce pays ont réussi à affaiblir la capacité de l'État sud-africain de maintenir l'ensemble des dépenses nécessaires à sa politique d'apartheid. Parallèlement à toutes ces sanctions, une campagne de **boycottage** des produits sud-africains lancée par des centaines de groupes sociaux a été suivie par des millions de personnes dans le monde.

Le 11 février 1990, le chef historique du mouvement anti-apartheid, Rolihlahla Mandela, surnommé *Nelson*, est libéré à l'âge de 71 ans après 27 ans d'emprisonnement, pour avoir voulu défendre les droits des Noirs, des Métis et des Indiens d'Afrique du Sud. Quatre ans plus tard, il est élu président de l'Afrique du Sud à l'occasion des premières élections libres dans ce pays. La lutte interne des Noirs sud-africains, soutenue par l'attaque économique de plusieurs États et de millions de personnes dans le monde, a donné des droits juridiques, économiques, sociaux, culturels et politiques aux différentes ethnies qui peuplent l'Afrique du Sud, notamment le droit de voter pour choisir leurs dirigeants. La langue parlée par le plus grand nombre de Sud-Africains, le zoulou, est désormais reconnue comme langue officielle, aux côtés de 10 autres langues.

Les interventions humanitaires

Lorsque des régions sont dévastées par un ouragan, que des milliers de personnes tombent gravement malades à la suite d'accidents industriels, que des épidémies suivent un tremblement de terre ou que des populations sont victimes de famines dues à la sécheresse ou à la guerre, alors la solidarité humaine s'active.

Cette solidarité consiste à porter secours aux sinistrés. L'aide est acheminée par des organisations internationales, nationales ou par des États. Par exemple, à la

CHIFFRES

Selon le recensement de 2007, les Noirs constituent 79 % de la population totale de l'Afrique du Sud (38 millions de personnes) ; les Blancs, 9,6 % (4,6 millions) ; les Métis, 8,9 % (4,2 millions) ; et les Indiens, 2,5 % (1,6 million).

PORTRAIT

Rolihlahla **Mandela** (1918-)

Issu d'une famille royale de l'ethnie Xhosa en Afrique du Sud, Rolihlahla Mandela devient un leader du Congrès national africain (ANC), une organisation de lutte contre l'apartheid. Arrêté en 1963, il est accusé de sabotage pour planification d'une rébellion contre le gouvernement raciste, et envoyé sur Robben Island, une île-prison dans l'océan Atlantique. Mandela, que les Blancs ont prénommé *Nelson,* devient la figure emblématique du mouvement anti-apartheid. La lutte des Noirs, appuyée par des pressions mondiales, entraîne sa libération en 1990. Prix Nobel de la paix en 1993, avec le président sud-africain, pour l'élaboration d'une Constitution non raciste, il est élu président de l'Afrique du Sud lors des remières élections libres, en 1994. Il quitte la vie politique en 1999.

21

suite du séisme qui a dévasté une partie d'Haïti en janvier 2010, plusieurs agences des Nations unies, comme le Programme alimentaire mondial (PAM), sont intervenues. Des organisations non gouvernementales (ONG), telles que la Croix-Rouge, Oxfam International, Médecins sans frontières et l'organisation humanitaire québécoise CECI (Centre d'études et de coopération internationale), ont aussi déployé des ressources humaines, financières et matérielles pour assurer :

- de l'aide alimentaire ;
- des soins médicaux ;
- la reconstruction des habitations ;
- la réfection des systèmes d'aqueduc, la reconstruction de puits.

Pour des drames humains d'une telle ampleur, de nombreux États se mobilisent également. Ils envoient des soldats, des policiers maîtres-chiens et leurs chiens pour fouiller les décombres à la recherche de survivants. Les soldats étrangers assurent aussi la distribution de la nourriture et de l'eau, de même que la sécurité, notamment des femmes et des enfants. La plupart des États touchés par des catastrophes se réjouissent de pouvoir compter sur des secours internationaux. D'autres États, par contre, craignent que l'entrée sur leur territoire d'organisations étrangères ou de soldats d'autres États menace leur pouvoir.

21 En janvier 2010, Haïti est secoué par un terrible tremblement de terre qui fait environ 200 000 morts et plonge le pays au cœur d'une crise humanitaire gigantesque. En quelques jours, la communauté internationale se mobilise pour secourir la population. Ici, un intervenant de Médecins sans frontières dispense des soins à une adolescente.

22 Plusieurs écoles de la bande de Gaza ont été détruites par l'armée israélienne en 2009. Ces fillettes ont pu recevoir de nouveaux livres scolaires grâce aux dons acheminés à l'UNRWA, l'agence des Nations unies qui s'occupe des camps de réfugiés palestiniens. L'UNRWA gère de nombreux aspects de la vie des réfugiés : elle leur fournit notamment un soutien alimentaire, de l'eau potable et des soins de santé.

L'ASSISTANCE HUMANITAIRE EN ZONES DE CONFLITS

Le principe de l'assistance humanitaire est d'assurer un minimum vital à des populations sinistrées : nourriture, vêtements, logement et soins. Toutefois, l'aide humanitaire a parfois un caractère plus « politique ». C'est le cas lorsque des ONG ou des agences de l'ONU portent secours aux personnes qui fuient les guerres, ou les persécutions ethniques ou religieuses. Les organisations les aident, par exemple, à franchir la frontière vers les pays voisins et assurent leur sécurité pendant leur fuite des zones de danger. Elles leur fournissent des tentes et de la nourriture.

Dans les territoires occupés par Israël, la présence depuis 60 ans d'une agence de l'ONU mandatée pour porter assistance aux réfugiés palestiniens donne lieu à de vives tensions entre le personnel des Nations unies (Office de secours et de travaux des Nations unies pour les réfugiés de Palestine au Proche-Orient, UNRWA) et le gouvernement israélien.

La légitimité des interventions extérieures

Quelle est la légitimité, la moralité ou la légalité des interventions étrangères en territoire souverain? Quels sont les devoirs des États devant la souffrance humaine de plusieurs peuples? Lorsque cinq États dans le monde (les cinq membres permanents du Conseil de sécurité de l'ONU) détiennent le pouvoir de bloquer une assistance légale susceptible d'empêcher un génocide, les autres États

INTERPRÉTER LE PROBLÈME (CD 1)

Les questions portent sur le contenu des pages 285 à 295.

1. Nommez les motifs qui amènent certains États à intervenir de façon illégale sur des territoires souverains.
2. Les États-Unis ont envahi l'Irak à deux reprises. La première fois, en 1991, ils avaient un mandat légal du Conseil de sécurité de l'ONU.
   a) Expliquez pourquoi leur seconde intervention, en 2003, est considérée comme illégale.
   b) Quel est le motif invoqué pour agir sans l'autorisation de l'ONU ?
3. Le Royaume-Uni et l'Argentine se sont affrontés pour la possession des îles Falkland malgré leur pauvreté en ressources naturelles. Expliquez l'enjeu au cœur de ce conflit.
4. Pour justifier son attaque illégale contre la République fédérale de Yougoslavie, l'OTAN a opposé le concept de *légitimité* à celui de *légalité*. Expliquez la différence entre ces deux concepts.
5. Pour faire pression sur les États, il arrive que la communauté internationale impose un embargo. Expliquez les effets possibles d'un embargo sur un État.
6. Expliquez comment l'embargo des Nations unies contre l'Afrique du Sud a aidé à contrer le régime de l'apartheid.

ANALYSER LE PROBLÈME: ACTIVITÉ
Composante de la CD 1

Au nom de l'humanité

Outils de référence: des articles parus dans les médias, votre manuel *Enjeux* et Internet.

À la suite d'un tremblement de terre dans un pays étranger, vous devez rapidement organiser des secours pour venir en aide à la population locale. Cependant, ce pays est peu enclin à laisser entrer l'aide internationale sur son territoire.

Vous devez présenter un plan d'intervention qui inclura les renseignements suivants:

1. les besoins les plus importants des victimes du tremblement de terre;
2. les ressources et le matériel dont vous aurez besoin pour répondre à ces besoins;
3. une liste de toutes les organisations non gouvernementales (ONG) et de leur mission pour justifier le rôle que vous leur confierez;
4. les organisations des Nations unies auxquelles vous pourrez faire appel (identifiez-les, ainsi que leurs missions respectives);
5. advenant que l'État refuse l'aide humanitaire, ce que pourra faire l'ONU pour la population.

doivent-ils demeurer les bras croisés sous prétexte que leur intervention serait illégale si l'ONU ne l'approuve pas? Les interventions pour secourir des humains ne sont-elles qu'humanitaires ou parfois politiques et économiques? Les interventions politiques peuvent-elles avoir pour but de secourir des humains? L'examen de deux enjeux va éclairer ces questions: **l'application du principe d'assistance humanitaire**; et **l'intérêt des intervenants versus l'intérêt des populations.**

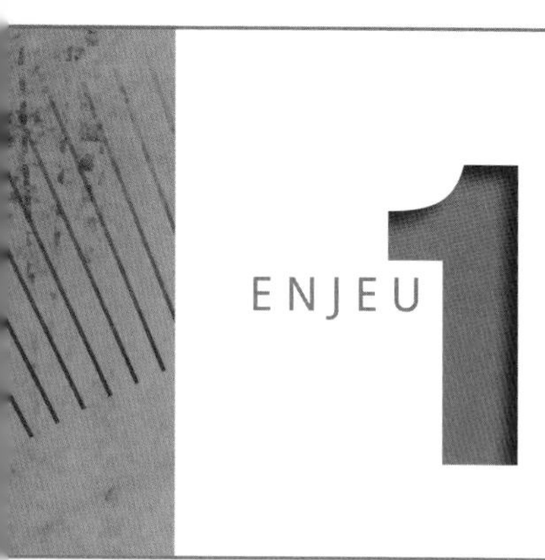

ENJEU 1 L'application du principe d'assistance humanitaire

«Les laisserons-nous mourir?» C'est la question que pose Bernard Kouchner, ministre français et cofondateur de Médecins sans frontières, lorsque le gouvernement du Myanmar refuse l'aide internationale après le cyclone qui fait 100 000 victimes en mai 2008. Alors que les sinistrés de ce pays d'Asie n'ont ni eau, ni nourriture, ni abri, les États étrangers doivent, un à un, convaincre le Myanmar de leur donner le droit de secourir les victimes sur le terrain.

Les dirigeants de cette dictature craignent que l'aide ne se transforme en ingérence politique. Le Myanmar agit ainsi alors que l'ONU a voté des résolutions pressant les États d'assurer le libre accès aux sinistrés. Mais où finit l'aide étrangère et où commence l'ingérence? Qu'est-ce que l'aide humanitaire? Inclut-elle la protection des droits de l'homme?

Qu'est-ce que l'assistance humanitaire?

Après cinq siècles de sommeil, le Pinatubo, un volcan des Philippines, en Asie, se réveille soudainement en juin 1991 et crache sa lave pendant des semaines. Alertées à temps, des centaines de milliers de personnes fuient. Mais elles perdent tout: la lave va engloutir leurs villes et villages. Les régions voisines qui voient arriver par centaines de milliers ces sinistrés ne peuvent les nourrir tous ni les abriter. C'est ici qu'entre en scène l'assistance humanitaire.

Au fil des catastrophes et des guerres, des gens comme Henry Dunant ou Bernard Kouchner, troublés par le sort réservé aux victimes de grands drames collectifs, mettent sur pied des organisations de secours. Dunant donne naissance à la Croix-Rouge en 1863; environ 100 ans plus tard, Kouchner fonde Médecins sans frontières avec 12 autres personnes (1971), puis Médecins du Monde (1980). L'ONU crée aussi des agences de secours pour les personnes déplacées et les victimes de famine, comme l'UNICEF (1946), le Haut-commissariat des Nations unies pour les réfugiés (1950) et le Programme alimentaire mondial (1962).

LES FORMES DE L'ASSISTANCE HUMANITAIRE

L'assistance humanitaire vise la satisfaction de besoins vitaux d'un groupe de

23

23 Pour le compte de Médecins sans frontières, des employés de l'aéroport de Mérignac, en France, chargent un avion avec de l'équipement médical, de la nourriture et de l'eau potable à destination du Myanmar, dévasté par un cyclone en mai 2008.

personnes déplacées ou sinistrées. Tout en haut de la liste figurent les deux besoins sans lesquels les humains ne peuvent survivre : boire et manger. Se protéger du froid, des intempéries et des rayons cuisants du Soleil place les abris et les vêtements au troisième rang des besoins essentiels. Autre élément indispensable à la survie, la sécurité : les humains doivent être à l'abri d'attaques. L'accès à des soins médicaux est aussi un besoin essentiel en zones de conflits ou de catastrophes.

Les raisons de l'inaccessibilité à l'eau, de la perte de son toit et de la menace à la sécurité de sa personne sont des plus diverses :

- catastrophe naturelle : ouragan, tsunami, éruption de volcan, séisme, inondation ;
- problème environnemental : sécheresse, désertification, pénétration de l'eau de mer dans les nappes d'eau souterraines ;
- violence armée : conflits entre États, groupes ethniques ou religieux, et oppression de l'État ;
- crise économique : économie étranglée par des agents extérieurs, comme dans le cas d'un embargo ; économie mal gérée ; crises cycliques de l'économie capitaliste.

La variation de ces raisons devrait-elle faire varier l'ampleur et la rapidité de l'assistance humanitaire ? Les secours massifs devraient-ils être réservés aux victimes de catastrophes naturelles soudaines ?

La rapidité des secours aux populations sinistrées fait la différence entre la vie et

PORTRAIT

Bernard **Kouchner** (1939-)

Né en France, le médecin Bernard Kouchner fonde, avec d'autres collaborateurs, Médecins sans frontières en 1971, à son retour du Biafra, en Afrique, où 1 million de personnes viennent de mourir de faim à cause d'une guerre. Cette organisation soigne des victimes de conflits et de catastrophes naturelles. Il démissionne pour fonder, en 1980, Médecins du Monde, une organisation semblable, mais qui revendique le « devoir d'ingérence humanitaire ». Il est ensuite ministre dans le gouvernement français, puis entre au Parlement européen. En 1999, il préside la Mission d'administration intérimaire de l'ONU au Kosovo. Un an et demi plus tard, il retourne à la politique française. En 2007, il devient ministre des Affaires étrangères et européennes.

la mort. Par exemple, une personne blessée légèrement lors d'un séisme mourra si elle n'a pas d'antibiotiques pour sa plaie infectée. Une personne mourra de déshydratation si elle n'a pas d'eau. La volonté de secourir vite rencontre cependant des obstacles : aéroport détruit par un tremblement de terre, port saccagé par un tsunami, routes inondées. Parfois, ce sont des gouvernements qui bloquent les secours : ils refusent l'entrée massive d'étrangers sur leur territoire.

DES BESOINS IDENTIQUES, DES RÉPONSES DIFFÉRENTES

Quelque 3 millions d'Haïtiens se retrouvent du jour au lendemain sans accès à de l'eau potable et à de la nourriture après le tremblement de terre de 2010. Pendant ce temps, dans l'est de l'Afrique, des régions de l'Éthiopie et de la Somalie sont dans une situation d'urgence semblable, et 4,5 millions de Soudanais sont aussi sans accès à de l'eau et à de la nourriture. Ces deux éléments vitaux manquent également pour 5 millions de Zimbabwéens, dans le sud de l'Afrique.

Puisque, dans tous ces cas, il s'agit d'êtres humains ayant soif et faim, l'assistance humanitaire devrait-elle être la même partout ? On pourrait penser que les secours dans ces États africains se sont mis en place de la même façon qu'en Haïti, c'est-à-dire qu'une vaste **solidarité** mondiale y a fait converger des vivres, des médecins et des soldats. Ce n'est pas le cas. Pour une même urgence humanitaire, l'assistance n'est pas partout identique.

24

LES VARIATIONS DE L'AIDE HUMANITAIRE

Le type et l'ampleur de l'assistance ont beaucoup à voir avec la raison de l'urgence humanitaire. Les catastrophes naturelles comme les séismes donnent lieu à une vive solidarité internationale. Cela est dû, en grande partie, au fait que tous les aspects de ces drames sont abondamment relayés par les médias. Tant les

Quelques-unes des grandes catastrophes naturelles entre 1970 et 2010

1970
Pérou
Séisme
50 000 morts

1976
Chine
Séisme
240 000 morts

1988
Arménie
Séisme
30 000 morts

1990
Iran
Séisme
55 000 morts

1970 — 1980 — 1990

25

États, les organisations humanitaires que les citoyens trouvent une façon de porter assistance aux sinistrés ayant tout perdu.

Les victimes des catastrophes naturelles

Pour Haïti, la solidarité humaine a été très grande. Des cargaisons d'eau et de nourriture y ont été envoyées. On a parachuté des vivres sur les régions inatteignables. Des soldats de plusieurs pays ont été déployés pour assurer l'acheminent de vivres, et la protection des femmes et des enfants. Les avions de l'armée canadienne qui ont transporté des soldats et du matériel de secours ont servi à ramener des Québécois d'origine haïtienne et des orphelins déjà jumelés à des parents adoptifs québécois.

24 Durant la Première Guerre mondiale (1914-1918), des travailleurs de la Croix-Rouge portent secours aux soldats blessés. Fondée en 1863, cette organisation humanitaire soigne les blessés de guerre, peu importe leur camp.

25 En 2009, 13 000 volontaires de la Croix-Rouge commémorent le 150e anniversaire de la bataille de Solferino, en Italie. Cet affrontement entre armées française et autrichienne en 1859 a fait des milliers de blessés laissés sans soins. Bouleversé par la vue de cette souffrance, le Suisse Henry Dunant fonde la Croix-Rouge. Il reçoit le prix Nobel de la paix en 1901.

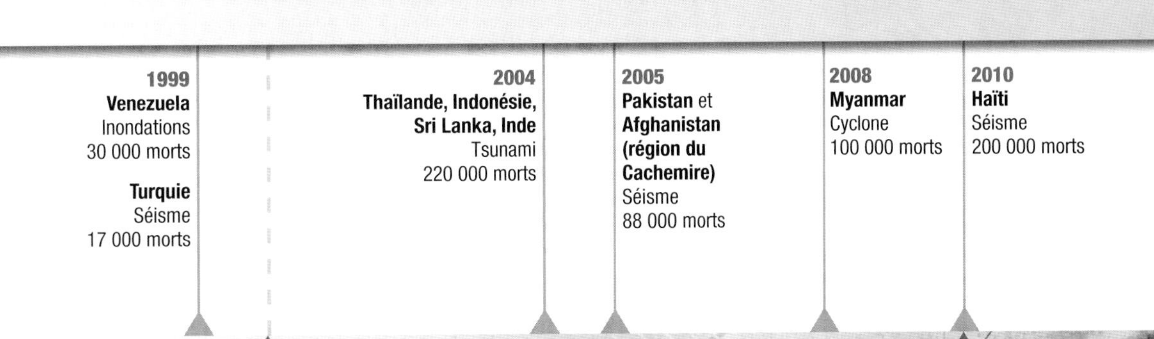

De nombreuses chaînes de télévision se sont regroupées pour mener des téléthons afin d'amasser de l'argent pour les secours. En seulement 2 h 30, le 22 janvier 2010, les Québécois ont donné 6,5 millions $. Les journalistes ont été envoyés en grand nombre dans les villes sinistrées pour montrer l'étendue des besoins.

Les victimes de problèmes environnementaux

Dans le cas de l'Éthiopie et de la Somalie, le manque d'eau et de nourriture est notamment dû aux sécheresses. Il s'agit d'une autre forme de catastrophe naturelle, mais, puisqu'elle n'est pas soudaine, la réponse aux besoins des sinistrés est habituellement moins spontanée. Contrairement aux Haïtiens, les Éthiopiens et les Somaliens victimes de la sécheresse ne perdent pas tout en quelques secondes. Ils quittent peu à peu leur demeure à la recherche d'eau. Au fil des semaines, des mois et des ans, le nombre de déplacés passe de milliers à millions.

Les organismes de secours internationaux établissent des camps pour accueillir ce type de réfugiés. Les médias parlent peu de ces déplacés, et ces derniers ne peuvent pas nécessairement compter sur le déploiement de soldats, comme en Haïti, pour sécuriser l'acheminement de l'aide alimentaire.

Les victimes des conflits armés

Au Darfour, une province de l'ouest du Soudan, des organismes d'aide internationale tentent de secourir des millions de personnes victimes non pas d'une catastrophe naturelle, mais de violence armée. Des groupes armés s'affrontent depuis 2003, souvent en prenant la population civile pour cible. Des millions de personnes ont quitté leur demeure pour fuir ces violences. Des organismes humanitaires les ont pris en charge dans des camps de réfugiés installés au Darfour, mais aussi au Tchad, un pays voisin. L'organisme humanitaire Oxfam évalue à 4,5 millions le nombre d'habitants du Soudan, surtout des femmes et des enfants, ayant besoin de secours. Le

26

26 À la suite du tremblement de terre qui a dévasté la capitale haïtienne en 2010, des millions de personnes ont envoyé de l'argent aux organisations humanitaires sur place, et des États ont rapidement acheminé des vivres et de l'équipement médical. Même les habitants des régions devenues inaccessibles ont pu être secourus grâce au parachutage de vivres par l'armée américaine.

28 Dans les pays où sévit la guerre civile, il est ardu de secourir les populations affamées, comme cette famille somalienne. En 1992, les Casques bleus déployés en Somalie ont de la difficulté à protéger les convois humanitaires. L'ONU doit même autoriser alors l'envoi d'une force d'intervention supplémentaire, pour garantir l'acheminement des secours.

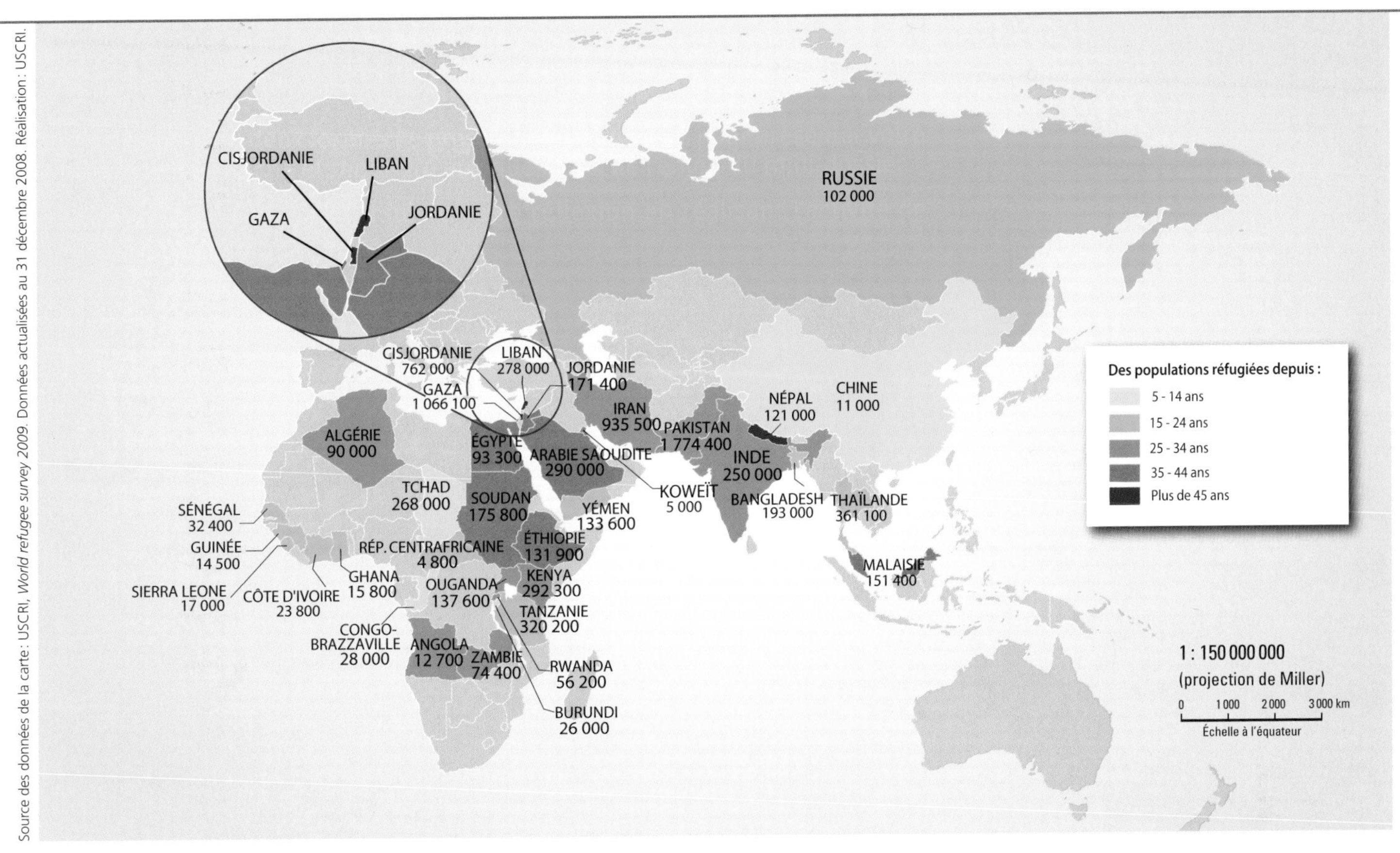

Source des données de la carte : USCRI, *World refugee survey 2009*. Données actualisées au 31 décembre 2008. Réalisation : USCRI.

27 Les réfugiés dans le monde au 31 décembre 2008

Source : *Diplomatie, Atlas géostratégique 2010*, Paris, Aréion, 2009, p. 92.

28

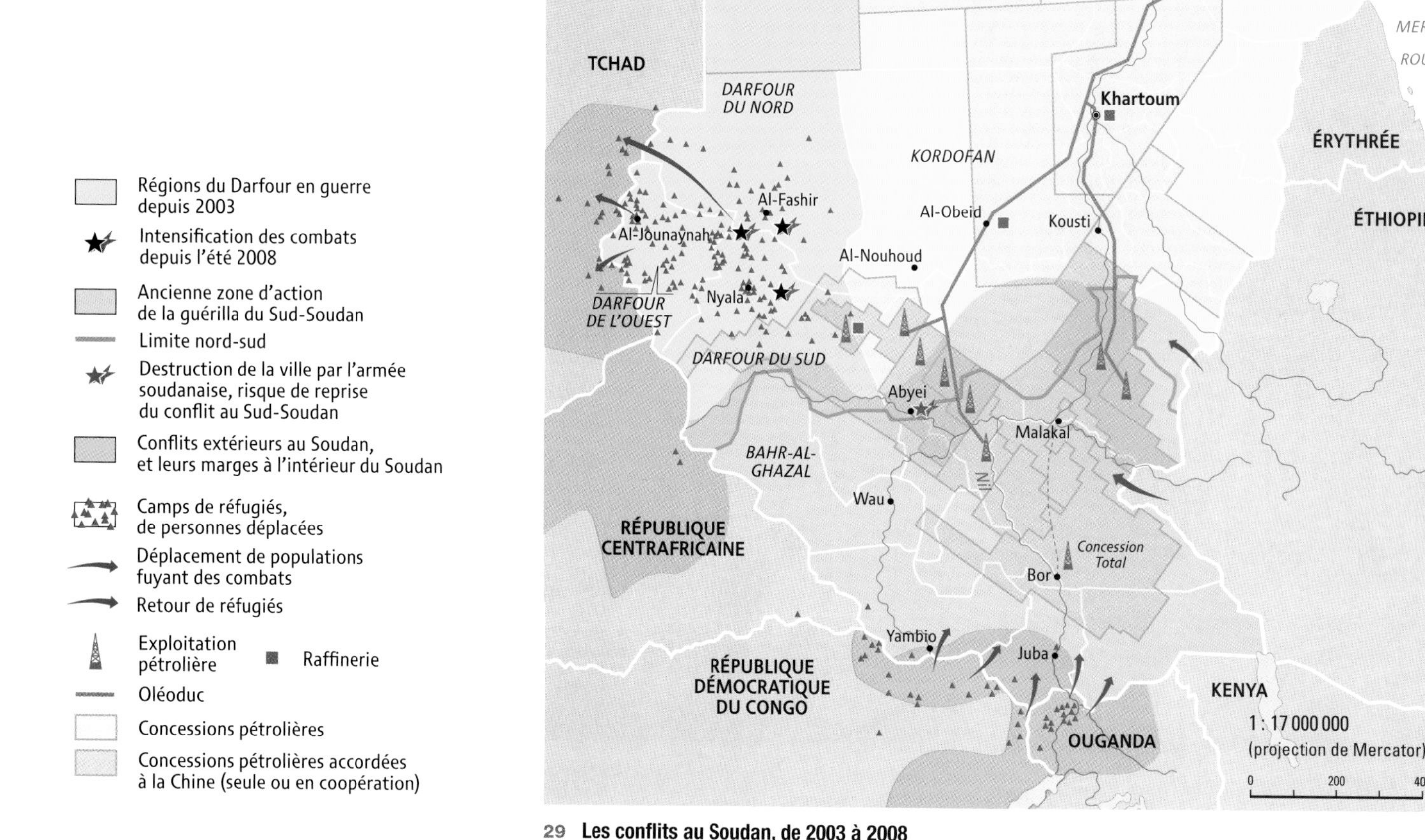

29 Les conflits au Soudan, de 2003 à 2008

Source : *Le Monde diplomatique, L'atlas 2010*, Paris, Armand Colin, 2009, p. 160. © Philippe REKACEWICZ.

conflit a fait près de 400 000 morts. On compte environ 2 millions de déplacés. Là aussi, des vivres ont été parachutés pour rejoindre des populations affamées. Tandis qu'en Haïti les organisations de secours sont bien accueillies, au Soudan, elles sont de plus en plus la cible d'attaques.

Plus de trois ans après le début du conflit, l'ONU a dépêché des Casques bleus au Darfour. L'ONU aurait-elle dû réagir plus vite ? L'armée canadienne aurait-elle pu, comme elle l'a fait en Haïti, envoyer des soldats pour sécuriser l'acheminement des vivres et protéger la population civile ?

Les victimes de leur gouvernement

Le Zimbabwe est sans doute le pays à propos duquel les statistiques sont les plus troublantes tellement elles dépassent l'imagination. Ce pays du sud de l'Afrique détient le record mondial du taux d'inflation : 231 000 000 %. Cette situation ne serait pas catastrophique si les salaires augmentaient au rythme de l'inflation et s'il y avait beaucoup d'emplois. Mais le taux de chômage y est de 95 %, et 68 % de la population vit sous le seuil de pauvreté.

Cette situation économique explique pourquoi 5,1 millions de personnes, sur une population totale de 11,4 millions de Zimbabwéens, parviennent difficilement à manger une fois par jour. Dans ce contexte d'extrême pauvreté, la situation sanitaire est alarmante : une épidémie de choléra frappe 1 million d'habitants. Les gens sont nombreux à

30

30 Dans la province du Darfour, au Soudan, en Afrique, l'organisation humanitaire Oxfam International fournit de l'eau potable et de la nourriture aux civils des camps de réfugiés qui fuient la violence. Ici, des enfants posent devant un réservoir fourni par Oxfam.

FOCUS

L'aide humanitaire : le résultat d'un échec ?

« L'aide acheminée par avion qu'on montre à la télévision n'est pas le triomphe de la compassion, mais le témoignage de notre échec à agir au moment opportun. » Cette critique vient d'Oxfam et de Care, deux organisations humanitaires internationales. Elles réclament une réforme du système pour éviter la flambée des prix des denrées, qui acculent des populations à la famine. Elles expliquent que, très souvent, la famine n'est pas due au manque de nourriture, mais à l'impossibilité financière d'en acheter.

Elles demandent aux pays qui fournissent l'aide alimentaire d'urgence d'acheter les aliments auprès des fermiers locaux, ce qui fournit du travail à une partie de la population alors capable d'acheter de la nourriture.

Oxfam et Care soulignent aussi que la production de biocarburants pour fournir les pays riches en énergie hausse le prix des aliments dans les pays pauvres, car de plus en plus de terres servent à cette production plutôt qu'à celle de denrées. Selon elles, les États-Unis et l'Union européenne doivent financer les pays touchés, car leur demande en biocarburants a des répercussions sur la sécurité alimentaire mondiale. Plusieurs analystes croient que, si les donateurs finançaient la culture d'aliments plutôt que l'envoi de nourriture, la famine reculerait.

31 Au Zimbabwe, dans le sud de l'Afrique, un pain qui coûtait 1 $ zimbabwéen en 2004 pouvait en coûter 1 000 000 $ zimbabwéens 4 ans plus tard. À un moment, il fallait tellement de billets de banque pour acheter les produits de la vie courante qu'il n'y avait plus assez de billets en circulation pour permettre ces transactions. Le gouvernement a dû inventer un nouveau billet de cent mille milliards de dollars (100 000 000 000 000 $).

ZOOM

La non-ingérence : la solution de la Croix-Rouge

La Croix-Rouge est une des organisations non gouvernementales (ONG) les plus connues dans le domaine des secours aux populations. Sa branche nommée *Fédération internationale des Sociétés de la Croix-Rouge et du Croissant-Rouge* intervient après une catastrophe naturelle, et sa branche nommée *Comité international de la Croix-Rouge* intervient en zones de conflits.

La Croix-Rouge plaide depuis longtemps pour que le droit international oblige l'accès aux sinistrés des catastrophes environnementales. Consciente que les États veulent préserver leur souveraineté et qu'ils défendent le principe de non-ingérence, cette ONG dit avoir trouvé une façon d'obliger le secours aux sinistrés tout en préservant la souveraineté des États. La Croix-Rouge propose que les États soient obligés d'accorder l'accès sur leur territoire sinistré à des ONG et non pas à des États. Ainsi, il n'y aurait pas ingérence d'un État dans les affaires d'un autre État.

consommer une eau non potable, responsable d'infections graves, souvent mortelles. L'insuffisance de médicaments, conjuguée au manque de nourriture, aggrave la condition de santé de ces gens. Le taux de mortalité lié aux différentes maladies chez les adultes est si élevé que le Zimbabwe a le taux le plus élevé d'orphelins sur la planète.

La situation est si grave que plusieurs organisations internationales, dont Oxfam et le Programme alimentaire mondial de l'ONU, sont intervenues pour prêter assistance aux populations sans nourriture. Mais, le 4 juin 2008, le chef de l'État, Robert Mugabe, chasse ces organismes. Il ordonne l'arrêt de leurs activités humanitaires, les accusant d'appuyer l'opposition pendant la campagne électorale. L'interdiction des secours aux millions de personnes affamées dure près de trois mois, jusqu'à la réélection de Mugabe fin août.

Les victimes du veto du Conseil de sécurité de l'ONU

Cette décision du régime autoritaire de Mugabe, qui a pour effet de priver de nourriture la moitié de sa population, rebondit aussitôt à l'ONU. Des États élaborent un projet de résolution revendiquant la levée des restrictions imposées à l'aide humanitaire. Ce texte prévoit aussi des sanctions, notamment un embargo sur les ventes d'armes au Zimbabwe.

Mais, le 11 juillet, la Chine et la Russie mettent fin aux espoirs des Zimbabwéens d'être secourus par la communauté internationale. Ces deux membres permanents du Conseil de sécurité de l'ONU imposent leur veto au projet de résolution. Ils ne sont pas d'accord avec l'ensemble de cette résolution, qui prévoit un embargo sur la vente d'armes à cet État d'Afrique, le gel de ses possessions financières à l'étranger et la restriction de déplacement de membres du régime, dont le président Mugabe. Les opposants à cette résolution disent que la situation au Zimbabwe ne représente pas du tout une menace pour la paix et la sécurité internationale, et qu'une intervention risque de nuire aux négociations en cours dans le pays entre les partis rivaux.

L'ONU se retrouve alors sans aucune voie pour secourir les Zimbabwéens. Sa seule institution légalement apte à ordonner des actions contre cet État ne peut aller de l'avant, et ses agences d'aide humanitaire n'ont plus le droit d'entrer dans ce pays. Certains analystes jugent que le droit de veto des cinq membres permanents de l'ONU devrait être interdit lorsque la vie de millions de personnes est menacée.

L'accès aux sinistrés : une éternelle revendication

Deux millions de Nord-Coréens meurent de la famine à la fin des années 1990. Depuis, la Corée du Nord est aux prises avec des famines à répétition. Une aide alimentaire y est acheminée, mais la dictature en place dans ce pays met de nombreux obstacles à son déploiement et refuse l'aide en provenance de certains pays. Après le séisme qui fait 55 000 morts en Iran en 1990, les autorités de cet État refusent d'abord l'assistance humanitaire puis, après un certain temps, ils l'acceptent, mais le retard dans les secours aux blessés alourdit le bilan des victimes.

La Corée du Nord, l'Iran, le Myanmar et le Zimbabwe sont tous des exemples où des régimes autoritaires ont refusé à leur population le droit d'être secourue *rapidement* par l'assistance étrangère. Bernard Kouchner, cofondateur de Médecins sans frontières et de Médecins du Monde, estime que les délais avant d'ouvrir les frontières aux secours humanitaires entraînent une « catastrophe dans la catastrophe », car le nombre de victimes augmente et il y a menace d'épidémies.

Est-ce que le droit international devrait autoriser l'ingérence territoriale pour porter secours aux sinistrés vivant sous des dictatures ? Le droit d'accès aux populations affamées devrait-il être inscrit dans le droit international ? Faut-il, au contraire, préserver la souveraineté des États ?

PRENDRE **POSITION** (CD 2)

Les questions portent sur le contenu des pages 296 à 305.

1. L'assistance humanitaire vise la satisfaction des besoins vitaux. À votre avis, la rapidité et l'ampleur de cette assistance devraient-elles être les mêmes pour la famine en Afrique que pour un tremblement de terre dans un autre pays ? Justifiez votre réponse.
2. Le Québec, comme le reste du monde, a fortement réagi à la suite du tremblement de terre qui a secoué Haïti en janvier 2010. Comparez l'ampleur de l'aide humanitaire déployée par la communauté internationale en Haïti avec celle offerte lors de catastrophes naturelles survenues dans d'autres pays.
3. « L'aide acheminée par avion qu'on montre à la télévision n'est pas le triomphe de la compassion, mais le témoignage de notre échec à agir au moment opportun. » Que pensez-vous de cette déclaration faite par Oxfam et Care, deux organisations humanitaires internationales ?
4. **a)** Quelles sont les trois solutions proposées par Oxfam et Care pour enrayer les crises alimentaires ?
   b) Selon vous, est-il possible d'appliquer ces solutions ?
5. Le Zimbabwe est l'un des pays les plus pauvres du monde et pourtant, son chef d'État a refusé l'aide humanitaire pour des motifs d'ingérence politique. Dans de telles circonstances, la communauté internationale doit-elle imposer l'aide ou doit-elle plutôt respecter la souveraineté des États ? Expliquez votre position.
6. **a)** Exposez les motivations des pays qui souhaitaient une intervention internationale au Zimbabwe et celles des pays qui y ont opposé leur veto.
   b) Si vous aviez à voter sur cette intervention, quelle serait votre position ?

EXAMINER DES POINTS DE VUE RELATIFS À L'ENJEU : ACTIVITÉ
Composante de la CD 2

L'aide humanitaire examinée

Outils de référence : votre manuel *Enjeux,* des livres à la bibliothèque ou des articles parus dans les médias.

Vous faites partie d'une équipe d'observateurs internationaux chargée d'évaluer l'aide humanitaire déployée dans certains pays et d'en faire un rapport.

1. Formez des équipes de trois élèves. Chaque équipe doit choisir l'un des quatre pays proposés dans la liste suivante :
   - Zimbabwe
   - République démocratique du Congo
   - Corée du Nord
   - Haïti
2. Trouvez des renseignements pertinents sur :
   a) les raisons pour lesquelles ce pays a reçu de l'aide humanitaire ;
   b) la nature de cette aide (argent, nourriture, etc.) ;
   c) les intervenants qui lui ont fourni cette aide ;
   d) les réactions de la population face à cette aide ;
   e) la position de l'État face à cette aide ;
   f) les conséquences de l'aide apportée ;
   g) les obstacles à la mise en place de cette aide.
3. À l'aide des renseignements trouvés, rédigez un rapport de deux à trois pages. Vous devez démontrer si, à votre avis, cette aide a été utile, si le pays a encore besoin d'aide et, si oui, ce qui devrait être fait.

32

32 Le Programme alimentaire mondial, une agence de l'ONU, distribue des vivres aux victimes non seulement de catastrophes naturelles et de conflits, mais aussi de crises économiques, comme ces femmes de Mutare, dans l'est du Zimbabwe, en 2005. Le coût des aliments et le taux de chômage sont si élevés dans ce pays que plus de 5 millions de personnes souffrent de la faim.

33 Les zones de combats où l'ONU envoie ses forces de maintien de la paix cachent souvent de nombreuses mines. Ici, des Casques bleus déployés dans le sud du Liban, où ils doivent notamment assurer la sécurité des populations civiles, ont dû, pendant des années, tenter de repérer et de désamorcer les mines antipersonnel, comme l'ont fait ces soldats en 1990.

PORTRAIT

Shirin **Ebadi** (1947-)

Née en Iran, Shirin Ebadi devient, en 1969, la première femme juge de son pays. Le gouvernement religieux qui prend de force le pouvoir en 1979 l'oblige à quitter son poste : les femmes n'ont plus le droit d'être juges. Ses protestations lui valent d'être assignée à résidence. Ce n'est qu'en 1992 qu'on l'autorise à être avocate. Elle représente plusieurs familles de victimes du régime politique en place et défend la liberté d'expression. En 1995, elle fonde une association pour la défense des droits des enfants, puis, en 2001, un centre des droits de la personne. Elle est lauréate du prix Nobel de la paix en 2003.

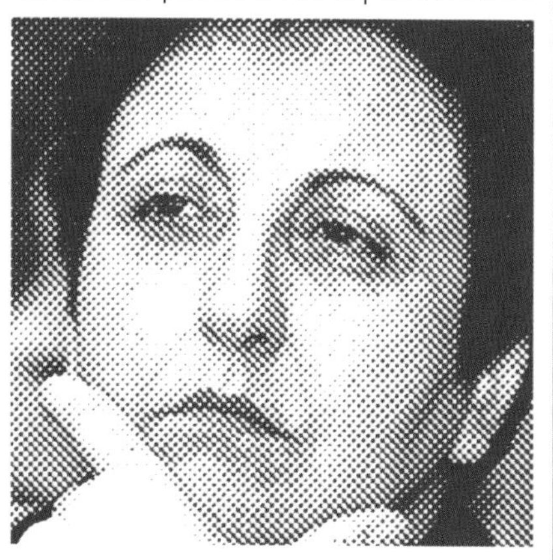

L'aide humanitaire inclut-elle la protection des droits humains ?

« Porter assistance aux personnes sinistrées à la suite de catastrophes naturelles » n'est pas inscrit dans le droit international. Ce n'est donc pas une obligation. Pourtant, chaque fois qu'une catastrophe frappe une région, des organisations humanitaires ou des États y dépêchent des secours. Ces interventions relèvent de la coutume, donc de ce qu'on appelle le **droit coutumier**. Des organismes comme la Croix-Rouge demandent que le droit à l'assistance humanitaire soit reconnu par le droit international et que l'accès aux sinistrés soit ajouté à la liste des droits de l'homme.

LES DROITS ET LES OBLIGATIONS

La Déclaration universelle des droits de l'homme semble prévoir l'obligation

33

de secourir les sinistrés. Son article 25 stipule que «toute personne a droit à un niveau de vie suffisant pour assurer sa santé, notamment pour l'alimentation, l'habillement, le logement, les soins médicaux en cas de perte de ses moyens de subsistance par suite de circonstances indépendantes de sa volonté». Une catastrophe naturelle, un conflit armé, une famine constituent-ils des «circonstances indépendantes de la volonté des sinistrés»?

Il n'est écrit nulle part cependant que des organisations ou des États ont l'obligation de secourir les sinistrés d'États étrangers. Un État n'a pas non plus l'obligation d'ouvrir son territoire aux diverses formes de secours: matérielle (nourriture, médicaments) et humaine (médecins, maîtres-chiens).

L'ONU ET L'ACCÈS AUX SINISTRÉS

En décembre 1988, quelques jours après le séisme qui fait 30 000 victimes en

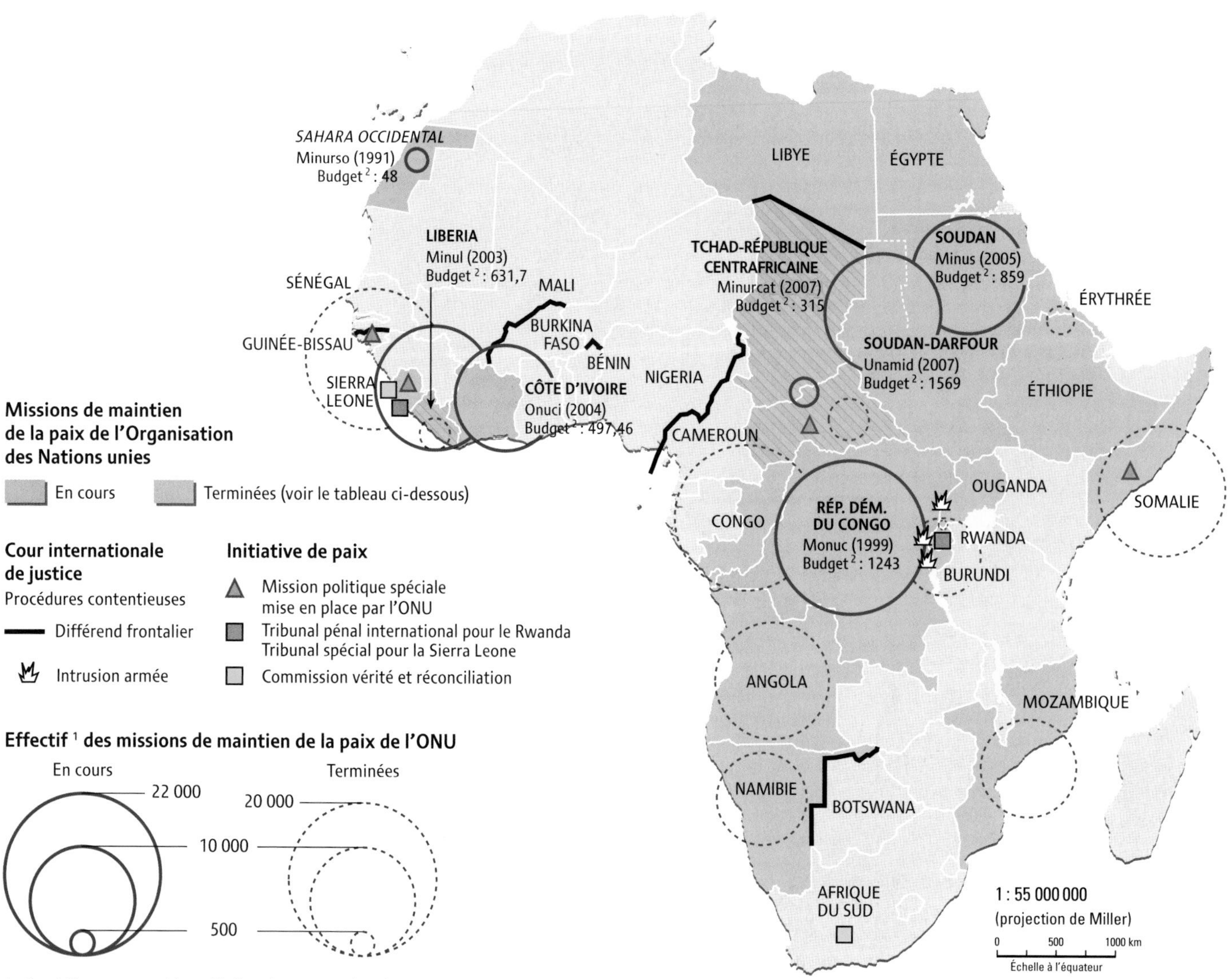

SAHARA OCCIDENTAL
Minurso (1991)
Budget[2] : 48

LIBERIA
Minul (2003)
Budget[2] : 631,7

SÉNÉGAL
GUINÉE-BISSAU
SIERRA LEONE
MALI
BURKINA FASO
BÉNIN
NIGERIA

CÔTE D'IVOIRE
Onuci (2004)
Budget[2] : 497,46

LIBYE
ÉGYPTE

TCHAD-RÉPUBLIQUE CENTRAFRICAINE
Minurcat (2007)
Budget[2] : 315

SOUDAN
Minus (2005)
Budget[2] : 859

SOUDAN-DARFOUR
Unamid (2007)
Budget[2] : 1569

ÉRYTHRÉE
ÉTHIOPIE
CAMEROUN
CONGO

RÉP. DÉM. DU CONGO
Monuc (1999)
Budget[2] : 1243

OUGANDA
RWANDA
BURUNDI
SOMALIE
ANGOLA
MOZAMBIQUE
NAMIBIE
BOTSWANA
AFRIQUE DU SUD

1 : 55 000 000
(projection de Miller)
0 500 1000 km
Échelle à l'équateur

Missions de maintien de la paix de l'Organisation des Nations unies

En cours | Terminées (voir le tableau ci-dessous)

Cour internationale de justice
Procédures contentieuses
Différend frontalier
Intrusion armée

Initiative de paix
Mission politique spéciale mise en place par l'ONU
Tribunal pénal international pour le Rwanda
Tribunal spécial pour la Sierra Leone
Commission vérité et réconciliation

Effectif[1] des missions de maintien de la paix de l'ONU
En cours: 22 000, 10 000, 500
Terminées: 20 000, 10 000, 500

1. Ce chiffre comprend les militaires, le personnel civil international et local, ainsi que les volontaires de l'ONU. Missions en cours : effectif présent au 30 septembre 2008. Missions terminées : effectif au plus fort de l'opération.
2. Budget prévu pour l'année 2008-2009, en millions $.

Sources des données de la carte : Organisation des Nations unies, programme Peacekeeping, 2008 ; Cour internationale de justice, 2008.

34 Les Nations unies omniprésentes

Source : *Le Monde diplomatique, L'atlas 2010,* Paris, Armand Colin, 2009, p. 171. © Philippe REKACEWICZ.

35 Le coût des missions de maintien de la paix terminées

Pays	Mission	Coût (en $ US)
Égypte	FUNU I et II (1956-1967 et 1973-1979)	660 millions
République démocratique du Congo	ONUC (1960-1964)	400 millions
Namibie	Ganupt (1989-1990)	369 millions
Angola	Unavem I, II et III (1988-1997) Monua (1997-1999)	1 milliard 294 millions
Mozambique	Onumoz (1992-1994)	493 millions
Somalie	Onusom I et II (1993-1995)	1,6 milliard
Rwanda et Ouganda	Monuor (1993-1994)	2 millions
Rwanda	Minuar (1993-1996)	454 millions
Liberia	Monul (1993-1997)	104 millions
Tchad et Libye	Gonuba (1994)	60 000
République centrafricaine	Minurca (1998-2000)	101 millions
Sierra Leone	Monusil (1998-1999) Minusil (1999-2005)	13 millions 2,7 milliards
Éthiopie et Érythrée	Minuee (2000-2008)	113 millions
Burundi	ONUB (2004-2006)	678 millions

Source : *Le Monde diplomatique, L'atlas 2010,* Paris, Armand Colin, 2009, p. 171.

Arménie (alors république de l'URSS), l'Assemblée générale de l'ONU vote une résolution appelant les États à faciliter l'acheminement de secours étrangers aux sinistrés. Deux ans plus tard, la même Assemblée vote une autre résolution du même type invitant les États à au moins ouvrir sur leur territoire des «couloirs d'urgence pour la distribution d'aide médicale et alimentaire». Le texte de ces résolutions prend cependant soin de réaffirmer «la souveraineté, l'intégrité territoriale des États». Ces résolutions n'obligent donc pas les États à accepter l'aide étrangère ni à donner accès aux sinistrés.

Il existe cependant une convention internationale qui oblige le secours aux victimes des conflits armés (Convention de Genève de 1949). Elle précise que «les blessés et les malades seront recueillis et soignés» et qu'«un organisme humanitaire impartial, tel que le Comité international de la Croix-Rouge (CICR), pourra offrir ses services» (article 3.2). Plusieurs revendiquent l'adoption d'une convention semblable pour garantir aux blessés de catastrophes naturelles le droit à des secours. Ils jugent que ce droit à l'assistance doit être placé au-dessus du principe de souveraineté des États. D'autres croient que le principe de non-ingérence sur le territoire d'un État est la base du droit international et qu'il ne doit pas être grugé par une telle obligation humanitaire.

LE DROIT INTERNATIONAL HUMANITAIRE

Le **droit international humanitaire** (DIH), qu'on nomme parfois le *droit des conflits armés*, est en fait une série de règles qui encadrent les conflits armés. Il diffère donc du droit international des droits de l'homme, lequel s'applique à toute personne et en toute occasion. Le DIH détermine les armes qui sont interdites (mines antipersonnel, pièges, armes incendiaires, etc.) et les façons «acceptables» de mener une guerre, c'est-à-dire les méthodes de combat qui excluent la barbarie. Ses règles visent la protection de toutes les personnes qui ne prennent pas

PRENDRE **POSITION** (CD 2)

Les questions portent sur le contenu des pages 306 à 311.

1. Quelle solution le Comité international de la Croix-Rouge (CICR) propose-t-il pour avoir accès aux territoires sinistrés? Pourquoi propose-t-il cette solution?

2. **a)** Quels sont les arguments invoqués par les défenseurs de l'application inconditionnelle de la Convention de Genève?

   b) Quels sont les arguments de ceux qui y voient plutôt une menace pour les États?

3. Selon les règles du *droit des conflits armés*, l'usage de mines antipersonnel est interdit. Exprimez votre opinion sur le fait que certains pays, comme les États-Unis, la Russie, l'Inde et la Chine, refusent de signer le Traité sur l'interdiction des mines antipersonnel (convention d'Ottawa).

4. La Déclaration sur le droit au développement appelle au désarmement de tous les États. L'argent ainsi économisé pourrait être utilisé pour venir en aide aux pays pauvres.

   a) Que pensez-vous de cette solution?

   b) À votre avis, l'ONU pourrait-elle imposer une telle mesure?

5. La communauté internationale reconnaît la nécessité de l'assistance humanitaire comme un des droits fondamentaux des êtres humains: celui du droit à la nourriture. D'autres droits prévus par la Déclaration des droits de l'homme, comme l'éducation primaire et l'accès à des soins médicaux, devraient-ils aussi faire l'objet d'une assistance internationale lorsque les populations en sont privées? Justifiez votre opinion.

6. Le droit international humanitaire (DIH) détermine notamment les règles de la guerre. Selon vous, pourquoi ces règles sont-elles nécessaires?

DÉBATTRE DE L'ENJEU: ACTIVITÉ

Composante de la CD 2

Dénouer une crise humanitaire

Outils de référence: votre manuel *Enjeux* et Internet.

Une crise humanitaire se déclare dans un pays pauvre aux prises avec une famine. La communauté internationale se mobilise pour acheminer de l'aide humanitaire, mais le gouvernement de ce pays s'y oppose et refuse d'ouvrir ses frontières.

Une rencontre de négociation est organisée dans le but de dénouer l'impasse. Les participants à cette rencontre sont un représentant:

- de l'État sinistré;
- de la Croix-Rouge;
- des États qui souhaitent intervenir;
- de Médecins sans frontières.

1. Formez des équipes de quatre élèves, puis distribuez un rôle à chacun.
2. Chaque élève de l'équipe doit d'abord trouver des arguments et un point de vue relatif à la personne qu'il ou elle représente.
3. Chaque équipe se réunit ensuite afin de négocier et de trouver des solutions. Pour ce faire, l'équipe doit produire un accord (traité de deux pages) dans lequel:

   a) elle proposera des solutions en tenant compte des intérêts de chacun;

   b) elle expliquera en quoi ces solutions aideront les populations du pays sinistré.

ou ne prennent plus part au conflit : les populations civiles, les combattants blessés et les soldats faits prisonniers.

Des enquêtes sur le terrain permettent de déterminer si les règles sont respectées. La Croix-Rouge a un mandat international de surveillance du respect du DIH. Les quatre conventions de Genève, la Cour pénale internationale (CPI), la convention d'Ottawa sur l'interdiction des mines antipersonnel et le protocole sur l'implication d'enfants dans les conflits armés sont parmi les textes de loi qui établissent les règles du DIH.

LES DROITS FONDAMENTAUX

La Déclaration universelle des droits de l'homme établit une liste des droits humains fondamentaux (nourriture, logis, soins médicaux, éducation, etc.) et une liste d'interdictions (comme l'esclavage et la torture). Puisqu'elle reconnaît la nécessité que la communauté internationale coopère pour soutenir un de ces droits (le droit de se nourrir pour les populations qui en ont perdu la capacité en raison de « circonstances indépendantes de leur volonté »), certains croient que la nécessité d'une assistance internationale doit s'appliquer à tous les droits de la Déclaration. Par exemple, comme le droit à l'enseignement primaire est reconnu comme étant un droit fondamental, des analystes estiment que l'ONU devrait intervenir auprès des États qui acceptent que les jeunes enfants travaillent 12 heures par jour. Ils disent que des organisations humanitaires devraient fournir aux familles pauvres suffisamment de nourriture pour que leurs enfants n'aient pas à travailler.

PORTRAIT

John Peters **Humphrey**

(1905-1995)

Né au Nouveau-Brunswick, John Peters Humphrey est amputé d'un bras à 6 ans et orphelin à 11 ans. Avocat de formation, il est invité en 1946 à mettre sur pied la Division des droits de l'homme des Nations unies. Il commence alors l'ébauche de la *Déclaration universelle des droits de l'homme,* un texte définissant les droits fondamentaux de tout être humain. Le texte, remanié, est adopté en 1948 par l'ONU. Humphrey quitte l'ONU en 1966, se consacre à la défense des droits humains et participe à la création de la branche canadienne d'Amnesty International et de la Fondation canadienne des droits de la personne.

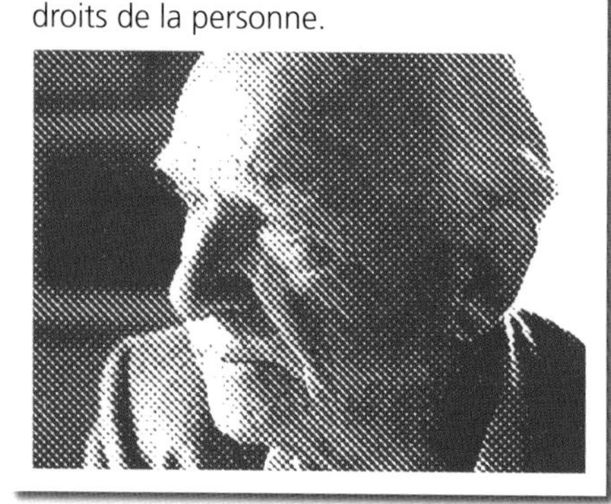

FOCUS

La Déclaration sur le droit au développement

Assurer la mise en application des droits et libertés prévus par la Déclaration universelle des droits de l'homme est un défi insurmontable pour les pays pauvres et les pays aux prises avec des conflits armés. En 1986, l'Assemblée générale de l'ONU a décidé d'énoncer, dans une résolution, une série de moyens qui permettraient d'atteindre les objectifs de la Déclaration des droits de l'homme. Il s'agit de la Déclaration sur le droit au développement. Ce texte établit que la protection des droits humains passe par l'instauration d'un « nouvel ordre économique international ». Les nouvelles façons de faire devraient reposer, en partie, sur une assistance internationale des pays pauvres pour leur permettre de « soutenir un développement global ».

La Déclaration souligne que le non-respect des droits humains, qu'ils soient économiques, politiques, sociaux ou culturels, constitue des obstacles au développement, d'où la nécessité d'éliminer toutes violations de ces droits.

Comme les guerres sont parmi les principaux obstacles au développement tant des individus que des États, la Déclaration appelle au désarmement de tous les États. L'argent investi par les États dans l'industrie militaire serait détourné, notamment, vers le soutien des pays pauvres, afin que toutes les populations aient accès à de la nourriture, à l'éducation et à des soins médicaux. La Déclaration souligne que l'égalité des chances en ce qui touche au développement économique doit s'appliquer non seulement aux États, mais aussi à chaque individu, et que le développement doit se faire avec la participation des femmes.

Certains États estiment que l'ONU doit pouvoir envoyer des troupes dans les pays où ne sont pas respectés les droits de la personne, afin d'y faire appliquer la Déclaration universelle des droits de l'homme. Ils jugent même que, si l'ONU ne le fait pas, ils ont le droit et le devoir de le faire. Des États se sont déjà octroyé ce pouvoir : ils envoient des soldats dans des pays, invoquant la défense des droits humains. Certains analystes affirment que ces ingérences cachent plutôt d'autres motifs. → *Voir l'*Enjeu 2 *ci-après.*

L'intérêt des intervenants versus l'intérêt des populations

Un État juge que « ça ne va pas comme ça devrait aller » chez son voisin. Lui suffit-il d'invoquer la défense des droits d'une population pour acquérir la légitimité d'intervenir dans les affaires de l'autre État afin que « ça fonctionne comme il voudrait que ça fonctionne » ? Lorsqu'ils interviennent en territoire souverain (en dehors des guerres), les États invoquent habituellement des raisons liées à la protection des intérêts des populations locales : stopper la persécution contre certains groupes, implanter la démocratie, donner des droits aux femmes. Ces ingérences, faites au nom des droits humains, servent-elles toujours les objectifs annoncés ?

Les interventions faites au nom des droits humains atteignent-elles leur but ?

Cinq États dans le monde (Chine, États-Unis, France, Royaume-Uni, Russie – les cinq membres permanents du Conseil de sécurité de l'ONU) détiennent, chacun, le pouvoir de bloquer une intervention légale qui sauverait des milliers de vies. Lorsqu'un de ces États impose son veto sur une intervention de secours d'un peuple, les autres États doivent-ils rester passifs sous prétexte qu'une intervention non approuvée par le Conseil de sécurité serait illégale ?

Politologues, historiens, philosophes et sociologues ne s'entendent pas sur cette question, qui soulève l'opposition entre la *légalité* et la *légitimité*. Plusieurs estiment que si les intérêts des intervenants et des populations se rejoignent, cela suffit pour qualifier une intervention de *légitime*. D'autres jugent que si l'État ne remplit plus sa mission première, soit celle de protéger sa population, alors l'État perd sa légitimité, et l'intervention d'autres États pour tenir ce rôle de protecteur devient nécessaire.

LES INTÉRÊTS DES UNS ET DES AUTRES

Les intérêts des populations par rapport à une intervention étrangère tiennent essentiellement à la protection de droits inscrits dans la Déclaration universelle des droits de l'homme. Pour une population, le principal objectif à atteindre peut être l'égalité des droits fondamentaux, dont le droit de prendre l'autobus dans lequel se trouvent des gens qui ont une couleur de peau différente. Pour d'autres, leur intérêt immédiat est d'acquérir le droit de fréquenter l'école. D'autres encore souhaitent une assistance alimentaire à la suite d'un séisme. D'autres, persécutés par leur propre gouvernement, espèrent une intervention étrangère pour rester en vie.

Les intérêts des intervenants, eux, peuvent être essentiellement humanitaires : la volonté d'une solidarité internationale entre les peuples. Les intérêts peuvent aussi être stratégiques. Par exemple, un chef d'État peut estimer qu'envoyer ses soldats renverser un dictateur lui permettrait de rehausser sa cote de popularité auprès de son **électorat** et, ainsi, de remporter les élections dans son pays. Sous le couvert d'un secours aux populations, l'intérêt d'un intervenant peut aussi être de mettre la main sur un territoire stratégique pour le passage de pipelines.

Il arrive que les intérêts des populations soient bien servis par les intérêts des intervenants étrangers. Cependant, lorsque les objectifs annoncés des intervenants cachent d'autres buts, il arrive souvent que l'intervention tourne au désastre. Dans ces cas, l'objectif de répondre aux intérêts des populations n'est pas atteint. Les exemples qui suivent illustrent des cas où les intérêts des uns et des autres se sont rejoints, où les intérêts des uns ont aggravé la situation des autres, et où les intérêts des uns et des autres tardent à se rencontrer.

ZOOM

Des interventions couronnées du prix Nobel de la paix

Les interventions étrangères dans les affaires d'un État prennent diverses formes, comme l'incursion militaire, l'embargo économique, le gel des avoirs étrangers ou l'interdiction faite à des membres d'un gouvernement de sortir de leur pays. Le président finlandais Martti Ahtisaari a plutôt choisi, lui, la **médiation**. Cette décision l'a conduit au prix Nobel de la paix de 2008. Pendant environ 30 ans, Martti Ahtisaari a dirigé plusieurs négociations délicates pour amener des gouvernements ou des groupes armés à faire taire leurs armes afin que les populations vivent dans un climat de paix. Il est intervenu notamment en Namibie, en Bosnie-Herzégovine, en Irlande du Nord et en Indonésie. Il a fondé en 2000 l'organisation non gouvernementale (ONG) Initiative pour la gestion des crises. Cette ONG travaille à l'élaboration de stratégies et de politiques, et tente d'amener les parties en conflits à les mettre en place.

STOPPER LA DÉPORTATION D'UN PEUPLE

L'ex-Yougoslavie fournit un exemple où l'intérêt des intervenants et celui des populations se rejoignent. Au printemps 1999, soir après soir, les bulletins de nouvelles télé montrent des dizaines de milliers d'Albanais fuyant la province yougoslave du Kosovo vers la Macédoine, voisine. Après la diffusion de ces images, nombreux sont ceux qui concluent que les autorités serbes de l'ex-Yougoslavie se livrent bel et bien à un deuxième nettoyage ethnique, notamment par la **déportation**.

Les motifs annoncés

L'ONU débat de ce cas depuis des mois déjà, car les persécutions contre les Kosovars albanais durent depuis un bon moment. Elle lance plusieurs avertissements au gouvernement de l'ex-Yougoslavie, dirigé par le président serbe Slobodan Milosevic. Elle lui enjoint de cesser son agression contre la minorité albanaise. Mais une intervention armée de l'ONU contre l'ex-Yougoslavie ne pourra être adoptée, car un membre permanent du Conseil de sécurité, la Russie, veut la bloquer avec son veto. À chaque heure qui passe, de plus en plus de Kosovars albanais sont tués ou **déportés**. Comme la voie légale d'intervention semble bloquée, l'OTAN s'attribue le droit de passer

Les lauréats du prix Nobel de la paix, de 1990 à 2009

1990	1991	1992	1993	1994	1995	1996	1997	1998	1999
Mikhaïl Gorbatchev (URSS)	**Aung San Suu Kyi** (Myanmar)	**Rigoberta Menchú Tum** (Guatemala)	**Frederik W. de Klerk** (Afrique du Sud) et **Nelson Mandela** (Afrique du Sud)	**Yasser Arafat** (Autorité nationale palestinienne), **Shimon Peres** (Israël), **Yitzhak Rabin** (Israël)	**Joseph Rotblat** (Royaume-Uni) et **Pugwash Conferences on Science and World Affairs**	**Carlos Filipe Ximenes Belo** (Timor oriental), **José Ramos-Horta** (Timor oriental)	**Campagne internationale pour l'interdiction des mines antipersonnel** et **Jody Williams** (États-Unis)	**David Trimble** (Royaume-Uni) et **John Hume** (Royaume-Uni)	**Médecins sans frontières**

36 Le 2 avril 1999, un groupe d'enfants, de femmes et d'hommes d'origine albanaise de la province yougoslave du Kosovo sont chassés de leurs foyers par les autorités serbes de l'ex-Yougoslavie, qui procèdent à un nettoyage ethnique, notamment par la déportation. Ces déportés, en longue file, ont été embarqués de force dans un train et conduits au poste frontière de Blace, séparant le Kosovo de la Macédoine. Là, ils sont pris en charge par le Haut-commissariat des Nations unies pour les réfugiés.

2000	2001	2002	2003	2004	2005	2006	2007	2008	2009
Kim Dae-jung (Corée du Sud)	**ONU** et **Kofi Annan** (Ghana)	**Jimmy Carter** (États-Unis)	**Shirin Ebadi** (Iran)	**Wangari Muta Maathai** (Kenya)	**Agence internationale de l'énergie atomique** et **Mohamed ElBaradei** (Égypte)	**Muhammad Yunus** (Bangladesh) et **Grammen Bank**	**Groupe d'experts intergouver-nemental sur l'évolution du climat** et **Al Gore** (États-Unis)	**Martti Ahtisaari** (Finlande)	**Barack Obama** (États-Unis)

37 Le 26 mars 1999, un avion de chasse de l'armée américaine s'accroche en plein vol à un avion-citerne pour faire le plein de carburant et poursuivre ses frappes contre les positions serbes en ex-Yougoslavie. Pour la protection des pilotes, l'opération a lieu au-dessus de la Macédoine, en dehors de l'espace aérien yougoslave. Ces appareils américains sont mis à la disposition de l'OTAN, qui dirige l'attaque.

FOCUS

La diplomatie

La plupart des États dépêchent dans chaque pays et au sein de grandes organisations internationales un représentant qui défend leurs intérêts. Ces délégués interviennent auprès des autorités en place dans les domaines ciblés par leur gouvernement: relations politiques, commerciales, culturelles, etc. C'est ce qu'on nomme les *relations diplomatiques*. Les diplomates élaborent, par exemple, un accord de paix entre leur pays et celui où ils sont installés, ou participent à des négociations entre des groupes armés au sein d'un État.

Selon l'importance stratégique qu'il accorde à un État, un gouvernement y établit l'une ou l'autre de ces institutions diplomatiques (ou les deux): une ambassade (dans la capitale) ou un consulat. Le Canada a des bureaux diplomatiques dans 150 États (environ 260 villes), et des missions permanentes auprès de plusieurs organisations, dont l'ONU. Il accueille sur son territoire 8000 diplomates.

Deux traités internationaux encadrent le droit diplomatique. Ainsi, un État doit assurer la protection des diplomates étrangers et leur garantir la liberté d'assumer leurs fonctions sans exercer de pression sur eux. Il ne peut ni les emprisonner ni intervenir dans leurs locaux. La seule sanction qu'un État peut prendre contre un diplomate est de le chasser de son territoire. L'expulsion ou le rapatriement d'un diplomate est vu comme le premier signe d'un conflit **interétatique**. Installer un diplomate dans un pays a aussi une signification: la reconnaissance de la souveraineté de cet État. Le ministre des Affaires étrangères d'un gouvernement porte le titre de *chef de la diplomatie*.

à l'action et bombarde l'ex-Yougoslavie pour arrêter le nettoyage ethnique.

Plusieurs analystes applaudissent cette intervention illégale, c'est-à-dire faite sans l'accord du Conseil de sécurité de l'ONU. Ils estiment qu'étant donné l'urgence humanitaire, la lenteur des procédures de l'ONU et, surtout, la menace d'un veto, la légitimité morale de cette action de l'OTAN doit être placée au-dessus de la légalité internationale.

Le résultat

L'objectif annoncé par les intervenants est atteint et il répond directement aux besoins de la population: un peuple est sauvé de la déportation, et les Kosovars albanais survivants du nettoyage ethnique amorcé par le gouvernement serbe retournent chez eux.

ÉLIMINER DES ARMES DITES MENAÇANTES

L'intervention militaire en Irak est un exemple où les intérêts annoncés par les intervenants ne rejoignent pas ceux de la population. Au printemps 2003, le président des États-Unis, George W. Bush, interpelle sa population et quelques gouvernements étrangers en soutenant que l'Irak possède des «armes de destruction massive» (ADM). Il annonce son intention de détruire ces armes. Le président Bush tente alors de convaincre des chefs d'État et de gouvernement de le suivre dans cette aventure militaire. Le Canada refuse de s'en mêler, mais le premier ministre du Royaume-Uni se laisse convaincre. Le président Bush ne parvient cependant pas à fournir aux médias des preuves de la menace qu'il brandit. L'attaque américano-britannique s'engage donc sans preuve de la présence d'ADM en Irak.

Les motifs annoncés

Le président Bush dit à la population irakienne: «Nous mettrons fin à la menace que font peser les armes de destruction massive de l'Irak, nous apporterons une aide humanitaire et nous garantirons la sécurité du peuple irakien.»

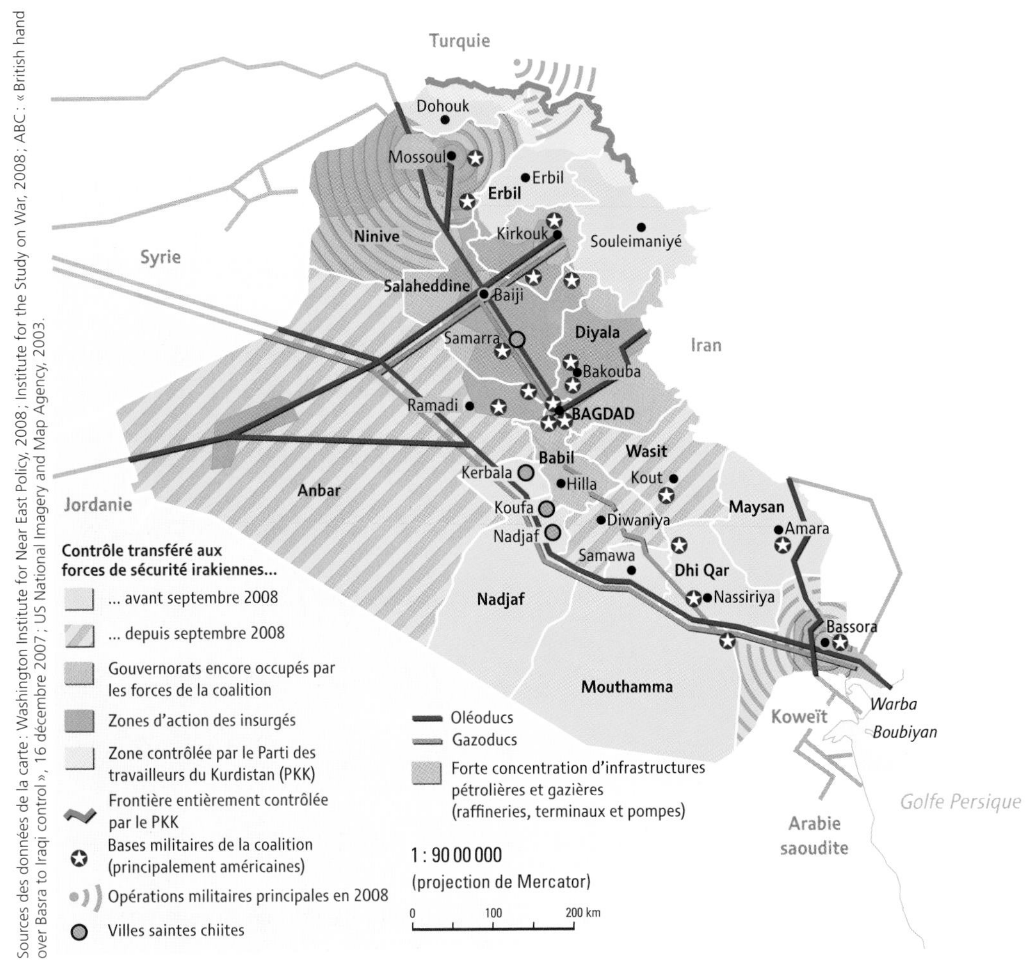

38 Le découpage du territoire irakien cinq ans après le début de la guerre

Source : *Le Monde diplomatique, L'atlas 2010,* Paris, Armand Colin, 2009, p. 128. © Philippe REKACEWICZ.

Les millions de personnes qui ont manifesté un peu partout dans le monde contre l'attaque américano-britannique apprennent en janvier 2004 qu'ils ont eu raison de douter : le responsable américain de la recherche de ces armes annonce qu'il n'y a pas d'ADM en Irak. Des responsables de la CIA disent la même chose. Un an plus tard, les États-Unis mettent fin à leurs recherches d'ADM.

Malgré cela, l'armée américaine poursuit ses interventions en sol irakien, invoquant un autre motif : libérer le peuple irakien de son dictateur Saddam Hussein. Cette fois encore, ces attaques sont dénoncées par certains politologues qui rappellent que les États-Unis ont, 15 ans auparavant, soutenu financièrement le régime du dictateur et que certains pays occidentaux lui ont fourni des armes.

Les experts ne sont pas unanimes sur les véritables raisons qui ont motivé ces attaques. Plusieurs hypothèses ont été formulées. Le gouvernement américain souhaitait-il ainsi prendre le contrôle du pétrole irakien ? Voulait-il plutôt redynamiser l'économie américaine grâce à la reconstruction d'après-guerre ? Le président George W. Bush voulait-il faire une démonstration de force pour séduire des électeurs ? Aucune de ces hypothèses n'a été prouvée, mais elles suscitent toutes des débats.

Les résultats

Lorsque les troupes américano-britanniques débarquent en Irak, des groupes irakiens luttent contre cette invasion. L'intervention annoncée comme une libération se trans-

ZOOM

Le prix Nobel de la paix

Le prix Nobel de la paix existe depuis 1901. Il honore annuellement une personne, un groupe ou une institution qui s'est démarqué par ses actions pour la paix. Il peut souligner les efforts de négociateurs dans un conflit armé ; le travail de conscientisation par rapport à une menace, comme les mines antipersonnel et les changements climatiques ; l'engagement humanitaire auprès de réfugiés ; la lutte pour la démocratie et les droits humains. Souvent, le prix est remis à deux lauréats simultanément. Il n'a pas été décerné 19 fois, notamment pendant les deux guerres mondiales. Le palmarès des Nobel compte 10 femmes sur 120 lauréats.

39

40

39 Sous les regards d'une foule d'Irakiens, des soldats américains déboulonnent, le 9 avril 2003, la statue géante du dictateur Saddam Hussein érigée sur la place al-Fardous, au cœur de Bagdad, la capitale irakienne. Reconnu coupable de crimes contre l'humanité par un tribunal irakien, Saddam Hussein subit la peine de mort le 30 décembre 2006.

40 Le 17 mars 2004 dans le quartier Kerrada à Bagdad, la capitale irakienne, un homme est assis sur les ruines de sa maison, détruite par l'explosion d'une bombe qui visait l'hôtel Mont-Liban, situé en face. Selon la coalition militaire, dirigée par les États-Unis et le Royaume-Uni, il s'agissait d'une attaque du groupe al-Qaida.

forme aussitôt en guerre. Les populations civiles se trouvent coincées au milieu du champ de bataille, car les affrontements ont lieu dans les grandes villes.

Irak : cinq ans de carnage et de désespoir, c'est le titre qu'Amnesty International donne à son rapport sur les cinq premières années de l'invasion américaine en Irak. L'Organisation mondiale de la santé (OMS) souligne que, pendant les trois premières années du conflit, une moyenne de 123 Irakiens par jour sont morts dans la violence. Des analystes notent que ce nombre est de loin supérieur aux morts violentes sous le **régime dictatorial**.

L'économie irakienne est effondrée. La nourriture manque, et les bombes continuent de détruire des habitations.

L'objectif annoncé par les intervenants n'est donc pas atteint : il n'y avait pas d'armes de destruction massive à détruire, et la population à qui le président Bush disait vouloir assurer la sécurité vit dans une insécurité permanente.

IMPOSER L'ÉGALITÉ ENTRE BLANCS ET NOIRS

L'embargo de l'ONU sur la vente d'armes à l'Afrique du Sud, décrété en 1977, les sanctions et les pressions économiques et politiques de la majorité des pays industrialisés, ainsi que le boycottage mondial massif des produits sud-africains dans les années 1980, sont des exemples d'interventions où l'intérêt des intervenants rejoint celui des populations.

Avec la télédiffusion en 1976 d'images montrant la répression de la police sud-africaine contre des écoliers noirs de Soweto, et l'annonce de l'assassinat en prison du grand leader noir Steve Biko, la planète découvre la violence que subit la population noire d'Afrique du Sud. À partir de là, Steve Biko devient un symbole international de la résistance

contre l'apartheid, et le mot *boycottage* devient synonyme de *produits sud-africains*.

Les motifs annoncés

Une pression politique est aussitôt exercée par des États industrialisés : 12 pays occidentaux envoient un représentant aux funérailles du fondateur et leader du mouvement de la Conscience noire, Steve Biko, auxquelles assistent 15 000 personnes. Leur présence envoie au gouvernement sud-africain le message qu'ils ne tolèrent pas qu'un État violente sa propre population.

Après ces événements, l'ONU invoque deux objectifs lorsqu'elle vote l'embargo sur la vente d'armes à l'État sud-africain : la fin des agressions armées de cet État contre ses populations noires, métisses et indiennes, et la fin de ses attaques militaires contre les États voisins qui soutiennent la lutte **anti-apartheid**.

PRENDRE **POSITION** (CD 2)

Les questions portent sur le contenu des pages 311 à 317.

1. Selon vous, la volonté d'implanter la démocratie dans un État est-elle un motif suffisant pour intervenir dans un pays ? Justifiez votre réponse en tenant compte de l'intérêt des populations locales.

2. Cinq États seulement ont le pouvoir de bloquer une intervention du Conseil de sécurité des Nations unies. Êtes-vous en accord avec cette situation ? Devrait-on accorder le droit de vote de façon égale à tous les pays membres de l'ONU ? Justifiez votre réponse.

3. Pour défendre les droits humains ou pour assurer la sécurité d'un peuple, la seule solution possible est parfois l'intervention armée. Que pensez-vous de ce type d'intervention ? Quelles en sont les conséquences ? Et quelles seraient les conséquences de ne pas intervenir ?

4. Que pensez-vous du fait que l'OTAN ait bombardé l'ex-Yougoslavie sans l'accord du Conseil de sécurité de l'ONU ? Les motifs invoqués pour cette intervention illégale vous semblent-ils justes ? Justifiez votre point de vue.

5. Selon vous, l'intervention des troupes américano-britanniques en Irak a-t-elle atteint ses objectifs ? Justifiez votre point de vue en analysant les statistiques entourant le conflit en Irak, la réaction de certaines ONG et les motifs invoqués par les États-Unis.

EXAMINER DES POINTS DE VUE RELATIFS À L'ENJEU : ACTIVITÉ
Composante de la CD 2

Les motifs d'intervention

Outil de référence : votre manuel *Enjeux*.

Lorsqu'ils interviennent sur un territoire étranger, les États invoquent divers motifs pour justifier leur intervention. Dans le cadre de cette activité, vous devez faire un tableau synthèse de ces diverses interventions.

1. Notez d'abord, dans votre tableau, les quatre types d'interventions décrits aux pages 312 à 321.

2. Pour chacun de ces types d'interventions, déterminez :
   a) le ou les pays intervenants ;
   b) le pays visé par l'intervention ;
   c) l'élément déclencheur du conflit ;
   d) la date de début et la durée de l'intervention ;
   e) les motifs d'intervention invoqués ;
   f) les résultats de l'intervention ;
   g) les conséquences pour la population du pays visé ;
   h) les motifs sous-jacents du ou des pays qui ont mené l'intervention.

3. En comparant les différents éléments d'information trouvés, que pouvez-vous conclure sur la relation entre les motifs invoqués et l'intérêt des populations visées par l'intervention ? Justifiez votre point de vue.

41

42

41 Le 16 juin 1976, la police blanche sud-africaine réprime violemment une manifestation pacifique d'élèves noirs du primaire et du secondaire à Soweto. Selon des journalistes, environ 800 d'entre eux ont été tués et un millier, blessés. Les élèves protestaient contre une obligation du gouvernement: étudier dans la langue des Afrikaners, la minorité blanche qui a implanté l'apartheid. Les manifestations qui ont suivi cette répression du 16 juin, comme celle-ci le 21 juin, ont aussi été durement réprimées.

42 Le 25 septembre 1977, en Afrique du Sud, 15 000 personnes, dont des représentants d'États étrangers, assistent aux funérailles de celui qui deviendra un des plus grands symboles de la résistance contre l'apartheid: Steve Biko. La foule accompagne la charrette qui transporte le corps de Biko, assassiné en prison par la police blanche sud-africaine.

Plus tard, les centaines de groupes militants dans le monde qui lancent des campagnes de boycottage des produits sud-africains de même que les États qui adoptent des pressions économiques et politiques ont pour objectif la fin du régime raciste.

Les résultats

Le régime raciste est finalement aboli au début des années 1990. La lutte a été longue, notamment parce que l'embargo de l'ONU n'a pas été respecté: Israël a vendu des armes à l'Afrique du Sud, et les services secrets américains et britanniques ont soutenu l'Afrique du Sud dans ses attaques contre ses voisins.

Aujourd'hui, les institutions et les lois racistes de l'État sud-africain n'existent plus. Noirs, Métis et Indiens ont droit de vote; la ségrégation dans les lieux publics est interdite; la police et l'armée ont cessé leurs persécutions systématiques; les mariages mixtes ne sont plus punissables d'emprisonnement; et, dans ce pays baigné par deux océans, tous les êtres humains ont désormais le droit d'aller sur toutes les plages. L'apartheid politique a été vaincu.

L'intérêt des intervenants a donc rejoint l'objectif politique de la population qui subissait l'apartheid. Cependant, des inégalités économiques et sociales demeurent. L'eau potable, la nourriture et les soins de santé manquent encore pour la majorité des Noirs.

POURCHASSER DES TERRORISTES ET LIBÉRER LES FEMMES

L'intervention militaire internationale en Afghanistan est un cas où les intérêts des intervenants rejoignent au compte-gouttes les intérêts de la majorité de la population.

En 2001, la télévision diffuse en direct l'attentat contre les tours jumelles de New York. Celui-ci aurait été mené par le groupe al-Qaida, dont le chef, le Saoudien Oussama Ben Laden, vit en Afghanistan. Dans ce pays, le pouvoir politique est alors entre les mains des talibans, un groupe militaire de fondamentalistes religieux né en 1994. Les talibans imposent un régime répressif,

43

assorti de beaucoup d'interdictions. Par exemple, la liberté de presse est interdite de même que les médias étrangers, les filles n'ont plus le droit de fréquenter l'école, les femmes doivent porter la **bourka**, une pièce de tissu qui couvre la totalité de leur corps, et la musique est interdite. Les talibans refusent de livrer Oussama Ben Laden à la justice américaine.

À l'automne 2001, les États-Unis commencent à bombarder l'Afghanistan. Puis le Conseil de sécurité demande aux États membres de l'ONU de fournir des ressources humaines et matérielles pour constituer une Force internationale d'assistance à la sécurité (FIAS). Dirigée par l'OTAN, la FIAS compte 37 pays, dont le Canada.

Les motifs annoncés

Les motifs invoqués pour cette intervention sont multiples : arrestation d'Oussama Ben Laden et démantèlement de son groupe terroriste al-Qaida ; fin du régime répressif des talibans ; rétablissement des droits de toutes les ethnies et des femmes ; retour des quelque 3,5 millions de réfugiés qui ont fui dans les pays voisins ; acheminement d'une aide humanitaire à 6 millions de personnes ; établissement d'une administration intérimaire devant conduire à la formation d'un gouvernement ;

43 Le 14 octobre 2003, des soldats canadiens patrouillent dans la capitale afghane, Kaboul. Ils font partie de la Force internationale d'assistance à la sécurité (FIAS) créée par l'ONU pour chasser les talibans du pouvoir et mettre en place un gouvernement de transition. Dirigée par l'OTAN, la FIAS a aussi pour mandat d'assurer la sécurité des civils afghans.

44 Ces femmes voilées font partie d'un groupe de quelque 5000 Afghanes inscrites à des cours d'alphabétisation, implantés depuis l'intervention internationale en Afghanistan. Après la classe, des employés du Programme alimentaire mondial, une agence de l'ONU, distribuent de l'huile à cuisson à des femmes, à Takhar, en 2008. Sous le régime des talibans, que les troupes étrangères tentent de déloger, les femmes doivent porter la bourka.

44

PORTRAIT

Jody **Williams** (1950-)

Née aux États-Unis et diplômée en relations internationales, Jody Williams devient travailleuse humanitaire pour l'Amérique centrale. Elle dénonce alors les conséquences de la politique américaine dans cette région. En 1992, elle fonde, avec six organisations non gouvernementales (ONG), la Campagne internationale pour l'interdiction des mines antipersonnel. Coordonnatrice de l'organisation, qui regroupe maintenant plus de 1000 ONG, elle parvient, en 1997, à engager une centaine d'États à signer un traité sur l'interdiction des mines antipersonnel. Plus tard, cette même année, son militantisme pour la destruction des 100 millions de **mines antipersonnel** dans le monde et l'interdiction de leur fabrication lui vaut le prix Nobel de la paix.

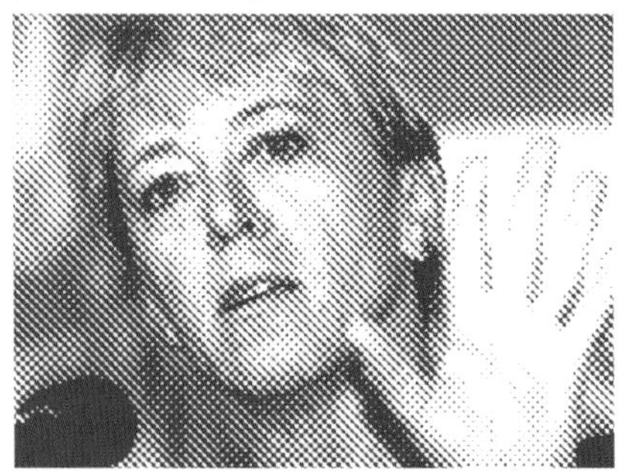

CHIFFRES

Les forces internationales en Afghanistan ont déployé 113 000 militaires, et 40 000 autres s'ajouteront en 2010. En février 2010, le nombre de soldats canadiens morts en Afghanistan s'élevait à 140.

déminage du territoire (l'Afghanistan comptait environ 10 millions de mines antipersonnel) ; formation et entraînement d'une nouvelle armée et de corps policiers.

Les résultats

L'intervention internationale en 2001 entraîne une vive riposte des talibans, au point où, au début de 2010, les combats sont étendus à la quasi-totalité du territoire.

Alors que l'intervention devait assurer la sécurité, la population civile vit en zone de guerre depuis 2001, avec les difficultés que cela comporte, comme les pénuries alimentaires et la destruction de maisons et d'infrastructures. Pour la seule année 2009, plus de 2400 civils ont été tués en raison de ce conflit, selon l'ONU. Même les erreurs militaires de l'OTAN coûtent des vies civiles. Les combats forcent des milliers de civils à abandonner leurs maisons. Des camps sont dressés pour accueillir ces déplacés.

Quelques aspects positifs ont cependant été enregistrés. Par exemple, des avocats québécois ont aidé à la formation de **juristes** avec pour objectif la mise en place d'institutions juridiques. Le

gouvernement canadien a créé différents programmes d'éducation dans ce pays, où 87 % des femmes et 57 % des hommes sont **analphabètes**. Mais les intérêts des intervenants tardent à rencontrer les intérêts de la population. La reconstruction annoncée et la mise en place d'une société plus égalitaire sont très difficiles dans ce contexte de guerre, qui nuit au redressement économique. La majorité de la population survit grâce à l'assistance humanitaire, et le retour des réfugiés pose un problème puisque les combats génèrent de nouveaux déplacements.

PRENDRE **POSITION** (CD 2)

Les questions portent sur le contenu des pages 312 à 321.

1. Martti Ahtisaari, fondateur de l'ONG Initiative pour la gestion des crises, milite en faveur de la négociation comme moyen de résolution des conflits. Croyez-vous que la négociation soit toujours une solution valable ? Devrait-on y recourir plus souvent ? D'autres types d'interventions (militaire, embargo, etc.) sont-ils plus efficaces dans certaines situations ? Justifiez votre réponse.
2. Les sanctions économiques sont parfois appliquées pour exercer des pressions politiques sur un État. Ces sanctions ont-elles eu des effets positifs sur la population d'Afrique du Sud ? Justifiez votre réponse à l'aide d'un exemple concret.
3. Pourquoi les résultats de l'embargo imposé à l'Afrique du Sud ont-ils été longs à obtenir ? Expliquez votre réponse.
4. Les intérêts des intervenants peuvent être humanitaires ou stratégiques. Selon vous, dans le cas du conflit en Irak, les intérêts des intervenants étaient-ils humanitaires ou stratégiques ? Justifiez votre réponse.
5. À votre avis, les résultats des interventions en Afghanistan ont-ils été conséquents avec les motifs annoncés et les efforts déployés ?

DÉBATTRE DE L'ENJEU : ACTIVITÉ

Composante de la CD 2

Intervenir ou ne pas intervenir ? Voilà la question !

Outils de référence : votre manuel *Enjeux* et différents médias.

Au nom de la défense des droits de la personne ou de la sécurité d'un peuple, des États et des regroupements d'États interviennent militairement dans d'autres États. Êtes-vous en accord ou en désaccord avec ces interventions armées faites au nom des droits de la personne ? Selon vous, sont-elles nécessaires ou sont-elles plutôt condamnables ?

Pour prendre position sur cette question et pouvoir en débattre, analysez les motifs invoqués par les États qui interviennent et les réactions des organisations internationales impliquées dans les interventions mentionnées dans le présent dossier.

1. Divisez la classe en deux groupes : d'un côté se trouveront les élèves qui sont favorables à ces interventions armées, et de l'autre, ceux qui y sont défavorables.
2. Préparez votre argumentation (environ une page) en tenant compte des statistiques et des faits historiques relatés dans le présent dossier. Pour nourrir votre argumentation et la compléter à l'aide d'autres renseignements, consultez des textes d'opinion, des blogues, des éditoriaux et des reportages sur ce type d'interventions armées.
3. Pendant environ 20 minutes et selon votre position, vous devez débattre sur les questions proposées à l'aide d'arguments pertinents.

VEILLE MÉDIATIQUE

Al Jazeera : un autre point de vue

En 2004, le monde occidental découvre la chaîne de télévision Al Jazeera, très populaire dans le monde arabe, après qu'elle a diffusé un message d'Oussama Ben Laden, chef du groupe al-Qaida, en lien avec les attentats du 11 septembre 2001. Depuis, Al Jazeera a fait son chemin dans le paysage médiatique occidental. Elle s'est imposée comme une grande chaîne d'information internationale, au même titre que CNN.

En 2006, l'équipe anglophone d'Al Jazeera, Al Jazeera English, fait son entrée dans les foyers des pays occidentaux. C'est la première chaîne d'information continue en anglais basée au Moyen-Orient. Surnommée « la CNN arabe », elle est aujourd'hui considérée comme un média international majeur. La chaîne d'information couvre plus abondamment la région du Moyen-Orient que les autres médias internationaux. L'Occident peut désormais voir le monde du point de vue du Moyen-Orient.

Un événement hautement médiatisé

Dans toute l'histoire des médias de masse, très peu d'événements ont reçu une couverture aussi vaste que les attentats du 11 septembre 2001 contre les tours du World Trade Center à New York, aux États-Unis. C'est un des événements médiatiques les plus importants depuis la Seconde Guerre mondiale. Aucun attentat terroriste n'a attiré autant l'attention des médias des quatre coins du monde, ce qui s'explique par le fait que les terroristes se sont attaqués à un symbole de la puissance économique des États-Unis et qu'ils ont frappé sur le territoire américain.

Pendant les heures qui ont suivi les attaques, la plupart des grandes chaînes de télévision ont cessé leur programmation habituelle. Les attentats et leurs conséquences ont fait la une des journaux du monde entier pendant plusieurs semaines.

IL GAZZETTINO
il quotidiano del NordEst
ATTACCO ALL'AMERICA
20MILA MORTI A NEW YORK

Turun Sanomat

朝日新聞
米中枢に同時テロ
貿易ビル・国防総省にハイジャック機
大統領府・国務省も標的
数千人規模の死傷者

THE GLOBE AND MAIL
Bush promises swift revenge as hijackers strike the world's financial heart, killing thousands and ushering in a chilling new age of terror
A day of infamy
U.S. will never be the same
Markets are paralyzed, banks try to ease jitters

O ESTADO DE S. PAULO
Terrorismo declara guerra aos EUA
Países pedem união contra atentados
Mercado financeiro cai em todo o mundo
Itamaraty localiza brasileiros em NY
Terrorista Bin Laden é o primeiro suspeito
Evento abre nova página na História

Le Monde
L'Amérique frappée, le monde saisi d'effroi
Nos reporters racontent
C'est la nuit à Manhattan, au pied des tours devenues cimetières
Suspect numéro un
Erreur sur la menace
RICHARD MILLET
La voix d'alto

Il Gazzettino (Italie), *Turun Sanomat* (Finlande), *Asahi Shimbun* (Japon), *The Globe and Mail* (Canada), *O Estado de S. Paulo* (Brésil), *Le Monde* (France).

▲

Afghanistan : les journalistes sous haute surveillance

En août 2009, le journal officiel des forces armées américaines, le *Stars and Stripes*, révèle que le gouvernement américain fait produire des fiches détaillées sur les journalistes en poste en Afghanistan. Dans ces fiches, les textes des reporters sont analysés et une note indique si leur couverture des opérations des forces armées est négative, positive ou neutre. Le *Stars and Stripes* y voit une tentative de contrôler l'image de la guerre véhiculée dans les médias.

Dans d'autres pays, la censure, l'interdiction de publier et le contrôle de la presse par le gouvernement sont des obstacles au travail des journalistes qui couvrent la guerre. Dans certains cas, on interdit l'accès au pays où se situe le conflit, ou du moins à certains sites. Sur la photo ci-dessus, un Casque bleu allemand interdit à un caméraman de prendre des images sur le site d'une explosion à Kaboul, en Afghanistan.

L'OBSERVATOIRE **MÉDIAS**

CONSIDÉRER LE **TRAITEMENT MÉDIATIQUE**

Composante de la CD 2

1. Pourquoi dit-on qu'un citoyen doit varier ses sources d'information pour être bien informé ? Faites une liste des médias que vous connaissez. Vous offrent-ils des points de vue variés ? Expliquez votre réponse.

2. Selon vous, la couverture journalistique de la guerre est-elle nécessaire ? Pourquoi ? Certains estiment que les images de guerre sont trop violentes tandis que d'autres jugent qu'elles sont essentielles à une information complète. Qu'en pensez-vous ?

3. En situation de guerre, les journalistes sont souvent pris en charge et surveillés par l'armée. Selon vous, quels sont les impacts de cet encadrement sur l'information?

SYNTHÈSE DU DOSSIER TENSIONS ET CONFLITS

Interprétation: Les interventions extérieures en territoire souverain

Les interventions

Les interventions étrangères sur le territoire d'un État prennent diverses formes, telles que :

- secours aux sinistrés ;
- interposition entre combattants ;
- invasion militaire pour s'approprier des ressources ;
- attaque militaire pour stopper l'agression d'un État contre un autre État ;
- intervention militaire pour protéger des civils ;
- embargo économique ;
- arrestation d'un gouvernant par un tribunal international ;
- détournement de ressources naturelles (eau, énergie).

Ces interventions se divisent en trois catégories :

- légales ;
- illégales ;
- légitimes d'un point de vue moral, mais illégales selon le droit international.

Les interventions armées légales

Une seule institution a le droit d'ordonner une intervention militaire contre un État souverain : le Conseil de sécurité de l'ONU. Il est composé de 15 membres, dont 5 permanents qui ont un droit de veto sur les propositions qui leur sont soumises.

Une intervention militaire décidée par l'ONU peut être sous le commandement :

- de l'ONU ;
- d'une alliance militaire, comme l'OTAN ;
- d'une coalition d'États.

Les motifs légaux

Les motifs légaux d'intervention militaire sont :

- l'évidence d'une menace contre la paix, par exemple :
  - un État en envahit un autre,
  - des groupes armés se livrent à une guerre civile ;
- l'incapacité d'un État d'assurer la protection de sa population, notamment parce que :
  - un gouvernement commet un génocide ou un nettoyage ethnique contre sa propre population,
  - un gouvernement ne peut pas stopper de tels crimes commis par un groupe armé sur son territoire.

Les Casques bleus : une force d'interposition

L'ONU intervient avec sa force de maintien de la paix, constituée de soldats et de policiers prêtés par ses États membres, qu'on nomme *Casques bleus*. Leur mandat consiste notamment à :

- s'interposer entre des combattants ;
- surveiller des élections ;
- protéger des réfugiés qui reviennent dans leur pays ;
- acheminer l'aide humanitaire.

Les interventions illégales, mais légitimes

Une intervention militaire de l'ONU dans un pays où sont commis des crimes contre l'humanité peut être bloquée par le veto d'un des membres permanents du Conseil de sécurité de l'ONU. Quelques options s'offrent alors aux États :

- rester passifs ;
- faire des pressions commerciales ;
- intervenir militairement en contravention du droit international.

Les interventions humanitaires

Les secours aux civils interviennent notamment :

- après une catastrophe naturelle ;
- pendant une guerre ;
- pendant une famine.

Peu importe la raison pour laquelle les civils ont besoin d'une assistance, il arrive qu'un État refuse les secours d'autres États ou d'organisations humanitaires.

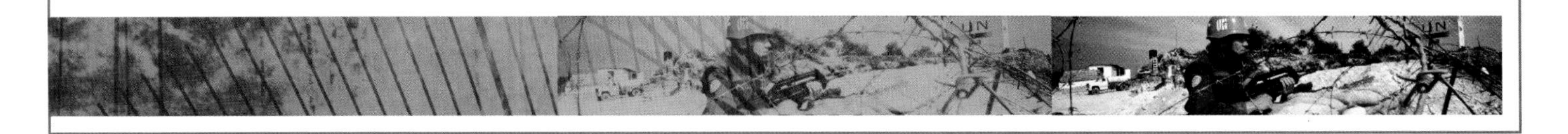

Enjeu 1: L'application du principe d'assistance humanitaire

Qu'est-ce que l'assistance humanitaire?

L'aide humanitaire fournit ce qui est nécessaire pour combler les besoins vitaux:

- eau;
- nourriture;
- logis;
- vêtements;
- soins médicaux.

Ces secours s'adressent notamment aux populations:

- déplacées par un conflit armé ou la famine;
- sinistrées par une catastrophe naturelle;
- affamées en raison d'un embargo économique.

L'ampleur de l'aide varie selon l'urgence humanitaire. Après des catastrophes naturelles faisant soudainement des dizaines de milliers de sinistrés, la solidarité internationale s'exprime rapidement et généreusement. Cette spontanéité est moins grande dans le cas de sécheresses répétitives entraînant la famine.

Acheminer des vivres semble simple. Parfois, cela est impossible parce que:

- des dictatures refusent l'aide ou l'acceptent au compte-gouttes;
- des États chassent les organisations de secours de leur territoire;
- des groupes armés attaquent des convois humanitaires.

L'aide humanitaire inclut-elle la protection des droits humains?

Le droit international ne prévoit pas l'obligation de secourir les victimes de catastrophes naturelles, et n'oblige pas un État à ouvrir ses frontières au secours international. Plusieurs estiment que le droit à des secours doit être placé au-dessus du principe de souveraineté des États. Certains croient que le non-respect de n'importe quel droit mentionné dans la Déclaration universelle des droits de l'homme devrait pouvoir entraîner une intervention étrangère auprès de l'État fautif.

Enjeu 2: L'intérêt des intervenants versus l'intérêt des populations

Les interventions faites au nom des droits humains atteignent-elles leur but?

Les intérêts des populations par rapport à une intervention étrangère tiennent essentiellement à la protection de droits inscrits dans la Déclaration universelle des droits de l'homme. Parmi ces droits:

- la fin d'un régime raciste;
- le droit de fréquenter l'école;
- l'accès à une aide alimentaire;
- la fin des persécutions du gouvernement.

Les intérêts des États ou des organisations humanitaires qui interviennent dans les affaires d'un État souverain au nom des droits humains sont très divers. Par exemple:

- porter des secours humanitaires;
- stopper des crimes contre l'humanité;
- mettre la main sur un territoire stratégique;
- rehausser sa cote de popularité électorale en chassant un dictateur;
- s'approprier des ressources naturelles.

Il arrive que les intérêts des populations et des intervenants convergent. Parfois, l'intervention tourne au désastre: les populations se retrouvent dans une situation pire qu'avant l'intervention.

MINI-DOSSIER

Les droits humains

Paris, 10 décembre 1948 : l'Assemblée générale de l'ONU adopte la Déclaration universelle des droits de l'homme. Une première reconnaissance universelle que tout être humain a des droits fondamentaux et que tous les êtres humains sont nés libres et égaux en dignité et en droits.

Le 16 janvier 2010, soit quatre jours après le tremblement de terre qui a secoué Haïti, des centaines de personnes font la file dans le quartier de Cité Soleil à Port-au-Prince, à Haïti, pour recevoir de la nourriture offerte par le Programme alimentaire mondial des Nations unies.

Chaque jour, des enfants, des femmes et des hommes voient leurs droits fondamentaux ignorés ou bafoués. Des droits humains communs à toutes nations, mais que les problèmes climatiques, l'extrême pauvreté et les conflits armés menacent.

Objectif du mini-dossier

L'objectif de ce mini-dossier est de vous faire découvrir deux textes des Nations unies déterminants pour les droits humains : la Déclaration universelle des droits de l'homme et la Déclaration sur le droit au développement.

Au terme de vos recherches et de vos réflexions, vous devrez présenter une synthèse des informations recueillies pour mieux répondre à la question que pose l'enjeu de ce mini-dossier :

Les droits humains sont-ils respectés ?

Réalisation des activités du mini-dossier

1. Amorcez votre réflexion sur les droits humains en commentant la photo ci-contre.
2. Lisez les phrases dans les thèmes de recherche aux pages 328 et 329. Au besoin, consultez votre manuel aux pages indiquées pour en revoir le contexte.
3. Pour chacune de ces phrases, effectuez l'analyse demandée dans les pistes de recherche à la page 330.
4. Présentez votre synthèse de l'enjeu du mini-dossier en choisissant une des deux formes de présentation suggérées à la page 331.
5. Vous pouvez explorer des pistes de participation sociale en réalisant l'activité proposée à la page 331.

L'aide humanitaire que dispensent les organismes internationaux et les ONG est essentielle lorsque surviennent des catastrophes naturelles. Ici, les Casques bleus, qui étaient déjà en mission à Haïti, organisent une distribution de nourriture à la population affamée après le séisme. Est-ce un droit fondamental pour les humains d'être secourus quand ils sont en détresse?

Thèmes de recherche

Environnement

- Gérer l'environnement pour préserver la planète implique des actions individuelles et nationales et aussi des actions internationales, comme des ententes entre pays pour que les efforts de chacun soient compatibles avec ceux des autres. (Pages 8 et 9)
- L'activité industrielle, si elle n'est pas suffisamment réglementée et contrôlée, se développe au détriment de l'intégrité humaine et environnementale. (Pages 18 et 19)
- La planète aura-t-elle les moyens de répondre aux besoins quotidiens de tous les êtres humains? Comment ces derniers se partageront-ils des ressources naturelles limitées? (Page 40)

Les droits

Population

- Migrer pour apprendre, fuir la persécution, la guerre, le chômage, la famine, un désastre naturel, les raisons qui poussent les populations à se déplacer sont nombreuses. (Page 80)
- Les personnes qui migrent pour des raisons politiques le font parce que leur vie est en danger ou parce qu'elles sont victimes de persécutions à cause de conflits ethniques, politiques, religieux ou militaires. (Page 86)
- La discrimination vient souvent en tête de liste de tous les obstacles que doivent franchir les immigrants à la recherche d'un emploi. (Page 109)

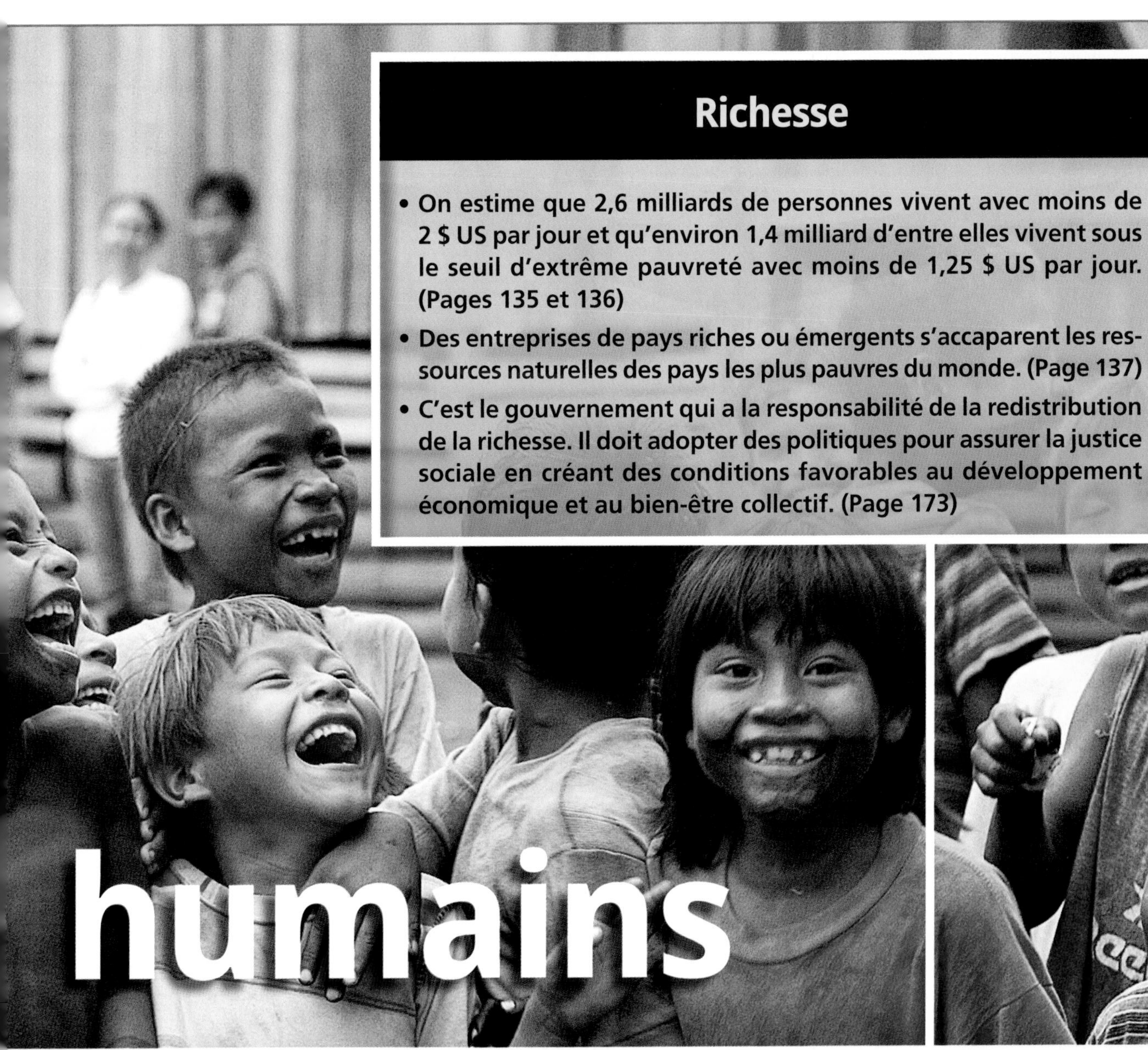

Richesse

- On estime que 2,6 milliards de personnes vivent avec moins de 2 $ US par jour et qu'environ 1,4 milliard d'entre elles vivent sous le seuil d'extrême pauvreté avec moins de 1,25 $ US par jour. (Pages 135 et 136)
- Des entreprises de pays riches ou émergents s'accaparent les ressources naturelles des pays les plus pauvres du monde. (Page 137)
- C'est le gouvernement qui a la responsabilité de la redistribution de la richesse. Il doit adopter des politiques pour assurer la justice sociale en créant des conditions favorables au développement économique et au bien-être collectif. (Page 173)

Pouvoir

- Un État souverain est le seul maître sur son territoire. (Pages 208 et 209)
- Des organismes, comme le Fonds monétaire international (FMI), ont le pouvoir de décider de l'orientation industrielle et commerciale d'un État. (Page 211)
- S'assurer que le plus grand nombre possible de leurs citoyens travaillent pour nourrir leur famille, voilà une préoccupation commune à tous les États. (Page 230)

Tensions et conflits

- Toute intervention sur le territoire d'un État heurte sa souveraineté et le concept de non-ingérence reconnu par l'ONU. (Pages 272 et 273)
- En 2006, l'ONU se donne la légitimité de stopper les agressions de masse. Elle adopte une résolution établissant le « devoir de protection ». (Pages 284 et 285)
- Les institutions et les lois racistes de l'État sud-africain n'existent plus. La ségrégation des Noirs, des Métis et des Indiens dans les lieux publics est interdite. L'apartheid politique a été vaincu. (Pages 316 à 318)

Pistes de recherche

- Pour réaliser ce mini-dossier, procurez-vous les deux textes suivants:
  - la Déclaration universelle des droits de l'homme;
  - la Déclaration sur le droit au développement.
- Tapez leur titre dans un moteur de recherche sur Internet ou faites une recherche à la bibliothèque.

Repérez les articles des deux déclarations

Les phrases apparaissant dans les thèmes de recherche aux pages 328 et 329 évoquent des sujets ou des faits qui sont en lien avec un ou plusieurs des droits humains prévus dans la Déclaration universelle des droits de l'homme et/ou dans la Déclaration sur le droit au développement.

Pour chacune de ces phrases:

- recherchez le ou les articles de la Déclaration universelle des droits de l'homme et/ou de la Déclaration sur le droit au développement qui sont reliés au sujet évoqué;
- notez l'article et indiquez si ces droits sont respectés ou non.

Pour mieux comprendre le contexte du sujet évoqué dans les phrases, consultez votre manuel aux pages indiquées.

La Déclaration universelle des droits de l'homme

Adoptée par l'ONU en 1948, la Déclaration universelle des droits de l'homme est un texte qui compte 30 articles traitant des divers droits et libertés auxquels chaque être humain peut prétendre.

Pour en connaître davantage sur ce texte, consultez votre manuel aux pages 306 et 307.

La Déclaration sur le droit au développement

En 1986, l'Assemblée générale de l'ONU décide d'énoncer, dans une résolution, une série de moyens qui permettraient d'atteindre les objectifs de la Déclaration universelle des droits de l'homme. Il s'agit de la Déclaration sur le droit au développement. Elle est constituée de 10 articles portant sur les droits des personnes, sur les droits des peuples et des États et sur les responsabilités de ces derniers relativement au développement des êtres humains.

Pour en connaître davantage sur ce texte, consultez votre manuel à la page 310.

Présentation du mini-dossier

Choisissez une des deux formes de présentation suggérées pour présenter votre synthèse de recherche et répondre aux questions de l'enjeu du mini-dossier.

Vous pouvez également poursuivre votre réflexion en réalisant l'activité de participation sociale proposée.

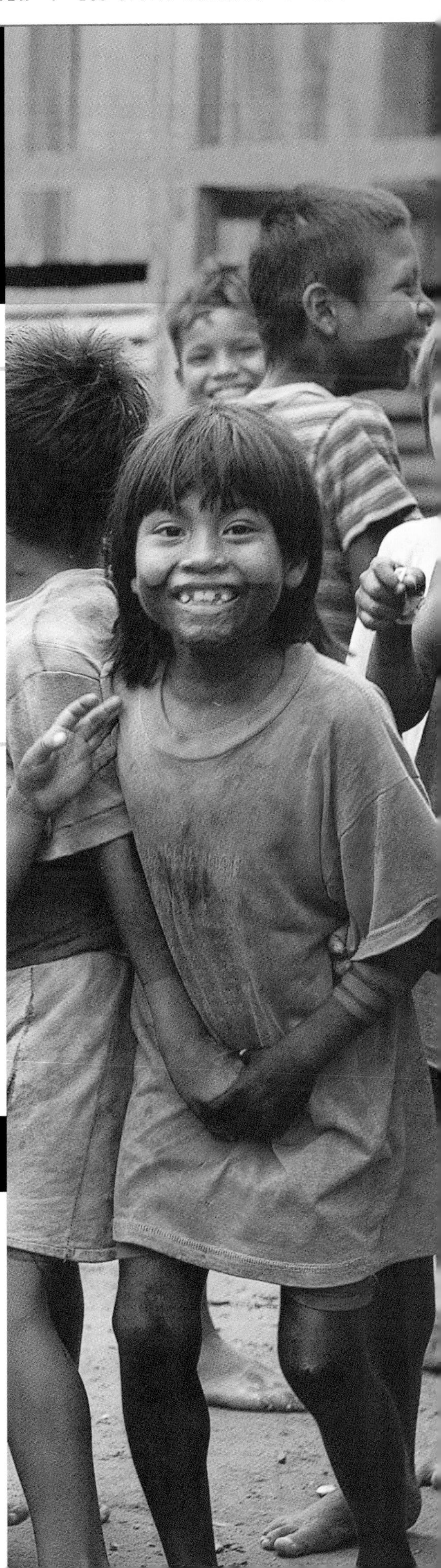

Enjeu : **Les droits humains sont-ils respectés ?**

Un reportage

Vous êtes journaliste et le magazine pour lequel vous travaillez vous demande d'écrire un reportage portant sur l'aide humanitaire en brossant le portrait de trois organisations non gouvernementales (ONG) œuvrant à l'échelle internationale.

Pour être complet et intéressant, votre reportage doit inclure pour chaque ONG :

- une description détaillée de l'organisation (date de création, fondateurs, budget, nombre de membres, pays où elle œuvre, pays du siège social) ;
- une description de sa mission ;
- deux exemples de ses interventions dans le monde ;
- des citations pertinentes d'un de ses dirigeants ou fondateurs ou encore d'observateurs ou d'autres journalistes portant sur sa mission ou sur une de ses interventions ;
- une ou deux photos.

Une chanson engagée

On vous demande d'écrire le texte d'une chanson engagée visant à promouvoir les droits humains.

Étape 1 : Formez des équipes de cinq élèves.

Étape 2 : Choisissez une mélodie connue sur laquelle vous mettrez vos mots.

Étape 3 : Composez un texte de chanson qui répond aux critères suivants :

- le thème principal doit porter sur les droits humains ;
- le texte doit inclure des éléments en lien avec les cinq thèmes du mini-dossier ;
- le texte doit compter un refrain et au moins trois à cinq couplets ;
- le texte doit être rédigé conformément aux règles de la langue française.

ENVISAGER UNE OCCASION DE PARTICIPATION SOCIALE

Composante de la CD 2

Une affiche pour promouvoir les droits humains

Votre équipe est membre d'une ONG qui vous demande de créer une affiche faisant la promotion des droits humains, que vous exposerez sur les murs de votre école.

Étape 1 : Formez des équipes de cinq élèves.

Étape 2 : Attribuez un thème à chaque membre de l'équipe.

Étape 3 : Chaque élève choisit, selon son thème, l'article d'une des deux déclarations de droits étudiées dont il veut faire la promotion et l'illustre de façon originale sur l'affiche.

Étape 4 : Chaque élève trouve un slogan intéressant et accrocheur pour rappeler l'importance de cet aspect des droits humains.

Atlas

SOMMAIRE

LE MONDE – PHYSIQUE

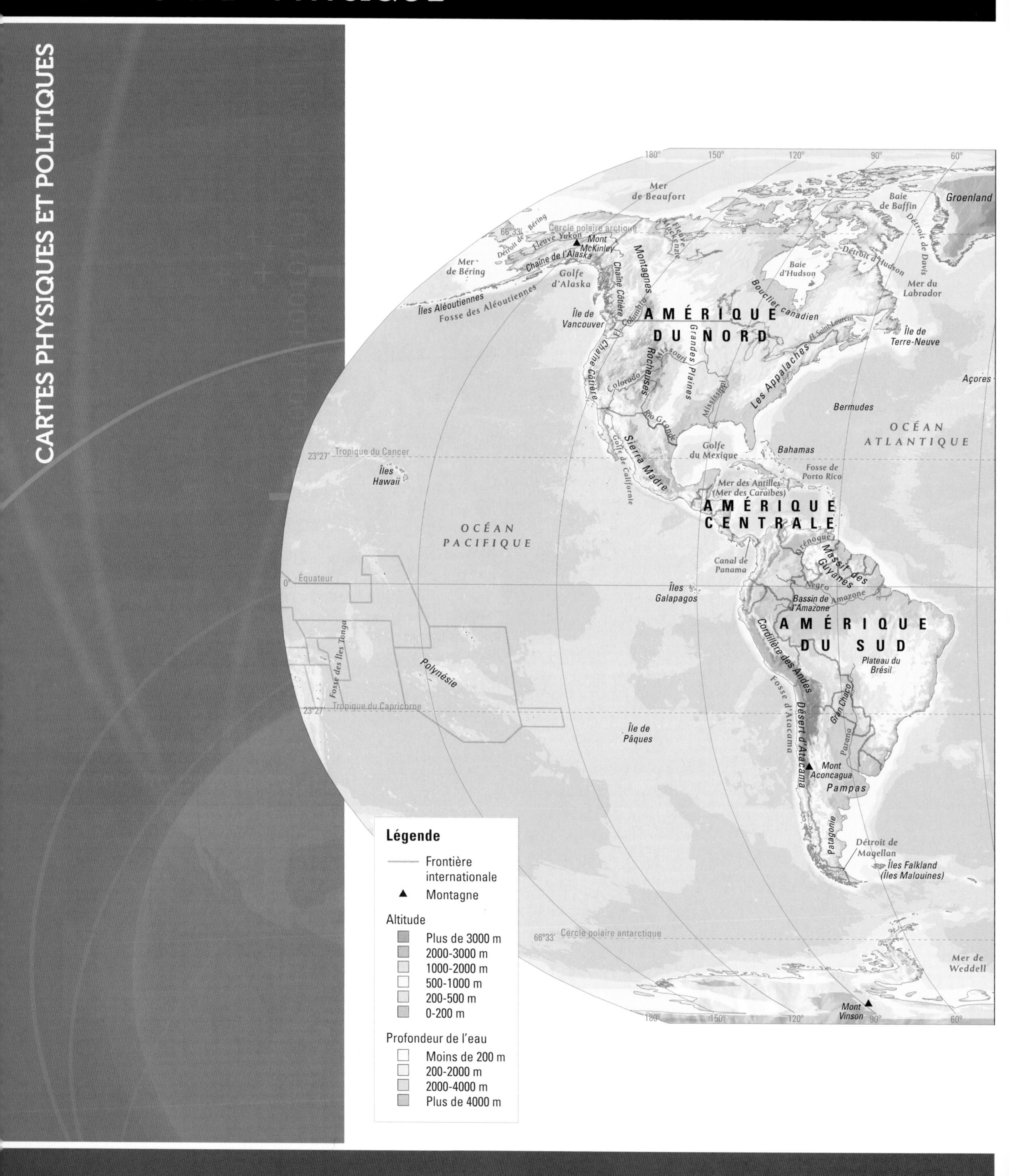

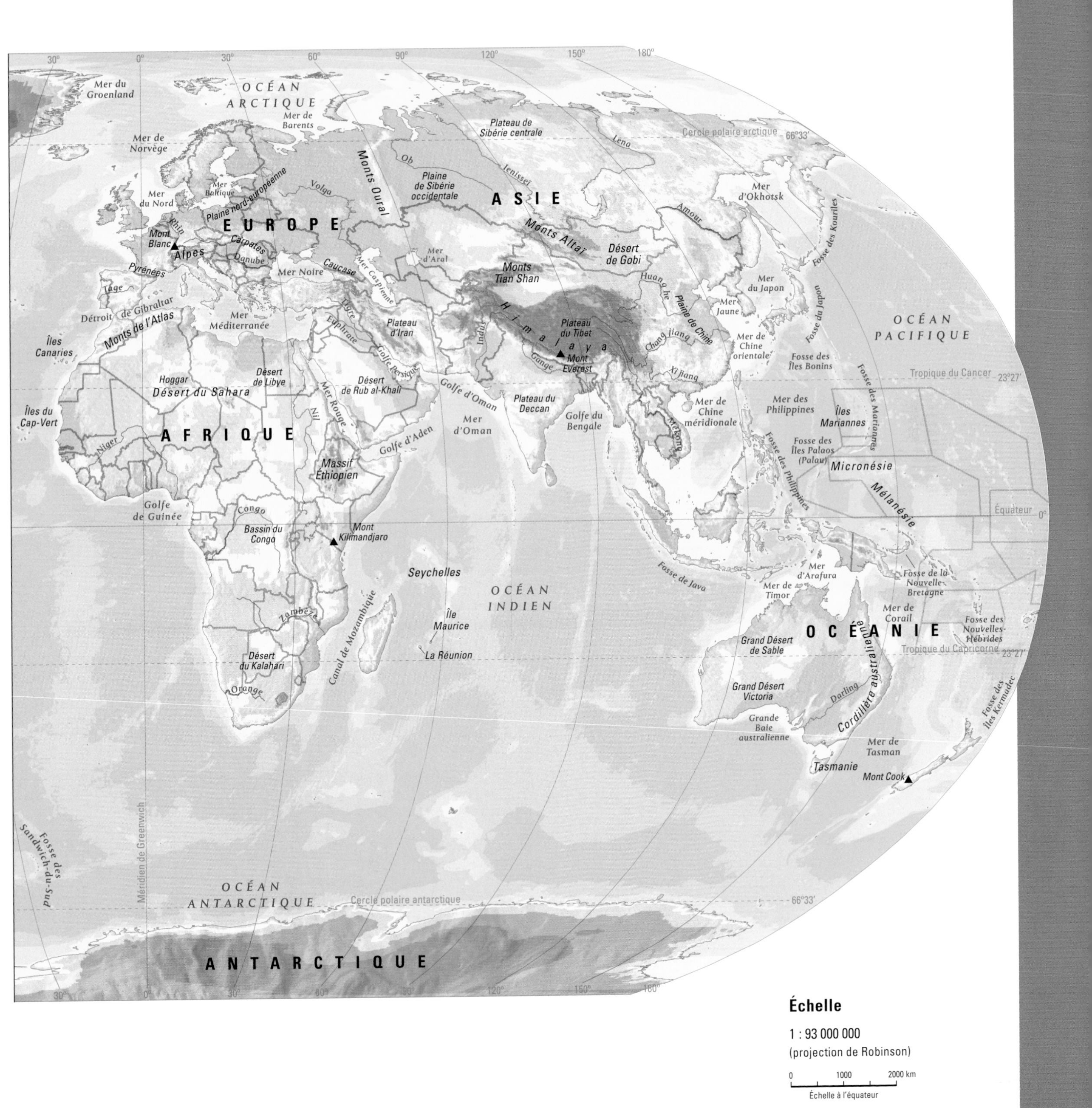

Mer du Groenland
OCÉAN ARCTIQUE
Mer de Barents
Mer de Norvège
Plateau de Sibérie centrale
Cercle polaire arctique
66°33'
Lena
Ob
Monts Oural
Plaine de Sibérie occidentale
Ienisseï
Mer du Nord
Mer Baltique
Plaine nord-européenne
Volga
ASIE
Mer d'Okhotsk
Fosse des Kouriles
Amour
EUROPE
Rhin
Mont Blanc
Alpes
Carpates
Danube
Monts Altaï
Désert de Gobi
Mer d'Aral
Caucase
Mer Caspienne
Mer Noire
Pyrénées
Monts Tian Shan
Huang he
Mer du Japon
Tage
Détroit de Gibraltar
Monts de l'Atlas
Mer Méditerranée
Tigre
Euphrate
Plateau d'Iran
Himalaya
Plateau du Tibet
Mer Jaune
Plaine de Chine
Fosse du Japon
OCÉAN PACIFIQUE
Îles Canaries
Indus
Mont Everest
Gange
Chang jiang
Mer de Chine orientale
Fosse des Îles Bonins
Golfe Persique
Xi jiang
Tropique du Cancer
23°27'
Hoggar
Désert du Sahara
Désert de Libye
Désert de Rub al-Khali
Golfe d'Oman
Plateau du Deccan
Mer Rouge
Mer de Chine méridionale
Mer des Philippines
Îles Mariannes
Fosse des Mariannes
Îles du Cap-Vert
Nil
Mer d'Oman
Golfe du Bengale
AFRIQUE
Niger
Golfe d'Aden
Mékong
Fosse des Îles Palaos (Palau)
Fosse des Philippines
Micronésie
Massif Éthiopien
Mélanésie
Golfe de Guinée
Congo
Équateur
0°
Bassin du Congo
Mont Kilimandjaro
Seychelles
Fosse de Java
Mer d'Arafura
Mer de Timor
Fosse de la Nouvelle-Bretagne
OCÉAN INDIEN
Île Maurice
Zambèze
Canal de Mozambique
Mer de Corail
OCÉANIE
Fosse des Nouvelles-Hébrides
Grand Désert de Sable
La Réunion
Tropique du Capricorne
Désert du Kalahari
Cordillère australienne
Orange
Grand Désert Victoria
Darling
Fosse des Îles Kermadec
Grande Baie australienne
Mer de Tasman
Tasmanie
Mont Cook
Fosse des Sandwich-du-Sud
Méridien de Greenwich
OCÉAN ANTARCTIQUE
Cercle polaire antarctique
ANTARCTIQUE
30° 0° 30° 60° 90° 120° 150° 180°
Échelle
1 : 93 000 000
(projection de Robinson)
0 1000 2000 km
Échelle à l'équateur

LE MONDE – POLITIQUE

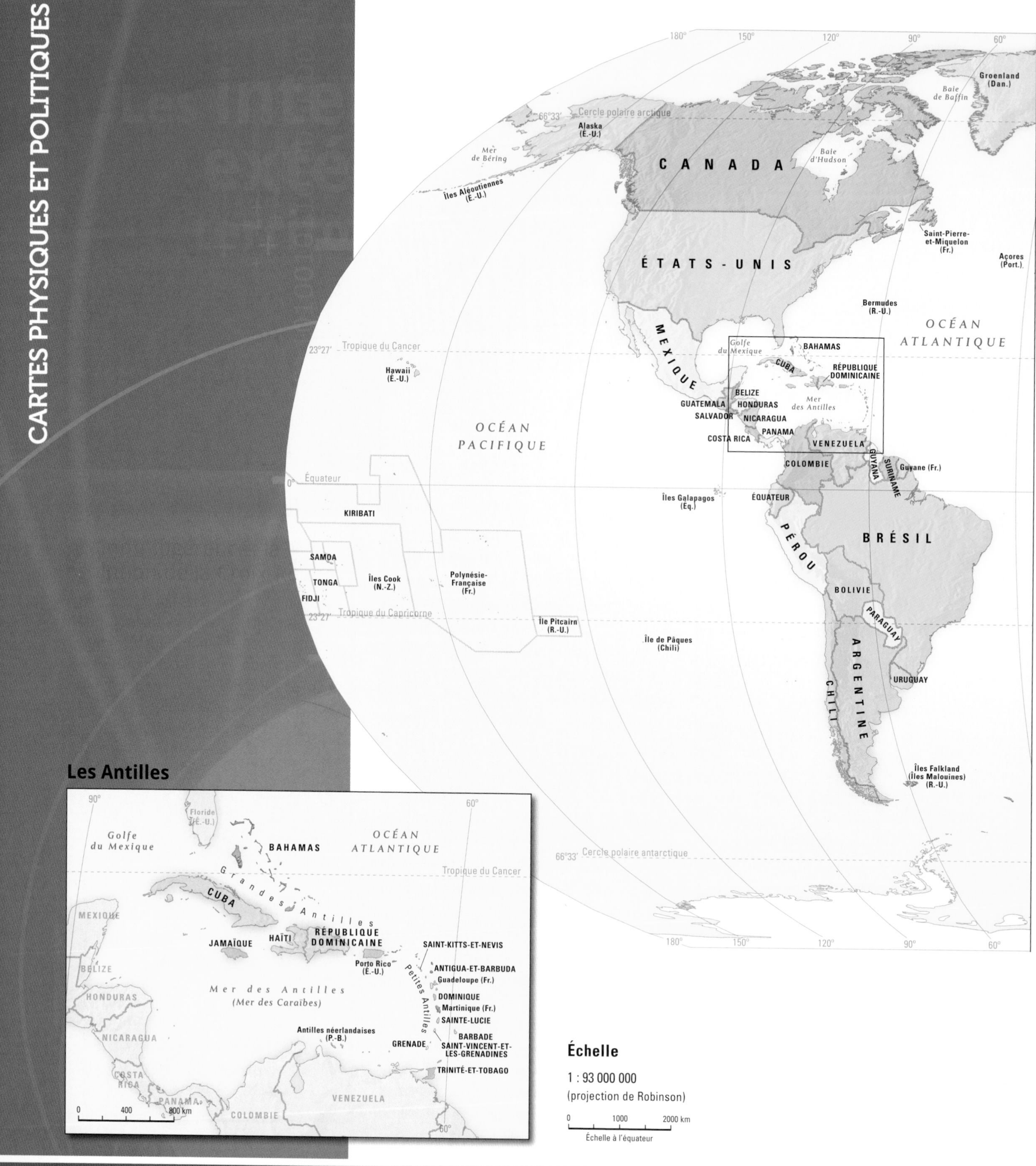

OCÉAN ARCTIQUE
Spitzberg (Norv.)
Cercle polaire arctique 66°33′
ISLANDE
Îles Féroé (Dan.)
NORVÈGE
SUÈDE
FINLANDE
RUSSIE
ROYAUME-UNI
IRLANDE
Mer du Nord
POLOGNE
BIÉLORUSSIE
ALLEMAGNE
UKRAINE
FRANCE
ROUMANIE
KAZAKHSTAN
Mer d'Aral
MONGOLIE
Mer d'Okhotsk
GÉORGIE
Mer Caspienne
OUZBÉKISTAN
KIRGHIZSTAN
CORÉE DU NORD
Mer du Japon
ITALIE
Mer Noire
ARMÉNIE
TURKMÉNISTAN
ESPAGNE
GRÈCE
TURQUIE
AZERBAÏDJAN
TADJIKISTAN
CHINE
CORÉE DU SUD
JAPON
PORTUGAL
MALTE
Mer Méditerranée
CHYPRE
SYRIE
LIBAN
ISRAËL
IRAN
AFGHANISTAN
OCÉAN PACIFIQUE
Madère (Port.)
TUNISIE
IRAK
KOWEÏT
Îles Canaries (Esp.)
MAROC
JORDANIE
BAHREÏN
PAKISTAN
BHOUTAN
NÉPAL
ALGÉRIE
LIBYE
ÉGYPTE
ARABIE SAOUDITE
Golfe Persique
BANGLADESH
MYANMAR (Birmanie)
LAOS
Sahara-Occidental
QATAR
INDE
TAIWAN
Tropique du Cancer 23°27′
Mer Rouge
ÉMIRATS ARABES UNIS
OMAN
Mer de Chine méridionale
MAURITANIE
ÉRYTHRÉE
Mer d'Oman
Golfe du Bengale
VIETNAM
PHILIPPINES
CAP-VERT
MALI
NIGER
TCHAD
YÉMEN
THAÏLANDE
Îles Mariannes (É.-U.)
SÉNÉGAL
MARSHALL
GAMBIE
GUINÉE-BISSAU
BURKINA FASO
SOUDAN
CAMBODGE
GUINÉE
BÉNIN
TOGO
NIGERIA
DJIBOUTI
SIERRA LEONE
CÔTE D'IVOIRE
GHANA
CAMEROUN
ÉTHIOPIE
SRI LANKA
LIBERIA
RÉPUBLIQUE CENTRAFRICAINE
SOMALIE
BRUNEI
PALAOS (Palau)
MICRONÉSIE
GUINÉE ÉQUATORIALE
MALAISIE
KIRIBATI
SAO TOMÉ-ET-PRINCIPE
OUGANDA
KENYA
MALDIVES
SINGAPOUR
Équateur 0°
GABON
CONGO
Golfe de Guinée
RÉPUBLIQUE DÉMOCRATIQUE DU CONGO
RWANDA
BURUNDI
PAPOUASIE-NOUVELLE-GUINÉE
NAURU
INDONÉSIE
SEYCHELLES
TANZANIE
Enclave de Cabinda (Ang.)
TUVALU
SALOMON
TIMOR ORIENTAL
COMORES
ANGOLA
MALAWI
OCÉAN INDIEN
Île de Sainte-Hélène (R.-U.)
ZAMBIE
VANUATU
FIDJI
MOZAMBIQUE
MADAGASCAR
ZIMBABWE
MAURICE
NAMIBIE
La Réunion (Fr.)
Nouvelle-Calédonie (Fr.)
BOTSWANA
Tropique du Capricorne 23°27′
AUSTRALIE
AFRIQUE DU SUD
SWAZILAND
LESOTHO
NOUVELLE-ZÉLANDE
Tristan da Cunha (R.-U.)
Tasmanie
Îles Kerguelen (Fr.)
Méridien de Greenwich
Îles Sandwich-du-Sud (R.-U.)
OCÉAN ANTARCTIQUE
Cercle polaire antarctique 66°33′
ANTARCTIQUE
L'Europe
NORVÈGE
FINLANDE
SUÈDE
ESTONIE
RUSSIE
LETTONIE
Mer du Nord
DANEMARK
LITUANIE
RUSSIE
IRLANDE
BIÉLORUSSIE
PAYS-BAS
ROYAUME-UNI
ALLEMAGNE
POLOGNE
BELGIQUE
RÉPUBLIQUE TCHÈQUE
UKRAINE
LUXEMBOURG
SLOVAQUIE
LIECHTENSTEIN
MOLDAVIE
AUTRICHE
SUISSE
HONGRIE
FRANCE
SLOVÉNIE
ROUMANIE
CROATIE
SAINT-MARIN
BOSNIE-HERZÉGOVINE
SERBIE
MONACO
Mer Noire
ITALIE
MONTÉNÉGRO
KOSOVO
BULGARIE
ANDORRE
VATICAN
ALBANIE
ANCIENNE RÉPUBLIQUE YOUGOSLAVE DE MACÉDOINE
PORTUGAL
ESPAGNE
GRÈCE
TURQUIE
Mer Méditerranée
0 200 400 600 km

CARTES PHYSIQUES ET POLITIQUES

L'AMÉRIQUE DU NORD – **PHYSIQUE**

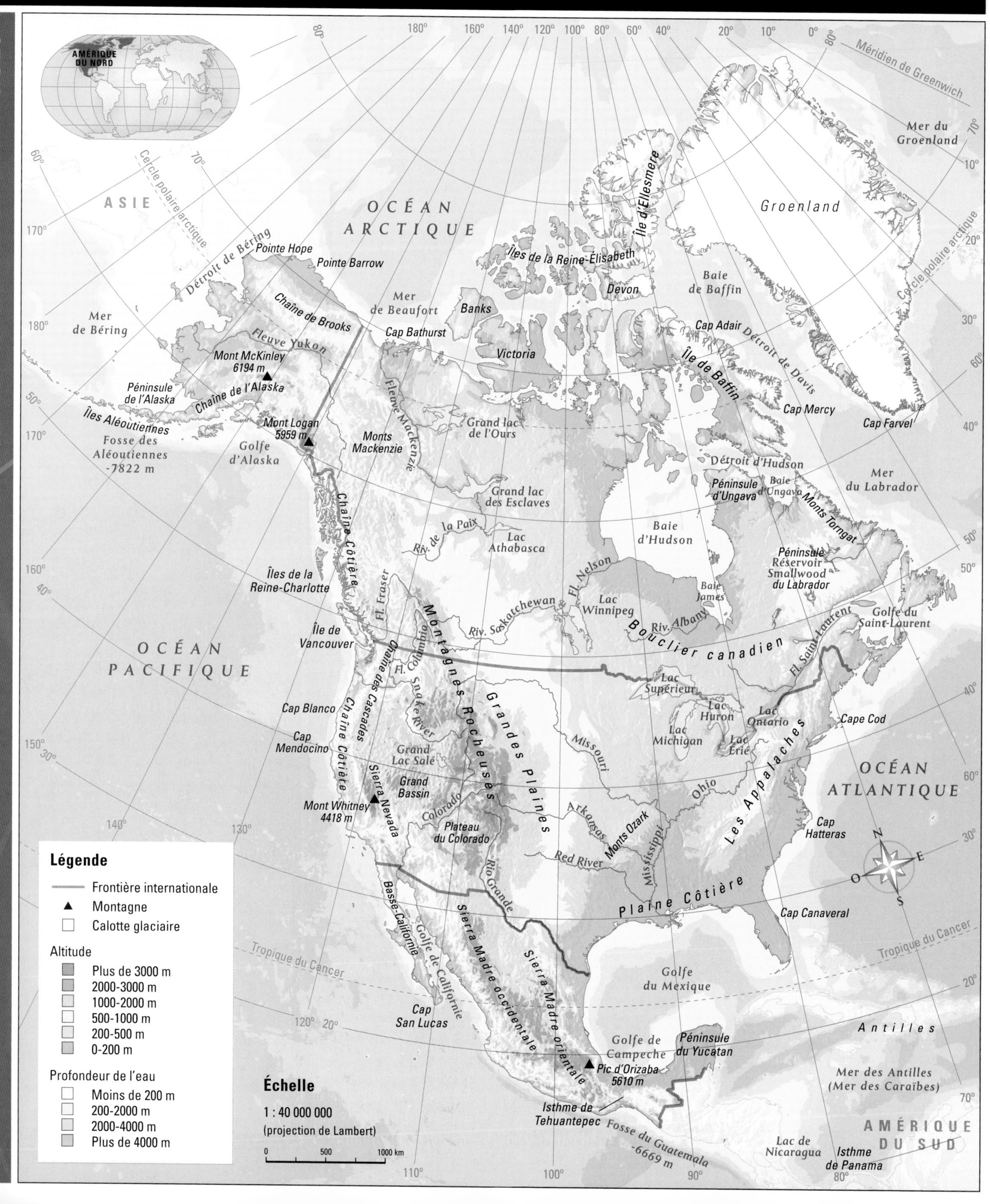

L'AMÉRIQUE DU NORD – **POLITIQUE**

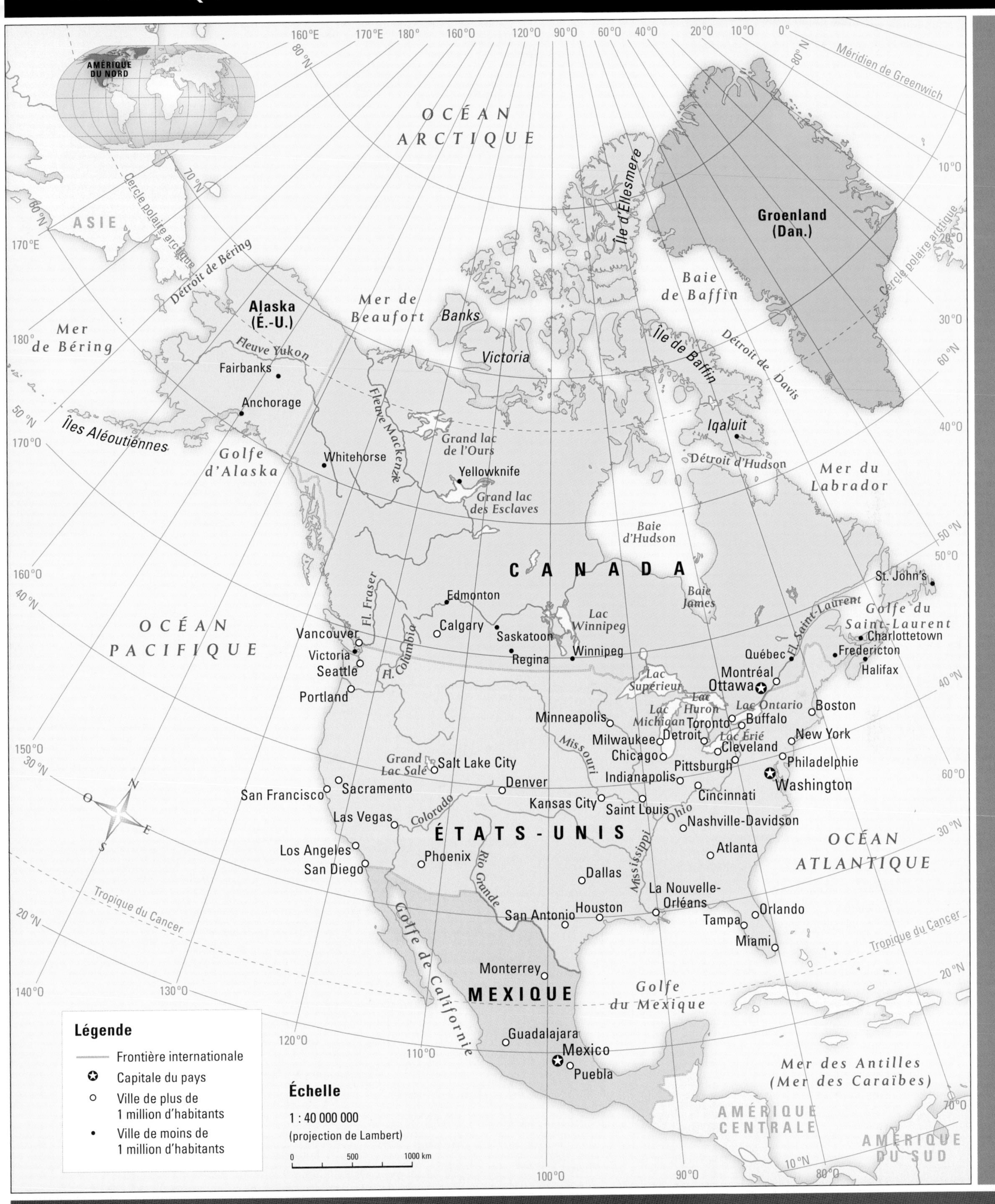

LE CANADA – PHYSIQUE

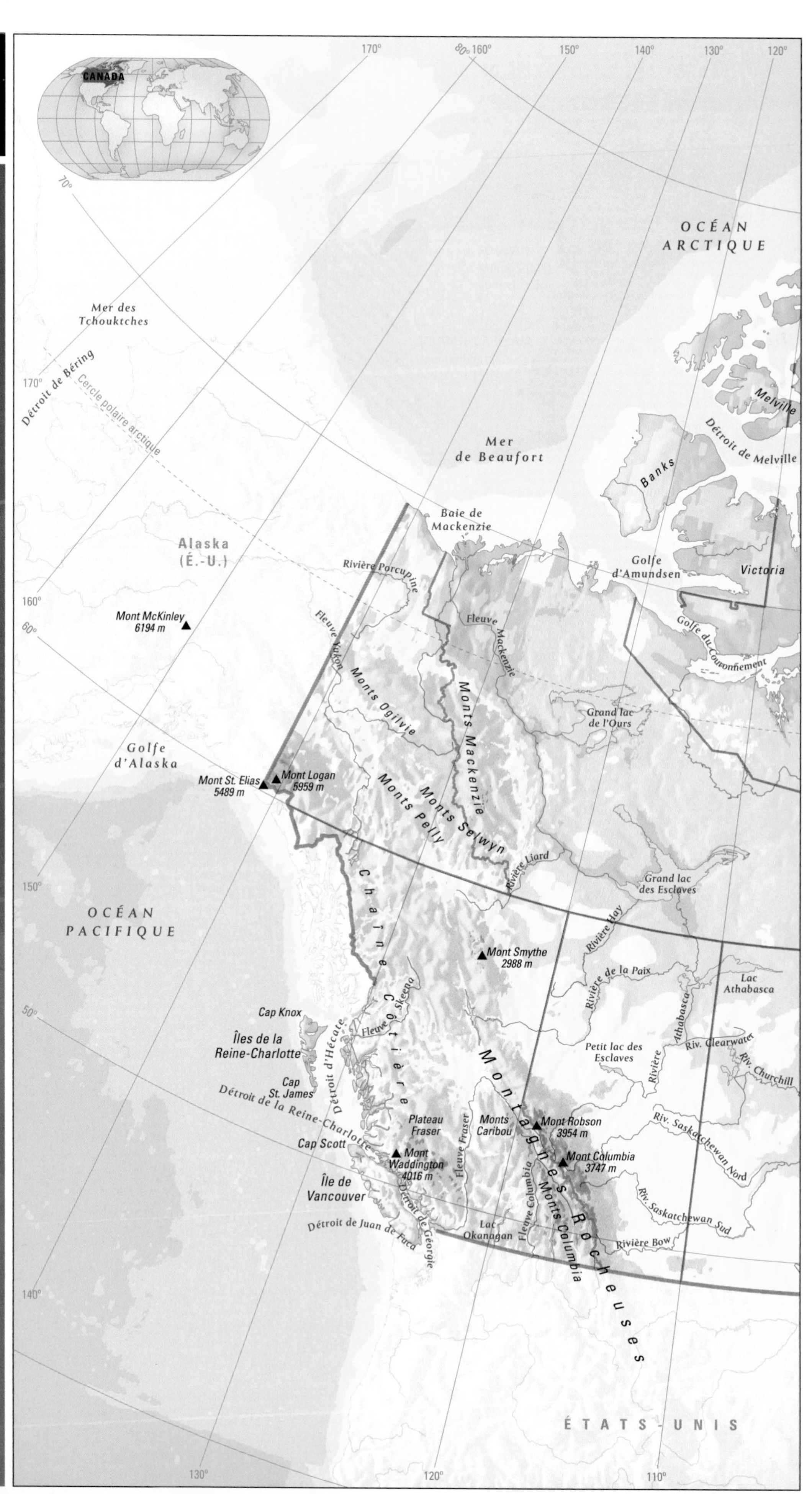

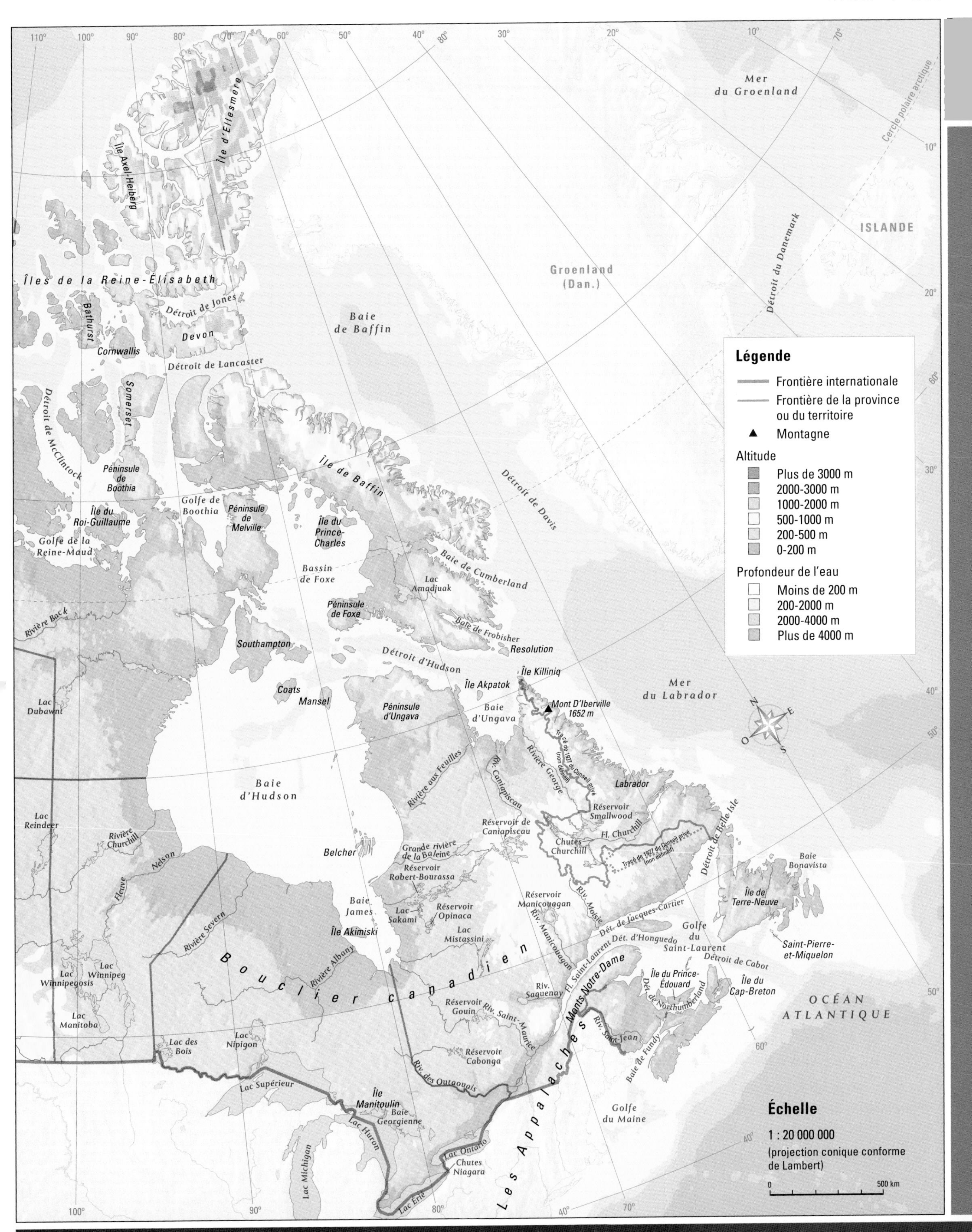
Mer du Groenland
ISLANDE
Groenland (Dan.)
Détroit du Danemark
Cercle polaire arctique
Île d'Ellesmere
Île Axel-Heiberg
Îles de la Reine-Élisabeth
Bathurst
Détroit de Jones
Devon
Cornwallis
Baie de Baffin
Détroit de Lancaster
Somerset
Détroit de McClintock
Péninsule de Boothia
Golfe de Boothia
Île du Roi-Guillaume
Golfe de la Reine-Maud
Péninsule de Melville
Île de Baffin
Île du Prince-Charles
Détroit de Davis
Baie de Cumberland
Lac Amadjuak
Bassin de Foxe
Péninsule de Foxe
Baie de Frobisher
Resolution
Rivière Back
Southampton
Détroit d'Hudson
Île Killiniq
Île Akpatok
Coats
Mansel
Péninsule d'Ungava
Baie d'Ungava
Mont D'Iberville 1652 m
Mer du Labrador
Lac Dubawnt
Baie d'Hudson
Rivière aux Feuilles
Riv. Caniapiscau
Rivière George
Tracé de 1927 du Conseil privé (non définitif)
Labrador
Réservoir Smallwood
Réservoir de Caniapiscau
Chutes Churchill
Fl. Churchill
Détroit de Belle Isle
Baie Bonavista
Lac Reindeer
Rivière Churchill
Nelson
Belcher
Grande rivière de la Baleine
Réservoir Robert-Bourassa
Fleuve
Baie James
Lac Sakami
Réservoir Opinaca
Réservoir Manicouagan
Riv. Moisie
Île de Terre-Neuve
Rivière Severn
Île Akimiski
Lac Mistassini
Riv. Manicouagan
Dét. de Jacques-Cartier
Dét. d'Honguedo
Golfe du Saint-Laurent
Saint-Pierre-et-Miquelon
Détroit de Cabot
Lac Winnipeg
Lac Winnipegosis
Rivière Albany
Bouclier canadien
Fl. Saint-Laurent
Monts Notre-Dame
Île du Prince-Édouard
Dét. de Northumberland
Île du Cap-Breton
Riv. Saguenay
Lac Manitoba
Réservoir Gouin
Riv. Saint-Maurice
Riv. Saint-Jean
OCÉAN ATLANTIQUE
Lac des Bois
Lac Nipigon
Réservoir Cabonga
Baie de Fundy
Lac Supérieur
Riv. des Outaouais
Île Manitoulin
Baie Georgienne
Lac Huron
Les Appalaches
Golfe du Maine
Lac Michigan
Lac Ontario
Chutes Niagara
Lac Érié
Légende
Frontière internationale
Frontière de la province ou du territoire
Montagne
Altitude
Plus de 3000 m
2000-3000 m
1000-2000 m
500-1000 m
200-500 m
0-200 m
Profondeur de l'eau
Moins de 200 m
200-2000 m
2000-4000 m
Plus de 4000 m
Échelle
1 : 20 000 000
(projection conique conforme de Lambert)
0
500 km
N E S O
110° 100° 90° 80° 70° 60° 50° 40° 30° 20° 10°

LE CANADA – POLITIQUE

CARTES PHYSIQUES ET POLITIQUES

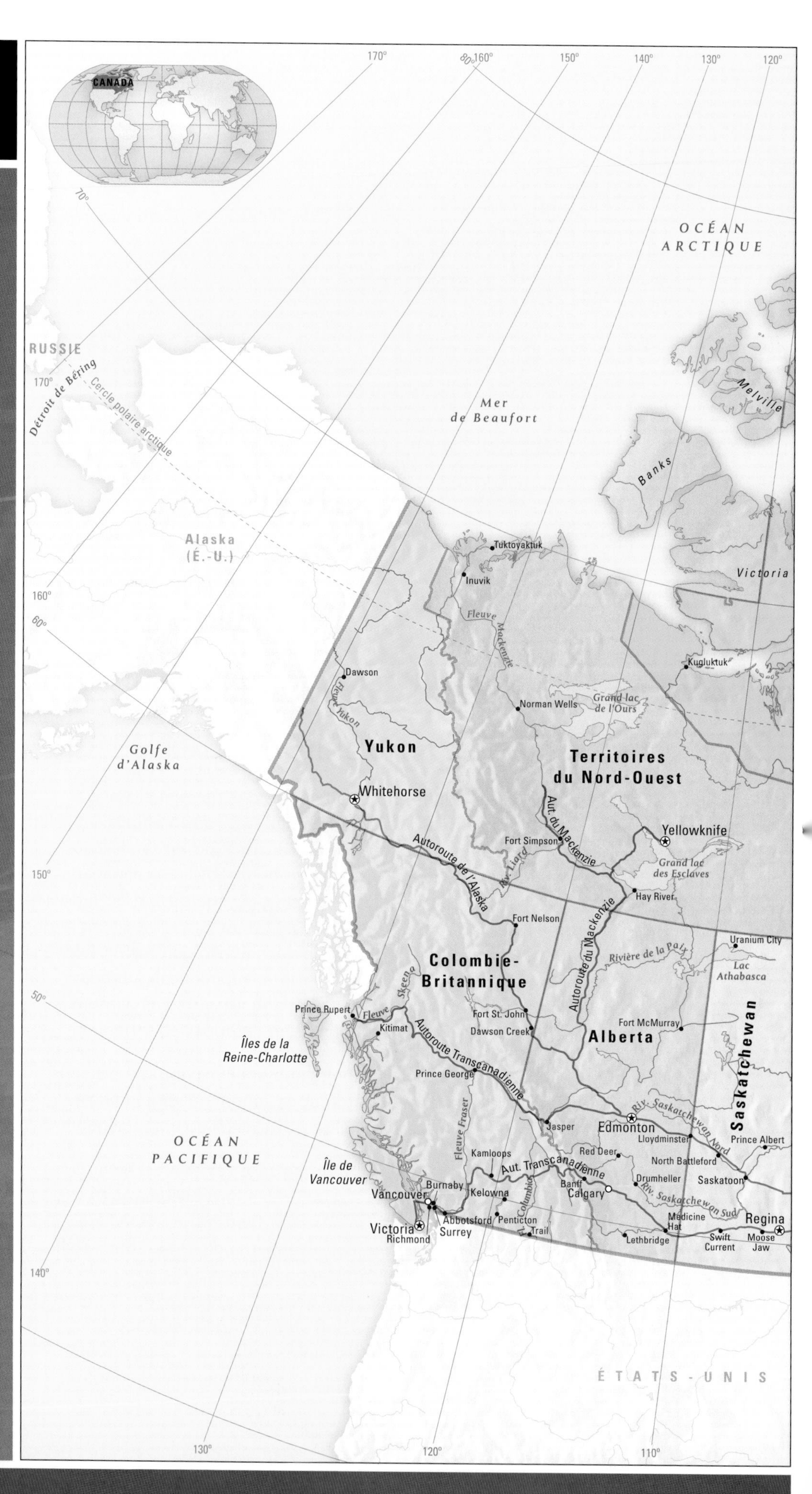

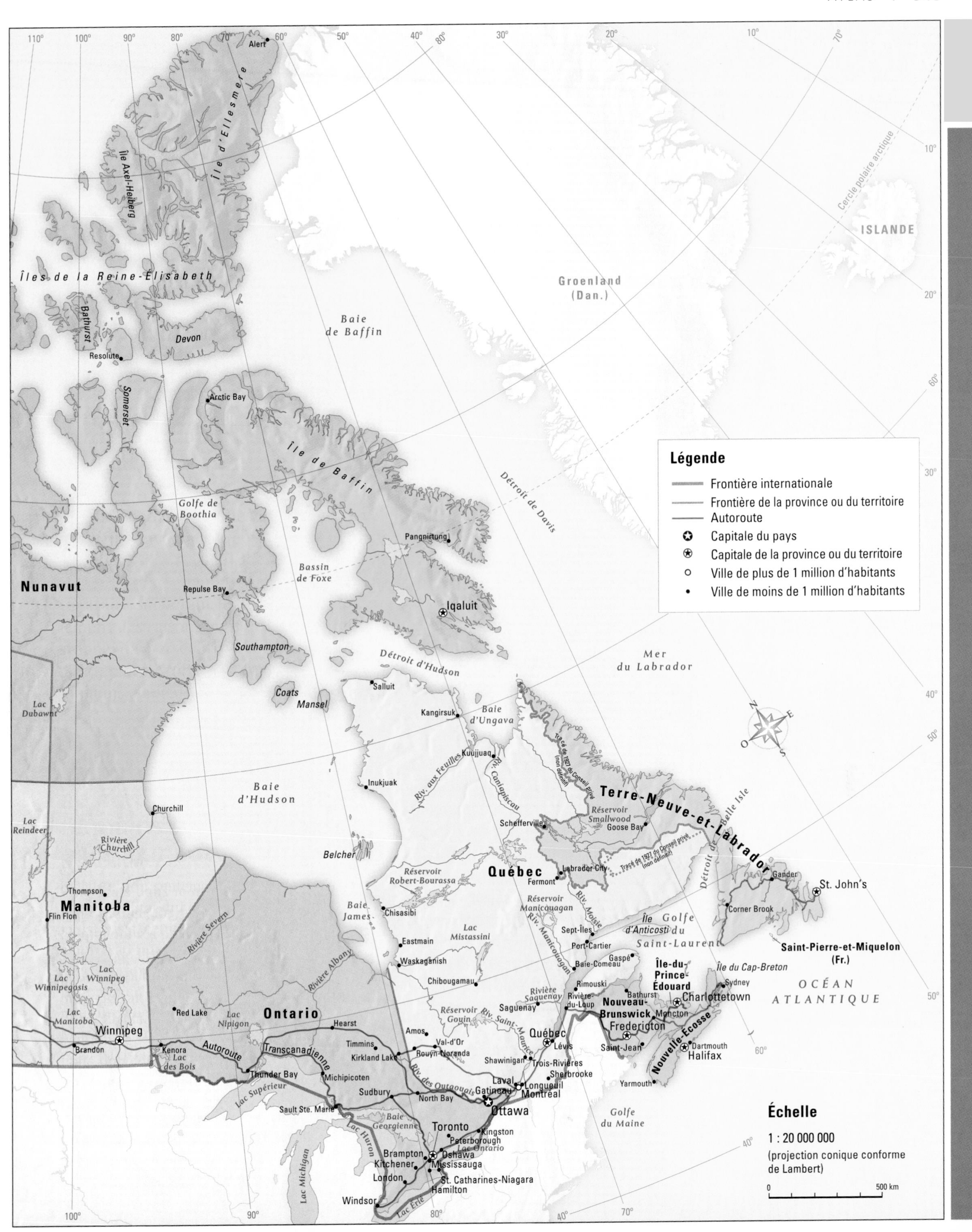
Légende
Frontière internationale
Frontière de la province ou du territoire
Autoroute
Capitale du pays
Capitale de la province ou du territoire
Ville de plus de 1 million d'habitants
Ville de moins de 1 million d'habitants
Échelle
1 : 20 000 000
(projection conique conforme de Lambert)
0
500 km
Île d'Ellesmere
Île Axel-Heiberg
Îles de la Reine-Élisabeth
Bathurst
Devon
Resolute
Somerset
Arctic Bay
Île de Baffin
Golfe de Boothia
Bassin de Foxe
Pangnirtung
Repulse Bay
Iqaluit
Nunavut
Southampton
Détroit d'Hudson
Coats
Mansel
Salluit
Kangirsuk
Baie d'Ungava
Kuujjuaq
Baie d'Hudson
Inukjuak
Churchill
Lac Dubawnt
Lac Reindeer
Rivière Churchill
Belcher
Thompson
Manitoba
Flin Flon
Baie James
Chisasibi
Eastmain
Waskaganish
Chibougamau
Lac Mistassini
Réservoir Robert-Bourassa
Québec
Schefferville
Labrador City
Fermont
Réservoir Smallwood
Goose Bay
Terre-Neuve-et-Labrador
Détroit de Belle Isle
Gander
St. John's
Corner Brook
Réservoir Manicouagan
Sept-Îles
Port-Cartier
Île d'Anticosti
Golfe du Saint-Laurent
Saint-Pierre-et-Miquelon (Fr.)
Gaspé
Baie-Comeau
Rimouski
Rivière-du-Loup
Île-du-Prince-Édouard
Charlottetown
Île du Cap-Breton
Sydney
Nouveau-Brunswick
Bathurst
Moncton
Fredericton
Saint-Jean
Nouvelle-Écosse
Dartmouth
Halifax
Yarmouth
Océan Atlantique
Golfe du Maine
Lac Winnipeg
Lac Winnipegosis
Lac Manitoba
Winnipeg
Brandon
Red Lake
Lac Nipigon
Ontario
Rivière Severn
Rivière Albany
Kenora
Lac des Bois
Autoroute
Transcanadienne
Thunder Bay
Lac Supérieur
Hearst
Timmins
Kirkland Lake
Amos
Val-d'Or
Rouyn-Noranda
Michipicoten
Sudbury
North Bay
Sault Ste. Marie
Riv. des Outaouais
Réservoir Gouin
Riv. Saint-Maurice
Saguenay
Rivière Saguenay
Québec
Lévis
Shawinigan
Trois-Rivières
Sherbrooke
Laval
Gatineau
Longueuil
Montréal
Ottawa
Baie Georgienne
Lac Huron
Lac Michigan
Toronto
Kingston
Peterborough
Lac Ontario
Brampton
Oshawa
Kitchener
Mississauga
London
St. Catharines-Niagara
Hamilton
Windsor
Lac Érié
Riv. aux Feuilles
Riv. Caniapiscau
Riv. Manicouagan
Riv. Moisie
Tracé de 1927 du Conseil privé (non défini)
Baie de Baffin
Détroit de Davis
Groenland (Dan.)
Mer du Labrador
ISLANDE
Cercle polaire arctique
Alert

LE QUÉBEC – PHYSIQUE

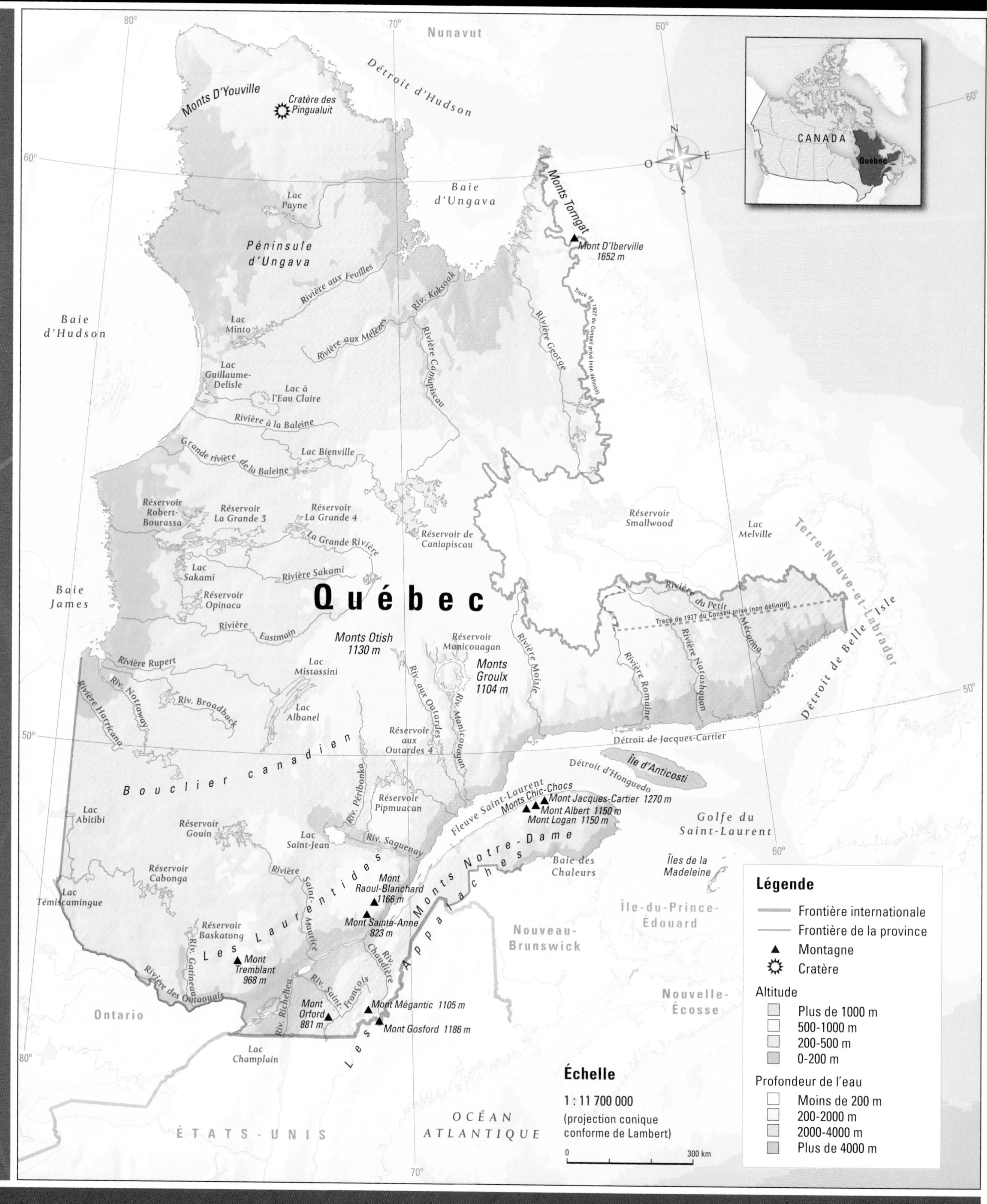

LE QUÉBEC – **POLITIQUE**

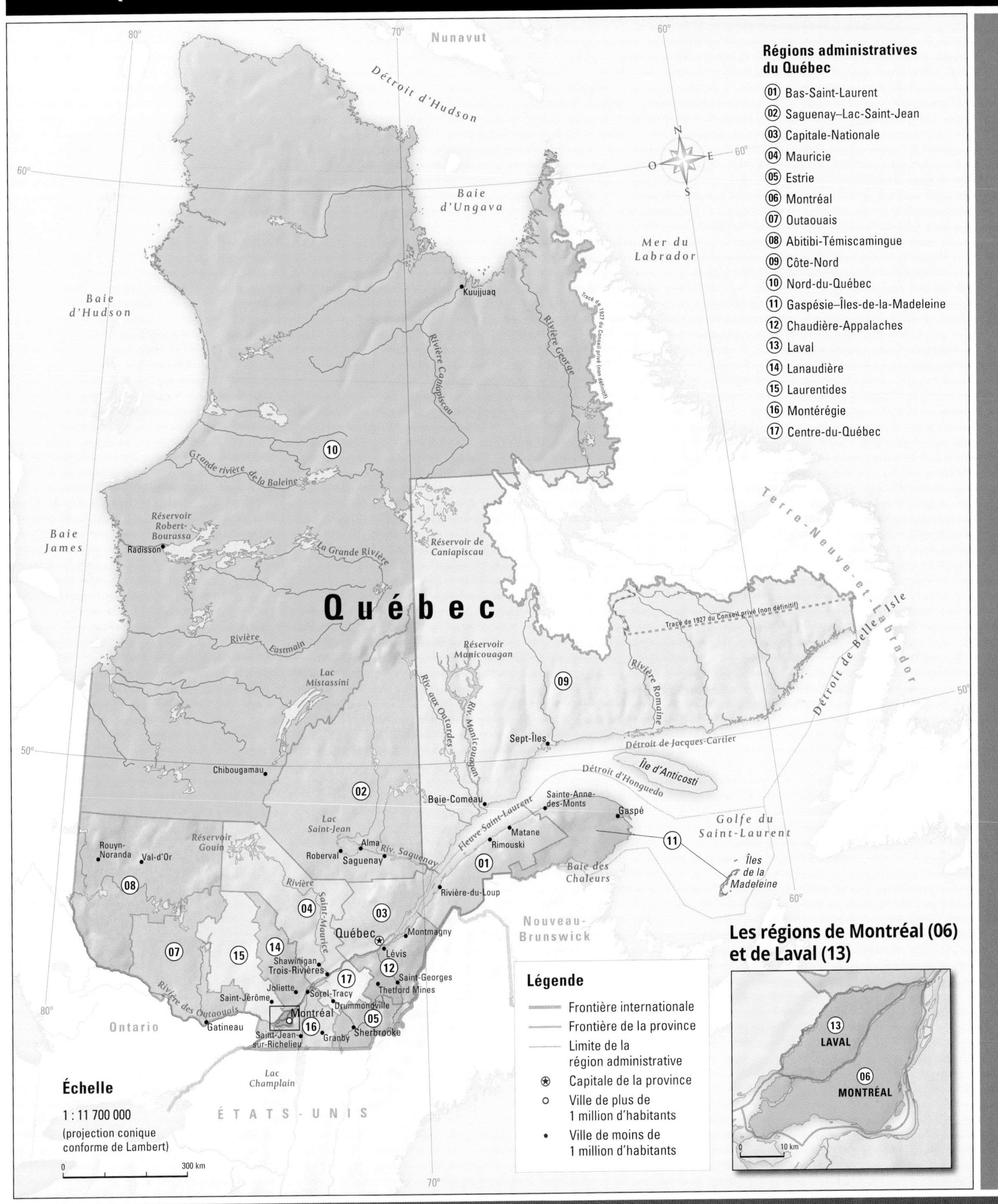

LES ÉTATS-UNIS – PHYSIQUE

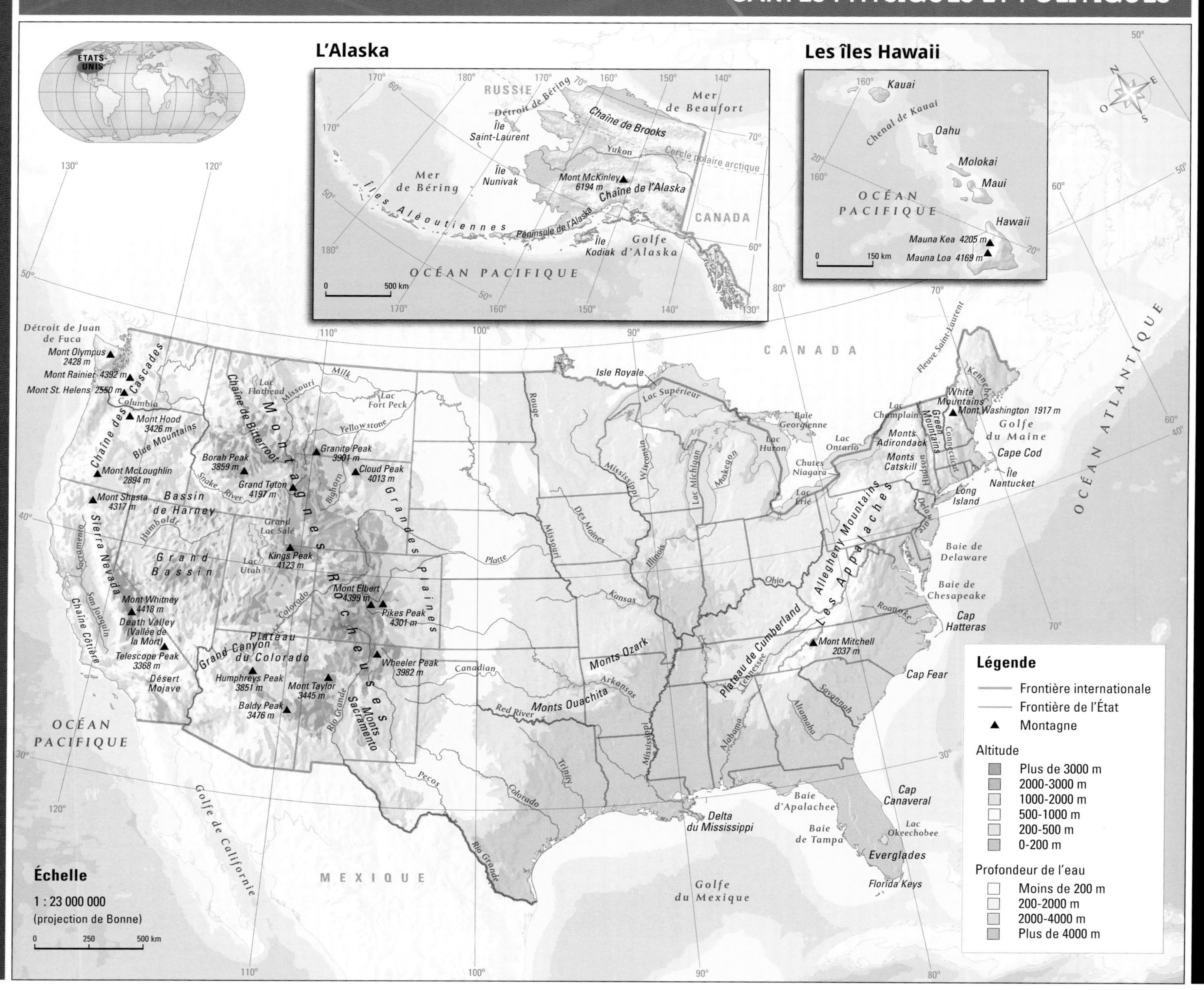

LES ÉTATS-UNIS – POLITIQUE

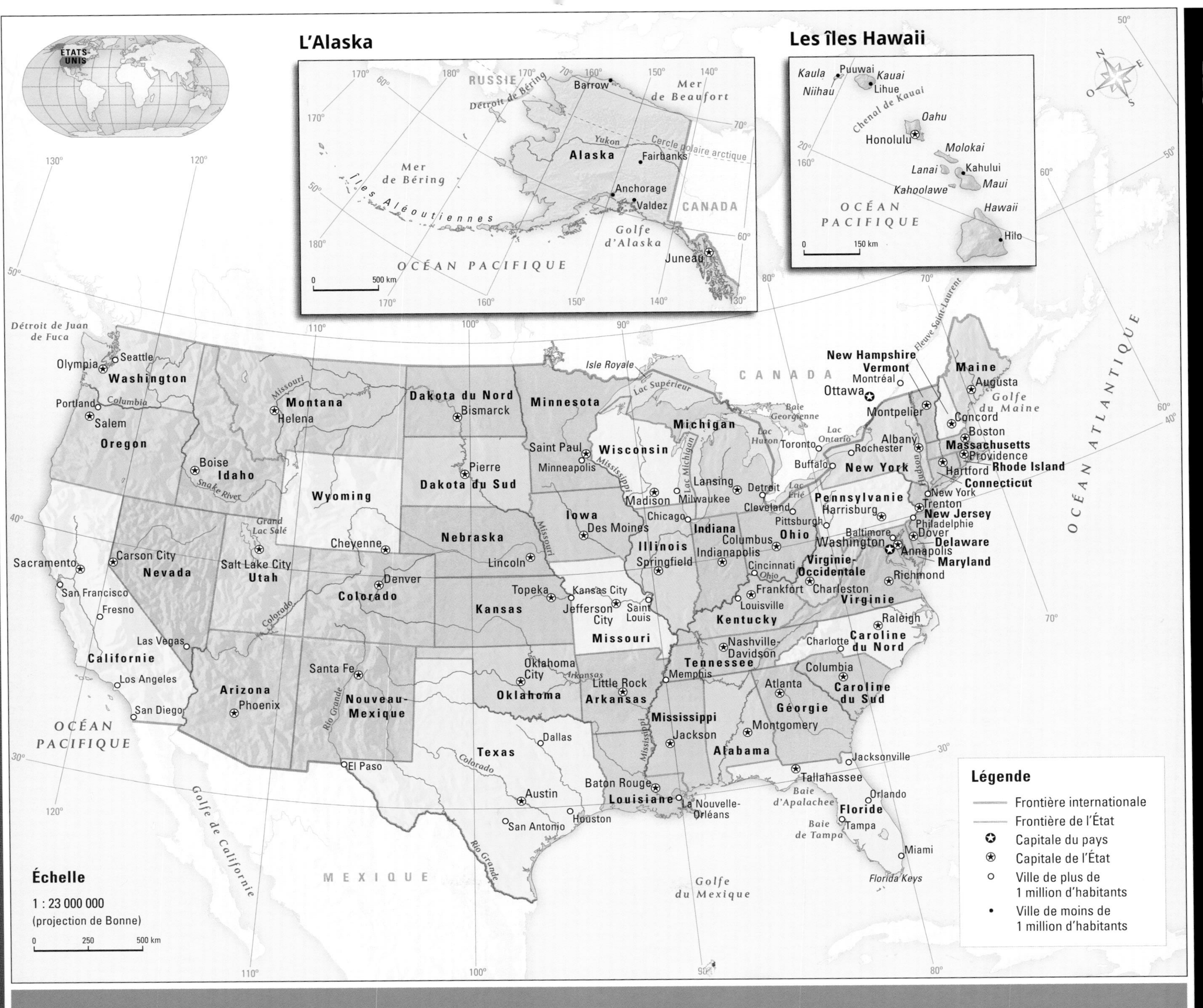

LE MEXIQUE ET L'AMÉRIQUE CENTRALE – PHYSIQUE

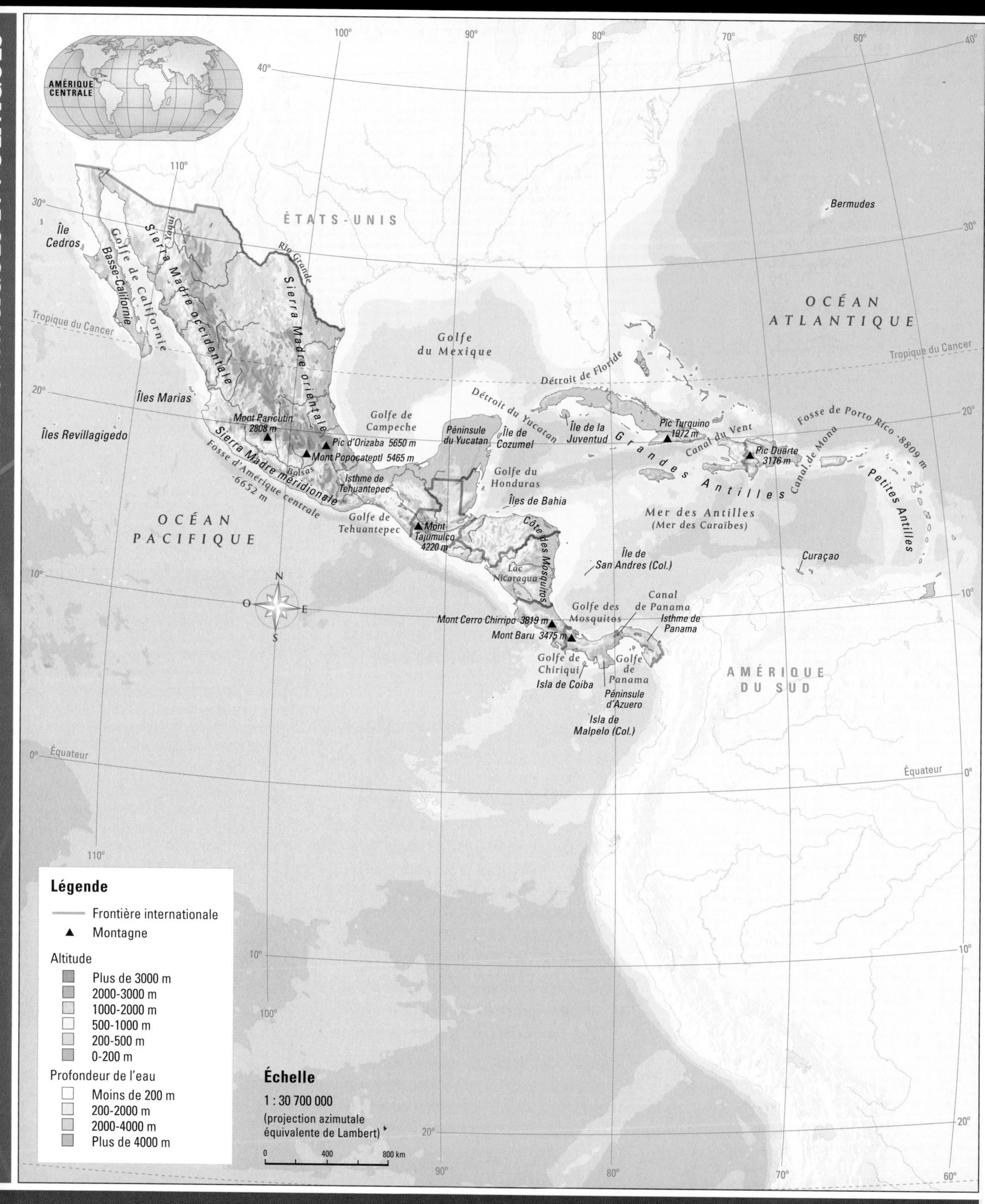

LE MEXIQUE ET L'AMÉRIQUE CENTRALE – POLITIQUE

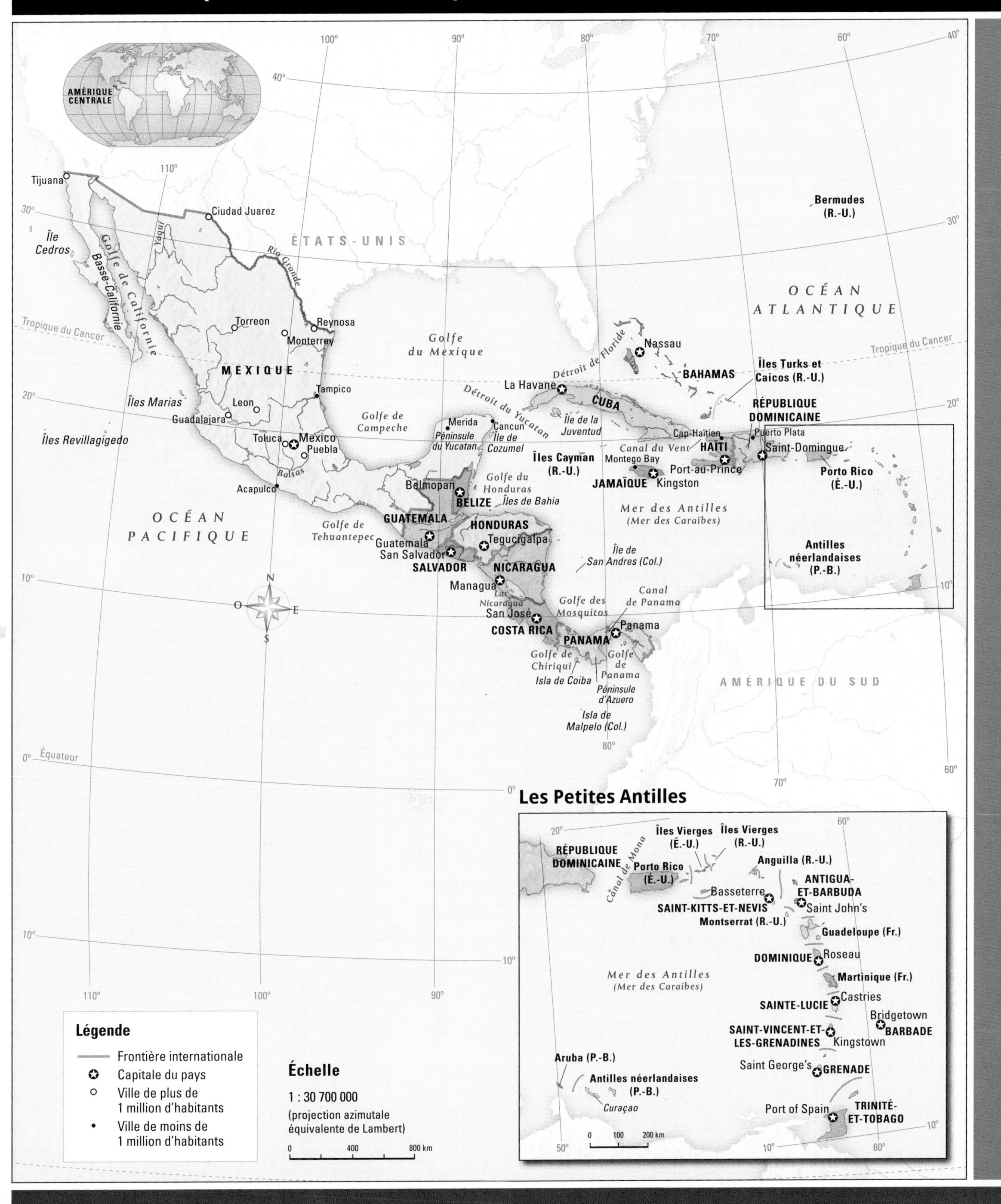

L'AMÉRIQUE DU SUD – PHYSIQUE

L'AMÉRIQUE DU SUD – POLITIQUE

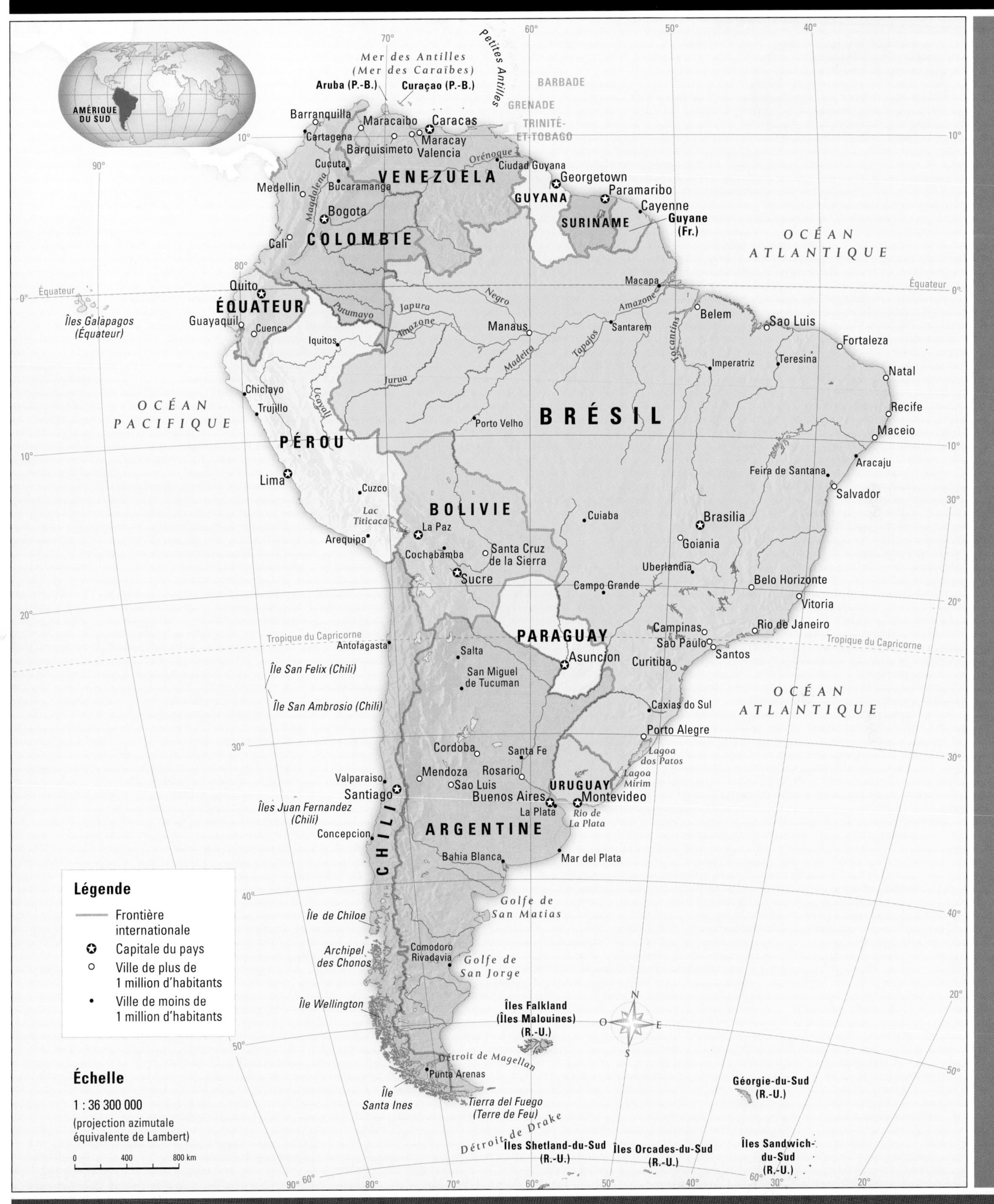

L'EUROPE – PHYSIQUE

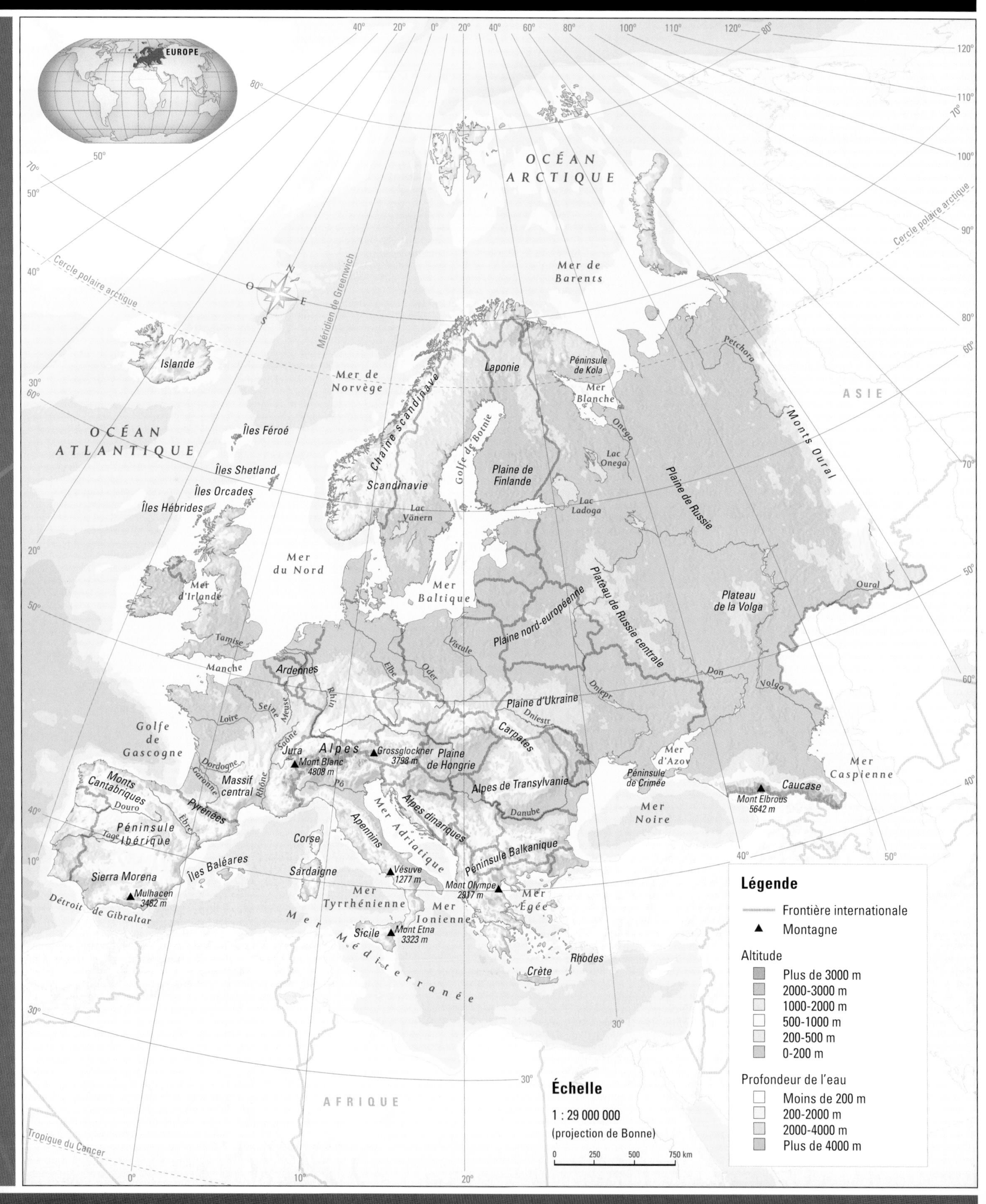

L'EUROPE – POLITIQUE

L'AFRIQUE – PHYSIQUE

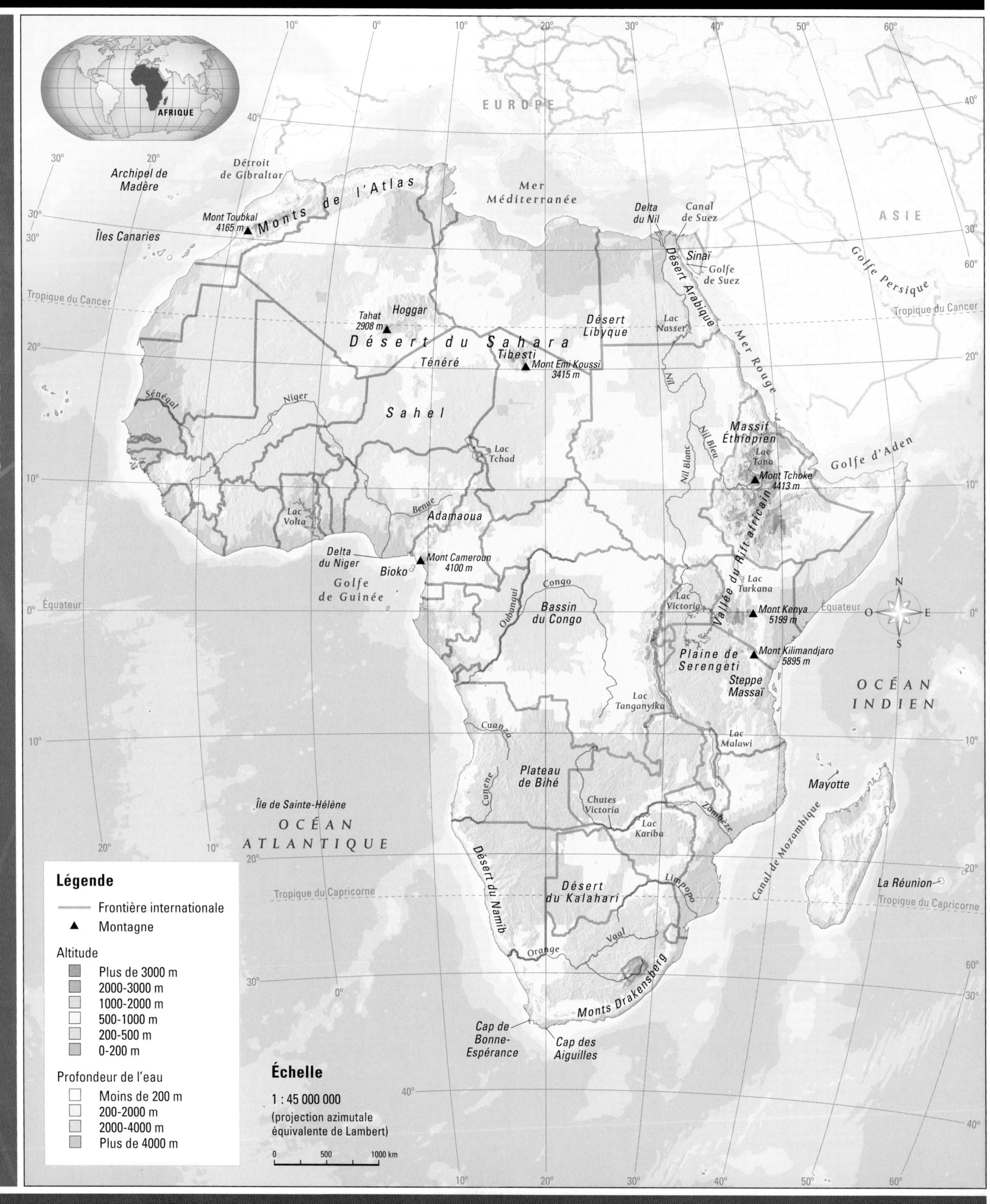

L'AFRIQUE – POLITIQUE

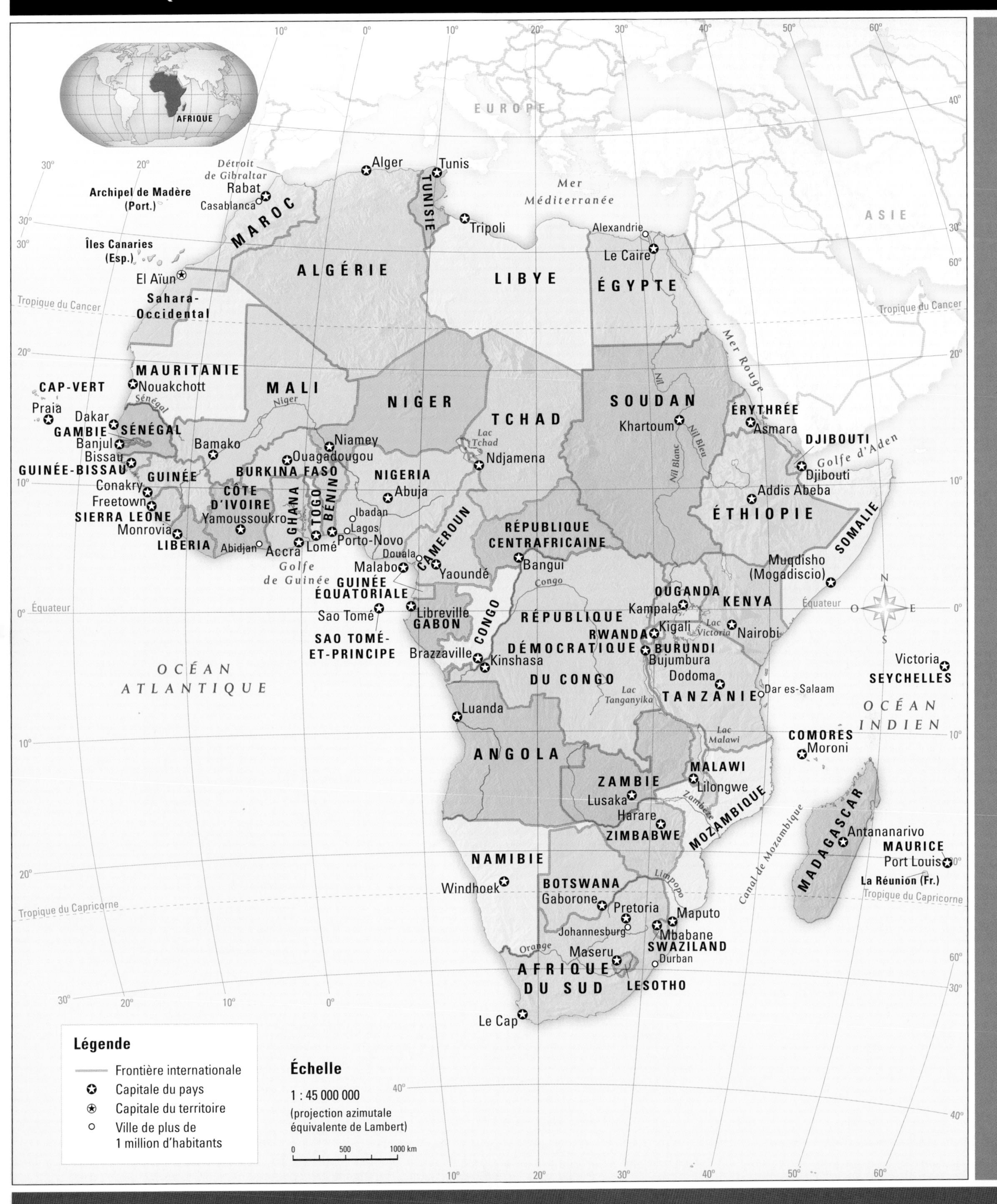

L'ASIE – PHYSIQUE

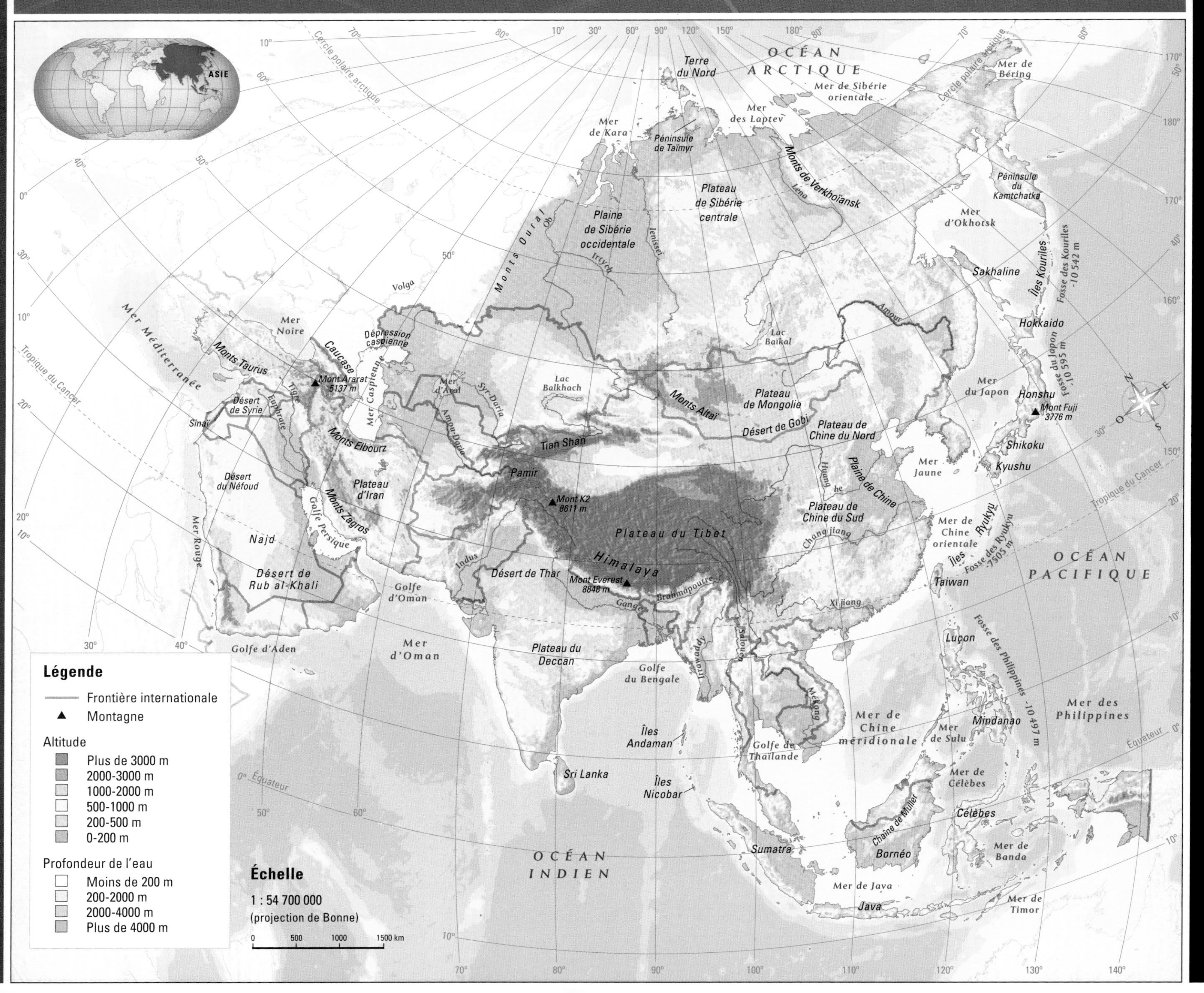

L'ASIE – POLITIQUE

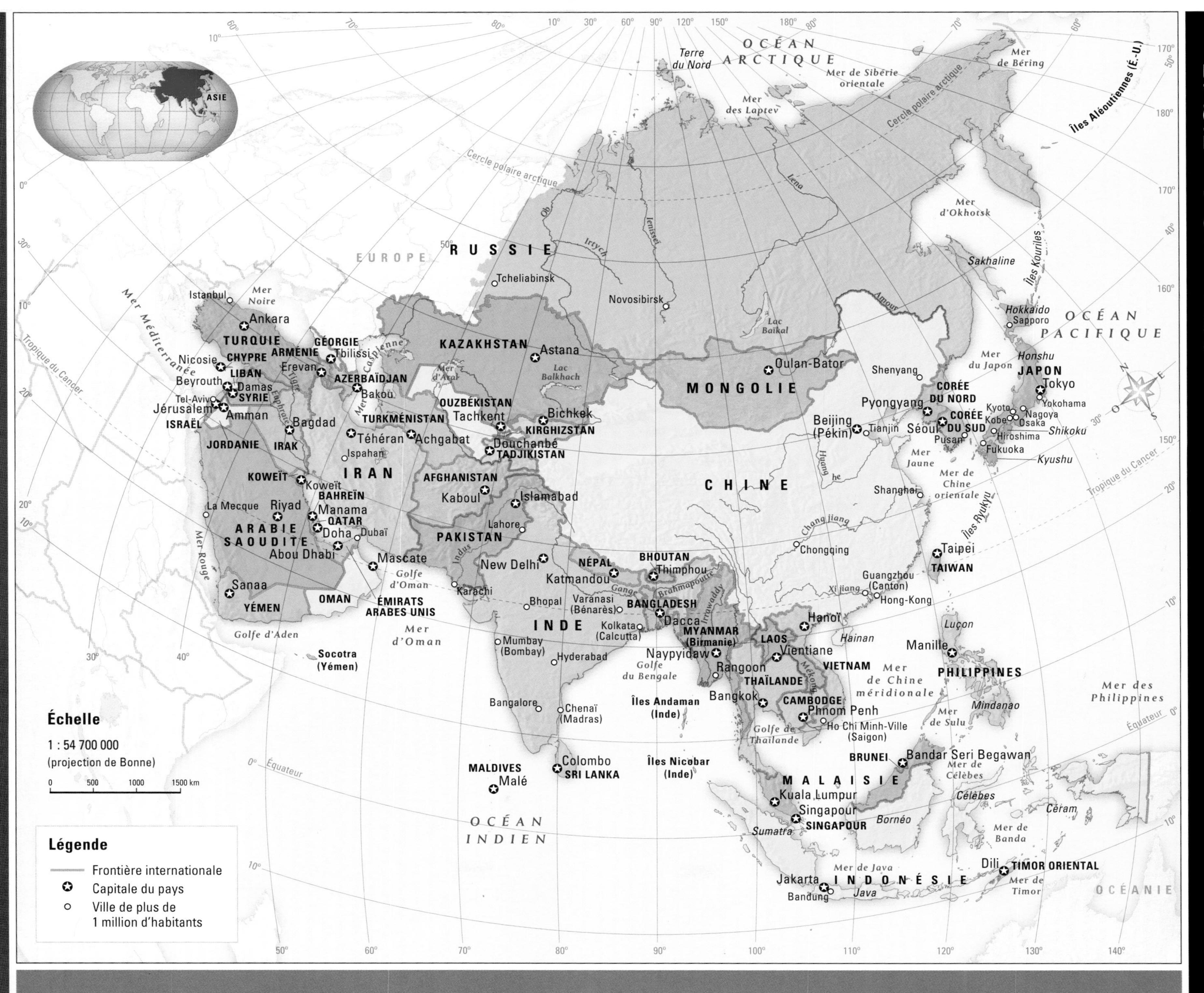

L'OCÉANIE – **PHYSIQUE**

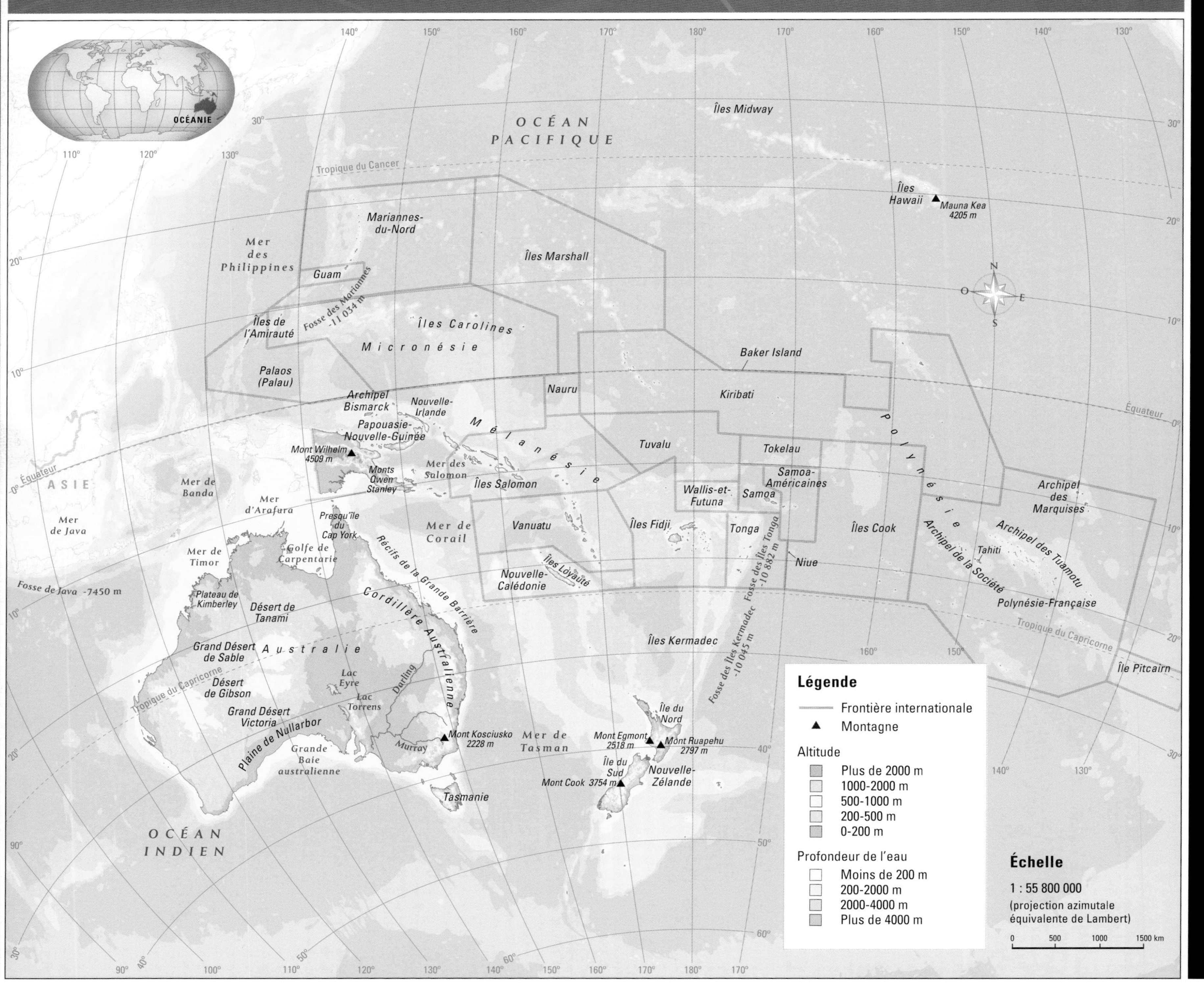

L'OCÉANIE – POLITIQUE

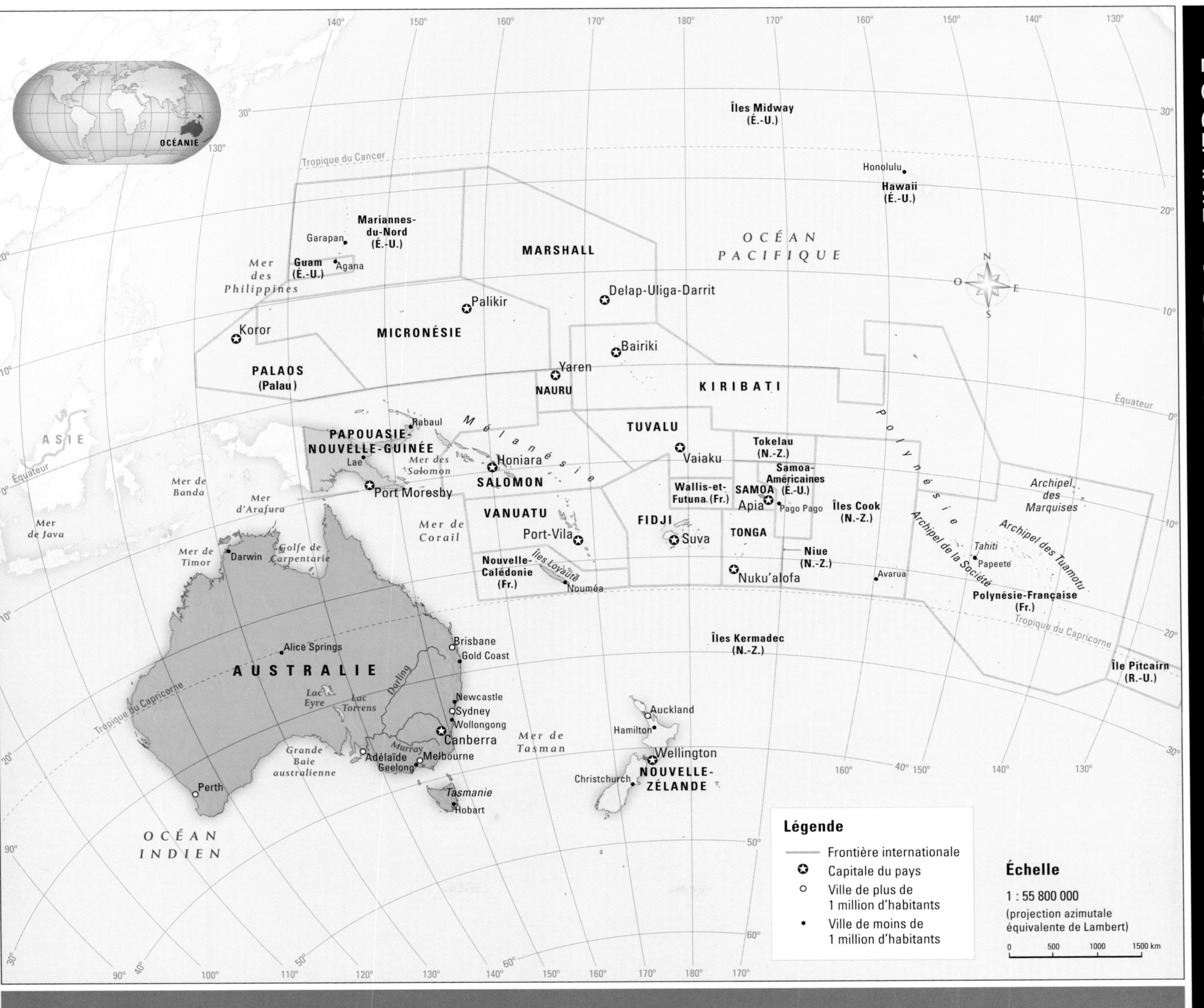

LA DENSITÉ DE POPULATION MONDIALE ET LES GRANDS FOYERS DE POPULATION

CARTES THÉMATIQUES

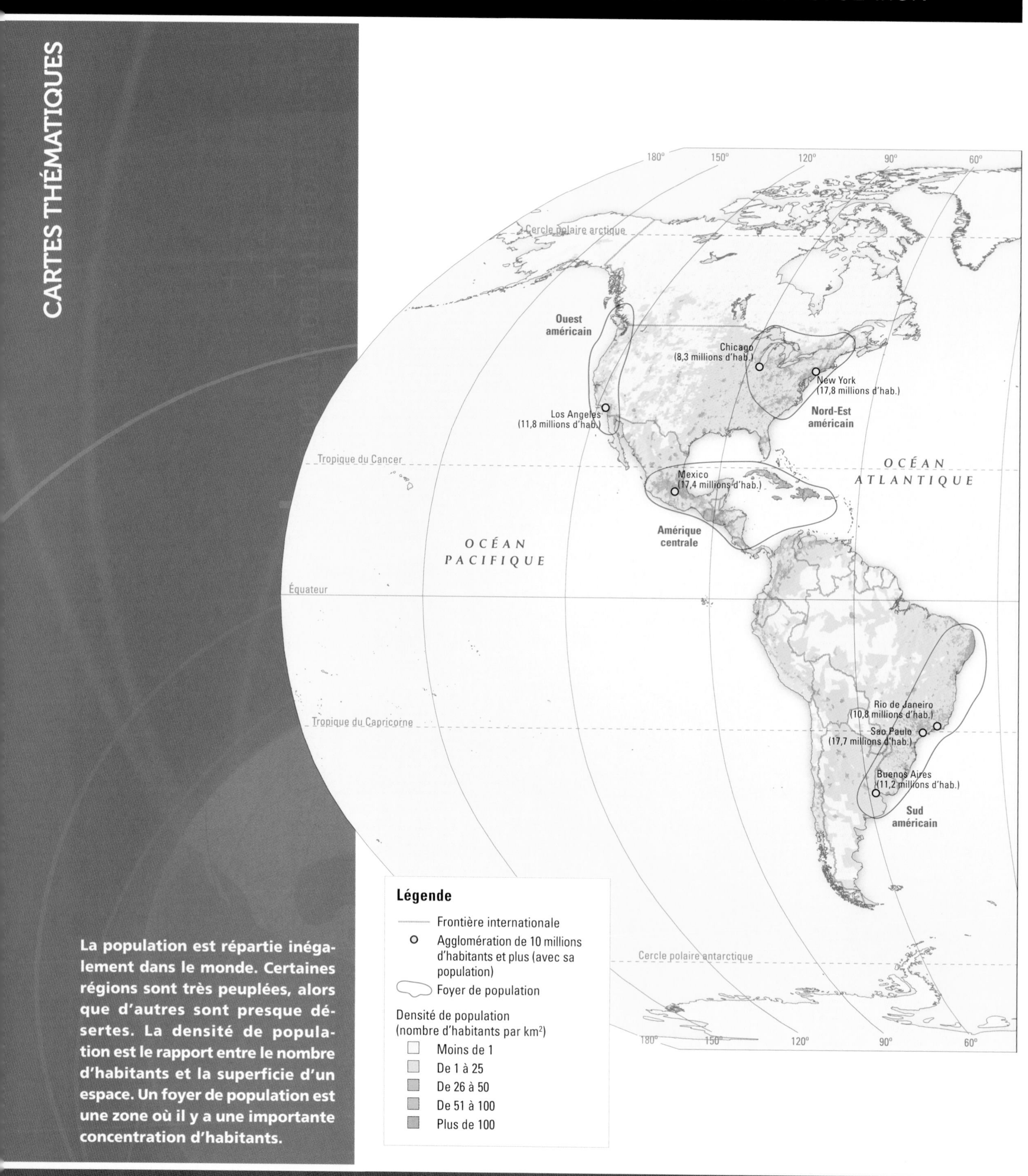

La population est répartie inégalement dans le monde. Certaines régions sont très peuplées, alors que d'autres sont presque désertes. La densité de population est le rapport entre le nombre d'habitants et la superficie d'un espace. Un foyer de population est une zone où il y a une importante concentration d'habitants.

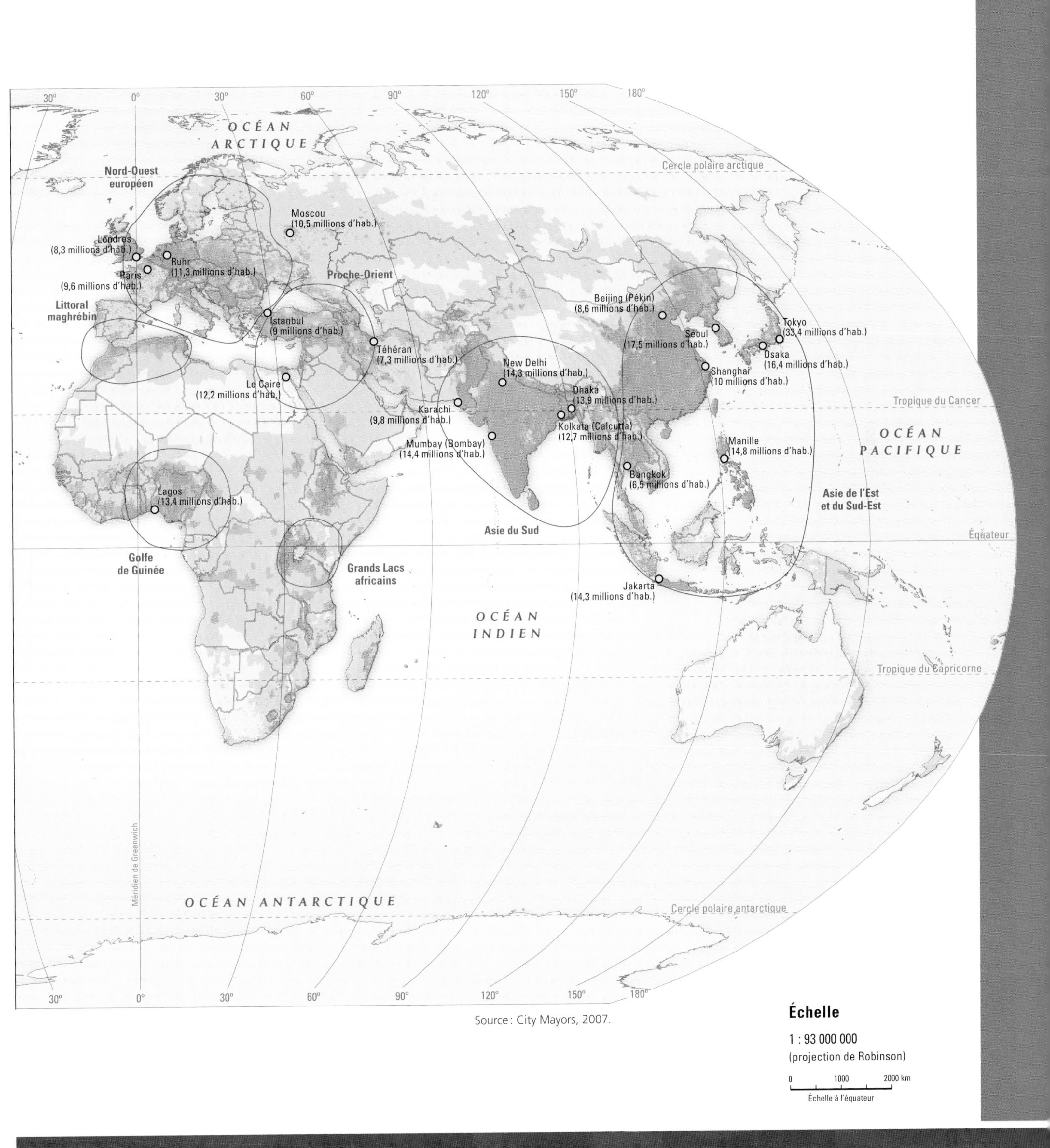

Source : City Mayors, 2007.

LE PRODUIT INTÉRIEUR BRUT (PIB) PAR HABITANT DANS LE MONDE

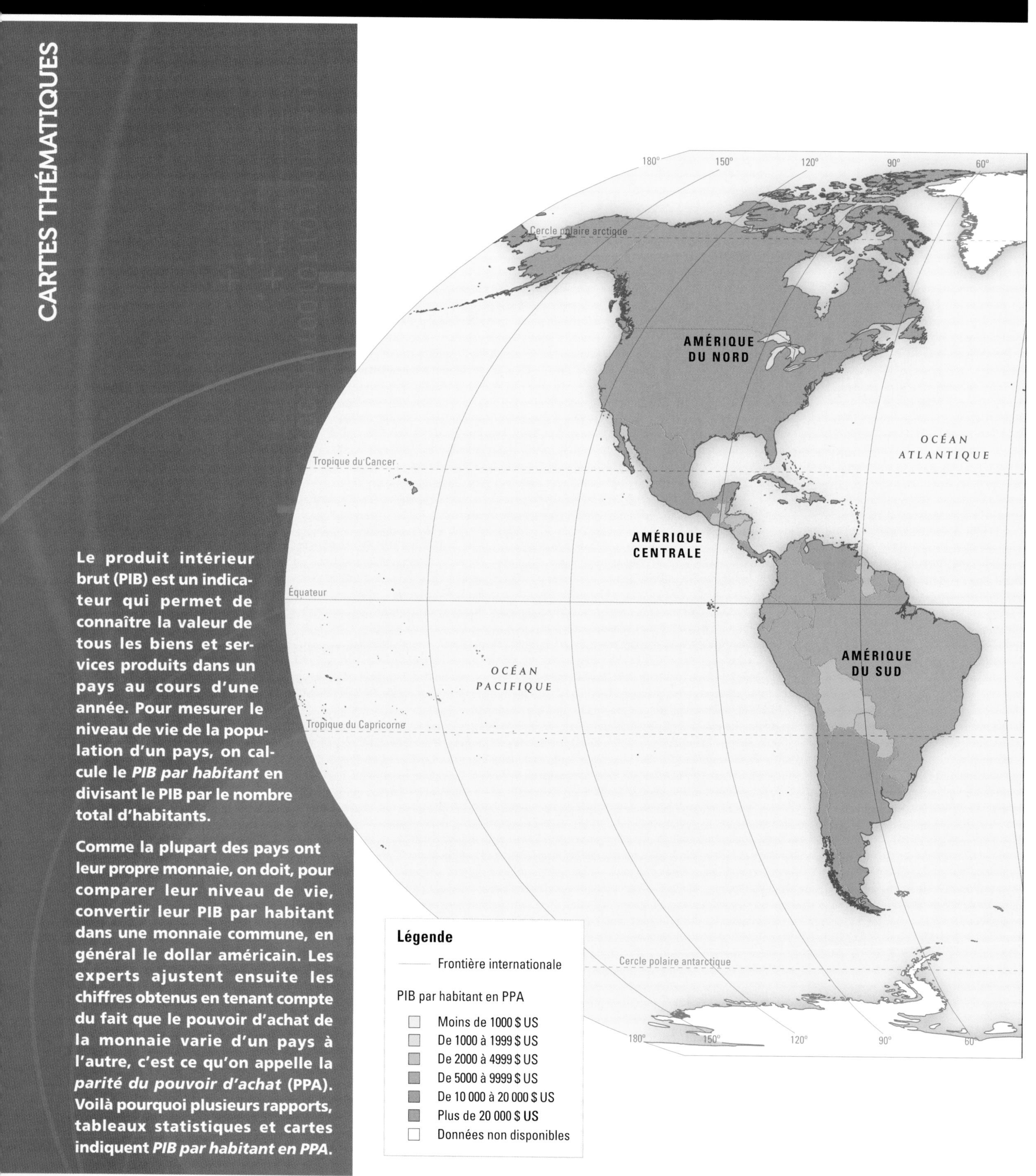

Le produit intérieur brut (PIB) est un indicateur qui permet de connaître la valeur de tous les biens et services produits dans un pays au cours d'une année. Pour mesurer le niveau de vie de la population d'un pays, on calcule le *PIB par habitant* en divisant le PIB par le nombre total d'habitants.

Comme la plupart des pays ont leur propre monnaie, on doit, pour comparer leur niveau de vie, convertir leur PIB par habitant dans une monnaie commune, en général le dollar américain. Les experts ajustent ensuite les chiffres obtenus en tenant compte du fait que le pouvoir d'achat de la monnaie varie d'un pays à l'autre, c'est ce qu'on appelle la *parité du pouvoir d'achat* (PPA). Voilà pourquoi plusieurs rapports, tableaux statistiques et cartes indiquent *PIB par habitant en PPA*.

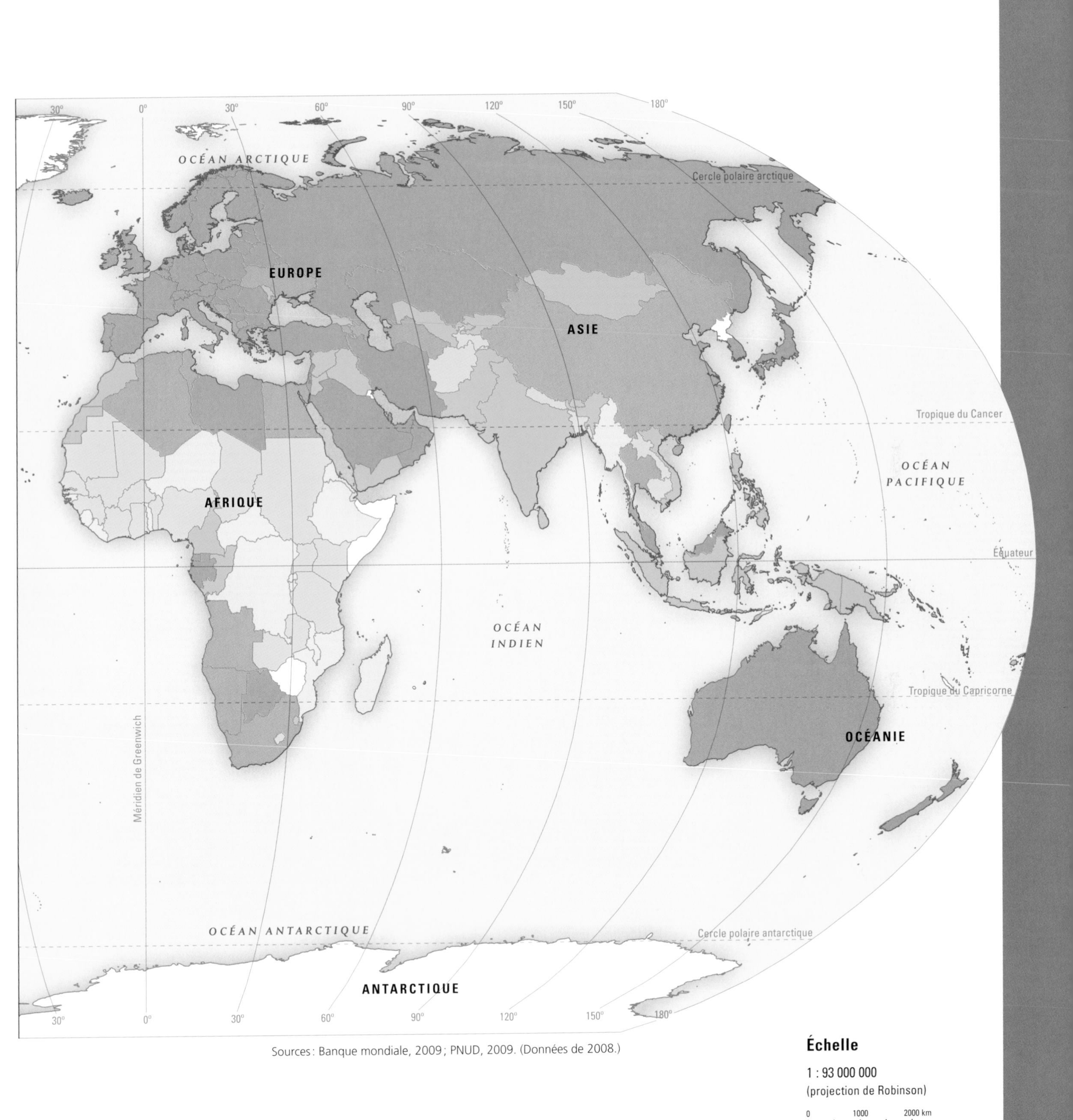

Sources : Banque mondiale, 2009 ; PNUD, 2009. (Données de 2008.)

Échelle

1 : 93 000 000
(projection de Robinson)

0 1000 2000 km
Échelle à l'équateur

L'INDICE DE DÉVELOPPEMENT HUMAIN (IDH) DANS LE MONDE

CARTES THÉMATIQUES

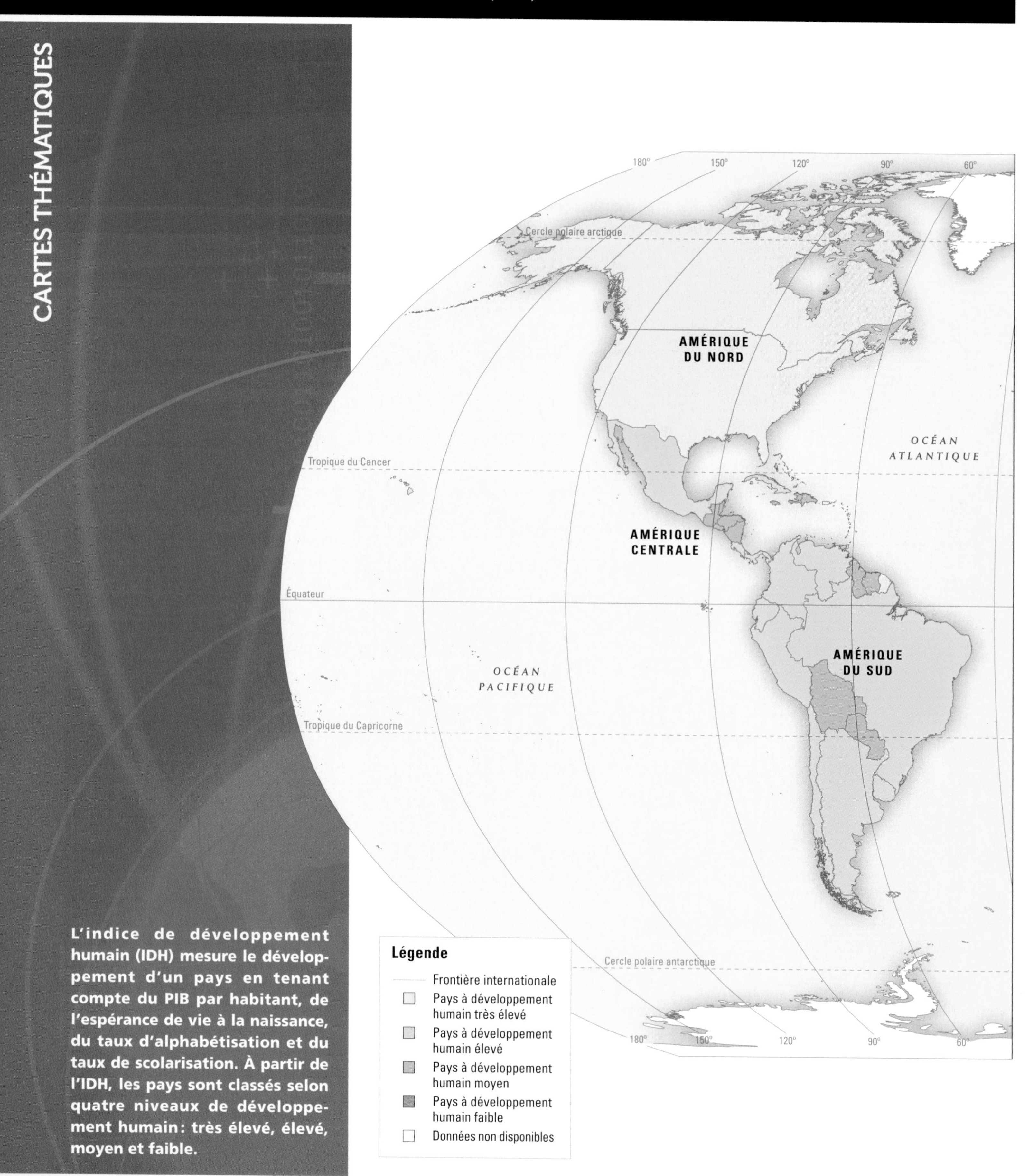

L'indice de développement humain (IDH) mesure le développement d'un pays en tenant compte du PIB par habitant, de l'espérance de vie à la naissance, du taux d'alphabétisation et du taux de scolarisation. À partir de l'IDH, les pays sont classés selon quatre niveaux de développement humain: très élevé, élevé, moyen et faible.

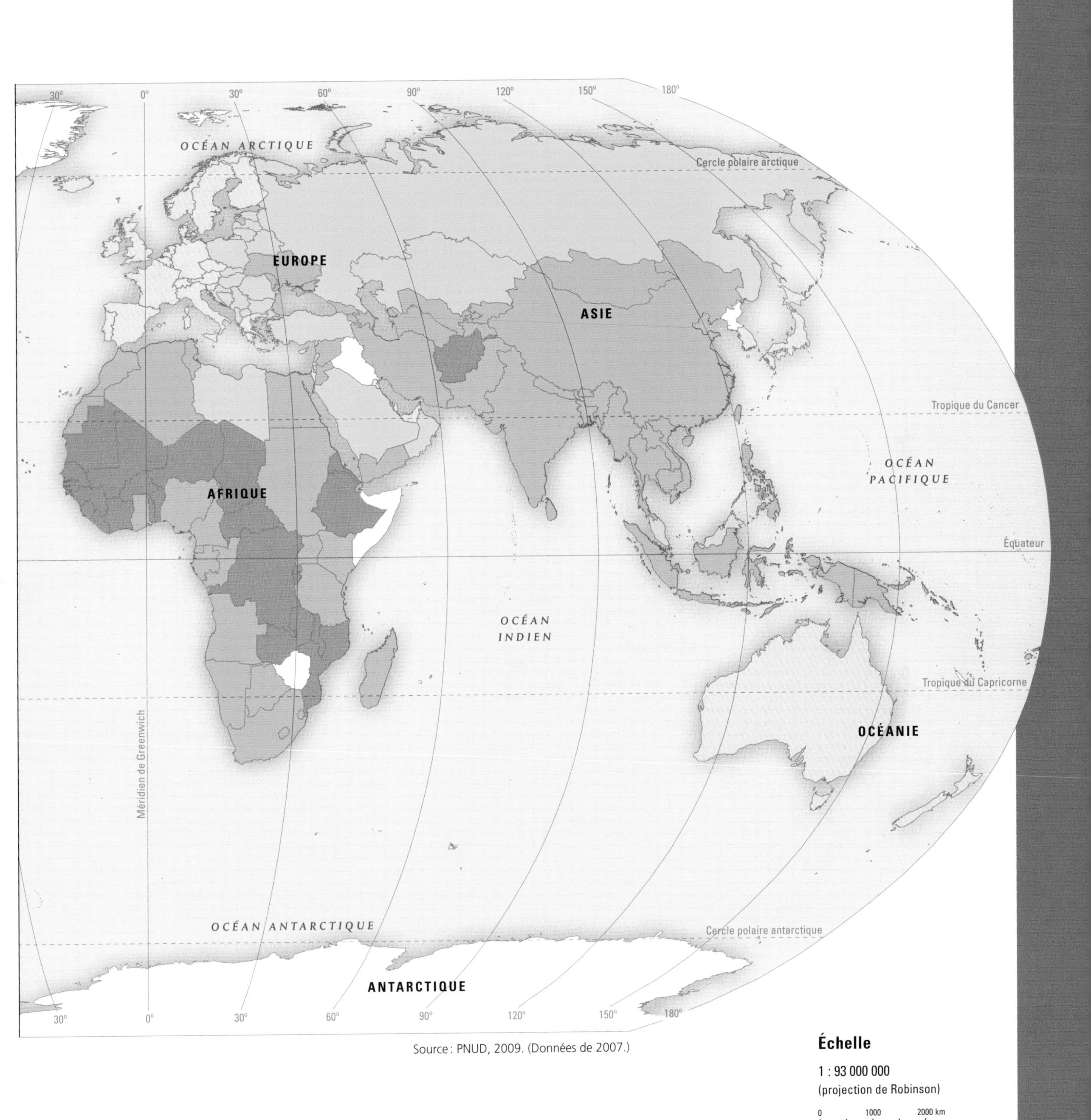

Source : PNUD, 2009. (Données de 2007.)

Échelle

1 : 93 000 000

(projection de Robinson)

LE TAUX D'ALPHABÉTISATION DANS LE MONDE

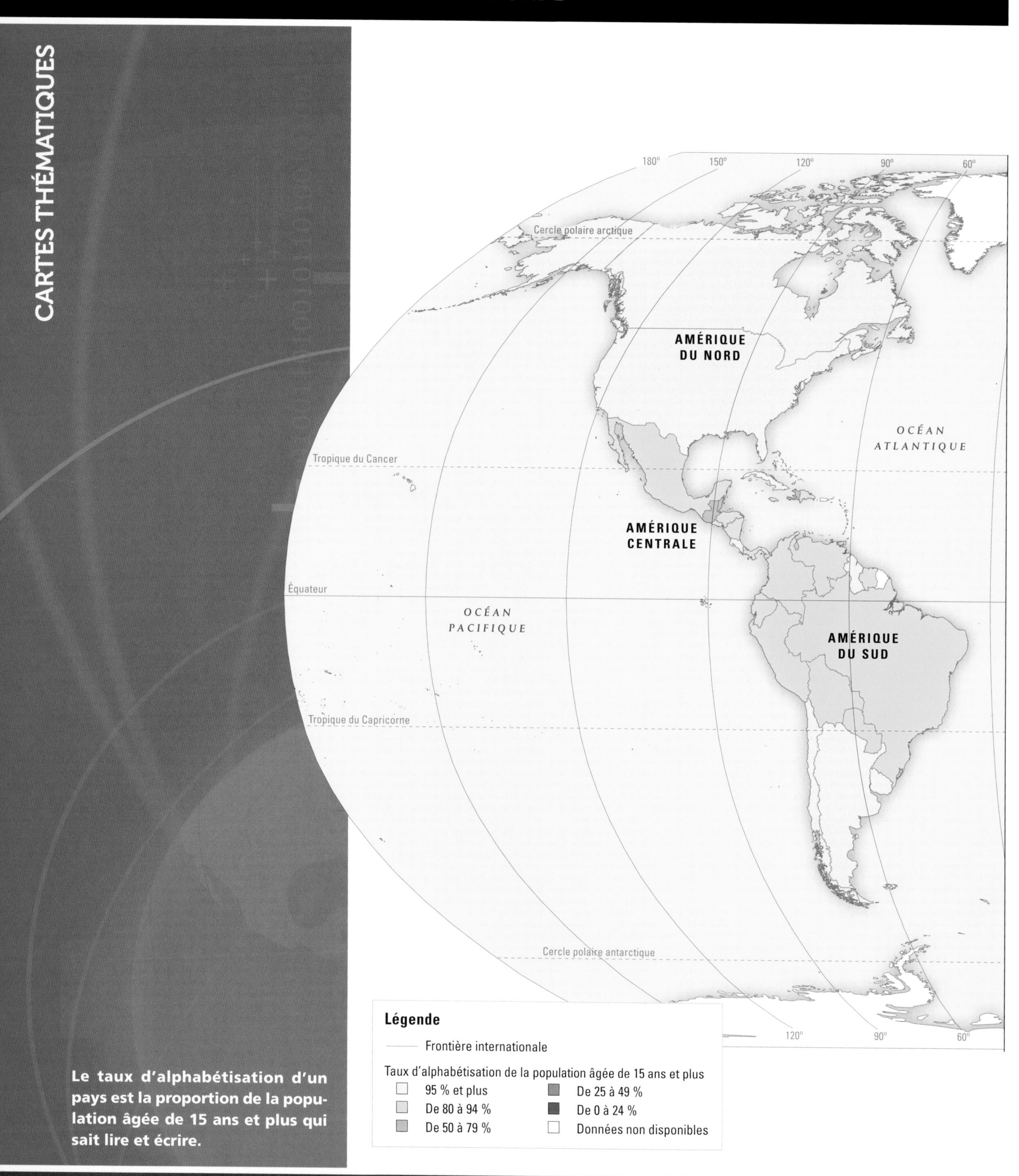

Le taux d'alphabétisation d'un pays est la proportion de la population âgée de 15 ans et plus qui sait lire et écrire.

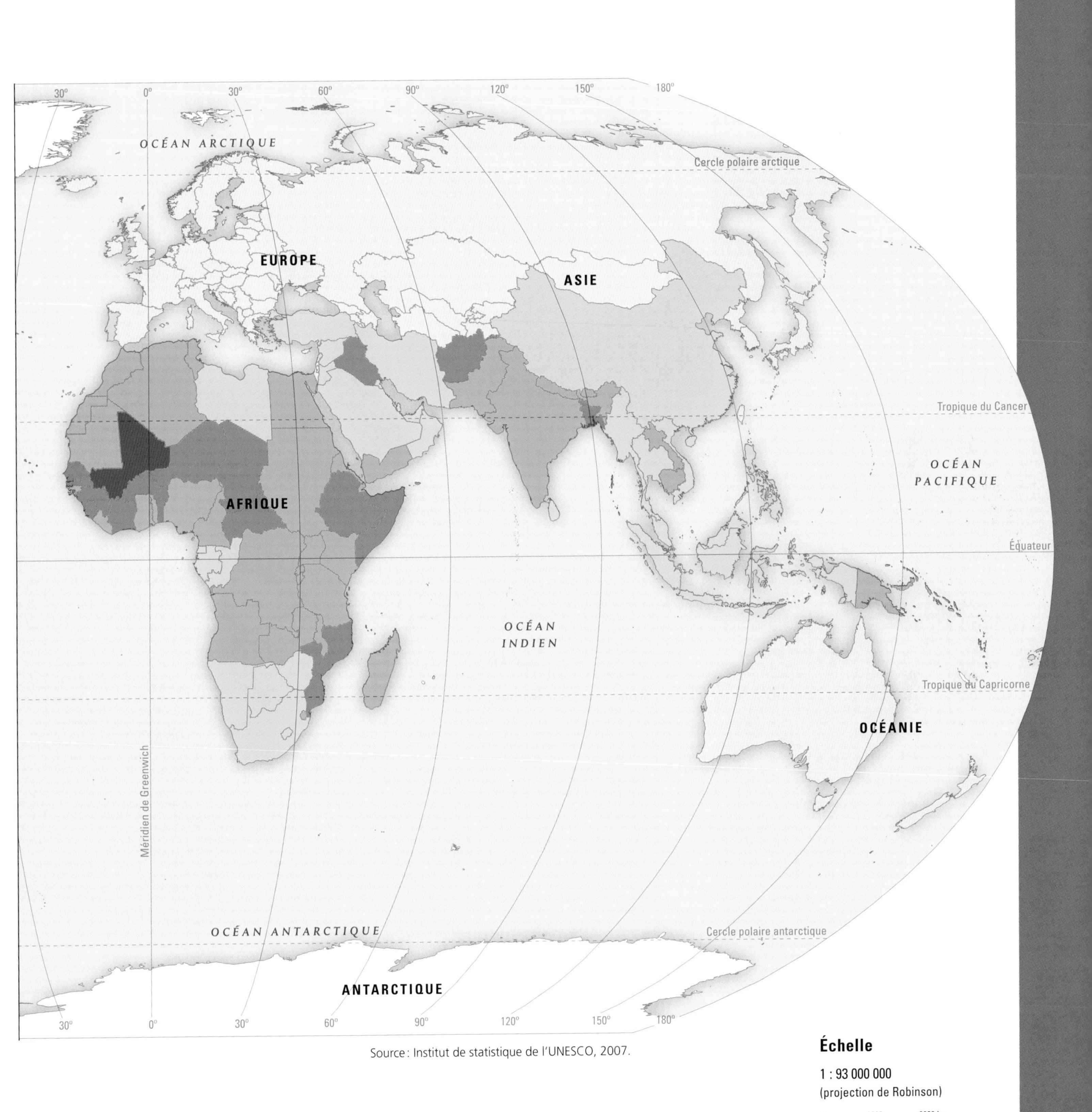

Source: Institut de statistique de l'UNESCO, 2007.

Échelle

1 : 93 000 000
(projection de Robinson)

LA PRODUCTION DE PÉTROLE DANS LE MONDE

CARTES THÉMATIQUES

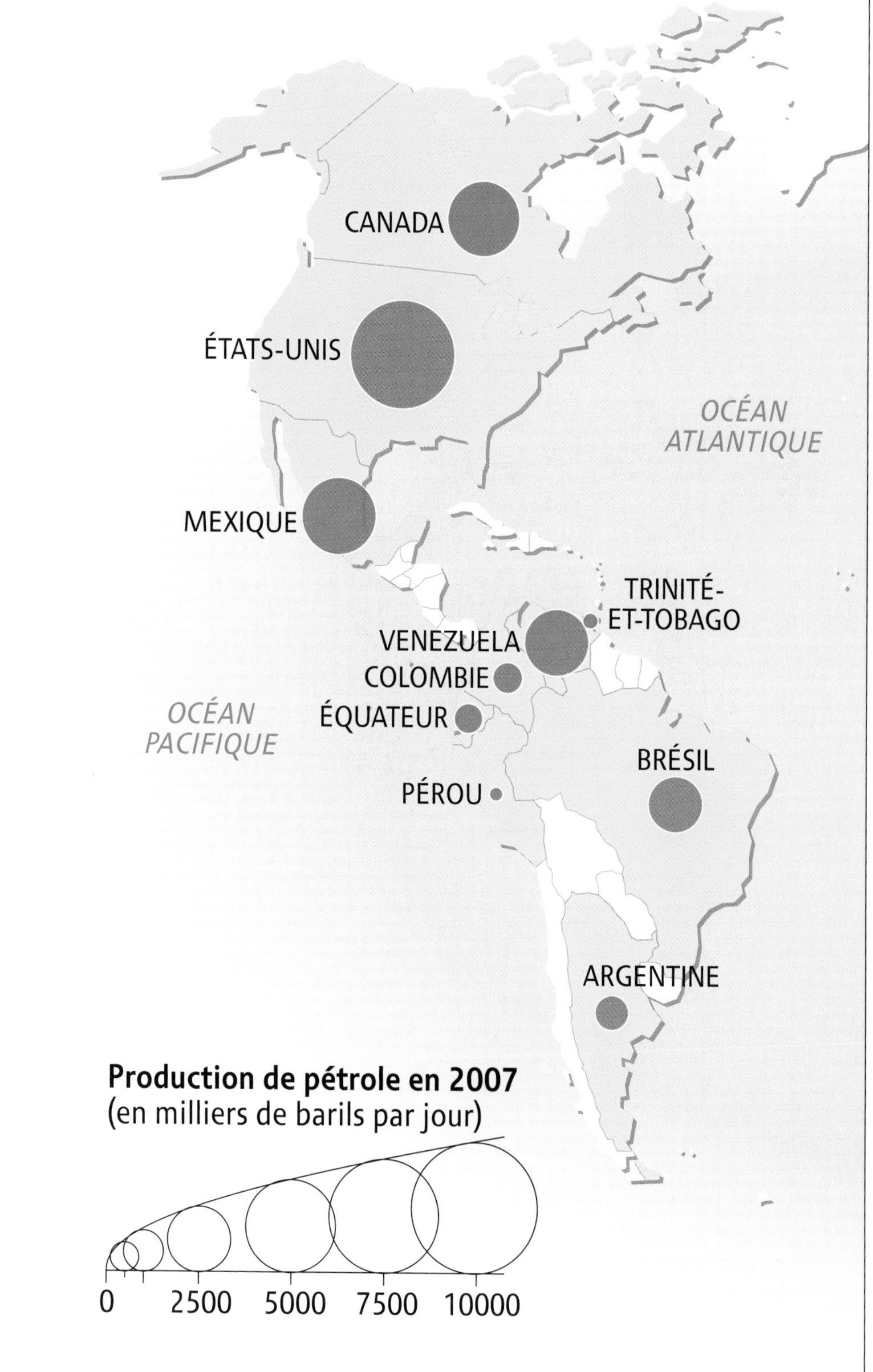

CANADA
ÉTATS-UNIS
OCÉAN ATLANTIQUE
MEXIQUE
TRINITÉ-ET-TOBAGO
VENEZUELA
COLOMBIE
OCÉAN PACIFIQUE
ÉQUATEUR
BRÉSIL
PÉROU
ARGENTINE

Production de pétrole en 2007
(en milliers de barils par jour)

0 2500 5000 7500 10000

Source des données : BP, *Statistical review of world energy*, juin 2008.

L'unité de mesure du pétrole sur le marché est le *baril*, qui équivaut à 159 litres. La production de pétrole d'une entreprise ou d'un pays est mesurée en *barils par jour*.

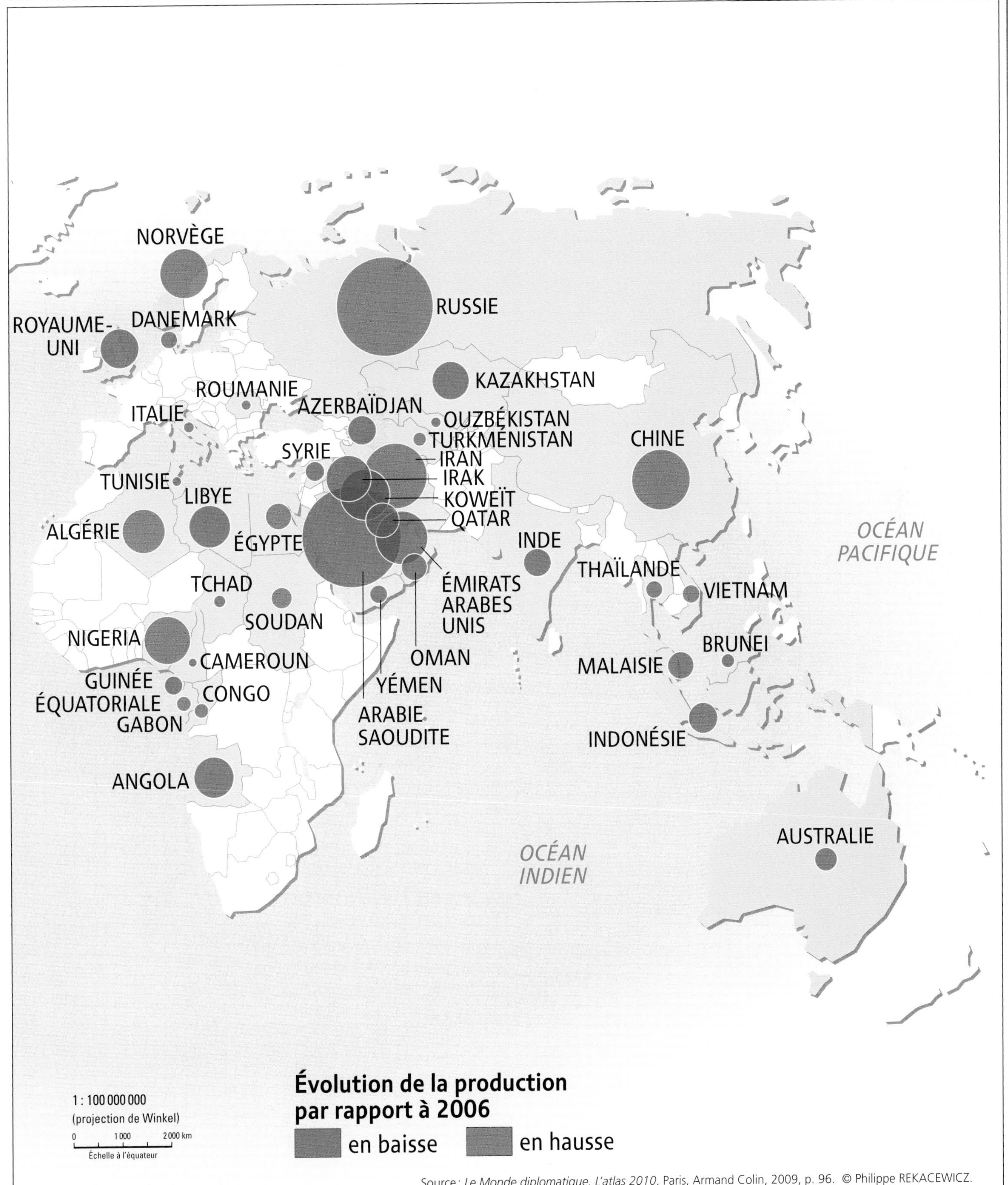

Source : *Le Monde diplomatique, L'atlas 2010*, Paris, Armand Colin, 2009, p. 96. © Philippe REKACEWICZ.

LES GRANDS REGROUPEMENTS ÉCONOMIQUES INTERNATIONAUX

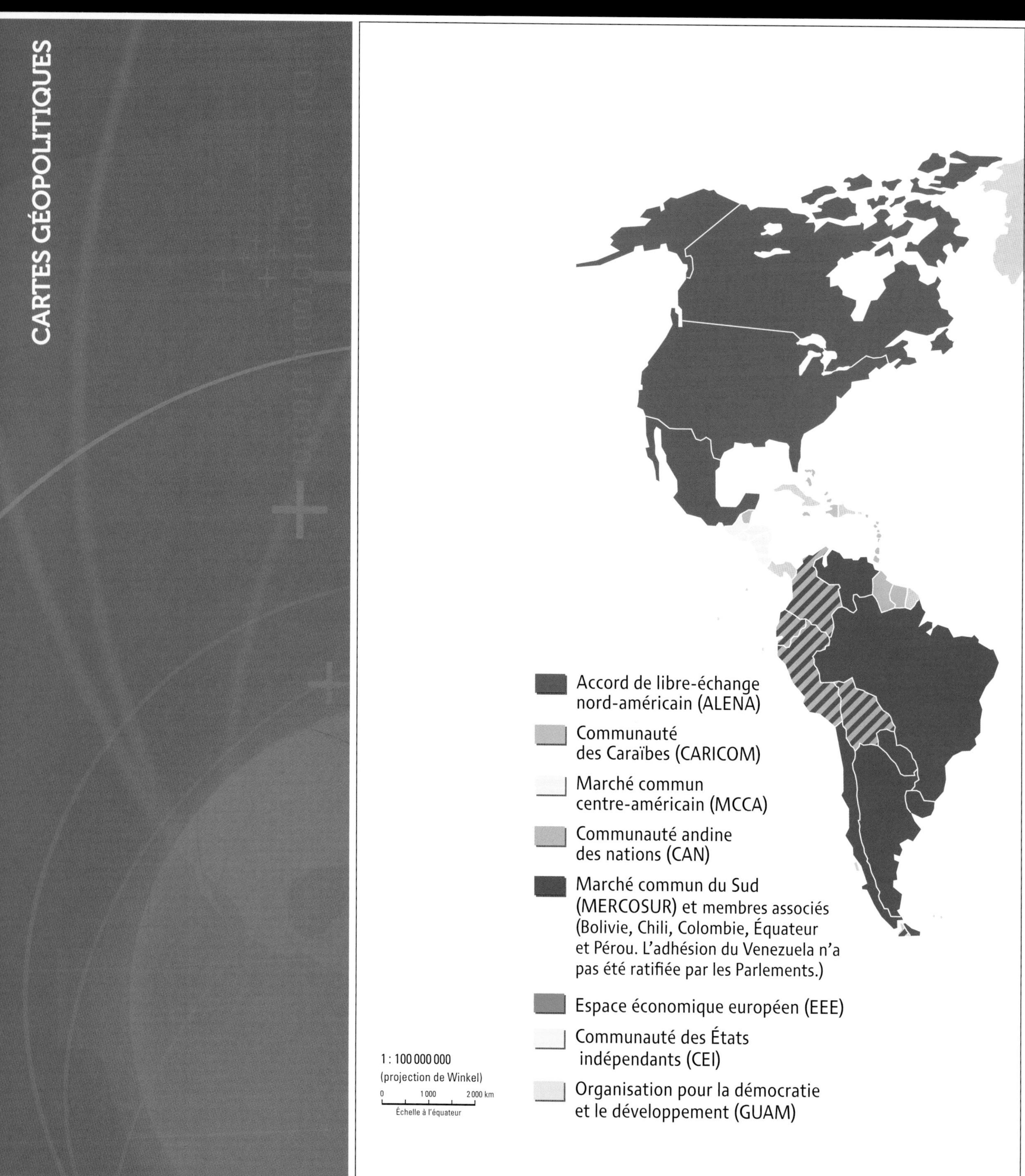

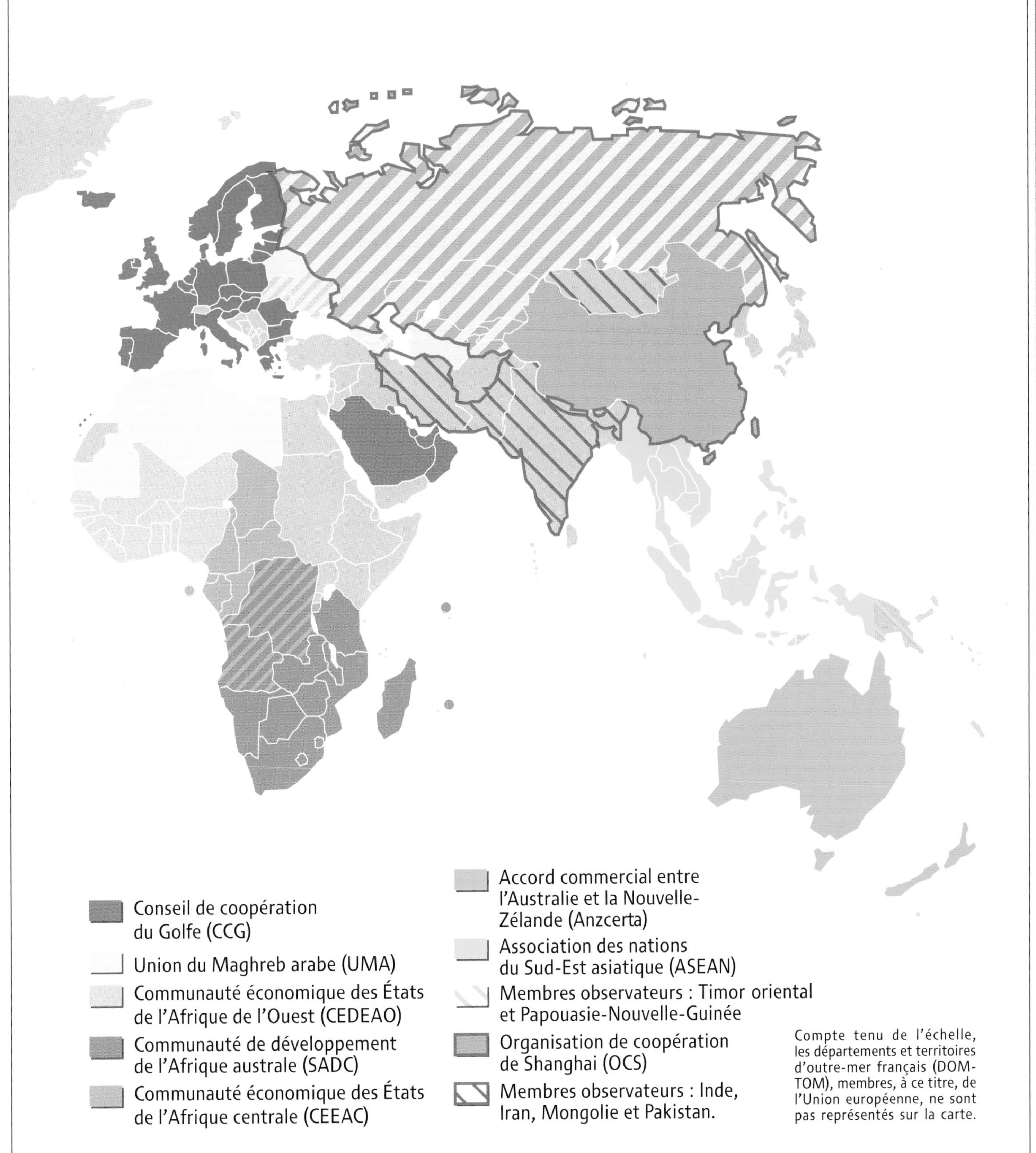

Source : *Le Monde diplomatique, L'atlas 2010*, Paris, Armand Colin, 2009, p. 50-51. © Philippe REKACEWICZ.

LES PAYS MEMBRES DE L'APEC

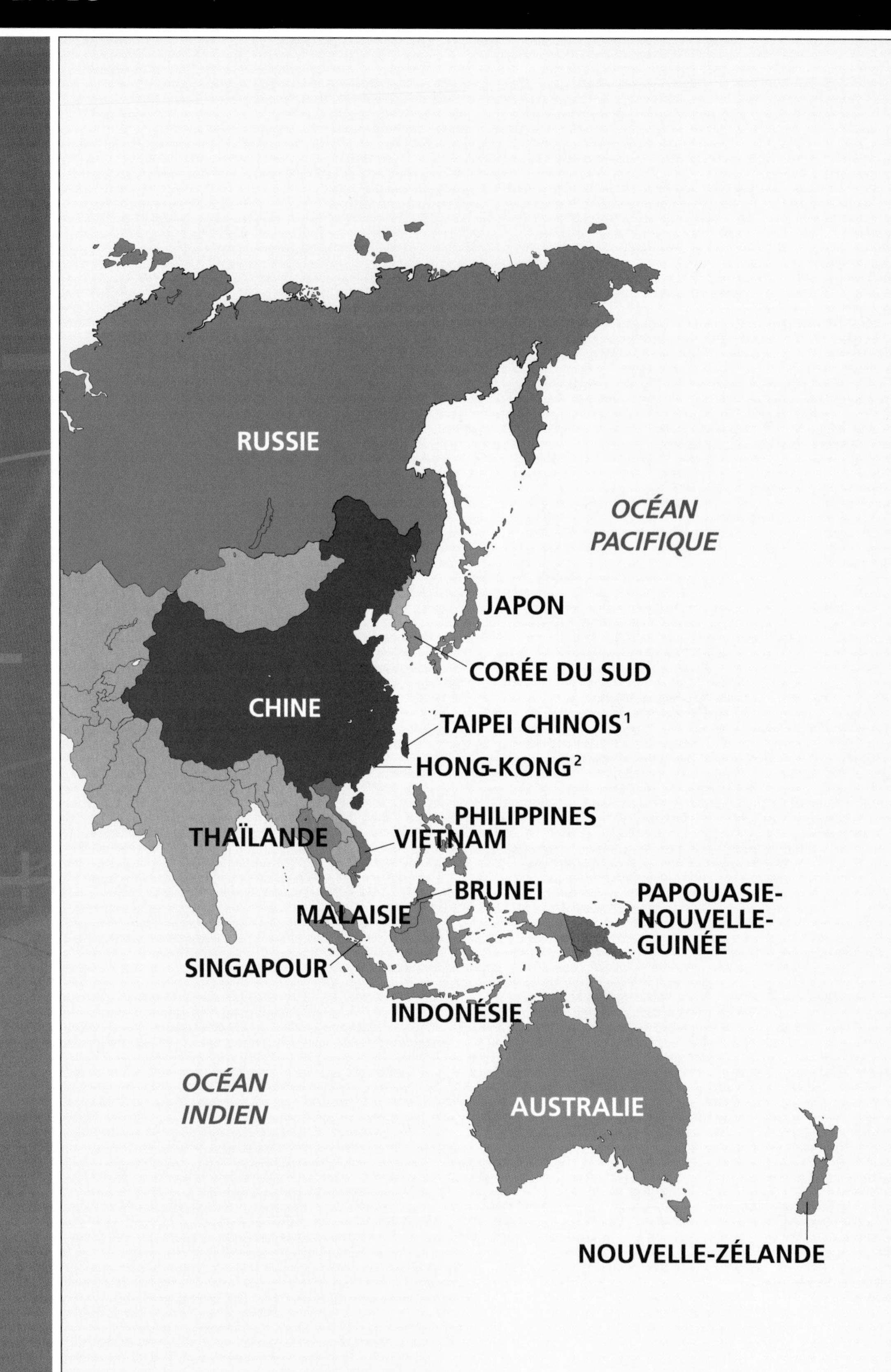

1. Taiwan.
2. Région administrative spéciale de la République populaire de Chine.

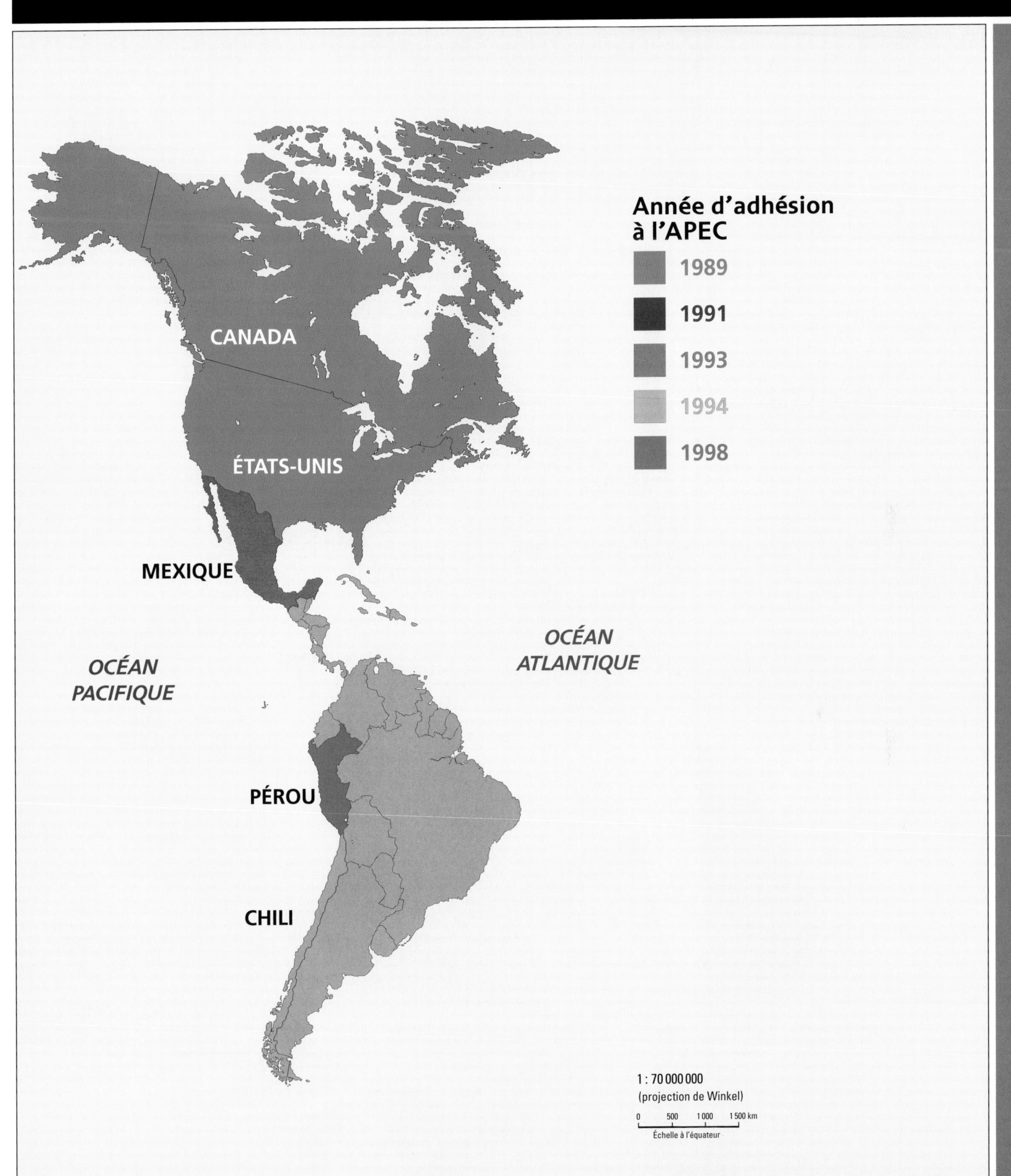

Source : Affaires étrangères et Commerce international Canada, 2010.

LES PAYS MEMBRES DE L'OTAN ET DES PARTENARIATS DE L'OTAN

CARTES GÉOPOLITIQUES

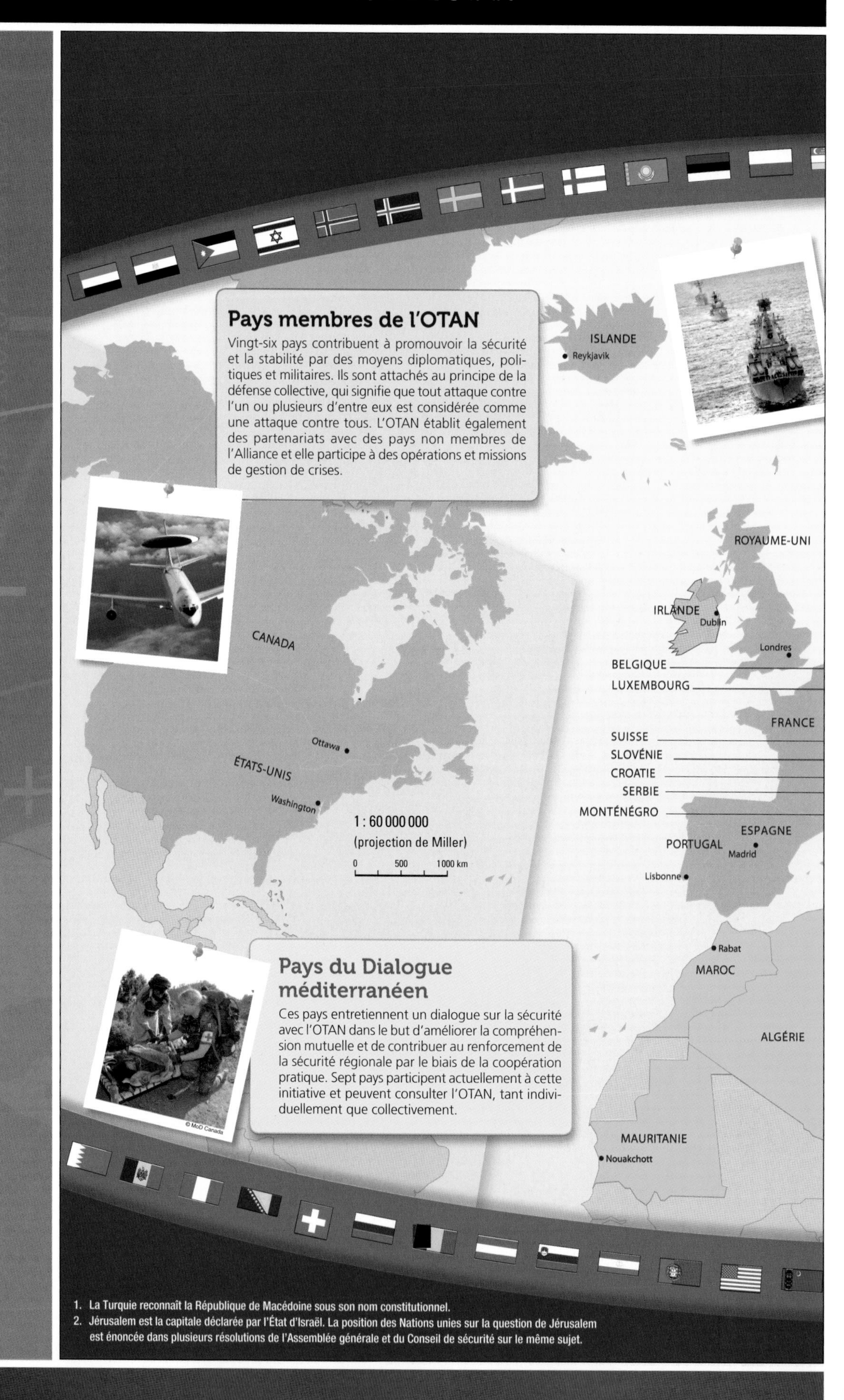

N
O
E
S
Pays du Partenariat pour la paix
Des partenariats avec des pays non membres de l'Alliance ont été établis dès 1991 dans le but, bien souvent, d'aider les nouveaux États indépendants à mettre en place un environnement démocratique solide, à maintenir la stabilité politique et à moderniser les forces armées. Le Conseil de partenariat euro-atlantique est l'instance multilatérale où se déroulent les échanges de vues sur les questions de sécurité d'intérêt commun et une coopération est organisée, sur le plan pratique, avec les différents pays partenaires par le biais du programme du Partenariat pour la paix. L'OTAN entretient en outre des relations spéciales avec la Russie et l'Ukraine.
SUÈDE
NORVÈGE
FINLANDE
Helsinki
Oslo
Stockholm
Tallinn
ESTONIE
RUSSIE
Riga
LETTONIE
DANEMARK
LITUANIE
Copenhague
Vilnius
Moscou
PAYS-BAS
Minsk
Berlin
Varsovie
BIÉLORUSSIE
Amsterdam
Pologne
ALLEMAGNE
Bruxelles
RÉP. TCHÈQUE
Kiev
Luxembourg
Prague
Astana
SLOVAQUIE
UKRAINE
Paris
Vienne
Bratislava
KAZAKHSTAN
AUTRICHE
Berne
Budapest
Chisinau
Ljubljana
ROUMANIE
Zagreb
Bucarest
Belgrade
Sarajevo
ITALIE
Podgorica
BULGARIE
MOLDAVIE
GÉORGIE
OUZBÉKISTAN
Sofia
Tbilissi
Bichkek
Rome
Skopje
Tachkent
KIRGHIZSTAN
Tirana
Erevan
Bakou
TURKMÉNISTAN
Ankara
MALTE
Douchanbe
TURQUIE
Achgabat
TADJIKISTAN
Athènes
La Valette
GRÈCE
Alger
Tunis
BOSNIE-HERZÉGOVINE
AZERBAÏDJAN
ARMÉNIE
HONGRIE
TUNISIE
ISRAËL²
JORDANIE
ALBANIE
Amman
L'EX-RÉPUBLIQUE YOUGOSLAVE DE MACÉDOINE¹
Initiative de coopération d'Istanbul
Le Caire
Koweït
Cette initiative permet aux pays du Moyen-Orient élargi et à l'OTAN d'établir entre eux des liens de coopération pratique bilatérale dans le but de favoriser la sécurité mondiale et régionale. À ce jour, quatre pays participent à l'Initiative de coopération d'Istanbul.
KOWEÏT
BAHREÏN
Manama
QATAR
Doha
ÉGYPTE
Abu Dhabi
ÉMIRATS ARABES UNIS
© MoD Canada
1 : 33 000 000
(projection de Miller)
0 200 400 600 km
Échelle à l'équateur
Les frontières et les noms indiqués, ainsi que les désignations employées sur cette carte n'impliquent pas reconnaissance ou acceptation officielle par l'Organisation du traité de l'Atlantique Nord.
Source : OTAN, 2010.

LES PAYS MEMBRES DE L'UNION EUROPÉENNE

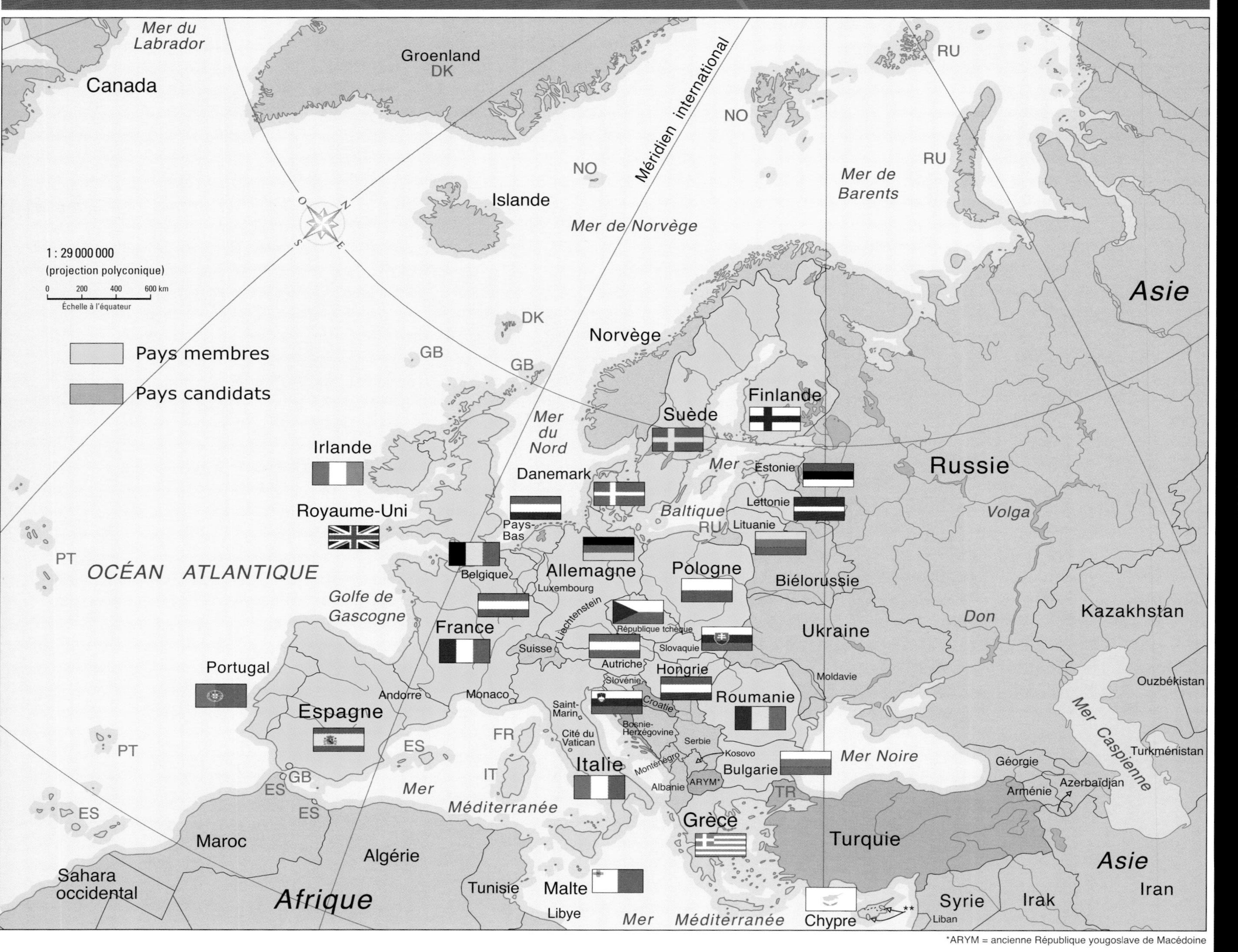

Source : Ressources naturelles Canada, Atlas du Canada, 2008.

LE MOYEN-ORIENT

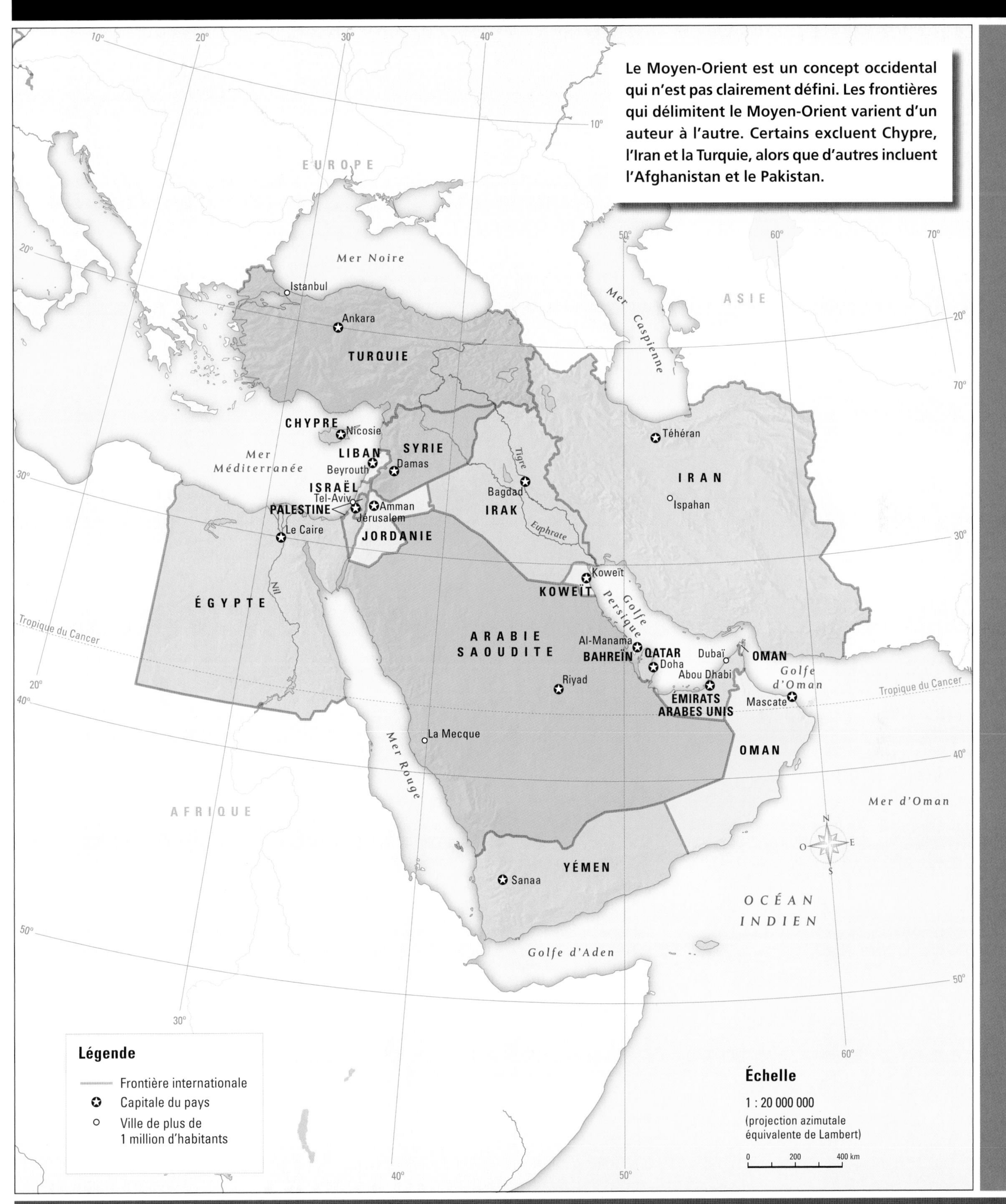

Techniques et méthodologie

SOMMAIRE

LA DÉMARCHE DE RECHERCHE

Pour mener efficacement une recherche, vous devez suivre une démarche rigoureuse et utiliser les bons outils.

1 CERNEZ LE SUJET.

- Posez-vous des questions pour bien comprendre le sujet de votre recherche : *De quoi parle-t-on exactement ? Qui est concerné ? Quand cela se passe-t-il ? Où cela se passe-t-il ?*
- Formulez l'idée directrice de votre recherche à l'aide de la question suivante : *Sur quoi porteront précisément mes recherches ?*

2 CONSULTEZ DIFFÉRENTES SOURCES D'INFORMATION.

- Dressez une liste de mots-clés à partir de l'idée directrice de votre recherche. Ces mots-clés vous permettront de trouver des documents qui traitent de votre sujet de recherche.
- À la bibliothèque, consultez d'abord les documents de référence (encyclopédies, atlas, dictionnaires, etc.) à l'aide de vos mots-clés. N'hésitez pas à demander conseil, au besoin.
- Faites ensuite une recherche dans le catalogue informatisé de la bibliothèque en utilisant vos mots-clés. Parmi les résultats que vous obtiendrez figureront notamment des documents écrits (ouvrages spécialisés, journaux, rapports, etc.) et des documents audiovisuels (documentaires, reportages, films, etc.). N'hésitez pas à demander conseil, au besoin.
- Dans Internet, faites une recherche en utilisant les moteurs de recherche et vos mots-clés.
- N'oubliez pas que les photos, les caricatures, les illustrations et les affiches sont également des documents qui fournissent de l'information.
- Évaluez la crédibilité des documents que vous avez trouvés et conservez ceux qui vous semblent les plus pertinents, c'est-à-dire ceux qui fournissent le plus de renseignements intéressants sur votre sujet de recherche. Inscrivez-les dans votre dossier documentaire.

→ **Bâtir un dossier documentaire, *p. 383***

Pour évaluer la crédibilité d'un document écrit ou audiovisuel, posez-vous les questions suivantes :
- *Qui est l'auteur ou l'auteure du document ?*
- *Quelle est sa formation ? sa fonction ?*
- *Cette personne est-elle spécialiste de la question ? Fournit-elle ses sources ?*
- *Quand le document a-t-il été écrit ou produit ?*
- *Les données fournies sont-elles récentes ?*

Pour évaluer la crédibilité d'un site Web, posez-vous les questions suivantes :
- *Est-ce un site géré par un organisme reconnu et crédible (ex. : une université ou un ministère) ?*
- *Quel est l'objet du site : fournir de l'information objective ou promouvoir un point de vue particulier ?*
- *Les documents disponibles sur le site sont-ils signés ? Les sources sont-elles citées ? Ces sources sont-elles fiables ?*
- *Peut-on valider les renseignements dans deux autres sources fiables ?*
- *Les dates de création et de mise à jour du site sont-elles récentes ?*

Lorsque vous faites une recherche dans Internet, privilégiez les sites suivants :
- les sites gouvernementaux ;
- les sites d'organismes internationaux ;
- les sites d'institutions publiques ;
- les sites d'associations ou d'organisations reconnues.

Les blogues, les forums de discussion, les sites anonymes ou les pages personnelles, souvent reconnaissables au tilde (~) qui figure dans leur adresse, ne constituent généralement pas des sites fiables sur le plan de la qualité de l'information.

3 RECUEILLEZ ET INTERPRÉTEZ L'INFORMATION.

- Lisez chaque document que vous avez sélectionné en ayant toujours en tête l'idée directrice de votre recherche.

- Faites une fiche bibliographique pour chaque document.
  → **Noter la source d'un document, *p. 384***

- Interprétez le contenu des différents documents. Vous pouvez consulter les sections suivantes pour vous aider :
  - *Interpréter un document écrit ou audiovisuel,* p. 382 ;
  - *Interpréter un document iconographique,* p. 383 ;
  - *Les principaux éléments d'une ligne du temps,* p. 386 ;
  - *Les principaux éléments d'une carte,* p. 387 ;
  - *Les principaux éléments d'un tableau à entrées multiples,* p. 388 ;
  - *Les principaux éléments d'un diagramme,* p. 388.

- Évaluez la pertinence du contenu de chaque document dans votre dossier documentaire.
  → **Bâtir un dossier documentaire, *p. 383***

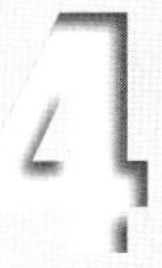

4 COMMUNIQUEZ LES RÉSULTATS DE VOTRE RECHERCHE.

- Choisissez le moyen que vous utiliserez pour communiquer les résultats de votre recherche (ex. : texte écrit, exposé oral, entrevue, affiche, présentation multimédia, etc.).

- Organisez l'information que vous avez recueillie en fonction du moyen de communication choisi.

- Le cas échéant, prévoyez tout ce dont vous aurez besoin pour votre présentation (ex. : local, ordinateur, clé USB, canon de projection, lecteur de DVD, etc.).

Au moment d'organiser les résultats de votre recherche, déterminez si certaines données doivent être présentées sous forme de tableau, de diagramme ou de schéma. Demandez-vous également si une ligne du temps ou une carte géographique pourraient être pertinentes.

→ **Les principaux éléments d'une ligne du temps, *p. 386***
→ **Les principaux éléments d'une carte, *p. 387***
→ **Les principaux éléments d'un tableau à entrées multiples, *p. 388***
→ **Les principaux éléments d'un diagramme, *p. 388***

INTERPRÉTER UN DOCUMENT ÉCRIT OU AUDIOVISUEL

Cette fiche vous permet de dégager l'information essentielle d'un document écrit ou audiovisuel que vous avez consulté et d'interpréter le contenu de celui-ci.

Titre du document (Le titre donne parfois des indications sur l'intention de l'auteur ou de l'auteure.)	
Provenance du document (Maison d'édition, magazine, journal, site Web, maison de production, etc.)	
Date et lieu de publication ou de production du document	
Type de document (Lettre, article de journal, texte scientifique, texte d'opinion, discours, reportage, documentaire, etc.)	
Nom et fonction de l'auteur ou de l'auteure (Journaliste, personnage politique, scientifique, spécialiste du sujet traité, etc.)	
Sujet du document	
Repères de temps et de lieu (Mois, année, époque, ville, etc.)	
Intention de l'auteur ou de l'auteure (Cherche-t-il ou cherche-t-elle à décrire une situation ? à expliquer un phénomène ? à convaincre quelqu'un d'adhérer à son opinion ?)	**Faits** **Opinions**
Ton employé par l'auteur ou l'auteure (Le vocabulaire est-il connoté ou non ?)	
Point de vue de l'auteur ou de l'auteure	
Idées principales du document	
Liens entre les idées principales	
Séquence des événements	
Causes et conséquences	
Résumé du document	

Un fait peut être prouvé ou vérifié.

Une opinion, même si elle est fondée, demeure le jugement d'une personne ou d'un groupe. Elle peut être contestée ou débattue.

Il s'agit d'un résumé : vous devez donc synthétiser l'information et la reformuler dans vos mots.

Après avoir analysé un document, vous devez comparer l'information qu'il contient à celle d'autres documents portant sur le même sujet. S'il s'agit d'un document véhiculant une opinion, vous devez vérifier si cette opinion a été reprise ou commentée par des spécialistes du sujet.

INTERPRÉTER UN DOCUMENT ICONOGRAPHIQUE

Cette fiche vous permet de dégager l'information essentielle d'un document iconographique que vous avez consulté et d'interpréter le contenu de celui-ci.

Un document iconographique est principalement composé d'une ou de plusieurs images. Il peut s'agir de dessins, d'affiches, de peintures, de caricatures, de photographies, etc.

Titre du document (Le titre donne parfois des indications sur l'intention de l'auteur ou de l'auteure.)	
Légende du document	
Date et lieu de production du document	
Type de document (Affiche, dessin, peinture, caricature, photographie, etc.)	
Nom de l'auteur ou de l'auteure	
Sujet du document	
Relevé des éléments contenus dans le document (La scène illustrée, les personnages, les objets, etc.)	
Intention de l'auteur ou de l'auteure (Cherche-t-il ou cherche-t-elle à représenter fidèlement la réalité ? à proposer une vision personnelle ? à poser un regard critique ou humoristique sur une certaine réalité ?)	
Signification générale ou message du document	

BÂTIR UN DOSSIER DOCUMENTAIRE

Cette fiche vous permet de répertorier l'ensemble des documents que vous avez sélectionnés pour votre recherche et de noter la pertinence de leur contenu. Vous pouvez utiliser une fiche pour chaque sujet de recherche.

Sujet de la recherche :

Titre du document	Nature du document	Source du document	Aspects traités dans le document	Pertinence du contenu (cote de 1 à 5*)

* La cote 1 correspond au contenu le moins pertinent ; la cote 5, au contenu le plus pertinent.

NOTER LA SOURCE D'UN DOCUMENT

Tout au long de votre recherche, il est important de noter la source de chaque document que vous comptez utiliser. Ces renseignements vous permettront de citer vos sources lors d'une communication orale ou écrite.

Les fiches suivantes vous indiquent les principaux renseignements à recueillir pour divers types de documents. Chaque fiche est accompagnée d'un exemple qui vous montre comment présenter la référence du document dans une médiagraphie.

Livre

Nom et prénom de l'auteur ou de l'auteure *Mutin, Georges*
Titre du livre *Géopolitique du monde arabe*
Titre de la collection *Carrefours*
Lieu de publication (ville) *Paris*
Numéro d'ordre de l'édition *3e édition*
Éditeur *Ellipses*
Année de publication *2009*
Nombre de pages *256 p.*

Ex.: MUTIN, Georges. *Géopolitique du monde arabe*, coll. Carrefours, Paris, 3e édition, Ellipses, 2009, 256 p.

Article de journal

Nom et prénom de l'auteur ou de l'auteure *Bélair-Cirino, Marco*
Titre de l'article *Uranium enrichi: l'Iran se lance*
Nom du journal *Le Devoir*
Lieu de publication (ville) *Montréal*
Date de publication *8 février 2010*
Page d'où provient l'article *p. A1*

Ex.: BÉLAIR-CIRINO, Marco. « Uranium enrichi: l'Iran se lance », *Le Devoir*, 8 février 2010, p. A1.

Article de revue

Nom et prénom de l'auteur ou de l'auteure *Arseneault, Michel*
Titre de l'article *La face cachée de la guerre*
Nom de la revue *L'actualité*
Volume et numéro de la revue *Volume 33, numéro 4*
Date de publication *15 mars 2008*
Pages d'où provient l'article *p. 38-45*

Ex.: ARSENEAULT, Michel. « La face cachée de la guerre », *L'actualité*, vol. 33, nº 4, 15 mars 2008, p. 38-45.

Document audiovisuel

(ex. : documentaire, reportage, etc.)

Titre du document *La génération 101*
Nom et prénom du réalisateur ou de la réalisatrice *Claude Godbout*
Lieu de production (ville) *Québec*
Maison de production *Eurêka ! Productions*
Année de production *2008*
Support (VHS, DVD, etc.) *DVD*
Durée du document *78 minutes*

Ex. : *La génération 101*, réalisateur : Claude Godbout, Québec, Eurêka ! Productions, 2008, DVD, 78 min.

Site Web

Nom de l'auteur ou de l'auteure ou de l'organisme *Ministère de l'Immigration et des Communautés culturelles du Québec*
Nom du site *Immigration-Québec*
Titre de la page consultée *Pourquoi choisir le Québec ?*
Adresse Internet du site *http://www.immigration-quebec.gouv.qc.ca*
Date de consultation du site *26 février 2010*

Ex. : MINISTÈRE DE L'IMMIGRATION ET DES COMMUNAUTÉS CULTURELLES DU QUÉBEC. *Pourquoi choisir le Québec ?*, [en ligne]. (Consulté le 26 février 2010.)

LA FICHE CITATION

Cette fiche vous permet de noter un court passage d'un texte que vous pensez utiliser comme preuve ou argument. Vous devez copier ce passage textuellement.

Sujet :
Référence bibliographique :
Citation (entre guillemets) :
Pages du passage :

LES PRINCIPAUX ÉLÉMENTS D'UNE LIGNE DU TEMPS

Une ligne du temps est un moyen de représenter graphiquement une chronologie, c'est-à-dire une succession d'événements dans le temps.

Une ligne du temps sert à :

- situer dans le temps des événements les uns par rapport aux autres;
- illustrer la durée des faits, des périodes ou des événements;
- avoir une vue d'ensemble des principaux événements qui ont marqué une société ou une période données;
- représenter un sujet de façon chronologique.

Titre
Le titre indique le sujet de la ligne du temps.

Axe gradué
L'axe gradué est une droite divisée en segments égaux appelés *gradations*. Il est habituellement orienté de gauche à droite.

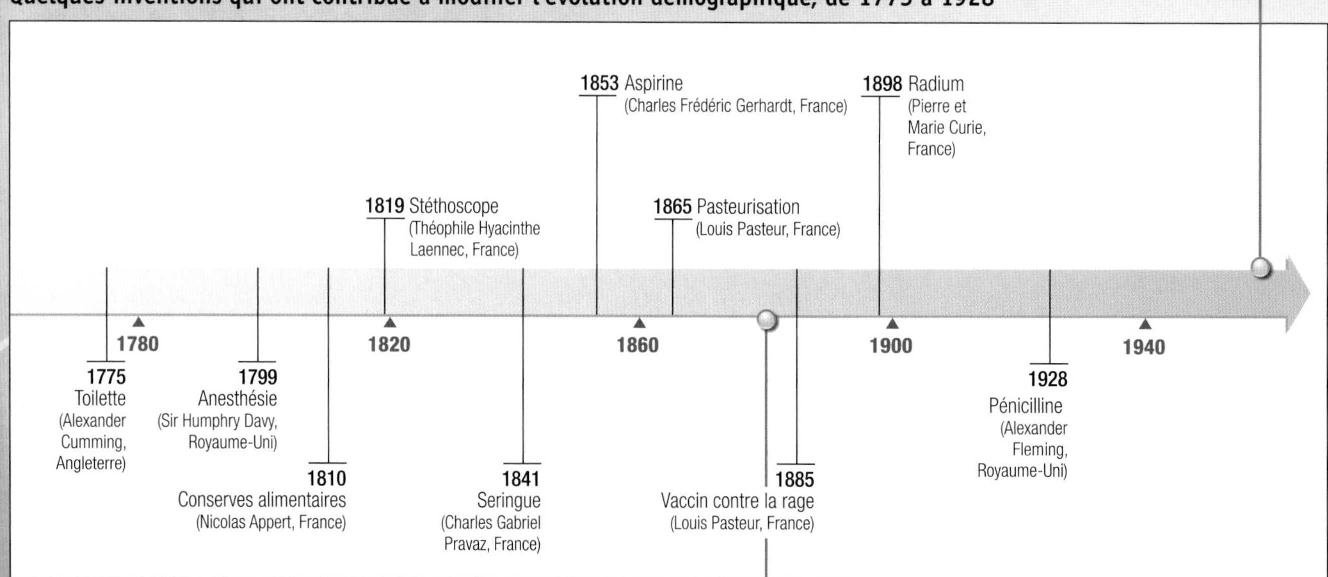

Légende
Les lignes du temps comportent parfois une légende, des symboles ou des caractéristiques graphiques qui distinguent certaines données.

Intervalle
L'intervalle est l'espace entre deux gradations et a une valeur de temps précise qui s'exprime en unités de temps (années, décennies, siècles, etc.).

Pour interpréter une ligne du temps, posez-vous les questions suivantes : *Pourquoi a-t-on fait ce choix d'événements ? Qu'a-t-on voulu mettre en lumière ? À quoi sert la ligne du temps ?*

LES PRINCIPAUX ÉLÉMENTS D'UNE CARTE

Une carte est une représentation graphique du monde réel. C'est une image réduite d'une partie de la surface de la Terre ou de sa totalité. Il existe divers types de cartes : physique, politique, thématique, géopolitique, géographique, historique, topographique, etc.

Une carte sert à :

- localiser des objets ou des phénomènes sur la surface de la Terre ;
- transmettre des connaissances relatives à un ou des territoires ;
- illustrer la répartition de phénomènes sur des territoires ;
- aider des individus ou des collectivités à prendre des décisions par rapport à l'organisation de ces territoires ou par rapport aux phénomènes illustrés ;
- valider ou infirmer des hypothèses.

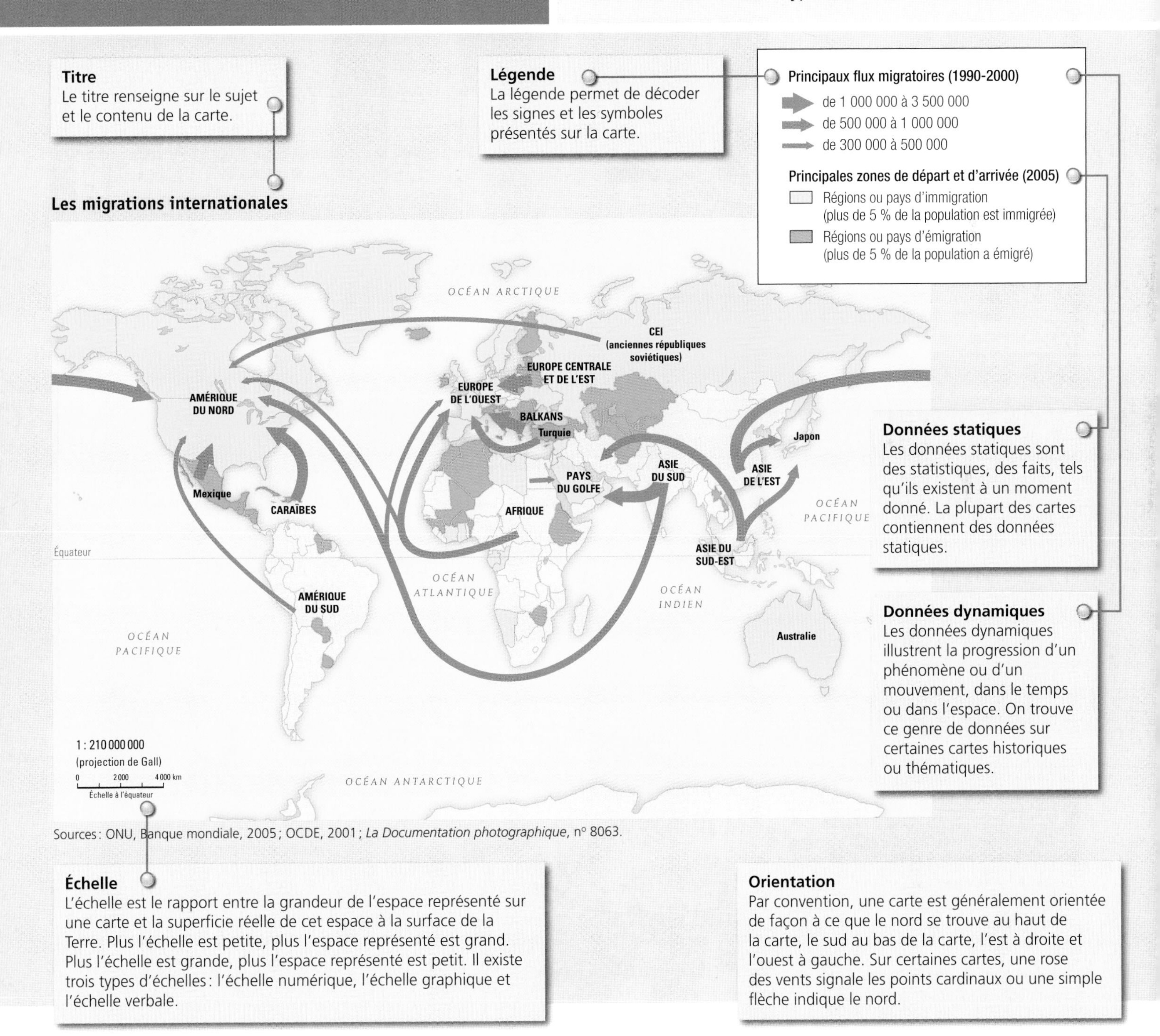

LES PRINCIPAUX ÉLÉMENTS D'UN TABLEAU À ENTRÉES MULTIPLES

Un tableau présente l'information sous forme de colonnes et de lignes. Un tableau à entrées multiples comporte plus d'une colonne et plus d'une ligne.

Un tableau à entrées multiples sert à :

- donner de façon concise un grand nombre de renseignements;
- établir des liens entre deux types de renseignements ou plus;
- faciliter l'interprétation des données de même que leur comparaison.

Pour interpréter un tableau, posez-vous les questions suivantes : *Que m'apprend ce tableau ? Quelles conclusions puis-je en tirer ?*

Titre
Le titre indique le sujet du tableau.

En-têtes
Les en-têtes des lignes et des colonnes indiquent la nature de l'information fournie dans le tableau.

Unités de mesure
Les unités de mesure utilisées sont généralement placées sous les en-têtes de colonnes. Les unités employées sont soit des valeurs brutes (dollars, tonnes, etc.), soit des valeurs relatives (pourcentage, indice, etc.).

État nutritionnel au Bangladesh en 2006 et en 2007

Année de l'enquête	Anémie chez les enfants de moins de 5 ans (en %)	Anémie chez les femmes enceintes (en %)	Malnutrition aiguë globale chez les enfants de moins de 5 ans (en %)	Malnutrition aiguë grave chez les enfants de moins de 5 ans (en %)
2006	65,4	59,8	16,8	1,2
2007	64,2	55,2	12,1	0,5

Source : UNHCR, *Statistical Yearbook*, 2007, p. 62 [en ligne]. (Consulté le 11 février 2009.)

Source
La ou les sources des renseignements ayant servi à construire le tableau sont souvent inscrites sous celui-ci.

Données
Les données du tableau peuvent être comparées en faisant une lecture verticale (ex. : comparaison des données d'une année à l'autre pour le même indicateur d'état nutritionnel). Les données du tableau peuvent aussi être comparées en faisant une lecture horizontale (ex. : comparaison des données d'un indicateur à l'autre pour une même année).

LES PRINCIPAUX ÉLÉMENTS D'UN DIAGRAMME

Un diagramme est une représentation graphique d'un ensemble de données. Il s'agit généralement de la transcription visuelle d'un tableau de données. Il existe différents types de diagrammes : le diagramme à bandes, le diagramme à ligne brisée, le diagramme circulaire, la pyramide des âges, etc.

Un diagramme sert à :

- représenter visuellement une relation entre des variables;
- faciliter la représentation, la comparaison et l'interprétation des données.

Titre
Le titre indique le sujet du diagramme.

Légende
La légende permet de comprendre la signification des couleurs, des motifs ou des symboles utilisés dans le diagramme.

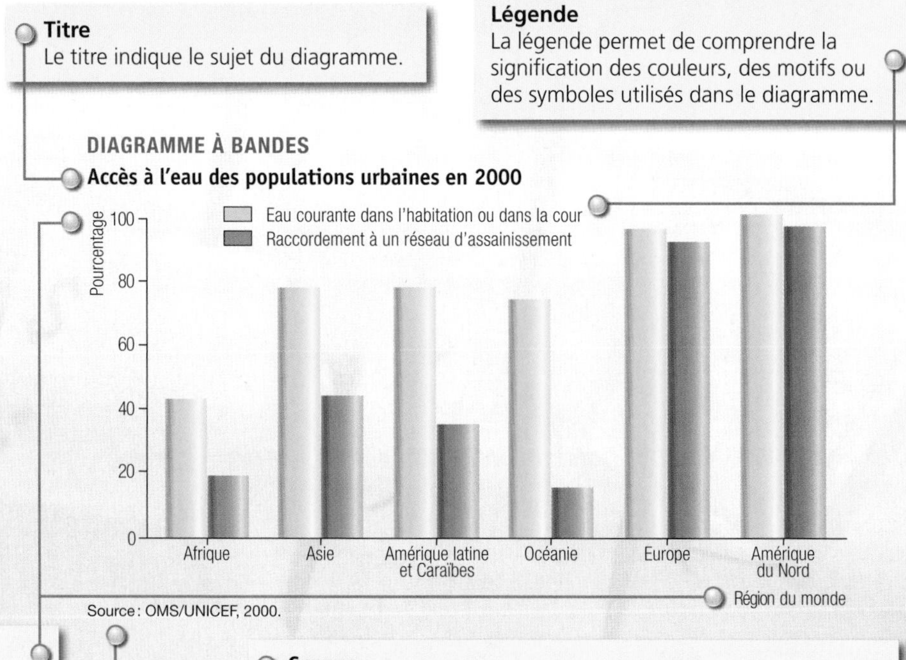

Titres des axes et unités de mesure
Les titres des axes et les unités de mesure permettent de déterminer la nature de l'information donnée dans le diagramme.

Source
La ou les sources des renseignements ayant servi à construire le diagramme sont habituellement inscrites sous celui-ci.

La manière de lire les données d'un diagramme dépend du type de diagramme.

Dans un diagramme à bandes ou un diagramme à ligne brisée, on évalue l'ordre de grandeur des données en observant l'échelle de graduation (de l'axe vertical), puis on lit chaque donnée grâce à la hauteur de la bande correspondante (dans le cas d'un diagramme à bandes ou d'un histogramme) ou grâce au point correspondant à chaque couple de valeurs (dans le cas d'un diagramme à ligne brisée).

DIAGRAMME À LIGNE BRISÉE

Population relevant de la compétence du Haut-commissariat des Nations unies pour les réfugiés, entre 1997 et 2006

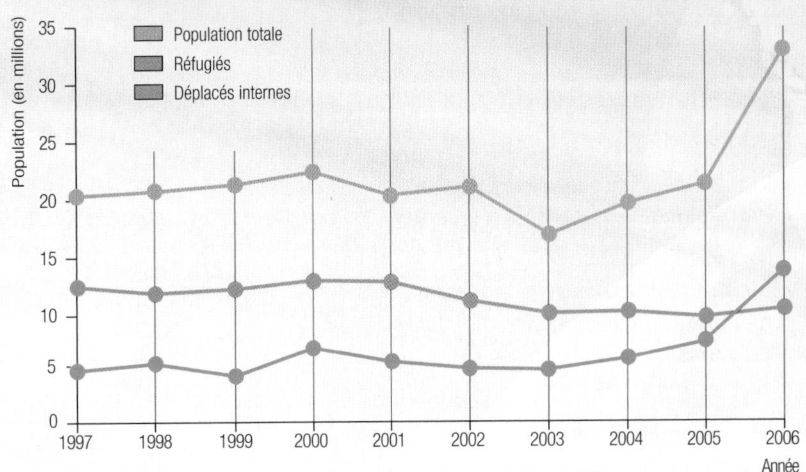

Source : UNHCR, *Tendances mondiales en 2006 : réfugiés, demandeurs d'asile, rapatriés, personnes déplacées à l'intérieur de leur pays et apatrides*, juin 2007, p. 4 [en ligne]. (Consulté le 11 février 2009.)

Dans un diagramme circulaire, on observe le rapport de proportionnalité de chaque donnée présentée.

DIAGRAMME CIRCULAIRE

L'origine des immigrants au Canada en 2006

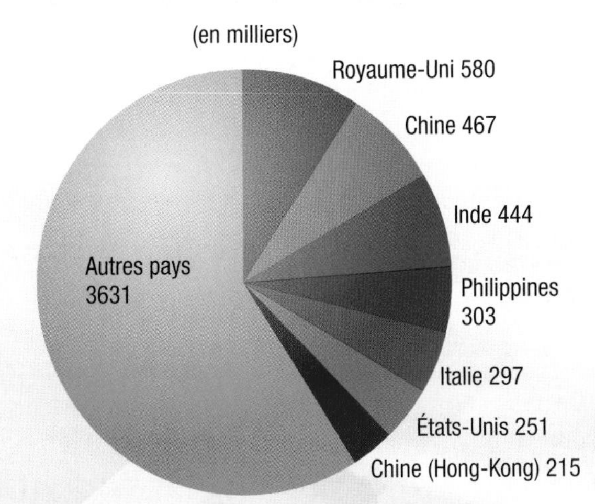

Source : OCDE, 2006.

Dans une pyramide des âges, on lit les données une bande à la fois, d'abord pour les hommes, ensuite pour les femmes.

PYRAMIDE DES ÂGES

Population du Maroc en 2005

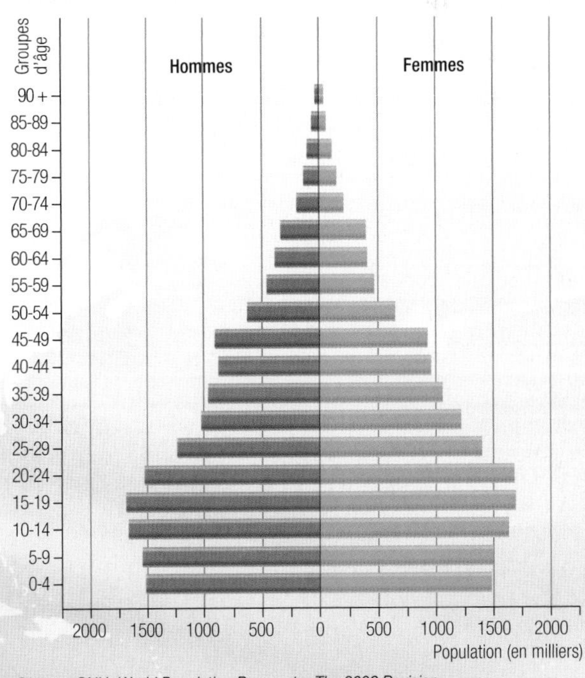

Source : ONU, *World Population Prospects : The 2006 Revision*.

LA DÉMARCHE D'ARGUMENTATION

Pour convaincre quelqu'un d'adhérer à une thèse (une opinion), vous devez développer une argumentation. Il vous faut utiliser des arguments solides et justes.

1 FAITES-VOUS UNE OPINION EN PRENANT CONNAISSANCE DU SUJET.

→ **La démarche de recherche, *p. 380***

2 FORMULEZ LA THÈSE (L'OPINION) QUE VOUS VOULEZ DÉFENDRE.

3 RASSEMBLEZ VOS ARGUMENTS.

4 ÉLABOREZ VOTRE ARGUMENTATION.

Posez-vous les questions suivantes :

- *Quel procédé argumentatif vais-je utiliser pour défendre ma thèse (mon opinion) : l'explication argumentative ou la réfutation ?*

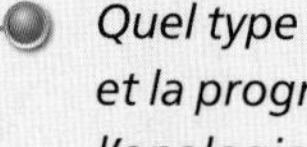

Explication argumentative

L'explication argumentative consiste à expliquer le bien-fondé de sa thèse (son opinion) dans le but de convaincre quelqu'un d'y adhérer.

- Énoncer sa thèse (son opinion).
- Établir des rapports de cause ou de conséquence dans ses arguments.
- Adopter un point de vue relativement distancié.
- Justifier ses arguments à l'aide de procédés explicatifs : la définition, le recours à l'exemple, la comparaison, la description ou la reformulation.

Réfutation

La réfutation consiste à rejeter une thèse (une opinion) adverse pour mieux défendre la sienne.

- Déclarer la thèse adverse dépassée.
- Opposer une objection à la thèse adverse.
- Qualifier l'argumentation adverse de contradictoire.
- Retourner un argument contre la personne qui s'en est servie.
- Concéder quelque chose à la partie adverse pour en tirer avantage.
- Recourir à l'emphase et au renforcement.

- *Quel type de raisonnement vais-je utiliser pour assurer la continuité et la progression de mon argumentation : la déduction, l'induction, l'analogie ou la concession ?*

Les types de raisonnement

Raisonnement	Définition
Déduction	Présenter un argument et le justifier par des faits.
Induction	Présenter des faits pour amener un argument.
Analogie	Mettre en parallèle deux réalités.
Concession	Concéder un contre-argument pour présenter un argument jugé plus fort.

PRÉPAREZ VOTRE COMMUNICATION (ÉCRITE OU ORALE).

- Faites un plan détaillé de votre communication (introduction, développement, conclusion).
- Rédigez votre texte. Puis, révisez-le et mettez-le au propre.

Introduction (trois parties)	Développement (les arguments)	Conclusion (trois conclusions possibles)
• Mise en contexte générale du sujet ou du problème. • Présentation du sujet ou du problème en détail. • Présentation des grandes lignes du développement.	• Présentation des arguments d'abord, puis de la thèse (l'opinion). **OU** • Présentation de la thèse d'abord, puis des arguments.	• Conclusion dans laquelle on reformule ou on affirme la thèse (l'opinion). • Conclusion dans laquelle on résume les explications ou les étapes du raisonnement. • Conclusion dans laquelle on propose un élargissement du débat ou des solutions.

PARTICIPER À UN DÉBAT

Un débat consiste en la confrontation de plusieurs points de vue divergents. Débattre, c'est argumenter démocratiquement afin de faire progresser les connaissances, le jugement et le niveau de conscience de chaque participant.

Avant le débat

1. Assurez-vous de bien comprendre la nature du débat et d'avoir une opinion claire sur le sujet.
2. Prenez connaissance des règles du débat (Qui donne le droit de parole ? Le temps de parole des participants est-il minuté ? etc.).

Pendant le débat

1. Écoutez attentivement la personne qui prend la parole et respectez son opinion.
2. Prenez des notes afin de bien saisir la thèse (l'opinion) que défend chaque participant ou participante, de même que ses arguments.
3. Intervenez en annonçant votre intention, qui peut consister, par exemple, à :
   - émettre votre opinion sur le sujet débattu et présenter vos arguments;
   - réagir à l'intervention d'une autre personne en réfutant ses arguments et en présentant les vôtres;
   - approuver l'intervention d'une autre personne en fournissant d'autres arguments en faveur de sa thèse;
   - modifier ou nuancer votre thèse après avoir pris connaissance des arguments d'une autre personne.
4. Appuyez-vous sur des faits pour faire valoir votre opinion et donnez les sources de votre information.

Après le débat

1. Faites le bilan des arguments présentés. Quels sont les arguments les plus forts ? les plus faibles ?
2. Résumez votre opinion sur le sujet du débat. Si certains arguments vous ont fait changer d'avis, expliquez pourquoi.

Glossaire-index

A

Accommodement, p. 103
Accord acceptable par un groupe ou une communauté qui permet à un individu ou à un groupe minoritaire d'obtenir ou de conserver des droits.

Accord bilatéral, p. 82
Accord qui engage, l'une envers l'autre, deux parties contractantes.

Acteur social, p. 10
Personne ou groupe qui joue un rôle important dans une action sociale.

Afflux, p. 100
Arrivée massive.

Agroalimentaire, p. 138
Ensemble des activités de l'industrie des produits agricoles destinés à l'alimentation humaine et animale.

Agrocarburant, p. 32
Carburant obtenu à partir de matières organiques, généralement d'origine végétale, et destiné à se substituer au carburant produit à base de pétrole.

Allégeance, p. 250
Lien qui oblige un individu ou un groupe à obéir à une nation ou à une personne détenant le pouvoir politique.

Alliance, p. 158
Accord de coopération conclu entre deux États visant le partage des ressources ou des compétences nécessaires à la réalisation d'un projet.

Alphabétisation, p. 102
L'enseignement de l'écriture et de la lecture.

Altermondialiste, p. 152
Adepte de l'altermondialisation, un mouvement contestataire politique, qui s'oppose notamment à la guerre, à la pollution, à la pauvreté et dont le but est de rendre la mondialisation plus humaine.

Analphabète, p. 321
Individu, groupe ou population qui ne sait ni lire ni écrire.

Analphabétisme, p. 148
État d'un individu, d'un groupe ou d'une population qui ne sait ni lire ni écrire.

Anti-apartheid, p. 317
Personne ou groupe qui s'oppose à la ségrégation exercée en Afrique du Sud par la minorité blanche.

Apartheid, p. 274
Ségrégation exercée en Afrique du Sud par la minorité blanche, qui privait les individus de race noire des droits juridiques et sociaux accordés aux gens de race blanche.

Arme de destruction massive, p. 286
Arme pouvant causer d'importants dégâts humains et matériels sur une grande échelle.

Assimilation, p. 218
Processus par lequel un groupe absorbe la culture d'un autre groupe social, soit par désir ou par obligation.

Austro-hongrois, p. 207
Relatif à l'empire d'Autriche-Hongrie, qui fut démantelé après la Première Guerre mondiale.

Autodétermination, p. 214
Libre disposition d'un peuple de décider de son statut international, politique et administratif.

Autonomisation, p. 171
Processus par lequel une personne ou un groupe acquiert son indépendance sociale, morale ou intellectuelle.

B

Biocarburant, p. 32
Carburant généralement obtenu à partir de la transformation de matières d'origine végétale ou animale et destiné à se substituer au carburant produit à base de pétrole.

Biodégradable, p. 11
Se dit d'une substance capable de se décomposer par l'action d'organismes présents dans l'environnement.

Biodiesel, p. 34
Carburant diesel renfermant un mélange de méthanol ou d'éthanol et d'huile végétale ou de gras animal.

Biodiversité, p. 19
Diversité de l'ensemble des espèces vivantes dans une région, réparties selon leurs caractères génétiques, leurs communautés et leurs habitats naturels.

Biomasse, p. 35
Ensemble des organismes vivants ayant la capacité de vivre en équilibre dans un milieu donné.

Boum économique, p. 106
Expansion rapide et soutenue de l'activité économique.

Bourka, p. 319
Vêtement, porté dans certaines sociétés conservatrices musulmanes, qui dissimule le corps des femmes, de la tête aux pieds, et qui ne comporte qu'une petite ouverture grillagée à la hauteur des yeux.

Boycottage, p. 292
Arrêt volontaire de l'achat de certains produits ou de toutes relations avec un individu, une entreprise, un État, etc., dans le but d'exprimer son mécontentement.

Bras de fer, p. 54
Situation opposant deux adversaires qui, chacun de leur côté, exercent des pressions sur l'autre afin de le faire céder.

C

Camp de réfugiés, p. 70
Zone d'habitation provisoire destinée à accueillir un groupe de personnes qui ont fui leur lieu d'origine pour échapper à une situation dangereuse.

Capital humain, p. 141
Ensemble des connaissances, des habiletés, des compétences et des attributs de la main-d'œuvre qui permet de déterminer le niveau de productivité d'une société.

Capital technique, p. 141
Ensemble des infrastructures, des expertises et des découvertes technologiques qui permet d'assurer la productivité du travail d'une société.

Capitaliste, p. 224
Relatif au capitalisme, soit un système économique et social caractérisé par la propriété privée des moyens de production, la recherche du profit et la liberté des marchés.

Coalition, p. 278
Alliance temporaire et ponctuelle de personnes, de groupes, d'États, etc., dans le but de poursuivre un objectif commun ou de lutter contre un adversaire commun.

Coefficient de Gini, p. 174
Pourcentage qui permet de déterminer le caractère égalitaire d'un État en tenant compte de ses politiques sociales.

Colonialisme, p. 137
Politique d'occupation d'un territoire, par une nation étrangère, dans le but d'en exploiter les richesses.

Colonisé, p. 207
Personne qui vit sur un territoire occupé par une nation étrangère.

Confédération, p. 208
Association d'États qui, tout en conservant leur souveraineté, délèguent certaines compétences à des organes communs pour régler des affaires d'intérêt collectif.

Consensus, p. 9
Accord majoritaire et sans opposition ferme entre plusieurs personnes.

Consortium, p. 181
Entreprises ou établissements financiers qui se regroupent dans le but d'atteindre des objectifs communs ou de réaliser des opérations communes.

Contingent, p. 281
Ensemble de soldats faisant leur service militaire ou affectés à une mission donnée.

Contribuable, p. 173
Personne physique ou morale qui paie des impôts.

Corruption, p. 146
Ensemble des moyens condamnables, tels que pots-de-vin et promesses, utilisés dans le but d'amener un individu, un groupe ou un État à faire des actions allant à l'encontre de son devoir.

Cyberterrorisme, p. 245
Utilisation des systèmes d'information comme arme stratégique avec l'objectif d'exercer des pressions et d'intimider l'adversaire.

D

Décolonisation, p. 214
Processus politique qui permet à un pays colonisé de recouvrer son indépendance.

Déforestation, p. 4
Destruction d'une forêt résultant du déboisement occasionné par l'extension des terres agricoles, de l'exploitation excessive ou de l'urbanisation.

Délocalisation, p. 117
Déménagement d'une entreprise ou d'un site de production vers un autre pays ou une autre région généralement dans le but de profiter de coûts de production plus favorables.

Demandeur d'asile, p. 89
Individu qui, dans un pays étranger, demande l'immunité pour un délit politique dont on l'accuse dans son propre pays.

Démocratie, p. 250
Régime politique selon lequel la souveraineté appartient au peuple et qui permet aux citoyens d'élire librement leurs représentants.

Déportation, p. 312
Expulsion d'une personne ou d'un groupe à l'extérieur de son pays, de sa région.

Déporté, p. 312
Individu expulsé à l'extérieur de son pays, de sa région.

Désertification, p. 4
Transformation d'une région en désert résultant des changements climatiques ou de l'activité humaine.

Diaspora, p. 83
Dispersion d'une partie d'un peuple à l'extérieur de ses frontières.

Dictateur, p. 213
Chef d'État qui détient, sans contrôle démocratique, un pouvoir absolu auquel le peuple doit se soumettre.

Dilemme, p. 193
Situation où l'on est tenu de choisir entre deux possibilités contradictoires qui comprennent chacune des inconvénients.

Discrimination, p. 76
Traitement inégalitaire privant un individu ou un groupe des droits accordés aux autres personnes formant une société.

Discrimination positive, p. 110
Traitement privilégié accordé à une personne ou à un groupe dans le but de faciliter son intégration dans une société donnée.

Dissension, p. 16
Opposition violente d'intérêts, de valeurs, de points de vue.

Divergence, p. 9
Écart ou différence entre divers points de vue ou intérêts.

Droit coutumier, p. 306
Droit qui relève des coutumes d'un État.

Droit international humanitaire (DIH), p. 309
Partie du droit international public composé des règles internationales spécialement destinées à régler les problèmes humanitaires.

E

Écoénergétique, p. 32
Se dit d'un produit ou d'un service qui permet une consommation écologique de l'énergie.

Économie parallèle, p. 109
Type d'économie en marge de l'économie officielle générée notamment par des activités illicites ou par le marché noir.

Écosystème, p. 5
Milieu naturel où les communautés vivantes et l'environnement physique sont en équilibre et interagissent dans l'espace et le temps.

Effet de serre, p. 5
Augmentation de la température occasionnée par l'accumulation de certains gaz dans l'atmosphère.

Électorat, p. 312
Ensemble des citoyens ayant le droit de vote dans une région ou dans un État.

Embargo, p. 206
Mesures prises par un État pour interdire les échanges commerciaux, financiers ou technologiques avec un autre État, dans le but d'exercer des pressions sur ce dernier.

Émigration, p. 72
Départ du pays d'origine en vue d'aller vivre momentanément ou définitivement dans un autre pays.

Émirat, p. 91
Principauté arabe, dirigée par un émir.

Empreinte écologique, p. 5
Surface de terre biologiquement nécessaire pour répondre aux besoins liés à la consommation d'une population humaine donnée.

Énergie fossile, p. 14
Source d'énergie non renouvelable tirée du sous-sol, tels les carbures et les hydrocarbures.

État de siège, p. 211
Régime temporaire mis en place en cas de menace étrangère ou d'insurrection, dans lequel les pouvoirs des autorités civiles sont transférés aux autorités militaires et qui a pour effet de restreindre les libertés publiques.

Étatique, p. 208
Qui se rapporte à l'État.

Exclusion sociale, p. 105
Action visant à rejeter une personne ou un groupe qui, selon la société, ne répond pas aux normes sociales dominantes.

Exode, p. 41
Déplacement massif de populations, vers d'autres régions ou d'autres pays, pour des raisons économiques ou sociales.

Exponentielle, p. 4
Qui augmente selon un taux de plus en plus élevé.

F

Fatah al-Islam, p. 86
Mouvement islamiste armé.

Fiscal, p. 219
Qui se rapporte à l'impôt et à ses lois.

Fluctuation, p. 184
Variation à la hausse ou à la baisse d'une valeur.

Flux migratoire, p. 74
Circulation de populations d'un endroit à un autre.

Fonds privés, p. 18
Valeurs mobilières ou sommes d'argent appartenant à des personnes ou à des entreprises.

Forum, p. 150
Réunion publique durant laquelle les participants débattent de questions d'une vaste portée dans le but de s'entendre sur un but commun.

Génocide, p. 86
Ensemble des actes commis délibérément pour détruire l'ensemble ou une partie d'un groupe national, ethnique, racial ou religieux.

Géoclimatique, p. 148
Relatif au climat et à la géographie.

Ghetto, p. 106
Zone d'habitation où se rassemblent des communautés ayant une même appartenance raciale ou ethnique.

Globalisation des marchés, p. 132
Processus lié à la mondialisation qui amène des marchés spécifiques à se développer en même temps et qui consiste notamment en l'allègement des réglementations des échanges et en l'expansion de la concurrence.

I

Immigration, p. 72
Arrivée dans un pays étranger en vue d'y vivre momentanément ou définitivement.

Immigration clandestine, p. 79
Arrivée illicite dans un pays, sans autorisation de séjour, en vue d'y vivre momentanément ou définitivement.

Indice, p. 146
Outil de comparaison qui permet d'exprimer un rapport entre deux grandeurs et d'en montrer l'évolution.

Indice de développement humain (IDH), p. 167
Outil de comparaison qui permet d'évaluer le niveau moyen atteint par un pays selon l'espérance de vie, le niveau d'instruction et le niveau de vie de sa population.

Infanticide, p. 44
Meurtre d'un enfant.

Ingérence, p. 210
Intervention d'un État dans les affaires politiques, économiques, sociales, culturelles, religieuses ou humanitaires d'un autre État.

Interculturalisme, p. 104
Mouvement qui favorise les échanges entre les différents groupes culturels.

Interétatique, p. 314
Qui concerne les relations entre États.

Interethnique, p. 282
Qui concerne les liens ou les relations entre différents groupes ethniques.

Investissement direct à l'étranger (IDE), p. 186
Sommes d'argent investies par une entreprise dans des unités de production à l'étranger.

J

Juriste, p. 320
Personne spécialisée en droit.

Justice sociale, p. 132
Principe de justice qui permet la mise en place d'institutions et l'établissement de règles dans le but d'atténuer les inégalités économiques entre les personnes.

L

Leadership, p. 274
Aptitude d'un individu ou d'un groupe à diriger un groupe et à l'influencer de façon à ce qu'il adhère à des orientations, des actions, des projets.

Législation, p. 11
Ensemble des lois d'un État.

Libéralisation, p. 71
Politique visant à réduire le rôle de l'État au profit du secteur privé, notamment en réduisant la réglementation des entreprises et des marchés.

Libre-échange, p. 150
Accord qui facilite le commerce entre deux ou plusieurs États en permettant la libre circulation des marchandises, sans barrières douanières.

Litige, p. 192
Contestation portée devant les tribunaux.

Lobby, p. 14
Groupe ou association qui exerce une pression sur les politiciens ou sur l'opinion publique en vue de défendre une cause ou des intérêts politiques ou économiques particuliers.

M

Médiation, p. 312
Procédure par laquelle un tiers impartial intervient dans le but d'aider deux ou plusieurs parties ayant un différend à arriver à un accord.

Mégalopole, p. 70
Très grande agglomération urbaine.

Migrant, **p. 71**
Personne qui vit hors de sa région ou de son pays d'origine, généralement de façon temporaire.

Mine antipersonnel, **p. 320**
Se dit d'un engin dissimulé employé pour tuer ou pour blesser des personnes.

Mondialisation, **p. 6**
Élargissement des activités de production à l'échelle de la planète, en intensifiant notamment les échanges commerciaux, technologiques et financiers partout dans le monde.

Monoculture, **p. 8**
Culture d'une même plante sur un vaste territoire.

Moratoire, **p. 93**
Disposition qui suspend temporairement les obligations légales ou contractuelles d'individus, d'organismes ou d'États.

Multiculturalisme, **p. 76**
Coexistence de plusieurs cultures sur un même territoire.

Multinationale, **p. 50**
Grande entreprise dont les activités et les capitaux sont répartis dans plusieurs pays.

N

Nationalisation, **p. 218**
Opération par laquelle l'État devient propriétaire d'entreprises ou de ressources privées.

Naturalisation, **p. 91**
Acte permettant à une personne étrangère qui vit dans un pays d'accueil d'obtenir la nationalité de ce pays.

Néocolonialisme, **p. 137**
Nouvelle forme de colonisation fondée sur la domination économique d'un État sur un autre, ce dernier étant souvent une ancienne colonie devenue indépendante.

Non-ingérence, **p. 210**
Attitude d'un État qui consiste à ne pas intervenir dans les affaires politiques, économiques, sociales, culturelles, religieuses ou humanitaires d'un autre État.

O

Oléoduc, **p. 182**
Canalisation utilisée pour le transport du pétrole sur de longues distances.

Ottoman, **p. 207**
Relatif à l'empire turc, qui fut dissous après la Première Guerre mondiale.

P

Partenariat, **p. 180**
Association de deux ou plusieurs organisations dans le but de réaliser un projet commun.

Pays développé, **p. 6**
Pays industrialisé dont la population jouit d'un niveau de productivité et d'un niveau de vie élevé.

Pays émergent, **p. 6**
Pays en voie d'industrialisation qui connaît une croissance économique rapide.

Personne déplacée, **p. 86**
Personne qui, pour des raisons politiques, économiques ou environnementales, a quitté son lieu d'origine pour s'installer dans une autre région ou un autre pays.

Politologue, **p. 286**
Personne spécialisée en science politique, en science du gouvernement des États.

Population active, **p. 91**
Ensemble des individus qui occupent ou recherchent un emploi.

Prête-nom, **p. 188**
Personne physique ou morale qui permet que son nom apparaisse dans un contrat officiel à la place de celui du véritable contractant qui ne veut pas que le sien y figure.

Privatisation, p. 97
Action de confier à l'entreprise privée la gestion d'une activité économique de l'État, de vendre au secteur privé ce qui appartient au secteur public.

Produit intérieur brut (PIB), p. 17
Indicateur qui permet de connaître la valeur de tous les biens et services produits dans un pays ou un territoire au cours d'une période donnée.

Pro-environnement, p. 13
Personne, organisme ou mouvement qui est favorable à la protection de l'environnement.

Profilage racial, p. 105
Forme de discrimination exercée par les autorités civiles ; qui consiste à évaluer un individu ou un groupe selon des stéréotypes liés à la race et non selon des soupçons raisonnables.

Promiscuité, p. 100
Situation de voisinage ou de proximité qui provoque un malaise.

Protocole, p. 12
Accord ou traité conclu lors d'une assemblée internationale.

Q

Quota, p. 253
Quantité maximale d'une marchandise pouvant être importée dans un pays.

R

Ratifier, p. 16
Approuver officiellement un traité, une convention internationale.

Recensement, p. 76
Opération qui consiste à faire le dénombrement exhaustif de tous les individus d'une population à un moment donné.

Récession, p. 117
Ralentissement sensible et prolongé de l'activité économique.

Redevance, p. 179
Somme versée périodiquement par une personne, un groupe ou un État pour l'utilisation ou l'exploitation d'un bien ou d'un service appartenant à un tiers.

Référendum, p. 103
Procédure qui permet aux citoyens d'un État ou d'une région d'approuver ou de rejeter, par vote, une mesure d'intérêt général précise.

Réfugié, p. 78
Personne ayant quitté son lieu d'origine pour fuir une catastrophe, une guerre, etc., qui met en sa vie danger.

Régime dictatorial, p. 316
Régime politique dans lequel un chef détient, sans contrôle démocratique, un pouvoir absolu auquel le peuple doit se soumettre.

Régulation des naissances, p. 42
Système médical favorisant notamment la contraception, la stérilisation ou l'interruption volontaire de la grossesse dans le but de limiter le nombre de naissances.

Relance économique, p. 12
Mesure prise dans le but d'encourager la consommation et la production de biens et de services lors d'un ralentissement de l'activité économique.

Répression, p. 214
Action qui va à l'encontre des droits de la personne et qui consiste à user de violence et à prendre des mesures punitives sévères afin de réprimer un mouvement de révolte ou une contestation collective.

Réseau solaire, p. 39
Système permettant de convertir la lumière du Soleil en énergie électrique.

Résolution, p. 277
Texte d'une décision, prise par une assemblée, qui propose des actions.

Revenu médian, p. 159
Revenu qui se situe au centre du classement des revenus.

S

Salinisation, p. 8
Phénomène naturel résultant de l'augmentation du taux de sel dans l'eau ou dans le sol.

Sans domicile fixe, p. 102

Personne qui vit dans la rue ou qui n'a pas un logement régulier.

Sans-papiers, p. 80

Personne qui vit dans un pays étranger sans détenir de pièces d'identité, d'autorisation de séjour, etc.

Secteur primaire, p. 138

Domaine économique regroupant les entreprises dont les activités consistent à exploiter des matières premières ou à produire des matières non transformées.

Secteur secondaire, p. 138

Domaine économique regroupant les entreprises manufacturières dont les activités consistent à transformer des matières premières.

Secteur tertiaire, p. 138

Domaine économique regroupant les entreprises dont les activités consistent principalement à fournir des services.

Ségrégation, p. 218

Action d'isoler une personne d'un réseau social ou de séparer un groupe des autres groupes d'une société en se basant sur la race, la religion, le sexe, etc.

Social-démocrate, p. 174

Se dit d'un système égalitaire qui favorise une taxation élevée afin d'assurer des programmes sociaux à un grand nombre de personnes.

Solidarité, p. 298

Lien unissant les membres d'un groupe qui partagent des intérêts communs et qui sont liés par un sentiment d'obligation mutuel.

Souverain, p. 178

Personne, groupe ou État ayant la capacité et le droit de définir ses propres politiques.

Souveraineté, p. 178

Pouvoir suprême qui permet à un État d'être indépendant au niveau international et de faire ses propres lois.

Spéculateur, p. 248

Personne qui effectue des opérations financières ou commerciales en misant sur la hausse ou la baisse du marché dans le but de réaliser un bénéfice.

Statu quo, p. 17

État de fait que l'on maintient tel quel, sans y apporter de changement.

Stress hydrique, p. 6

Situation où la quantité d'eau douce disponible ne suffit pas à la demande d'une population.

Subvention, p. 143

Soutien financier accordé par l'État ou par un organisme à un individu, un groupe, une entreprise ou un pays.

Supra-État, p. 259

Gouvernement mondial placé au-dessus des États, ou organisme auquel des États associés ont délégué certains de leurs pouvoirs.

Supraétatique, p. 253

Se dit d'un organisme qui chapeaute les organes de l'État.

Supranational, p. 257

Se dit d'un organisme dont l'autorité surpasse celle des institutions nationales.

Sylviculture, p. 23

Exploitation et entretien des forêts.

T

Taux d'imposition, p. 173

Pourcentage déterminé servant à calculer le montant de l'impôt à payer.

Territoire occupé, p. 215

Lieu ou État qu'un autre État s'est approprié et qui est soumis à l'autorité de ce dernier.

Terrorisme, p. 78

Ensemble des actes de violence et d'intimidation commis par une organisation politique, religieuse, etc., le plus souvent envers des civils, dans le but de créer un climat d'insécurité.

Tiers-monde, p. 86
Nom donné à l'origine aux pays qui ne faisaient ni partie du bloc des pays capitalistes développés, ni du bloc des pays socialistes. Ce nom fait aujourd'hui référence à l'ensemble des pays en développement.

Tissu social, p. 77
Ensemble des diverses communautés constituant une société.

U

Urbanisation, p. 100
Phénomène démographique qui se traduit par une concentration croissante de la population dans les villes.

V

Valeur ajoutée, p. 141
Valeur créée durant la transformation d'un produit.

Veto (droit de), p. 276
Pouvoir que détient une personne ou un organe de faire obstacle à l'application d'une décision ou à l'adoption d'une résolution.

Virage vert, p. 12
Conduite ou attitude d'un groupe ou d'un individu orientée vers des actions favorisant le développement durable.

Visa, p. 79
Document ou cachet apposé sur un passeport qui permet à une personne étrangère d'entrer et de séjourner dans certains pays.

Z

Zone franche, p. 237
Territoire particulier d'un État où les marchandises sont exemptées des droits de douane, où les entreprises ne paient pas d'impôt.

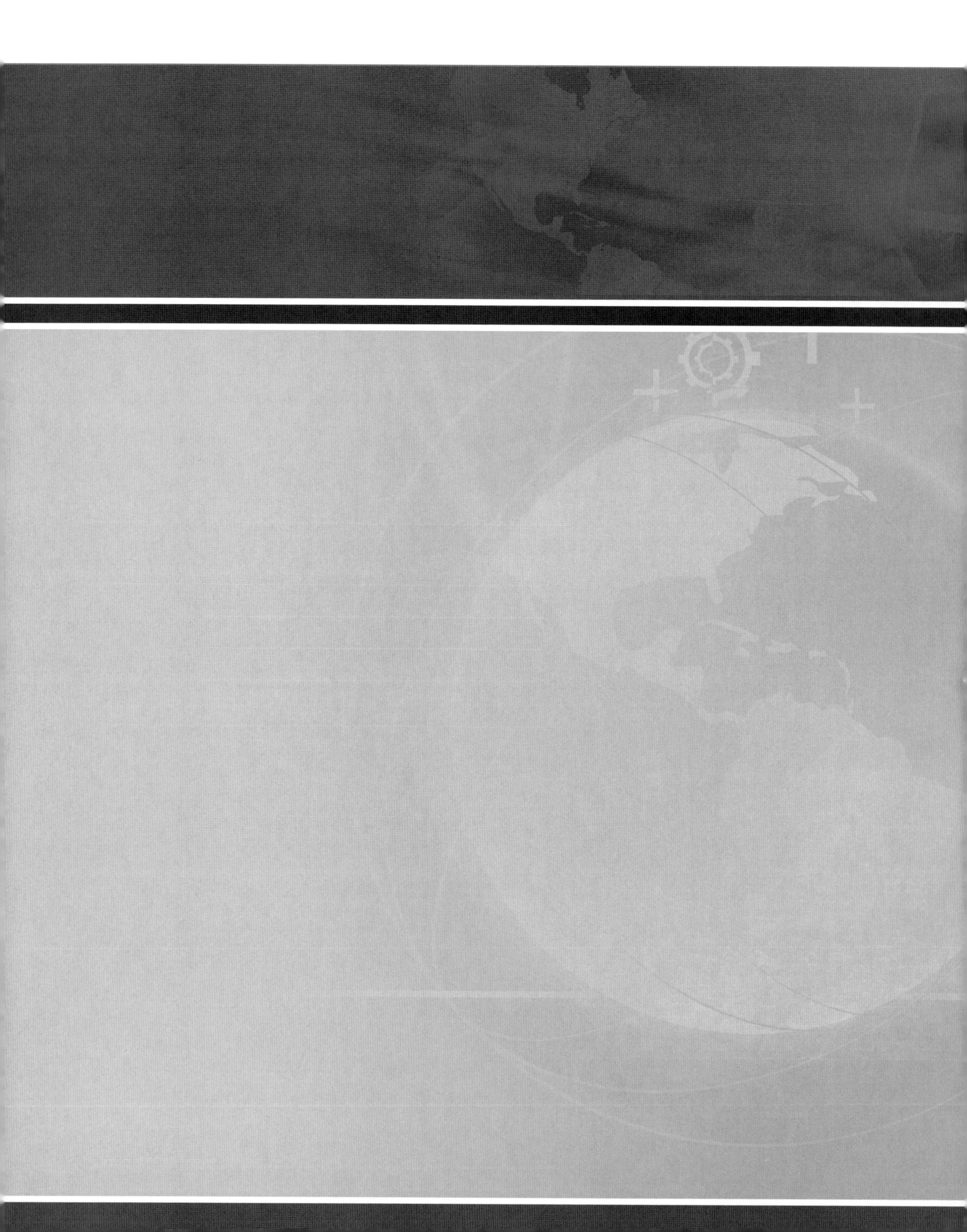

Sources iconographiques

AGENCE DES NATIONS UNIES POUR LES RÉFUGIÉS

p. XXVI

AMNISTIE INTERNATIONALE

p. XXXVI (bas)

ANDRAOS MEDIA

p. 85 (haut)

AP PHOTO

p. XXXVI-XXXVII : P. Hamilton
p. 19 : M. Swarup
p. 34 : Du Huaju, Xinhua
p. 114 : A. Favila
p. 150 (bas) : A. Suemori
p. 168 (bas) : HALEY, SIPA
p. 212-213 : H. Delic
p. 236 : J. Goitia
p. 254 (haut) : R. de la Mauvinière
p. 254 (centre) : C. Lutz
p. 257 : G. Vanden Wijngaert
p. 260 (haut) : G. Borgia
p. 275
p. 285 : M. Zaatari
p. 289 : J. Galeano
p. 291 (bas) : Sepah News
p. 318 (bas) : M. Franjola
p. 319 : R. Vogel

ARCHIVES DES JÉSUITES AU CANADA

p. 111 (bas) : Administration provinciale S.J., AJC, P-0098,4

ASAHI SHIMBUN

p. 322

BANQUE MONDIALE

p. XXX

BIBLIOTHÈQUE ET ARCHIVES CANADA

p. 80 : W. J. Topley, PA-025966

CÉGEP DE GRANBY–HAUTE-YAMASKA

p. XVIII (bas)

CICR © COMITÉ INTERNATIONAL DE LA CROIX-ROUGE

p. XXXV (haut)
p. 299 : M. Kokic

COMMISSION CANADIENNE POUR L'UNESCO

p. XXVIII

COMMONWEALTH SECRETARIAT

p. XXXIII (haut) : Commonwealth symbol reproduced by permission of the Commonwealth Secretariat

CONSEIL DE L'EUROPE

p. XXXIIII (centre)

CORBIS

p. XIV (haut), XVI (haut) et 2-3 : P. Deloche, Godong
p. XIV (haut, centre), XVI (bas), 68-69 et 122 : C. Caratini, Sygma
p. XIV (centre), XVII (haut), 130-131 et 196 : M. Brennan
p. XIV (bas), XVII (bas), 270-271 et 324 : P. Chauvel, Sygma
p. XX-XXI : J. Lane, epa
p. XXX-XXXI : B. Kraft
p. XXXII-XXXIII : K. Chergui, epa
p. 10 : S. Maze
p. 10-11 : C. Muschi
p. 18 : K. Baldev, Sygma
p. 29 : Claudius
p. 33 (bas) : O. F. Ellingvag, D. Naringsliv
p. 33 (haut) : F. Lanting
p. 40 : C. Karnow
p. 41 : T. Mukoya, Reuters
p. 45 : M. Villagran, dpa
p. 47 : C. Fusco, ANSA
p. 62-63 : A. Dave, Reuters
p. 72 : Bettmann
p. 82 : L. Shusong, XinHua, Xinhua Press
p. 92 : C. Firouz, Reuters
p. 95 : F. Robichon, epa
p. 100-101 : N. Addis
p. 102-103 : S. Di Nolfi, epa
p. 104 (haut) : J.-M. Turpin
p. 104 (centre) : J.-M. Turpin
p. 126-127 : P. Robert
p. 133 : NASA
p. 135 : A. Ufumeli, epa
p. 137 : A. Johansson
p. 142 : TWPhoto
p. 144 : A. Patino
p. 146 : I. Vdovin, JAI
p. 153 : G. NIU, Reuters
p. 154-155 : F. Soltan
p. 159 : J. Kowalsky, epa
p. 161 : G. Mendel
p. 164 : S. Moreira, epa
p. 164-165 : AMAZONASPRESS, Reuters
p. 166-167 : M. Reynolds, epa
p. 179 : J. Langevin, Sygma
p. 180-181 : G. Steinmetz
p. 183 : E. Kashi
p. 186 : A3390, K. Nietfeld, dpa
p. 198-199 : A. Akinleye, Reuters
p. 200-201 : J. Helle, Arcaid
p. 202-203 : P. Frilet
p. 211 : P. Perrin, Zoko, Sygma
p. 222 (bas) : Stringer Shanghai, Reuters

p. 226 : M. Trezzini, epa
p. 238-239 : Bettmann
p. 246 : D. Vo Trung, Sygma
p. 260 (bas) : Bettmann
p. 264-265 : K. Kasmauski
p. 266-267, 268 et 269 : J. Fuste Raga
p. 277 : N. Hashlamoun, Reuters
p. 279 : P. Turnley
p. 288 : L. Hajsky, epa
p. 290 (centre) : P. Turnley
p. 292 : B. Kraft, Sygma
p. 298 : E. Robert, VIP Production
p. 300 : Technical Sgt. James L. Harper Jr., US Air Force, Handout, Digital Still Asset
p. 301 : P. Turnley
p. 304 : P. Bulawayo, epa
p. 313
p. 318 (haut) : Hulton-Deutsch Collection
p. 320 : N. Sangnak, epa
p. 322 (haut) : M. Dubbous, Reuters
p. 322 (centre) : M. Attar, Sygma

CORRIERE ITALIANO
p. 85 (bas)

CP IMAGES
p. XIX (centre) : J. Boissinot
p. XIX (bas) : DND
p. 11 : G. Allen, Rex Features
p. 16 (haut) : R. Crampton
p. 17 : Larry MacDougal
p. 56-57 : M. Beauregard, CPI
p. 86 : AP Photo
p. 90 : K. Bouaphanh
p. 94 : F. Lennon, The Toronto Star
p. 111 (haut) : A. Harris
p. 128-129 : J. Delay, AP Photo
p. 139 : J. P. Moczulski
p. 141 : T. Orban
p. 150 (haut) : C. Kaster, AP Photo
p. 151 : Sutton-Hibbert, Rex Features
p. 152 : G. Sing, AP Photo
p. 171 : F. Dana
p. 194-195 : S. Kilpatrick
p. 209 : AP Photo, File
p. 212 : AP Photo, V. Kryeziu
p. 219 : H. Yuanjia, ChinaFotoPress
p. 221 : AP Photo, Khin Maung Win
p. 231 (droite) : S. Chuzavkov, AP Photo
p. 231 (gauche) : P. Petrov, AP Photo
p. 235 : S. Noorani
p. 236-237 : Xinhua
p. 240-241 : G. Semendinger, NYPD
p. 259 (bas) : A. Medichini, AP Photo
p. 281 (bas) : P. Bregg
p. 283 (bas) : S. Gardner, Hamilton Spectator
p. 290 (bas) : C. Perkel
p. 306 (gauche) : A. Young-joon, AP Photo
p. 316-317 : P. Spencer

CROIX-ROUGE FINLANDAISE
p. XXXIV-XXXV : N. Kero

FAO
p. 9 (haut) : M. Marzot
p. 156 (haut)

FPJQ
p. 194

GARY BRAASCH
p. 9 (bas)

GETSTOCK
p. 50 : P. Essick, Aurora Photos
p. 109 : S. Halleran, The Toronto Star
p. 118 : L. Linwei, Alamy
p. 172 : F. Lemmens, Alamy
p. 175 (bas) : Imdan, Dreamstime
p. 186-187 : R. Caputo, Aurora Photos
p. 189 : D. Noton, Alamy
p. 191 : Sebastian, Alamy

GETTY IMAGES
p. 7 : China Photos
p. 14 (haut) : A. Scorza, AFP
p. 16 (bas) : Y. Tsuno, Staff, AFP
p. 57 : S. Barbour
p. 97 : R. Nickelsberg
p. 103 : P. Le Segretain
p. 112 : J. Nito, AFP
p. 138 : P.-A. Pettersson
p. 157 : E. Piermont, AFP
p. 162 : J. Barreto, AFP
p. 168 (haut) : A. Roque, AFP
p. 181 : Pius Utomi Ekpei, AFP
p. 182-183 : I. Sanogo, AFP
p. 187 : A. Raldes, AFP
p. 216 : S. Peterson, Liaison
p. 220-221 : STR, AFP
p. 233 : Seyllou, AFP
p. 248 : D. Brauchli
p. 252-253 : P. Guyot, AFP
p. 253 : M. Mochet, AFP
p. 259 (haut) : J. Skarzynski, AFP
p. 283 (haut) : S. Peterson, Liaison
p. 290 (haut) : CNN
p. 294-295 : M. Abed, AFP
p. 297 : N. Tucat, AFP
p. 298-299 : P. Thompson, FPG, Hulton Archive
p. 314 : S. Reed, USAF
p. 316 : P. Baz, AFP

GREENPEACE
p. XXXVII (bas)
p. 21

GUY DUBÉ
p. 76

HUMAN RIGHTS WATCH
p. XXXVII (haut)

IL GAZZETTINO
p. 322

ILO
p. XXIX (bas)

IMAGES DISTRIBUTION
p. 35

ISABELLE CLÉMENT
p. 48

JACQUES GRENIER
p. 20 (haut)

LA PRESSE
p. XIX (haut) : I. Demers
p. 36-37 : J. Goupil
p. 58 (gauche)
p. 84
p. 107
p. 156
p. 176 : M. Chamberland
p. 261 (droite)

LA TRIBUNE
p. 91 : Imacom

LE DEVOIR
p. 84
p. 156
p. 261 (gauche)

LE DROIT
p. 84

LE MONDE
p. 322

LE SEUIL
p. 120 (haut)

LE SOLEIL
p. 84
p. 156

LES AFFAIRES
p. 156

LOS ANGELES TIMES
p. 291 (haut) : © 2010. Reprinted with Permission.

MCGILL UNIVERSITY ARCHIVES
p. 310 : E. Massey, 2002-0086.04.186

MÉDECINS SANS FRONTIÈRES
p. XXXIV (haut)
p. 293 : G. Vandendaelen

MEGAPRESS
p. 64-65, 66 et 67 : Lépine
p. 251 : Pharand

MOUVEMENT INTERNATIONAL DE LA CROIX-ROUGE ET DU CROISSANT-ROUGE
p. XXXV (bas)

MUSÉE CANADIEN DES CIVILISATIONS
p. 113 : M-L. Deruaz, 2010, IMG2010-0052-0001DM

NATIONAL GEOGRAPHIC STOCK
p. 26-27 : S. Leen

NEIL PAREKH
p. 175 (haut)

NOÉMI MERCIER
p. 195

O ESTADO DE S. PAULO
p. 322

OCDE
p. XXXI (centre)

OPEC
p. XXXI (bas)

ORGANISATION INTERNATIONALE DE LA FRANCOPHONIE
p. XXXIII (bas)

ORGANISATION MONDIALE DE LA SANTÉ
p. XXVII (haut)

ORGANISATION MONDIALE DU COMMERCE
p. XXXI (haut)

ORGANIZING FOR AMERICA
p. 222 (haut)

OTAN
p. XXXII

OXFAM
p. XXXIV (bas)

OXFAM AMERICA
p. 303 : E. Stevens

PATRICK DESCHAMPS
p. 177

PHOTOTHÈQUE ERPI
p. 51

PNUD
p. XXVII (bas)

RADIO-CANADA
p. XVIII (haut) : É. Plouffe

REPORTERS SANS FRONTIÈRES
p. XXXVI (haut)

REUTERS
p. XXII-XXIII : M. Segar
p. XXVIII-XXIX : J. Burch, Stringer Afghanistan
p. 14 (bas) : G. Newton
p. 31 : J. Lee
p. 34-35 : China Daily
p. 49 : STR News
p. 55 : P. Kopczynski
p. 79 : D. Aguilar
p. 117 : Jagadeesh NV JSG, TW
p. 124-125 : F. Omar, STR New
p. 158-159 : M. Blinch
p. 207 : C. Daut
p. 208-209 : C. Wattie
p. 228 : B. Yip
p. 241 : G. Frey
p. 247 : V. Kessler
p. 249 : H. Romero
p. 284 : F. O'Reilly
p. 287 : E. Marcarian

p. 306 (droite) : H. Burditt

p. 323 : A. Datta AD, RCS

ROYAL BC MUSEUM

p. 208 : BC Archives, F-05316. Courtesy of Royal BC Museum

SERGE CHAPLEAU

p. 121

SIMON RAWLES

p. 24

SOLARPARK LIEBEROSE

p. 38-39

THE GAZETTE

p. 322

THE WALL STREET JOURNAL

p. 223

TORONTO STAR ARCHIVES

p. 58 (droite)

TURUN SANOMAT

p. 322

TV5 MONDE

p. 120 (bas)

UN PHOTO

p. XIV (bas, centre), XVII (centre), 204-205 et 262 : E. Debebe

p. XXIV-XXV : M. Frechon

p. XXVI-XXVII : S. Paris

p. 147 : O. Chassot

p. 215 : E. Debebe

p. 281 (haut) : O. Chassot

p. 281 (centre) : O. Chassot

p. 307 : J. Isaac

p. 320-321 : J. Jalali

p. 326-327 : M. Perret

p. 328-329 et 330-331 : M. Garten

UNICEF

p. XXIX (haut)

UNITED NATIONS

p. XXII : © United Nations. Logo reproduced with permission

U.S. AIR FORCE

p. 245 : Tech. Sgt. Cecilio Ricardo

XINHUA/NEWSTEAM.CO.UK

p. 193